इलाहाबाद हाई कोर्ट
समीक्षा अधिकारी
RO
चयन परीक्षा
स्टेज-I
15 प्रैक्टिस सेट्स

इलाहाबाद हाई कोर्ट
समीक्षा अधिकारी
RO
चयन परीक्षा
स्टेज-I
15 प्रैक्टिस सेट्स

टीम प्रभात

प्रभात पेपरबैक्स
www.prabhatexam.com

* इस पुस्तक में प्रकाशित सूचनाएँ एवं तथ्य पूरी तरह से सत्यापित किए गए हैं। यदि कोई जानकारी या तथ्य गलत प्रकाशित हो गया हो तो प्रकाशक, संपादक अथवा मुद्रक उस सामग्री से संबंधित किसी व्यक्ति-विशेष अथवा संस्था को पहुँची क्षति के लिए जिम्मेदार नहीं होगा।
* प्रकाशक की लिखित पूर्वानुमति के बिना इस पुस्तक की विषय-सामग्री को किसी भी रूप में फोटोस्टेट, इलेक्ट्रोस्टेट, टंकण, सुधार प्रक्रिया इत्यादि तरीकों से पुन: प्रयोग कर उसका संग्रहण, प्रसारण एवं वितरण पूर्णत: वर्जित है।
* सभी विवादों का निपटारा दिल्ली न्यायिक क्षेत्र में होगा।

प्रकाशक
प्रभात पेपरबैक्स
4/19 आसफ अली रोड, नई दिल्ली-110002
फोन : 23289555 • 23289666 • 23289777 • हेल्पलाइन/ 7827007777
इ-मेल : prabhatbooks@gmail.com ❖ वेब ठिकाना : www.prabhatexam.com

सर्वाधिकार

सुरक्षित

संस्करण

2020

अ.मा.पु.स. 978-93-5322-779-1

———— ★ ————

ALLAHABAD HIGH COURT SAMIKSHA ADHIKARI (RO)
CHAYAN PARIKSHA
15 PRACTICE SETS
Team Prabhat

Published by **PRABHAT PAPERBACKS**
4/19 Asaf Ali Road, New Delhi-110002
ISBN 978-93-5322-779-1

विषय-सूची

- प्रैक्टिस सेट-1 1–17
- प्रैक्टिस सेट-2 18–33
- प्रैक्टिस सेट-3 34–50
- प्रैक्टिस सेट-4 51–68
- प्रैक्टिस सेट-5 69–83
- प्रैक्टिस सेट-6 84–101
- प्रैक्टिस सेट-7 102–118
- प्रैक्टिस सेट-8 119–133
- प्रैक्टिस सेट-9 134–151
- प्रैक्टिस सेट-10 152–167
- प्रैक्टिस सेट-11 168–183
- प्रैक्टिस सेट-12 184–199
- प्रैक्टिस सेट-13 200–215
- प्रैक्टिस सेट-14 216–230
- प्रैक्टिस सेट-15 231–246

प्रैक्टिस सेट-1

1. निम्न में से प्रकाश के वायुमंडलीय अपवर्तन का परिणाम क्या नहीं है?
   (a) सूर्य का सूर्यास्त के समय लाल दिखाई देना
   (b) रात में तारों की टिमटिमाना
   (c) सूर्य का आकाश में अपनी वास्तविक ऊँचाई से ज्यादा ऊँचाई पर दिखना
   (d) सूर्य का अपने वास्तविक उदय से दो या तीन मिनट पहले दिखाई पड़ना

2. समान द्रव्यमान वाले एक धातु की गेंद तथा एक रबड़ के गेंद एक समान वेग से एक दीवार से टकराते हैं, तो रबड़ की गेंद उछल जाती है परंतु धातु की गेंद नहीं। इससे निष्कर्षित होता है कि-
   (a) रबड़ की गेंद के संवेग में बृहद् परिवर्तन होता है
   (b) धातु की गेंद के संवेग में बृहद् परिवर्तन होता है
   (c) दोनों के संवेग में समान परिवर्तन होता है
   (d) रबड़ की गेंद का प्रारंभिक संवेग धातु के गेंद से अधिक होता है

3. सूर्योदय और सूर्यास्त के समय सूर्य का रंग लाल क्यों दिखाई देता है?
   (a) क्योंकि उस समय सूर्य केवल लाल रंग उत्सर्जित करता है
   (b) लाल प्रकाश की तरंग दैर्ध्य अधिक होने के कारण प्रकीर्णन अधिक होता है
   (c) सूर्य पर्वतों में से निकलता है
   (d) लाल को छोड़कर अन्य सभी रंग प्रकीर्णित हो जाते हैं

4. विद्युत तथा चुम्बकत्व में सम्बन्ध किसने स्थापित किया?
   (a) मैक्सवेल
   (b) डीजल
   (c) माइकल फैराडे
   (d) वोल्टा

5. सड़क पर चलती बैलगाड़ी के पहिए की गति किसका उदाहरण है?
   (a) दोलन तथा घूर्णन गति
   (b) दोलन तथा रूपान्तरित गति
   (c) रूपान्तरित तथा घूर्णन गति
   (d) रूपान्तरित गति

6. 20 हर्ट्ज से कम आवृत्ति की ध्वनि को कहते हैं-
   (a) अपश्रव्य ध्वनि
   (b) पराश्रव्य ध्वनि
   (c) आन्तरिक ध्वनि
   (d) परावर्तित ध्वनि

7. $KMnO_4$ को .... के रूप में भी प्रयोग किया जाता है।
   (a) उर्वरक
   (b) कीटाणुनाशक
   (c) संक्रमण नाशक
   (d) कीटनाशक

8. धुंध में मौजूद कठोर द्रव जिससे आँखों में जलन उत्पन्न होती है-
   (a) नाइट्रिक एसिड
   (b) सल्फर डाइऑक्साइड
   (c) परॉक्सिल एसिटिल नाइट्रेट
   (d) कार्बन डाइऑक्साइड

9. अम्लीय वर्षा वनस्पति का नाश करती है, क्योंकि इसमें होता है-
   (a) नाइट्रिक एसिड
   (b) ओजोन
   (c) कार्बन डाइऑक्साइड
   (d) सल्फ्यूरिक एसिड

10. निम्न में से कौन-सा गुणधर्म ऊष्माक्षेपी अभिक्रियाओं से सम्बन्धित है?
    (a) ऊष्मा का निष्कर्षण
    (b) ऊष्मा का अवशोषण
    (c) ताप परिवर्तन में संलिप्त नहीं होती।
    (d) इनमें से कोई नहीं।

11. रेडियोधर्मिता के अन्तर्गत निम्न में से किसका विघटन होता है-
    (a) नाभिक   (b) आयन
    (c) परमाणु   (d) अणु

12. लोहे पर जिंक की परत के जमाव की प्रक्रिया कहलाती है-
    (a) यशदलेपन
    (b) क्रिस्टलीकरण
    (c) जंग लगने की प्रक्रिया
    (d) वल्कनीकरण

13. तम्बाकू में उपस्थित कौन-सा घटक मनुष्य के उपभोग के लिए हानिकारक है?
    (a) मारफिन
    (b) निकोटिन
    (c) हेरोइन
    (d) इनमें से कोई नहीं

14. 'जैविक-संग्रहालय, जो पृथ्वी में जीवन को सुचारू रूप से चलाने के प्रति उत्तरदायी है।' इस कथन से क्या तात्पर्य है?
    (a) जैव-अभियांत्रिकी प्रयोगशाला
    (b) मानव जीन
    (c) मानव जीनोम परियोजना
    (d) जैव विविधता

15. इन्सुलिन एक प्रकार का ...... है।
    (a) हार्मोन   (b) प्रोटीन
    (c) एन्जाइम   (d) विटामिन

16. निम्नलिखित विटामिन में से कौन-सा किसी स्वप्न को पर्याप्त अवधि तक याद रखने में सहायक होता है?
    (a) विटामिन A
    (b) विटामिन D
    (c) विटामिन B-6
    (d) विटामिन C

17. निम्नलिखित में से किसे 1500° सेल्सियस से अधिक ताप मापन हेतु प्रयोग में लाया जा सकता है?
(a) चिकित्सीय थर्मामीटर
(b) ताप वैद्युत युग्म थर्मामीटर
(c) प्लैटिनम प्रतिरोध थर्मामीटर
(d) पायरोमीटर

18. जल में वायु का एक बुलबुला कार्य करता है–
(a) एक उत्तल दर्पण जैसा
(b) एक अवतल लेंस जैसा
(c) एक अवतल दर्पण जैसा
(d) एक उत्तल लेंस जैसा

19. मानव शरीर की सबसे छोटी अस्थि है–
(a) वोमर (b) स्टेपीस
(c) मैलियस (d) इंकस

20. ऋग्वेद में अघन्या का प्रयोग हुआ है–
(a) बकरी के लिए
(b) गाय के लिए
(c) हाथी के लिए
(d) घोड़े के लिए

21. भूमि स्पर्श मुद्रा की सारनाथ बुद्ध प्रतिमा सम्बन्धित है–
(a) कुषाण काल से
(b) गुप्त काल से
(c) वर्धन काल से
(d) राजपूत काल से

22. विष्णु के किस अवतार को समुद्र से पृथ्वी का उद्धार करते हुए अंकित किया जाता है?
(a) कच्छप (b) मत्स्य
(c) वराह (d) नृसिंह

23. एलोरा के कैलाश मन्दिर का निर्माण कराया था?
(a) राष्ट्रकूटों ने
(b) वातापी के चालुक्यों ने
(c) गंग शासकों ने
(d) चेदी शासकों ने

24. मगध का कौन-सा सम्राट 'अपरोपरशुराम' के नाम से जाना जाता है?
(a) बिन्दुसार (b) अजातशत्रु
(c) कालाशोक (d) महापद्मनन्द

25. अलबरूनी भारत में कब आया था?
(a) नौंवी शताब्दी ई. में
(b) दसवीं शताब्दी ई. में
(c) ग्यारहवीं शताब्दी ई. में
(d) बारहवीं शताब्दी में

26. 'मत्त विलास प्रहसन' का लेखक कौन था?
(a) गौतमीपुत्र सतकर्णी
(b) महाक्षत्रप रुद्रदामन
(c) महेन्द्र वर्मन
(d) पुलकेशीन द्वितीय

27. निम्नलिखित सुल्तानों में से कौन अन्न के ऊपर कर समाप्त करने के लिए जाना जाता है?
(a) अलाउद्दीन खिलजी
(b) गियासुद्दीन तुगलक
(c) फिरोज तुगलक
(d) सिकन्दर लोदी

28. भक्ति आन्दोलन के निम्नलिखित नायकों में से कौन इस्लाम से प्रभावित था?
(a) चैतन्य (b) मीराबाई
(c) नामदेव (d) वल्लभाचार्य

29. निम्नलिखित में से किसने भारत सरकार अधिनियम, 1935 को ''गुलामी का अधिकार पत्र'' कहा था?
(a) जवाहरलाल नेहरू
(b) एम. ए. जिन्ना
(c) डॉ. राजेन्द्र प्रसाद
(d) मौलाना अबुल कलाम आजाद

30. राणा सांगा ने निम्नलिखित युद्धों में से किसमें बाबर के विरुद्ध लड़ाई की थी?
(a) पानीपत का युद्ध
(b) खानवा का युद्ध
(c) चन्देरी का युद्ध
(d) घाघरा का युद्ध

31. 1885 में भारतीय राष्ट्रीय कांग्रेस का महासचिव कौन था?
(a) ए.ओ.ह्यूम
(b) दादाभाई नैरोजी
(c) डब्ल्यू. सी. बनर्जी
(d) फिरोज शाह मेहता

32. शिवाजी ने 'पुरन्धर की सन्धि' (1665 ई.) निम्नलिखित में से किस मुगल सेनानायक के साथ हस्ताक्षरित की थी?
(a) जसवन्त सिंह (b) जयसिंह
(c) शाईस्ता खां (d) दिलेर खां

33. वी.डी. सावरकर द्वारा स्थापित गुप्त संगठन का नाम क्या था?
(a) युगान्तर समिति
(b) अनुशीलन सीमित
(c) हिन्दुस्तान रिपब्लिकन एसोशियन
(d) अभिनव भारत

34. सूची-I को सूची-II से सुमेलित कीजिए और सूचियों के नीचे दिए गए कूट का उपयोग करके सही उत्तर चुनिए–

	सूची -I		सूची - II
A	बाबर	1.	जामी मस्जिद (संभाल)
B	हुमायूं	2.	दीन पनाह
C	अकबर	3.	जहांगीरी महल
D	जहांगीर	4.	एत्माद-उद-दौला-का मकबरा

कूट:

	A	B	C	D
(a)	1	2	3	4
(b)	4	3	2	1
(c)	3	4	1	2
(c)	2	1	4	3

35. डेकन एजूकेशनल सोसायटी की स्थापना से कौन सम्बन्धित था?
(a) जस्टिस रानाडे
(b) फिरोदाबाद मेहता
(c) बी.जे. तिलक
(d) दयानन्द सरस्वती

36. भारतीय ब्रह्म समाज की स्थापना किसने की थी?
(a) राजा राममोहन राय ने
(b) देवेन्द्रनाथ टैगोर ने
(c) ईश्वर चन्द्र विद्यासागर ने
(d) केशव चन्द्र सेन ने

37. निम्नलिखित में से कौन एक कृष्णा नदी की सहायक नदी नहीं है?
(a) भीमा (b) डान
(c) तेल (d) तुंगभद्रा

38. कथन (A): कांग्रेस ने साइमन कमीशन का बहिष्कार किया था।
कारण (R): साइमन कमीशन में एक भी सदस्य भारतीय नहीं था।
सही उत्तर का चयन नीचे दिए गए कूट का उपयोग करके कीजिए:
(a) (A) तथा (R) दोनों सही हैं और (R), (A) की सही व्याख्या है
(b) (A) तथा (R) दोनों सही हैं, और (R), (A) की सही व्याख्या नहीं है।
(c) (A) सही है, परन्तु (R) गलत है।
(d) (A) गलत है, परन्तु (R) सही है।

39. निम्नलिखित स्थानों में से कहां पर आर्द्र जलवायु का अनुभव होता है?

1. अहमदाबाद 2. कोच्चि

3. लुधियाना 4. तेजपुर

नीचे दिए गए कूट से सही उत्तर चुनिए–

कूट:

(a) केवल 1 तथा 2

(b) केवल 1 तथा 3

(c) केवल 2 तथा 3

(d) केवल 2 तथा 4

40. सूची-I को सूची-II से सुमेलित कीजिये और सूचियों के नीचे दिए गये कूट का उपयोग करके सही उत्तर चुनिए–

सूची-I	सूची-II
A. उकाई	1. झारखंड
B. पत्रातू	2. गुजरात
C. पेंच	3. महाराष्ट्र
D. डभोल	4. मध्य प्रदेश

कूट:

	A	B	C	D
(a)	4	2	3	1
(b)	2	1	4	3
(c)	3	2	1	4
(d)	1	3	4	2

41. सूची-I को, सूची-II से सुमेलित कीजिये और सूचियों के नीचे दिये गये कूट का उपयोग करके सही उत्तर चुनिए–

सूची-I (केन्द्र)	सूची-II (उद्योग)
A. कनकीनारा	1. कालीन
B. विरुधनगर	2. जूट
C. चन्ना पटना	3. सूती वस्त्र
D. भदोही	4. रेशम

कूट:

	A	B	C	D
(a)	1	2	3	4
(b)	2	3	4	1
(c)	4	3	2	1
(d)	3	2	1	4

42. निम्नलिखित में से कौन-सा अपने देश अपने कुल निर्यात से प्राप्त धन का लगभग दो तिहाई चावल के व्यापार से प्राप्त करता है?

(a) जापान (b) थाईलैण्ड

(c) इन्डोनेशिया (d) म्यांमार

43. निम्नलिखित में से कहां तेल शोधक कारखाना नहीं है?

(a) कोयाली (b) नूनमाटी

(c) हटिया (d) बरौनी

44. अफ्रीका में सर्वाधिक तांबा उत्पादक देश कौन-सा है?

(a) दक्षिण-अफ्रीका

(b) जाम्बिया

(c) केन्या

(d) तन्जानिया

45. भारत के दो शीर्षस्थ बॉक्साइट उत्पादक राज्य कौन-से हैं?

(a) झारखंड एवं गुजरात

(b) गुजरात एवं ओडिशा

(c) ओडिशा एवं महाराष्ट्र

(d) ओडिशा एवं झारखंड

46. निम्नलिखित में से कौन सही सुमेलित नहीं है?

(a) बोलीविया - टिन

(b) ब्राजील - लौह अयस्क

(c) मेक्सिको - चांदी

(d) पेरू - शोरा

47. कार्यान्वित किए जा रहे राष्ट्रीय राजमार्ग विकास परियोजना के उत्तर दक्षिण तथा पूर्व पश्चिम गलियारे मिलते हैं–

(a) कानपुर में (b) लखनऊ में

(c) झांसी में (d) वाराणसी में

48. यदि इंग्लैंड में एक क्रिकेट कमेन्ट्री 10 बजे पूर्वाह्न (जी.एम.टी.) से शुरू होती है जो उसे भारत में भारतीय समयानुसार कितने बजे में सुनी जा सकती है?

(a) 10:10 बजे पूर्वाह्न से

(b) 4:30 बजे पूर्वाह्न से

(c) 3:30 बजे पूर्वाह्न से

(d) 2:30 बजे पूर्वाह्न से

49. किस देश में बाजार आधारित लौह एवं इस्पात के कारखाने हैं?

(a) चीन में (b) भारत में

(c) जापान में (d) यू. के. में

50. हड्डी से निर्मित आभूषण भारत में मध्य पाषाण काल के संदर्भ में प्राप्त हुए हैं-

(a) सराय नाहर राय से

(b) महदहा से

(c) लेखहिया से

(d) चोपनी माण्डो से

51. विकास के क्षेत्र में अग्रणी उद्योगों यथा-इलेक्ट्रॉनिक्स तथा जैव प्रौद्योगिकी, को निम्नलिखित में क्या कहा जाता है?

(a) सनलाइट उद्योग

(b) स्टारस्ट्रक उद्योग

(c) सनशाइन उद्योग

(d) सनराइज उद्योग

52. निम्नलिखित में किस सागर का खारापन सबसे अधिक है?

(a) लाल सागर (b) काला सागर

(c) मृत सागर (d) अरब सागर

53. निम्न पर्वतों में से कौन टर्शियरी पर्वतीकरण का परिणाम नहीं है?

(a) कुनलुन (b) अप्लेशियन

(c) आलप्स (d) एण्डीज

54. भारत के निम्न जलप्रपातों में से कौन गोवा में स्थित है?

(a) धुआँधार प्रपात

(b) दूधसागर प्रपात

(c) नोखालीकई प्रपात

(d) लैण्डसिंग प्रपात

55. उपराष्ट्रपति का रिक्त स्थान–

(a) 3 महीने के अंदर भर जाना चाहिए

(b) 6 महीने के अंदर भर जाना चाहिए

(c) एक साल के अंदर भर जाना चाहिए

(d) पर्याप्त समय में भर जाना चाहिए क्योंकि संविधान में किसी निश्चित समय-सीमा का आदेश नहीं है

56. उपराष्ट्रपति को उसके पद से निम्न में से किसके प्रस्ताव के द्वारा हटाया जा सकता है?

(a) राज्य सभा के (b) लोकसभा के

(c) कैबिनेट के (d) मंत्रिपरिषद् के

57. एक राज्य को संघ में सम्मिलित करने अथवा नये राज्यों की स्थापना करने की कार्यपालिकीय शक्ति निम्नलिखित में से किसे प्राप्त है?

(a) संसद को

(b) लोकसभा को

(c) राजनीतिक दलों को

(d) केन्द्र सरकार को

58. भारतीय संविधान के 44वें संशोधन से मौलिक अधिकारों की श्रेणी से निम्नलिखित में से किस अधिकार को हटा दिया गया है?

(a) अभिव्यक्ति की स्वतंत्रता का अधिकार

(b) संवैधानिक उपचारों का अधिकार

(c) सम्पत्ति का अधिकार

(d) धार्मिक स्वतंत्रता का अधिकार

59. निम्नलिखित में से कौन 'तृण मूल लोकतंत्र' से संबंधित है?
(a) लोकपाल
(b) पंचायती राज पद्धति
(c) अंतर-राज्य परिषद्
(d) क्षेत्रीय राजनीति

60. 2011 जनगणना के अनन्तिम आंकड़ों के अनुसार भारत की जनसंख्या का कितना प्रतिशत उत्तर प्रदेश में रहता है?
(a) लगभग 19% (b) लगभग 18%
(c) लगभग 17% (d) लगभग 16%

61. जनगणना 2011 के अन्तिम आंकड़ों के आधार पर निम्नलिखित राज्यों को साक्षरता प्रतिशत के अनुसार अवरोही क्रम में व्यवस्थित कीजिए और नीचे दिए कूट से सही उत्तर का चयन कीजिए–
1. **नागालैण्ड**
2. **हिमाचल प्रदेश**
3. **सिक्किम**
4. **त्रिपुरा**
(a) 1, 2, 3 4 (b) 4 3, 2, 1
(c) 4 2, 3, 1 (d) 2 4, 1, 3

62. कौन-सा हडप्पाई (Harappan) नगर तीन भागों में विभक्त है?
(a) लोथल (b) कालीबांग
(c) धौलाबीरा (d) सुरकोटदा

63. जनगणना 2011 के अनन्तिम आंकड़ों के अनुसार निम्नलिखित राज्यों में से किसका जनसंख्या घनत्व 100 से कम है?
(a) नागालैंड (b) मेघालय
(c) मिजोरम (d) मणिपुर

64. वैदिक कर्मकाण्ड में 'होता' का सम्बन्ध है–
(a) ऋग्वेद से (b) यजुर्वेद से
(c) सामवेद से (d) अथर्ववेद से

65. हर वर्ष जनसंख्या दिवस कब मनाया जाता है?
(a) जून 5 को (b) जून 11 को
(c) जुलाई 5 को (d) जुलाई 11 को

66. 2011 जनगणना के अन्तिम आंकड़ों पर आधारित निम्नलिखित कथनों में से कौन सा एक उत्तर प्रदेश के लिए सही नहीं है?
(a) उत्तर प्रदेश की जनसंख्या का 25% से कम शहरी क्षेत्र में रहता है
(b) उत्तर प्रदेश भारत में सर्वाधिक शहरी जनसंख्या वाला राज्य है
(c) इलाहाबाद उत्तर प्रदेश का सर्वाधिक जनसंख्या वाला जिला ह
(d) ''कवाल नगर'' दस लाख जनसंख्या से अधिक वाले नगरों की श्रेणी में आते हैं।

67. जनसंख्या 2011 के अन्तिम आंकड़ों के अनुसार, भारत की जनसंख्या में स्त्रियों का प्रतिशत कितना है?
(a) 49.80 (b) 48.46
(c) 47.98 (d) 47.24

68. भारत के संविधान के अंतर्गत कौन-सा अनुच्छेद कारखानों में बालकों के नियोजन का प्रतिषेध करता है?
(a) अनुच्छेद 19 (b) अनुच्छेद 17
(c) अनुच्छेद 23 (d) अनुच्छेद 24

69. निम्नलिखित अनुच्छेदों में से किस एक को डॉ.बी.आर. अम्बेडकर द्वारा संविधान का हृदय एवं आत्मा कहा गया था?
(a) अनुच्छेद 14 (b) अनुच्छेद 25
(c) अनुच्छेद 29 (d) अनुच्छेद 32

70. सूचना का अधिकार
(a) एक मूल अधिकार है
(b) एक विविध अधिकार है
(c) दोनों (a) तथा (b)
(d) न तो (a) और न (b)

71. नीचे दो वक्तव्य दिए गए हैं एक को कथन (A) कहा गया है, जबकि दूसरे को कारण (R) कहा गया है–
कथन (A) कोई व्यक्ति उपराष्ट्रपति निर्वाचित होने का पात्र तभी होगा जब वह राज्यसभा का सदस्य होने के लिए अर्हित है।
कारण (R) उपराष्ट्रपति राज्यसभा का पदेन सभापति होता है।
उपरोक्त वक्तव्यों के परिप्रेक्ष्य में निम्नलिखित में से कौन सा उत्तर सही है?
(a) दोनों (A) और (R) सत्य हैं तथा (R), (A) का एक मान्य स्पष्टीकरण है
(b) दोनों (A) तथा (R) सत्य हैं, परन्तु (R), (A) का एक मान्य स्पष्टीकरण नहीं है
(c) (A) सही है, परन्तु (R) गलत है
(d) (A) गलत है, परन्तु (R) सही है

72. निम्नलिखित में से किसे द्वितीय पीढ़ी का मानव अधिकार समझा जाता है?
(a) काम का अधिकार
(b) शिक्षा का अधिकार
(c) स्वतंत्रता का अधिकार
(d) समता का अधिकार

73. निम्नलिखित कथनों पर विचार कीजिए–
1. **प्राण और दैहिक स्वतंत्रता के संरक्षण का मूल अधिकार आपातकाल में निलम्बित नहीं किया जा सकता है**
2. **भारत के उपराष्ट्रपति को उनके पद से राज्य सभा द्वारा पारित किए गए और लोक सभा द्वारा सहमत व्यक्त किए गए संकल्प द्वारा हटाया जा सकता है**
3. **वर्तमान में राज्य सभा में विपक्ष के नेता भी अरुण जेटली हैं।**
4. **योजना आयोग के अध्यक्ष श्री मोंटेक सिंह अहलूवालिया हैं।**

इन कथनों में
(a) केवल 1 तथा 2 सही हैं
(b) केवल 2 तथा 3 सही हैं
(c) केवल 3 तथा 4 सही हैं
(d) केवल 1, 2 तथा 3 सही हैं

74. निम्नलिखित में से किसे भारत सरकार का प्रथम विधि अधिकारी समझा जाता है?
(a) भारत के मुख्य न्यायाधीश
(b) महान्यायाभिकर्ता
(c) महान्यायवादी
(d) महाधिवक्ता

75. संघ लोक सेवा आयोग अपना वार्षिक प्रतिवेदन सौंपता है–
(a) प्रधान मंत्री को
(b) राष्ट्रपति को
(c) लोक सभा अध्यक्ष को
(d) गृह मंत्री को

76. किसी राज्य में मुख्यमंत्री से सम्बन्धित निम्नलिखित कथनों में से कौन-सा एक सही नहीं है?
(a) मुख्यमंत्री राज्यपाल द्वारा नियुक्त किए जाते हैं
(b) सामान्यत: मुख्यमंत्री मंत्री-परिषद् की बैठकों की अध्यक्षता करते हैं
(c) राज्यपाल मुख्यमंत्री की सलाह पर अपने समस्त कृत्यों का प्रयोग करते हैं

(d) मंत्रियों की नियुक्ति राज्यपाल, मुख्यमंत्री की सलाह पर करते हैं

77. भारतीय संविधान का अनुच्छेद 370 संबंधित है–
(a) जम्मू-कश्मीर राज्य से
(b) सिक्किम राज्य से
(c) नागालैण्ड राज्य से
(d) मणिपुर राज्य से

78. जे एन यू आर एम का सम्बन्ध निम्नलिखित में से किसमें सुधार करने से है?
(a) ग्रामीण भवन निर्माण
(b) शहरी तथा ग्रामीण विपणन संरचना
(c) शिक्षित व्यक्तियों को रोजगार
(d) शहरी अधो संरचना

79. कावेरी नदी के जल बंटवारे का विवाद किन राज्यों से सम्बन्धित है?
(a) तमिलनाडु तथा कर्नाटक
(b) तमिलनाडु कर्नाटक एवं केरल
(c) तमिलनाडु कर्नाटक, केरल तथा गुजरात
(d) तमिलनाडु कर्नाटक, केरल तथा पांडिचेरी

80. सार्वजनिक वस्तुओं की कीमत निर्धारण हेतु 'छाया कीमतों की अवधारणा को किसने प्रतिपादित किया था?
(a) जे. टिनबरगिन ने
(b) ए. के. सेन ने
(c) पी. सी. महालनोबीस ने
(d) आर. नर्क्स ने

81. बम्बई, मद्रास और कलकत्ता में उच्च न्यायालयों की स्थापना कब हुई थी?
(a) 1861 में (b) 1851 में
(c) 1871 में (d) 1881 में

82. भारत में राष्ट्रीय आय के मापने का निम्नलिखित में कौन-सा सही आधार वर्ष है?
(a) 2000-01 (b) 2001-02
(c) 2004-05 (d) 2005-06

83. निम्नलिखित में से कौन-सा कार्यक्रम ग्रामीण अवस्थापना विकास कोष (RIDF) के अंतर्गत नहीं आता?
(a) ग्रामीण जलापूर्ति
(b) ग्रामीण सड़कें
(c) ग्रामीण विद्युतीकरण
(d) ग्रामीण उद्योग

84. वार्षिक आर्थिक समीक्षा को तैयार करने के लिए निम्नलिखित में से कौन उत्तरदायी है?
(a) योजना मंत्रालय
(b) वित्त मंत्रालय
(c) भारतीय रिजर्व बैंक
(d) केन्द्रीय सांख्यिकीय संगठन

85. सहकारिता क्षेत्र में भारत का सबसे बड़ा उर्वरक कारखाना स्थित है?
(a) फूलपुर (उ. प्र.) में
(b) हजीरा (गुजरात) में
(c) हल्दिया (पश्चिम बंगाल) में
(d) सीवान (बिहार) में

86. भारत के सिक्के जारी करने के लिए कौन अधिकृत है?
(a) रिजर्व बैंक ऑफ इंडिया
(b) वित्त मंत्रालय
(c) स्टेट बैंक ऑफ इंडिया
(d) राष्ट्रीय स्टॉक बाजार

87. भारत के सकल घरेलू उत्पाद में 2010-11 में कृषि और संबंधित क्षेत्रों का योगदान कितना रहा है?
(a) लगभग 20 प्रतिशत
(b) लगभग 15 प्रतिशत
(c) लगभग 10 प्रतिशत
(d) लगभग 8 प्रतिशत

88. तेरहवें वित्त आयोग की सिफारिशों का प्रावधान किस अवधि से सम्बद्ध है?
(a) 2005-10 से (b) 2009-14 से
(c) 2010-15 से (d) 2014-19 से

89. विशेष कृषि एवं ग्राम उद्योग योजना का मुख्य उद्देश्य है–
(a) कृषि निर्यात का संवर्द्धन
(b) खाद्य फसलों की उत्पादकता बढ़ाना
(c) तिलहन की खेती बढ़ाना
(d) दलहन की खेती का संवर्द्धन

90. चालू खाते में रुपए की पूर्ण परिवर्तनीयता को किस वर्ष से घोषित किया गया?
(a) 1994 में (b) 1996 में
(c) 1998 में (d) 2001 में

91. राष्ट्रीय कृषि विकास योजना के लिए निम्नलिखित में से कौन-सी वित्त व्यवस्था सही है?

	राज्य	केन्द्र
(a)	0%	100%
(b)	25%	75%
(c)	50%	50%
(d)	75%	25%

92. पंजाब नेशनल बैंक में विलय होने वाला वाणिज्यिक कौन-सा बैंक है?
(a) बैंक ऑफ इण्डिया
(b) न्यू बैंक ऑफ इण्डिया
(c) भारत ओवरसीज बैंक
(d) ओरियण्टल बैंक ऑफ कॉमर्स

93. निम्नलिखित युग्मों में से कौन-सा सही सुमेलित नहीं है?
(a) गोस्वामी समिति - औद्योगिक रुग्णता की समस्या
(b) जानकी रमन समिति - शेयर घोटाले की जांच पड़ताल
(c) मल्होत्रा समिति - बीमा क्षेत्र में सुधार
(d) तारापोर समिति - बैंकों में ग्राहक सेवा

94. निम्नलिखित में से कौन सा देश दक्षिण एशियाई क्षेत्रीय सहयोग संघ का सदस्य नहीं है?
(a) भारत
(b) पाकिस्तान
(c) कम्बोडिया
(d) नेपाल

95. निम्नलिखित में से किसको ट्रिप्स समझौते में संरक्षण प्रदान करने के लिए सम्मिलित नहीं किया गया है–
(a) व्यापार मार्क
(b) एकीकृत सर्किट के रूपाकृति का बाह्य प्रारूप
(c) भौगोलिक संकेतांक
(d) पौधा उत्पादक

96. ट्यूमर संसूचित करने में प्रयुक्त रेडियो समस्थानिक है–
(a) As -74 (आर्सेनिक-74)
(b) Co -60 (कोबाल्ट-60)
(c) Na -24 (सोडियम-24)
(d) C -14 (कार्बन-14)

97. डंकल का नाम निम्न में से किससे सम्बन्धित है?
(a) डब्ल्यू.टी.ओ.से
(b) गैट से
(c) ओ.सी.जी.सी. से
(d) एक्जिम बैंक से

98. जोन्स साल्क किसकी खोज के लिए जाने जाते हैं?
(a) चेचक का टीका
(b) हैजे का टीका
(c) पोलियो का टीका
(d) HN_1 का टीका

99. भारतीय कृषि अनुसंधान परिषद् की रिपोर्ट के अनुसार भारत में कृषि पारिस्थितिकीय क्षेत्रों की संख्या कितनी है?
(a) 15 (b) 17
(c) 18 (d) 20

100. निम्नलिखित में से कौन-सा हरित ईंधन का स्रोत है?
(a) पाइन
(b) करंज
(c) फर्न
(d) उपर्युक्त में से कोई नहीं

101. जीरो टिल बीज एवं उर्वरक ड्रिल किसके द्वारा विकसित किया गया था?
(a) पी.ए.यू., लुधियाना में
(b) जी.बी. पन्त कृषि एवं प्रौद्योगिक विश्वविद्यालय, पन्तनगर में
(c) आई.आई.एस.आर., लखनऊ में
(d) आई.ए.आर.आई., नई दिल्ली में

102. भारत का बीसवां परमाणु बिजली घर कौन-सा है?
(a) तारापुर
(b) रावतभाटा
(c) कैगा (कर्नाटक)
(d) नरोरा (उ.प्र.)

103. सेन्ट्रल एरिड जोन रिसर्च इन्स्टीटयूट कहां स्थित है?
(a) हैदाराबाद में
(b) जोधपुर में
(c) अहमदाबाद में
(d) बंगलौर में

104. विश्व की विशालतम दूरबीन कौन-सी है?
(a) गैलिलियो (b) आइसक्यूब
(c) डिस्कवरी (d) चेलेंजर

105. निम्नलिखित कथनों पर विचार कीजिए–
1. अमेरिकी एजेन्सी नासा ने अपनी स्वप्निल मशीन मंगल विज्ञान प्रयोगशाला (क्यूरिओसिटी रोवर) का प्रक्षेपण किया है जो मंगल ग्रह पर जीवन की सम्भावना का अध्ययन करेगा
2. क्यूरिओसिटी रोवर और ऊर्जा से संचालित है
3. रोवर में विशेष रसायन विज्ञान की एवं कैमरा की युक्ति है जो मंगल की सतह पर उपस्थित पदार्थ में माइक्रो स्तर पर उपस्थित तत्व की पहचान कर सकता है।
उपरोक्त कथनों में से कौन-सा सही है?
(a) केवल 1
(b) केवल 1 और 2
(c) केवल 2 और 3
(d) केवल 3 और 1

106. निम्नलिखित में से कौन-सा एक चाय में नहीं पाया जाता है?
(a) थीन (b) कैफिन
(c) टैनिन (d) मार्फीन

107. सरसों के बीज के अपमिश्रक के रूप में सामान्यत: निम्नलिखित में से किसे प्रयोग में लाया जाता है?
(a) आर्जीमोन के बीज
(b) पपीता के बीज
(c) जीरा के बीज
(d) धनिया के बीज

108. पनडुब्बी चालित प्रक्षेपित प्रक्षेपास्त्र (SLBM) के बारे में निम्नलिखित कथनों पर विचार कीजिए–
1. इसे भारत के रक्षा अनुसंधान एवं विकास संगठन ने बनाया है।
2. इसे भारतीय पनडुब्बी आई.एन.एस. अरिहन्त पर लगाया जाएगा।
3. इसकी मारक क्षमता लगभग 700 किमी. है।
(a) केवल 1
(b) केवल 1 और 2
(c) केवल 2 और 3
(d) सभी सही हैं

109. 'मसालों का बागान' कहा जाने वाला राज्य निम्न में से कौन है?
(a) केरल (b) कर्नाटक
(c) तमिलनाडु (d) गुजरात

110. नील हरित शैवाल निम्नलिखित में से किस एक फसल की पैदावार बढ़ाने के लिए जैव उर्वरक के रूप में प्रयोग में लाया जाता है?
(a) गेहूं (b) धान
(c) चना (d) सरसों

111. किसी बच्चे की पैतृकता स्थापित करने के लिए निम्नलिखित तकनीकों में से किसे उपयोग में लाया जा सकता है?
(a) प्रोटीन विश्लेषण
(b) डी.एन.ए. अंगुलि छापन
(c) गुणसूत्र गणना
(d) डी.एन.ए. की परिमाणात्मक विश्लेषण

112. सूचना प्रौद्योगिकी की शब्दावली जिसे उपयोग कर्ता के ईमेल का पता ज्ञापन करने के प्रयुक्त करते हैं, वह है–
(a) लॉगिन (b) पासवर्ड
(c) फिंगर (d) आर्ची

113. उस वीर भारतीय राजा का नाम बताइए जिसे सिकंदर ने झेलम के तट पर पराजित किया था?
(a) आम्भि
(b) पुरू (पोरस)
(c) चन्द्रगुप्त मौर्य
(d) महापद्म नंद

114. निम्नलिखित ईंधनों में से कौन-सा न्यूनतम पर्यावरणीय प्रदूषण उत्पन्न करता है?
(a) डीजल
(b) कोयला
(c) हाइड्रोजन
(d) मिट्टी का तेल (केरोसीन)

115. ऑस्ट्रेलिया के 31वें प्रधानमंत्री कौन घोषित हुए हैं?
(a) स्कॉट मॉरिसन (b) बिल शॉर्टन
(c) टोनी एबट (d) जूलिया गिलार्ड

116. आईपीएल के इतिहास में सबसे सफल विकेटकीपर कौन बने हैं?
(a) एम. एस. धोनी (b) ऋषभ पंत
(c) इमरान ताहिर (d) दिनेश कार्तिक

117. जापान में दुनिया की सबसे तेज गति से चलने वाली किस बुलेट ट्रेन का परीक्षण किया जा रहा है?
(a) बीटा - वे
(b) 'अल्फा-एक्स'
(c) जाक्सा- सुपर
(d) इनमें से कोई नहीं

118. 'माउंट गिलुवे' पर्वत कहाँ अवस्थित है?
(a) माइक्रोनेशिया
(b) पापुआ न्यू गिनी
(c) न्यू कैलेडोनिया
(d) फिजी

119. केंद्रीय सांख्यिकी कार्यालय द्वारा जारी आँकड़ों के अनुसार वित्तीय वर्ष 2018-2019 के दौरान औद्योगिक उत्पादन की वृद्धि दर कितनी रही?
(a) 6.6 प्रतिशत (b) 3.6 प्रतिशत
(c) 4.7 प्रतिशत (d) 4.4 प्रतिशत

120. भारत के पूर्वी तट पर आए 'चक्रवात फनी के कारण किस भारतीय झील में चार नए मुहाने बन गए हैं?
(a) चिल्का (b) कोलेरू
(c) सांभर (d) इनमें से कोई नहीं

121. भारत में 'सार्वजनिक सेवा प्रसारण' दिवस कब मनाया जाता है?
(a) 8 नवंबर (b) 10 नवंबर
(c) 11 नवंबर (d) 12 नवंबर

122. 'कथलुर कुशलियन वन्यजीव अभ्यारण्य' कहाँ अवस्थित है?
(a) हरियाणा
(b) पंजाब
(c) राजस्थान
(d) हिमाचल प्रदेश

123. 'सिरोही नेशनल पार्क' कहाँ स्थित है?
(a) असम (b) उत्तराखण्ड
(c) मणिपुर (d) त्रिपुरा

124. हाल ही में प्रकाशित एक शोध-पत्र में हिंद महासागर के समीप रहने वाले किस जीव के पृथ्वी पर पुनः लौटने की सम्भावना व्यक्त की गयी है?
(a) डोडो
(b) सफेद गले वाली रेल
(c) शुतुरमुर्ग
(d) इनमें से कोई नहीं

125. किस देश ने बच्चों के स्ट्रीट चाइल्ड क्रिकेट वर्ल्ड कप - 2019 का ख़िताब जीता?
(a) इंग्लैंड
(b) दक्षिण अफ्रीका
(c) दक्षिण भारत
(d) श्रीलंका

126. केरल राज्य के राजकीय उभयचर प्रतीक रूप में किसे नामित किया गया है?
(a) बैंगनी मेंढक
(b) साइलेंट वैली मेंढक
(c) एशियाई मेंढक
(d) मालाबार ट्री मेंढक

127. दुनिया में विकसित पहली पैरेंट जीनोम असेंबली को क्या नाम दिया गया है?
(a) एनडीडीबी साहीवाल
(b) जेडीसी थारपारकर
(c) एनडीडीबी ब्रो मुर्रह
(d) इनमें से कोई नहीं

128. किस देश के नौसेना प्रमुख भारत की 3 दिवसीय अधिकारिक यात्रा पर आए थे?
(a) अमेरिका (b) रूस
(c) फ्रांस (d) श्रीलंका

129. हाल ही में अरुणाचल प्रदेश में सांप की किस नयी प्रजाति की खोज हुई है?
(a) भारतीय क्रेट
(b) मालाबार पिट वाइपर
(c) लाल पिट वाइपर
(d) भूरा पिट वाइपर

130. यदि ABSENT का कूट ZYHVMG है, तो PRESENT का कूट क्या होगा?
(a) KIHVHGM (b) KITMHMG
(c) KIVHVMG (d) GKITYTL

131. सूची-I को सूची-II से सुमेलित कीजिए और सूचियों के नीचे दिये गये कूट का प्रयोग करते हुए सही उत्तर चुनिए–

सूची-I (उ.प्र. में ऐतिहासिक इमारत)	सूची- II (स्थान)
A. चौरासी गुम्बद	1. चित्रकूट
B. जामा मस्जिद	2. कुशीनगर
C. बौद्ध स्तूप	3. मुरादाबाद
D. कामदगिरि पर्वत	4. जालौन

कूटः

	A	B	C	D
(a)	1	2	3	4
(b)	4	2	3	1
(c)	4	3	2	1
(d)	3	4	1	2

132. अनुक्रम
1, 3, 7, x, 31, y में
x और y के मान क्रमशः क्या है?
(a) 14 और 60
(b) 13 और 63
(c) 15 और 60
(d) 15 और 63

133. निम्नलिखित युग्मों में से कौन-सा सुमेलित नहीं है?
(a) लाल बहादुर शास्त्री गन्ना विकास संस्थान - मेरठ
(b) पिकप - लखनऊ
(c) राज्य चर्म विकास एवं विपणन निगम लिमिटेड - आगरा
(d) यू.पी.एफ.सी. (उत्तर प्रदेश वित्तीय निगम) - कानपुर

134. 500 व्यक्तियों के एक समूह में 300 व्यक्ति केवल हिन्दी बोल सकते हैं तथा 120 केवल अंग्रेजी बोल सकते हैं, तो हिन्दी और अंग्रेजी दोनों बोल सकने वाले व्यक्तियों की संख्या कितनी होगी?
(a) 20 (b) 80
(c) 60 (d) 100

135. A, B से C छोटा है और B की आयु C की तीन गुनी है। यदि C की आयु 4 वर्ष पूर्व 10 वर्ष थी तो A की आयु 6 वर्ष बाद कितनी होगी?
(a) 35 वर्ष (b) 43 वर्ष
(c) 40 वर्ष (d) 30 वर्ष

136. रिक्त त्रिज्यखंड में संख्या है:

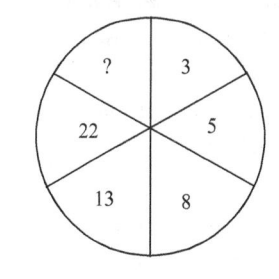

(a) 29 (b) 39
(c) 37 (d) 49

137. यदि किसी महीने की 7 तारीख रविवार के दो दिन पहले पड़ती हो, तो महीने की 27 तारीख के बाद अगला दिन क्या होगा?
(a) शुक्रवार
(b) शनिवार
(c) बृहस्पतिवार
(d) सोमवार

138. निम्नलिखित में से कौन-सा अन्य शब्दों से भिन्न है?
(a) तार
(b) ई-मेल
(c) फैक्स
(d) सन्देशवाहक

139. कितने साधारण ब्याज की दर पर एक राशि 16 वर्षों में दुगुनी हो जाएगी?

(a) $6\frac{1}{2}\%$ प्रतिवर्ष

(b) $6\frac{1}{4}\%$ प्रतिवर्ष

(c) 6% प्रतिवर्ष

(d) $6\frac{3}{4}\%$ प्रतिवर्ष

140. यदि किसी संख्या $\frac{3}{8}$ के तथा $\frac{2}{7}$ का योग 370 हो, तो संख्या क्या होगी?

(a) 520 (b) 540

(c) 500 (d) 560

141. यदि 100 छात्रों में से 40 छात्र अंग्रेजी में अनुत्तीर्ण है, 20 हिन्दी में अनुत्तीर्ण हैं और 12 छात्र अंग्रेजी तथा हिन्दी दोनों में अनुत्तीर्ण हैं, तो दोनों विषयों में उत्तीर्ण छात्रों की संख्या कितनी होगी?

(a) 48 (b) 52

(c) 28 (d) 40

142. एक नाव, जिसकी शांत जल में गति 6 किमी./घंटा है, 1 किमी. की दूरी नदी के प्रवाह के विरुद्ध 15 मिनट में तय करती है, तो नदी के प्रवाह की गति कितनी है?

(a) 2 किमी प्रति घंटा

(b) 3 किमी प्रति घंटा

(c) 4 किमी प्रति घंटा

(d) उपर्युक्त में से कोई नहीं

143. यदि किसी संख्या में से 4 घटा दें तो वह उस संख्या के व्युत्क्रम से 21 गुना हो जाती है तो वह संख्या क्या है?

(a) 10 (b) 9

(c) 8 (d) 7

144. $\left(-\frac{1}{343}\right)^{-\frac{2}{3}}$ का मान है

(a) 49 (b) − 49

(c) $\frac{1}{49}$ (d) $-\frac{1}{49}$

145. संयुक्त राष्ट्र महासभा (यू.एन.जी.ए.) ने निम्नलिखित में किस वर्ष को "अंतर्राष्ट्रीय चावल वर्ष" (आई.वाई. आर.) घोषित किया था?

(a) 2004 (b) 2005

(c) 2008 (d) 2009

146. जब भारत को विदेशी बैंकों में सोना रखना पड़ा उस समय भारत का प्रधान मंत्री कौन था?

(a) पी.वी. नरसिन्हा राव

(b) वी. पी. सिंह

(c) राजीव गांधी

(d) चन्द्रशेखर

147. उत्तर प्रदेश में आलू निर्यात जोन स्थित है–

(a) आगरा में (b) इलाहाबाद में

(c) फतेहपुर में (d) कानपुर में

148. निम्नलिखित में से कौन-सा एक वायु प्रदूषण के जैविक सूचक का कार्य करता है?

(a) लाइकेन (b) फर्न

(c) मनी प्लांट (d) अमरबेल

149. उत्तर प्रदेश की विशिष्ट नृत्य शैली है–

(a) कत्थक (b) भरतनाट्यम

(c) ओडिसी (d) कुचीपुड़ी

150. उत्तर प्रदेश में जैन एवं बौद्ध दोनों धर्मों का प्रसिद्ध तीर्थ कौन-सा है?

(a) सारनाथ

(b) कौशाम्बी

(c) कुशीनगर

(d) उपरोक्त में से कोई नहीं

151. ढोला लोकगीत लोकप्रिय है–

(a) आगरा-मेरठ में

(b) इलाहाबाद-कानपुर में

(c) गोरखपुर-जौनपुर में

(d) लखनऊ - सहारनपुर में

152. निम्नलिखित में से कौन-सा सही सुमेलित नहीं है?

(a) उ.प्र. का सबसे पुराना विश्वविद्यालय – इलाहाबाद विश्वविद्यालय

(b) नौचन्दी मेला - मेरठ

(c) भारत कला भवन - वाराणसी

(d) चौरसिया नृत्य - गोरखपुर

153. निम्नलिखित में से कौन सही सुमेलित नहीं है?

(a) स्कूटर इण्डिया लिमिटेड - लखनऊ

(b) मॉडर्न बेकरीज - कानपुर

(c) सीमेन्ट कारखाना - बरेली

(d) उर्वरक कारखाना - आंवला

154. उत्तर प्रदेश में निर्यातोन्मुख सॉफ्टवेयर पार्क कहां स्थापित किए गए है?

(a) नोएडा और कानपुर में

(b) कानपुर और लखनऊ में

(c) नोएडा और आगरा में

(d) मेरठ और गाजियाबाद में

155. सूची-I को सूची-II से सुमेलित कीजिए तथा सूचियों के नीचे दिए गये कूट का उपयोग करके सही उत्तर चुनिए:

सूची-I (पार्क/जोन)		सूची-II (जिले)
A.	अपारेल पार्क	1. उन्नाव
B.	बायोटेक्नोलॉजी पार्क	2. सहारनपुर
C.	एग्रो प्रोसेसिंग जोन	3. कानपुर
D.	लेदर टेक्नोलॉजी पार्क	4. लखनऊ

कूट:

	A	B	C	D
(a)	3	4	2	1
(b)	4	3	1	2
(c)	2	1	3	4
(d)	3	2	4	1

156. 'बेईमानों से बचकर रहिए' वाक्य में लुप्त विशेष्य के लिए उपयुक्त शब्द है-

(a) लोगों (b) धर्मों

(c) ऋणों (d) पोषकों

157. 'जैसा' शब्द निम्नलिखित में से क्या है?

(a) संज्ञा (b) सर्वनाम

(c) विशेषण (d) क्रिया विशेषण

158. घोटक का तद्भव रूप क्या है?

(a) घोटा (b) घोटना

(c) घोड़ा (d) घोटू

159. अग्नि किस वर्ग का शब्द है?

(a) तद्भव (b) तत्सम

(c) देशज (d) विदेशी

160. 'गौरव' का तत्सम शब्द है:

(a) गावाक्ष (b) गवाक्ष

(c) गोरव (d) गवाक

161. निम्नलिखित में से अशुद्ध भाग का चयन कीजिए :

(a) कोई भी उसके काम न आया।

(b) कोई उसके काम न आए।

(c) कोई उनके काम न आया।

(d) कोई भी उसके काम न आए।

162. निम्नलिखित में अशुद्ध भाग का चयन कीजिए:

(a) चाहे जैसे हो, तुम्हें वहां जाना है।

(b) चाहे जैसे भी हो, तुम्हें वहां जाना है।

(c) चाहे जैसे हो, तुमको वहां जाना है।

(d) चाहे जैसे भी हो, तुमको वहां जाना है।

163. शुद्ध वर्तनी का चयन करें:

(a) उद्वत (b) उद्दत

(c) उद्धत (d) उधत

164. शुद्ध वर्तनी का चयन करें:

(a) नीवति (b) नीव्रति

(c) निवृत्ति (d) निवृति

165. निम्नलिखित में से कौन-सा शब्द 'हवा' का पर्यायवाची नहीं है?

(a) समीर (b) अनिल

(c) अनल (d) पवन

निर्देश : नीचे दिए गए विकल्पों में से पर्यायवाची शब्द चुनें:

166. नीचे दिए गए विकल्पों में से 'नग' शब्द के लिए पर्यायवाची शब्द चुनिए।

(a) पर्वत (b) तरी

(c) किंकर (d) स्तर

167. किस वर्ग में सभी शब्द अनेकार्थक हैं?

(a) अंक, मधु, वीचि

(b) वर्ण, पद, करका

(c) अर्थ, हस्त, यूथप

(d) तात, दुर्ग, भुजंग

168. 'विकर्षण' का विलोम शब्द है:

(a) घर्षण (b) आकर्षण

(c) समर्पण (d) तर्पण

निर्देश : नीचे दिए गए वाक्यों में मोटे शब्दों के विलोम देने के लिए चार-चार विकल्प दिए गए हैं। उपयुक्त विकल्प चुनिए।

169. अपने सहोदर को साथ देखकर उसका साहस द्विगुणित हो गया।

(a) कुधर (b) अधर

(c) परोदर (d) अन्योदर्य

170. जो शत्रु की हत्या करता है:

(a) शत्रुघ्न (b) अजातशत्रु

(c) निर्दय (d) आत्महंता

171. Fill in the gap with proper preposition _____
He succeeded .... perseverance and sheer hard work

(a) by virtue of

(b) by dint of

(c) by means of

(d) by way of

172. Fill in the gap with proper preposition _____
He looked .... his watch every where.

(a) at (b) upon

(c) for (d) by

173. Fill in the gap with proper preposition ______
There was no money .... him.

(a) with (b) on

(c) to (d) about

174. Out of the four alternatives suggested choose the one which best expresses the same sentences in Indirect speech ____
He said to me, "When will you returen the book ?"

(a) He asked me when will you return the book ?"

(b) He asked me that when I will return the book

(c) He asked me when would I return the book

(d) He asked me when I would return the book

175. Out of the four alternatives suggested, choose the one which best expresses the given in Indirect speech ____
He said to his teacher, "Good morning, sir."

(a) He said good morning to his teacher

(b) He said to his teacher good morning

(c) He wished good morning to his teacher

(d) He wished his teacher good morning

176. Fill in the gap suitably ____
Measles .... infectious.

(a) is (b) are

(c) were (d) are being

177. Identify the incorrect sentence ____

(a) I have been writing five letters since morning

(b) I have been written letters since morning

(c) I have written four letters since morning

(d) I was writing letters

178. Choose the word opposite in meaning to the given word
Spurious

(a) Authentic

(b) Truthful

(c) Real

(d) Credible

179. Choose the word opposite in meaning to the given word
Frugal

(a) Gluttonous

(b) Miserly

(c) Merciful

(d) Extravagant

Directions: (Q. 180) Pick up the right word which is most nearly the same in meaning as the underlined word in the sentence and can replace it without altering the meaning of the sentence.

180. In spite of their efforts, the team of scientists could not make much headway to solve the problem.

(a) Progress

(b) Thinking

(c) Efforts

(d) Start

181. Identify the incorrectly matched pair of singular and plural ___

(a) Dwarf .... Dwarfs

(b) Thief ..... Thieves

(c) Life .... Lives

(d) Swine ..... Swines

182. Some nouns have different meanings in the singular and the plural. Out of the given options, find the noun which does not have the above mentioned property.

(a) Ground

(b) Character

(c) Effect

(d) Good

183. Identify the kind of conjunction in the following sentence ____
His bark is worse than his bite.

(a) Copulative Coordinating Conjunction

(b) Disjunctive Coordinating Conjunction

(c) Subordinating Conjunction

(d) Illative Coordinating Conjunction

184. Fill in the gap with suitable conjunction ____
He does well, ... he is nervous at the start.

(a) only (b) but

(c) because (d) as

185. Amoungst the following options identify the sentence in which the bold word has been used as conjunction

(a) I have done **that** much only

(b) The evil **that** men do lives after them

(c) He lives so **that** he may eat

(d) **That** is what I want

186. ऑपरेटिंग सिस्टम के कर्नेल तथा शेल के विषय में निम्न में से कौन-सा तथ्य सही है?

(a) कर्नेल ऑपरेटिक सिस्टम का मुख्य भाग है, प्रोग्राममस्स को समय तथा मेमरी आवंटित करता है, कम्यूनिकेशन तथा फाइल स्टोर हैंडल करता है। शेल प्रयोक्ता तथा कर्नेल के मध्य इंटरफेस होता है।

(b) कर्नेल सेंट्रल प्रॉसेसिंग यूनिट हैं। शेल सिस्टम के लिए GUT है।

(c) कर्नेल ऑपरेटिंग सिस्टम होता है, उदाहरण के लिए विंडोज, लिनक्स इत्यादि। शेल एक एप्लीकेशन होता है जो सिस्टम पर रन करता है, उदाहरण के लिए कैल्कुलेटर, वेब ब्राउजर इत्यादि।

(d) उपरोक्त में से कोई नहीं।

187. वह कौन-सा प्राटोकॉल है जिसका उपयोग सर्वर से फाइल डाउनलोड करने के लिए किया जाता हैं?

(a) फाइल ट्रांसफर प्रोटोकॉल

(b) पोस्ट ऑफिस प्रोटोकॉल

(c) यूजर डेटाग्राम प्रोटोकॉल

(d) हाइपरटेक्स्ट ट्रांसफर प्रोटोकॉल

188. वह प्रोग्राम रिलेशनशिप जिसमें एक प्रोग्राम सर्विस या रिसोर्स के लिए दूसरे से अनुरोध करता है, जो कि मांगी गई सेवा प्रदान करने के लिए तत्पर होता है, यह कहलाता है–

(a) क्लाउड कम्प्यूटिंग

(b) क्लाइंट सर्वर

(c) पियर-टू-पियर

(d) इनमें से कोई नहीं

189. निम्न में से क्या कोर ऑपरेटिंग सिस्टम (OS) कम्पोनेंट नहीं है?

(a) प्रॉसेस मैनेजमेंट

(b) मेमोरी मैनेजमेंट

(c) I/O मैनेजमेंट

(d) डेटाबेस मैनेजमेंट

190. निम्न में से कौन-सी शॉर्टकट-की MS Word (वर्जन 2007 तथा इससे आगे वाले) में वाक्य के कैपिटलाइजेशन को टॉगल करने के लिए हैं?

(a) Ctrl + Shift + A

(b) Ctrl + Alt + A

(c) Shift + Alt + A

(d) Ctrl + Shift + Alt + A

191. निम्न में से क्या नॉन-वोलाटाइल मेमोरी का उदाहरण नहीं है?

(a) EEPROM

(b) फ्लैश मेमोरी

(c) SDRAM

(d) हार्ड डिस्क

192. जिसका उपयोग टेक्स्ट या ग्राफिक्स के अनेक टुकड़ों में समान फॉर्मेटिंग त्वरित रूप से अप्लाई करने के लिए किया जाता है, जैसे कि कलर, फॉन्ट स्टाइल तथा साइज तथा बॉर्डर स्टाइल?

(a) स्टाइल्स

(b) फॉन्ट इफेक्ट

(c) कॉपी टु क्लिपबोर्ड/पेस्ट

(d) फॉर्मेट पेंटर

193. निम्न में से क्या ऑपरेटिंग सिस्टम नहीं है?

(a) सिम्बियन

(b) एंड्रोयड

(c) बर्कले साफ्टवेयर डिस्ट्रीब्यूशन

(d) MS आउटलुक

194. 64 बिट कम्प्यूटिंग का क्या अर्थ है?

(a) 64-बिट, प्रोसेसर में शब्द के आकार का संकेतक है

(b) इसका अर्थ है कि माइक्रोप्रोसेसर और अधिक RAM सपोर्ट करने में सक्षम हैं

(c) 64-बिट प्रॉसेसर मशीन में गणनाएँ तेज होती हैं

(d) उपरोक्त सभी।

195. In MS Exeel (वर्जन 2007 तथा इससे आगे वाले) में 'नेम मैनेजर' फीचर क्या करता हैं?

(a) यह रोज़ (rows) एवं कॉलम्स के नाम बदलता है (उदाहरण के लिए कॉलम (AA) को 'प्राइस', या Row 16 'टोटल' नाम दिया जा सकता है)

(b) यह फीचर में प्रदान की गई विशिष्ट स्थितियों के आधार पर वर्कशीट्स के नाम बदलता है

(c) यह नेम्ड रेंज, फंक्शन, कॉन्सटैंट या फंक्शन, फॉर्मूला में रेफरेंस के लिए टेबल क्रिएट करता है

(d) उपरोक्त सभी

196. h1 टैग को Right Alignment में एलाइन करने के लिए निम्न से कौन-सा विकल्प सही हैं?

(a) <h1align = "right">,,,,,,</h1>

(b) <h1alignment = "right">,,,,,</h1>

(c) <h1tagalign = "right">,,,,,,</h1>

(d) नहीं बना सकता है

197. फाइल सिस्टम को उस तरीके के रूप में समझा जा सकता है जिस तरीके से फाइल डिस्क पर व्यवस्थित होती हैं। निम्न में से क्या फाइल सिस्टम का विनिर्देश नहीं है?

(a) NTFS

(b) MFS

(c) ISO 9660

(d) ISO 27000

198. MS Excel 2003 में, आप डेटा या फॉर्मूलाज को कॉपी कर सकते हैं।

(a) एडिट मेनू से कॉपी, पेस्ट तथा कट कमांडस के द्वारा

(b) शॉर्टकट मेनू से कमांडल के द्वारा

(c) स्टैर्ड टूलबार के बटन्स के द्वारा

(d) उपरोक्त सभी

199. MS Word में, किस व्यू के साथ आप यह देख सकते हैं कि टेक्स्ट तथा ग्राफिक्स प्रिंटेड पेज पर कैसे दिखेंगे?

(a) प्रिंट लेआउट (b) आउटलाइन

(c) वेब लेआउट (d) उपरोक्त सभी

200. मॉडम के विषय में निम्न में से क्या सत्य नहीं है?

(a) मॉडम एक डिवाइस है जो डेटा ट्रासमिट करने के लिए कैरियर वेव्ज को डिजिटल इन्फॉर्मेशन के साथ मॉडुलेट/डिमॉडुलेट करती है.

(b) मॉडेम को निर्धारित समय में अपने द्वारा भेजे गए डाटा की मात्रा की स्पीड से मापा जाता है

(c) मॉडम इन्फॉर्मेशन के पैकेट डिस्पैच करते हुए अनेक डिवाइसेज के साथ इंटरनेट कनेक्शन साझा करता है

(d) मॉडम इंटरनेट सर्विस प्रोवाइडर के साथ कम्युनिकेट करता है

उत्तर (हल/संकेत)

1. (a) सूर्य का सूर्यास्त के समय लाल दिखना, प्रकाश के प्रकीर्णन के कारण होता है।

2. (a) रबड़ की गेंद के संवेग में हुआ परिवर्तन धातु के गेंद के सापेक्ष अधिक होता है। इसलिए रबड़ की गेंद उछल जाती है जबकि धातु की गेंद नहीं।

3. (d) लाल रंग की तरंग दैर्ध्य सबसे अधिक होने के कारण, लाल रंग प्रकीर्णित नहीं होता है तथा सभी अन्य रंग प्रकीर्णित हो जाते हैं। इसलिये सूर्योदय तथा सूर्यास्त के समय सूर्य का रंग लाल दिखाई देता है।

4. (c) विद्युत और चुम्बकत्व में सम्बन्ध माइकल फैराडे द्वारा निरूपित किया गया। विद्युत क्षेत्र के चारों ओर विद्युत क्षेत्र के निर्माण की घटना विद्युत चुम्बकीय प्रेरण कहलाती है।

5. (c) रूपान्तरित तथा घूर्णन गति सड़क पर चलती बैलगाड़ी के पहिए की गति का उदाहरण है। क्योंकि बैलगाड़ी बैलों की पेशीय ऊर्जा के रूपान्तरण तथा गाड़ी के पहिए के घूर्णन गति के कारण ही आगे बढ़ पाती है।

6. (a) अपश्रव्य ध्वनि की आवृत्ति 20 Hz से कम होती है। मानव श्रव्य सीमा की निचली सीमा 20 Hz होती है।

7. (c) $KMnO_4$ (पोटैशियम परमैग्नेंट) का प्रयोग एक संक्रमण नाशक के रूप में किया जाता है। इसका उपयोग कुएं के पानी को शुद्ध करने के लिए किया जाता है। इसको लाल दवा के नाम से भी जाना जाता है।

8. (c) नाइट्रस ऑक्साइड वाष्पशील कार्बनिक यौगिकों (मीथेन के अलावा) के साथ अभिक्रिया करके परॉक्सिल एसिटिल नाइट्रेट (धुँध का हिस्सा) का निर्माण करते हैं, जिसके फलस्वरूप आँखों में जलन उत्पन्न होती है।

9. (d) अम्लीय वर्षा में 60-70% H_2SO_4 और 30-40% HNO_8 होता है।

10. (a) ऊष्माक्षेपी अभिक्रियाएं वे अभिक्रियाएं होती हैं, जिनमें ऊष्मा का उत्सर्जन होता है। ऊष्माक्षेपी अभिक्रियाओं में अभिकारकों की ऊर्जा प्राप्त उत्पादों की ऊर्जा से अधिक होती है।

11. (a) रेडियोधर्मिता के अन्तर्गत, असन्तुलित परमाणु नाभिक का विखण्डन होता है। यदि किसी परमाणु के नाभिक में उपस्थित न्यूट्रॉन तथा प्रोटीन के अनुपात (n/p ratio) का मान यदि एक से अधिक होता है, तो वह रमाणु नाभिक असन्तुलित होगा। जहाँ, n = न्यूट्रॉनों की संख्या तथा p = प्रोटॉनों की संख्या है। रेडियोधर्मिता वह प्रक्रिया है, जिसमें परमाणु नाभिक स्वभाविक रूप से विघटित होते हैं।

12. (a) लोहे को जंग से बचाने के लिए उस पर जिंक का आवरण चढ़ाने की प्रक्रिया यशदलेपन कहलाती है। यह लोहे को जंग से बचाने की सर्वोत्तम प्रक्रिया है।

13. (b) निकोटिन नाइट्रोजनधारी एलकेलॉइड रसायन है, जो प्रत्येक तम्बाकू उत्पादों में उपस्थित होता है। यह व्यसनीय ड्रग (औषधि) है, जिसका नकारात्मक प्रभाव मस्तिष्क और तंत्रिका तंत्र पर पड़ता है।

14. (d) विश्व में मौजूद विभिन्न तरह के पौधों व जानवरों की प्रजाति, जो अपने विशिष्ट तरह के लक्षणों, गुणों व पहचान के लिये प्रसिद्ध हो, किसी भी स्थल की जैव विविधता कहलाती है। जैवविविधता तीन तरह से बंटी हुई है-प्रजाति, जाति एवं पारिस्थितिक तंत्र।

15. (a) इन्सुलिन एक प्रकार का हार्मोन है, जो अग्नाशय की बीटा कोशिकाओं द्वारा स्रावित होता है। इन्सुलिन रक्त में शर्करा के स्तर को संतुलित रखता है। इन्सुलिन के अल्पस्राव से डायबिटिज मैलाइटस (मधुमेह) हो जाता है।

16. (c) **17.** (d)

18. (b) जल की वायु का बुलबुला अवतल लेन्स की भांति कार्य करता है।

19. (b) मानव शरीर की सबसे छोटी अस्थि स्टेपीज है यह कान में पायी जाती है।

20. (b) ऋग्वेद भारत-यूरोपीय भाषाओं का सबसे पुराना निर्दश है। इसमें अग्नि, इन्द्र, मित्र, वरुण आदि देवताओं की स्तुतियां संग्रहित हैं। इस ग्रंथ के अनेक तथ्य अवेस्ता में मिलते है। ऋग्वेद में ही गाय के लिए अघन्या का प्रयोग किया जाता है।

21. (b) गुप्त काल की चित्रकला का जन्म विशेषत: मथुरा शैली द्वारा स्थापित प्रतिमानों पर आधारित था। गुप्त मूर्तिकला के सर्वोतम उदाहरण सारनाथ की मूर्तियों और चित्रकला का सर्वोत्कृष्ट उदाहरण अजन्ता बौद्ध कला है। भूमि स्पर्श मुद्रा की कुछ प्रतिमा गुप्त काल से सम्बन्धित है।

22. (c) विष्णु के वराह अवतार को समुद्र से पृथ्वी का उद्धार करते हुए दिखाया गया है। गुप्तकाल की कई मूर्तियां विष्णु के इस रूप में दिखाई गई है।

23. (a) ऐलोरा के प्रसिद्ध कैलाश मंदिर का निर्माण राष्ट्रकूट शासक कृष्ण प्रथम ने करवाया था राष्ट्रकूट राजवंश का संस्थापक दन्तिदुर्ग था। इसकी राजधानी मनकिर या मान्यखेत वर्तमान मालखेड़ शोलापुर के निकट थी।

24. (d) पुराण के अनुसार नंद वंश का संस्थापक महापद्मनन्द एक शूद्र शासक था। इसे सर्वक्षत्रान्तक (क्षत्रियों का नाश करने वाला) तथा भार्गव (दूसरे परशुराम का अवतार) कहा गया है। एक विशाल साम्राज्य स्थापित कर उसने एकराट और एकच्छत्र की उपाधि धारण की।

25. (c) अलबरूनी महमूद गजनी के आक्रमण के समय भारत आया था। इसकी प्रसिद्ध पुस्तक किताबुल हिन्द तत्कालीन इतिहास जानने का एक महत्वपूर्ण साधन है। इसमें भारतीय गणित, इतिहास भूगोल खगोल, दर्शन आदि की समीक्षा की गई है।

26. (c) मत्त विलास प्रहसन के लेखक महेन्द्र वर्मन हैं। ये पल्लव वंश के शासक थे जो तमिल संत अय्यर के प्रभाव में आकर शैव बन गए।

27. (d) बहलोल लोदी का उत्तराधिकारी सिकन्दर शाह लोदी हुआ जो लोदी वंश का सर्वश्रेष्ठ शासक था। राज्य के हिसाब-किताब की लेखा परीक्षण प्रणाली की शुरुआत की। उसने खाद्यान्न करों (अनाज कर) को समाप्त कर दिया तथा व्यापार से प्रतिबन्धों को हटा दिया जिससे लोगों की आर्थिक समृद्धि को बढ़ावा मिले।

28. (c) नामदेव का जन्म एक दर्जी परिवार में हुआ था। अपने प्रारम्भिक जीवन में ये डाकू थे। बारकारी सम्प्रदाय के रूप में प्रसिद्ध विचारधारा की गौरवशाली परम्परा की स्थापना में इनकी प्रमुख भूमिका रही। इनके कुछ गीतात्मक पद्य गुरू ग्रंथ साहिब में संकलित है। इन्होंने कुछ भक्तिपरक मराठी गीतों की रचना की जो अभंगों के रूप में प्रसिद्ध है। इन्होंने दिल्ली में सूफी सन्तों के वाद-विवाद में भी हिस्सा लिया था।

29. (a) पं. जवाहरलाल नेहरू ने 1935 के अधिनियम को दासता का अधिकार पत्र कहा उन्होंने इस अधिनियम को एक ऐसी मशीन बताया जिसमें ब्रेक अनेक हैं लेकिन इंजन कोई नहीं। जिन्ना ने इस अधिनियम के बारे में कहा है कि पूर्णत: सड़ा हुआ, मूल रूप से बुरा और बिल्कुल अस्वीकृत है। सी. राजगोपालाचारी ने इसे द्वैध शासन से भी बुरा कहा।

30. (b) बाबर को भारत पर आक्रमण करने का निमंत्रण पंजाब के शासक दौलत खां लोदी एवं मेवाड़ के शासक राणा सांगा ने दिया था खानवा का युद्ध 17 मार्च, 1527 ई. को राणा सांगा एवं बाबर के बीच हुआ जिसमें बाबर विजयी हुआ खानवा युद्ध में विजय के बाद बाबर ने गाजी की उपाधि धारण की थी।

31. (a) एलन अक्टोवियन ह्यूम ने 1884 में भारतीय राष्ट्रीय संघ की स्थापना की थी। जिसका प्रथम अधिवेशन 28 दिसम्बर, 1885 को बम्बई स्थित गोकुलदास तेजपाल संस्कृत विद्यालय में आयोजित किया गया था इसी सम्मेलन में दादा भाई नौरोजी के सुझाव पर भारतीय राष्ट्रीय संघ का नाम बदलकर भारतीय राष्ट्रीय कांग्रेस रख दिया गया । भारतीय कांग्रेंस का महासचिव स्वयं एलन अक्टोवियन ह्यूम को बनाया गया तथा अध्यक्ष व्योमेश चन्द्र बनर्जी को।

32. (b) औरंगजेब ने 1665 ई. में जयसिंह को शिवाजी के विरुद्ध भेजा। जयसिंह ने उसे पराजित कर 22 जून, 1665 ई. को पुरन्दर की सन्धि करने के लिए विवश कर दिया। पुरन्दर की सन्धि के फलस्वरूप शिवाजी को अपने चार लाख हून वाले 23 मिले मुगलों को सौंपने पड़े तथा बीजापुर के खिलाफ मुगलों की सहायता करने का वचन देना पड़ा। पुरन्दर की सन्धि जयसिंह की व्यक्तिगत विजय थी।

33. (d) महाराष्ट्र में विनायक दामोदर सावरकर ने 1904 ई. में अभिनव भारत नामक संस्था की स्थापना की।

34. (a) सही सुमेल है - बाबर - जामी मस्जिद (सांभल) हुमायूं - दीन पनाह अकबर - जहांगीरी महल जहांगीर-एत्माद- उद्- दौला का मकबरा।

35. (a) रानाडे ने महाराष्ट्र में 'विडो री मेरिज एसोसिएशन' की स्थापना की तथा उन्हीं के प्रयत्नों से 'दक्कन एजुकेशनल सोसायटी' का जन्म हुआ।

36. (d) ब्रह्म समाज की स्थापना राजा राममोहन राय ने की थी। 1865 में ब्रह्म समाज में पहला विभाजन हुआ। विभाजित समाज के देवेन्द्र नाथ वाले समूह ने अपने को आदि ब्रह्म समाज कहा। आदि ब्रह्म समाज का नारा था। कि ब्रह्मवाद ही हिन्दूवाद है। आचार्य केशव सेन के नेतृव्य वाले गुट ने अपने को भारत वर्षीय ब्रह्म समाज का नाम दिया।

37. (c) कृष्णा प्रायद्वीपीय भारत की दूसरी बड़ी नदी है। महाबलेश्वर के निकट से निकलकर दक्षिण-पूर्व दिशा में 1400 किमी. की लम्बाई में बहती है। इसका अपवाह क्षेत्र 259000 वर्ग किमी. क्षेत्र में फैला हुआ है। कोयना, अरला पंचगंगा, दूधगंगा, घाटप्रभा मालप्रभा, भीमा, तुंगभद्रा और मूसी इसकी प्रमुख नदियां है।

38. (a) 1919 के भारत शासन अधिनियम में कहा गया था कि अधिनियम के पारित होने के दस वर्ष बाद एक संवैधानिक आयोग की नियुक्ति की जायेगी जो इस बात की जांच करेगा कि अधिनियम व्यवहार में कहां तक सफल रहा है तथा भारत उत्तरदायी शासन की दिशा में कहां तक प्रगति करने की स्थिति में है। आयोग की नियुक्ति दस वर्ष बाद की जानी थी लेकिन ब्रिटेन की तत्कालीन सरकार ने दो वर्ष पूर्व ही साइमन कमीशन की नियुक्ति कर दी साइमन की अध्यक्षता में गठित आयोग में कुल सात सदस्य थे चूंकि इसके सभी सदस्य अंग्रेज थे इसलिए कांग्रेसियों ने इसे श्वेत कमीशन कहा। 11 दिसम्बर, 1927 को इलाहाबाद में हुए एक सर्वदलीय सम्मेलन में आयोग में एक भी भारतीय सदस्य को न नियुक्त किए जाने के कारण इसके बहिष्कार का निर्णय लिया गया।

39. (d) कोचीन और तेजपुर में अधिक आर्द्र जलवायु का अनुभव होता है क्योंकि यहां वर्षा अधिक होती है।

40. (b) सही सुमेल है - उकाई - गुजरात पत्रातू- झारखंड पेच - मध्य प्रदेश डभोल - महाराष्ट्र।

41. (b) सही सुमेल है - कनकीनारा - जूट विरुधनगर - सूती वस्त्र चन्ना पटना - रेशम भदोही - कालीन।

42. (b) थाईलैण्ड अपने कुल निर्यात से प्राप्त धन का लगभग दो तिहाई चावल से प्राप्त करता है।

43. (c) देश में कुल 17 सार्वजनिक क्षेत्र की रिफायनरियों की स्थापना की गयी है। प्रश्नानुसार बरौनी 10C की सहायता से, कोयली 10C की सहायता से तथा नूनमाटी है जबकि हटिया में कोई तेलशोधक कारखाना नहीं है।

44. (b) संसार में प्रागैतिहासिक काल से ही तांबे का प्रयोग हो रहा है इसको टिन में मिश्रित करने पर कांस्य तथा जस्ते में मिलाने पर पीतल बनता है। तांबे का प्रयोग विद्युतीय उद्योगों तथा बर्तन बनाने में अधिकाशत: होता है। विश्व में सर्वाधिक तांबा उत्पादक देश चिली है। प्रश्नानुसार अफ्रीका में सर्वाधिक तांबा उत्पादक देश जाम्बिया है।

45. (c) बॉक्साइट टर्शियरी युग में निर्मित लेटराइटी शैलों से सम्बद्ध है जो एल्युमिनियम का आक्साइड है। यह अवशिष्ट अपक्षय का प्रतिफल है। जिससे सिलिका का निक्षालन होता है। देश के चार शीर्ष बाक्साइट उत्पादक राज्य निम्न है - ओडिशा-30% गुजरात- 23.0% महाराष्ट्र- 13.0% छत्तीसगड; 11.0%

46. (d)

47. (c) राष्ट्रीय राजमार्ग विकास परियोजना के तहत उत्तर-दक्षिण तथा पूर्व-पश्चिम गलियारे झांसी में मिलते है।

48. (c) इंग्लैंड में क्रिकेट कमेटी का प्रारंभ = 10 बजे पूर्वाह्न या 10 बजे सुबह भारत, पूर्वी देशान्तर $82\frac{1°}{2}$ पर अवस्थित है तो समय को एक देशांतर खिसकने में 4 मिनट का समय लगता है $82\frac{1°}{2}\times 4 = \frac{1}{2}$ घंटा भारत में यह 3:30 बजे अपराह्न सुनी जाएगी।

49. (c)

50. (b) मध्यकालीन पाषणकालीन स्थल महदहा से हड्डी से निर्मित आभूषण प्राप्त हुए थे। महदहा से प्राप्त प्रमुख उपकरणों में से ब्लेड, खुरचनी, भेदक, चांद्रिक त्रिभुज, समलम्ब चतुर्भुज उल्लेखनीय हैं। यहां से सींग तथा श्रृंग के बने उपकरण और आभूषण सरायनाहर राय की तुलना में अधिक संख्या में प्राप्त हुए हैं। महदाहा स्थल प्रतापगढ़ जिले की पट्टी तहसील में स्थित है।

51. (d) सनराइज उद्योग में वे उद्योग आते हैं जो तीव्र गति से वृद्धि कर रहें हो जैसे-इलेक्ट्रॉनिक्स तथा जैव प्रौद्योगिकी उद्योग इत्यादि।

52. (c) मृत सागर में सबसे अधिक खारापन है क्योंकि यहां जल में लवणता अधिक है।

53. (b) अप्लेशियन पर्वत टर्शियरी पर्वतीकरण का परिणाम नहीं बल्कि यह उत्तरी अमेरिका में स्थित हार्सीनियन हलचल के प्रमुख पर्वत हैं।

54. (b) दूधसागर जलप्रपात गोवा में स्थित है।

55. (d) अनुच्छेद 68 के अनुसार, उपराष्ट्रपति की पदावधि की समाप्ति से हुई रिक्ति को भरने के लिए निर्वाचन पदावधि की समाप्ति से पूर्व ही किया जाएगा तथा उपराष्ट्रपति की मृत्यु, पदत्याग या पद से हटाए जाने या अन्य कारण से हुई उसके पद में रिक्ति को भरने के लिए निर्वाचन यथाशीघ्र किया जाएगा। इस प्रकार निर्वाचित व्यक्ति अपने पद ग्रहण की तारीख से पांच वर्ष पूरी अवधि तक

पद धारण करने का हकदार होगा। इस प्रकार रिक्त स्थान को भरने के लिए संविधान में किसी समय सीमा का उल्लेख नहीं है।

56. (a) उपराष्ट्रपति को राज्य परिषद के प्रस्ताव द्वारा हटाया जा सकता है। भारतीय संविधान के अनुच्छेद 63 के अनुसार भारत का एक उपराष्ट्रपति होगा। अनु. 67 के अनुसार उपराष्ट्रपति अपने पद धारण करने की तारीख से 5 वर्ष तक पद पर रहेगा किन्तु वह (1) किसी भी समय राष्ट्रपति को सम्बोधित अपने लिखित पत्र द्वारा अपना पद त्याग सकेगा। (2) वह राज्य सभा के ऐसे संकल्प से हटाया जा सकेगा जिसे राज्यसभा के सदस्यों ने अपने बहुमत से पारित किया है और जिससे लोकसभा सहमत है। उल्लेखनीय है कि उपराष्ट्रपति को पद से हटाने के लिए 'महाभियोग' की प्रक्रिया की कोई व्यवस्था नहीं है।

57. (a) संसद को यह अधिकार प्राप्त है कि वह नए राज्यों का निर्माण और वर्तमान राज्यों के क्षेत्रों, सीमाओं या नामों में परिवर्तन विधि द्वारा कर सकती है। संघ में नए राज्य या प्रदेश या उनकी स्थापना की शक्ति भी प्राप्त है।

58. (c) 44वीं संविधान संशोधन (1978) द्वारा राष्ट्रीय आपात स्थिति लागू करने के लिये आंतरिक अशांति के स्थान पर सैन्य विद्रोह का आधार रखा गया एवं आपात स्थिति संबंधी अन्य प्रावधानों में परिवर्तन लाया गया। इसके द्वारा संपत्ति के अधिकार को मौलिक अधिकारों से हटाकर विधिक अधिकारों की श्रेणी में रखा गया।

59. (b) 'तृणमूल लोकतंत्र' से संबंधित पंचायती राज पद्धति है।

60. (d) जनगणना 2011 के अनन्तिम आंकड़े के अनुसार भारत की जनसंख्या का 16.49% प्रतिशत उत्तर प्रदेश में रहता है, जबकि 30 अप्रैल 2013 को जनगणना 2011 के अंतिम आंकड़े जारी किये गये। इसके अनुसार भारत की जनसंख्या का 16.50% उत्तर प्रदेश में रहता है।

61. (c) जनगणना 2011 के अंतिम आंकड़ों के अनुसार त्रिपुरा (87.75%) हिमाचल प्रदेश (83.78%) सिक्किम (82.20%) तथा नागालैंड (80.11%) जबकि 30 अप्रैल 2013 को जारी जनगणना 2011 के अंतिम आंकड़ों के अनुसार क्रमशः त्रिपुरा (87.2%) हिमाचल प्रदेश (82.8%) सिक्किम (81.4%) तथा नागालैंड (76.6%) है।

62. (c) गुजरात के कच्छ जिले के भचाऊ तालुका में स्थित धौलावीरा आज एक साधारण स्कूल है। इस स्थल की खोज व उत्खनन 1990-91 में आर. एस. विष्ट ने की। अन्य हड़प्पाकालीन नगर दो भागों-1 किला या नगर दुर्ग और 2 निचले नगर में विभाजित थे, किंतु इनसे भिन्न धौलावीरा तीन भागों में विभाजित था, जिनमें से दो भाग आयताकार दुर्गबन्दी या प्राचीरों द्वारा पूरी तरह सुरक्षित थे। ऐसी नगर योजना अन्य हड़पकालीन नगरों में देखने को नहीं मिलती है।

63. (c) जनगणना 2011 के अनन्तिम आंकड़ों के अनुसार भारत का जनघनत्व 382 है। प्रश्नानुसार सबसे कम जनघनत्व वाला राज्य मिजोरम है जिसका जनघनत्व 52 है, जबकि 30 अप्रैल, 2013 को जारी जनगणना 2011 के अंतिम आंकड़ों के अनुसार भारत को जनघनत्व 382 है जिसमें मिजोरम (52), मेघालय (132) नागालैंड (119) तथा मणिपुर (115) है।

64. (a) ऋग्वेद का ऋत्विक (वेद संबंधी कार्य करने वाला व्यक्ति) 'होता' कहलाता था। 'होता' का कार्य देवताओं को यश्र में आहूत करना था ऋचा पाठ करते हुए स्तुति करना था।

65. (d) 11 जुलाई 1987 को विश्व जनसंख्या 5 अरब के बिन्दु को पार कर गई थी तब से 11 जुलाई को जनसंख्या दिवस के रूप में मनाया जाता है।

66. (b)

67. (b) जनगणना 2011 के अंतिम आंकड़ों के अनुसार भारत की कुल जनसंख्या 1210193422 है जिसमें महिलाओं की जनसंख्या 5876469174 है जो प्रतिशत रूप में 48.46: होगा। 30 अप्रैल, 2013 को जारी जनगणना 2011 के अंतिम आंकड़ों के अनुसार भारत की कुल जनसंख्या 1210569573 है जिसमें महिलाओं की जनसंख्या 587447730 है जो प्रतिशत रूप में 48.52% होगा।

68. (d) संविधान के अनुच्छेद 24 के अनुसार 14 वर्ष से कम आयु वाले किसी बच्चे को कारखानों खानों या अन्य किसी जोखिम भरे काम पर नियुक्त नहीं किया जा सकता है तथा संविधान के अनुच्छेद 23 के अनुसार किसी व्यक्ति की खरीद बिक्री, बेगारी तथा इसी प्रकार का अन्य जबरदस्ती लिया हुआ श्रम निषिद्ध ठहराया गया है जिसका उल्लघंन विधि के अनुसार है।

69. (d) संविधान के अनुच्छेद 32 में मूल अधिकारों के संरक्षण के लिए संवैधानिक उपचारों का प्रावधान किया गया है। डॉ. भीम राव अम्बेडकर ने संवैधानिक उपचारों का अधिकार अर्थात् अनुच्छेद 32 को संविधान का हृदय एवं आत्मा कहा है।

70. (b) सूचना अधिकार अधिनियम 2005 के तहत सूचना मांगने का अधिकार पारित किया गया। यह एक विधिक अधिकार है।

71. (a) कोई व्यक्ति उपराष्ट्रपति निर्वाचित होने के योग्य तभी होगा जब वह–

- भारत का नागरिक हो। राज्यसभा का सदस्य निर्वाचित होने के योग्य हो। निर्वाचन के समय किसी प्रकार के लाभ के पद पर नहीं हो।
- यह संसद के किसी सदन या राज्य विधानमंडल के किसी सदन का सदस्य नहीं हो सकता और यदि कोई व्यक्ति उपराष्ट्रपति निर्वाचित हो जाता है तो समझा जाएगा कि उसने उस सदन का अपना स्थान अपने पदर ग्रहण की तारीख से रिक्त कर दिया है।

72. (d) द्वितीय पीढ़ी का मानव अधिकार समता का अधिकार को जाना जाता है।

73. (d) संविधान के अनुच्छेद 358 के अनुसार, अनुच्छेद 352 के तहत आपात उद्घोषणा प्रवृत्त रहने के समय अनुच्छेद 19 में वर्णित स्वतंत्राएं निलंबित हो जाता है। अनुच्छेद 359 के तहत राष्ट्रपति अनुच्छेद 19 के अतिरिक्त अन्य अधिकारों को भी लागू करने के लिए समावेदन के अधिकार को निलंबिन कर सकता है। इसे संसद में अनुमोदित भी करना होगा। 44वें संशोधन द्वारा यह उपबंधित किया गया है कि अनुच्छेद 21 से 20 को निलंबित नहीं किया जा सकता है। ध्यातव्य हो कि संविधान के अनुच्छेद 21 से प्राण एवं दैहिक स्वतंत्रता का अधिकार दिया गया है। योजना आयोग की स्थापना 1950 में मंत्रिमंडलीय प्रस्ताव द्वारा किया गया था वर्तमान में इसके उपाध्यक्ष डॉ. मोटेक सिंह अहलूवालिया है।

74. (c) संविधान के अनुच्छेद 76 के तहत महान्यायवादी की नियुक्ति की जाती है यह भारत का प्रथम विधि अधिकारी होता है। वर्तमान में भारत के महान्यायवादी मुकुल रोहतगी है।

75. (b) संघ लोक आयोग प्रतिवर्ष अपने कार्यों का विवरण राष्ट्रपति के समक्ष प्रस्तुत करता है, जिनमें उन मामलों का उल्लेख रहता है जिन पर सरकार ने कोई परामर्श नहीं लिया है अथवा आयोग के परामर्श को सरकार ने स्वीकार नहीं किया है।

76. (a) साधारणतः वैसे व्यक्ति को मुख्यमंत्री नियुक्ति किया जाता है जो विधानसभा में बहुमत दल का नेता होता है। मुख्यमंत्री ही शासन का प्रमुख धुरी है। मंत्रिपरिषद की बैठकों की अध्यक्षता मुख्यमंत्री करता है राज्यपाल के सारे अधिकारों का प्रयोग मुख्यमंत्री ही करता है।

77. (a) जम्मू कश्मीर का अनुच्छेद 370 के तहत विशेष दर्जा प्राप्त है इसके अनुसार भारतीय संविधान के वहीं भाग वहां लागू होने जिन्हें राष्ट्रपति राज्य

सरकार के परामर्श से वहां लागू होने की घोषणा करे । जम्मू कश्मीर की यह विशेष स्थिति जम्मू कश्मीर की विधान सभा की सिफारिश पर राष्ट्रपति लोक अधिसूचना द्वारा समाप्त कर सकता है।

78. (d) जवाहरलाल नेहरू नेशनल अरबन रिनुअल मिशन दिसम्बर 2005 से चल रही 7 वर्षीय शहरी अवस्थापना विकास से सम्बन्धित है। इस कार्यक्रम के चार घटक हैं - (1) अरबन इन्फ्रास्ट्राक्चर एण्ड गवर्नेन्स (2) शहरी गरीबों के लिए बुनियादी सेवाएं (3) इन्फ्रास्ट्राक्चर डेवेलपमेंट स्कीम फॉर एम्पलाइड मीडियम टाउन्स और (4) एकीकृत आवास एवं मलिन बस्ती विकास।

79. (d) भारत में नदी जल विवादों का इतिहास काफी पुराना है। नदी जल विवाद उस समय ज्यादा गंभीर हो जाता है। जब नदी बारहमासी न हो। प्रमुख प्रायद्वीपीय नदियों में से एक कावेरी नदी जिसका उद्गम कोडगू कर्नाटक है। इसका प्रवाह बेसिन केरल, 2013 को अधिसूचित निर्णय के अनुसार कावेरी नदी जल का कुल 740 टीएमसी फीट मात्रा में से कर्नाटक को 270 टीएमसी फीट, केरल को 30 टीएमसी तमिलनाडु को 419 टीएमसी फीट एवं पुडुचेरी को 7 टीएमसी फीट जल आवंटित किया गया है।

80. (a) छाया कीमतों की अवधारणा सर्वप्रथम जे. टिनबरगिन ने दिया था।

81. (a) भारत शासन अधिनियम 1861 के तहत बम्बई, मद्रास और कोलकता में उच्च न्यायालयों की स्थापना की गई थी।

82. (c) केंद्रीय सांख्यिकीय कार्यालय द्वारा राष्ट्रीय आय संबंधी आंकड़े प्रचलित मूल्यों तथा स्थिर आधार वर्ष मूल्यों पर जारी किए जाते हैं। स्थिर मूल्यों पर सकल घरेलू उत्पाद (GDP) व राष्ट्रीय आय संबंधी आंकड़ों के प्राकलन के लिए 2004-05 आधार वर्ष बदलकर अब 2011-12 किया गया है।

83. (d)

84. (b) वार्षिक आर्थिक समीक्षा को वित्त मंत्रालय, भारत सरकार द्वारा तैयार किया जाता है।

85. (a) सहकारिता क्षेत्र का भारत का सबसे बड़ा उर्वरक कारखाना इफको है। यह उत्तर प्रदेश के इलाहाबाद जिले के फूलपुर में अवस्थित है।

86. (b) एक रुपये के नोट तथा सिक्के का निर्गमन वित्त मंत्रालय (भारत सरकार) करता है तथा इसके अतिरिक्त समस्त करेंसी नोटों का निर्गमन रिजर्व बैंक करता है।

87. (b) आर्थिक समीक्षा 2011-12 के अनुसार उत्पादन लागत पर GDP में कृषि एवं संबद्ध क्षेत्र का हिस्सा 14.1 प्रतिशत, उद्योग क्षेत्र का हिस्सा (निर्माण सहित) 30.2 प्रतिशत तथा सेवा क्षेत्र का हिस्सा 55.7 प्रतिशत है। आर्थिक समीक्षा 2014-15 के आंकड़ों के अनुसार- कृषि एवं सहायक क्षेत्र (17.6%), उद्योग (29.7%), सेवाए, (52.7%)।

88. (c) वित्त आयोग की स्थापना राष्ट्रपति द्वारा संविधान के अनुच्छेद 280 के तहत की जाती है। अभी तक 14 वित्त आयोग का गठन हो चुका है। तेरहवें वित्त आयोग के अध्यक्ष डॉ. सी. रंगराजन थे। इनकी सिफारिशें वर्ष 2010-15 तक लागू हैं तथा 14वें वित्त आयोग के अध्यक्ष डॉ. वाई. वी. रेडी हैं इनकी सिफारिशें वर्ष 2015- 20 तक लागू होगी।

89. (a) कृषि निर्यात का संवर्द्धन करना विशेष कृषि एवं ग्राम उद्योग योजना का मुख्य उद्देश्य है।

90. (a) मार्च 1993 में 1993-94 की बजट प्रस्तुत करते हुए वित्तमंत्री डॉ. मनमोहन सिंह ने व्यापार खाते पर रुपए की पूर्ण परिवर्तनीयता की घोषणा की।

91. (a) राष्ट्रीय कृषि विकास योजना 2007 में प्रारंभ की गई। यह 100 प्रतिशत केन्द्रीय सहायता स्कीम है। जिसका प्रमुख उद्देश्य राज्यों को कृषि तथा कृषि सम्बद्ध क्षेत्रों में नियोग को प्रेरणा प्रदान करता है जिससे 11वीं पंचवर्षीय योजना के अंत तक कृषि में कम-से-कम 4.0 प्रतिशत की विकास दर प्राप्त हो सके।

92. (b) पंजाब नेशनल बैंक में न्यू बैंक ऑफ इण्डिया का विलय किया गया है।

93. (d) यही सुमेल है - • गोस्वामी सीमित - औद्योगिक रुग्णता की समस्या • जानकी रमन सीमित - शेयर घोटाले की जांच-पड़ताल - मल्होत्रा समिति - बीमा क्षेत्र में सुधार • तारापोर समिति - भारतीय मुद्रा का चालू खाते पर परिवर्तनीयता।

94. (c) दक्षिण एशियाई क्षेत्रीय सहयोग संघ (सार्क) की स्थापना 7-8 दिसम्बर 1985 में की गयी थी। इसका मुख्यालय काठमांडू नेपाल में है। इसके सदस्य देश भारत, पाकिस्तान, बांग्लादेश, नेपाल, भूटान, श्रीलंका और मालदीव हैं।

95. (d) बौद्धिक सम्पदा अधिकार को व्यापारिक मूल्य के साथ सूचना के रूप में पारिभाषित किया जाता है। बौद्धिक सम्पदा अधिकार विचारों, आविष्कारों तथा सृजनात्मक अभिव्यक्तियों तथा उनको सम्पति का दर्जा दिए जाने के सम्बन्ध में जनता की सहमति तथा उसके स्वामित्वधारी को अधिकार दिये जाने से सम्बन्धित है इसके तहत् सात बौद्धिक सम्पदा अधिकार आते हैं।

96. (b) कोशिकाओं में असामान्य वृद्धि को कैंसर कहते हैं। रेडियोधर्मी पदार्थों जैसे रेडियम, प्लूटोनियम इत्यादि से हड्डी का कैंसर होता है। संश्लेषी रंजकों के निर्माण में प्रयुक्त होने वाले ऐरोनेटिक एमीन से मूत्राशय का कैंसर होता है। कैंसर से शरीर के किसी भाग में दर्द न करने वाला पिण्ड बन जाता है। कैंसर का उपचार एन्टीबायोटिक्स, एल्कुलायड्स के प्रयोग से रेडियोधर्मी लेसर किरणों से शल्य चिकित्सा करके या बोन मेरो का प्रत्यार्पण करके किया जाता है।

97. (b) आर्थर डंकल गैट के अध्यक्ष थे। इन्होंने 1989 में उरुग्वे चक्र के विकासशील देशों के विरोध में प्रस्ताव पारित किया गया था।

98. (c)

99. (d) भारतीय कृषि अनुसंधान परिषद् की रिपोर्ट के अनुसार भारत में कृषि पारिस्थितिकीय क्षेत्रों की संख्या 20 है।

100. (b)

101. (b) जी.बी. पन्त कृषि एवं प्रौद्योगिकी विश्वविद्यायल पन्त नगर द्वारा जीरो टिल बीज एवं उर्वरक ड्रिल विकसित किया गया था।

102. (c) भारत में परमाणु संयंत्रों की कुल संख्या 20 है इसमें प्रथम 28-10-1969 को तारापुर महाराष्ट्र में लगाया गया तथा 20वां या नवीनतम 20 जनवरी, 2011 को कैगा, कर्नाटक में लगाया गया है।

103. (b) सेन्ट्रल एरिड जोन रिसर्च इन्स्टीट्यूट जोधपुर में है। राष्ट्रीय भू-भौतिकी अनुसंधान संस्थान हैदराबाद में है। बंगलौर में भारतीय खगोल संस्थान है। अहमदाबाद में कपड़ा उद्योग अनुसंधान संस्थान है।

104. (b)

105. (d) मंगल ग्रह पर जीवन की तलाश के लिए अमेरिकी अंतरिक्ष एजेंसी नासा के मार्स साइंस लेबोरेटरी मिशन के तहत 26 नवम्बर, 2011 को फ्लोरिडा स्थित केप कैनवेरेल एयरफोर्स स्टेशन से एटलस V रॉकेट द्वारा क्यूरियोसिटी रोवर को प्रक्षेपित किया था। यह रोवर मंगल पर रेडियो आइसोटोप जेनरेटर से मिलने वाली बिजली से चल रहा है, इसमें ईंधन के रूप में प्लूटोनियम 238 का इस्तेमाल किया गया है।

106. (d) चाय में मार्फीन नहीं पाया जाता है।

107. (a) आर्जीमोन के बीज को सरसों के बीज के अपमिश्रक के रूप में सामान्यत: प्रयोग में लाया जाता है।

108. (d) समुद्र के भीतर से मार सकने वाली नई मिसाइल सागरिका का सफल परीक्षण सम्पन्न हुआ था। 10 मीटर लंबी इस एस.एल.बी.एम. की मारक क्षमता 700 किमी. है। डी.आर.डी.ओ. ने सागरिका का 27 जनवरी 2013 को एक और परीक्षण किया।

109. (a) केरल को मसालों का बागान कहा जाता है।

110. (b) नील हरित शैवाल धान की फसल की पैदावार बढ़ाने के लिए जैव उर्वरक के रूप में प्रयोग में लाई जाती है।

111. (b) किसी बच्चे की पैतृकता स्थापित करने के लिए डी.एन.ए. अंगुलि छापन तकनीक उपयोग में लाया जाता है।

112. (c) सूचना प्रौद्योगिकी की फिगर शब्दावली से उपयोग कर्ता के ई-मेल का पता ज्ञात किया जाता है।

113. (b) सिकंदर ने 326 ई. पू. में खैबर दर्रे को पार कर भारत में प्रवेश किया। सिकंदर के भारत पहुंचने पर तक्षशिला के राजा आम्भी ने उसकी सहायता का वचन देकर उसकी अधीनता स्वीकार कर ली। झेलम तथा चिनाब नदियों के मध्यवर्ती प्रदेश के शासक पोरस (पुरु) द्वारा सिकंदर के समक्ष समर्पण की मांग ठुकरा देने के फलस्वरूप झेलम (वितस्ता) का युद्ध हुआ। इस युद्ध में पोरस की हार हुई किन्तु उसकी वीरता से प्रसन्न होकर सिकंदर ने उसका राज्य उसे लौटा दिया तथा 5000 नगरों तथा गांवों सहित 15 गणराज्य के राज्य क्षेत्र भेंट कर उससे मैत्री कर ली।

114. (c) हाइड्रोजन न्यूनतम पर्यावरणीय प्रदूषण उत्पन्न करता है।

115. (a) **18 मई, 2019 को** ऑस्ट्रेलिया में संपन्न संसदीय चुनाव में प्रधानमंत्री स्कॉट मॉरिसन के नेतृत्व वाली कंजरवेटिव पार्टी की भारी मतों से जीत हुई है। यह चुनाव देश में 31वें प्रधानमन्त्री चुनने के लिए संपन्न हुए थे।

116. (a) **चेन्नई सुपर किंग्स के कप्तान** एमएस धोनी इंडियन प्रीमियर लीग के इतिहास में सबसे सफल विकेटकीपर बने। धोनी ने 12 मई 2019 को हैदराबाद में मुंबई इंडियंस के खिलाफ खेले गये फाइनल मैच में यह उपलब्धि हासिल की। धोनी ने 132 कैच लेकर यह कीर्तिमान बनाया, जबकि इससे पहले यह रिकॉर्ड दिनेश कार्तिक के नाम था जिन्होंने कुल 131 कैच लिए हैं।

117. (b) हाल ही में जापान ने दुनिया की सबसे तेज रफ्तार वाली बुलेट ट्रेन 'अल्फा-एक्स' पेश की है, जिसे 2030 तक लॉन्च किया जाएगा। दस डिब्बों वाली इस बुलेट ट्रेन की टॉपस्पीड 360 किलोमीटर प्रतिघंटा है। इस ट्रेन की खास बात यह है कि ट्रेन की प्वाइंटेड नोज 72 फीट लंबी है।

118. (b)

119. (b) केंद्रीय सांख्यिकी कार्यालय (CSO) द्वारा जारी आँकड़ों के अनुसार वित्तीय वर्ष 2017-18 के दौरान औद्योगिक उत्पादन की वृद्धि दर 4.4 प्रतिशत थी जो वित्तीय वर्ष 2018-2019 में घटकर 3.6 प्रतिशत रह गई। हालाँकि उद्योग के आठ प्रमुख क्षेत्रों ने 4.7 प्रतिशत की वृद्धि दर्ज की गई है। निर्माण गतिविधियों में सुस्ती और खनन में वृद्धि धीमी रहने से औद्योगिक वृद्धि की रफ्तार प्रभावित हुई है।

120. (a) ओडिशा तट पर फनी चक्रवात के टकराने से पहले चिल्का झील के केवल दो मुहाने सक्रिय थे,किन्तु उच्च ज्वारीय प्रिज्म युक्त तरंग ऊर्जा के कारण इस झील के चार नए मुहाने खुल गए हैं। इन नए मुहानों के खुलने के कारण बहुत अधिक मात्रा में समुद्री जल चिल्का झील में प्रवेश कर रहा है, जिससे चिल्का लैगून की लवणता में वृद्धि होती जा रही है । ये मुहाने ऐसे बिंदु होते हैं जहाँ झील समुद्र से मिलती है।

121. (d) **122.** (b) **123.** (c)

124. (b) हाल ही में प्रकाशित एक शोध-पत्र में हिंद महासागर के समीप रहने वाले ऐसे जीवों की पहचान की गई है, जिनमें 'पुरावृत्त विकास' या इटेरेटिव इवोल्यूशन की प्रवृत्ति देखने को मिली है। वैज्ञानिकों ने इन जीवों के दोबारा पृथ्वी पर लौटने की प्रक्रिया को दुर्लभ बताया है। जीवों की विलुप्ति और पुनर्जीवन की प्रक्रिया दस लाख सालों में एक या दो बार देखने को मिलती है। सफेद गले वाली रेल पक्षी रैलिडी परिवार की एक पक्षी प्रजाति है उड़ने में अक्षम उप-प्रजाति एल्डेब्रा रेल 20वीं शताब्दी की शुरुआत में अत्यधिक शिकार किये जाने के कारण विलुप्त हो गई थी।

125. (c) टीम दक्षिण भारत ने 7 मई , 2019 को बच्चों के क्रिकेट वर्ल्ड कप -2019 का ख़िताब जीता। विश्व कप के फाइनल में दक्षिण भारत टीम ने इंग्लैंड को हराया। इस प्रतियोगिता का आयोजन स्ट्रीट चाइल्ड यूनाइटेड यू.के. द्वारा किया गया था। टीम की कप्तानी चेन्नई के वी. पॉलराज ने की । उपकप्तान मुंबई के मणि रतिनाम ने आखिरी गेंद पर छक्का लगा कर मैच जिताने में प्रमुख भूमिका निभाई।

126. (a) बैंगनी मेंढक को जल्द ही केरल राज्य के राजकीय उभयचर के रूप में नामित किया जा सकता है। वह अजीब दिखने वाली प्रजाति पश्चिमी घाट की स्थानीय प्रजाति है। इससे इन प्रजातियों के निवास स्थान की रक्षा करने में मदद मिलेगी। इसे मावेली मेंढक या पिग्नोज फ्रॉग के रूप में भी जाना जाता है। इसका शरीर तगड़ा और सूजा हुआ दिखाई देता है। यह अन्य चपटे मेंढकों की तुलना में आकार में अपेक्षाकृत गोल होता है। अन्य मेंढकों की तुलना में इसमें एक छोटा सिर और एक असामान्य नुकीला थूथन होता है।

127. (c) राष्ट्रीय डेयरी विकास बोर्ड (एनडीडीबी) ने दुनिया की पहली पैरेंट जीनोम असेंबली विकसित की है, जिसे एनडीडीबी ब्रो मुर्रह नाम दिया गया है।

यह स्वदेशी मवेशियों के लिए एक अनुकूलित जीनोटाइपिंग चिप है।

भारत में दूध के कुल उत्पादन में भैंस का योगदान 50% से अधिक है जो दुनिया का सबसे बड़ा दूध उत्पादक है। जीनोम असेंबली के विकास से भैंस के आनुवांशिकी में सुधार करने और उनकी उत्पादकता को और अधिक बढ़ाने में मदद मिलेगी।

128. (a) अमेरिकी नौसेना प्रमुख एडमिरल जॉन रिचर्डसन का तीन दिवसीय भारत दौरा 12-14 मई 2019 को हुआ था। उनका यह दौरा ऐसे समय में हुआ जब अमेरिका और ईरान के बीच तनाव बढ़ा हुआ था ईरान के मद्देनजर अमेरिका ने बम वर्षक विमान समेत विमानवाहक पोत की भी तैनाती मध्य एशिया में की थी।

129. (d) रूसी जर्नल ऑफ हेरिटोलॉजी के मार्च-अप्रैल अंक में प्रकाशित लेख के अनुसार अरुणाचल पिट वाइपर (ट्रिमरसेरस अरुणाचलेंसिस) को 2018 में राज्य के लेपा-राडा जिले में खोजा गया था। यह प्रजाति अरुणाचल प्रदेश की एकमात्र प्रजाति है जिसका नाम किसी भारतीय राज्य के नाम पर अरुणाचल पिट वाईपर रखा गया है।

130. (c) प्रत्येक अक्षर का विपरीत अक्षर लिखा गया है। अत: विपरीत अक्षर प्राप्त करने के लिए 27 में से घटाया गया है–

A – (27 – 1) = (26) Z

P – (27 – 16) = (11) K

B – (27 – 2) = (25) Y

R – (27 – 18) = (9) I

S – (27 – 19) = 8H

E – (27 – 5) = (22) V

E – (27 – 5) = 22V

S – (27 –19) = (8) H

N – (27 – 14) = 13M

E – (27 – 5) = (22) V

T – (27 – 20) = 7G

N – (27 – 14) = (13) M

T – (27 – 20) = (7) G

131. (c) सही सुमेल है – • चौरासी गुम्बद – जालौन • जामा मस्जिद – मुरादाबाद • बौद्ध स्तूप – कुशीनगर • कामदगिरि पर्वत – चित्रकूट।

132. (d)

+2	+4	+8	+16	+32

1, 3, 7, 15, [31,] [63]

x y

शृंखला के क्रमशः 2, 4, 8, 16 तथा 32 जोड़ा गया था।

133. (a) सही सुमेल है - • लाल बहादुर शास्त्री गन्ना विकास संस्थान - लखनऊ • राज्य धर्म विकास एवं विपणन निगम लिमिटेड- आगरा • पिकप - लखनऊ • उत्तरप्रदेश वित्तीय निगम - कानपुर

134. (b) व्यक्तियों की कुल संख्या = 500

केवल हिन्दी बोलने वाले व्यक्तियों की संख्या = 300

केवल अंग्रेजी बोलने वाले व्यक्तियों की संख्या = 120

हिन्दी तथा अंग्रेजी दोनों बोलने वाले व्यक्तियों की संख्या $= 500 - (300 + 120)$

$= 500 - 420 = 80$

135. (b) A की आयु $= B - 5$

B की आयु $= C \times 3$

4 वर्ष पूर्व C की आयु 10 वर्ष तो वर्तमान में 14 वर्ष तो B की आयु होगी $= 14 \times 3 = 42$

A की आयु $= 42 - 5 = 37$

6 वर्ष पश्चात् A की आयु $= 37 + 6 = 43$

136. (b) $3 \times 2 - 1 = 5, 5 \times 2 - 2$

$= 8, 8 \times 2 - 3 = 13$

$13 \times 2 - 4 = 22, 22 \times 2 - 5 = 39$

137. (b) **138.** (d)

139. (b) माना मूलधन 100 ₹

मिश्रधन $= 100 \times 2 = 200$, समय = 16 वर्ष

साधारण ब्याज = मिश्रधन – मूलधन

$= 200 - 100 = 100$ ₹

दर प्रतिशत में = साधारण ब्याज × 100 मूलधन × समय

$$= \frac{100 \times 100}{100 \times 16} = \frac{100}{16} = \frac{25}{4} = 6\frac{1}{4}\%$$

140. (d) माना संख्या x है

$$\frac{3}{8}x + \frac{2}{7}x = 370 \Rightarrow 21x + 16x = 370 \times 8 \times 7$$

$$\Rightarrow 37x = 370 \times 8 \times 7 \Rightarrow x = \frac{370 \times 8 \times 7}{37}$$

$= 560$

141. (b) छात्रों की कुल संख्या = 100

अंग्रेजी में अनुत्तीर्ण छात्र = 40

हिन्दी में अनुत्तीर्ण छात्र = 20

अंग्रेजी तथा हिन्दी दोनों में अनुत्तीर्ण छात्र = 12

कुल अनुतीर्ण छात्र $= 60 - 12 = 48$

तो उत्तीर्ण छात्र $= 100 - 48 = 52$

142. (a) नदी का वेग x किमी/घंटा, नाव का वेग 6 किमी./घंटा

नदी के विपरीत दिशा में नाव का वेग $= (6 - x)$

वेग = दूरी/ समय

$(6 - x) = \frac{1}{4}$ (15 मिनट को घंटे में परिवर्तित करने पर 1/4 होगा।)

$6 - x = 4 \Rightarrow x = 6 - 4 = 2$ किमी/घंटा

143. (d) माना संख्या $= x$ है

प्रश्नानुसार, $(x - 4) = 21\left(\frac{1}{x}\right)$

$\Rightarrow x^2 - 4x - 21 = 0$

$\Rightarrow x^2 - 7x + 3x - 21 = 0$

$\Rightarrow x(x - 7) + 3(x - 7) = 0$

$(x - 7)(x + 3) = 0$ अतः $x = 7, -3$

144. (a) $\left(-\frac{1}{343}\right)^{-\frac{2}{3}} = (-343)^{\frac{2}{3}}$

$= (-7^3)^{\frac{2}{3}} = (-7)^{3 \times \frac{2}{3}}$

$= (-7)^2 = 49$

145. (a) संयुक्त राष्ट्र महासभा ने वर्ष 2014 को अंतर्राष्ट्रीय चावल वर्ष घोषित किया था।

146. (d)

147. (a) उत्तर प्रदेश सरकार ने आलू तथा आम के निर्यात के लिए निर्यात जोन की स्थापना की है, जिसमें आलू निर्यात के लिए आगरा जोन की स्थापना की गयी है। आगरा जोन के तहत आगरा, फर्रुखाबाद, कन्नौज, हाथरस, मेरठ आदि जिले आते हैं।

148. (a) लाइकेन थैलाफाइटा प्रकार की वनस्पति है जो कवक तथा शैवाल दोनों से मिलकर बनती है। लाइकेन मृदा निर्माण की प्रक्रिया में सहायक होते हैं। कई लाइकेन खाद्य पदार्थ के रूप में प्रयोग किये जाते हैं। यह वायु प्रदूषण के जैविक सूचक का भी कार्य करता है।

149. (a) उत्तर प्रदेश की विशिष्ट नृत्य शैली कत्थक है। जबकि भरतनाट्यम तमिलनाडु की, ओडिसी उड़ीसा की तथा कुचीपुड़ी आन्ध्र प्रदेश की नृत्य शैली है।

150. (b) उत्तर प्रदेश में जैन एवं बौद्ध दोनों धर्मों का प्रसिद्ध तीर्थ स्थल कौशाम्बी है, जबकि सारनाथ कुशीनगर केवल बौद्ध धर्म से सम्बन्धित है।

151. (a) उत्तर प्रदेश में ढोला व रागिनी का प्रचलन पश्चिमी क्षेत्र में है अर्थात् सही उत्तर आगरा-मेरठ होगा। आल्हा प्रायः पूरे प्रदेश में (विशेषतः बुन्देलखंड) पाया जाता हैं। यह वीर रस में गाया जाता है।

152. (d) सही सुमेल है - उत्तर प्रदेश का सबसे पुराना विश्वविद्यालय - इलाहाबाद विश्वविद्यालय, नौचन्दी मेला - मेरठ, भारत कला भवन - वाराणसी। चौरसिया नृत्य जौनपुर के कहारों द्वारा किया जाता है।

153. (c) सही सुमेल - • स्कूटर इण्डिया लिमिटेड - लखनऊ • मॉडर्न बेकरीज - कानपुर, • सीमेन्ट कारखाना - चुके व डल्ला • उर्वरक कारखाना - आंवला (बरेली)।

154. (c) उत्तर प्रदेश में निर्यातोन्मुख सॉफ्टवेयर पार्क नोएडा और आगरा में है।

155. (a) सही सुमेल है – • अपारेल पार्क - कानपुर • बायोटेक्नॉलॉजी - लखनऊ, • एग्रो प्रोसेसिंग जोन - सहारनपुर, और • लेदर टेक्नॉलॉजी पार्क - उन्नाव।

156. (a)	**157.** (c)	**158.** (c)	**159.** (b)
160. (b)	**161.** (c)	**162.** (a)	**163.** (c)
164. (c)	**165.** (c)	**166.** (a)	**167.** (d)
168. (b)	**169.** (d)	**170.** (a)	**171.** (b)
172. (c)	**173.** (b)	**174.** (d)	**175.** (c)
176. (a)	**177.** (b)	**178.** (a)	**179.** (d)
180. (a)	**181.** (d)	**182.** (c)	**183.** (c)
184. (b)	**185.** (c)		

186. (a) कर्नेल ऑपरेटिंग सिस्टम का वह भाग है, जिस पर अन्य कार्य आधारित होते हैं तथा जिसमें यूजर स्वयं कोई परिवर्तन नहीं कर सकता। कर्नेल ऑपरेटिंग सिस्टम का मुख्य भाग है, जो प्रोग्राम्स को समय तथा मेमोरी आवंटित करता है कम्यूनिकेशन तथा फाइल स्टोर हैंडल करता है। शेल प्रयोक्ता तथा कर्नेल के मध्य इंटरफेस होता है।

187. (a) फाइल ट्रांसफर प्रोटोकॉल (FTP) इंटरनेट पर प्रयुक्त एक प्रोटोकॉल है, जिसका प्रयोग नेटवर्क से जुड़े किसी कम्प्यूटर तथा सर्वर के बीच फाइल स्थानांतरित करने के लिए किया जाता है। मूलतः प्रोटोकॉल कुछ विशेष नियमों का समूह होता है, जिसके आधार पर FTP में फाइलों को स्थानान्तरण किया जाता है। जबकि

पोस्ट ऑफिस प्रोटोकॉल (POP) एक ऐसा प्रोटोकॉल है, जो एक पर्सनल कम्प्यूटर को एक मेल सर्वर से इंटरनेट द्वारा जोड़ता है।

188. (b) क्लाइंट सर्वर वह प्रोग्राम रिलेशनशिप हैं, जिसमें एक प्रोग्राम सर्विस या रिसोर्स के लिए दूसरे से अनुरोध करता है, जो कि मांगी गई सेवा प्रदान करने के लिए तत्पर होता है जबकि पियर-टू-पियर नेटवर्क दो अथवा दो से अधिक ऐसे कम्प्यूटरों का नेटवर्क है जो आपस में कम्युनिकेशन के लिए एक जैसे प्रोग्राम का उपयोग करते हैं।

189. (d) डाटा बेस मैनेजमेंट सिस्टम एक सॉफ्टवेयर प्रोग्राम है जो कम्प्यूटर का उपयोग कर डिजिटल डाटा को व्यवस्थित करने, उसमें परिवर्तन करने, डाटा का साक्षा उपयोग करने, पुराने डाटा को मिटाने तथा नया डाटा स्टोर करने का कार्य करता है।

190. (a) MS Word-2007 में शार्टकट-की Ctrl + Shift + A का उपयोग वाक्य के कैपिटलाइजेशन को टॉगल करने के लिए होता है।

191. (c) स्टैटिक रैम (SRAM) में डाटा तब तक संचित रहता है जब तक विद्युत सप्लाई ऑन (ON) रहती है। SDRAM नॉन-वोलाटाइल मेमोरी का उदाहरण नहीं है, जबकि फ्लैश मेमोरी एक प्रकार की सेमीकण्डक्टर आधारित नॉन-वॉलेटाइल अर्थात् विद्युत सप्लाई बंद होने पर भी चिप में भरी सूचनाएँ संरक्षित रहती हैं।

192. (d) फॉमेंट पेंटर का उपयोग टेक्स्ट या ग्राफिक्स के अनेक टुकड़ों में समान फॉमेंट त्वरित रूप से अप्लाई करने के लिए किया जाता है जैसे कि कलर फोन्ट स्टाइल तथा साइज तथा बॉर्डर स्टाइल।

193. (d) MS आउटलुक (माइकोसॉफ्ट आउटलुक) एक प्रकार का पर्सनल इन्फॉर्मेशन मैनेजर और ई-मेल कम्प्यूनिकेशन सॉफ्टवेयर हे। इसे माइक्रोसॉफ्ट कंपनी ने बनाया था और यह एम एस ऑफिस का एक सॉफ्टवेयर है। जबकि सिम्बियन मोबाइल यंत्रों और स्मार्टफोनों के लिए बनाया गया एक ऑपरेटिंग सिस्टम है। एंड्रायड एक मोबाइल ऑपरेटिंग सिस्टम है, जो लिनक्स पर आधारित है।

194. (d) 64 बिट कम्प्यूटिंग, प्रोसेसर में शब्द के आकार का संकेतक है। इसका अर्थ है कि माइक्रोप्रोसेसर और अधिक RAM सपोर्ट करने में सक्षम है 64-बिट प्रोसेसर मशीन में गणनाएँ तेज होती हैं।

195. (c) MS Exeel-2007 या इससे आगे वाले वर्जन में 'नेम मैनेजर' फीचर नेम्ड सेल रेंज, फंक्शन, कॉन्सटैंट या फॉर्मूला में रेफरेंस के लिए टेबल क्रिएट करता है।

196. (a) HTML में h1 को Right Alignment में एलाइन करने के लिए <h1 aligh = "right">,,,,, </h1> का उपयोग करते है।

197. (d) फाइल सिस्टम को उस तरीके के रूप में समझा जा सकता है। जिस तरीके से फाइल डिस्क पर व्यवस्थित होती है। इसमें ISO 27000 फाइल सिस्टम का विनिर्देश नहीं है।

198. (d) MS Exeel-2003 में एडिट मेनू से कॉपी, पेस्ट तथा कट कमांड्स के द्वारा, शॉर्टकट मेनू के कमांड्स के द्वारा और स्टैंडर्ड टूलबार के बटन्स के द्वारा डेटा या फॉर्मूलाज को कॉपी कर सकते हैं।

199. (b) MS Word में आउटलाइन व्यू के साथ आप यह देख सकते हैं कि टेक्स्ट तथा ग्राफिक्स प्रिंटेड पर कैसे दिखेंगे।

200. (c) मॉडम एक एनालॉग सिग्नल्स को डिजिटल में तथा डिजिटल सिग्नल्स को एनालॉग सिस्टम में बदलता है। डिजिटल सिग्नल को एनालॉग सिग्नल्स में बदलने की प्रक्रिया को मॉड्यूलेशन तथा एनालॉग सिग्नल्स को डिजिटल सिग्नल्स में बदलने की प्रक्रिया को डीमॉड्यूकेशन कहते हैं। मॉडम इन्फॉर्मेशन के पैकेट डिस्पैच करते हुए अनेक डिवाइसेज के साथ इंटरनेट कनेक्शन साझा करता है।

❑❑❑

प्रैक्टिस सेट-2

1. कोई लकड़ी का गुटका जल के पृष्ठ पर तैर रहा है तैरते समय इस गुटके का आभासी भार–
(a) इसके वास्तविक भार से कम होता है, परन्तु यह कदापि शून्य नहीं हो सकता
(b) शून्य होता है
(c) ज्ञात नहीं किया जा सकता
(d) गुटके द्वारा विस्थापित जल के भार के बराबर होता है

2. जैव गैस (बायोगैस) का प्रमुख अवयव है-
(a) ब्यूटेन (b) एथेन
(c) मेथेन (d) प्रोपेन

3. दाब कुकर में भोजन शीघ्र पकता है, क्योंकि-
(a) दाब कुकर के वायुरुद्ध होने के कारण प्रतिवेश को ऊष्मा का ह्रास नहीं होता
(b) जलवाष्प द्वारा आरोपित दाब पकाए जाने वाला भोजन के क्वथनांक को प्रभावित करता है
(c) कुकर में बन्द जलवाष्प द्वारा आरोपित दाब जल के क्वथनांक को घटा देता है
(d) कुकर में बन्द जलवाष्प द्वारा आरोपित दाब जल के क्वथनांक में वृद्धि कर देता है।

4. डबल रोटी और केक में उपलब्धि छोटे-छोटे छिद्र किस गैस के बुलबुलों के कारण होते हैं?
(a) कार्बन मोनो-ऑक्साइड
(b) कार्बन डाइऑक्साइड
(c) ऑक्सीजन
(d) सल्फर डाइऑक्साइड

5. ताप में वृद्धि करने पर नीचे दिए गए किस समुच्चय की परिघटनाओं में वृद्धि हो जाएगी?
(a) वाष्पन, विसरण, गैसों की विलेयता (घुलनशीलता)
(b) वाष्पन, विलेयता (घुलनशीलता), गैसों का संपीडन
(c) वाष्पन, विसरण, गैसों का प्रसार
(d) विसरण, विलेयता (घुलनशीलता) गैसों का प्रसार

6. किसी गैलरी में कोई दर्शक किसी स्थिर समतल दर्पण की ओर $2.5ms^{-1}$ की चाल से गति कर रहा है दर्पण के सापेक्ष इस दर्शक के प्रतिबिम्ब की चाल है-
(a) $2.5ms^{-1}$ दर्पण की ओर
(b) $2.5ms^{-1}$ दर्पण से दूर
(c) $5.0ms^{-1}$ दर्पण की ओर
(d) $5.0ms^{-1}$ दर्पण से दूर

7. कपूर का शोधन किस प्रक्रिया द्वारा किया जाता है?
(a) संघनन (b) आसवन
(c) वाष्पन (d) उर्ध्वपातन

8. वर्ण कोड की भारतीय के अनुसार विद्युत आपूर्ति के लिए प्रयुक्त तारों का विद्युतरोधी अविरण इस प्रकार होता है-
(a) विद्युतमय हरा उदासीन काला और भू-संपर्क तार लाल
(b) विद्युतमय लाल उदासीन हरा और भू-संपर्क तार काला
(c) विद्युतमय नीला, उदासीन लाल और भू-संपर्क तार हरा
(d) विद्युतमय लाल उदासीन काला और भू-संपर्क तार हरा

9. आपके पास बीकर में कॉपर सल्फेट का जलीय विलयन है यदि आप इस बीकर में कुछ लोहे की कीलें वाले, तब लगभग 30 मिनट के पश्चात् आप विलयन के रंग में परिवर्तन की प्रेक्षण करेंगे यह रंग में परिवर्तन होगा-
(a) फीके हरे से रंगहीन
(b) रंगहीन से नीला
(c) नीले से रंगहीन
(d) नीले से फीका हरा

10. कोशिका में केन्द्रक किसके द्वारा कोशिका-द्रव्य से पृथक् होता है?
(a) जीवद्रव्य (b) कोशिका झिल्ली
(c) कोशिका भित्ति (d) केन्द्र झिल्ली

11. नीचे दिए गए खाद्य पदार्थों पर विचार कीजिए-
(i) ब्रेड का टुकड़ा
(ii) उबला और मथा हुआ आलू
(iii) ग्लूकोस
(iv) नारियल का तेल
उपर्युक्त खाद्य पदार्थों में से कौन आयोडीन विलयन के साथ परीक्षण किए जाने पर काला-नीला रंग देंगे?
(a) (i) और (ii) (b) (i), (ii) और (iii)
(c) (ii) और (iii) (d) (i), (ii) और (iv)

12. हमारे मुख में लार-ग्रंथि होती है, जो लार रस (लार) स्त्रावित करती है, इस लार रस में उपस्थित एन्जाइम-
(a) जटिल शर्कराओं को सरल शर्कराओं में बदल देते हैं।
(b) वसाओं को वसीय-अम्लों और ग्लिसरोल में बदल देते हैं।
(c) प्रोटीनों को अमीनो-अम्लों में बदल देते हैं।
(d) स्टार्च को सरल शर्कराओं में बदल देते हैं।

13. 'आवर्त नियम' निम्न में से किसके द्वारा दिया गया?
(a) कार्लटन मैकेजी
(b) एमिल फिशर
(c) चार्ल्स डारविन
(d) दिमित्री मेन्डेलीव

14. दूध से दही बनाने के लिए, निम्न में से किस उत्प्रेरक का प्रयोग किया जाता है?
(a) पेप्सिम (b) इन्वर्ट्ज
(c) लेक्टेज (d) डाइएसिटेट

15. मानव शरीर की सबसे लंबी अस्थि है-
(a) ह्यूमेरस
(b) अस्थिमज्जा
(c) फीमर
(d) कमर की हड्डी

16. निम्नलिखित में से कौन-सा एक संयोजी ऊतक नहीं है?
(a) वसा ऊतक
(b) सघन कठोर हड्डी
(c) हृदय की पेशियाँ
(d) संयोजक ऊतक

17. शेख फरीद का सर्वाधिक ख्यातिलब्ध शिष्य, जिसने दिल्ली के सात सुल्तानों का शासन देखा था, कौन था?
(a) निजामुद्दीन औलिया
(b) शेख नासिरुद्दीन चिराग
(c) शेख सलीम चिश्ती
(d) उपर्युक्त में से कोई नहीं

18. निम्नलिखित में से कौन पहला सुल्तान था जिसने भारत में सांकेतिक मुद्रा का प्रचलन किया?
(a) इल्तुतमिश
(b) बलबन
(c) मुहम्मद बिन तुगलक
(d) बहलोल लोदी

19. सल्तनत काल में 'दीवने-ए-अमीर-कोही' विभाग निम्नलिखित में से किससे सम्बन्धित था?
(a) सेना (b) राजस्व
(c) कृषि (d) मनोरंजन

20. सूची-I को सूची-II से सुमेलित कीजिए तथा नीचे दिये गये कूट से सही उत्तर चुनिये–

सूची-I (आयोग)	सूची-II (अध्यक्ष)
A. रेलवे आयोग (1901)	**1. एंथनी मैकडौनल**
B. अकाल आयोग (1899)	**2. मॉनक्रीफ**
C. सिंचाई आयोग (1901)	**3. एण्ड्रयू फ्रेजर**
D. पुलिस सुधार आयोग (1902)	**4. टॉमस रॉबर्टसन**

	A	B	C	D
(a)	3	1	4	2
(b)	3	2	1	4
(c)	4	1	2	3
(d)	4	2	1	3

21. निम्नलिखित में से कौन 2015-2016 में भारत के वृहत्तम चीनी उत्पादन करने वाले राज्यों के सही अवरोही क्रम को प्रदर्शित करता है?
(a) महाराष्ट्र, उत्तर प्रदेश, कर्नाटक, तमिलनाडु
(b) उत्तर प्रदेश, महाराष्ट्र, कर्नाटक, तमिलनाडु
(c) महाराष्ट्र, उत्तर प्रदेश, तमिलनाडु, कर्नाटक
(d) उत्तर प्रदेश, कर्नाटक, महाराष्ट्र, तमिलनाडु

22. निम्न राज्यों में से किसमें भारत के कुल रेशमी कपड़े का 50% उत्पादन होता है?
(a) कर्नाटक
(b) पश्चिम बंगाल
(c) जम्मू और कश्मीर
(d) असम

23. निम्नलिखित पहाड़ियों में से कौन-सी पूर्वी घाट एवं पश्चिमी घाट के मिलन स्थल को बनाती है?
(a) अनाईमलाई पहाड़ियाँ
(b) अक्षांबु पहाड़ियाँ
(c) नीलगिरि पहाड़ियाँ
(d) इलायची पहाड़ियाँ

24. पृथ्वी पर मूलतः एक ही विशाल भूखण्ड था जिसे कहते हैं?
(a) पैन्थालसा (b) पैंजिया
(c) लॉरेशिया (d) गोण्डवानालैंड

25. विदेशों के सभी राजदूतों या कमिश्नरों के परिचय-पत्र किसके द्वारा प्राप्त किए जाते हैं?
(a) प्रधानमंत्री (b) विदेश मंत्री
(c) राष्ट्रपति (d) उपराष्ट्रपति

26. भारतीय संविधान की निम्न दी गई अनुसूचियों में से कौन-सी सूची राज्यों के नामों की सूची तथा राज्य क्षेत्रों का ब्यौरा देती है?
(a) पहली सूची (b) दूसरी सूची
(c) तीसरी सूची (d) चौथी सूची

27. जब कोई किसान अपने खेत में एक ही समय दो या अधिक फसल उगाता है, तब इसे कहा जाता है-
(a) शस्य स्वरूप
(b) फसल चक्रण
(c) अन्तरा फसलीकरण
(d) मिश्रित फसल

28. निम्नलिखित में से हाल ही में उत्पन्न होने वाली पर्यावरणीय समस्याएं चुनिए-
(i) बादल-फटना
(ii) भूकम्प
(iii) वैश्विक ऊष्मण
(iv) बाढ़
(v) ग्रीन हाउस प्रभाव
(vi) ओजोन परत का ह्रास
(a) (i), (iii) और (iv)
(b) (iii), (v) और (vi)
(c) (i), (iii), (v) और (vi)
(d) (ii), (iv), (v) और (vi)

29. निम्नलिखित में से हड़प्पा का कौन-सा पुरास्थल अफगानिस्तान में मिला है?
(a) सिन्ध (b) शौर्तुघई
(c) बनावली (d) लोथल

30. ईस्ट इण्डिया कम्पनी के उस अधिकारी की पहचान कीजिए जिसने ब्राह्मी और खरोष्ठी लिपियों का अध्ययन किया और मौर्य राजनीतिक इतिहास को नई दिशा दी–
(a) जेम्स विलयन (b) विलयम रॉजर
(c) जेम्स प्रिंसेप (d) डब्ल्यू.ऐक

31. भारत में 18 शताब्दी के दौरान यूरोपीय कम्पनियों द्वारा स्थापित निम्नलिखित आधारस्थानों का मिलान कीजिए-

सूची-I	सूची-II
A. पुर्तगाली	1. पणजी
B. डच	2. मसुली-पट्नम
C. अंग्रेज	3. मद्रास
D. फ्रांसीसी	4. पांडिचेरी (पुदुचेरी)

कूट :

	A	B	C	D
(a)	3	4	1	2
(b)	4	3	2	1
(c)	2	3	4	1
(d)	1	2	3	4

32. दसवीं शताब्दी तक आते-आते 12 अलवरों की रचनाओं का संकलन किया गया जिन्हें.................. के नाम से जाना जाता है।
(a) दिव्य सुरी सरीता
(b) प्रिय पुराणम्
(c) नलयिरादिव्यप्रबंधम्
(d) तेवरम्

33. दिल्ली सल्तनत के दशों को 1206 ई. से 1526 ई. तक की क्रमानुगत सूची बनाइए-

(i) तुगलक (ii) खिलजी
(iii) दास वंश (iv) लोदी
(v) सैयद

(a) (iii), (i), (ii), (iv), (v)
(b) (iii), (ii), (i), (v), (iv)
(c) (iii), (iv), (ii), (i), (v)
(d) (ii), (i), (iii), (v) (iv)

34. विद्वानों के अनुसार स्वतंत्रता के बाद गांधीजी के जीवन का श्रेष्ठतम क्षण क्या था?

(a) उन्होंने साम्प्रदायिक शांति बहाल करने की कोशिश की
(b) उन्हें 'राष्ट्रपिता' की उपाधि मिली
(c) लोगों ने उन्हें संविधान सभा बनाने का श्रेय दिया
(d) असहयोग और भारत छोड़ो आन्दोलन में उनका योगदान

35. मुगलकालीन भारत में 'जमा' और 'हासिल' का मूल अंतर निम्नलिखित में से क्या था?

(a) जमा भूराजस्व था जबकि हासिल व्यापारियों पर लगने वाला कर था
(b) जमा शिल्पकारों पर लगने वाला कर था, जबकि हासिल कुल आमदनी थी
(c) जमा निर्धारित रकम थी और हासिल सचमुच वसूली गई रकम
(d) जमा इकट्ठी की गई रकम और हासिल अनुमानित रकम

36. निम्नलिखित में से ब्रिटिश सरकार द्वारा 'दक्कन दंगा आयोग' के गठन का एक कारण कौन-सा था?

(a) दंगों के कारणों की छानबीन करना
(b) सेना तैनात करने के बारे में सुझाव देना
(c) दंगों का समाधान ढूंढना
(d) भारतीय समाज में बदलाव लाना

37. निम्नलिखित कथन को पढ़िए और इसको कहने वाले व्यक्ति की पहचान कीजिए ''भारत में सामुदायिक समूहों की वास्तविकताओं को मान्यता दिए बिना यहां यूरोपीय लोकतंत्र को लागू नहीं किया जा सकता

(a) मुहम्मद अली जिन्ना
(b) मुहम्मद इकबाल
(c) मौलाना आजाद
(d) शौकत अली

38. सुमेल कीजिए-

सूची-I	**सूची-II**
A. नाना साहब	1. बिहार
B. शाह मल	2. कानपुर
C. कुंवर सिंह	3. छोटानागपुर
D. गुन्नू	4. उत्तर प्रदेश

कूट:

	A	**B**	**C**	**D**
(a)	1	2	3	4
(b)	2	4	1	3
(c)	4	3	1	2
(d)	3	1	2	4

39. निम्नलिखित घटनाओं में से किसके बाद रवीन्द्रनाथ टैगोर ने अपनी 'नाईटहुड' की उपाधि ब्रिटिश सरकार को वापिस कर दी थी?

(a) जलियांवाला बाग नरसंहार
(b) चौरी-चौरा की हिंसा
(c) चम्पारन सत्याग्रह
(d) काकोरी षड्यन्त्र केस

40. महात्मा गांधी के नेतृत्व में चलाई गई प्रसिद्ध नमक यात्रा के सम्बन्ध में असत्य कथन को पहचान कीजिए-

(a) यह यात्रा दांडी से प्रारम्भ हुई तथा साबरमती आश्रम में समाप्त हुई।
(b) लगभग दस मील प्रति दिन के हिसाब से, कार्यकर्ता 24 दिन तक चलते रहे।
(c) महात्मा गांधी ने 6 अप्रैल का नमक बनाकर नमक कानून का उल्लंघन किया था।
(d) नमक कानून का तोड़ना सविनय अवज्ञा आंदोलन की शुरुआत थी।

41. निम्नलिखित में से उदारवादियों की कौनसी मांग को मार्ले-सिटी सुधारों में स्वीकार कर लिया गया था?

(a) भारत को एक स्वतंत्र उपनिवेश का दर्जा देना
(b) उत्तरदायी सरकार की शुरुआत करना
(c) परिषद् के आकार में वृद्धि करना
(d) स्वशासन का विचार

42. महात्मा गांधी अपना 'राजनीतिक गुरु' किसे मानते थे?

(a) दादाभाई नौरोजी
(b) बाल गंगाधर तिलक
(c) गोपाल कृष्ण गोखले
(d) एम.जी. रानाडे

43. पारसी क्रान्तिकारी मैडम भीखाजी कामा ने एक साप्ताहिक पत्रिका आरम्भ की थी उसका नाम क्या था?

(a) वन्दे मातरम (b) इण्डिया
(c) स्वराज (d) लोटस

44. निम्नलिखित में से किस राष्ट्रीय नेता को राजनीतिक दृष्टि से उग्रवादी तथा सामाजिक मुद्दों के संदर्भ में परम्परावादी कहा गया है?

(a) मदन मोहन मालवीय
(b) लाल लाजपत राय
(c) बाल गंगाधर तिलक
(d) गोपाल कृष्ण गोखले

45. निम्नलिखित में से किसको पचास वर्ष जेल की सजा दी गई और अण्डमान-निकोबार की जेल में भेज दिया गया?

(a) विनायक दामोदर सावरकर
(b) खुदी राम बोस
(c) ऊधम सिंह
(d) भाई परमानंद

46. निम्नलिखित में से कौन-सा प्रस्ताव 1946 में जवाहरलाल नेहरू द्वारा रखे गए 'उद्देश्यों सम्बन्धी प्रस्ताव' (Objectives Resolution) का भाग नहीं था?

(a) भारत एक स्वतंत्र, संप्रभुत गण-राज्य है।
(b) अल्पसंख्यकों तथा अन्य पिछड़े वर्गों को किसी प्रकार की सुरक्षा प्रदान नहीं की जाएगी।
(c) स्वतंत्र भारत की सत्ता एवं सभी शक्तियां जनता से प्राप्त होंगी।
(d) भारत के सभी लोगों को कानून के सम्मुख समानता प्रदान की जाएगी।

47. 'सारे जहां से अच्छा, हिंदोस्तान हमारा' पंक्ति से प्रारम्भ होने वाले प्रसिद्ध गीत को किसने लिखा?

(a) रामप्रसाद बिस्मिल
(b) कैफी आजमी
(c) अशफाक उल्ला खां
(d) मुहम्मद इकबाल

48. नीचे कुछ भारतीय सुधार आंदोलन दिए गए हैं जिन्हें सुधारवादी तथा पुनरुद्धार आंदोलन की दो व्यापक श्रेणियों में रखा जा सकता है निम्नलिखित में से किसी एक सुधारवादी आंदोलन की पहचान कीजिए-

(a) प्रार्थना समाज (b) आर्य समाज
(c) रामकृष्ण मिशन (d) देओबंद आंदोलन

49. संविधान के किस संशोधन द्वारा ग्रामीण स्थानीय शासन को संवैधानिक दर्जा प्रदान किया गया है?

(a) 42वां संशोधन (b) 44वां संशोधन
(c) 56वां संशोधन (d) 73वां संशोधन

50. 1905 में हुए बंगाल विभाग के परिणाम सम्बन्धी निम्नलिखित कथनों में से कौन-सा सही नहीं है?
(a) इस से राजनीतिक दृष्टि से उन्नतिशील बुद्धिवर्ग में शिथिलता आ गई
(b) इससे धार्मिक वैमनस्य भड़क उठा
(c) इससे सच्ची राष्ट्रीय भावना विकसित करने में सहायता मिली
(d) इसने हिंदुओं तथा मुसलमानों दोनों में विरोध करने की प्रबल भावना को जन्म दिया।

51. प्रथम विश्व युद्ध के कारण भारत में पैदा हुई नई आर्थिक स्थिति का प्रभाव निम्नलिखित में से कौन-सा नहीं था?
(a) रक्षा व्यय कई गुना बढ़ गया
(b) करों तथा आयात कर में वृद्धि
(c) आम चीजों की कीमतों में भारी कमी
(d) ग्रामीण क्षेत्रों में सेना के लिए बलपूर्वक भर्ती

52. भारतीय कृषि में निम्नलिखित में से कौन-सा एक संस्थागत सुधार है?
(a) रासायनिक उर्वरकों का प्रयोग
(b) साख की सुविधा का प्रावधान
(c) सिंचाई की सुविधाओं का विकास
(d) सहकारी खेती

53. सुरक्षात्मक भेदभाव की नीति किसको प्रोत्साहन देती है?
(a) पूर्ण समानता
(b) वास्तविक समानता
(c) अनुचित समानता
(d) वर्तमान भेदभाव

54. निम्नलिखित में से कौन-सा सबसे लम्बा नदी बांध है?
(a) भाखड़ा नांगल बांध
(b) हीराकुड बांध
(c) सरदार सरोवर बांध
(d) नागार्जुन सागर बांध

55. निम्नलिखित में से कौन कथक का प्रख्यात नर्तक/नर्तकी है?
(a) राजा रेड्डी
(b) किरण सहगल
(c) सरोजा वैद्यनाथन
(d) बिरजू महाराज

56. भारत की सामाजिक-आर्थिक असमानता को निम्नलिखित में से किसके द्वारा समाप्त नहीं किया जा सकता?
(a) निर्धन लोगों को आर्थिक सहायता अथवा कर्ज देकर
(b) गरीबी तथा अमीरों के बीच की खाई पाटकर
(c) निर्धनता तथा निरक्षरता दूर करके
(d) शिक्षा का प्रसार करके

57. 2003 में भारतीय संविधान के 92वें संशोधन द्वारा 'आठवीं अनुसूची' में किन तीन भारतीय भाषाओं को सम्मिलित किया गया?
(a) बोडो, मैथिली, उड़िया
(b) बोडो, मैथिली, संथाली
(c) बोडो, उड़िया, सिंधी
(d) उड़िया, सिंधी, संथाली

58. भारत सरकार की ओर से कौन-सी संस्था, करेंसी नोट जारी करने का अधिकार रखती है?
(a) वित्त मंत्रालय
(b) भारतीय रिजर्व बैंक
(c) भारतीय वित्त आयोग
(d) भारतीय योजना आयोग

59. भारत के राष्ट्रीय चिन्ह के नीचे लिखे शब्द 'सत्यमेव जयते' को निम्नलिखित में से किस ग्रन्थ से लिया गया है?
(a) मुंडक उपनिषद् (b) सामवेद
(c) भगवद् गीता (d) सत्यार्थ प्रकाश

60. निम्नलिखित में से किस शब्दों को अधिकतम रबड़ रोपण राजस्व प्राप्त होता है?
(a) केरल तथा तमिलनाडु
(b) केरल तथा कर्नाटक
(c) केरल तथा आन्ध्र प्रदेश
(d) केरल तथा महाराष्ट्र

61. कोई भी धन प्रस्ताव निम्नलिखित में से किसकी स्वीकृति के बिना लोक सभा में प्रस्तुत नहीं किया जा सकता है?
(a) भारत का प्रधानमंत्री
(b) लोक सभा अध्यक्ष
(c) भारत का राष्ट्रपति
(d) राज्य सभा का सभापति

62. 'मथुरा कला', मथुरा में विकसित हुई जो निम्नलिखित में से किस नदी के किनारे पर स्थित है?
(a) गंगा (b) यमुना
(c) कोसी (d) गंडक

63. भारत की तिलहनों की निम्नलिखित फसलों में से कौन-सी फसल प्रमुख तिलहनों के उत्पादन के लगभग आधे की भागीदार है?
(a) सरसों (b) मूंगफली
(c) तिल (d) अलसी

64. सिंचित क्षेत्रों में भूमि के निम्नीकरण का मुख्य कारण क्या है?
(a) अति सिंचाई
(b) लवणीकरण
(c) भूमि पर सिल्ट का जमाव
(d) अवनालिका अपरदन

65. 'ऑपरेशन फ्लड' का सम्बन्ध किस कथन से है?
(a) सिंचाई की सुविधाओं का प्रबंध
(b) बाढ़ नियन्त्रण के उपाय
(c) दूध का उत्पादन, संग्रहण, प्रसंस्करण और विपणन
(d) फसलें उगाना और पशुपालन

66. सरकार द्वारा नौभार के लिए एक 'मुक्त आकाश नीति' कब प्रारम्भ की गई थी?
(a) अप्रैल 1992 (b) मार्च 1992
(c) जनवरी 1990 (d) अप्रैल 1990

67. शाकाहारी खाने में प्रोटीन का सबसे बड़ा स्त्रोत कौन-सा है?
(a) बाजरा (b) दालें
(c) मक्का (d) रागी

68. निम्नलिखित में से कौन-सा जोड़ा सही नहीं है?
(a) भारत का पूर्वी तट-न्यू मंगलौर और पारादीप
(b) भारत का पश्चिमी तट-कोच्चि और जवाहरलाल नेहरू पत्तन
(c) भारत का पूर्वी तट-हल्दिया और चेन्नई
(d) भारत का पश्चिमी तट मार्मागाओ और मुम्बई

69. निम्नलिखित फसलों में से किस फसल को अच्छे जल निकासवाली उपजाऊ मिट्टी, भारी मात्रा में खाद और उर्वरक, गरम-आर्द्र जलवायु लगभग 100 सेमी वर्षा तथा सिंचाई के द्वारा सुनिश्चित जल-आपूर्ति की आवश्यकता होती है?
(a) चावल (b) गेहूं
(c) मक्का (d) गन्ना

70. निम्नलिखित में से उस राज्य की पहचान कीजिए, जिसमें महिला साक्षरता दर जनगणना 2011 के अनुसार सबसे कम है-
(a) उत्तर प्रदेश (b) राजस्थान
(c) झारखण्ड (d) बिहार

71. कर्तन और दहन कृषि को मिल्पा के रूप में जाना जाता है-
(a) मैक्सिको में
(b) ब्राजील में
(c) वेनेजुएला में
(d) इण्डोनेशिया में

72. जनगणना 2011 के अनुसार निम्नलिखित राज्यों में से किसमें एक भी महानगर नहीं है?
(a) पंजाब (b) हरियाणा
(c) हिमाचल प्रदेश (d) राजस्थान

73. निम्नलिखित पत्तनों में से कौन-सा पत्तन अन्य तीन से भिन्न है?
(a) कोलकाता (b) पारादीप
(c) कांडला (d) विशाखापट्टनम

74. भारत में कोयले के विशाल भण्डार हैं, लेकिन प्रतिवर्ष लाखों टन कोयले का आयात किया जाता है
निम्नलिखित कथनी पर विचार कीजिए-
(i) भारत सरकार की नीति है कि कोयले के देशी भण्डारों को बचाया जाए।
(ii) कोयला-आधारित ऊर्जा संयंत्रों को पर्याप्त और नियमित कोयला नहीं मिलेगा
(iii) इस्पात संयंत्रों में उपयोग किए जाने वाले कोकिंग कोयले की भारत में कमी है
ऊपर दिए गए कथनों में से कौन-सा/कौन-से कथन सही है/हैं?
(a) केवल (i)
(b) केवल (ii)
(c) (i), (ii) और (iii)
(d) केवल (ii) और (iii)

75. किसी देश में आर्थिक प्रगति के साथ जन्म दर और मृत्यु दर में क्या परिवर्तन होते हैं?
(a) जन्म दर घटती है
(b) मृत्यु दर घटती है
(c) जन्म दर और मृत्यु दर दोनों घटती हैं
(d) जन्म दर और मृत्यु दर दोनों बढ़ती हैं

76. निम्नलिखित में से प्रवास की सही परिभाषा कौन-सी है?
(a) लोगों का एक स्थान से दूसरे स्थान पर लम्बी अवधि के लिए चले जाना
(b) लोगों का प्रतिदिन काम पर जाना
(c) पर्यटन के रूप में किसी ऐतिहासिक स्थान पर जाना
(d) अपने उत्पाद बेचने के लिए ग्रामीणों का मंडी में जाना

77. 2011 की जनगणना के अनुसार भारत के निम्नलिखित राज्यों में से किस राज्य में अनुसूचित जनजाति जनसंख्या का प्रतिशत सबसे अधिक है?
(a) नागालैण्ड (b) मिजोरम
(c) मेघालय (d) अरुणाचल प्रदेश

78. केरल के बारे में सच क्या है?
(a) स्त्री साक्षरता दर पुरुष साक्षरता दर से अधिक है।
(b) ग्रामीण साक्षरता दर नगरीय साक्षरता दर से अधिक है।
(c) यह अकेला राज्य है जहां 2011 की जनगणना के अनुसार साक्षरता दर लगभग 94% है।
(d) विगत वर्षों में साक्षरता दर घट गई है।

79. निम्नलिखित जीवमण्डल निचयों में किसको विश्व के धरोहर स्थलों में शामिल है?
(a) नंदा देवी (b) जिमकार्बेट
(c) सिमलीपाल (d) पचमढ़ी

80. प्राकृतिक वनस्पती पेटियों का अनुक्रमण हमें दिखाई पड़ता है-
(a) ऊष्णकटिबंधीय वनों में
(b) पर्वतीय वनों में
(c) कैंटीली वनों में
(d) ऊष्णकटिबंधीय पर्णवाती वनों में

81. भारत में 'बाघ परियोजना' कब प्रारम्भ की गई?
(a) 1958 (b) 1973
(c) 1989 (d) 1980

82. पारितंत्र के संदर्भ में निम्नलिखित प्राकृतिक प्रदेशों में से किस प्रदेश में उत्पादकता सबसे अधिक होती है?
(a) ऊष्णकटिबंधीय मरुस्थल
(b) विषुवतीय प्रदेश
(c) मध्य-अक्षांशीय घास भूमि
(d) टुंड्रा प्रदेश

83. निम्नलिखित नगरों में से किस नगर में वर्ष के किसी भी समय रात के आकाश में किसी प्रेक्षक को ध्रुवतारा नहीं दिखाई देगा?
(a) मैक्सिको नगर (b) ब्राजीलिया
(c) मास्को (d) दिल्ली

84. निम्नलिखित में से कौन-सी शैल पारगम्य है?
(a) संगमरमर (b) ग्रेनाइट
(c) बलुआ पत्थर (d) बेसाल्ट

85. निम्नलिखित ज्वालामुखियों में से कौन-सा 'विलुप्त ज्वालामुखी' का उदाहरण है?
(a) माउण्ट एटना (b) कोटोपक्सी
(c) विसुवियस (d) पोपा

86. विकास से सम्बन्धित कुछ क्रियाकलाप नीचे दिए गए हैं उस क्रियाकलाप का चयन कीजिए जो पंचम क्रियाकलापों के अन्तर्गत आता है-
(a) अनुसंधान व विकास आधारित
(b) व्यापार और वाणिज्य
(c) वित्त एवं विधि परामर्श
(d) सूचना संकलन

87. उस अन्तःस्थलीय जलमार्ग को पहचान कीजिए, जो बेसल से रॉटरडम तक नाव्य है?
(a) मिसीसिपी जलमार्ग
(b) वोल्गा जलमार्ग
(c) राइन जलमार्ग
(d) डेन्यूब जलमार्ग

88. निम्नलिखित में से कौन-सा जोड़ा सही नहीं है?
(a) प्राथमिक क्रियाकलाप-वानिकी
(b) द्वितीय क्रियाकलाप-कपड़ा बुनना
(c) तृतीयक क्रियाकलाप-व्यापार
(d) चतुर्थक क्रियाकलाप-शैक्षिक सेवाएं

89. भारत के निम्नलिखित क्षेत्रों में से कौन-सा क्षेत्र ज्वारीय ऊर्जा विकास के लिए आदर्श स्थितियां प्रदान करता है?
(a) मालाबार तट
(b) कच्छ खाड़ी
(c) तापी ज्वार नदमुख
(d) कोरोमण्डल तट

90. निम्नलिखित में से कौन-सा अधात्विक खनिज विद्युत व इलेक्ट्रॉनिक उद्योगों में प्रयुक्त होने वाला सबसे महत्वपूर्ण खनिज है?
(a) सीसा (b) तांबा
(c) बॉक्साइट (d) अभ्रक

91. निम्नलिखित में से कौन-सा बहुउद्देशीय नदी परियोजना का उद्देश्य नहीं है?
(a) विद्युत उत्पादन
(b) बाढ़ नियंत्रण
(c) आंतरिक नौचालन
(d) जल प्रदूषण को कम करना

92. भारत के निम्नलिखित नगरों में से किसमें वार्षिक ताप परिसर सबसे कम रहता है?
(a) दिल्ली (b) पटना
(c) नागपुर (d) पोर्ट ब्लेअर

93. बॉलीवुड की निम्नलिखित प्रसिद्ध हस्तियों में से किसका सम्बन्ध उत्तर प्रदेश से है?
(a) प्रकाश मेहरा (b) अन्नू कपूर
(c) मुहम्मद रफी (d) रवीन्द्र जैन

94. निम्नलिखित में से कौन-सी बहुउद्देशीय नदी घाटी योजना बेतवा नदी पर बनाई गई है?
(a) रिहन्द बांध (b) माता टीला बांध
(c) नरौरा बांध (d) कालागढ़ बांध

95. निम्नलिखित में से कौन-सा वाद्ययंत्र सबसे प्राचीन है?
(a) सितार (b) तबला
(c) सरोद (d) वीणा

96. कौन-सा नगर अफीम के उत्पादन से संबद्ध है?
(a) गाजीपुर (b) कानपुर
(c) मेरठ (d) मुरादाबाद

97. उत्तर प्रदेश के किस जिले में डोलोमाइट नामक खनिज का उत्पादन होता है?
(a) सोनभद्र (b) बांदा
(c) ललितपुर (d) इलाहाबाद

98. 2011 की जनगणना की अन्तिम रिपोर्ट के अनुसार, उत्तर प्रदेश का लिंग-अनुपात निम्नलिखित में से क्या है?
(a) 912 : 1000 (b) 975 : 1000
(c) 897 : 1000 (d) 998 : 1000

99. एशिया प्रशांत क्षेत्र के सीमा शुल्क प्रशासन के क्षेत्रीय प्रमुखों की बैठक हाल ही में कहाँ आयोजित की गयी?
(a) कोच्चि (b) नई दिल्ली
(c) अहमदाबाद (d) कोलकाता

100. रेणुकूट किसके लिए जाना जाता है?
(a) ताप बिजली
(b) इस्पात उद्योग
(c) एल्युमीनियम उद्योग
(d) सीमेंट उद्योग

101. उत्तर प्रदेश के किस जिले में विकलांगों के लिए प्रथम विश्वविद्यालय खोला गया?
(a) वाराणसी (b) आगरा
(c) चित्रकूट (d) बांदा

102. प्रसिद्ध हिन्दी लेखक राहुल सांकृत्यायन का जन्म निम्नलिखित में से किस जनपद में हुआ था?
(a) वाराणसी (b) गाजीपुर
(c) आजमगढ़ (d) देवरिया

103. भारतीय उप-महाद्वीप में कृषि के प्राचीनतम साक्ष्य प्राप्त हुए हैं-
(a) कोलदिहवा से (b) लहुरादेवा से
(c) मेहरगढ़ से (d) टोकवा से

104. चोल साम्राज्य को अन्ततः किसने समाप्त किया?
(a) महमूद गजनवी ने
(b) बख्तियार खिलजी ने
(c) मोहम्मद गौरी ने
(d) मलिक काफूर ने

105. अवेस्ता और ऋग्वेद में समानता है। अवेस्ता किस क्षेत्र से संबंधित है?
(a) भारत से (b) ईरान से
(c) इजराइल से (d) मिस्र से

106. निम्नलिखित में से किस अभिलेख में चन्द्रगुप्त और अशोक दोनों का उल्लेख किया गया है।
(a) गौतमीपुत्र शातकर्णी की नासिक प्रशस्ति
(b) महाक्षत्रप रुद्रदामन का जूनागढ़ अभिलेख
(c) अशोक का गिरनार अभिलेख
(d) स्कन्दगुप्त का जूनागढ़ अभिलेख

107. प्राचीन भारत में निम्न में से किस एक ने नियमित रूप से सोने के सिक्के चलाए?
(a) सातवाहन (b) शक
(c) कुषाण (d) पार्थियन

108. देश का आधे से अधिक उत्पादित चावल जिन चार राज्यों से प्राप्त होता है, वे हैं-
(a) पश्चिम बंगाल, पंजाब, तमिलनाडु और उड़ीसा
(b) पश्चिम बंगाल, उत्तर प्रदेश, पंजाब और आन्ध्र प्रदेश
(c) उत्तर प्रदेश पश्चिम बंगाल, छत्तीसगढ़ और असम
(d) पंजाब, आंध्र प्रदेश, बिहार और उड़ीसा

109. निम्न में कौन-सा कथन असत्य है?
(a) भौमिकीय दृष्टि से प्रायद्वीप क्षेत्र भारत का सबसे प्राचीन भाग है
(b) हिमालय विश्व का सबसे नवीन वलित (फोल्डेड) पर्वतों को प्रदर्शित करता है
(c) भारत के पश्चिमी समुद्र तट का निर्माण नदियों की जमाव क्रिया द्वारा हुआ है
(d) भारत में गोण्डवाना शिलाओं में कोयले का वृहत्तम भण्डार है

110. विन्ध्य शैली में जिसके वृहद् भण्डार पाए जाते हैं, वह है-
(a) चूना पत्थर (b) बेसाल्ट
(c) लिग्नाइट (d) लौह-अयस्क

111. निम्नलिखित में से भारत का कौन-सा क्षेत्र मृदा अपरदन से अत्यधिक प्रभावित है?
(a) मालवा पठार
(b) उत्तर प्रदेश तराई
(c) आंध्र तटीय क्षेत्र
(d) चम्बल घाटी

112. राष्ट्रीय पर्यावरण अभियान्त्रिकी संस्थान स्थित है-
(a) कटक में (b) जमशेदपुर में
(c) नागपुर में (d) रांची में

113. निम्नलिखित राज्यों में किस एक में सर्वाधिक संख्या में वन्य जीव अभयारण्य (नेशनल पार्क और अभयारण्य) है?
(a) उत्तर प्रदेश (b) राजस्थान
(c) मध्य प्रदेश (d) पश्चिम बंगाल

114. बिसरामपुर किसके खनन के लिए प्रसिद्ध है, वह है-
(a) ताम्र-अयस्क (b) लौह-अयस्क
(c) कोयला (d) मैंगनीज

115. प्रसिद्ध उद्योगपति लक्ष्मी निवास मित्तल दो इस्पात संयन्त्र लगाने जा रहे हैं
(a) आन्ध्र प्रदेश तथा कर्नाटक में
(b) झारखण्ड तथा उड़ीसा में
(c) केरल तथा तमिलनाडु में
(d) मध्य प्रदेश तथा राजस्थान में

116. निम्नलिखित में से कौन-सा एक युग्म सुमेलित नहीं है–
(a) ई.पी.जेड. - निर्यात प्रोत्साहन
(b) एक्जिम स्क्रिन - निर्यात परिदान
(c) एक्जिट पॉलिसी - आयात नियन्त्रक
(d) लरम्स - धन विनिमेयता

117. निम्नलिखित में से कौन-से सुमेलित हैं
(a) हरित क्रान्ति - तिलहन उत्पादन में वृद्धि
(b) नीली क्रान्ति - कृषि के खाद्यान्न उत्पादन में वृद्धि
(c) गुलाबी क्रान्ति - झींगा मछली उत्पादन में वृद्धि
(d) श्वेत क्रान्ति - दुग्ध उत्पादन में वृद्धि

118. यदि v_a, v_w तथा v_s क्रमशः वायु, जल एवं इस्पात में ध्वनि के वेग हों तो-
(a) $v_a < v_w < v_s$ (b) $v_s < v_w < v_a$
(c) $v_w < v_s < v_a$ (d) $v_s < v_a < v_w$

119. ट्रांस फैट वैश्विक स्तर पर प्रतिवर्ष कितने लोगों की मृत्यु के लिए जिम्मेदार है?
(a) 2.5 लाख (b) 5 लाख
(c) 3.2 लाख (d) 4.7 लाख

120. 'मतुआ' और 'नमसुद्र' समुदाय किस राज्य से संबंधित हैं?
(a) गुजरात (b) उत्तर प्रदेश
(c) राजस्थान (d) पश्चिम बंगाल

121. हाल ही में दक्षिण एशिया की किस सबसे बड़ी दरगाह पर आत्मघाती हमला हुआ?
(a) दाता दरबार
(b) अजमेर शरीफ
(c) दरगाह निजामुद्दीन
(d) इनमें से कोई नहीं

122. विश्व बैंक के 13 वें अध्यक्ष कौन नियुक्त हुए हैं?
(a) डेविड मालपास
(b) किम जोंग
(c) क्रिस्टीन लेगार्ड
(d) इनमें से कोई नहीं

123. भारत में आधुनिक कानूनी शिक्षा के जनक के रूप में चर्चित किस व्यक्ति का हाल ही में निधन हो गया?
(a) डेरेक सिप्पी
(b) रामास्वामी नायर
(c) एन.आर. माधव मेनन
(d) इनमें से कोई नहीं

124. लांसेट जर्नल की नवीनतम रिपोर्ट के अनुसार वर्ष 2010 से 2017 के मध्य भारत में शराब की खपत में कितनी वृद्धि हुई है?
(a) 32 प्रतिशत (b) 23 प्रतिशत
(c) 38 प्रतिशत (d) 45 प्रतिशत

125. टाटा ग्लोबल बेवरेजेज ने हाल ही में किसे अतिरिक्त और स्वतंत्र निदेशक नियुक्त किया है?
(a) शिखा शर्मा
(b) भरत पुरी
(c) दोनों को
(d) इनमें से कोई नहीं

126. हाल ही में भारत को किसके पर्यवेक्षक के रूप में फिर से चुना गया है?
(a) आसियान
(b) आर्कटिक काउंसिल
(c) नाटो
(d) शंघाई शिखर सहयोग संगठन

127. द ट्रिम्फ ऑफ इनजस्टिस पुस्तक के लेखक कौन हैं?
(a) पॉल कुग्रमैन व एलेन ग्रीनस्पैन
(b) बेन बरनाकी व जोसेफ स्टिग्लिट्ज
(c) इमैन्युएल साएन एवं गैब्रियल जुकमैन
(d) एलेन ग्रीनस्पैन एवं इमैन्युएल साइज

128. शंघाई सहयोग संगठन की 19वीं मंत्रिस्तरीय बैठक कहाँ आयोजित की गई थी?
(a) रूस (b) चीन
(c) उज्बेकिस्तान (d) किर्गिस्तान

129. एयर हेल्प द्वारा किए गए एक सर्वेक्षण में भारत का कौन-सा हवाई अड्डा दुनिया का आठवां सर्वश्रेष्ठ हवाई अड्डा है?
(a) राजीव गांधी अंतर्राष्ट्रीय हवाई अड्डा हैदराबाद
(b) सरदार वल्लभभाई हवाई अड्डा, अहमदाबाद
(c) छत्रपति शिवाजी अंतर्राष्ट्रीय हवाई अड्डा, मुम्बई
(d) इनमें से कोई नहीं

130. उपराष्ट्रपति वेंकैया नायडू 9-12 मई, 2019 तक किस देश की चार दिवसीय आधिकारिक यात्रा पर थे?
(a) वियतनाम (b) किर्गिस्तान
(c) जर्मनी (d) श्री लंका

131. किस क्षेत्र में भारत के सहयोग को लेकर यूएन प्रमुख ने भारत की सराहना की है?
(a) आतंकवाद विरोधी
(b) समाज कल्याण
(c) बाल अधिकार संरक्षण
(d) लैंगिक भेदभाव

132. थाईलैंड में संपन्न हुए आम चुनाव में किस दल ने सर्वाधिक सीटें प्राप्त की थी?
(a) फीयू थाई पार्टी
(b) पलंग प्रचारत
(c) फ्यूचर फॉरवर्ड
(d) इनमें से कोई नहीं

133. संयुक्त राष्ट्र ने सतत् विकास लक्ष्यों (एसडीजी) के लिए नया अधिवक्ता किसे नियुक्त किया है?
(a) डॉ.अबुबकर सर्कायी
(b) बैरी ओ हेयर
(c) मुहम्मदु सानुसी द्वितीय
(d) इनमें से कोई नहीं

134. यदि एक विशिष्ट कूट भाषा में ENTRY को 12345 और STEADY को 931785 लिखा जाता है। तो "ARREST" का सही कूट क्या होगा?
(a) 744589
(b) 744193
(c) 166479
(c) 745194

135. A और B भाई हैं। C और D बहनें हैं। A का पुत्र D का भाई है। B किस प्रकार सम्बन्धित है C से ?
(a) पिता (b) भाई
(c) चाचा (d) पुत्र

136. निम्नलिखित शब्दों को शब्दकोष में दिए गए क्रम के अनुसार व्यवस्थित कीजिए–
1. Admire 2. Addition
3. Addict 4. Admission
5. Adult
(a) 1, 3, 2, 4, 5 (b) 3, 2, 1, 4, 5
(c) 5, 4, 1, 2, 3 (d) 2, 3, 1, 5, 4

137. निम्नलिखित विकल्पों में से कौन-सा विकल्प नीचे दिए हुए शब्दों का सार्थक क्रम दर्शाता है?
1. कलाकार 2. अभ्यास
3. रचना 4. पुनर्निवेशन
5. नाटक
(a) 2, 1, 3, 5, 4 (b) 3, 1, 2, 5, 4
(c) 4, 3, 5, 1, 2 (d) 1, 5, 2, 3, 4

138. निम्नलिखित समीकरण को सन्तुलित करने और * चिन्हों के स्थान पर प्रतिस्थापित करने के लिए गणितीय चिन्हों का सही क्रम समूह चुनिए–
5 * 9 * 3 * 6 * 8
(a) × + = × (b) × – = ×
(c) + – = (d) + × =

139. कुछ समीकरण एक विशेष प्रणाली के आधार पर हल किए गए हैं। उसी आधार पर अनुत्तरित समीकरण का सही उत्तर ज्ञात कीजिए।
$4 \times 5 = 42$,
$5 \times 6 = 56$,
$6 \times 7 = 72$,
$7 \times 8 = ?$
(a) 84 (b) 90
(c) 92 (d) 102

140. दिए गए उत्तरों में से लुप्त संख्या ज्ञात कीजिए–

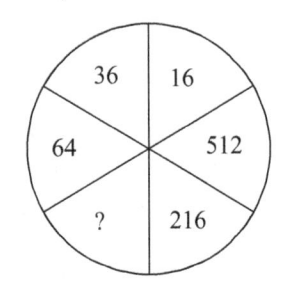

36
16
64
512
216

(a) 62 (b) 64
(c) 66 (d) 70

141. दी गई उत्तर आकृतियों में से उस उत्तर आकृति को चुनिए जिसमें प्रश्न आकृति निहित है।

प्रश्न आकृति :

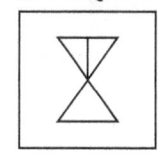

उत्तर आकृतियां :

(a) (b) (c) (d)

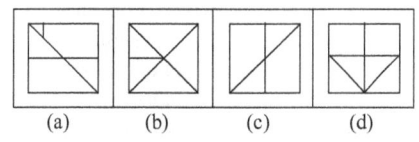

142. कौन-सी उत्तर आकृति प्रश्न आकृति को पूरा करेगी?

प्रश्न आकृति :

उत्तर आकृतियां :

(a) (b) (c) (d)

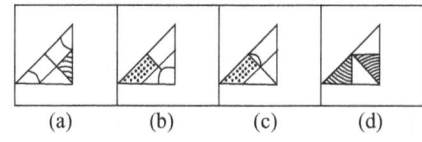

143. एक पासे की चार स्थितियां नीचे दर्शायी गई हैं। जब ऊपरी फलक पर 2 है तो नीचे कौन-सा अंक होगा?

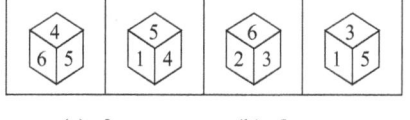

(a) 3 (b) 5
(c) 4 (d) 6

144. एक क्लब के प्रत्येक सदस्य ने सदस्यों की संख्या के तीन गुने से ₹ 10 अधिक का अंशदान किया है। यदि कुल अंशदान ₹ 3,000 है, तो सदस्यों की संख्या है–

(a) 10 (b) 30
(c) 20 (d) 50

145. यदि संख्याओं $a = \frac{127}{128}$, $b = \frac{211}{3125}$, $c = \frac{125}{84}$ को दशमलव में व्यक्त किया जाए, तो दशमलव रूप में–

(a) a सान्त है, परंतु b तथा c अन्तरहित हैं।
(b) a, b, c सभी अंतरहित हैं।
(c) b तथा c सांत हैं, परंतु a अंतरहित है।
(d) a तथा b सांत हैं, परंतु c अंतरहित है।

146. यदि 3 पुरुष और 5 महिलाएं एक काम को 8 दिन में कर सकते हैं जबकि 2 पुरुष और 7 बच्चे उसी काम को 12 दिन में कर सकते हैं, तो कितनी महिलाएं एक दिन में उतना काम कर सकती हैं जितना 21 बच्चे करेंगे?

(a) 10 महिलाएं (b) 15 महिलाएं
(c) 20 महिलाएं (d) 25 महिलाएं

147. पाइप A एक टंकी को 30 मिनट में भरता है और पाइप B, 45 मिनट में, जब टंकी भरी हो, तो पाइप C उसे 90 मिनट में खाली कर सकता है, यदि सभी पाइप एक साथ खोल दिया जाएं, तो टंकी भरेगी–

(a) 25 मिनट में
(b) $26\frac{1}{2}$ मिनट में
(c) $22\frac{1}{2}$ मिनट में
(d) 35 मिनट में

148. एक ऑटो व्यापारी, जो कार के अंकित मूल्य पर 12% छूट देता है, 10% लाभ अर्जित करता है, यदि सूची मूल्य ₹ 1,26,000 हो तो क्रय मूल्य क्या है?

(a) ₹ 1,00,800 (b) ₹ 1,01,800
(c) ₹ 1,02,800 (d) ₹ 1,03,800

149. निम्नलिखित में से कौन-सा उत्तर प्रदेश का राजकीय पुष्प है?

(a) टेसू (b) गुलाब
(c) नील कमल (d) चम्पा

150. उत्तर प्रदेश का सबसे बड़ा वन्यजीव विहार है–

(a) चंद्रप्रभा (b) किशनपुर
(c) हस्तिनापुर (d) रानीपुर

151. उत्तर प्रदेश में ऊसर मृदा का विस्तार मिलियन हेक्टेयर (लगभग) में है :

(a) 0.2 (b) 0.4
(c) 1.2 (d) 2.4

152. निम्नलिखित कथनों में से कौन 2011 की जनगणना के अंतिम आंकड़ों के आधार पर उत्तर प्रदेश के लिए सही नहीं है?

(a) यहां देश की जनसंख्या का 16.5 प्रतिशत निवास करता है
(b) यहां देश के सर्वाधिक बच्चे पाए जाते हैं
(c) इसकी दशकीय वृद्धि दर 18.4 प्रतिशत है
(d) इसका लिंग अनुपात 908 है।

153. उ.प्र. के विधान सभा 2012 के दूसरे चरण के चुनाव में कांग्रेस महिला प्रत्याशियों की संख्या–

(a) 8 (b) 9
(c) 7 (d) 10

154. निम्नांकित में उत्तर प्रदेश का 71वां जनपद कौन सा है?

(a) गौतम बुद्ध नगर (b) कांशीराम नगर
(c) महामाया नगर (d) संत कबीर नगर

155. उत्तर प्रदेश के निम्नलिखित में से किस मंडल में प्रथम समाजवादी अभिनव विद्यालय खोला गया था?

(a) इलाहाबाद (b) अलीगढ़
(c) आगरा (d) वाराणसी

156. 1 मई, 2016 को प्रधानमंत्री उज्ज्वला योजना प्रारम्भ की गई। उत्तर प्रदेश के किस जिले में प्रधानमंत्री द्वारा योजना प्रारंभ की गई।

(a) वाराणसी (b) लखनऊ
(c) बलिया (d) गाजियाबाद

157. परहिया जनजाति निवास करती है–

(a) बहराइच में (b) ललितपुर में
(c) पीलीभीत में (d) सोनभद्र में

158. निम्नलिखित में से कौन-सा युग्म सही सुमेलित है?

(a) भोटिया - बाराबंकी
(b) बुक्सा - बिजनौर
(c) राजी - गोरखपुर
(d) थारू - बांदा

निर्देश: निम्नलिखित प्रत्येक वाक्य खंड के लिए उसके नीचे दिए हुए विकल्पों में से एक शब्द चुनिए–

159. अनुचित ढंग से प्राप्त किया गया लाभ–

(a) अधिलाभ (b) अमिताभ
(c) अलाभ (d) अपलाभ

160. गुण और दोष का वर्णन–

(a) आलोचना (b) समालोचना
(c) समीक्षा (d) अनुशीलन

निर्देश: नीचे दिए गए वाक्य में काले छपे शब्द की वर्तनी शुद्धि के लिए चार विकल्प दिए गए है इनमें से एक विकल्प शब्द की वर्तनी शुद्ध है उसे चुनिए–

161. इस ग्रंथ में संग्रहित रचानाएं उच्चकोटि की हैं।

(a) संग्रहीत (b) संगृहीत
(c) संग्रहित (d) सन्गृहित

162. अध्यात्मिक चेतना के विकास के लिए उपनिषदों का अध्ययन अत्यन्त उपयोगी है।
(a) अध्यातमिक (b) आध्यात्मीक
(c) अध्यात्मीक (d) आध्यात्मिक

निर्देश: निम्नलिखित प्रत्येक प्रश्न में दिए गए चार-चार विकल्पों में से वाक्य शुद्ध रूप का चयन कीजिए।

163. (a) तुम मेरे मित्र हो मैं आपको भली-भांति जानता हूं।
(b) तुम मेरे मित्र हो आपको भली-भांति जानता हूं।
(c) तुम मेरे मित्र हो मैं तुम्हें भली-भांति जानता हूं।
(d) तुम मेरे मित्र हो तुम्हें भली-भांति जानता हूं।

164. (a) अध्यापक हमसे लेख लिखाया।
(b) अध्यापक ने हमसे लेख लिखाया।
(c) अध्यापक हमसे लेख लिखवाया
(d) अध्यापक ने हमसे लेख लिखवाया।

निर्देश: निम्नलिखित प्रत्येक वाक्य में काले छपे शब्द के पर्यायवाची शब्द का चयन उसके नीचे दिए गए विकल्पों में से कीजिए–

165. तुमने उस यति का तिरस्कार करके बड़ी भूल की
(a) ब्राह्मण (b) संन्यासी
(c) सती (d) भिखारी

166. श्रीराम के शिवजी का धनुष भंग करके सीता से विवाह किया।
(a) तूणीर (b) पिनाक
(c) शरासन (d) बाण

167. नीचे दिए गए विकल्पों में से तद्भव शब्द का चयन कीजिए।
(a) अमृत (b) सज्जन
(c) धनुष (d) धुआं

168. नीचे दिए गए विकल्पों में से तत्सम शब्द का चयन कीजिए–
(a) क्षेम (b) नखत
(c) पोथी (d) पगहा

निर्देश: निम्नलिखित वाक्यों में मुद्रित शब्द के विलोम के लिए चार-चार विकल्प दिए गए हैं। इनमें से उचित विकल्प का चयन कीजिए–

169. सज्जन *मृदुभाषी* होते हैं–
(a) ललित (b) कटु
(c) स्निग्ध (d) मधुर

170. निम्नलिखित में कौन संख्यावाचक विशेषण का भेद नहीं है?
(a) गणनावाचक निजवाचक
(b) समुदायबोधक क्रमवाचक
(c) निजवाचक
(d) क्रमवाचक

Directions: (Q. 171 to 173) In each of the following questions the underlined part of the sentence may have an error. The sentence can be made meaningful by replacing the underlined part with one of the given alternatives. If the underlined part is correct, mark (d) as you answer.

171. <u>Shapes</u> of gods and goddesses are worshipped by people.
(a) Images
(b) Reflections
(c) Clay shapes
(d) No correction required

172. We <u>cannot always convey</u> ourselves in simple sentences.
(a) cannot ever convey
(b) cannot always express
(c) cannot always indicate
(d) No correction required

173. One of the most significant <u>phenomenons</u> of our time has been the development of the cinema.
(a) phenomenon
(b) phenomena
(c) phenomenonna
(d) No correction required

Directions: (Q. 174 to 175) Some proverbs idioms are given below. Choose the correct meaning of the proverb/ iodim____

174. To catch a tartar ____
(a) To trap a wanted criminal with great difficulty
(b) To catch dangerous person
(c) To meet with disaster
(d) To encounter a person who is too strong for the assailant

175. To be above board
(a) To have a good height
(b) To be honest in any business deal
(c) To have no debts
(d) To try to be beautiful

Directions: (Q. 176 to 177) In these questions given below, out of the four alternatives, choose the one which can be substituted for the given words/sentences.

176. One who is fond of fighting
(a) Bellicose (b) Aggressive
(c) threaking (d) Militant

177. Tending to move away from the center or axis
(a) Centrifugal (b) Centripetal
(c) Axiomatic (d) Awry

Directions: (Q. 178 to 179) In the given sentences the blanks are to be filled in with appropriate words(s). Four alternatives are suggested for each question. Choose the correct alternative out of the four.

178. The computer ..... nonsense because there was a mistake in the programming.
(a) produces (b) produced
(c) will produce (d) produce

179. That farmer may be old but he is ......
(a) less energetic (b) more energetic
(c) most energetic (d) energetic

Directions: (Q. 180 to 181) Out of the four alternatives choose the one which best expresses the meaning of the given word.

180. Right
(a) Correct (b) Marked
(c) Straight (d) Finished

181. Apprehended
(a) Understood (b) Arrested
(c) Feared (d) Questioned

Directions: (Q. 182 to 183) Choose the word opposite in meaning to the given word.

182. Guilty
(a) Good (b) Innocent
(c) Ingenious (d) Foolish

183. Brutality
(a) Mercy (b) Bestiality
(c) Cruelty (d) Humanity

Directions: (Q. 184 to 185) Group of four words are given. In each group, one word is correctly spelt. Find the correctly spelt word.

184. (a) Posibility (b) Possibility
(c) Possiblity (d) Possebility

185. (a) Cuffe (b) Cough
(c) Cuf (d) Kough

186. कम्प्यूटर्स पर स्लॉट कवर्स न होने से भिन्न हो सकता है–
(a) ओवर हीट
(b) पॉवर सर्ज
(c) EMI
(d) ESD के लिए अपूर्ण पाथ

187. जब किसी ई-मेल के सेंडर तथा रिसीवर एक ही सिस्टम पर हैं, तब हमें केवल दो..................की अवधारणा होती है।
(a) IP (b) डोमेन
(c) सर्वर्स (d) यूजर्स

188. निम्न में से किसी मेमोरी क्लिप की प्रोग्रामिंग उत्पादन प्रक्रिया के दौरान की जाती है?
(a) ROM (b) PROM
(c) EPROM (d) EEPROM

189. आप लिनक्स फाइल सिस्टम क्रिएट करने के लिए किस कमांड का उपयोग करते हैं?

(a) fdisk (b) Mkfs
(c) Fsck (d) mount

190. HTML में DOCTYPE डिक्लेरेशन क्या परिभाषित करता है ?

(a) यह डॉक्यूमेंट प्रॉपर्टी परिभाषित करता है
(b) यह डॉक्यूमेंट टाइप परिभाषित करता है
(c) यह डॉक्यूमेंट साइज परिभाषित करता है
(d) यह डॉक्यूमेंट स्टाइल परिभाषित करता है

191. MS Excel में प्रि-सेलेक्टेड रेंज में, प्रीवियस सेल एक्टिवेट करने के लिए ....दबाएँ।

(a) Alt key
(b) Tab key
(c) Enter key
(d) उपरोक्त में से कोई नहीं

192. निम्न में से क्या यूनिक्स ऑपरेटिंग सिस्टम का वैरिएंट नहीं है ?

(a) MS DOS
(b) Mac OS
(c) लिनक्स
(d) बर्केले सॉफ्टवेयर डिस्ट्रीब्यूशन

193. MS Word में "Ctrl + PageUp" का उपयोग किया जाता है।

(a) कर्सर को एक पेज ऊपर पहुँचाने के लिए
(b) कर्सर को एक पैराग्राफ ऊपर पहुँचाने के लिए
(c) कर्सर को स्क्रीन पेज के ऊपर पहुँचाने के लिए
(d) कर्सर को एक लाइन ऊपर पहुँचाने के लिए

194. लिनक्स में, आप किसी फाइल में लाइन्स की संख्या की गणना कार्यान्वित करने के लिए निम्न में से किस कमांड का उपयोग कर सकते हैं ?

(a) Lc (b) Wc-I
(c) CI (d) Count

195. निम्न में से कौन-सी HTTP मेथड्स का सर्वाधिक सामान्य रूप से उपयोग किया जाता है।

(a) PRE और POST
(b) GET और SET
(c) ASK और REPLY
(d) GET और POST

196. एक रिसीविंग होस्ट सभी सेग्मेंट्स को प्राप्त करने में असफल रहा है। जिसके लिए इसे एकनॉलेज करना है। होस्ट इस कम्युनिकेशन सेशन की विश्वसनीयता में सुधार के लिए क्या कर सकता है?

(a) विभिन्न सोर्स पोर्ट नंबर भेजना
(b) वर्चुअल सर्किट रिस्टार्ट करना
(c) क्रम संख्या में कमी करना
(d) विंडो साइज में कमी करना

197. कौन-सा कमांड फाइल्स तथा डायरेक्टरी के नाम को बिना आकार, तिथि तथा समय संबंधी सूचना के डिस्प्ले करता है?

(a) Dir/w (b) Dir/a
(c) Dir/b (d) Dir/s

198. वह कौन-सा कमांड है जो सिस्टम डेट को प्राप्त करने के लिए MSDOS. यूनिक्स कमांड लाइन इंटरफेसेज़ में प्रयुक्त होता हैं?

(a) GETSYSDATE
(b) GETDATE
(c) DATE
(d) GETSYSDATETIME

199. HTML 5 वह कौन-सा टैग होता है जिसका उपयोग youtube वीडियों प्ले करने के लिए किया जाना चाहिए।

(a) <iframe ></iframe>
(b) <video><video>
(c) <obj></obj>
(d) <url></url>

200. (SQL) में, निम्न में से कौन-सी कमांड डाटा डेफ्टिशन लैंग्वेज (DDL) नहीं है?

(a) CREATE (b) ALTER
(c) DROP (d) SELECT

उत्तर (हल/संकेत)

1. (d) आर्किमीडीज के सिद्धान्त के अनुसार अगर कोई वस्तु द्रव में तैरती है, तो वह उतना ही डूबती है जितने से विस्थापित द्रव का वजन वस्तु के भार के बराबर हो जाए अर्थात प्रश्नानुसार तैरते हुए गुटकों का आभासी भार गुटके द्वारा विस्थापित जल के भार के बराबर होगा।

2. (c) जैव गैस (Biogas), मीथेन (CH_4) एवं कार्बन डाइऑक्साइड का मिश्रण है, जिसका प्रमुख अवयव मीथेन होता है।

3. (d) प्रेशर कुकर में जलवाष्प द्वारा आरोपित दाब जल के क्वथनांक (Boiling Point) में वृद्धि कर देता है, जिसके कारण भोजन शीघ्र बन जाता है।

4. (b) किण्डवन के पश्चात् (यीस्ट-Yeast की उपस्थिति में) CO_2 गैस बनती है।

5. (c) वाष्पन (Evaporation), विसरण, गैसों का प्रसार।

6. (a) दर्पण के सापेक्ष प्रतिबिम्ब की चाल 2.5 ms^{-1} होगी, परन्तु दर्शन के सापेक्ष प्रतिबिम्ब की चाल $2 \times 2.5\ ms^{-1}$ (= 5 ms^{-1}) होगी।

7. (d) जब कोई ठोस पदार्थ, बिना द्रव में परिवर्तित हुए सीधे गैस में परिवर्तित हो जाता है, तो इस प्रक्रिया को ऊर्ध्वपातन के द्वारा होता है।

8. (d)

9. (c) अभिक्रिया के दौरान कॉपर सल्फेट का नीला घोल लोहे की कील से अभिक्रिया करके रंगहीन हो जाता है, क्योंकि आयरन सल्फेट रंगहीन होता है।

10. (d) कोशिका में केन्द्रक झिल्ली (Nuclear membrane) द्वारा केन्द्रक पृथक होता है।

11. (a) सभी कार्बोहाइड्रेट पदार्थ (पॉली-सेकेरॉइड) आयोडीन के साथ नीला रंग देते हैं।

12. (d) लार जीवधारियों के मुख में पाया जाने वाला जलीय पदार्थ है, जिसका स्राव लार ग्रंथियों द्वारा होता है, लार में पाया जाने वाला हार्मोन एमाइलेज (Amylase) है, जो पाचन में सहायक होता है, जब हम कोई ऐसा भोज्य पदार्थ लेते हैं जिससे स्टार्च के साथ-साथ शर्करा भी हो, जैसे चावल या आलू, तो ऐसे में यह हार्मोन, भोजन में उपस्थित स्टार्च को थोड़ी मात्रा को शर्करा में बदल देता है, जिससे कारण भोजन में मिठास आ जाता है।

13. (d) दिमित्री मेन्डेलीव द्वारा "आवर्त नियम" दिया गया। इनके अनुसार "तत्वों के भौतिक एवं रसायनिक गुण उनके परमाणु द्रव्यमान के आवर्ती गुण होते हैं।"

14. (c) दूध से दही बनने की अभिक्रिया में लेक्टेज एन्जाइम उत्प्रेरक का कार्य करता है। एन्जाइमों को जैव उत्प्रेरक भी कहा जाता है।

15. (c) मानव शरीर की सबसे लंबी अस्थि फीमर है जो कि जांघों में पायी जाती है। फीमर कन्दुक-खल्लिका संधि (बॉल और सॉकेट जॉइट) के द्वारा कमर की हड्डी से जुड़ी होती है तथा घुटने की हड्डी बनाती है।

16. (c) हृदय पेशियाँ मांसीय संयोजी ऊतक है। जन्तुओं में चार तरह के संयोजी ऊतक पाये जाते हैं-इपिथिलियल ऊतक (उपकला ऊतक), संयोजी ऊतक, पेशीय ऊतक तथा तंत्रिकीय ऊतक है।

17. (a) निजामुद्दीन औलिया शेख फरीद का वह प्रिय शिष्य था, जिसने दिल्ली के सात सुल्तानों का शासन देखा था। निजामुद्दीन औलिया को महबूब-ए-इलाही (ईश्वर का प्रिय) और सुल्तान-उल-औलिया (सन्तों का राजा) भी कहा जाता है। निजामुद्दीन औलिया के प्रमुख शिष्यों में अमीर खुसरो का नाम उल्लेखनीय है, जो फारसी के उच्च कोटि के लेखक, कवि एवं महान संगीतकार थे।

18. (c) मुहम्मद बिन तुगलक ने भारत में सर्वप्रथम सांकेतिक मुद्रा का प्रचलन (1330 ई.) करवाया था। बरनी के कथनानुसार खजाने में धन की कमी और साम्राज्य विस्तार की नीति को लागू करने हेतु सांकेतिक मुद्रा चलाने का प्रयास किया गया है। सांकेतिक मुद्रा की योजना प्रशासनिक शिथिलता के कारण असफल रही।

19. (c) मोहम्मद बिन तुगलक ने कृषि में सुधार हेतु 'दीवान-ए-अमीर-कोही' नामक विभाग की स्थापना की थी। किसानों को राज्य की ओर से सीधे आर्थिक सहायता देकर कृषि योग्य भूमि का विस्तार करना इस विभाग का मुख्य उद्देश्य था।

20. (c) लार्ड कर्जन (1899-1905) की भारत में लार्ड एल्गिन के उत्तराधिकारी वायसराय के रूप में नियुक्ति हुए। कर्जन को अपने सन्मुख कार्यों की स्पष्ट जानकारी थी। वह प्रशासनिक व्यवस्था में शीघ्रातिशीघ्र और पूर्णतया सुधार लाने का इच्छुक था। उसने प्रशासन के प्रत्येक विभाग में कायापलट और पुनर्गठन का कार्य किया। उसने विभाग की कार्यप्रणाली की छान-बीन करने के लिए एक आयोग निर्मित कर दिया और उसके लिए आवश्यक अधिनियम भी बनाए। उसके द्वारा बनाए गए आयोगों और उसके अध्यक्षों की सूची निम्नलिखित है–

आयोग	अध्यक्ष
अकाल आयोग (1899)	सर एण्टनी मैकडौनल
रेलवे अधिनियम (1901)	मिस्टर टॉमस राबर्टसन
सिंचाई आयोग (1901)	सर कॉलिन स्कॉट मॉनक्रीफ
पुलिस सुधार आयोग (1902)	सर एण्ड्रयू फ्रेजर

21. (c) 2015-16 में भारत के वृहत्तम चीनी उत्पादन करने वाले राज्यों का सही अवरोही क्रम है–महाराष्ट्र, उत्तर प्रदेश, तमिलनाडु, कर्नाटक।

22. (a) भारत में कच्चे रेशम के उत्पादन में कर्नाटक प्रथम है। कर्नाटक भारत में कुल रेशमी कपड़े का (56.25%), मध्य प्रदेश (40.26%), तमिलनाडु (1.87%), पंजाब (1.60%) का उत्पादन करते हैं।

23. (c) पहाड़ियों की रानी के नाम से विख्यात नीलगिरि पहाड़ियाँ पूर्वी घाट एवं पश्चिमी घाट के सम्मिलन स्थल को बनाती हैं। दोदाबेट्टा (2637 मीटर) इस पहाड़ी की सर्वोच्च चोटी है। टोडा जनजाति यहीं निवास करती है।

24. (b) 'पैंजिया' पृथ्वी पर मूलत: एक ही विशाल भूखण्ड था। यह एक विशाल एकीकृत महाद्व ीप या जिसका अस्तित्व लगभग 250 मिलियन वर्ष पूर्व पेलियोजोइक और मिसोजोइक युग के दौरान था। मौजूदा महाद्वीप अपने वर्तमान स्वरूप में इसी में से निकलकर आए हैं।

25. (c) विदेशों के सभी राजदूतों या कमिश्नरों के परिचय-पत्र राष्ट्रपति द्वारा प्राप्त किए जाते हैं। विदेशों में भारतीय राजदूतों एवं उच्चायुक्तों की नियुक्ति राष्ट्रपति द्वारा की जाती है। ज्ञातव्य है, कि ब्रिटेन के उपनिवेश रहे राष्ट्रमंडल देशों में नियुक्त किए गए प्रतिनिधियों को 'उच्चायुक्त' (High Commissioner) तथा अन्य देशों के नियुक्त प्रतिनिधियों को 'राजदूत' (Ambassador) कहा जाता है।

26. (a) भारती संविधान में 12 अनुसूचियों का उल्लेख है। प्रश्नानुसार प्रथम अनुसूची में भारतीय संघ के घटक राज्यों (22 राज्य) एवं संघशासित (7) क्षेत्रों का उल्लेख है। संविधान के 69वें संशोधन के द्वारा दिल्ली को राष्ट्रीय राजधानी का दर्जा दिया गया।

27. (d) जब एक ही समय में किसी खेत में दो या अधिक फसल उगायी जाती है, तो कृषि को इस प्रक्रिया को मिश्रित कृषि या बहुफसलीय (Multiple Cropping) कहते हैं।

28. (b) हाल के कुछ वर्षों में मानव जाति को कुछ पर्यावरणीय समस्याओं का सामना करना पड़ रहा है, इन समस्याओं के मूल में मुख्यत: विकृत मानवीय क्रियाकलाप है। इन समस्याओं में वैश्विक ऊष्मन, ग्रीन हाउस प्रभाव तथा ओजोन परत का ह्रास है।

29. (b) 2000 ई. पू. के लगभग उत्तरी अफगानिस्तान में आक्सास नदी के किनारे स्थित शौर्तुघई (Shortughai) हड़प्पाई व्यापारिक उपनिवेश था।

30. (c) जेम्स प्रिंसेप अंग्रेज विद्वान, एवं पुरातत्वविद थे। वह बंगाल एशियाटिक सोसाइटी द्वारा प्रकाशित शोधपत्र के संस्थापक सदस्य भी थे उनका सबसे महत्वपूर्ण कार्य ब्राह्मी एवं खरोष्ठी लिपि का वाचन था।

31. (d) यूरोपीय वाणिज्यिक शक्तियों में पुर्तगालियों ने गोवा, डचों ने मुसली-पट्टम, अंग्रेजों ने मद्रास एवं फ्रांसिसियों ने पांडिचेरी में अपनी फैक्ट्रियां स्थापित कीं।

32. (c) अलवर 10वीं शताब्दी ई.पू. में तमिल-भक्ति संत थे। जिनके उपास्य देव भगवान विष्णु थे। इन संतों की संख्या IL थी। इन्होंने अनेक भक्ति रचनाएं कीं जो सामूहिक रूप से नलमिरादिव्य प्रबंधम के नाम से जाना जाता है। इसमें 4000 छंद संगृहीत है।

33. (b) 1206 ई. से 1526 ई. तक दिल्ली सल्तनत के राजवंशों की क्रमानुसार सूची निम्नवत् है–

(i) दास वंश (1206-1290 ई.)
(ii) खिलजी वंश (1290-1320 ई.)
(iii) तुगलक वंश (1320-1414 ई.)
(iv) सैयद वंश (1414-1450 ई.)
(v) लोदी वंश (1451-1526 ई.)

34. (a) लैरी कौलिन्स एवं डोमिनिक लैपियर ने अपनी पुस्तक 'Freedom At Mid-night' में लिखा है कि स्वतंत्रता के बाद गांधीजी के जीवन को सर्वश्रेष्ठ समय सांप्रदायिक आग से झुलसते हुए देश में शांति बहाली के लिए प्रयास के दौरान था।

35. (c) मुगल भू-राजस्व व्यवस्था का केन्द्रीय तत्व अधिशेष उत्पादन एवं उससे प्राप्त राजस्व था। यही राज्य की आय का प्रमुख स्रोत था। मुगल राजस्व दो स्तरों पर स्तरीकृत था–

(i) निर्धारित रकम जिसे जमा कहते थे।
(ii) वास्तविक वसूली जिसे हासिल कहते थे।

36. (a) मई-जून 1875 ई. में महाराष्ट्र के पुणे, सतारा एवं नागपुर जिलों में किसानों ने स्थानीय साहूकारों के विरुद्ध विद्रोह कर दिया। जिसके परिणामस्वरूप पूरे दक्कन में दंगे भड़क उठे। ब्रिटिश सरकार ने इन दंगों के कारणों की जांच के लिए एक आयोग का गठन किया।

37. (b) उक्त वक्तव्य अल्लामा इकबाल ने मुस्लिम लीग की 25वीं वर्षगांठ के दौरान अध्यक्षीय भाषण के दौरान 29 दिसम्बर 1930 को इलाहाबाद में दिया था। उनके इस भाषण को इलाहाबाद वक्तव्य (Allahabad Address) के रूप में भी जाना जाता है।

38. (b) 1857 के विद्रोह के दौरान नाना साहब ने कानपुर, कुंवर सिंह ने बिहार के जगदीशपुर वर्तमान भोजपुर (जिले में), शाहमल ने उत्तर प्रदेश के वरुत (Baraut) एवं गुन्नू ने छोटा नागपुर में विद्रोह का नेतृत्व किया।

39. (a) जब रबीन्द्र नाथ टैगोर को जलियां वाला बाग हत्याकांड की जानकारी मिली तो उन्होंने कलकत्ता में विरोध प्रदर्शन का आयोजन किया एवं ब्रिटिश सरकार द्वारा प्रदत्त 'नाइटहुड' (Knighthood) की उपाधि वापस कर दी।

40. (a) दांडी मार्च, जिसे सामान्यतौर पर नमक सत्याग्रह के रूप में भी जाना जाता है, का आरंभ गांधीजी ने 12 मार्च, 1930 को अहमदाबाद के साबरमती आश्रम से अपने 78 सहयोगियों के साथ किया तथा 24 दिन की यह यात्रा 240 मील (290 किमी.) के बाद वर्तमान गुजरात राज्य के नवसारी जिले के दांडी नामक समुद्रतटीय गांव में नमक कानून के उल्लंघन के साथ समाप्त हुई।

41. (c) मिंटो-मार्ले सुधार का सबसे महत्वपूर्ण प्रावधान यह था कि इसने विधान परिषद में चुने हुए सदस्यों की संख्या बढ़ाकर 16 से 60 कर दी। इसमें सरकारी सदस्य शामिल नहीं थे।

42. (c) महात्मा गांधी अपना राजनीतिक गुरू गोपाल कृष्ण गोखले को मानते थे।

43. (a) मैडम भीखाजी कामा ने 'वंदेमातरम्' नामक साप्ताहिक पत्रिका आरम्भ की वही इस पत्रिका की संपादक एवं वितरक भी थीं।

44. (c) बाल गंगाधर की राजनैतिक शैली को उग्रतावादी (Radical) माना जाता है, वहीं सामाजिक मुद्दों के संदर्भ में उनके विचार परंपरावादी थे।

45. (a) विनायक दामोदर सावरकर को 1910 में क्रांतिकारी संस्था 'इंडियन हाउस' के साथ सम्बन्ध रखने के कारण गिरफ्तार किया गया, लेकिन गिरफ्तारी के दौरान भागने की असफल कोशिश करने के उपरांत उन्हें दोहरे आजीवन कारावास (50 वर्ष) की सजा सुनाई गई। जिसके लिए उन्हें माण्डले जेल भेज दिया गया। लेकिन बाद में उन्हें 1921 में छोड़ दिया गया।

46. (c) संविधान निर्माण की दिशा में पहला काम था, पं. नेहरू द्वारा 13 दिसम्बर, 1946 को 'उद्देश्य प्रस्ताव' को प्रस्तावित करना इस उद्देश्य प्रस्ताव में यह कहीं भी उल्लिखित नहीं है कि स्वतंत्र भारत की सभी शक्तियां जनता से प्राप्त होंगी।

47. (d)

48. (a) 19वीं शताब्दी में भारतीय सामाजिक जीवन में अनेक सामाजिक आंदोलनों का उद्भव हुआ, जिन्हें दो रूपों में वर्गीकृत किया जा सकता है-(1) सुधारवादी आंदोलन (2) पुनरुद्धार आंदोलन, प्रार्थना समाज एक सुधारवादी आंदोलन था, जिसका आरम्भ 1867 में बम्बई में डॉ. आत्माराम पांडुरंग ने किया, इस आंदोलन का उद्देश्य हिन्दू धर्म के अन्दर व्याप्त बुराइयों को समाप्त करना था।

49. (d) 73वें संविधान संशोधन द्वारा शक्तियों का विकेन्द्रीकरण किया गया। इस संविधान संशोधन द्वारा ग्रामीण स्थानीय शासन को संवैधानिक दर्जा प्रदान किया गया।

50. (a) 1905 में बंगाल विभाजन के उपरांत भड़के असंतोष को एक आंदोलन के रूप में संगठित बंगाल के राजनीतिक दृष्टि से उन्नतिशील बौद्धिक वर्ग ने किया।

51. (c) प्रथम विश्व युद्ध के दौरान भारत में आम उपभोक्ता वस्तुओं की भारी कमी थी, जिसके परिणामस्वरूप भारत में अकाल पड़ गया तथा आम चीजों की कीमतों में भारी वृद्धि हो गई।

52. (d) भारतीय कृषि में सहकारी खेती (Co-operatove Farming) एक संस्थागत सुधार है, जो कृषि जिस विपणन में कृषकों हेतु लाभकारी होगी, जिस हेतु नियाम (राष्ट्रीय कृषि विपणन संस्थान-NIAM, भारत सरकार) जयपुर (राज.) अच्छी भूमिका निभा रहा है।

53. (b)

54. (b) महानदी पर अवस्थित हीराकुण्ड बांध एशिया का सबसे लम्बा बांध है, जिसकी लम्बाई 25.8 किमी. (16 मील) है।

55. (d)

56. (a) निर्धन लोगों को आर्थिक सहायता या कर्ज देकर भारत की आर्थिक असमानता को समाप्त नहीं किया जा सकता है।

57. (b) संविधान के 92वें संशोधन अधिनियम-2003 द्वारा संविधान की आठवीं अनुसूची में चार भाषाओं-बोडो, डोगरी, संथाली एवं मैथिली को सम्मिलित किया गया। इस संशोधन के उपरांत आठवीं अनुसूची में भाषाओं की संख्या 22 हो गई है।

58. (b) भारतीय रिजर्व बैंक, भारत में नोट निर्गमन की केन्द्रीय संस्था है।

59. (a) 'सत्यमेव जयते' सूक्ति, मुण्डकोपनिषद में वर्णित है। स्वतंत्रता के उपरांत इसे राष्ट्रीय चिन्ह के रूप में स्वीकार किया गया।

60. (b) केरल में सम्पूर्ण देश के रबड़ उत्पादन का 90% भाग पैदा होता है। साथ ही केरल एवं कर्नाटक में रबड़ उत्पादन का सर्वाधिक रोपण क्षेत्रफल (लगभग 90%) है।

61. (c) भारतीय संविधान के अनुच्छेद 110 में वर्णित धन विधेयक, राष्ट्रपति की पूर्वानुमति से ही लोक सभा में प्रस्तुत किया जाता है। यहां यह तथ्य ध्यातव्य है कि अन्य विधेयक संसद के किसी भी सदन (राज्य सभा या लोक सभा) में प्रस्तुत किया जा सकता है, किन्तु धन विधेयक केवल लोक सभा में ही प्रस्तुत किया जा सकता है, किन्तु धन विधेयक या वित्त विधेयक केवल लोक सभा में ही प्रस्तुत किए जा सकते हैं।

62. (b)

63. (b) भारत में मूंगफली एक प्रमुख तिलहनी फसल है जिसका वर्ष 2014-15 में कुल उत्पादन 9.5 मिलि. टन हुआ था, जिसमें मुख्य रूप से गुजरात (52% हिस्सा), तमिलनाडु (13%) एवं आन्ध्र प्रदेश (11%) राज्य आते हैं, जबकि राई-सरसों का उत्पादन 7.8 मिलि. टन रहा था।

64. (b) सिंचित क्षेत्रों में भूमि के निम्नीकरण का मुख्य कारण लवणीकरण (Salinisation) है जिसकी भूमि पी-एच (pH) 8.0 - 8.5 होती है जिसमें सोडियम (Na), कैल्सियम (Ca) तथा मैग्नीशियम (Mg) तत्व अधिक मात्रा में पाए जाते हैं, फलतः भूमि की उर्वरा शक्ति, फसल उत्पादकता एवं फसल उत्पादन घट जाता है।

65. (c) 'ऑपरेशन फ्लड', राष्ट्रीय डेयरी विकास बोर्ड (NDDB) का कार्यक्रम है, जो 1970 में आरम्भ किया गया। इसका उद्देश्य दूध के उत्पादन संस्करण, प्रसंस्करण एवं विपणन को बढ़ावा देना है।

66. (d) भारत सरकार ने अप्रैल 1990 में उड्यन क्षेत्र में मुक्त आकाश, नीति की घोषणा को अपनी सेवाए संचालित करने की अनुमति प्रदान की।

67. (b) शाकाहारी भोजन में दालें प्रोटीन का सबसे बड़ा स्रोत है।

68. (a)

69. (d) गन्ना की फसल के लिए अच्छे जल निकास वाली उपजाऊ मिट्टी, अधिक मात्रा में खाद एवं उर्वरक (150 + 80 - 100 + 60 - 80 kg N, P, K उर्वरक तत्व प्रति हैक्टर), गर्म एवं आर्द्र जलवायु, औसतन वार्षिक वर्षा 50 से 250 cm/ वार्षिक-भारत में) एवं सुनिश्चित सिंचाई द्वारा जल-आपूर्ति की आवश्यकता पड़ती है।

70. (d) बिहार में महिला साक्षरता दर, देश में सबसे कम (51.5%) है।

71. (a) स्लेस (Slash) एवं बर्न (Burn) कृषि को मैक्सिको (संयुक्त राष्ट्र अमरीका USA) में मिल्पा (Milpa) के रूप में जाना जाता है। भारत में झूम/शिफ्टिंग खेती कहते हैं जो एक शस्य-ईको प्रणाली नियमित गतिविधियों हेतु अपनाई जाती है।

72. (c) 2011 की जनगणना के अनुसार देश में 46 महानगर (10 लाख की आबादी से अधिक) है, जिनमें से एक भी हिमाचल प्रदेश में नही है।

73. (a) कोलकाता पत्तन, देश का एकमात्र नदीय पत्तन (Reverine Port) है। हुगली नदी के बाएं किनारे पर अवस्थित कोलकाता पत्तन की दो गोदियां-कोलकाता डॉक एवं हल्दिया डॉक हैं।

74. (d)

75. (c) जैसे-जैसे किसी देश में आर्थिक संपन्नता आती-जाती है, उस देश में जन्म दर और मृत्यु दर दोनों घटती जाती है। दूसरे शब्दों में इसे कहा जा सकता है कि यदि किसी देश में जन्म दर एवं मृत्यु दर, दोनों में कमी आ रही है, तो यह देश में आर्थिक संपन्नता का सूचक माना जाता है।

76. (a) प्रवासन एक ऐसी प्रक्रिया है जिसमें लोग एक स्थान से दूसरे स्थान पर लम्बी अवधि के लिए चले जाते हैं। प्रवासन, आंतरिक (देश के अंदर ही), अथवा बाह्य (देश के बाहर) दोनों प्रकार से संभव हो सकता है।

77. (b) प्रश्न के विकल्पों में दिए गए राज्यों में अनुसूचित जनजाति की जनसंख्या का प्रतिशत निम्नवत है-

मिजोरम	-	94.4%
नागालैण्ड	-	86.5%
मेघालय	-	86.1%
अरुणाचल प्रदेश	-	68.1%

78. (c) 2011 की जनगणना के अनुसार केरल की साक्षरता दर 94% है।

79. (a) **80.** (b)

81. (b) भारत में बाघ परियोजना का आरम्भ 1973 में तत्कालीन प्रधानमंत्री श्रीमती इंदिरा गांधी द्वारा किया गया।

82. (b)

83. (b) ध्रुवतारा केवल उत्तरी गोलार्द्ध में ही दिखाई देता है। भूमध्य रेखा के दक्षिण में यह दिखाई नहीं देता। ब्राजीलिया, जोकि ब्राजील की राजधानी है, दक्षिणी गोलार्द्ध में स्थित है इसलिए ध्रुवतारा वहां कभी भी दिखाई नहीं देगा।

84. (c)

85. (d) म्यांमार (बर्मा) में स्थित पोपा ज्वालामुखी पर्वत को 'विलुप्त ज्वालामुखी (Extinct Volcano)' की श्रेणी में वर्गीकृत किया गया है।

86. (a)

87. (c) राइन नदी जर्मनी और नीदरलैण्ड के बीच प्रवाहित होती है। इस नदी का 700 किमी. का भाग नौवहन योग्य है, जो बेवल से रोटर्डम तक है।

88. (d) अर्थव्यवस्था के चतुर्थक क्रिया-कलापों में पूर्ण व्यापार, बीमा, विधि सेवाएं, बैंकिंग सेवाएं, विज्ञापन, डाटा प्रोसेसिंग आते हैं, जबकि शैक्षिक सेवाएं पंचम क्रियाकलापों (Quomaru Activities) के अंतर्गत वर्गीकृत है।

89. (b) कच्छ एवं खंभात की खाड़ी को ज्वरीय ऊवरीय ऊर्जा (Tidal Energy) के विकास के लिए आदर्श क्षेत्र माना जाता है।

90. (d) अपनी पारद्युतिक (Dietectric) क्षमता, अल्प विद्युत क्षय (Loe Power Loss), रोधक (Insulting) क्षमताओं एवं उच्च वोल्टेज प्रतिरोध (High Voltage Resistance) के कारण अभ्रक विद्युत एवं इलेक्ट्रॉनिक उद्योगों में प्रयुक्त होने वाला सबसे महत्वपूर्ण अधात्विक खनिज है।

91. (d) जल-प्रदूषण को कम करना बहु-उद्देश्यशीय नदी परियोजनाओं का उद्देश्य नहीं है।

92. (d) **93.** (d)

94. (b) माता-टीला बांध बहुउद्देशीय नदी घाटी-योजना बेतवा नदी पर निर्मित की जा रही है।

95. (d) दिए गए विकल्पों में से प्राचीनतम वाद्यमंत्र वीणा है।

96. (a) उत्तर के गाजीपुर एवं मध्य प्रदेश के नीमच में अफीम की खेती की जाती है। गाजीपुर में अफीम शोधन फैक्ट्री-The Opium and Alkaloid Works (OAW) अवस्थित है।

97. (a) उत्तर प्रदेश के सोनभद्र में डोलो-माइट खनिज का उत्पादन होता है।

98. (a) 912 : 1000

99. (a) एशिया प्रशांत क्षेत्र के सीमा शुल्क प्रशासन के क्षेत्रीय प्रमुखों की बैठक 8-10 मई, 2019 तक कोच्चि में आयोजित की गयी। इस बैठक का आयोजन केन्द्रीय अप्रत्यक्ष कर और सीमा शुल्क बोर्ड (सीबीआईसी) और विश्व सीमा शुल्क संगठन (डब्ल्यूसीओ) द्वारा किया गया।

100. (c) रेणुकूट, मुख्य रूप से एल्यूमीनियम उद्योग के लिए जाना जाता है। यहीं पर एशिया का सबसे बड़ा एल्यूमीनियम परिष्करण सम्पन्न हिंडाल्को अवस्थित है।

101. (c) जगतगुरू रामभद्राचार्य विकलांग विश्वविद्यालय (JKHU), भारत में विकलांगों का एकमात्र विश्वविद्यालय है, जो उत्तर प्रदेश के चित्रकूट जिले में अवस्थित है।

102. (c) महापण्डित राहुल सांकृत्यायन का जन्म 3अप्रैल, 1893 को उत्तर प्रदेश के आजमगढ़ जिले में हुआ था।

103. (c) भारतीय उपमहाद्वीप में कृषि के प्राचीनतम साक्ष्य मेहरगढ़ से प्राप्त हुए हैं। मेहरगढ़ जो सिन्ध और बलुचिस्तान में है, से कृषि का पहला और स्पष्ट प्रमाण प्राप्त हुआ है। सम्भवत: इस जगह 7000 ई.पु. में ही कृषि उत्पादन प्रारम्भ हो चुका था। यहां से 5000 ई. में ही गेहूं और जौ की विभिन्न प्रजातियों के उगाए जाने का प्रमाण मिलता है।

104. (d) चोल साम्राज्य को अन्ततः अलाउद्दीन खिलजी के सेनानायक मलिक काफूर ने पराजित कर समाप्त किया था।

105. (b) अवेस्ता प्राचीन ईरान के ग्रन्थ का नाम है। ऋग्वेद और ईरानी ग्रन्थ जेंद अवेस्ता (Zenda Avesta) में समानता पाई जाती है।

106. (b) महाक्षत्रप रुद्रदामन के जूनागढ़ अभिलेख में चन्द्रगुप्त और अशोक दोनों का उल्लेख किया गया है।

107. (c) कुषाण वंश के शासक ने भारत में सोने के सिक्के नियमित रूप से चलाए थे।

108. (b) भारत में आधे से अधिक उत्पादित चावल पश्चिम बंगाल, उत्तर प्रदेश, पंजाब एवं आन्ध्र प्रदेश राज्यों में होता है।

109. (c) प्रायद्वीपीय पठार भारत का ही नहीं बल्कि विश्व का प्राचीनतम पठार है। यह आर्कियन चट्टानों से निर्मित है एवं इसकी चट्टानें अत्यधिक रूपान्तरिक हो चुकी है। हिमालय पर्वत श्रेणी विश्व का नवीनतम मोड़दार पर्वत है, जो मुख्य रूप से परतदार चट्टानों से निर्मित है। इसका निर्माण टर्शियरी काल में हुआ। यह पर्वत श्रेणी पश्चिम में नंगा पर्वत से लेकर पूर्व में नामचाबरवा तक फैली है। इन दो स्थानों पर तीखे मोड़ पाए जाते हैं। हिमालय का उत्थान वर्तमान समय में भी भारी है। भारत में कोयला के कुल संचित भण्डार का 96% भाग गोण्डवाना काल का है, जिसमें कुल उत्पादन का लगभग 98% भाग प्राप्त होता है। यह कोयला मुख्यत: बिटुमिनस प्रकार का है एवं मुख्यत: प्रायद्वीपीय पठार में संचित है। भारत में पश्चिमी समुद्र तट का निर्माण नदियों की जमाव क्रिया द्वारा नहीं हुआ है।

110. (a) विन्ध्य क्षेत्रों में चूना पत्थर के भण्डार पाए जाते हैं। यह प्राचीन युग की परतदार चट्टानों से निर्मित है, जिसमें लाल बहुआ पत्थर बहुतायत से मिलता है। विन्ध्य पर्वतमाला पश्चिम से पूर्व की ओर भटनेर, कैमूर एवं पारसनाथ की पहाड़ियों के रूप में गुजरात से लेकर झारखण्ड तथा बिहार तक विस्तृत है। इसकी औसत ऊंचाई 700 से 12,000 मी. है। यह पर्वतमाला उत्तर भारत को दक्षिण भारत से अलग करती है।

111. (d) भारत की चम्बल घाटी मृदा अपरदन से सबसे अधिक प्रभावित है। वर्तमान समय में भारत में मृदा अपरदन की समस्या काफी गम्भीर है। भारतीय कृषि अनुसंधान परिषद (ICAR) के अनुसार भारत की 60% भूमि मृदाक्षरण से ग्रसित है। रसेल के अनुसार भारत में प्रतिवर्ष 1.8 सेमी. मोटी मृदा परत का क्षरण हो जाता है। इस मृदा परत के क्षरण के लिए प्राकृतिक एवं मानवीय दोनों ही कारण उत्तरदायी हैं। हाल के वर्षों में मानव द्वारा कृषि भूमि के वैज्ञानिक प्रयोग के कारण मृदा अपरदन की समस्या गम्भीर होती जा रही है। भारत में जल एवं वायु दोनों ही कारकों द्वारा मृदा अपरदन का कार्य करता है-

जल अपरदन से प्रभावित क्षेत्र-

(i) शिवालिक एवं हिमालय पर्वत मुख्यत: मध्य एवं पूर्वी भाग में

(ii) यमुना एवं चम्बल नदी की घाटी

(iii) उत्तर-पूर्वी भारत

(iv) उत्तर प्रदेश का ब्रज भूमि क्षेत्र

(v) पश्चिमी घाट का ब्रज भूमि क्षेत्र

(vi) तमिलनाडु एवं पश्चिम बंगाल के कुछ क्षेत्र

वायु अपरदन से प्रभावित क्षेत्र

(i) पश्चिमी राजस्थान

(ii) दक्षिणी पंजाब

(iii) दक्षिणी हरियाणा

वायु एवं जल दोनों के अपरदन से प्रभावित क्षेत्र-

वायु के मैदानी भागों में वर्षा ऋतु में जल द्वारा एवं शुष्क मौसम में वायु द्वारा अपरदन का कार्य होता है।

112. (c) राष्ट्रीय पर्यावरण अभियान्त्रिकी संस्थान महाराष्ट्र राज्य के नागपुर शहर में अवस्थित है।

113. (c) मध्य प्रदेश राज्य में सर्वाधिक संख्या में वन्य जीव अभयारण्य (नेशनल पार्क एवं अभयारण्य) अवस्थित है।

114. (b)

115. (b) प्रसिद्ध उद्योगपति लक्ष्मी निवास मित्तल भारत के झारखण्ड तथा उड़ीसा राज्य में दो इस्पात संयन्त्र लगाने जा रहे हैं।

116. (c) सही सुमेलन इस प्रकार है

(a) ई.पी.जेड. -	निर्यात प्रोत्साहन
(b) एक्जिम स्किन -	निर्यात परिदान
(c) एक्जिट पॉलिसी -	निर्यात निति
(d) लरम्स -	धन विनिमेयता

117. (c) कृषि से सम्बन्धित विशेष प्रकार की क्रान्ति निम्नलिखित है-

(i) श्वेत क्रान्ति	-	दुग्ध उत्पादन में वृद्धि से संबंधित है।
(ii) गुलाबी क्रान्ति	-	झींगा मछली उत्पादन में वृद्धि
(iii) हरित क्रारन्ति	-	खाद्यान्न उत्पादन से संबंधित है।
(iv) भूरी क्रान्ति	-	उर्वरक उत्पादन
(v) पीली क्रान्ति	-	तिलहन उत्पादन से संबंधित है।
(vi) गोल क्रान्ति	-	आलू उत्पादन से संबंधित है।
(vii) नीली क्रान्ति	-	मत्स्य उत्पादन
(viii) लाल क्रान्ति	-	टमाटर उत्पादन
(ix) रजत क्रान्ति	-	अण्डा उत्पादन

118. (a) कुछ माध्यमों में ध्वनि की चाल निम्नलिखित है–

माध्यम	ध्वनि की चाल मी./से. (0°C पर)
(i) वायु	332
(ii) जल	1493
(iii) समुद्री जल	1533
(iv) लोहा (इस्पात)	5130
(v) कांच	5640

119. (b) विश्व स्वास्थ्य संगठन के अनुसार ट्रांस फैट से होने वाले कोरोनरी हृदय रोगों के कारण वैश्विक स्तर पर प्रतिवर्ष 5 लाख लोगों की मौत होती हैं। ट्रांस फैट को भोजन में वसा का सबसे खराब रूप भी कहा जाता है । WHO ने इस ट्रांस फैट को समाप्त करने हेतु अंतर्राष्ट्रीय खाद्य और पेय गठबंधन (IFBA) के साथ साझेदारी की है।

120. (d)

121. (a) लाहौर स्थित पाकिस्तान की सबसे पुरानी और बेहद प्रसिद्ध सूफी दाता दरगाह में एक किशोर तालिबानी आत्मघाती हमलावर ने खुद को बम से उड़ा लिया। इस घटना में 10 लोगों की मौत हो गयी और 25 अन्य घायल हो गये।

122. (a) अमेरिकी अर्थशास्त्री डेविड मालपास को विश्व बैंक का 13वाँ नया अध्यक्ष चुना गया है। उनका कार्यकाल 5 साल का है। मालपास ने पहले संयुक्त राज्य अमेरिका के अंतर्राष्ट्रीय मामलों के ट्रेजरी अवर सचिव के रूप में कार्य किया है। विदित हो कि विश्व बैंक एक अंतर्राष्ट्रीय वित्तीय संस्थान है जो दुनिया के देशों को पूंजी परियोजनाओं के लिए ऋण प्रदान करता है। इसमें दो संस्थान शामिल हैं: इंटरनेशनल बैंक फॉर रिकंस्ट्रक्शन एंड डेवलपमेंट और इंटरनेशनल डेवलपमेंट एसोसिएशन।

123. (c) प्रसिद्ध शिक्षाविद् और आधुनिक भारतीय कानूनी शिक्षा के जनक डॉ.एन.आर. माधव मेनन का हाल ही में निधन हो गया। वह 84 वर्ष के थे। मेनन को नेशनल लॉ स्कूल ऑफ़ इंडिया यूनिवर्सिटी, बैंगलोर सहित अन्य नेशनल लॉ स्कूलों की स्थापना का श्रेय दिया जाता है। इसके अतिरिक्त उन्होंने 5 वर्षीय एकीकृत एलएलबी कार्यक्रम शुरू करके कानूनी शिक्षा के क्षेत्र में क्रांति लाने का कार्य भी किया। उन्होंने भारत के विधि आयोग के सदस्य के रूप में भी दो कार्यकाल दिए।

124. (c) लांसेंट जर्नल में प्रकाशित एक अध्ययन के अनुसार वर्ष 2010 से 2017 के बीच भारत की वार्षिक शराब की खपत में 38% की वृद्धि हुई है। जबकि वर्ष 1990 के बाद विश्व में प्रति वर्ष शराब की कुल मात्रा में 70% की वृद्धि हुई है। द लांसेंट पत्रिका ने 1990-2017 के बीच 189 देशों के शराब सेवन का अध्ययन करने के बाद यह निष्कर्ष निकाला। उल्लेखनीय है कि वर्ष 2010 से 2017 की अवधि में भारत में शराब की प्रति व्यक्ति उपभोग दर 4.3 से बढ़ कर 5.9 लीटर हो गयी है।

125. (c) टाटा ग्लोबल बेवरेजेज ने एक्सिस बैंक की पूर्व एमडी और सीईओ शिखा शर्मा और पिडिलाइट इंडस्ट्रीज के एमडी भरत पुरी को अतिरिक्त और स्वतंत्र निदेशक नियुक्त किया है। उनकी नियुक्ति पांच साल के लिए की गयी है। शर्मा ने जून 2009 से दिसंबर 2018 तक एक्सिस बैंक के निदेशक और सीईओ का प्रबंध संभाला था। भरत पुरी को अप्रैल 2015 में प्रबंध निदेशक के रूप में नियुक्त किया गया था।

126. (b) रोवेनेमी, फ़िनलैंड में आयोजित 11 वीं आर्कटिक परिषद् की मंत्रिस्तरीय बैठक में भारत को अंतर-सरकारी फोरम आर्कटिक काउंसिल के पर्यवेक्षक के रूप में फिर से चुना गया है। आर्कटिक परिषद् आम मुद्दों पर, विशेष रूप से सतत् विकास और पर्यावरण संरक्षण पर आर्कटिक राज्यों के बीच सहयोग, समन्वय और बातचीत को बढ़ावा देती है।

127. (c)

128. (d) शंघाई सहयोग संगठन की 19वीं मंत्रिस्तरीय बैठक 21-22 मई, 2019 को किर्गिस्तान के बिश्केक में आयोजित की गई। इस संगठन की आगामी 20वीं बैठक वर्ष 2020 में रूस में प्रस्तावित है जबकि इसकी पिछली बैठक वर्ष 2018 में चीन के किंगदाओ में संपन्न हुई थी। ज्ञात हो कि किर्गिस्तान सिल्क रोड के साथ स्थित एक मध्य एशियाई देश है, जो चीन और भूमध्य सागर के बीच एक प्राचीन व्यापारिक मार्ग है।

129. (a) हैदराबाद के राजीव गांधी अंतर्राष्ट्रीय हवाई अड्डे को एयर हेल्प द्वारा किए गए एक सर्वेक्षण में दुनिया के आठवें सर्वश्रेष्ठ हवाई अड्डे के रूप में स्थान दिया गया है। आंकड़ों के अनुसार, न्यू जर्सी हब को 2019 में संयुक्त राज्य अमेरिका (यूएस) में सबसे खराब हवाई अड्डे के रूप में स्थान दिया गया है। जबकि क़तर का हमाद अंतर्राष्ट्रीय हवाई अड्डा दुनिया का सर्वश्रेष्ठ हवाई अड्डा है। इसके अतिरिक्त क़तर एयरवेज लगातार दूसरे वर्ष विश्व की शीर्ष एयरलाइन है।

130. (a) उपराष्ट्रपति वेंकैया नायडू 9-12 मई, 2019 तक वियतनाम की चार दिवसीय आधिकारिक यात्रा पर थे। इस यात्रा से दक्षिण-पूर्व एशियाई राष्ट्र के साथ भारत की व्यापक रणनीतिक साझेदारी बढ़ने की उम्मीद है। उपराष्ट्रपति ने अपनी यात्रा के दौरान वियतनाम में टैम चुक पैगोडा में वेसाक के 16वें संयुक्त राष्ट्र दिवस में भाग लिया।

131. (a) संयुक्त राष्ट्र महासचिव एंटोनियो गुटेरस ने वैश्विक संस्था (यूएन) के आतंकवाद रोधी कार्य में भारत के सहयोग की सराहना की है। साथ ही, इस्लामिक स्टेट में भाग ले रहे आतंकवादियों का पता

लगाने की जरूरत और किसी हमले को अंजाम देने से पहले उन्हें रोके जाने को अंतर्राष्ट्रीय समुदाय की एक उच्च प्राथमिकता बताया है।

132. (a) थाईलैंड की विपक्षी फीयू थाई पार्टी ने 24 मार्च , 2019 को संपन्न आम चुनाव में सर्वाधिक 136 सीटों पर जीत दर्ज की। ज्ञात हो कि वर्ष 2014 के तख्तापलट के बाद यह थाईलैंड के पहले आम चुनाव थे। विदित हो कि थाईलैंड में सदन और सीनेट मिलकर प्रधानमंत्री का चुनाव करते हैं।

133. (c) नाइजीरिया के मुहम्मदु सानुसी द्वितीय को संयुक्त राष्ट्र द्वारा सतत् विकास लक्ष्यों (एसडीजी) के लिए नए अधिवक्ताओं में से एक के रूप में नियुक्त किया गया है। नव नियुक्त अधिवक्ता दुनिया भर के 17 प्रभावशाली सार्वजनिक व्यक्तियों में से एक हैं।

134. (b) जिस प्रकार,

E	N	T	R	Y
↓	↓	↓	↓	↓
1	2	3	4	5

तथा

S	T	E	A	D	Y
↓	↓	↓	↓	↓	↓
9	3	1	7	8	5

उसी प्रकार,

A	R	R	E	S	T
↓	↓	↓	↓	↓	↓
7	4	4	1	9	3

135. (c) A का पुत्र, C तथा D का भाई है।
अत: C, A की पुत्री है।
अब, B, C का चाचा हुआ।

136. (b) अंग्रेजी शब्दकोष के अनुसार शब्दों का क्रम:

3. Addict
↓
2. Addition
↓
1. Admire
↓
4. Admission
↓
5. Adult

137. (b) शब्दों का सार्थक क्रम:

3. रचना
↓
1. कलाकार
↓
2. अभ्यास
↓
5. नाटक
↓
4. पुनर्निवेशन

138. (a) 5 * 9 * 3 * 6 * 8
$\Rightarrow 5 \times 9 + 3 = 6 \times 8$
$\Rightarrow 45 + 3 = 48$

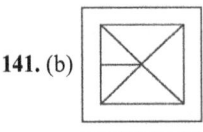

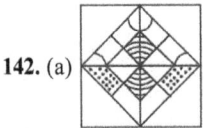

139. (b) $4 \times 5 = 42$
$\Rightarrow (4 + 2) \times (5 + 2) = 42$
$\Rightarrow 6 \times 7 = 42$
$5 \times 6 = 56$
$\Rightarrow (5 + 2) \times (6 + 2) = 56$
$\Rightarrow 7 \times 8 = 56$
$6 \times 7 = 72$
$\Rightarrow (6 + 2) \times (7 + 2) = 72$
$\Rightarrow 8 \times 9 = 72$
उसी प्रकार, 7×8
$\Rightarrow (7 + 2) \times (8 + 2) \Rightarrow 9 \times 10 = 90$

140. (b) $16 = 4 \times 4$
$64 = 4 \times 4 \times 4$
$36 = 6 \times 6$
$216 = 6 \times 6 \times 6$
$64 = 8 \times 8$
$512 = 8 \times 8 \times 8$

141. (b)

142. (a)

143. (b) संख्या '5' के आसन्न सतहों पर संख्याएं 1, 3, 4 तथा 6 विद्यमान हैं। अत: '5' के विपरीत सतह पर '2' है।

144. (b) माना सदस्यों की संख्या x है।
$\therefore 3x^2 + 10x - 3000 = 0$
$\therefore (3x + 100)(x - 30) = 0$
$\therefore x = 30$

145.(d) $a = \frac{127}{128} = 0{,}9921875$

$b = \frac{211}{3125} = 0.06752$

$c = \frac{125}{84} = 1.4880952$

$\therefore$ a और b सांत है, परन्तु c अन्तरहित।

146. (a) 1 दिन में काम करेंगे = 24 पुरुष तथा 40 महिलाएं तथा 1 दिन में काम करेंगे = 24 पुरुष तथा 84 बच्चे
$\therefore$ 84 बच्चों का काम
= 40 महिलाओं का काम
$\therefore$ 21 बच्चों का काम
= 10 महिलाओं का काम

147. (c) 1 मिनट में टंकी का भरा भाग

$$= \frac{1}{30} + \frac{1}{45} - \frac{1}{90}$$

$$= \frac{3+2-1}{90} = \frac{4}{90} = \frac{2}{45}$$

$\therefore$ टंकी $22\frac{1}{2}$ मिनट में भरेगी।

148. (a) कुल छूट $= 126000 \times \frac{12}{100}$
= ₹ 15120
$\therefore$ कार का वि. मू. = 126000 – 15120
= ₹ 110880
$\therefore$ कार का क्र.मू = $110880 \times \frac{100}{110}$
= ₹ 100800

149. (a) उत्तर प्रदेश का राजकीय पुष्प टेसू (Palash) है। राजकीय पशु बारहसिंगा, राजकीय पक्षी सारस (Crane) तथा राजकीय वृक्ष सीता अशोक है।

150. (c) उ.प्र. का सबसे बडा वन्यजीव विहार, हस्तिनापुर वन्यजीव विहार है। इसका क्षेत्रफल 2073 वर्ग किमी. है। इसकी स्थापना 1986 में हुई थी।

वन्यजीव विहार	स्थापना वर्ष	क्षेत्रफल (वर्ग किमी.)
1. हस्तिनापुर वन्यजीव विहार	1986	2073
2. चंद्रप्रभा	1957	96
3. किशनपुर	1972	227
4. रानीपुर	1977	230

151. (c) वर्तमान में उत्तर प्रदेश में 1.35 मिलियन हेक्टेयर क्षेत्र में क्षारीय अथवा ऊसर मृदा का विस्तार है। अत: विकल्प (c) सर्वाधिक है।

152. (c) 2011 की जनगणना के अनंतिम आंकड़ों के अनुसार उत्तर प्रदेश में भारत की कुल जनसंख्या का 16.49 प्रतिशत निवास करता है। उत्तर प्रदेश में 0–6 आयु समूह की जनसंख्या 2,97,28,238 है जो देश में सर्वाधिक है। इसकी दशकीय वृद्धि दर 20.09% प्रतिशत थी। प्रति 1000 पुरुषों पर महिलाओं की संख्या 908 थी जबकि 2011 की जनगणना के अनुसार लिंगानुपात 912 तथा दशकीय वृद्धि दर 20.23 प्रतिशत है। इसी प्रकार 0–6 आयु की जनसंख्या 3,07,91,331 है। अत: कथन विकल्प (c) सही नहीं है।

153. (a) उत्तर प्रदेश विधान सभा चुनाव 2012 के दूसरे चरण में 1098 प्रत्याशियों ने भाग लिया था, जिसमें 76 महिला प्रत्याशियों में कांग्रेस

से 8, सपा. से 5, भाजपा से 6 एवं बसपा से 2 महिलाएं शामिल थीं।

154. (b) उत्तर प्रदेश का 71वां जनपद कांशीराम नगर (वर्तमान नाम-कासगंज) है। 15 अप्रैल, 2008 को एटा जिले की कासगंज तहसील को कांशीराम नगर के नाम से नया जिला बनाने की घोषणा की गई। जुलाई, 2010 में छत्रपति शाहूजी महाराज नगर (वर्तमान नाम अमेठी) उत्तर प्रदेश का 72वां जिला बना तथा सितंबर, 2011 में तीन नए जिलों पंचशील नगर (वर्तमान नाम - हापुड़), प्रबुद्धनगर (वर्तमान नाम - शामली) तथा भीम नगर (वर्तमान नाम - संभल) के सृजन की घांषणा की गई जिससे उत्तर प्रदेश में कुल जिलों की संख्या बढ़कर 75 हो गई है।

155. (a) 23 अप्रैल, 2016 को मुख्यमंत्री अखिलेश यादव ने इलाहाबाद मंडल के चाका विकास खंड के दादूपुर में प्रदेश के पहले 'समाजवादी अभिनव विद्यालय' का उद्घाटन किया था।

156. (c) प्रधानमंत्री नरेन्द्र मोदी ने 1 मई, 2016 को उत्तर प्रदेश के बलिया जिले से 'प्रधानमंत्री उज्ज्वला योजना' का शुभारंभ किया। इस योजना का उद्देश्य अगले तीन वर्षों में गरीबी रेखा से नीचे के पांच करोड़ परिवारों की महिलाओं को नि:शुल्क रसोई गैस का कनेक्शन प्रदान करना है। योजना के अंतर्गत बी.पी.एल. परिवारों को 5 करोड़ एल.पी. जी. कनेक्शन प्रदान करने के लिए 8 हजार करोड़ 3पये का प्रावधान किया गया है।

157. (d) परहिया जनजाति आजीविका के लिए पूर्णत: वनों पर निर्भर है। परहिया जनजाति, भारत की विंध्य पर्वत श्रृंखला में निवास करती है जिसका विस्तार उ.प्र. के सोनभद्र जिले तक है। अत: दिए गए विकल्पों के अंतर्गत परहिया जनजाति उ.प्र. के सोनभद्र जिले में पाईजाती है।

158. (b) **159.** (d) **160.** (b) **161.** (b)
162. (d) **163.** (c) **164.** (d) **165.** (b)
166. (b) **167.** (d) **168.** (a) **169.** (b)
170. (c) **171.** (a) **172.** (b) **173.** (a)
174. (d) **175.** (b) **176.** (a) **177.** (a)
178. (b) **179.** (d) **180.** (a) **181.** (a)
182. (b) **183.**(d) **184.** (b) **185.** (b)

186. (a) कम्प्यूटर्स पर स्लॉट कवर्स न होने से ओवर हीट हो सकता है। जबकि हीट सिंक (Heat Sink) मदरबोर्ड के ऊपर लगा होता है। जो कि मदरबोर्ड पर उत्पन्न ऊष्मा को अवशोषित कर देता है।

187. (d) जब किसी ई-मेल के सेंडर तथा रिसीवर एक ही सिस्टम पर हैं, तब हमें केवल दो यूजर्स की अवधारणा होती है। जबकि सर्वर नेटवर्क पर एक कम्प्यूटर द्वारा दूसरे कम्प्यूटर पर रिर्सोस तथा सूचनाओं को शेयर करना है।

188. (a) रोम (रीड ओनली मेमोरी) एक स्थायी मेमोरी है, जिसे केवल पढ़ा जा सकता है। कम्प्यूटर बंद होने पर इसमें संचित डाटा समाप्त नहीं होता। ROM मेमोरी क्लिप की प्रोग्रामिंग उत्पादन प्रक्रिया के दौरान की जाती है।

189. (b) लिनक्स में MKFS कमांड का उपयोग फाइल सिस्टम क्रिएट करने के लिए करते हैं।

190. (b) HTML में DOCTYPE डिक्लेरेशन डॉक्यूमेंट टाइप परिभाषित करता है।

191. (d) MS-Excel में प्रि-सेलेक्टेड रेंज में, प्रीवियस सेल एक्टिवेट करने के लिए Alt key, Tab key और enter key दबाएँगे।

192. (a) MS-DOS (माइक्रोसॉफ्ट डिस्क ऑपरेटिंग) एक टेक्स्ट यूजर इंटरफेस (TVI) ऑपरेटिंग सिस्टम होता है, जिसमें किसी कार्य को करने के लिए कमाण्ड को टाइप करना पड़ता है। Mac OS, लिनक्स और बर्कले सॉफ्टवेयर डिस्ट्रीब्यूशन यूनिक्स ऑपरेटिंग सिस्टम का वैरिएंट है।

193. (a) MS Word में Ctrl + page up का उपयोग कर्सर को एक पेज ऊपर पहुँचाने के लिए किया जाता है। जबकि MS-Word में Ctrl + up Arrow का उपयोग कर्सर को एक पैराग्राफ ऊपर पहुँचाने के लिए किया जाता है।

194. (b) लिनक्स में कमांड WC-I का उपयोग किसी फाइल में लाइन्स की संख्या की गणना कर्यावित करने के लिए किया जाता है।

195. (d) GET और POST HTTP (Hypertext markup lanaguage) मेथड्स (विधि) का सर्वाधिक सामान्य रूप से उपयोग किया जाता है।

196. (d) जब एक रिसीविंग होस्ट सभी सेग्मेंट्स को प्राप्त करने में असफल रहा है, जिनके लिए इसे एकनॉलेज करना है। होस्ट इस कम्युनिकेशन सेशन की विश्वसनीयता में सुधार के लिए विंडों साइज में कमी कर सकता है।

197. (c) Dir/b कमांड फाइल्स तथा डायरेक्ट्री के नाम को बिना आकार, तिथि तथा समय संबंधी सूचना के डिस्प्ले करता है।

198. (c) DATE कमांड जो सिस्टम डेटा को प्राप्त करने के लिए MSDOS. यूनिक्स कमांड लाइन इंटरफेसेज में प्रयुक्त होता है।

199. (a) HTML 5 में टैग <iframe></iframe> है, जिसका उपयोग वीडियो प्ले करने के लिए किया जाना चाहिए।

200. (d) डाटा मैनेजमेंट सिस्टम (DMS) के स्ट्रकचर क्वेरी लैंग्वेज (SQL) में SELECT कमांड डाटा डेक्टिशन लैंग्वेज (DDL) नहीं है। SELECT कमाण्ड का उपयोग दी गई टेबल से रिकॉर्ड्स को पुन: प्राप्त करने के लिए किया जाता है। SELECT कमांड के स्टेटमेंट को क्वेरी भी कहा जाता हैं।

❑❑❑

प्रैक्टिस सेट–3

1. सूची-I को सूची-II से सुमेलित कीजिए तथा नीचे दिये गए कूट से सही उत्तर चुनिए-

सूची-I (भौतिक राशियां)		सूची-II (इकाई)
A.	त्वरण	1. जूल
B.	बल	2. न्यूटन-सेकण्ड
C.	कृत कार्य	3. न्यूटन
D.	आवेग	4. मीटर/सेकण्ड^2

कूट :

	A	B	C	D
(a)	1	2	3	4
(b)	2	1	4	3
(c)	4	3	1	2
(d)	3	4	2	1

2. वर्षा की बूंदें गोलाकार होती हैं, क्योंकि-
(a) वे बहुत ऊंचाई से गिरती हैं
(b) हवा में प्रतिरोध होता है
(c) जल में पृष्ठ-तनाव होता है
(d) उपरोक्त में से कोई नहीं

3. किसी तारे का रंग दर्शाता है-
(a) उसकी पृथ्वी से दूरी
(b) उसका ताप
(c) उसकी ज्योति
(d) उसकी सूर्य से दूरी

4. कॉस्मिक किरणों के सम्बन्ध में निम्न कथनों में से कौन-सा सही नहीं है?
(a) वे विद्युत चुम्बकीय तरंगें होती हैं
(b) उनकी तरंगदैर्ध्य बहुत छोटी होती है
(c) वे बहुत अधिक ऊर्जा वाले आवेशित कणों से बनी होती हैं
(d) वे सूर्य से उत्पन्न होती हैं

5. विलहेल्म रॉन्टजेन ने आविष्कार किया था-
(a) रेडियों का
(b) एक्स-रे मशीन का
(c) विद्युत बल्ब का
(d) विद्युत मोटर का

6. बिजली के बल्ब का तन्तु बना होता है-
(a) मैग्नीशियम का
(b) लोहे का
(c) नाइक्रोम का
(d) टंग्स्टन का

7. लम्बाई की न्यूनतम इकाई है-
(a) माइक्रोन (b) नैनोमीटर
(c) ऐंग्सट्रोम (d) फर्मीमीटर

8. जब अर्धचन्द्र होता है, तो सूर्य, पृथ्वी तथा चन्द्र के बीच का कोण होता है-
(a) 45^0 (b) 90^0
(c) 180^0 (d) 270^0

9. टांका एक मिश्रधातु है-
(a) टिन तथा सीसे की
(b) टिन तथा तांबे की
(c) टिन, तांबे तथा जस्ते की
(d) टिन, सीसा तथा जस्ते की

10. स्वचालित वाहनों में प्रदूषण नियन्त्रण हेतु प्रयुक्त सी.एन.जी. में मुख्यतः उपस्थित है-
(a) CH_4 (b) CO_2
(c) N_2 (d) H_2

11. निम्नलिखित में से कौन-सा रसायन फल पकानें में सहायता करता है?
(a) इथेफॉन (b) एट्राजिन
(c) आइसोप्रोटूरान (d) मैलेथियान

12. निम्नलिखित नोबल गैसों में से कौन-सी वायु में नहीं पाई जाती है?
(a) हीलियम (b) ऑर्गन
(c) रेडोन (d) निऑन

13. पारिस्थितिकी निकेट (आला) की संकल्पना को प्रतिपादित किया था-
(a) ग्रीनेल्स ने
(b) डार्विन ने
(c) ई.पी. ओडम ने
(d) सी.सी. पार्क ने

14. मच्छर-क्वाइल में प्रयोग होने वाला पाइरेथ्रिन प्राप्त होता है-
(a) एक बीजीय पौधे से
(b) एक कीट से
(c) एक जीवाणु से
(d) एक कवक से

15. कोलेस्ट्रॉल है एक-
(a) कीटनाशी (b) विटामिन
(c) स्टीरॉयड (d) एन्जाइम

16. रुधिर वर्णिका के सम्बन्ध में निम्नलिखित कथनों पर विचार कीजिए तथा नीचे दिये गए कूट से सही उत्तर चुनिए-
(a) इसमें लौह होता है।
(b) यह रक्त को लाल रंग प्रदान करता है।
(c) यह कुछ रोगों से प्रतिरक्षा प्रदान करता है।
(d) यह रक्त में ऑक्सीजन का वाहक है।

17. भारत में निम्नलिखित में से कौन-सी आयरन एण्ड स्टील निर्माणशाला सार्वजनिक क्षेत्रक के अन्तर्गत नहीं है?
(a) भिलाई (b) दुर्गापुर
(c) बोकारो (d) जमशेदपुर

18. निम्नलिखित देशों में से कौन अफ्रीका महाद्वीप में नहीं स्थित है?
(a) गैबन (b) गीनी
(c) गीनी बिसाऊ (d) गुयाना

19. निम्नलिखित में से कौन सुमेलित नहीं है?

	मरुस्थल	देश
(a)	सोनोरन	संयुक्त राज्य अमेरिका
(b)	तक्लामाकन	चीन
(c)	काराकुम	तुर्कमेनिस्तान
(d)	गिब्सन	ब्राजील

20. ज्वालामुखी माउंट गमकोनोरा, हल्माहेडा द्वीप का उच्चतम शिखर, जो जुलाई, 2007 में फूटा था, किस देश में स्थित है?

(a) जापान (b) इंडोनेशिया
(c) रूस (d) फ्रांस

21. भारतीय संविधान के निम्नलिखित अनुच्छेदों में से किसमें निर्वाचन आयोग का प्रावधान है?

(a) अनुच्छेद-320 (b) अनुच्छेद-322
(c) अनुच्छेद-324 (d) अनुच्छेद-326

22. भारत के उपराष्ट्रपति कौन हैं?

(a) नजमा हेपतुल्ला
(b) भैरोंसिंह शेखावत
(c) उमर अब्दुल्ला
(d) हामिद अंसारी

23. अनुच्छेद 108 के अन्तर्गत लोक सभा और राज्य सभा की संयुक्त बैठक आहूत की जाती है–

(a) राज्य सभा के सभापति द्वारा
(b) लोक सभाा के अध्यक्ष द्वारा
(c) प्रधानमंत्री द्वारा
(d) राष्ट्रपति द्वारा

24. यह किसने कहा है–"मुझे इस आरोप के सम्बन्ध में कोई क्षमा नहीं माँगनी है कि संविधान के प्रारूप में गवर्नमेंट ऑफ इण्डिया एक्ट, 1935 के एक बड़े भाग को पुनः उत्पादित कर दिया गया है?"

(a) डॉ. राजेन्द्र प्रसाद
(b) सरदार पटेल
(c) जवाहरलाल नेहरू
(d) डॉ. बी.आर. अम्बेडकर

25. भारतीय संविधान की अभिभावकत्व निहित है–

(a) राष्ट्रपति में
(b) लोकसभा में
(c) सर्वोच्च न्यायालय में
(d) मंत्रिमंडल में

26. प्राचीन भारत में 'निशाका' से जाने जाते थे-

(a) स्वर्ण आभूषण
(b) गायें
(c) तांबे के सिक्के
(d) चांदी के सिक्के

27. भगवान महावीर का प्रथम शिष्य था-

(a) जामालि (b) योसुद
(c) विपिन (d) प्रभाष

28. निम्नलिखित कथनों में से कौन-सा शंकराचार्य आठवीं शताब्दी के संत के बारे में सही नहीं है?

(a) उन्होंने भारत के विभिन्न क्षेत्रों में चार धाम स्थापित किये
(b) उन्होंने बौद्ध तथा जैन धर्मों के विस्तार पर रोक लगाई
(c) उन्होंने प्रयाग को तीर्थराज नाम दिया
(d) उन्होंने वेदान्त का प्रसार किया

29. सोनागिरि, जहां 108 जैन मन्दिर बने हुए हैं, किसके सन्निकट स्थित है?

(a) दतिया (b) झांसी
(c) ओरछा (d) ललितपुर

30. निम्नलिखित में से किसने दिल्ली में खगोलीय वेधशाला, जिसे जन्तर-मन्तर कहते हैं, बनवायी थी-

(a) अकबर ने (b) शाहजहां ने
(c) सूरजमल ने (d) जयसिंह द्वितीय ने

31. गोविन्द महल, जो हिन्दू वास्तुकला का अप्रतिम उदाहरण है, स्थित है-

(a) दतिया में (b) खजुराहो में
(c) ओरछा में (d) ग्वालियर में

32. अन्तिम मुगल सम्राट बहादुर शाह था। उसके पिता का नाम था-

(a) अकबर शाह I
(b) अकबर शाह II
(c) औरंगजेब
(d) शाहजहां

33. 1857 में किसने इलाहाबाद को आपातकालीन मुख्यालय बनाया था?

(a) लॉर्ड केनिंग
(b) लॉर्ड कार्नवालिस
(c) लॉर्ड वेलेजली
(d) लॉर्ड विलियम बैंटिक

34. 'स्वदेशवाहिनी' के सम्पादक थे-

(a) सी.वी. रामन पिल्लै
(b) सी.एन. मुदालियर
(c) के. रामकृष्ण पिल्लै
(d) सी.आर. रेड्डी

35. निम्नलिखित में से कौन-सा क्रिप्स मिशन के सम्बन्ध में सही नहीं है?

(a) युद्ध समाप्त होने पर डोमिनियम दर्जा
(b) संविधान सदन द्वारा निर्मित संविधान मान्य
(c) नई कार्य परिषद् की नियुक्ति जिसमें हिन्दुओं एवं मुसलमानों का समान प्रतिनिधित्व
(d) कोई भी सूबा भारतीय संघ से बाहर रह सकता था

36. निम्नलिखित में से किसने भारतीय राष्ट्रीय कांग्रेस के करांची अधिवेशन का सभापतित्व किया था?

(a) जवाहरलाल नेहरू
(b) जे.एम. सेनगुप्ता
(c) एस.सी.बोस
(d) वल्लभ भाई पटेल

37. निम्नलिखित सत्याग्रहों में से किसका नेतृत्व गांधी ने नहीं किया था?

(a) भारत छोड़ो आन्दोलन
(b) सविनय अवज्ञा
(c) बारडोली
(d) खेड़ा

38. निम्नलिखित में से किस भाषा में 'दि इण्डियन ओपीनियन' पत्र नहीं छापा जाता था?

(a) अंग्रेजी (b) गुजराती
(c) तमिल (d) उर्दू

39. किसने भारतीय राष्ट्रीय कांग्रेस के विरुद्ध 'अनुनय, विनय और विरोध' की राजनीति का दोष लगाया था?

(a) बी.जी. तिलक
(b) एम.ए. जिन्ना
(c) एस.सी. बोस
(d) एनी बेसेन्ट

40. किस भारतीय राष्ट्रीय आन्दोलन का शीर्ष गीत बना वन्दे मातरम्?

(a) चम्पारण आन्दोलन
(b) सविनय अवज्ञा आन्दोलन
(c) असहयोग आन्दोलन
(d) स्वदेशी आन्दोलन

41. भारतीय राष्ट्रीय कांग्रेस का प्रथम मुस्लिम प्रेसीडेन्ट था-

(a) अबुल कलाम आजाद
(b) रफी अहमद किदवई
(c) एम.ए. अन्सारी
(d) बदरुद्दीन तैयबजी

42. महाराष्ट्र में गणपति पर्व का शुभारम्भ किया था-

(a) बाल गंगाधर तिलक ने
(b) गोपाल कृष्ण गोखले ने
(c) अरबिन्द घोष ने
(d) विपिन चन्द्र पाल ने

43. 1921-22 के असहयोग आन्दोलन का मुख्य प्रतिफल था-
(a) हिन्दू-मुस्लिम एकता
(b) सूबों को अधिक शक्तियां
(c) केन्द्रीय विधायिका सदन में चने हुए सदस्यों की संख्या में वृद्धि
(d) भारतीय राष्ट्रीय कांग्रेस में विभाजन

44. ब्रह्म समाज किस सिद्धान्त पर आधारित है?
(a) एकेश्वरवाद (b) बहुईश्वरवाद
(c) अनीश्वरवाद (d) अद्वैतवाद

45. "स्वराज मेरा जन्मसिद्ध अधिकार है।"
(a) बाल गंगाधर तिलक
(b) गोपालकृष्ण गोखले
(c) जवाहरलाल नेहरू
(d) सुभाषचन्द्र बोस

46. निम्नलिखित में से किस पारिस्थितिकीय तंत्र में पौधों का जैविक पदार्थ अधिकतम है?
(a) उष्णकटिबन्धीय पतझड़ वन
(b) उष्ण कटिबन्धीय वर्षा वन
(c) शीतोष्ण पतझड़ वन
(d) रेगिस्तानी झाड़िया

47. कथन (A) : 'भारत छोड़ो आन्दोलन' भारतीय राष्ट्रीय आन्दोलन की पराकाष्ठा थी।
कारण (R) : 'भारत छोड़ो आन्दोलन' के पश्चात् शक्ति हस्तान्तरण की प्रक्रिया की खोज समय का तकाजा थी।
नीचे दिए गए कूट में से सही उत्तर चुनिए-
कूट :
(a) A और R दोनों सही हैं तथा R, A की सही व्याख्या है
(b) A और R दोनों सही हैं परंतु R, A की सही व्याख्या नहीं है
(c) A सही है, परंतु R गलत है
(d) A गलत है, परंतु R सही है

48. एक जनजाति, जो सरहुल त्योहार मनाती है, वह है-
(a) संथाल (b) मुण्डा
(c) भील (d) थारू

49. झूमिंग सर्वाधिक व्यवहृत है-
(a) असम में (b) आन्ध्र प्रदेश में
(c) नागालैण्ड में (d) मध्य प्रदेश में

50. दस डिग्री चैनल पृथक् करता है-
(a) अण्डमान को निकोबार द्वीप से
(b) अण्डमान को म्यांमार से
(c) भारत को श्रीलंका से
(d) लक्षद्वीप को मालद्वीप से

51. निम्नलिखित में से कौन-सा एक सुमेलित नहीं है?
(a) बिहू - असम
(b) ओणम - आन्ध्र प्रदेश
(c) पोंगल - तमिलनाडु
(d) बैसाखी - पंजाब

52. निम्नलिखित में से कौन-सा सुमेलित नहीं है?
(a) जयपुर - गुलाबी नगर
(b) उज्जैन - महाकाल का नगर
(c) कोलकाता - आनन्द का नगर
(d) जैसलमेर - झीलों का नगर

53. उत्तरांचल की सबसे बड़ी अनुसूचित जनजाति है-
(a) भोक्सा (b) भोटिया
(c) जौनसारी (d) थारू

54. दक्षिण भारत की सबसे ऊंची चोटी है-
(a) अनाइमुडी (b) दोदाबेट्टा
(c) अमरकंटक (d) महेन्द्रगिरि

55. भारत का सर्वाधिक खनिज युक्त शैल तन्त्र है-
(a) धारवाड़ तन्त्र (b) विन्ध्य तन्त्र
(c) कुडप्पा तन्त्र (d) गोण्डवाना तन्त्र

56. 2001 की जनगणना के अनुसार भारत का सर्वाधिक नगरीकृत राज्य है-
(a) गुजरात (b) केरल
(c) महाराष्ट्र (d) तमिलनाडु

57. किसी प्रजातिको विलुप्त माना जा सकता है, जब वह अपने प्राकृतिक आवास में नहीं देखी गई है-
(a) 15 वर्ष से (b) 25 वर्ष से
(c) 40 वर्ष से (d) 50 वर्ष से

58. मानव-जनित पर्यावरणीय प्रदूषक कहलाते हैं-
(a) परजैविक (b) प्रतिजैविक
(c) ह्यूमेलिन (d) एनल्जेसिक

59. विश्व की हरितगृह गैसों में भारत का अधिभाग है-
(a) 1% (b) 2%
(c) 3% (d) 5%

60. भारत में जनसंख्या में दशकीय वृद्धि सर्वाधिक रही-
(a) 1951-61 के दौरान
(b) 1961-71 के दौरान
(c) 1971-81 के दौरान
(d) 1991-2001 के दौरान

61. 2001 की जनगणना के अनुसार तीन प्रमुख राज्य जनसंख्या के आधार पर हैं-
(a) उत्तर प्रदेश, बिहार, पं. बंगाल
(b) उत्तर प्रदेश, महाराष्ट्र, बिहार
(c) उत्तर प्रदेश, महाराष्ट्र, प. बंगाल
(d) उत्तर प्रदेश, प. बंगाल, बिहार

62. भारत में 2001-2011 के दौरान जनसंख्या की सर्वाधिक दशकीय वृद्धि दर्ज की गई थी-
(a) बिहार में (b) नागालैण्ड में
(c) सिक्किम में (d) उत्तर प्रदेश में

63. भारत के नगरीय क्षेत्रों में न्यूनतम शिशु मृत्यु दर पायी जाती है-
(a) केरल में (b) महाराष्ट्र में
(c) तमिलनाडु में (d) गुजरात में

64. भारत में सोयाबीन का अग्रणी उत्पादक है-
(a) छत्तीसगढ़ (b) मध्य प्रदेश
(c) महाराष्ट्र (d) उत्तर प्रदेश

65. कर्क रेखा नहीं गुजरती है-
(a) मिस्र से (b) भारत से
(c) ईरान से (d) म्यांमार से

66. पत्तन जहां एल.एन.जी. टर्मिनल नहीं है, है-
(a) दाहेज (b) हजीरा
(c) कोच्चि (d) कांडला

67. कथन (A) : गंगा बहुत ही प्रदुषित नदी है।
कारण (R) : जो नदी जितनी पवित्र होती है, वह उतनी ही अधिक प्रदूषित होती है।
नीचे दिए गए कूट में से सही उत्तर चुनिए-
कूट :
(a) A और R दोनों सही हैं तथा R, A की सही व्याख्या है
(b) A और R दोनों सही हैं परंतु R, A की सही व्याख्या नहीं है
(c) A सही है, परंतु R गलत है
(d) A गलत है, परंतु R सही है

68. निम्नलिखित कथनों में से कौन-सा सही नहीं है?

(a) आज भारत में लगभग 28% जनसंख्या नगरों में रहती है

(b) भारत के जनांकिकीय इतिहास में वर्ष 1921 नगरीय विभाजक है

(c) मुम्बई भारत की सर्वाधिक जनसंख्या वाला महानगर है

(d) उत्तर प्रदेश में केवल 50 लाख नगर है

69. कथन (A) : उड़ीसा तट भारत में सर्वाधिक चक्रवात-प्रवण क्षेत्र है।

कारण (R) : महानदी डेल्टा क्षेत्र में भारी मात्रा में मैनग्रोव का निर्वनीकरण हुआ है।

नीचे दिए गए कूट में से सही उत्तर चुनिए-

कूट :

(a) A और R दोनों सही हैं तथा R, A की सही व्याख्या है

(b) A और R दोनों सही हैं परंतु R, A की सही व्याख्या नहीं है

(c) A सही है, परंतु R गलत है

(d) A गलत है, परंतु R सही है

70. भारत में निम्न लिंगानुपात के लिए निम्नांकित में से कौन-से कारक उत्तरदायी हैं?

नीचे दिये गए कूट से सही उत्तर का चयन कीजिए-

1. उच्च मातृ-मृत्यु दर
2. उच्च बालिका मृत्यु दर
3. बालिका भ्रूण हत्या
4. बालिकाओं की तुलना में अधिक बालकों का जन्म

कूट :

(a) 1, 2 और 3 (b) 2, 3 और 4

(c) 1, 3 और 4 (d) 1, 2, 3 और 4

71. निम्नलिखित देशों में से कौन-सा स्थल अवरुद्ध देश नहीं है?

(a) अफगानिस्तान (b) लाइबेरिया

(c) लाओस (d) लक्जेम्बर्ग

72. निम्नलिखित कथनों पर विचार कीजिए तथा नीचे दिए गए कूट से सही उत्तर चुनिए-

1. क्यूबा को विश्व का 'चीनी का कटोरा' कहा जाता है।
2. हांगकांग चीन का विशिष्ट प्रशासनिक प्रदेश है।
3. संसार में सयुक्त राज्य अमेरिका दूध का अग्रणी उत्पादक है।
4. ऑस्ट्रेलिया एक संघीय राज्य है।

कूट :

(a) केवल 1 तथा 2

(b) केवल 1, 2 तथा 3

(c) केवल 2, 3 तथा 4

(d) केवल 1, 2 तथा 4

73. सूची-I को सूची-II से सुमेलित कीजिए तथा नीचे दिये गए कूट से सही उत्तर का चयन कीजिए-

सूची-I (केन्द्र)		सूची-II (उद्योग)	
A.	पिट्सबर्ग	1.	पोत निर्माण उद्योग
B.	शंघाई	2.	लोहा तथा इस्पात
C.	डून्डी	3.	सूती वस्त्र
D.	लेनिनग्राद	4.	जूट वस्त्र

कूट :

	A	B	C	D
(a)	1	2	3	4
(b)	4	3	2	1
(c)	2	3	4	1
(d)	4	3	1	2

74. दक्षिणी अमेरिका का चौड़ा वृक्ष रहित घास का मैदान कहलाता है-

(a) सेल्वा (b) पम्पास

(c) प्रेयरी (d) स्टेपीज

75. निम्नलिखित में से कौन-सी दक्षिण अटलांटिक महासागर की शीतल धारा है?

(a) कैनेरी धारा

(b) बैंग्युला धारा

(c) अंगूलहास धारा

(d) ब्राजील धारा

76. अन्तर्राष्ट्रीय अम्ल वर्षा सूचना केन्द्र स्थापित किया गया है-

(a) बर्लिन में (b) ओस्लो में

(c) ओसाका में (d) मैनचेस्टर में

77. निम्नलिखित में से कौन-सा सुमेलित नहीं है?

(a)	चिनूक	संयुक्त राज्य अमेरिका
(b)	सिरॉको	सिसिली
(c)	ब्लिजर्ड	चिली
(d)	नार्वेस्टर्स	भारत

78. निम्नलिखित में से कौन घुमक्कड़ नहीं है?

(a) पिग्मी (b) कजाक

(c) मसाई (d) लैप

79. संयुक्त राज्य अमेरिका में निम्नलिखित में से किस क्षेत्र को 'टॉरनैडो ऐली' कहा जाता है?

(a) अटलांटिक समुद्रतट

(b) प्रशान्त तट

(c) मिसीसिपी मैदान

(d) अलास्का

80. मृतक घाटी जानी जाती है, इसकी-

(a) अत्यधिक उष्णता के लिए

(b) अत्यधिक ठण्ड के लिए

(c) असामान्य गहराई के लिए

(d) अत्यधिक लवणता के लिए

81. मौना लोआ एक सक्रिय ज्वालामुखी है-

(a) अलास्का का (b) हवाई का

(c) इटली का (d) जापान का

82. निम्नलिखित में से कौन-सा सुमेलित नहीं है?

(a)	अंशन	लोहा व इस्पात
(b)	डेट्रायट	आटोमोबाइल्स
(c)	मास्को	पोत निर्माण
(d)	ओसाका	वस्त्र उद्योग

83. मौलिक अधिकारों के अन्तर्गत कौन-सा अनुच्छेद बच्चों के शोषण से सम्बन्धित है?

(a) अनुच्छेद-17 (b) अनुच्छेद-19

(c) अनुच्छेद-23 (d) अनुच्छेद-27

84. राष्ट्रपति का रिक्त स्थान भर लिया जाना चाहिए-

(a) 90 दिनों में (b) छः माह में

(c) नौ माह में (d) एक वर्ष में

85. निम्नलिखित कथनों में से कौन-सा सही है?

(a) भारतीय संविधान अध्यक्षात्मक है

(b) भारत एक नाममात्र का राजतन्त्र है

(c) भारत एक कुलीन तन्त्र है

(d) भारत एक संसदात्मक प्रजातन्त्र है

86. निम्नलिखित में से राज्यों के किस युग्म को लोकसभा में समान सीटें प्राप्त हैं?

(a) पंजाब तथा असम

(b) गुजरात तथा राजस्थान

(c) मध्य प्रदेश तथा तमिलनाडु

(d) आन्ध्र प्रदेश तथा राजस्थान

87. राष्ट्रपति पद्धति में समस्त कार्यपालिका की शक्तियां निहित होती हैं-
(a) राष्ट्रपति में
(b) कैबिनेट में
(c) व्यवस्थापिका में
(d) उच्च सदन में

88. भारत में त्रि-स्तरीय पंचायती राजतन्त्र की सिफारिश की थी-
(a) अशोक मेहता समिति ने
(b) बलवन्त राय मेहता समिति ने
(c) जी.के.वी. राव समिति ने
(d) एल. एम. सिंघवी समिति ने

89. प्रथम स्पीकर जिसके खिलाफ लोकसभा में अविश्वास प्रस्ताव लाया गया था, था-
(a) बी.आर. झाखड़
(b) जी.वी. मावलंकर
(c) हुकुमसिंह
(d) के.एस. हेगड़े

90. केशवानन्द भारती केस का महत्त्व इसलिए है कि-
(a) उसने कार्यपालिका के आदेशों को दरकिनार कर दिया
(b) उच्चतमक न्यायालय ने संविधान की मूल विशेषताओं को प्रतिपादित किया
(c) उसने संघीय सरकार को कटघरे में खड़ा कर दिया
(d) उपरोक्त में से कोई नहीं

91. निम्नलिखित में से कौन लोकसभा तथा राज्यसभा के संयुक्त अधिवेशन में सभापतित्व करता है?
(a) चेयरमैन राज्यसभा
(b) स्पीकर
(c) प्रधानमन्त्री
(d) प्रोटेम स्पीकर

92. निम्नलिखित में से कौन एक अप्रासंगिक है?
(a) सेन्सेक्स (b) बी.एस.ई.
(c) निफ्टी (d) सैप्स

93. केन्द्रीय बजट में राजस्व व्यय की सबसे बड़ी मद होती है-
(a) रक्षा व्यय
(b) मुख्य उपदान
(c) ब्याज की अदायगी
(d) राज्यों को अनुदान

94. गेहूं की सिंचाई हेतु अति क्रान्तिक अवस्था है-
(a) ताज निकलने की अवस्था
(b) किल्ले निकलने की अवस्था
(c) बूट अवस्था
(d) सन्धि की अवस्था

95. भारत में कृषि को वित्त देने वाली शीर्ष संस्था है-
(a) रिजर्व बैंक ऑफ इण्डिया
(b) नाबार्ड
(c) सहकारी समितियां
(d) भारत सरकार

96. निम्नलिखित में से कौन-सा युग्म सही नहीं है?
(a) बिरजू महाराज कत्थक
(b) बिस्मिल्ला खां शहनाई
(c) जाकिर हुसैन हारमोनियम
(d) अमजद अली खान सरोद

97. 'दि रोड अहेड' नामक पुस्तक के लेखक हैं-
(a) बिल क्लिन्टन (b) बिल गेट्स
(c) विक्रम सेठ (d) सलमान रुश्दी

98. डूरण्ड कप किस खेल से सम्बन्धित है?
(a) फुटबॉल (b) गोल्फ
(c) हॉकी (d) टेबल टेनिस

99. 'मोहिनी अट्टम' परम्परागत नृत्य है-
(a) आन्ध्र प्रदेश का
(b) कर्नाटक का
(c) केरल का
(d) तमिलनाडु का

100. वाटर पोलो में खिलाड़ियों की संख्या होती है-
(a) 5 (b) 6
(c) 7 (d) 8

101. विश्व व्यापार संगठन का मुख्यालय स्थित है-
(a) दोहा में (b) जिनेवा में
(c) रोम में (d) न्यूयॉर्क में

102. हेरोइन प्राप्त होती है-
(a) भांग से (b) अफीम पोस्ता से
(c) तम्बाकू से (d) सुपारी से

103. निम्नलिखित में से किसका पारिस्थितिकी सन्तुलन से सम्बन्ध नहीं है?
(a) जल प्रबन्धन
(b) वन रोपण
(c) औद्योगिक प्रबन्धन
(d) वन्य जीव सुरक्षा

104. प्रस्तावित 'जननी सुरक्षा स्कीम' प्रतिस्थापित करेगी-
(a) मातृ एवं बाल स्वास्थ्य परियोजना को
(b) राष्ट्रीय मातृत्व लाभ परियोजना को
(c) महिला समाख्या को
(d) प्रजनन एवं बाल स्वास्थ्य परियोजना को

105. निम्न कथनों पर विचार कीजिए
कथन (A) : संसदीय शासन भारत के लिए उपर्युक्त नहीं है।
कारण (R) : भारत में संसदीय सम्प्रभुत्ता (Sovereignty) नहीं है।
नीचे दिए गए कूटों की सहायता से सही उत्तर चुनिए-
कूट :
(a) 'A' तथा 'R', 'A' की सही व्याख्या करता है
(b) 'A' तथा 'R' दोनों सही हैं परंतु 'R', 'A' की सही व्याख्या नहीं करता है
(c) 'A' सही है, परंतु 'R' गलत है
(d) 'A' गलत है, परंतु 'R' सही है

106. संविधान की निम्नलिखित अनुसूचियों में से कौन-सी 'दल-बदल विरोधी कानून' (Anti Defection Law) से सम्बन्धित है?
(a) 9वीं (b) 10वीं
(c) 11वीं (d) 12वीं

107. संविधान की प्रस्तावना सभी जातीय नागरिकों को निम्न में से कौन-सा एक उपलब्ध कराने के लिए वायदा नहीं करती है?
(a) सामाजिक न्याय (Social justice)
(b) राजनीतिक न्याय (Political justice)
(c) विचार की स्वतन्त्रता (Liberty of thought)
(d) पूजा की समानता (Equality of worship)

108. भारत को एक संविधान देने का प्रस्ताव संविधान सभा द्वारा पारित किया गया था-
(a) 22 जनवरी, 1946 को
(b) 22 जनवरी, 1947 को
(c) 20 फरवरी, 1947 को
(d) 26 जुलाई, 1946 को

109. निम्नलिखित में से कौन-सा एक संविधान के 42वें संशोधन द्वारा नीति निदेशक तत्त्वों में नहीं जोड़ा गया है।
(a) शोषण से युवाओं तथा बच्चों की सुरक्षा
(b) समान न्याय तथा नि:शुल्क कानूनी सलाह
(c) सभी नागरिकों के लिए समान आचार संहिता
(d) उद्योगों के प्रबन्धन में श्रमिकों की भागीदारी

110. संविधान के अनुच्छेद 226 के अन्तर्गत उच्च न्यायालय द्वारा दिया गया निर्देश परिवर्तित किया जा सकता है-
(a) राज्य के विधि मन्त्री द्वारा
(b) राज्य सरकार द्वारा
(c) राज्य के राज्यपाल द्वारा
(d) उपरोक्त किसी के द्वारा नहीं

111. निम्न में से कौन-सा एक सुमेलित नहीं है?
(a) लोकतान्त्रिक विकेन्द्रीकरण - बलवन्त राय मेहता
(b) सम्पूर्ण क्रान्ति - चन्द्रशेखर
(c) दलविहीन लोकतन्त्र - जयप्रकाश नारायण
(d) अनुशासन पर्व - विनोबा भावे

112. भारत के वाणिज्यिक बैंकों की ग्राहक सेवा सुधार हेतु बनी कमेटी जानी जाती है-
(a) नरसिम्हन कमेटी
(b) रेड्डी कमेटी
(c) रंगराजन कमेटी
(d) गोईपुरिया कमेटी

113. पोप फ्रांसिस ने 9 मई, 2019 को दुनिया भर के सभी कैथोलिक पादरियों और ननों के लिए किस नए कानून की घोषणा की है?
(a) मानवाधिकार
(b) धार्मिक अधिकार
(c) यौन शोषण
(d) इनमें से कोई नहीं

114. हाल ही में सिंगापुर में कौन-सा नया विवादस्पद बिल पारित किया गया है?
(a) महिला अधिकार संरक्षण
(b) समलैंगिकता विरोधी कानून
(c) एंटी फेक न्यूज़ कानून
(d) इनमें से कोई नहीं

115. हाल ही में भारत और चीन ने किस के निर्यात हेतु प्रोटोकॉल पर हस्ताक्षर किए है?
(a) भारतीय आम
(b) भारतीय मिर्च आहार
(c) भारतीय लीची
(d) इनमें से कोई नहीं

116. छत्तीसगढ़ उच्च न्यायालय के नए मुख्य न्यायाधीश कौन नियुक्त हुए हैं?
(a) पी.आर. रामचंद्र मेनन
(b) प्रशांत कुमार मिश्रा
(c) अजय कुमार त्रिपाठी
(d) दीपक गुप्ता

117. विकासशील देशों की डब्ल्यूटीओ मंत्रिस्तरीय बैठक मई, 2019 को कहाँ आयोजित की गई?
(a) किंगदाओ (b) बिश्केक
(c) ढाका (d) नई दिल्ली

118. अमेरिका ने 200 बिलियन डॉलर के चीनी उत्पादों पर आयात शुल्क में कितने प्रतिशत की वृद्धि की है?
(a) 10 प्रतिशत (b) 12 प्रतिशत
(c) 15 प्रतिशत (d) 13 .5 प्रतिशत

119. किस प्रसिद्ध भारतीय उपन्यासकार और साहित्य अकादमी पुरस्कार विजेता का हाल ही में निधन हो गया है?
(a) आर. जी. माधवन
(b) डेरेक सिप्पी
(c) थोपिल मोहम्मद मीरन
(d) रामास्वामी नायर

120. 35वें लॉस एंजिल्स एशियन पैसिफिक फिल्म फेस्टिवल में उत्कृष्ट उत्तरी अमेरिकी ग्रांड जूरी अवार्ड से किस फिल्म को सम्मानित किया गया?
(a) येलो रोज (b) ब्लू वाटर
(c) प्लस वन (d) सीड रिफ्ट

121. सुप्रीम कोर्ट ने किस राज्य के अनुसूचित जाति और अनुसूचित जनजाति कर्मचारियों को पदोन्नति में आरक्षण देने का निर्णय किया है?
(a) गुजरात (b) उत्तर प्रदेश
(c) कर्नाटक (d) राजस्थान

122. न्यायालय में लंबित सभी मुकदमों को एक वर्ष में निपटाने हेतु ज़ीरो पेंडेंसी प्रोजेक्ट किस उच्च न्यायालय द्वारा किया गया है?
(a) छत्तीसगढ़ उच्च न्यायालय
(b) जबलपुर उच्च न्यायालय
(c) दिल्ली उच्च न्यायालय
(d) केरल उच्च न्यायालय

123. हाल ही में दक्षिण चीन सागर में संपन्न छह दिवसीय नौसैनिक अभ्यास को क्या नाम दिया गया?
(a) ग्रुप –6 ड्रिल (b) स्ट्रिंग –6
(c) ग्रुप सेल (d) इनमें से कोई नहीं

124. किस धनी व्यक्ति ने हाल ही में चंद्रमा पर जाने वाले मून लैंडर का अनावरण किया?
(a) बिल गेट्स (b) जेफ़ बेजोस
(c) जैक मा (d) इनमें से कोई नहीं

125. किस भारतीय समाचार पत्र को वैन-इन्फ्रा एशियन मीडिया अवाड्र्स से सम्मानित किया गया?
(a) द हिन्दू (b) इंडियन एक्सप्रेस
(c) दैनिक भास्कर (d) द पायनियर

126. 16 एंटी टैंक मिसाइलें छोड़ने वाला अपाचे हेलीकॉप्टर भारत को किस देश से प्राप्त हुआ है?
(a) अमेरिका (b) रूस
(c) चीन (d) इजराइल

127. आईपीएल 2019 संस्करण का ख़िताब किसने जीता?
(a) चेन्नई सुपर किंग्स
(b) दिल्ली कैपिटल्स
(c) मुंबई इंडियंस
(d) राजस्थान रॉयल्स

128. भारत के असोम में सबसे छोटे ऑर्किड की कौन- सी परजीवी फूल प्रजाति मिली है?
(a) सिंगापुर आर्किड
(b) बोट आर्किड
(c) लेकोनॉर्चिस तिवान्याना
(d) इनमें से कोई नहीं

निर्देश (प्रश्न 129-130) : नीचे दिए गए विकल्पों में से लुप्त पद का चयन कीजिए।

129. BCD, DED, FGF, HIH, ?
(a) JHJ (b) IJI
(c) JKJ (d) HJH

130. 2, 3, 5, 6, 7, 9, 10, 11, 13, ?
(a) 12 (b) 15
(c) 14 (d) 16

निर्देश (प्रश्न 131-133 तक) : दिए गए विकल्पों में से विषम शब्द/संख्या/संख्या युग्म/आकृति को ज्ञात कीजिए।

131. (a) त्रिभुज (b) पिरामिड
(c) समचतुर्भुज (d) समान्तर चतुर्भुज

132. (a) स्पष्टवादी
(b) घिघिआना (जी हजूरी)
(c) चाटुकारता
(d) चापलूसी करना

133. (a) 289 (b) 196
(c) 169 (d) 120

निर्देश: (प्रश्न 134-137 तक): निम्नलिखित प्रश्नों में दिए गए विकल्पों में से सम्बन्धित शब्द/अक्षरों/संख्या/ आकृति को चुनिए।

134. विमान : विमानशाला : कार : ?
(a) सड़क (b) गैराज
(c) टायर (d) ब्रेक

135. BDAC : FHEG : NPMO : ?
(a) RTQS (b) QTRS
(c) RQTS (d) SQRT

136. BOMBAY : CNNABX : : ? : DMMBLY
(a) CNCLBZ (b) CNLCAZ
(c) CNLCBX (d) CNLCKZ

137. 33 : 10 : : 54 : ?
(a) 15 (b) 17
(c) 19 (d) 21

138. अक्षरों का कौन-सा समूह खाली स्थानों का क्रमवार रखने से दी गई अक्षर श्रृंखला को पूरा करेगा?
ab_d_aaba_na_badna_badna
(a) babda (b) andaa
(c) badna (d) dbanb

139. एक संख्या 10% घटाने से 30 रह जाती है। उसे 40 बनाने के लिए, संख्या को कितना बढ़ाया जाए ?
(a) 10% (b) 15%
(c) 20% (d) 25%

140. एक आदमी एक वस्तु को 20% के लाभ पर बेचता है। यदि उसने वह 20% कम पर खरीदी होती और ₹ 5 कम पर बेची होती, तो उसे 25% लाभ होता, वस्तु का क्रय मूल्य है–
(a) ₹ 15 (b) ₹ 20
(c) ₹ 25 (d) ₹ 30

141. 15 सेबों का क्रय मूल्य 25 सेबों के विक्रय मूल्य के बराबर है। हानि प्रतिशत है–
(a) 66.6 (b) 56.0
(c) 46.6 (d) 40.0

142. दो संख्याओं का औसत 6 है और उनके व्युत्क्रमों का औसत $\frac{3}{16}$ है। संख्याएं हैं–
(a) 8 और 4 (b) 7 और 5
(c) 3 और 9 (d) 2 और 10

143. एक बल्लेबाज 19 वीं पारी में 78 रन बनाता है और उसका औसत रन 2 कम हो जाता है। 19वीं पारी के बाद औसत रन है–
(a) 118 (b) 122
(c) 156 (d) 114

144. 2011 जनगणना के अनंतिम आंकड़ों पर आधारित निम्नलिखित कथनों में से कौन सा एक उत्तर प्रदेश के लिए सही नहीं है?
(a) उत्तर प्रदेश की जनसंख्या का 25% से कम शहरी क्षेत्र में रहता है।
(b) उत्तर प्रदेश भारत में सर्वाधिक शहरी जनसंख्या वाला राज्य है।
(c) इलाहाबाद उत्तर प्रदेश का सर्वाधिक जनसंख्या वाला जिला है।
(d) ''कवाल नगर'' दस लाख जनसंख्या से अधिक वाले नगरों की श्रेणी में आते हैं।

145. उत्तर प्रदेश की जनसंख्या वृद्धि की दर राष्ट्रीय औसत से अधिक रही-
(a) 1941-51 के दशक में
(b) 1951-61 के दशक में
(c) 1961-71 के दशक में
(d) 1971-81 के दशक में

146. जनगणना, 2011 के अंतिम आंकड़ों के अनुसार उत्तर प्रदेश में उच्चतम साक्षरता दर वाला जनपद है-
(a) गौतम बुद्ध नगर
(b) गाजियाबाद
(c) कानपुर नगर
(d) वाराणसी

147. निम्नलिखित में से कौन सही सुमेलित नहीं है?
(a) कोयला - सोनभद्र
(b) बलुआ पत्थर - मिर्जापुर
(c) सिलिका बालू - इलाहाबाद
(d) यूरेनियम - झांसी

148. उत्तर प्रदेश की प्रमुख वाणिज्यिक उपज है-
(a) जूट (b) गन्ना
(c) कपास (d) तिलहन

149. यू.पी. विधान सभा के प्रथम अध्यक्ष थे-
(a) मदन मोहन वर्मा
(b) पुरुषोत्तम दास टंडन
(c) आत्माराम गोविन्द खेर
(d) नफीसुल हसन

150. यू.पी. को समय-समय पर दिए गए नामों को संबंधित वर्षों से सुमेलित करें तथा कूट से उत्तर प्राप्त करें-

A. उत्तर पश्चिमी	1. 1950
B. आगरा और अवध का संयुक्त प्रांत	2. 1937
C. संयुक्त प्रांत	3. 1877
D. उत्तर प्रदेश	4. 1836

कूट :

	A	B	C	D
(a)	4	2	3	1
(b)	3	2	4	1
(c)	4	3	2	1
(d)	2	4	3	1

151. उत्तर प्रदेश में प्रथम विकलांग विश्वविद्यालय स्थापित किया गया है-
(a) लखनऊ में (b) चित्रकूट में
(c) कानपुर में (d) बांदा में

152. निम्नलिखित में से कौन-सा युग्म सही सुमेलित है?
(a) भोक्सा-बिजनौर
(b) खरवा-ललितपुर
(c) माहीगीर-बहराइच
(d) थारू-बाराबंकी

153. निम्न में से एक नॉन-सी.एस.आई.आर. संस्थान को जो लखनऊ यू. पी. में स्थित है, पहचानिए-
(a) आई.आई.एस.आर.
(b) एन.बी.आर.आई.
(c) सी-मैप
(d) आई.टी.आर.सी.

154. उत्तर प्रदेश के निम्नलिखित में से किस जनपद में 'अगरिया' जनजाति निवास करती है?
(a) गाजियाबाद (b) गाजीपुर
(c) मिर्जापुर (d) सोनभद्र

155. गुरु गोविन्द सिंह स्पोर्ट्स कॉलेज कहाँ अवस्थित है–
(a) सैफई में (b) वाराणसी में
(c) लखनऊ में (d) मेरठ में

156. पेपर टेक्नोलॉजी संस्थान अवस्थित है–
(a) सहारनपुर में (b) मेरठ में
(c) कानपुर में (d) गोरखपुर में

157. प्रविशेषण कहते हैं
(a) विशेषण की विशेषता बताने वाला शब्द
(b) विशेष्य की विशेषता बताने वाला शब्द
(c) विशेष्य से पूर्व का विशेषण
(d) विधेय की विशेषता बताने वाला शब्द

निर्देश: निम्नलिखित प्रत्येक वाक्य खंड के लिए उसके नीचे दिए हुए विकल्पों में से एक शब्द चुनिए–

158. झागों में भरा हुआ
(a) फेनिल (b) उगज
(c) उन्मादी (d) उथला

159. जो बाद में अधिकारी बने
(a) अनधिकारी (b) उच्चाधिकारी
(c) उत्तराधिकारी (d) उभयाधिकारी

160. संगीत में एक ही सुर को दुगने या चौगुने सुरों में दुहराने की क्रिया
(a) प्रलाप (b) संलाप
(c) विलाप (d) आलाप

निर्देश: दिए गए वाक्य में काले छपे शब्द की वर्तनी शुद्धि के लिए चार विकल्प दिए गए है। इनमें से एक विकल्प शब्द की वर्तनी शुद्ध है उसे चुनिए।

161. यह रास्ता <u>द्रुगम</u> है, सावधानी से चलें
(a) दुग्रम (b) दुरगम
(c) दुर्गम (d) र्दुगम

162. चरखा चलाना सत्यतापूर्वक समानता से <u>परीभाषित</u>
(a) प्रभाषित (b) परिभाषित
(c) परभाषित (d) परीभाषीत

निर्देश: निम्नलिखित प्रत्येक प्रश्न में दिए गए चार-चार विकल्पों में से वाक्य शुद्धरूप का चयन कीजिए–

163. (a) मुझसे यह काम होना सम्भव नहीं होगा।
(b) मुझसे यह काम हो सकता संभव नहीं है
(c) मुझसे यह काम होना संभव नहीं है।
(d) मुझसे यह काम हो सकना संभव नहीं होगा।

164. (a) अब तुम जाओ।
(b) अब तुम जाइये।
(c) अब तुम जाना।
(d) अब तुम जा

निर्देश: निम्नलिखित वाक्यों में मुद्रित शब्द के विलोम के लिए चार-चार विकल्प दिए गए हैं। इनमें से उचित विकल्प का चयन कीजिए।

165. तुम्हारे अतिरिक्त कोई भी उस <u>मूर्ख</u> को नहीं समझा सकता
(a) विलक्षण (b) अज्ञ
(c) विचक्षण (d) प्राज्ञ

166. <u>मन्थर</u> गति से बहता वह जल अपनी ही कहानी कह रहा था।
(a) मन्द (b) स्थिर
(c) विकल (d) तीव्र

निर्देश: नीचे प्रत्येक वर्ग में दिए गए विकल्पों में से तद्भव शब्द का चयन कीजिए–

167. (a) निर्झर (b) बक
(c) पितृ (d) सावन

168. (a) मुंह (b) कोकिल
(c) फाल्गुन (d) भिक्षा

निर्देश: नीचे प्रत्येक वर्ग में दिए गए विकल्पों में से तत्सम शब्द का चयन कीजिए।

169. (a) शर्करा (b) धरती
(c) बूढ़ा (d) सांझ

170. सुधाकर शब्द किसका पर्यायावाची है?
(a) सिन्धु (b) जलाशय
(c) चन्द्रमा (d) बादल

171. Three out of four are collective nouns except one. Identify the odd one
(a) Poultry (b) Tree
(c) Cattle (d) People

172. Plural of the word 'Die' which means stamps for coining
(a) Dice (b) Dies
(c) Diec (d) Deic

173. Identify the wrong pair of singular and plural respectively______
(a) Boy .... Boys
(b) Pen .... Pens
(c) Child .... Children
(d) Goose .... Gooses

174. Fill in the blank with correct tense Ram ____ to shcool yesterday. These grapes ____ sour
(a) are tasting
(b) taste
(c) have been tasting
(d) were tasting

175. Identify the wrong sentence among the following
(a) The next flight is at 7:00 tomorrow morning
(b) The match starts at 9 O'clock
(c) I shall wait till you finish your lunch
(d) She is seeming sad

176. In the question, the sentence has been given in Direct speech. Correct identify the reported speech from the given options. Ravi, "I am fond of tea."
(a) Ravi said that he is fond of tea
(b) Ravi exclaimed that he is fond of tea
(c) Ravi said that he was fond of tea
(d) Ravi said that I was fond of tea

Direction: (Q. 177-178) Choose the correct antonym of word given in bold in the following questions.

177. Indulge
(a) Regress (b) Abstain
(c) Deter (d) Imbibe

178. Repulsive
(a) Beautiful (b) Annoying
(c) Depressive (d) Attractive

Direction: (Q. 179-180) Choose the correct synonym of the bold word given in the question.

179. Frivolous
(a) Expensive (b) Costly
(c) Trivial (d) Low

180. Uncouth
(a) Unmannerly (b) Untoward
(c) Unwanted (d) Unwilling

Direction: (Q. 181-182) Fill in the blank with correct preposition.

181. The tiger was moving ...... the herd of buffaloes.
(a) about (b) towards
(c) by (d) after

182. The old man may not live ...... the winter.
(a) into (b) by
(c) through (d) of

Direction: (Q. 183) In the following sentences, how many adverbs have been used?

183. I have not seen Tony lately. He is nearly sixty. He hardly works. He speakes very fluently.
(a) 5 (b) 4
(c) 3 (d) 6

184. In the following sentence which word is modifying the Adverb 'clearly'? Govind reads quite clearly.
(a) Reads
(b) Govind
(c) Quite
(d) None of these

185. Some words are used sometimes as adjectives, sometimes as adverbs. Identify the sentence in which the word is used as an adverb
(a) He spoke in a loud voice.
(b) Are you an early riser?
(c) He is the only child of his parents.
(d) You can only guess.

186. वह प्राइवेट कम्प्यूटर नेटवर्क जिसे पूर्ण रूप से एक संगठन द्वारा नियंत्रित किया जाता है और अनेक लोकेशंस के कनेक्ट करने के लिए प्रयुक्त किया जाता है तथा इंटरनेट जैसे पब्लिक नेटवर्क तक विस्तार किया जाता है, कहलाता है–
(a) एंटरप्राइज प्राइवेट नेटवर्क
(b) वर्चुअल प्राइवेट नेटवर्क
(c) पर्सनल एरिया नेटवर्क
(d) वायरलेस लोकल एरिया नेटवर्क

187. कम्प्यूटर की सहायता से की जाने वाली मौजूदा या हाइपोथेटिकल (कल्पित) सिस्टम्स की रिकॉर्डिंग व एनालाइजिंग की विधि है–
(a) डेटा ट्रांसमिशन
(b) डेटा फ्लो
(c) डेटा कैप्चर
(d) डेटा प्रॉसेसिंग

188. Office में डेटा साझा करने पर............... ....डॉक्यूमेंट होता है जिसमें सबसे पहले डेटा एंटर किया गया था।
(a) सोर्स (b) डेस्टिनेशन
(c) ओरिजिनल (d) प्राइमरी

189. MS-DOS में, अन्य डाइरेक्टरीज या डिस्क्स में स्थित फाइल्स तक एक्सेस प्रदान करने के लिए किस कमांड का उपयोग किया जाता है?
(a) Tree (b) Path
(c) Dir (d) Cd

190. निम्न में से क्या सर्वाधिक प्राचीन स्प्रेडशीट पैकेज है?
(a) VisiCalc
(b) Excel
(c) StarCalc
(d) उपरोक्त में से कोई नहीं

191. MS Word में Ctrl + P..........करने के लिए प्रयोग किया जाता है?
(a) पैराग्राफ डायलॉग बॉक्स ओपन
(b) सेव डायलॉग बॉक्स ओपन
(c) पेज फॉर्मेट डायलॉग बॉक्स ओपन
(d) प्रिंट डायलॉग बॉक्स ओपन

192. निम्न में से क्या "Copyright" सिंबल के लिए सही कैरेक्टर एन्टाइटीज है?
(a) & # 149; (b) & # 159;
(c) © (d) ³

193. लाइन में, फाइनल में डेटा की लाइन्स को एल्फाबेटिक ऑर्डर में सॉर्ट करने के लिए किस कमांड का उपयोग किया जाता है?
(a) Sort-r (b) st
(c) sh (d) sort

194. MS Excel (वर्जन (2010) में..................से डेटा इम्पोर्ट किया जा सकता है।
(a) एक्सेस (b) वेब
(c) टेक्स्ट (d) उपर्युक्त सभी

195. Excel में, स्टेटस इंडीकेटर्स..................पर स्थित होते हैं।
(a) वर्टिकल स्क्रॉल बार
(b) होरिजेटल स्क्रॉल बार
(c) फॉर्मूला बार
(d) स्टैंडर्ड टूलबार

196. OSI-Model के संदर्भ में राउटर्स लेयर .... पर ऑपरेटर करते है LAN स्विचेज लेयर .... पर ऑपरेटर करते हैं। इंटरनेट हब्स लेयर .... पर ऑपरेटर करते हैं। वर्ड प्रॉसेसिंग लेयर .... पर ऑपरेट करता है।
(a) 3, 3, 1, 7 (b) 3, 2, 1 none
(c) 3, 2, 1, 7 (d) 3, 3, 2 none

197. Ecxel में राउडिंग एरर्स हो सकती है.....
(a) जब आप फॉर्मूला में गुणन, विभाजन या घात समीकरण का उपयोग करते है।
(b) जब आप फार्मूला में योग तथा व्यवकलन का उपयोग करते हैं
(c) क्योंकि एक्सेल संगणना में छिपे हुए दशमलव स्थानों का उपयोग करता है।
(d) जब आप फॉर्मूलाज के परिणाम संगणित परिणामों से भिन्न दशमलव स्थान वाले परिणाम प्रदर्शित करते हैं।

198. ऑपरेटिंग सिस्टम्स, एडीटर्स तथा डिबगर्स किसके अंतर्गत आते हैं?
(a) एप्लीकेशन सॉफ्टवेयर
(b) यूटिलिटीज
(c) सिस्टम सॉफ्टवेयर्स
(d) उपरोक्त में से कोई नहीं

199. MS Word डॉक्यूमेंट में बदलावों की निगरानी के लिए किस फीचर का उपयोग किया जाना चाहिए?
(a) ट्रैक चेन्जेज
(b) कम्पेयर वर्जन्स
(c) एडीशंस
(d) उपरोक्त में से कोई नहीं

200. हाइपरलिंक ....हो सकता है।
(a) टेक्स्ट
(b) ड्रॉइंग ऑब्जेक्ट्स
(c) पिक्चर्स
(d) उपरोक्त सभी

उत्तर (हल/संकेत)

1. (c)

भौतिक राशियां	इकाई
त्वरण	मीटर/सेकण्ड^2
बल	न्यूटन
कार्य	जूल
आवेग	न्यूटन-सेकण्ड

2. (c) किसी दिए गए आयतन के लिए गोलाकार आकृति के पृष्ठ का क्षेत्रफल अन्य आकृतियों के पृष्ठ के क्षेत्रफल से कम होता है। चूंकि द्रव का स्वतन्त्र पृष्ठ कम-से-कम क्षेत्रफल घेरने का प्रयास करता है। अत: वर्षा की बूंदे तथा पारे के कण गोलाकार होते हैं।

3. (b) तारे विशाल स्वत: चमकदार गैसों के पिण्ड हैं जो स्वयं के गुरुत्वाकर्षण बल से परस्पर बन्धे रहते हैं। भार के अनुपात में तारों में 70% हाइड्रोजन, 28% हीलियम, 1.5% कार्बन, नाइट्रोजन व ऑक्सीजन तथा 0.5% लौह तथा अन्य भारी तत्त्व होते हैं। तारों का सतत् स्पेक्ट्रम ही इनके

रंगों का निर्धारण करता है। इसके द्वारा तारों का ताप भी ज्ञात किया जा सकता है। तारों का जीवन काल इनके द्रव्यमान व चमक पर निर्भर करता है। जो तारा जितना अधिक चमकीला होता है, उसका जीवनकाल उतना ही कम होता है।

4. (a) बहुत अधिक ऊर्जा वाले कॉस्मिक पदार्थ एवं विद्युत चुम्बकीय विकिरण जो पृथ्वी के वायुमण्डल के बाहर से प्राकृतिक रूप से निरन्तर आती रहती है और जिसका तरंगदैर्ध्य बहुत छोटा होता है, कॉस्मिक किरणें कहलाती हैं।

5. (b)

रेडियो	मारकोनी
एक्स-रे	रॉन्टजेन
विद्युत बल्ब	एडीसन
विद्युत मोटर	जैकोबी

6. (d) विद्युत बल्ब का आविष्कार सर्वप्रथम एडीसन ने किया था। इसमें टंग्स्टन धातु का एक पतला कुण्डलीनुमा तन्तु लगा होता है। टंग्स्टन धातु का प्रयोग इसीलिए किया जाता है क्योंकि इसका गलनांक अत्यधिक (लगभग 3500°C) होता है।

7. (d)

इकाई	**लम्बाई (मीटर में)**
1 माइक्रोन	10^{-6}
1 नैनो मीटर	10^{-9}
1 ऐंग्सट्रोम	10^{-10}
1 फर्मीमीटर	10^{-15}

8. (b)

9. (a) टांका या सोल्डर मिश्रधातु में सीसा 68% और टिन 32% होता है।

10. (a) सी.एन.जी. धरती के भीतर पाये जाने वाले हाइड्रोकार्बन का मिश्रण है और इसमें 80% से 90% मात्रा मीथेन (CH_4) गैस की होती है। मीथेन गैस पेट्रोल एवं डीजल की तुलना में कार्बन मोनोऑक्साइड को 70%, नाइट्रोजन ऑक्साइड को 87% और जैविक गैसों को लगभग 89% कम उत्सर्जित करती है।

11. (a) **12.** (c)

13. (c) ई.पी. ओडम ने पारिस्थितिकी निकेट के सन्दर्भ में निम्न विचारों को व्यक्त किया है-''जीवित जीव तथा उनके अजीवित पर्यावरण एक-दूसरे से अविभाज्य रूप से सम्बन्धित हैं तथा ये एक-दूसरे के साथ प्रतिक्रिया करते हैं। कोई भी इकाई, जो किसी निश्चित क्षेत्र के समस्त जीवों के समुदाय को सम्मिलित करती है तथा भौतिक पर्यावरण के साथ इस तरह पारस्परिक क्रिया करती है कि तन्त्र के अन्दर ऊर्जा प्रवाह द्वारा सुनिश्चित पोषण संरक्षण, जैविक विविधता तथा खनिज चक्र का आविर्भाव होता है, पारिस्थितिकीय तंत्र होती है।''

14. (a)

15. (c) शरीर में स्टीरॉयड आवश्यक तत्व होते हैं, जो हॉर्मोनों आदि के निर्माण में मदद करते हैं।

16. (d) लाल रक्त कणिकाओं में हीमोग्लोबिन नामक प्रोटीन पाया जाता है। हीमोग्लोबिन में लोहा पाया जाता है। हीमोग्लोबिन रक्त में ऑक्सीजन का वाहक होता है। श्वेत रक्त कणिकाएं रोगों से प्रतिरक्षा प्रदान करती हैं।

17. (d) भारत में आयरन एण्ड स्टील निर्माणशाला जमशेदपुर सार्वजनिक क्षेत्रक के अन्तर्गत नहीं है, क्योंकि यह कारखाना निजी क्षेत्र का एक स्टील संयंत्र है।

18. (d) गुयाना दक्षिण अमेरिकी देश है, इसकी राजधानी जार्जटाउन है।

19. (d) गिब्सन मरुस्थल ऑस्ट्रेलिया के पश्चिमी भाग में 1,56,000 वर्ग किलोमीटर के क्षेत्रफल में फैला है। अन्य तीनों विकल्प (a), (b), (c) सुमेलित हैं।

20. (b) यह ज्वालामुखी सक्रिय ज्वालामुखी है, जिसका 2007 में विस्फोट हुआ था। यह ज्वालामुखी पर्वत इण्डोनेशिया के उत्तरी भाग में स्थित हल्माहेडा द्वीप का एक उच्चतम शिखर है।

21. (c)

अनुच्छेद	**निहित प्रावधान**
अनु. 324	–निर्वाचन के अधीक्षण, निदेशन और नियंत्रण का निर्वाचन आयोग में निहित होना।
अनु. 326	–लोक सभा और राज्यों की विधान सभाओं के लिए निर्वाचकों का वयस्क मताधिकार के आधार पर होना।
अनु. 320	–लोक सेवा आयोगों के कृत्य।
अनु. 322	–लोक सेवा आयोगों के व्यय।

22. (d) प्रश्नकाल के समय में हामिद अंसारी भारत के उपराष्ट्रपति थे। यह लगातार दूसरे कार्यकाल के लिए वर्ष 2012 में पुनः उपराष्ट्रपति चुने गए। वर्तमान में भारत के उपराष्ट्रपति वेंकैया नायडू हैं।

23. (d) अनुच्छेद 108 के तहत राष्ट्रपति को संसद के दोनों सदनों की संयुक्त बैठक बुलाने का अधिकार है। संयुक्त अधिवेशन तीन स्थितियों में बुलाए जाते हैं–(i) एक सदन द्वारा पारित विधेयक को दूसरे सदन द्वारा अस्वीकार करने पर, (ii) एक सदन द्वारा सुझाए गए संशोधन दूसरे सदन द्वारा अस्वीकार होने पर, (iii) एक सदन द्वारा पारित विधेयक दूसरे सदन के पास भेजा जाए और सदन 6 माह तक उस पर कोई निर्णय न ले।

24. (d) ब्रिटिश शासनकाल के दौरान 1935 का भारत सरकार अधिनियम पारित किया गया, जिसमें केन्द्र और राज्यों के बीच शक्तियों का बँटवारा किया गया था तथा राज्य में द्वैध शासन समाप्त कर केन्द्र में द्वैध शासन को लागू किया गया था। इसमें एकीकृत भारतीय संघ के निर्माण का प्रावधान रखा गया, जिसके अन्तर्गत ब्रिटिश भारत एवं देशी रियासतों से मिलकर भारतीय संघ का निर्माण किया जाना था तथापि रियासतों की अनिच्छा के कारण इस संघ का निर्माण नहीं किया जा सका।

25. (c) भारतीय संविधान का अभिभावकत्व भारत के सर्वोच्च न्यायालय में निहित है। भारतीय संविधान के अनुच्छेद 124 के अन्तर्गत भारत के लिए एक उच्चतम न्यायालय का गठन किया गया है तथा संविधान में ही सर्वोच्च न्यायालय की अन्तिम रूप से संविधान का संरक्षक घोषित किया गया है।

26. (a) मौर्य युग से पूर्व 'निष्क' स्वर्ण आभूषण के नए में प्रयुक्त होता था, परन्तु मौर्य युग तक आते-आते व्यापार-व्यवसाय में निरुमित सिक्कों का प्रचलन हो चुका था। इनमें सोने के सिक्कों की 'निष्क' और 'सुवर्ण' कहा जाता था। चांदी के सिक्कों को 'कार्षापण' या 'धारण' कहा जाता था। तांबे के सिक्के 'माषक' कहलाते थे और छोटे-छोटे तांबे के सिक्कों को 'काकणी' कहा जाता था।

27. (a) भगवान महावीर का जन्म 599 ईसा पूर्व में वैशाली के निकट कुण्डग्राम में हुआ था। वह जैन परम्परानुसार 24वें तीर्थंकर थे। भगवान महावीर ने सर्वप्रथम अपने जामाता जामालि को शिष्य बनाया, किन्तु उसने ही सर्वप्रथम जैन धर्म में विरोध किया।

28. (c) शंकराचार्य का जन्म केरल प्रान्त में कलादी नामक ग्राम में 788 ई. के लगभग हुआ था। उनके द्वारा हिन्दू धर्म के प्रबल प्रचार-प्रसार से बौद्ध एवं जैन धर्म को गहरा धक्का लगा तथा उसका विलोप हो गया। अपने कार्यों को मूर्त रूप देने के लिए उसने देश की चारों दिशाओं-उत्तर में केदारनाथ, दक्षिण में शृंगेरी, पूर्व में पुरी तथा पश्चिम में द्वारका में प्रसिद्ध मठों की स्थापना की। शंकराचार्य का मत 'अद्वैतवाद' के नाम से विख्यात है जो उपनिषदों के सन्निकट है।

29. (a) सोनागिरि, जहां 108 जैन मन्दिर हैं, मध्य प्रदेश के दतिया जिले में स्थित है। दतिया जिले के गुर्जरा में अशोक के एक लघु शिलालेख में अशोक का नाम देवाना प्रिय प्रियदस्सी के रूप में उल्लिखित है।

30. (d) सवाई जयसिंह (1688-1743) ने सुप्रसिद्ध जयपुर अथवा गुलाबी नगर तथा जयपुर, दिल्ली, बनारस, उज्जैन तथा मथुरा में ज्योतिष की वेधशालाएं बनवाई।

31. (d) ग्वालियर में स्थित महत्वपूर्ण पर्यटक स्थल हैं-मोती महल, गूजरी महल, जयविलास महल, तानसेन का मकबरा, बादल महल, सास-बहू मन्दिर, तेली का मन्दिर इत्यादि।

32. (b)

मुगल सम्राट	कार्यकाल
शाहजहां	1627-1657
औरंगजेब	1657-1707
अकबर शाह I	1748-1754
अकबर शाह II	1806-1837
बहादुरशाह II	1837-1857

33. (c)

गवर्नर जनरल	कार्यकाल
लॉर्ड कार्नवालिस	1786-93
(प्रथम शासन)	
(दूसरा शासन)	1805
लॉर्ड वेलेजली	1798-1805
लॉर्ड विलियम बैंटिक	1828-1833
लॉर्ड केनिंग	1858-1862

34. (c)

35. (c) क्रिप्स प्रस्ताव, मार्च 1942 के प्रमुख तथ्य हैं-

(क) युद्ध के बाद एक नये भारतीय संघ का निर्माण होगा जिसे पूर्ण उपनिवेश का दर्जा प्राप्त होगा तथा इसे ब्रिटिश राष्ट्रमण्डल से सम्बन्ध विच्छेद का भी अधिकार होगा।

(ख) युद्ध के शीघ्र बाद एक संविधान निर्मात्री सभा का गठन होगा, जिसमें ब्रिटिश प्रान्तों तथा देशी रियासतों के चुने हुये प्रतिनिधि शामिल होंगे।

(ग) संविधान सभा द्वारा निर्मित संविधान को सरकार दो शर्तों पर लागू करेगी-

पहली, जो प्रान्त इससे सहमत नहीं हैं वे इसे अस्वीकार कर पूर्ववत् स्थिति में रह सकते हैं।

दूसरी, संविधान सभा एवं सरकार के बीच अल्पसंख्यकों के हितों को लेकर एक समझौता होगा।

(घ) नये संविधान के निर्माण होने तक भारत के रक्षा का उत्तरदायित्व ब्रिटिश सरकार पर ही होगा।

36. (d) सरदार वल्लभ भाई पटेल ने 1931 के करांची अधिवेशन की अध्यक्षता थी।

37. (c) गांधीजी ने खेड़ा सत्याग्रह (1918), सविनय आज्ञा (1930) और भारत छोड़ो आन्दोलन (1942) में नेतृत्व किया जबकि बारडोली सत्याग्रह (1928) का नेतृत्व सरदार वल्लभ भाई पटेल ने किया।

38. (d) महात्मा गांधी ने दक्षिण अफ्रीका से 'इण्डियन ओपीनियन' नामक पत्र का प्रकाशन शुरू किया। यह पत्र गुजराती, हिन्दी, तमिल और अंग्रेजी में निकलता था।

39. (a) भारतीय राष्ट्रीय कांग्रेस की उग्रवादी विचारधारा के प्रवर्तक तिलक ने उदारवादी दल के 'अनुनय, विनय और विरोध' की नीतियों का विरोध किया।

40. (d) 1905 ई. के बंगाल विभाजन के विरोध स्वरूप हुये स्वदेशी आन्दोलन में 'वन्दे मातरम्', विभाजन नहीं चाहिए और 'बंगाल एक है' आदि नारे लगाये गए।

41. (d)

अबुल कलाम आजाद	1923 दिल्ली (विशेष (अधिवेशन)
	1940 रामगढ़ अधिवेशन
एम.ए. अन्सारी	1927 मद्रास अधिवेशन
बदरुद्दीन तैयबजी	1887 मद्रास अधिवेशन

42. (a) तिलक ने नवयुवकों को साहस और देशप्रेम की शिक्षा देने के लिए गणपति उत्सव और शिवाजी उत्सव प्रारम्भ किया।

43. (a) असहयोग आन्दोलन अपने घोषित उद्देश्यों में आंशिक रूप से ही सफल रहा, परन्तु अपने रचनात्मक कार्यों में इसे अवश्य अपार सफलता मिली। आन्दोलन की सफलता सबसे अधिक इस बात में निहित है कि इसने कांग्रेस को नई दिशा प्रदान की, साम्राज्यवाद पर आघात किया एवं पूरे देश में राष्ट्रप्रेम और देशप्रेम के प्रति बलिदान की भावना को व्यापक रूप दिया।

44. (a)

45. (a) ''स्वराज मेरा जन्मसिद्ध अधिकार है और मैं इसे लेकर रहूंगा''-इस वाक्य को बाल गंगाधर तिलक ने कहा था। इन्होंने अपना यह प्रसिद्ध नारा 1916 ई. में होमरूल आन्दोलन के दौरान दिया था।

46. (c) **47.** (a)

48. (b) सरहुल उरांव एवं मुण्डा जनजाति का प्रमुख त्योहार है। यह पर्व कृषि कार्य आरम्भ करने के पहले मनाया जाता है। इसमें सरना में पूजा की जाती है। सरना 'सखुए की कुंज' को कहा जाता है।

49. (d) सर्वाधिक झूमिंग व्यवस्था उत्तर-पूर्व भारत एवं मध्य प्रदेश और छत्तीसगढ़ में प्रचलित है। गारो, चकमा, नागा, सीरिया पहाड़िया, पहाड़ी खड़िया, कोरबा, बैगा, कमार आदि जनजातियों की अर्थव्यवस्था झूमिंग कृषि पर ही आधारित है।

50. (a) 10 डिग्री चैनल - छोटा अण्डमान एवं निकोबार के बीच

कोको चैनल - अण्डमान एवं म्यांमार के बीच

पाक स्ट्रैट - भारत एवं श्रीलंका के बीच

8 डिग्री चैनल - लक्षद्वीप एवं मालदीव के बीच

51. (b) ओणम केरल में मनाया जाता है जो कृषि कार्य से सम्बन्धित है।

52. (d) जैसलमेर-स्वर्ण नगरी

53. (d) **54.** (a)

(क) अनाइमुडी-दक्षिण भारत की सबसे ऊंची चोटी (2695 मी.) है जो अन्नामलाई की पहाड़ी पर स्थित है।

(ख) दोदाबेट्टा-यह नीलगिरि पहाड़ी की सबसे ऊंची चोटी (2637 मी.) है जो दक्षिण भारत की दूसरी सबसे ऊंची चोटी है।

(ग) अमरकंटक-मैकाल पहाड़ी के सर्वोच्च चोटी (1036 मी.) है।

(घ) महेन्द्रगिरि-पूर्वी घाट पर्वत की दूसरी सबसे ऊंची चोटी (1501 मी.) है, जो उड़ीसा राज्य में स्थित है।

55. (a) धारवाड़ तन्त्र में देश की कुल प्रमुख धातुएं (लोहा, सोना, मैंगनीज, तांबा, टंग्स्टन, क्रोमियम, जस्ता) तथा महत्त्वपूर्ण खनिज (फ्लूराइट, इल्मेनाइट, सीसा, सुरमा, बुलफ्राम, अभ्रक, गारनेट, संगमरमर, कोरण्डम आदि) पायी जाती है।

56. (d) **57.** (a)

58. (c) **परजैविक**-वह जीव जो हमेशा दूसरे जीव पर आश्रित रहता है और जो हानि पहुंचाता है जैसे-कवक, जीवाणु, विषाणु।

प्रतिजैविक-यह जीवाणुरोधी होती है जो संक्रामक बीमारियों को रोकने में मदद करती हैं

एनल्जेसिक-बीमारियों की रोकथाम में मदद करती है।

59. (d)

60. (d) जनसंख्या में सर्वाधिक दशकीय वृद्धि 1991-2001 में हुई (लगभग 18 करोड़), जबकि सर्वाधिक दशकीय वृद्धि दर 1961-71 ई. में (24.8%) हुई।

61. (b)

राज्य	जनसंख्या
उत्तर प्रदेश	199,281,477
महाराष्ट्र	112,372,972
बिहार	103,804,637
प. बंगाल	91,347,736

62. (a)

राज्य	दशकीय वृद्धि
नागालैण्ड	0.50%
सिक्किम	12.40%
बिहार	25.10%
उत्तर प्रदेश	20.10%

63. (a)

64. (b) भारत के कुल सोयाबीन उत्पादन का 88% भाग मध्य प्रदेश में उत्पादित होता है जिसके कारण इस प्रदेश को सोया राजधानी भी कहा जाता है।

65. (c)

66. (d) दाहेज और हजीरा एल.एन.जी. टर्मिनल गुजरात में स्थित है। कोच्चि में देश का पहला एल.एन.जी. टर्मिनल है।

67. (c) **68.** (d)

69. (b) उड़ीसा तट के चक्रवात से प्रभावित होने का मुख्य कारण है बंगाल की खाड़ी का अवदाब और इस तट का चक्रवात के मार्ग में सीधा पड़ना।

70. (d) भारत में लिंग अनुपात में ह्रास का कारण बाल विवाह, लड़कियों की उपेक्षा, पौष्टिक भोजन तथा प्रसव सम्बन्धी सुविधाओं का अभाव, कन्याओं की भ्रूण हत्या, अधिक बालकों की चाह आदि है।

71. (b) अफ्रीका महादेश के पश्चिम-दक्षिण में स्थित लाइबेरिया की दक्षिणी सीधा दक्षिण अटलांटिक महासागर से सम्बन्धित है।

72. (d) डेनमार्क में प्रति व्यक्ति दुग्ध उत्पादन विश्वभर में सबसे अधिक है। यहां सहकारी समितियों के द्वारा उद्योग चलाया जाता है। इस देश के लगभग 9000 वैज्ञानिक इस उद्योग में संलग्न है। कुल दुग्ध का 80% से मक्खन, 10% से पनीर तथा संघनित दूध बनाया जाता है और शेष 10% स्थानीय खपत में आता है। संयुक्त राज्य अमेरिका का दुग्ध और दुग्ध निर्मित पदार्थों के उत्पादन में विश्व में प्रथम स्थान है।

73. (c) उद्योग तथा उनके प्रमुख केन्द्र

(क) लोहा तथा इस्पात-सोवियत संघ (क्रिवाई रॉग, दोनेत्जे, निकोपाल, तुला, गोर्की, मैगनितोगोर्स्क) यू.एस.ए. (शिकागो, गैरी, पिट्सबर्ग, यंग्सटाउन, जोहान्सटाउन, डेट्रायट, इरी तट आदि।

(ख) पोत निर्माण उद्योग-जापान (याकोहामा, तामाशिमा), पूर्व सोवियत संघ (आर्कन्जलस्क, लेनिनग्राद, रीगा, निकोलाएव) यू.के. (बर्किनहैड, वारो, बेलफास्ट), यू.एस.ए. (बोस्टन, शिकागो, डेट्रायट, बफैलो, व्यूमोण्ट, हाउसटन)।

(ग) सूती वस्त्र-चीन (शंघाई, केण्टन, सिंगटाओ, शान्टुंग), पूर्व सोवियत संघ (मास्को, इवानोवो, लेनिनग्राद, कालिनिन), अमेरिका (फिलाडेल्फिया, पिडमाण्ट क्षेत्र), जापान (ओसाका, कोबे, याकोहामा, टोकियो)।

(घ) जूट वस्त्र-भारत, बांग्लादेश (देवरा क्षेत्र, सिराजगंज क्षेत्र, नारायणगंज क्षेत्र), चीन, थाइलैण्ड आदि।

74. (b)

(क) सेल्वा-अमेजन बेसिन (द. अमेरिका) स्थित उष्ण कटिबन्धीय सदाबहार वर्षा वन वाले घास के मैदान।

(ख) पम्पास-अर्जेन्टीना-उरूग्वे (द. अमेरिका) स्थित समशीतोष्ण घास का मैदान।

(ग) प्रेयरी-कनाडा-यू.एस.ए. के मध्य स्थित समशीतोष्ण घास का मैदान, जो गेहूं का कटोरा के रूप में प्रसिद्ध है।

(घ) स्टेपीज-पूर्व सोवियत संघ स्थित समशीतोष्ण घास का मैदान।

75. (b)

1. उत्तरी अटलांटिक महासागर की जलधारा- गल्फस्ट्रीम (गर्म), लेब्रेडोर (ठण्डी), कैनेरी (ठण्डी), नार्वे (गर्म), फ्लोरिडा (गर्म), ग्रीन लैण्ड (ठण्डी), गिनी (गर्म)।

2. दक्षिण अटलांटिक महासागर की जलधारा- फाकलैण्ड (ठण्डी), ब्राजील (गर्म), वैंग्युला (ठण्डी)।

3. अंगुलहास धारा-यह गर्म जलधारा है, जो द. अफ्रीका के पूर्वी तट पर प्रवाहित होती है।

76. (b)

77. (c)

(क) चिनूक-अमेरिका एवं कनाडा में यह पवन रॉकी पर्वत श्रेणी की पूर्वी ढाल पर नीचे उतरती है।

(ख) सिरॉको-सहारा मरुस्थल में इटली में प्रवाहित होने वाली गर्म वायु।

(ग) ब्लिजर्ड-यह ध्रुवीय पवन है, जो अत्यधिक सर्द एवं हिमकणों से युक्त होती है। यह पवन साइबेरिया एवं उत्तरी अमेरिका के उत्तरी भाग में प्रवाहित होती है।

(घ) नार्वेस्टर्स-भारत के असम और पश्चिम बंगाल में आने वाले तूफान जिन्हें काल वैशाखी भी कहते हैं।

78. (a)

जनजाति	निवास स्थान
पिग्मी	जायरे (कांगो) बेसिन
मसाई	पूर्वी अफ्रीका
कजाक	मध्य एशिया
लैप	यूरोप के टुण्ड्रा प्रदेश

79. (c) टॉरनैडो उष्ण कटिबन्धीय चक्रवातों का एक रूप है। इनका साधारण वेग 800 से 1000 किमी. प्रति घण्टा होता है। यह अल्पावधि वाले भयंकर तूफान हैं। इसका प्रमुख प्रभावकारी क्षेत्र संयुक्त राज्य अमेरिका में मिसीसिपी की घाटी है साथ ही मैक्सिको की खाड़ी में यह अधिक आता है।

80. (a) मृतक घाटी अत्यधिक उष्णता के लिए प्रसिद्ध है।

81. (b)

(क) सक्रिय ज्वालामुखी-इटली का एटना व स्ट्राम्बोली, हवाई द्वीप का मौना लोआ।

(ख) प्रसुप्त ज्वालामुखी-इटली का विसुवियस, इण्डोनेशिया का क्राकातोआ, जापान का फ्यूजीयामा।

(ग) मृत ज्वालामुखी-म्यांमार का माउण्ट पोपा, अफ्रीका का किलिमंजारो।

82. (c) मास्को में इस्पात उद्योग, इन्जीनियरिंग उद्योग, वस्त्र उद्योग, हल्के उद्योग तथा उपभोक्ता वस्तुओं का उत्पादन सर्वप्रमुख है। जबकि भूतपूर्व सोवियत संघ में प्रमुख पोत निर्माण केन्द्र थे-लेनिनग्राद, रीगा, कालिनीनग्राद, वोल्गोग्राद, रोस्तोव, ब्लादिवोस्तक निकोलाएव, बाकू इत्यादि।

83. (d) अनुच्छेद-17-अस्पृश्यता का अन्त

अनुच्छेद-19-वाक् स्वातन्त्र्य आदि विषयक कुछ अधिकारों का संरक्षण

अनुच्छेद-23-मानव के दुर्व्यापार और बलात् श्रम का प्रतिषेध

अनुच्छेद-27-कारखानों आदि में बालकों के नियोजन का प्रतिषेध

84. (b) यदि राष्ट्रपति का पद उसकी मृत्यु, पद त्याग या पद से हटाने अथवा अन्य कारणों से रिक्त हो जाता है तो इसके लिए निर्वाचन 6 महीने के अंदर हो जाना चाहिए। इस प्रकार निर्वाचित व्यक्ति अनुच्छेद-56 के अधीन रहते हुये अपने पद ग्रहण की तिथि से 5 वर्ष की पूरी अवधि के लिए पद धारण करने का हकदार होगा।

85. (d) भारतीय संविधान ने संसदीय सरकार की स्थापना की है। यह व्यवस्था केन्द्र तथा राज्य दोनों सरकारों में एक सी है। संसदीय प्रणाली में वास्तविक कार्यपालिका शक्ति जनता के निर्वाचित प्रतिनिधियों में जिसे मन्त्रिपरिषद् कहते हैं, निहित होती है।

86. (d) लोकसभा में प्रतिनिधित्व है–

राज्य	कुल स्थान
पंजाब	13
असम	14
गुजरात	26
राजस्थान	25
मध्य प्रदेश	29
तमिलनाडु	39
आन्ध्र प्रदेश	25
पश्चिम बंगाल	42

87. (a) अमेरिका की सरकार अध्यक्षात्मक या राष्ट्रपति पद्धति वाली है, जिसमें राष्ट्रपति कार्यपालिका का वास्तविक प्रधान होता है, अर्थात् समस्त कार्यकारिणी शक्ति राष्ट्रपति में निहित होती है। राष्ट्रपति का निर्वाचन सीधे जनता द्वारा किया जाता है। वह अपने मन्त्रिमण्डल के सदस्यों को नियुक्त करता है और उन्हें जब चाहे पदच्युत करता है।

88. (b) बलवन्त राय मेहता समिति की सिफारिश को 1 अप्रैल, 1958 को लागू किया गया। इस समिति ने भारत में त्रिस्तरीय पंचायती व्यवस्था यथा-1 ग्राम या नगर पंचायत 2 तहसील पंचायत 3 जिला पंचायत की सिफारिश की। साल ही यह सिफारिश भी की थी कि लोकतान्त्रिक विकेन्द्रीकरण की मूल इकाई प्रखण्ड या समिति के स्तर पर होनी चाहिए।

89. (b) लोकसभाध्यक्ष जी.वी. मावलंकर, हुकुमसिंह और बलराम जाखड़ के विरुद्ध अविश्वास प्रस्ताव लाया गया था। तीनों में प्रथम स्पीकर जी. वी. मावलंकर थे जिनके विरुद्ध सर्वप्रथम अविश्वास प्रस्ताव लाया गया था।

90. (b) केशवानन्द भारती बनाम केरल राज्य के मामले में उच्चतम न्यायालय ने कहा कि संसद को संविधान में संशोधन करने की व्यापक शक्ति प्राप्त है लेकिन वह इस शक्ति का प्रयोग करके संविधान के मूल ढांचे को नष्ट नहीं कर सकती।

91. (b) अनुच्छेद-108 के अनुसार यदि संसद का एक सदन किसी विधेयक को पारित करके दूसरे सदन को भेजता है और दूसरा सदन विधेयक अस्वीकार कर देता है या दूसरे सदन द्वारा विधेयक में किये गए संशोधन से पहला सदन असहमत है या दूसरा सदन विधेयक को 6 महीने तक अपने पास रोके रहता है, तो राष्ट्रपति दोनों सदनों की संयुक्त बैठक को बुला सकता है। ऐसी संयुक्त बैठक की अध्यक्षता लोकसभाध्यक्ष करता है।

92. (d) सेन्सेक्स, बी.एस.ई. एवं निफ्टी, शेयर बाजार से सम्बन्धित हैं।

93. (c)

94. (a) गेहूं बोते समय साधारण वर्षा लाभकारी होती है। बुवाई के 15 दिन बाद और पकने के 15 दिन पूर्व सिंचाई गेहूं की फसल के लिए लाभदायक होती है। फसल काटते समय मौसम शुष्क अवश्य होना चाहिये। गेहूं के लिए 50 से 75 सेमी. औसत वार्षिक वर्षा उपयुक्त होती है।

95. (b) प्रारम्भ में कृषि वित्त से सम्बन्धित कार्य रिजर्व बैंक देखता था, परन्तु 12 जुलाई, 1982 को नाबार्ड (NABARD) की स्थापना हो जाने पर अब इसमें रिजर्व बैंक से कृषि वित्त सम्बन्धी कार्य ले लिया है।

96. (c) **कत्थक**-बिरजू महाराज, गोपीकृष्ण, शम्भूजी महाराज, सितारा देवी

शहनाई-बिस्मिल्लाह खां, गुलाम अली खां

तबला-कण्ठे महाराज, अल्ला रक्खा खां, जाकिर हुसैन, के. पिल्लई

सरोद-अमजद अली खां, अली अकबर खां, हाफिज खां, अलाउद्दीन खां

97. (b)

98. (a)

खेल	सम्बद्ध ट्राफियां/कप
फुटबॉल	डूरण्ट कप, रोवर्स कप, सन्तोष ट्राफी, मर्डेका कप, कोलम्बो कप आदि।
गोल्फ	बाकर कप, राइडर कप, आजन हावर ट्राफी, केनेडी कप आदि।
हॉकी	आगा खां, ध्यान चन्द ट्राफी, बेटन कप, रंगा स्वामी कप, ओबेदुल्ला गोल्फ कप, अजलानशाह कप आदि।
टेबल टेनिस	बर्ना बेलेक कप, जयलक्ष्मी कप, रामानुज ट्राफी, स्वेथलिंग कप आदि।

99. (c)

राज्य	लोकनृत्य
आन्ध्र प्रदेश	कुचीपुड़ी, घटामर्दाल, कुम्मी आदि।
कर्नाटक	यक्षगान, कुनीता, कर्गा आदि।
केरल	कथकली, ओट्टम, मोहिनीअट्टम आदि।
तमिलनाडु	भरतनाट्यम, कुमी, कोलाट्टम आदि।

100. (c)

खेल	खिलाड़ियों की संख्या
क्रिकेट, फुटबॉल एवं हॉकी	11
रग्बी फुटबॉल	15
बेसबॉल एवं खो-खो	9
नेटबॉल एवं वाटर पोलो	7
वॉलीबॉल	6
बास्केटबॉल	5
पोलो	4
टेनिस एवं बैडमिन्टन	1 या 2

101. (b)

संस्था	मुख्यालय
विश्व व्यापार संगठन	जिनेवा
गैट	जिनेवा
आई.एल.ओ.	जिनेवा
विश्व स्वास्थ्य संगठन	जिनेवा
रेड क्रास	जिनेवा
एफ.ए.ओ.	रोम
यूनीसेफ यू.एन.ओ.	न्यूयॉर्क

102. (b) **103.** (c)

104. (b) निर्धनता रेखा से नीचे जीवन यापन करने वाले परिवारों की महिलाओं के लिए 'जननी सुरक्षा स्कीम' 1 अप्रैल, 2005 से प्रारम्भ की गई है। पूर्णतः केन्द्र प्रायोजित इस योजना ने पूर्व में संचालित राष्ट्रीय मातृत्व लाभ योजना का स्थान लिया है तथा यह बजट 2005-06 में प्रस्तावित राष्ट्रीय ग्रामीण स्वास्थ्य मिशन का घटक होगी।

105. (d) संसदीय शासन भारत के उपयुक्त है। यह भारतीय संविधान की मूल विशेषता है। सम्पूर्ण भारतीय प्रशासनिक ढांचा संसदात्मक व्यवस्था के अनुरूप है। मन्त्रिपरिषद् सामूहिक रूप से लोकसभा के प्रति उत्तरदायी है। भारतीय कार्यपालिका एवं व्यवस्थापिका के मध्य घनिष्ठ सहयोग एवं सामंजस्य की स्थापना की गई। इस व्यवस्था में शासन को जनहितों का प्रतिनिधित्व करने वाली संसद के प्रति उत्तरदायी घोषित किया गया है। यद्यपि संसद विधिनिर्माण का सर्वोच्च निकाय घोषित किया गया है किंतु संविधान के अभिरक्षण के रूप में सर्वोच्च न्यायालय इसकी संवैधानिकता का अभिरक्षण करने का अधिकार रखता है।

106. (b) दसवीं अनुसूची संविधान में 52वें संशोधन 1985 के द्वारा जोड़ी गई है। इस अनुसूची में दल-बदल से सम्बन्धित प्रावधानों का उल्लेख है।

107. (d) संविधान की प्रस्तावना सभी भारतीय नागरिकों को पूजा की समानता उपलब्ध कराने के लिए वायदा नहीं करती है। संविधान की प्रस्तावना को 'संविधान की कुंजी' कहा जाता है। प्रस्तावना के अनुसार संविधान के अधीन समस्त शक्तियों का केंद्र बिन्दु अथवा स्रोत 'भारत के लोग' है। 42वें संविधान संशोधन अधिनियम 1976 द्वारा इसमें समाजवादी, पन्थनिरपेक्ष और राष्ट्र की अखण्डता शब्द जोड़े गए हैं। प्रस्तावना को न्यायालय द्वारा प्रवर्तित नहीं किया जा सकता है।

108. (b) भारत को एक संविधान देने का प्रस्ताव संविधान सभा द्वारा 22 जनवरी, 1947 को पारित किया गया था। 22 जनवरी, 1947 ई. में उद्देश्य प्रस्ताव की स्वीकृति के बाद संविधान सभा ने संविधान निर्माण हेतु अनेक समितियां नियुक्त की। इसमें प्रमुख थी-वार्ता समिति, संघ संविधान समिति, प्रान्तीय संविधान समिति, संघ शक्ति समिति एवं प्रारूप समिति। 19 अगस्त, 1947 ई. को संविधान सभा की प्रारूप समिति का गठन किया गया। डॉ. भीमराव अम्बेडकर प्रारूप समिति के अध्यक्ष बनाए गए। संविधान के निर्माण में 2 वर्ष 11 महीने 16 दिन का समय लगा तथा यह 26 नवम्बर, 1949 ई. को पूर्ण रूप से तैयार किया। इसी तिथि को संविधान सभा द्वारा संविधान को अंगीकृत किया गया। संविधान 26 जनवरी, 1950 ई. को देश में पूर्ण रूप से लागू किया गया। इसी तिथि को भारत सम्पूर्ण प्रभुत्ता सम्पन्न लोकतान्त्रिक गणराज्य घोषित किया गया।

109. (c) 42वें संविधान संशोधन द्वारा नीति निदेशक तत्वों में सभी नागरिकों के लिए समान आधार संहिता को नहीं जोड़ा गया है। बल्कि यह मूल संविधान से ही है। नीति निदेशक सिद्धान्त आयरलैण्ड के संविधान से लिया गया है। यह संविधान के भाग 4 में (अनुच्छेद 36 से 51 तक) स्थित है। इसे लागू कराने के लिए न्यायालय नहीं जाया जा सकता है। यह राज्य सरकार के द्वारा लागू करने के बाद नागरिक को प्राप्त होता है।

110. (d) संविधान ने अनुच्छेद 226 के अन्तर्गत उच्च न्यायालय द्वारा दिए गए निर्देश से इसके तहत मूल अधिकारों का प्रवजन किया जा सकता है। अत: विकल्प (d) सही है।

111. (b) **112.** (d)

113. (c) पोप फ्रांसिस ने 9 मई, 2019 को दुनिया भर के सभी कैथोलिक पादरियों और ननों को यौन शोषण की सूचना अपने वरिष्ठों को देने के लिए एक नया कानून जारी किया। नया चर्च कानून किसी को भी रिपोर्ट करने के लिए व्हिसल-ब्लोअर सुरक्षा प्रदान करता है। वेटिकन द्वारा प्रकाशित एक नए कानून के तहत, दुनिया का हर हिस्सा अब दुरुपयोग की रिपोर्टिंग हेतु एक प्रणाली के लिए बाध्य होगा।

114. (c) सिंगापुर ने एक विवादास्पद विरोधी फर्जी समाचार कानून अथवा एंटी फेक न्यूज लॉ पारित किया है जो अधिकारियों को पुलिस ऑनलाइन प्लेटफॉर्म और यहां तक कि निजी चैट समूहों पर व्यापक अधिकार देता है। सरकार ऐसे झूठे बयान जो सार्वजनिक हित के खिलाफ हो उन्हें प्लेटफार्मों से हटाने के आदेश दे सकती है और उनमें सुधारों को पोस्ट करने के लिए कह सकती है। अधिकारियों का कहना है कि यह कानून नागरिकों को फर्जी खबरों से बचाता है।

115. (b) भारत के वाणिज्य सचिव अनूप वधावन और चीन के सामान्य सीमा शुल्क प्रशासन (जीएसीसी) के उप मंत्री ली गुओ ने कृषि उत्पादों संबंधी मुद्दों पर नई दिल्ली में एक बैठक की। इस बैठक में बाजार पहुंच से जुड़े मुद्दों को जल्द सुलझाने पर सहमति जताई गयी। बैठक की समाप्ति पर भारत से चीन को मिर्च आहार (चिली मील) के निर्यात के लिए एक प्रोटोकॉल पर हस्ताक्षर किए गए।

116. (a) न्यायमूर्ति पी.आर. नायर रामचंद्र मेनन को छत्तीसगढ़ उच्च न्यायालय का मुख्य न्यायाधीश नियुक्त किया गया है। वह वर्तमान में केरल उच्च न्यायालय के न्यायाधीश के रूप में कार्यरत हैं।
छत्तीसगढ़ की राज्यपाल: अनुसुइया उदूके
मुख्यमंत्री: भूपेश बघेल
राज्यसभा सीटें: 5
लोकसभा सीटें: 11

117. (d) विकासशील देशों की डब्ल्यूटीओ मंत्रिस्तरीय बैठक 13 से 14 मई, 2019 को नई दिल्ली, भारत में आयोजित की गई। डब्ल्यूटीओ के डी जी और 16 विकासशील देश व 6 अल्प विकसित देश-इस बैठक में भाग लेंगे। नई दिल्ली में आयोजित होने वाली बैठक विकासशील देशों तथा अल्प विकसित देशों को एक साथ लाने का प्रयास है।

118. (c) अमेरिकी प्रशासन ने चीनी वस्तुओं पर नवीनतम टैरिफ में वृद्धि कर दी है। 200 बिलियन डॉलर के चीनी उत्पादों के आयात पर आयात शुल्क 10% से बढ़ा कर 25% कर दिया है। 10 मई , 2019 से यह नवीनतम दरें लागू हो गयी, किन्तु ऐसे उत्पाद जो पहले से ही अमेरिकी बंदरगाहों के रास्ते में हैं, उनसे पहले की दर वसूल की जाएगी।

119. (c) प्रसिद्ध उपन्यासकार और साहित्य अकादमी पुरस्कार विजेता 74 वर्षीय थोपिल मोहम्मद मीरन का 10 मई , 2019 को निधन हो गया। मोहम्मद मीरन ने 1988 और 2011 के बीच कई उपन्यासों को लिखा। उनके उपन्यासों ने मछुआरों की ज़िंदगी को मलयालम के साथ तमिल भाषा में बारीक और जटिल विवरणों के साथ स्पष्ट रूप से बयान किया।

120. (a) डायने परगास द्वारा लिखित, निर्देशित और निर्मित, येलो रोज़ फिल्म को 35वें लॉस एंजिल्स एशियन पैसिफिक फिल्म फेस्टिवल में उत्कृष्ट उत्तरी अमेरिकी कथा फीचर के लिए ग्रांड जूरी अवार्ड से सम्मानित किया गया, यह फेस्टिवल 2-10 मई, 2019 तक चला। वर्ष 1983 में स्थापित लॉस एंजिल्स एशियन पैसिफिक फिल्म फेस्टिवल दक्षिणी कैलिफोर्निया का सबसे बड़ा फिल्म महोत्सव है जो दुनिया भर के एशियाई और प्रशांत द्वीप की फिल्मों को समर्पित है।

121. (c) सुप्रीम कोर्ट ने 10 मई , 2019 को कर्नाटक में अनुसूचित जाति और अनुसूचित जनजाति कर्मचारियों को पदोन्नति में आरक्षण देने का पुराना निर्णय बरक़रार रखा। सरकारी सेवकों को परिणामी वरिष्ठता के आधार पर पदोन्नत किया जायेगा । ज्ञात हो कि सुप्रीम कोर्ट के पुराने फैसले के मुताबिक पदोन्नति में आरक्षण देने से पहले सरकार को डाटा देकर साबित करना होगा कि वह समुदाय पिछड़ा हुआ है और उस पद पर आरक्षण की ज़रूरत है।

122. (c) हाल ही में दिल्ली उच्च न्यायालय द्वारा ज़ीरो पेंडेंसी प्रोजेक्ट आरम्भ किया गया है। यह ऐसी पहली योजना है जिससे विभिन्न प्रकार के मामलों हेतु समयसीमा तथा न्यायाधीशों की संख्या निश्चित करने में सहायता मिलेगी। प्रोजेक्ट का प्राथमिक लक्ष्य लंबित मुकदमों को निस्तारित करने के पश्चात् मुकदमों के दायर होने की दर ज्ञात करना है।

123. (c) भारत, अमेरिका, जापान और फिलीपींस के युद्धपोतों ने दक्षिण चीन सागर में छह दिवसीय नौसैनिक अभ्यास 'ग्रुप सेल' में भाग लिया। यह अभ्यास 3-9 मई , 2019 के मध्य आयोजित किया गया। इसमें भारत की तरफ से आईएनएस कोलकाता और आईएनएस शक्ति शमिल हुए। इस अभ्यास का उद्देश्य देशों के बीच साझेदारी बढ़ाने के साथ ही भाग लेने वाली नौसेनाओं के बीच आपसी समझ को बढ़ावा देना था।

124. (b) जेफ बेजोस ने हाल ही में चंद्रमा पर जाने वाले एक मून लैंडर का अनावरण किया। उन्होंने कहा यह उपकरण वर्ष 2024 तक चंद्रमा के दक्षिणी ध्रुव पर संभवत: मानव परिवहन के लिए उपयोग किया जाएगा। बेजोस ने इसे ब्लू मून नाम दिया । उल्लेखनीय है कि जेफ़ बेजोस दुनिया के सबसे धनी व्यक्ति हैं साथ ही वह अमेज़न और अंतरिक्ष कंपनी ब्लू ओरिजिन दोनों के प्रमुख भी हैं।

125. (a) प्रतिष्ठित अंग्रेजी समाचार पत्र द हिंदू ने वैन-इन्फ्रा एशियन मीडिया अवार्ड्स में बेस्ट इन प्रिंट श्रेणी के तहत एक स्वर्ण पुरस्कार जीता। यह पुरस्कार मानकीकृत मुद्रण में उनकी उत्कृष्टता के लिए मान्यता प्राप्त समाचार पत्रों को प्रस्तुत किया जाता है। पुरस्कार का फोकस अंतर्राष्ट्रीय मानकों के अनुसार समाचार पत्रों की लगातार उच्च गुणवत्ता को मुद्रित करने की क्षमता दिखाना है।

126. (a) पहला अपाचे हेलीकाप्टर AH-64E(I) औपचारिक रूप से अमेरिका के मेसा, एरिजोना में भारतीय वायु सेना को सौंप दिया गया। अमेरिकी कंपनी बोइंग ने इसे डिजाइन किया है यह दुश्मन की किलेबंदी को भेद कर उस पर सटीक हमला करने में सक्षम है। इसकी फ्लाइंग रेंज 550 किलोमीटर है।

127. (c) मुंबई इंडियंस ने राजीव गांधी अंतर्राष्ट्रीय स्टेडियम में खेले गए फाइनल में चेन्नई सुपर किंग्स को एक रन से हरा कर इंडियन प्रीमियर लीग (आईपीएल) के 12वें संस्करण का खिताब अपने नाम कर लिया। यह चौथी बार था जब चेन्नई और मुंबई फाइनल खेल रही थीं जिसमें से तीन बार मुंबई को जीत मिली है।

128. (c) असोम में सबसे छोटे ऑर्किड की खोज की गयी है। आकार और खिलने की अवधि के संदर्भ में यह प्रजाति भारत के लिए नवीनतम है। आर्किड की इस प्रजाति का नाम लेकोनॉर्चिस तिवान्याना है जिसे जापानी जर्नल ऑफ बॉटनी ने भारत में वनस्पतियों के लिए नया रिकॉर्ड के रूप में प्रकाशित किया है। यह प्रजाति ताइवान के नाम वाली ताइवानिया प्रजाति के साथ 90% समानता रखती है। ज्ञात हो कि यह एक प्रकार का परजीवी पौधा है।

129. (c)
$$B \xrightarrow{+2} D \xrightarrow{+2} F \xrightarrow{+2} H \xrightarrow{+2} \boxed{J}$$
$$C \xrightarrow{+2} E \xrightarrow{+2} G \xrightarrow{+2} I \xrightarrow{+2} \boxed{K}$$
$$B \xrightarrow{+2} D \xrightarrow{+2} F \xrightarrow{+2} H \xrightarrow{+2} \boxed{J}$$

130. (c)
$$2 \xrightarrow{+4} 6 \xrightarrow{+4} 10 \xrightarrow{+4} \boxed{14}$$
$$3 \xrightarrow{+4} 7 \xrightarrow{+4} 11$$
$$5 \xrightarrow{+4} 9 \xrightarrow{+4} 13$$

131. (b) पिरामिड को छोड़कर अन्य सभी द्विविमीय आकृतियां हैं।

132. (a) स्पष्टवादी अन्य शब्दों से भिन्न है।

133. (d) संख्या 120 को छोड़कर, अन्य सभी पूर्ण वर्ग संख्याएं हैं।
$289 = 17 \times 17$
$196 = 14 \times 14$
$169 = 13 \times 13$

134. (b) विमानशाला में अस्थायी रूप से विमान को रखा जाता है। उसी प्रकार, कार को गैराज में रखा जाता है।

135. (a)
जिस प्रकार
B D A C ⟶ F H E G (+4 each)

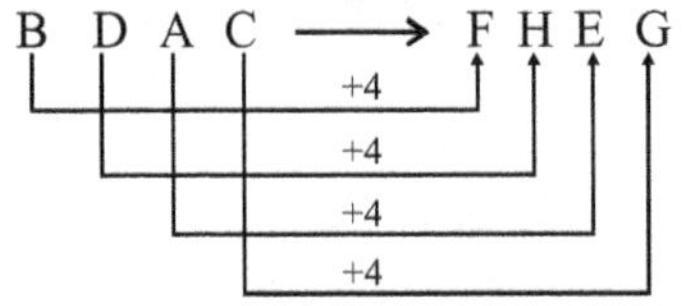

उसी प्रकार
N P M O ⟶ R T Q S (+4 each)

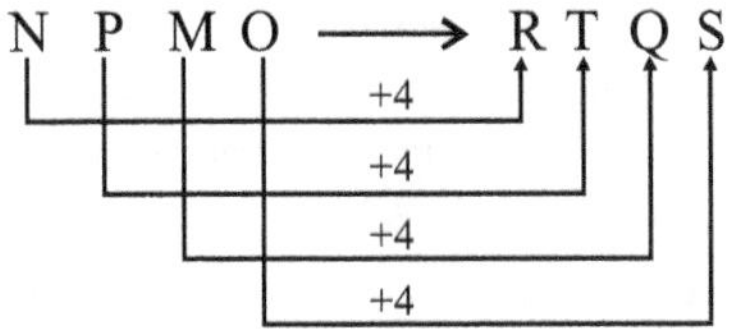

136. (d) जिस प्रकार
B O M B A Y ⟶ C N N A B X
(+1, −1, +1, −1, +1, −1)

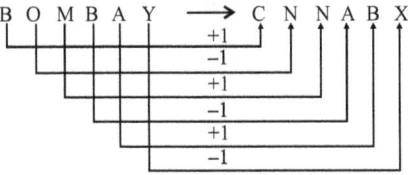

उसी प्रकार
D M M B L Y ⟶ C N L C K Z
(+1, +1, +1, +1, +1, +1)

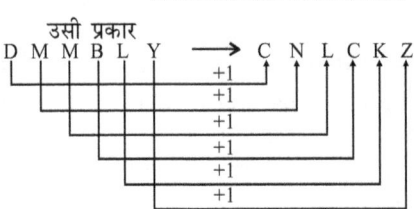

137. (b) जिस प्रकार
$33 - 3 = 30$ और $\dfrac{30}{3} = 10$
उसी प्रकार
$54 - 3 = 51$ और $\dfrac{51}{3} = 17$

138. (b) ab $\boxed{a}$ d $\boxed{n}$ a / ab a $\boxed{d}$ na / $\boxed{a}$ badna / $\boxed{a}$ badna श्रेणी का लुप्त अक्षर समूह andaa

139. (c) माना संख्या x है।
$$x - \dfrac{10x}{100} = 30$$
$$\dfrac{9x}{10} = 30$$
$$x = \dfrac{30 \times 10}{9} = \dfrac{100}{3}$$
$$\dfrac{100}{3} + \dfrac{y \times 100}{3 \times 100} = 40$$

जबकि y% संख्या बढ़ायी गई है।
$$\therefore \dfrac{y}{3} = 40 - \dfrac{100}{3} = \dfrac{20}{3}$$
$$\therefore y = 20\%$$

140. (c) माना वस्तु का क्रय मू. ₹ 100 है।
∴ वस्तु का वि.मू.
$= 100 + 20 = ₹ 120$
तथा वस्तु का दूसरा क्र.मू.
$= 100 - 20 = ₹ 80$
∴ वस्तु का दूसरा वि. मू.
$= 80 \times \dfrac{125}{100} = ₹ 100$
∴ दोनों वि. मू. का अन्तर
$= 120 - 100 = ₹ 20$
यदि अन्तर ₹ 20 है तो क्रय मूल्य = 100
∴ अन्तर ₹ 5 है तो क्रय मूल्य
$= \dfrac{100 \times 5}{20} = ₹ 25$

141. (d) हानि % $= \dfrac{b-a}{b} \times 100$
(यहां $b = 25, a = 15$)
$= \dfrac{25 - 15}{25} \times 100$
$= 40\%$

142. (a) माना संख्याएं x और y है।
∴ $x + y = 2 \times 6 = 12$
तथा $\dfrac{1}{x} + \dfrac{1}{y} = 2 \times \dfrac{3}{16}$
∴ $\dfrac{y + x}{xy} = \dfrac{3}{8}$
∴ $xy = \dfrac{12 \times 8}{3} = 32$
$(x-y)^2 = (x+y)^2 - 4xy$
$= 144 - 128 = 16$
∴ $x - y = 4$
∴ $x = 8$ और $y = 4$

143. (d) माना 18 पारियों का औसत रन x है।
$18 + 78 = 19(x - 2)$
$18 + 78 = 19x - 38$
$\Rightarrow x = 116$
∴ 19 पारी के बाद औसत
$= 116 - 2 = 114$

144. (b) भारत में सर्वाधिक शहरी जनसंख्या वाला राज्य उत्तर प्रदेश नहीं बल्कि महाराष्ट्र है। अन्य विकल्पों में दिए गए कथन सत्य हैं।

145. (d) प्रश्नगत विकल्पों में उत्तर प्रदेश की जनसंख्या वृद्धि की दशकीय दर 1971 से 1981 के बीच राष्ट्रीय औसत से अधिक रही। इस दौरान उत्तर प्रदेश में जनसंख्या की वृद्धि दर 25.4 प्रतिशत रही जबकि राष्ट्रीय वृद्धि दर 24.60 प्रतिशत रही। इस दशक के बाद से उत्तर प्रदेश में जनसंख्या की वृद्धि दर राष्ट्रीय वृद्धि दर से प्रत्येक दशक से अधिक रही है जैसा कि निम्न तालिका में प्रदर्शित है-

दशक	उत्तर प्रदेश (दशकीय वृद्धि)	भारत (दशकीय वृद्धि)
1941-51	11.78	13.31
1951-61	16.78	21.51
1961-71	19.54	24.0
1971-81	25.4	24.60
1981-91	25.61	23.87
1991-2001	25.85	21.54
2001-2011	20.2	17.64

(अंतिम आंकड़ों में)

146. (b) जनगणना, 2011 के अंतिम आंकड़ों के अनुसार उत्तर प्रदेश में उच्चतम साक्षरता दर वाला जनपद गाजियाबाद (साक्षरता दर-85.00 प्रतिशत) था। इसके बाद क्रमशः गौतमबुद्ध नगर (82.20 प्रतिशत), कानपुर नगर (81.31 प्रतिशत) एवं औरैया (80.25 प्रतिशत) का स्थान था। इस संदर्भ में अंतिम स्थान श्रावस्ती (49.13 प्रतिशत) का था। जनगणना 2011 के अंतिम आंकड़ों के अनुसार, उत्तर प्रदेश के सर्वाधिक साक्षरता दर वाले तीन जिले क्रमशः है-गौतम बुद्ध नगर (80.1%), कानपुर नगर (79.7%), औरैया (78.9%)। न्यूनतम साक्षरता दर वाला जिला श्रावस्ती (46.7%) है।

147. (d) उत्तर प्रदेश के ललितपुर जिले में यूरेनियम के सीमित भंडारों की खोज की गई है। प्रदेश में कोयला सोनभद्र जिले के निचले गोंडवाना क्षेत्र में पाया जाता है। सोनभद्र जिले के सिंगरौली क्षेत्र में कोयले का विशाल भंडार है। बलुआ पत्थर मिर्जापुर जिले में पाया जाता है। कांच बालू (सिलिका बालू) के उत्पादन की दृष्टि से उत्तर प्रदेश का देश में प्रथम स्थान है। प्रदेश में गंगा तथा यमुना नदी से कांच बनाने योग्य सिलिका बालू प्राप्त किया जाता है। प्रदेश में इलाहाबाद एवं मऊ जिले, चंदौली का चकिया क्षेत्र, झांसी का मुंडारी एवं बाला बहेर क्षेत्र तथा बांदा जिले के लौहगढ़, बरगढ़ एवं धानद्रोल क्षेत्र कांच बालू के प्रमुख क्षेत्र हैं।

148. (b) गन्ना राज्य की सर्वाधिक महत्वपूर्ण नकदी फसल है। इसके लिए चिकनी दोमट मिट्टी, 20 से 26 डिग्री सेंटीग्रेड ताप तथा 100 से 200 सेमी., वर्षा की आवश्यकता पड़ती है। प्रदेश में कुल कृषि योग्य क्षेत्र के लगभग 13 प्रतिशत भाग पर गन्ने की खेती की जाती है। 2013-14 के आंकड़ों के अनुसार केवल उत्तर प्रदेश में देश का लगभग 38.62 प्रतिशत गन्ना उत्पादित किया जाता है। राज्य में गन्ना उत्पादन के दो प्रमुख क्षेत्र हैं-तराई क्षेत्र और गंगा-यमुना का दोआब क्षेत्र। प्रदेश के प्रमुख गन्ना उत्पादक जिले हैं-मेरठ, मुजफ्फरनगर, गाजियाबाद, रामपुर, बरेली, सीतापुर, लखीमपुर खीरी, पीलीभीत, बुलंदशहर, अलीगढ़, मुरादाबाद, बलिया, देवरिया, मऊ, आजमगढ़, फैजाबाद, बस्ती एवं गोरखपुरा कपास उत्तर प्रदेश में गंगा-यमुना दोआब, रूहेलखंड और बुंदेलखंड क्षेत्रों में सिंचाई के सहारे पैदा किया जाता है। जूट उत्तर प्रदेश के तराई क्षेत्र तथा सरयू और गंगा नदियों के दोआब में पैदा किया जाता है।

149. (b) भारतीय गणतंत्र में 2 फरवरी, 1950 को नए संविधान के अनुसार, उ.प्र. राज्य विधान सभा का प्रथम सत्र प्रारंभ हुआ और पुरुषोत्तमदास टंडन प्रथम विधान सभा अध्यक्ष बने। 21 दिसंबर, 1950 को कार्यालयी भाषा के रूप में हिन्दी की देवनागरी लिपि स्वीकार की गई। 4 जनवरी, 1951 को प्रथम विधान सभा उपाध्यक्ष नफीसुल हसन विधान सभा अध्यक्ष तथा हरगोविन्द पंत विधान सभा उपाध्यक्ष बने। इससे पूर्व स्वतंत्रता के पूर्व 1937 में गठित कांग्रेस मंत्रिमंडल में 31 जुलाई, 1937 को पुरुषोत्तम दास टंडन विधान सभा अध्यक्ष एवं अब्दुलहकीम उपाध्यक्ष बने थे। पुनः 27 अप्रैल, 1946 को पुरुषोत्तम दास टंडन अध्यक्ष एवं 15 अगस्त, 1947 को नफीसुल हसन उपाध्यक्ष बने।

150. (c) सही सुमेलन इस प्रकार है-

उत्तर पश्चिमी	1836
आगरा और अवध का संयुक्त प्रांत	1877
संयुक्त प्रांत	1937
उत्तर प्रदेश	1950

151. (b) उ.प्र. में विभिन्न श्रेणी के विकलांग बच्चों को उच्च शिक्षा देने के लिए लखनऊ में 'डॉ. शकुंतला मिश्रा विकलांग विश्वविद्यालय' की स्थापना करने हेतु वर्ष 2008 में प्रस्तावित किया गया था जिसका नवंबर, 2011 में उद्घाटन किया गया। इसके अतिरिक्त उ.प्र. में चित्रकूट में पहले से ही जगद्गुरु रामभद्राचार्य विकलांग विश्वविद्यालय की स्थापना 7 अगस्त, 2011 को हुई थी। जगद्गुरु रामभद्राचार्य इस विश्वविद्यालय के जीवनपर्यंत कुलपति हैं। यह भारत और विश्व में विकलांगों के लिए स्थापित प्रथम विश्वविद्यालय है।

152. (a) उत्तर प्रदेश में थारू जनजाति के लोग लखीमपुर खीरी, गोंडा, बहराइच, महाराजगंज, गोरखपुर आदि जिलों में पाए जाते हैं। भोक्सा अथवा बुक्सा जनजाति के लोग अपने को पतवार राजपूतों का वंशज मानते हैं तथा बिजनौर क्षेत्र में पाए जाते हैं। खरवार जनजाति के लोग मिर्जापुर एवं सोनभद्र जिले में निवास करते हैं। माहीगीर जनजाति, उत्तर प्रदेश के बिजनौर जिले में निवास करती है। माहीगीर, इस्लाम धर्म को मानते हैं।

153. (a) भारतीय गन्ना अनुसंधान लखनऊ, भारतीय कृषि अनुसंधान परिषद के नियंत्रण में है। लखनऊ में CSIR संस्थान के अंतर्गत निम्न संस्थान हैं-

केंद्रीय औषधि अनुसंधान संस्थान
भारतीय विषविज्ञान अनुसंधान संस्थान
राष्ट्रीय वानस्पतिक अनुसंधान परिषद
केंद्रीय औषधीय एवं सगंध पौधा संस्थान

154. (d) उत्तर प्रदेश में सोनभद्र जिले में अगरिया जनजाति निवास करती है। उल्लेखनीय है, कि मध्य प्रदेश और छत्तीसगढ़ की यह प्रमुख जनजाति अंग्रेजी राज के समय से लोहे के खनन एवं उसे पिघलाकर धातु बनाने का काम किया करते थे। मध्य प्रदेश के शहडोल और मंडला जिलों के अगरिया जनजाति आज भी लोहा गलाने का कार्य करते हैं।

155. (c) गुरु गोविन्द सिंह स्पोर्ट्स कॉलेज लखनऊ में स्थित है। यह उत्तर प्रदेश का प्रथम आवासीय स्पोर्ट्स कॉलेज है, जिसमें क्रिकेट, फुटबॉल, हॉकी, कबड्डी की ट्रेनिंग दी जाती है।

156. (a) पेपर टेक्नोलॉजी संस्थान सहारनपुर में स्थित है। गोरखपुर में गोरखपुर औद्योगिक विकास प्राधिकरण (GIDA) है। इसके अतिरिक्त गीता प्रेस भी यहाँ पर अवस्थित है। कानपुर को उत्तर भारत का मैनचेस्टर कहा जाता है। मेरठ में कैंची उद्योग है।

157. (a)	**158.** (a)	**159.** (c)
160. (d)	**161.** (c)	**162.** (b)
163. (b)	**164.** (a)	**165.** (d)
166. (d)	**167.** (d)	**168.** (a)
169. (a)	**170.** (c)	**171.** (b)
172. (b)	**173.** (d)	**174.** (b)
175. (d)	**176.** (a)	**177.** (b)
178. (d)	**179.** (c)	**180.** (a)
181. (b)	**182.** (c)	**183.** (b)
184. (c)	**185.** (d)	

186. (b) वर्चुअल प्राइवेट नेटवर्क वह प्राइवेट कम्प्यूटर नेटवर्क है, जिसे पूर्ण रूप से एक संगठन द्वारा नियंत्रित किया जाता है और अनेक लोकेशंस से कनेक्ट करने के लिए प्रयुक्त किया जाता है

तथा इंटरनेट जैसे पब्लिक नेटवर्क तक विस्तार किया जाता है।

187. (b) डेटा फ्लो (Data Flow) कम्प्यूटर की सहायता से की जाने वाली मौजूदा या हाइपोथेटिक (कल्पित) सिस्टम की रिकॉर्डिंग व एनालाइजिंग की विधि है। जबकि डाटा प्रोसेसिंग डाटा या निर्देशों को आवश्यकतानुसार प्रयोग में लाकर आउटपुट प्राप्त करना अथवा डाटा को व्यवस्थित करना।

188. (a) MS-Office में डेटा साझा करने पर सोर्स डॉक्यूमेंट होता है, जिसमें सबसे पहले डेटा एंटर किया गया था।

189. (b) MS-DOS में Path कमांड का उपयोग अन्य डाइरेक्ट्रीज या डिस्क में स्थित फाइल्स तक एक्सेस प्रदान करने के लिए किया जाता है। जबकि dir कमांड का प्रयोग वर्तमान में प्रयोग की जा रही ड्राइव में उपस्थित फाइलों की सूची उपलब्ध कराने में होता है। Cd कमांड द्वारा हम वर्तमान डायरेक्ट्री से अन्य डायरेक्ट्री में जा सकते हैं।

190. (a) स्प्रेडशीट एक कम्प्यूटर अनुप्रयोग है, जो कार्यपत्रक का हिसाब करने वाले एक कागज की नकल है। Visicalc (वीसीकैल्क) को प्रथम इलेक्ट्रॉनिक स्प्रेडशीट माना जाता है और इसने Apple II कम्प्यूटर की सफलता में योगदान किया।

191. (d) MS-Word में शार्टकट की Ctrl + P का उपयोग प्रिंट डायलॉग बॉक्स ओपन करने के लिए किया जाता है।

192. (c) सिम्ब © "copyright" के लिए सही कैरेक्टर एन्टाइटीज है।

193. (d) लिनक्स में sort कमांड का उपयोग फाइलन में डेटा की लाइन्स को एल्फाबेटिक ऑर्डर में शॉर्ट करने के लिए किया जाता है।

194. (d) MS-Excel 2010 में एक्सेस, वेब और टेक्स्ट से डेटा इम्पोर्ट किया जा सकता है।

195. (c) MS-Excel में फॉर्मूला बार रिबन के नीचे होता है। इसके दो भाग होते हैं। पहला नेम बॉक्स जो किसी सेल के रेफरेंस को दिखाता है तथा दूसरा फॉर्मूला, जिसमें कुछ टाइप करते हैं। Excel में स्टेटस इंडीकेटर्स फॉर्मूला बार पर स्थित होते हैं। जबकि स्टेटस बार विण्डो टास्क बार के ठीक ऊपर और स्क्रीन के बॉटम में होती है।

196. (b) OSI (ऑपन सिस्टम इण्टरनेक्शन) मॉडल में कुल सात लेयर होती है। OSI Model के संदर्भ में राउटर्स लेयर तीसरी (नेटवर्क लेयर) पर ऑपरेटर करते हैं। LAN स्विचेस् लेयर दूसरी (डाटा लिंक लेयर) पर ऑपरेटर करते हैं। इंटरनेट हब लेयर पहली (फिजिकल लेयर) पर ऑपरेटर करते हैं।

197. (c) MS-Excel में राउडिंग एरर्स होते हैं, जब आप फॉर्मूला में गुणन, विभाजन या घात समीकरण का उपयोग करते हैं।

198. (c) सिस्टम सॉफ्टवेयर ऐसे प्रोग्रामों के समूह को कहा जाता है जिनका काम सिस्टम अर्थात् कम्प्यूटर को चलाना तथा उसे काम करने लायक बनाए रखना है। सिस्टम सॉफ्टवेयर ही कम्प्यूटर के हार्डवेयर को चलाते हैं। ऑपरेटिंग सिस्टम्स, एडीटर्स तथा डिबगर्स सिस्टम सॉफ्टवेयर्स के अन्तर्गत आते हैं।

199. (a) MS Word में डॉक्यूमेंट में बदलावों की निगरानी के लिए ट्रेक चेन्जेज फीचर का उपयोग किया जाना चाहिए।

200. (d) हाइपरलिंक किसी पेज या दस्तावेज को किसी अन्य पेज या दस्तावेज से जोड़ना है। हाइपरलिंग एक टेक्स्ट, ड्राइंग ऑब्जेक्ट्स और पिक्चर्स हो सकते हैं।

❑❑❑

प्रैक्टिस सेट-4

1. 2000° सेल्सियस ताप नापने हेतु थर्मामीटर, जो उपयुक्त है, वह है-
(a) सकल रेडिएशन थर्मामीटर
(b) गैस थर्मामीटर
(c) पारे का थर्मामीटर
(d) वाष्प दबाव का थर्मामीटर

2. कच्चे फल को पकाने के लिए जिस गैस का प्रयोग होता है, वह है-
(a) इथेन
(b) एथलीन
(c) कार्बन डाइ-ऑक्साइड
(d) ऑक्सीटोसिन

3. निम्नलिखित में से कौन एक जीवाणु-जनित रोग है?
(a) हर्पीज (b) पोलियो
(c) चेचक (d) टिटनेस

4. निम्नलिखित में से कौन मानव शरीर की सबसे छोटी हड्डी है?
(a) वोमर (b) स्टेपीज
(c) मैलियस (d) इन्कस

5. निम्नलिखित में से कौन एक मछली है?
(a) समुद्री कुकम्बर (खीरा)
(b) समुद्री गाय
(c) समुद्री घोड़ा
(d) समुद्री बाघ

6. मानव मूत्र का पीला रंग एक वर्णक के कारण होता है, जिसे कहते हैं-
(a) साइटोक्रोम (b) यूरोक्रोम
(c) हीमोक्रोम (d) फीनालीक्रोम

7. एम्फीइसीमा एक ऐसी व्याधि है, जो पर्यावरणीय प्रदूषण द्वारा होती है और इससे प्रभावित मानव अंग है-
(a) यकृत
(b) वृक्क
(c) फुफ्फुस (फेफड़े)
(d) मस्तिष्क

8. जेनिको प्रौद्योगिकी है-
(a) एड्स से बचाने की एक रक्षा पद्धति
(b) खाद्य फसलों की प्रजाति को विकसित करने की एक विधि
(c) आनुवंशिक रोगों की पूर्व सूचना प्राप्त करने की एक तकनीक
(d) मोतियाबिन्द से बचाव की एक तकनीक

9. 2, 4-D है-
(a) एक कीटनाशक
(b) एक विस्फोटक
(c) एक कवकनाशी
(d) एक खरपतवारनाशी

10. निम्नलिखित वैज्ञानिकों में से किसने भौतिक विज्ञान और जीव विज्ञान दोनों विषयों में अनुसन्धान किया है?
(a) जगदीश चन्द्र बोस
(b) हर गोविन्द खुराना
(c) सी.वी. रमन
(d) होमी जे. भाभा

11. सूची-I को सूची-II से सुमेलित कीजिए तथा सूचियों के नीचे दिए गए कूट का प्रयोग करते हुए सही उत्तर चुनिए-

सूची-I	सूची-II
A. क्यूसेक	1. दाब
B. बाइट	2. भूकम्प की तीव्रता
C. रिक्टर	3. प्रवाह की दर
D. बार	4. कम्प्यूटर

कूट :

	A	B	C	D
(a)	1	2	3	4
(b)	3	4	2	1
(c)	4	3	2	1
(d)	3	4	1	2

12. कलपक्कम के 'फास्ट ब्रीडर टेस्ट रिएक्टर' में निम्नलिखित में से कौन शीतलक के रूप में प्रयोग में लाया जाता है?
(a) कार्बन डाइ-ऑक्साइड
(b) हैवी वाटर
(c) समुद्री जल
(d) गलित सोडियम

13. कृत्रिम प्रकाश-
(a) पर्णहरित को नष्ट कर सकता है
(b) पर्णहरित का संश्लेषण कर सकता है
(c) प्रकाश संश्लेषण का कारण हो सकता है
(d) प्रकाश संश्लेषण का कारण नहीं हो सकता

14. एक लोहे की गेंद को गर्म किया जाए, तो सर्वाधिक प्रतिशत वृद्धि होगी उसके-
(a) व्यास (Diameter) में
(b) सतह के क्षेत्रफल (Surface Area) में
(c) आयतन (Volume) में
(d) घनत्व (Density) में

15. यदि किसी चुम्बक को बराबर लम्बाई के दो टुकड़ों में काट दिया जाए, तो-
(a) दोनों टुकड़े अपना चुम्बकत्व (Magnetism) खो देंगे
(b) एक टुकड़ा 'उत्तरी पोल' की तरह कार्य करेगा और दूसरा दक्षिणी पोल की तरह
(c) उनमें से एक टुकड़ा अपना चुम्बकीय खो देगा
(d) दोनों टुकड़े सम्पूर्ण चुम्बक की तरह कार्य करेंगे

16. ध्वनि का वेग अधिकतम होता है-
(a) वायु (Air) में
(b) द्रव (Liquid) में
(c) धातु (Metal) मे
(d) निर्वात (Vacuum) में

17. निम्नलिखित मिश्र धातुओं में से किसमें तांबे की मात्रा अधिकतम है?
(a) पीतल (Brass) में
(b) कांसा (Bronze) में
(c) जर्मन सिल्वर (German Silver) में
(d) गन मेटल (Gun Metal) में

18. मनुष्य में मांसपेशियों में थकावट (Fatigue) किसके जमा हो जाने के कारण आती है?
(a) लैक्टिक अम्ल के
(b) पायरुविक अम्ल के
(c) ऑक्जैलिक अम्ल के
(d) यूरिक अम्ल के

19. प्रत्यास्थ (एलास्टिक) ऊतक (टिश्यू), जो हड्डियों को एक साथ पकड़े रहते हैं, उन्हें कहते हैं-
(a) स्नायु (Ligamenmts)
(b) तन्तुमय ऊतक (Fibrous Tissues)
(c) फाइब्रिन (Fibrin)
(d) मांसपेशीय ऊतक (Muscular Tissues)

20. निम्नलिखित सभी बीमारियों का कारण 'वाइरस' होता है सिवाय एक को छोड़कर, जो है
(a) पीलिया (Jaundice)
(b) इनफ्लुएंजा (Influenza)
(c) गलसुआ (Mumps)
(d) आंत्र-ज्वर (Typhoid)

21. प्रसिद्ध खुजराहो की गुफाएं स्थित हैं–
(a) मध्य प्रदेश में (b) महाराष्ट्र में
(c) राजस्थान में (d) छत्तीसगढ़ में

22. कोणार्क का सूर्य मन्दिर नरसिंह देव प्रथम ने बनवाया था। वे किस राजवंश से थे?
(a) सोमवंशी राजवंश
(b) शाही गंग राजवंश
(c) सूर्यवंशी गजपति राजवंश
(d) भोई राजवंश

23. दिल्ली के पुराना किला के वर्तमान स्वरूप का निर्माण निम्नलिखित में से किसने करवाया था?
(a) शेरशाह सूरी (b) अकबर
(c) बाबर (d) शाहजहाँ

24. निम्नलिखित में से किसे 'द्वितीय ताजमहल' कहा गया है?
(a) हुमायूँ का मकबरा
(b) एतमाद-उद्-दौला का मकबरा
(c) जहाँगीर का मकबरा
(d) राबिया-उद्-दौरानी का मकबरा

25. निम्नलिखित में से उत्तर प्रदेश के किस एक जनपद में भारत छोड़ो आंदोलन के दौरान समानान्तर सरकार की स्थापना की गयी थी?
(a) जौनपुर में (b) आजमगढ़ में
(c) बलिया में (d) गाजीपुर में

26. निम्नलिखित में से कौन-सी पर्वत शृंखला सबसे लम्बी है?
(a) रॉकी (b) आल्प्स्
(c) हिमालय (d) एण्डीज

27. सूची-I को सूची-II से सुमेलित कीजिए तथा नीचे दिये गये कूट से सही उत्तर चुनियें–

सूची-I (चारागाह/ हिल स्टेशन)	सूची-II (स्थिति/राज्य)
A. बन्नी चारागाह	1. उत्तराखण्ड
B. बग्याल चारागाह	2. जम्मू और कश्मीर
C. खज्जियार	3. गुजरात
D. पहलगाम	4. हिमाचल प्रदेश

	A	B	C	D
(a)	1	3	2	4
(b)	3	1	4	2
(c)	3	1	2	4
(d)	4	2	1	3

28. यूरेनियम के विशाल निक्षेप हाल में कहाँ पाये गए हैं?
(a) आंध्र प्रदेश में
(b) कर्नाटक में
(c) केरल में
(d) तमिलनाडु में

29. इस समय भारत में सबसे बड़ा तेलशोधन कारखाना निम्न में से कौन-सा है?
(a) बड़ोदरा (IOC)
(b) मथुरा (IOC)
(c) विशाखापत्तनम (HPCL)
(d) मुंबई (BPCL)

30. निम्नलिखित में से कौन एक भू-आबद्ध देश नहीं है?
(a) उज्बेकिस्तान (b) किर्गिस्तान
(c) तजाकिस्तान (d) अजरबैजान

31. भारत में रबड़ का सर्वाधिक उत्पादन करने वाला राज्य (2013) था–
(a) उत्तराखण्ड (b) तमिलनाडु
(c) कर्नाटक (d) केरल

32. विश्व बैंक का पूर्ण नाम होता है–
(a) विश्व व्यापार संगठन
(b) अन्तर्राष्ट्रीय मुद्रा कोष
(c) अन्तर्राष्ट्रीय विकास एवं निर्माण बैंक
(d) इनमें से कोई नहीं

33. विकेन्द्रीकरण तंत्र की सिफारिश की गई थी–
(a) सी. राजगोपालाचारी के द्वारा
(b) जे.बी. कृपलानी के द्वारा
(c) बलवंतराय मेहता के द्वारा
(d) अशोक मेहता के द्वारा

34. भारतीय संविधान के किस अनुच्छेद में विधि की सम्यक् प्रक्रिया के सिद्धान्त को शामिल किया गया है?
(a) 11 (b) 16
(c) 21 (d) 26

35. भारत में न्यायिक पुनर्विलोकन की शक्ति का प्रयोग किसके द्वारा किया जाता है?
(a) केवल सर्वोच्च न्यायालय के द्वारा
(b) सर्वोच्च न्यायालय तथा उच्च न्यायालय द्वारा
(c) समस्त न्यायालयों द्वारा
(d) उपरोक्त में से कोई नहीं

36. गुर्जरा लघु शिलालेख, जिसमें अशोक का नामोल्लेख किया गया है, कहां स्थित है?
(a) उत्तर प्रदेश के मिर्जापुर जिले में
(b) मध्य प्रदेश के दतिया जिले में
(c) राजस्थान के जयपुर जिले में
(d) बिहार के चम्पारन जिले में

37. निम्न में से सही युग्म का चुनाव कीजिए-
(a) खजुराहो - चन्देल
(b) एलोरा गुफाएं - शक
(c) महाबलीपुरम - राष्ट्रकूट
(d) मीनाक्षी मन्दिर - पल्लव

38. निम्नलिखित में से किस स्थल से मानव कंकाल के साथ कुत्ते का कंकाल भी शवाधान से प्राप्त हुआ है?
(a) ब्रह्मगिरि (b) बुर्जहोम
(c) चिरांद (d) मास्को

39. अशोक के निम्न अभिलेखों में से पूर्णरूपेण धार्मिक सहिष्णुता के प्रति समर्पित कौन सा अभिलेख है?

(a) शिलालेख XIII
(b) शिलालेख XII
(c) स्तम्भलेख VII
(d) भाब्रु लघु शिलालेख

40. भारतीय उपमहाद्वीप में कृषि के प्राचीनतम साक्ष्य प्राप्त हुए हैं-
(a) कोलडिहवा से (b) लहुरादेव से
(c) मेहरगढ़ से (d) टोकवा से

41. निम्न में से किसने 'सैण्ड्रोकोट्टस' (चन्द्रगुप्त मौर्य) और सिकन्दर महान की भेंट का उल्लेख किया है?
(a) प्लिनी (b) जस्टिन
(c) स्ट्रैबो (d) मेगस्थनीज

42. दिल्ली के किस सुल्तान ने 'सिकन्दर सानी' की मानोपाधि धारण की थी?
(a) बलबन
(b) अलाउद्दीन खिलजी
(c) मोहम्मद बिन तुगलक
(d) सिकन्दर लोदी

43. निम्नलिखित में से किसे 'शेख-उल-हिन्द' की पदवी प्रदान की गई थी?
(a) बाबा फरीदुद्दीन
(b) ख्वाजा कुतुबद्दीन बख्तियार काकी
(c) ख्वाजा मुइनुद्दीन चिश्ती
(d) शेख सलीम चिश्ती

44. निम्नलिखित में से कौन सही सुमेकित है?
(a) काकतीय - देवगिरि
(b) होयसल - द्वारसमुद्र
(c) यादव - वारंगल
(d) पाण्ड्य - मदुरै

45. निम्नलिखित में से किसने 'टंका' (tanka) नामक चांदी का सिक्का चलाया था?
(a) अलाउद्दीन खिलजी
(b) कुतुबुद्दीन ऐबक
(c) इल्तुतमिश
(d) बलबन

46. निम्नलिखित नामों में से उसे चिन्हित कीजिए, जो हुमायूं के भाइयों में से किसी का नाम नहीं था-
(a) कामरान (b) उस्मान
(c) अस्करी (d) हिन्दाल

47. मुगलों एवं मेवाड़ के राणा के मध्य चित्तौड़ की सन्धि किस शासक के शासनकाल में हस्ताक्षरित हुई थी?
(a) अकबर (b) जहांगीर
(c) शाहजहाँ (d) औरंगजेब

48. अकबर के पूर्ववर्ती किस मध्यकालीन भारतीय हशासक का उल्लेख 'कश्मीर के अकबर' के रूप में किया गया है?
(a) इब्राहिम शाह शर्की
(b) सुल्तान सिकन्दर
(c) जैनुल आब्दीन
(d) महमूद गवां

49. 'हक्क-ए-शर्ब' अथवा सिंचाई कर लगाने वाला दिल्ली का प्रथम सुल्तान कौन था?
(a) अलाउद्दीन खिलजी
(b) ग्यासुद्दीन तुगलक
(c) मोहम्मद हबिन तुगलक
(d) फिरोज तुगलक

50. दिल्ली के किस सुल्तान ने एक पृथक् कृषि विभाग की स्थापना की थी एवं 'फसल चक्र' की योजना बनाई थी?
(a) इल्तुतमिश
(b) बलबन
(c) अलाउद्दीन खिलजी
(d) मोहम्मद बिन तुगलक

51. 1907 ई. में मुस्लिम लीग का वार्षिक अधिवेशन कहां हुआ था?
(a) ढाका में (b) कराची में
(c) अलीगढ़ में (d) लखनऊ में

52. भारतीय राष्ट्रीय कांग्रेस ने असहयोग आन्दोलन किस वर्ष प्रारम्भ किया था?
(a) 1918 ई. में (b) 1919 ई. में
(c) 1920 ई. में (d) 1921 ई. में

53. निम्न में से कौन कांग्रेस रेडियो पर भारत छोड़ो आन्दोलन की अवधि में नियमित रूप से कार्यक्रम प्रसारित करता था?
(a) जय प्रकाश नारायण
(b) सुभाष चन्द्र बोस
(c) राम मनोहर लोहिया
(d) सुचेता कृपलानी

54. निम्नलिखित में से किन समाचार पत्रों ने भारतीय स्वतन्त्रता संग्राम के काल में क्रान्तिकारी आतंकवाद की वकालत की थी?
1. संध्या
2. युगान्तर
3. काल

नीचे दिए गए कूट का प्रयोग करते हुए सही उत्तर चुनिए-
(a) 1, 2 (b) 1, 3
(c) 2, 3 (d) 1, 2, 3

55. प्रथम विश्व युद्ध के दौरान आन्दोलन जो भारत में लोकप्रिय हुआ, वह था-
(a) स्वदेशी एवं बहिष्कार आन्दोलन
(b) होमरूल आन्दोलन
(c) पृथकवादी आन्दोलन
(d) स्वराजिस्ट पार्टी आन्दोलन

56. निम्नलिखित घटनाओं को कालानुक्रमानुसार व्यवस्थित कीजिए और नीचे दिए गए कूट का प्रयोग करते हुए सही उत्तर चुनिए-
1. जलियांवाला बाग हत्याकाण्ड
2. चौरी-चौरा की घटना
3. चम्पारन आन्दोलन
4. मोपला विद्रोह

(a) 1, 2, 3, 4 (b) 2, 1, 3, 4
(c) 3, 1, 4, 2 (d) 3, 1, 2, 4

57. सूची-I को सूची-II से सुमेलित कीजिए तथा सूचियों के नीचे दिए गए कूट से सही उत्तर का चयन कीजिए-

सूची-I	सूची-II
(a) अबुल कलाम आजाद	1. बॉम्बे क्रॉनिकल
(b) फिरोजशाह मेहता	2. अल-हिलाल
(c) एनी बेसेण्ट	3. यंग इण्डिया
(d) महात्मा गांधी	4. न्यू इण्डिया

कूट :

	A	B	C	D
(a)	2	1	4	3
(b)	1	2	3	4
(c)	2	1	3	4
(d)	3	2	1	4

58. निम्नलिखित में से कौन भारतीय राष्ट्रीय कांग्रेस का लगातार छः वर्षों तक अध्यक्ष था?
(a) जवाहर लाल नेहरू
(b) दादाभाई नौरोजी
(c) अबुल कलाम आजाद
(d) गोपाल कृष्ण गोखले

59. निम्नलिखित में से किसने खिलाफत आन्दोलन का प्रारम्भ किया था? नीचे दिए गए कूट से सही उत्तर का चयन कीजिए-

1. शौकत अली
2. मुहम्मद अली
3. शरिअत उल्लाह
4. अबुल कलाम आजाद

कूट :

(a) 1 और 2 (b) 1, 3 और 4
(c) 1, 2 और 3 (d) 1, 2, 3, 4

60. काकोरी षड्यन्त्र केस किस वर्ष में हुआ था?

(a) 1920 में (b) 1925 में
(c) 1930 में (d) 1935 में

61. अन्तरिम सरकार (1946 ई.) में रेल मन्त्रालय का कार्य कौन देखता था?

(a) बलदेव सिंह (b) टी.टी. युन्दरीगर
(c) आसफ अली (d) अब्दुल रब नश्तर

62. वह प्रान्त कौन सा था, जहां 1937 ई. के आम निर्वाचन के पश्चात् भारतीय राष्ट्रीय कांग्रेस ने अपनी सरकार, नहीं बनाई?

(a) उड़ीसा (b) बिहार
(c) मद्रास (d) बंगाल

63. ब्रिटिश भारत की राजधानी का कलकत्ता से दिल्ली स्थानान्तरण किसके काल में कार्यान्वित हुआ था?

(a) लॉर्ड मिण्टो (b) लॉर्ड हार्डिंग
(c) लॉर्ड चेम्सफोर्ड (d) लॉर्ड रीडिंग

64. मद्रास में स्वदेशी आन्दोलन का नेतृत्व किसने किया था?

(a) श्रीनिवास शास्त्री
(b) राजगोपालाचारी
(c) चिदम्बरम पिल्लै
(d) चिन्तामणि

65. निम्नलिखित में से कौन-सा कथन दादाभाई नौरोजी के विषय में सत्य नहीं है?

(a) उन्होंने 'पावर्टी एण्ड अनब्रिटिश रूल इन इण्डिया' पुस्तक लिखी थी
(b) उन्होंने गुजराती के प्रोफेसर के रूप में यूनिवर्सिटी कॉलेज लन्दन में कार्य किया था
(c) उन्होंने बम्बई में महिला शिक्षा की नींव रखी थी
(d) वे ब्रिटिश पार्लियामेन्ट के सदस्य के रूप में अनुदारवादी पार्टी के टिकट पर चुने गए थे

66. निम्नलिखित में से किस एक का 1932 ई. के पूना समझौते से सीधा सम्बन्ध था?

(a) भारतीय महिलाओं का
(b) भारतीय मजदूर वर्ग का
(c) भारतीय किसानों का
(d) भारतीय दलित वर्ग का

67. सुभाष चन्द्र बोस ने 'फारवर्ड ब्लॉक' की स्थापना किस वर्ष की थी?

(a) 1936 ई. (b) 1937 ई.
(c) 1938 ई. (d) 1939 ई.

68. 'स्थायी बन्दोबस्त' किसके शासनकाल में प्रारम्भ किया गया था?

(a) वारेन हेस्टिंग्स (b) लॉर्ड कार्नवालिस
(c) सर जॉन शोर (d) लॉर्ड वेलेजली

69. वह बंगाली नेता कौन था जिसने सामाजिक-धार्मिक सुधारों का विरोध किया और रूढ़िवादिता का समर्थन किया?

(a) राधाकान्त देव
(b) नेमिसाधन बोस
(c) हेमचन्द्र विश्वास
(d) हेमचन्द्र डे

70. बारीन्द्र घोष किससे सम्बद्ध थे?

(a) अनुशीलन समिति से
(b) साधवा समाज से
(c) अभिनव भारत से
(d) स्वदेश बाधव समिति से

71. निम्नलिखित में से किन जिलों में भारत की सबसे बड़ी अभ्रक (Mica) मेखला पाई जाती है?

(a) बालाघाट और छिन्दवाड़ा
(b) उदयपुर, अजमेर और अलवर
(c) हजारीबाग, गया और मुंगेर
(d) सलेम और धरमपुरी

72. 'शान्त घाटी' अवस्थित है-

(a) उत्तराखण्ड में
(b) केरल में
(c) अरुणाचल में
(d) जम्मू और कश्मीर में

73. भारत में सर्वाधिक अनुसूचित जाति जनसंख्या वाला प्रदेश है-

(a) राजस्थान (b) महाराष्ट्र
(c) मध्य प्रदेश (d) उत्तर प्रदेश

74. उज्जैन स्थित है-

(a) चम्बल नदी के तट पर
(b) क्षिप्रा नदी के तट पर
(c) गोदावरी नदी के तट पर
(d) नर्मदा नदी के तट पर

75. बगलिहार परियोजना किस नदी पर है?

(a) झेलम नदी (b) रावी नदी
(c) चिनाब नदी (d) सिन्धु नदी

76. निम्नलिखित में से कौन दक्षिण में अटलांटिक महासागर की शीतल धारा है?

(a) कनारी धारा (b) बेंगुएला धारा
(c) अंगुल्हास धारा (d) ब्राजील धारा

77. गंगा नदी की एकमात्र सहायक नदी जिसका उद्गम मैदान में है, को चिन्हित कीजए-

(a) सोन
(b) शारदा अथवा सरयू
(c) गोमती
(d) रामगंगा

78. किसके उत्पादन में भारत में उत्तर प्रदेश का प्रथम स्थान है?

(a) चावल और गेहूं
(b) गेहूं और गन्ना
(c) चावल और गन्ना
(d) गेहूं और दाल

79. चिल्का झील स्थित है-

(a) पश्चिम बंगाल में
(b) आन्ध्र प्रदेश में
(c) उड़ीसा में
(d) तमिलनाडु में

80. डेकेन्सबर्ग पर्वत किस देश में स्थित है?

(a) बोत्स्वाना
(b) नामीबिया
(c) दक्षिण अफ्रीका
(d) जाम्बिया

81. विश्व के किस क्षेत्र को आप 'बुशमैन' से सम्बद्ध करेंगे?

(a) पूर्वी अफ्रीका (b) सहारा रेगिस्तान
(c) न्यूजीलैण्ड (d) कालाहारी

82. चन्द्रमा की पृथ्वी से दूरी है-

(a) 364 हजार किमी.
(b) 300 हजार किमी.
(c) 446 हजार किमी.
(d) 384 हजार किमी.

83. जापान विश्व के अग्रणी औद्योगिक देशों में से एक है, क्योंकि-

(a) उसके पास प्रचुर खनिज संसाधन
(b) उसके पास प्रचुर जैव-ऊर्जा संसाधन है
(c) औद्योगिक क्रान्ति का प्रारम्भ यहीं हुआ था
(d) उसके पास उच्च तकनीकी क्षमता है

84. पृथ्वी की जुड़वां बहन कहे जाने वाले ग्रह का नाम है-
(a) बुध (b) शुक्र
(c) मंगल (d) प्लूटो

85. विश्व की सबसे गहरी झील है-
(a) राजस्थान की पुष्कर झील
(b) अमेरिका में लेक सुपीरियर
(c) विक्टोरिया झील अफ्रीका में
(d) रूस में बैकाल झील

86. अति गहरी महासागरीय द्रोणियां कहाँ पायी जाती है?
(a) हिन्द महासागर में
(b) प्रशान्त महासागर में
(c) आर्कटिक महासागर में
(d) अटलांटिक महासागर में

87. निम्न देशों में से किस एक में पहली बार उच्च उपज किस्म बीज विकसित किए गए थे?
(a) अर्जेंटीना (b) चीन
(c) मैक्सिको (d) भारत

88. एक नागरिक के मूल कर्त्तव्यों में निम्न में कौन-सा कर्त्तव्य सम्मिलित नहीं है?
(a) प्राकृतिक पर्यावरण की रक्षा और उसका संवर्द्धन
(b) स्वतन्त्रता के लिए हमारे राष्ट्रीय आन्दोलन को प्रेरित करने वाले उच्च आदर्शों को संजाए रखे और उनका पालन करें
(c) अस्पृश्यता मिटाने की ओर प्रयास करें
(d) वैज्ञानिक दृष्टिकोण, मानववाद और ज्ञानार्जन तथा सुधार की भावना का विकास करें

89. शिक्षा जो प्रारम्भ में राज्य सूची का विषय था, उसे समवर्ती सूची में स्थानान्तरित किया गया-
(a) 24वें संशोधन द्वारा
(b) 25वें संशोधन द्वारा
(c) 42वें संशोधन द्वारा
(d) 44वें संशोधन द्वारा

90. राज्य के नीति-निदेशक सिद्धान्तों में निम्न में से किसके बारे में संविधान शान्त है?
(a) प्रौढ़ शिक्षा
(b) कर्मकारों को निर्वाह मजदूरी
(c) गरीबों को निःशुल्क विधिक सहायता
(d) बालकों को प्रारम्भिक शिक्षा जब तक वह 6 वर्ष की आयु न प्राप्त कर लें

91. डॉ. बी.आर. अम्बेडकर की अध्यक्षता में संविधान सभा की प्रारूप समिति में कितने अन्य सदस्य थे?
(a) 7 (b) 6
(c) 5 (d) 4

92. विधायी शक्तियों का केन्द्र तथा राज्यों के मध्य वितरण संविधान की निम्न अनुसूचियों में से किस एक में है?
(a) छटी (b) सातवीं
(c) आठवीं (d) नवीं

93. भारत में उच्च न्यायालयों की संख्या है-
(a) बीस (b) इक्कीस
(c) बाईस (d) चौबीस

94. निम्नलिखित में से किस राज्य में द्वि सदनात्मक विधायिका नहीं है?
(a) उत्तर प्रदेश (b) मध्य प्रदेश
(c) बिहार (d) कर्नाटक

95. भारत में राजनीतिक व्यवस्था के विशिष्ट लक्षण हैं-
(1) यह एक लोकतान्त्रिक गणतन्त्र है
(2) सर्वोच्च संसदात्मक रूप की सरकार है
(3) सर्वोच्च सत्ता भारतीय जनता में निहित है
(4) यह एकीकृत शक्ति का प्रावधान करती है

नीचे दिए गए कूट से सही उत्तर का चयन कीजिए-
कूट :
(a) 1 और 2 (b) 1, 2 और 3
(c) 2, 3 और 4 (d) ये सभी

96. निम्नलिखित में से कौन एक तृतीय क्रियाकलाप है?
(a) वानिकी (b) विनिर्माण
(c) कृषि (d) विपणन

97. भारत में कर्मचारियों के महंगाई भत्ते के निर्धारण का आधार है-
(a) राष्ट्रीय आय
(b) उपभोक्ता मूल्य सूचकांक
(c) जीवन निर्वाह स्तर
(d) प्रति व्यक्ति आय

98. रिजर्व बैंक ऑफ इण्डिया के नोट निर्गमन विभाग को न्यूनतम कितने मूल्य का स्वर्ण अपने स्टॉक में हमेशा रखना चाहिए?
(a) ₹ 85 करोड़ का
(b) ₹ 115 करोड़ का
(c) ₹ 200 करोड़ का
(d) इनमें से कोई नहीं

99. 'स्मार्ट मनी' शब्द का प्रयोग होता है-
(a) इन्टरनेट बैंकिंग में
(b) क्रेडिट कार्ड में
(c) बैंक में बचत खाता में
(d) बैंक में चालू खाता में

100. विभेदीकृत ब्याज योजना का उद्‌देश्य रियायती ऋण प्रदान करना था-
(a) समाज के कमजोर वर्ग के लिए
(b) सार्वजनिक क्षेत्र के उद्योगों के लिए
(c) पब्लिक लिमिटेड कम्पनियों के लिए
(d) बड़े निर्यातकों के लिए

101. भारत में प्रथम उद्योग जिसका विकास हुआ, वह है-
(a) कुटीर उद्योग
(b) सीमेन्ट उद्योग
(c) आयरन और स्टील उद्योग
(d) अभियान्त्रिकी उद्योग

102. आर.बी.आई. के 'खुले बाजार संचालन' (ओपन मार्केट ऑपरेशन) से आशय है-
(a) शेयरों का क्रय और विक्रय
(b) विदेशी मुद्रा की नीलामी
(c) ऋण-पत्रों में व्यवसाय
(d) सोने का सौदा

103. 'सतीश धवन अन्तरिक्ष केन्द्र' स्थित है-
(a) विशाखापट्टनम में
(b) गोवा में
(c) श्री हरिकोटा में
(d) चेन्नई में

104. किसने कहा था, 'डोडो' की भांति 'साम्राज्यवाद' दिवंगत हो चुका है?
(a) रैम्जे मैक्डोनाल्ड
(b) विन्स्टन चर्चिल
(c) क्लीमेण्ट एटली
(d) लॉर्ड वैवेल

105. वृद्धवस्था एवं काल प्रभावन के विषय में ज्ञान प्राप्त करने की विधा को कहते हैं-
(a) ओन्कोलॉजी
(b) जेरेन्टोलॉली
(c) टैरैटोलॉजी
(d) आर्निथोलॉजी

106. भारत में केन्द्र-राज्य वित्तीय सम्बन्ध किसकी संस्तुति से निर्धारित होते हैं?
(a) भारतीय संविधान की
(b) योजना आयोग की
(c) वित्त आयोग की
(d) राष्ट्रीय विकास परिषद् की

107. 'विवाह' (Marriage) 'विवाह-विच्छेद' (Divorce) और 'गोद लेना (Adoption) संविधान की सातवीं सूची में निम्नलिखित के अन्तर्गत सम्मिलित किए गए हैं-
(a) सूची I - केन्द्र सूची में
(b) सूची II- केन्द्र सूची में
(c) सूची III - समवर्ती सूची में
(d) तीनों में से किसी भी सूची में नहीं

108. निम्नांकित में से कौन एक लोकसभा और राज्यसभा की गणपूर्ति (Quorum) करता है?
(a) कुल सदस्य संख्या का 1/10
(b) कुल सदस्य संख्या का 1/8
(c) कुल सदस्य संख्या का 1/6
(d) कुल सदस्य संख्या का 1/5

109. निम्नलिखित में से कौन एक राज्य के नीति के निदेशक तत्वों में नहीं है? राज्य सुनिश्चित करने का प्रयास करेगा कि-
(a) पुरुष और महिलाओं को समान कार्य हेतु समान वेतन
(b) जीविकोपार्जन हेतु पर्याप्त साधनों का समान अधिकार
(c) अस्पृश्यता उन्मूलन
(d) काम हेतु न्यायसंगत और मानवोचित दशाओं में रहे

110. निम्नलिखित में से किस एक का संरक्षण भारतीय नागरिक का मूल कर्त्तव्य है?
(a) ग्राम प्रचायत
(b) राष्ट्रीय ध्वज
(c) अनुसूचित जाति/अनुसूचित जनजाति
(d) वन्य प्राणी

111. दामोदर सहायक (Tributary) नदी है-
(a) हुगली की (b) गंगा की
(c) पद्मा की (d) स्वर्णरेखा की

112. निम्नलिखित नदी घाटी परियोजनाओं में से किस एक का लाभ एक से अधिक राज्यों को प्राप्त होता है?
(a) चम्बल घाटी परियोजना
(b) हीराकुंड परियोजना
(c) मयूराक्षी परियोजना
(d) शरावती परियोजना

113. सूची-I को सूची-II से सुमेलित कीजिए तथा नीचे दिये गये कूट से सही उत्तर चुनिए-

	सूची-I		सूची-II
A.	ब्रजराज नगर	1.	सीमेन्ट
B.	कैमूर	2.	उर्वरक
C.	हल्दिया	3.	पेट्रो-रसायन
D.	फूलपुर	4.	कागज

कूट :

	A	B	C	D
(a)	1	2	3	4
(b)	3	4	1	2
(c)	4	1	3	2
(d)	4	3	2	1

114. सूची-I को सूची-II से सुमेलित कीजिए तथा सही उत्तर का नीचे दिए गए कूट से चयन कीजिए-

	सूची-I		सूची-II
A.	खनिज तेल	1.	उड़ीसा
B.	जिप्सम	2.	कर्नाटक
C.	सोना	3.	गुजरात
D.	बॉक्साइट	4.	राजस्थान

कूट :

	A	B	C	D
(a)	3	2	1	4
(b)	2	1	4	3
(c)	4	3	1	2
(d)	3	4	2	1

115. निम्नलिखित में से भारत में किस राज्य/संघीय क्षेत्र का भौगोलिक क्षेत्रफल का अधिकतम भाग वनाच्छादित है?
(a) त्रिपुरा
(b) अण्डमान एवं निकोबार
(c) नागालैण्ड
(d) मिजोरम

116. निम्नलिखित में चार राज्यों का उल्लेख है। इनमें से किसमें 2001 की जनगणना के अनुसार निम्नतम लिंग अनुपात था?
(a) गुजरात में
(b) तमिलनाडु में
(c) छत्तीसगढ़ में
(d) मणिपुर में

117. 'ब्रह्म कमल' प्राकृतिक रूप से पाया जाता है-
(a) काजीरंगा वनों में
(b) नीलगिरि वनों में
(c) शान्त घाटी में
(d) फूलों की घाटी में

118. 22 मई को देश के किस नवीनतम रडार इमेजिंग उपग्रह को लॉन्च किया जायेगा-
(a) RISAT-1A (b) जीसैट- 6
(c) RISAT-2B (d) इनमें से कोई नहीं

119. वर्ष 2018 में देश छोड़ने वाले अमीरों की संख्या के मामले में भारत किस स्थान पर है?
(a) पहले
(b) दूसरे
(c) तीसरे
(d) इनमें से कोई नहीं

120. किस संगठन ने भारत को पर्यवेक्षक बनने के लिए आमंत्रित किया है?
(a) यूरोपीय संघ (b) नाटो
(c) सीटीबीटीओ (d) जी -7

121. वर्ष 2023 तक भारत प्रोद्योगिकी उद्योग में कितने रोज़गार अवसर उपलब्ध होने की संभावना है?
(a) 1 मिलियन (b) 2 मिलियन
(c) 3 मिलियन (d) 2.5 मिलियन

122. किस प्रसिद्ध हॉलीवुड अभिनेत्री का हाल ही में निधन हो गया?
(a) जॉर्जिया एंजेल
(b) डोरिस डे
(c) कैथरीन हेलमंड
(d) लिसा शेरिदन

123. स्वीडन की किस किशोरी ने प्रधानमंत्री नरेंद्र मोदी को पर्यावरण संकट को गंभीरता से लेने और इस पर कदम उठाने का सन्देश दिया है?
(a) स्वेतलाना एलीसिया
(b) वालेंशिया ब्रेडफोर्ड
(c) ग्रेटा थुनबर्ग
(d) इनमें से कोई नहीं

124. हॉर्मुज जलडमरूमध्य से होने वाले तेल निर्यात के रास्ते में किस देश के दो तेल टैंकरों पर हमला हुआ है?
(a) इराक (b) फ्रांस
(c) सऊदी अरब (d) ईरान

125. संयुक्त राष्ट्र महासागर सम्मेलन 2020 का आयोजन किस स्थान पर किया जायेगा?
(a) लिस्बन
(b) कोपेनहेगन
(c) स्टॉकहोम
(d) जकार्ता

प्रैक्टिस सेट-4   57

126. पद्मश्री से सम्मानित किस भोजपुरी लोक गायक का हाल ही में निधन हो गया?
 (a) पवन सिंह
 (b) हीरालाल यादव
 (c) बिन्ध्यबासिनी देवी
 (d) इनमें से कोई नहीं

127. 14वाँ जी-20 सम्मेलन वर्ष 2019 में कहाँ आयोजित किया गया?
 (a) सान्या, चीन
 (b) ओसाका, जापान
 (c) नई दिल्ली, भारत
 (d) सोचि, रूस

128. विश्व व्यापार संगठन की मंत्रिस्तरीय बैठक 13 और 14 मई, 2019 के मध्य कहाँ आयोजित की गयी
 (a) दुशान्बे   (b) नई दिल्ली
 (c) पिट्सबर्ग   (d) दोहा

129. सिएट इंटरनेशनल क्रिकेटर और बैट्समैन ऑफ द इयर का विजेता किसे चुना गया है?
 (a) आशुतोष अमन
 (b) चेतेश्वर पुजारा
 (c) विराट कोहली
 (d) जसप्रीत बुमराह

130. आईसीसी इंटरनेशनल पैनल ऑफ मैच रेफरी में नियुक्त होने वाली पहली महिला कौन बनी हैं?
 (a) पूर्णिमा राउ
 (b) झूलन गोस्वामी
 (c) नीतू डेविड
 (d) जी. एस. लक्ष्मी

131. भारतीय रिजर्व बैंक के पूर्व डिप्टी गवर्नर आर. गांधी निजी क्षेत्र के किस बैंक में अतिरिक्त निदेशक नियुक्त हुए हैं?
 (a) एक्सिस बैंक
 (b) कोटक महिंद्रा बैंक
 (c) यस बैंक
 (d) धनलक्ष्मी बैंक

132. किस पूर्वी यूरोपीय देश के राष्ट्रपति पर चुनाव के दिन टीवी मीडियाकर्मियों और फोटोग्राफर्स को अपना मतपत्र दिखाने के मामले में जुर्माना लगाया गया है?

 (a) क्रोशिया   (b) यूक्रेन
 (c) ऑस्ट्रिया   (d) हंगरी

133. अक्षरों का कौन-सा समूह खाली स्थानों पर क्रमवार रखने से दी गई अक्षर शृंखला को पूरा करेगा?
 a_b_c_a_bc_b_cd
 (a) ccbcca
 (b) ccaccb
 (c) cacabc
 (d) acbcab

134. निम्नलिखित शब्दों को शब्दकोष में दिए गए क्रम के अनुसार लिखें–
 1. Obscure
 2. Objective
 3. Objection
 4. Obligation
 5. Oblivion
 (a) 3, 2, 5, 4, 1
 (b) 3, 2, 5, 1, 4
 (c) 5, 2, 1, 3, 4
 (d) 3, 2, 4, 5, 1

135. एक सरकारी बैठक में 130 विभागीय कर्मचारियों ने भाग लिया, उनमें से 66 चाय पीते हैं, 56 कॉफी पीते हैं और 63 जूस पीते हैं, 27 चाय या कॉफी पी सकते हैं, 25 कॉफी या जूस और 23 जूस या चाय पी सकते हैं, 5 कर्मचारी तीनों में से कुछ भी पी सकते हैं, कितने केवल चाय पीते हैं?
 (a) 21   (b) 22
 (c) 18   (d) 20

136. 3 समीकरण उसी संख्यात्मक प्रक्रिया को अपनाते हैं, इनके अनुसार लुप्त संख्या ज्ञात कीजिए।
 178 = 817, 534 = 453, 294 = ?
 (a) 429   (b) 492
 (c) 924   (d) 942

137. यदि 53 ÷ 31 = 2, 45 ÷ 27 = 1, 69 ÷ 32 = 3, तो 97 ÷ 26 = ?
 (a) 1   (b) 2
 (c) 3   (d) 4

138. यदि MUSTARD को 132119201184 लिखा जाता है, तो उसी कूट में PROFUSE को कैसे लिखा जाता है?
 (a) 16815621195
 (b) 16181562195
 (c) 16181521195
 (d) 161815621195

139. यदि एक दर्पण को MN रेखा पर रखा जाए, तो दी गई आकृतियों में से कौन-सी आकृति प्रश्न आकृति का सही दर्पण प्रतिबिम्ब होगी?
 प्रश्न आकृति :

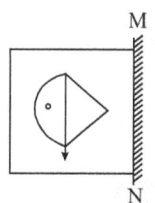

 उत्तर आकृतियां

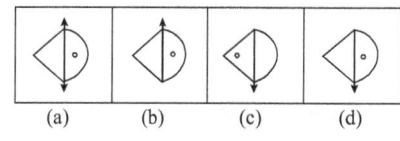

 (a) (b) (c) (d)

140. दिए गए विकल्पों में से उस उपयुक्त आकृति को ज्ञात कीजिए, जिससे आकृति-मैट्रिक्स पूर्ण हो जाए।
 प्रश्न आकृति :

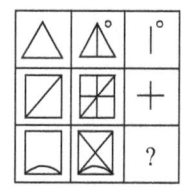

 उत्तर आकृतियां :

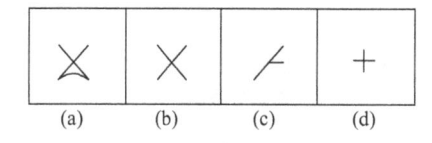

 (a) (b) (c) (d)

141. कागज की एक शीट मोड़ी गई है जैसे प्रश्न आकृति में दिखाया गया है, चार उत्तर आकृतियों में से वह आकृति चुनिए जैसा खोलने पर यह कागज दिखाई देगा–
 प्रश्न आकृतियां

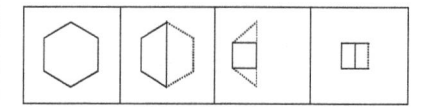

 उत्तर आकृतियां

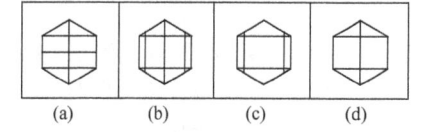

 (a) (b) (c) (d)

142. उत्तर आकृतियों में से, प्रश्न आकृति में सन्निहित आकृति पैटर्न खोजिए–

प्रश्न आकृति :

उत्तर आकृतियां :

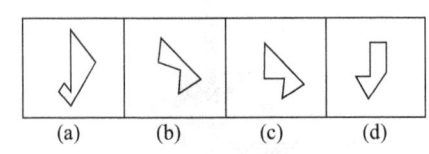

(a) (b) (c) (d)

143. मैं एक दिन में एक पुस्तक का $\frac{3}{8}$ हिस्सा पढ़ लेता हूं और शेष का $\frac{4}{5}$ हिस्सा अगले दिन पढ़ता हूं। इसके बाद यदि पुस्तक में 30 पृष्ठ बिना पढ़े रह गए हों, तो उस पुस्तक की कुल पृष्ठ संख्या कितनी है?

(a) 200 (b) 60
(c) 240 (d) 65

144. यदि $64^{x+1} = \frac{64}{4^x}$ हो तो x का मान कितना है?

(a) 1 (b) 0
(c) $\frac{1}{2}$ (d) 2

145. 1848 के विषम संयुक्त विभाजकों की संख्या कितनी है?

(a) 4 (b) 3
(c) 2 (d) 1

146. $\sqrt[3]{0.000125}$ का मान कितना होता है?

(a) 0.005 (b) 0.05
(c) 0.5 (d) 0.0005

147. यदि $\frac{51.84}{4.32} = 12$, हो, तो $\frac{0.005184}{0.432}$ का मान क्या होगा?

(a) 0.12
(b) 0.012
(c) 0.0012
(d) 1.2

148. सूची-I एवं सूची-II को सुमेलित कीजिए तथा सूचियों के नीचे दिए गए कूट का प्रयोग करके सही उत्तर चुनिए

सूची-I (औद्योगिक संस्थान)	सूची-II (नगर)
A. इंडियन टेलीफोन इंडस्ट्रीज	1. कानपुर
B. ट्रांसफॉर्मर फैक्ट्री	2. रायबरेली
C. कृत्रिम अंग निर्माण निगम	3. झांसी
D. उर्वरक कारखाना	4. फूलपुर

कूट :

	A	B	C	D
(a)	2	3	4	1
(b)	4	3	1	2
(c)	2	3	1	4
(d)	4	2	1	3

149. निम्नलिखित जनजातियों में से किसकी संख्या उत्तर प्रदेश में सर्वाधिक है?

(a) बनरावत (b) थारू
(c) सहारिया (d) धुरिया

150. निम्नलिखित में कौन सा एक सुमेलित नहीं है?

(a) जोश - मलीहाबाद
(b) रघुपति सहाय फिराक - कानपुर
(c) जिगर - मुरादाबाद
(d) चकबस्त - लखनऊ

151. सूची-I एवं सूची-II से सुमेलित कीजिए तथा नीचे दिये गये कूट से सही उत्तर चुनिए-

सूची-I (कांग्रेस अधिवेशन का वर्ष)	सूची-II (उत्तर प्रदेश में कांग्रेस अधिवेशन का स्थान)
A. 1892	1. लखनऊ
B. 1905	2. इलाहाबाद
C. 1936	3. मेरठ
D. 1946	4. वाराणसी

कूट :

	A	B	C	D
(a)	3	4	2	1
(b)	2	3	1	4
(c)	2	4	1	3
(d)	1	2	4	3

152. निम्नलिखित में से किसने शंभू महाराज को हिन्दुस्तानी शास्त्रीय संगीत की शिक्षा दी?

(a) नत्थू खान
(b) रहीमुद्दीन खान
(c) सुजान खान
(d) अब्दुल करीम खान

153. सूची-I एवं सूची-II को सुमेलित कीजिए तथा नीचे दिए गए कूट से सही उत्तर चुनिए :

सूची-I	सूची-II
A. कनक भवन	1. बाराबंकी
B. कामदगिरी पर्वत	2. बांदा
C. कालिंजर दुर्ग	3. चित्रकूट
D. देवाशरीफ	4. अयोध्या

कूट :

	A	B	C	D
(a)	1	2	3	4
(b)	4	3	2	1
(c)	2	4	1	3
(d)	3	2	4	1

154. उत्तर प्रदेश में राष्ट्रीय कथक संस्थान स्थित है-

(a) आगरा में (b) लखनऊ में
(c) कानपुर में (d) वाराणसी में

155. सूची-I और सूची-II को सुमेलित कीजिए। सही उत्तर का चयन सूची के नीचे दिए गए कूट से कीजिए-

सूची-I (मेला)	सूची-II (आयोजन स्थान)
A. बटेश्वर	1. बाराबंकी
B. देवा	2. मेरठ
C. हरिदास जयंती	3. आगरा
D. नौचंदी	4. वृंदावन

कूट :

	A	B	C	D
(a)	3	2	1	4
(b)	2	1	4	3
(c)	1	4	2	3
(d)	3	1	4	2

156. जी.टी. रोड नहीं गुजरती है-

(a) इलाहाबाद से (b) आगरा से
(c) अलीगढ़ से (d) मुगलसराय से

157. विवाहित पत्नी से उत्पन्न सन्तान–

(a) दत्तक (b) जारज
(c) सहोदर (d) औरस

158. जल/समुद्र में लगने वाली आग–
(a) दावानल (b) जल विद्युत
(c) जल प्रपात (d) बड़वाग्नि

निर्देश: वाक्य में तिरछे छपे शब्द की शुद्ध वर्तनी का चयन कीजिए–

159. *सन्यासि* निवृत्ति मार्ग को अपनाता है।
(a) सन्यासी (b) संनयासी
(c) सन्यासी (d) सन्यासि

160. पुष्पों की *सुगंध* से सम्पूर्ण वाटिका महक रही थी।
(a) सुगद्ध (b) सूगंध
(c) सुगंध (d) सूगंध

निर्देश: दिए गए चार विकल्पों में से शुद्ध वाक्य का चयन कीजिए।

161. (a) वह आदमी जो आज आया है वह कल भी आया था।
(b) आज भी वह आदमी आया है जो कल भी आया था।
(c) जो कल आया था वह आदमी आज भी आया है।
(d) वह आदमी जो कल आया था आज भी आया है।

162. (a) भाग्य पर कोई व्यक्ति का वश नहीं चलता।
(b) भाग्य पर प्रत्येक व्यक्ति का वश नहीं चलता।
(c) भाग्य पर कदाचित् कोई व्यक्ति का वश नहीं चलता।
(d) भाग्य पर किसी व्यक्ति का वश नहीं चलता।

निर्देश: निम्नलिखित प्रत्येक वाक्य काले छपे शब्द के पर्यायवाची शब्द का चयन उसके नीचे दिए गए विकल्पों में से कीजिए।

163. अपनी आँखों के सामने घर लुटता देखकर वह निरुपाय विष पीकर रह गया।
(a) तरल (b) हाला
(c) गरल (d) मराल

164. सूर्योदय होने पर सरोवरों में कमल खिल उठते हैं।
(a) पद्य (b) मुकुल
(c) सुमन (d) कुमुद

निर्देश: नीचे प्रत्येक वर्ग में दिए गए विकल्पों में से तद्भव शब्द का चयन कीजिए–

165. (a) अवस्था (b) भगवान्
(c) वक्ष (d) नीलाम

166. (a) प्रकाश (b) उत्तम
(c) अंकुश (d) झंझट

निर्देश: नीचे प्रत्येक वर्ग में दिए गए विकल्पों में से तत्सम शब्द का चयन कीजिए–

167. (a) रूख (b) सागर
(c) नेह (d) धीरज

168. (a) चोखा (b) जवान
(c) मौन (d) ब्याह

169. 'सम्भावना' शब्द का विलोम है
(a) असम्भावना (b) असम्भव
(c) असम्भाव्य (d) असन्तोष

170. 'संकल्प' का विलोम शब्द होगा
(a) असंकल्प (b) अंकल्पहीन
(c) असम्बद्ध (d) असन्तोष

171. निम्न में से कौन सार्वनामिक विशेषण का भेद है?
(a) यौगिक सार्वनामिक विशेषण
(b) मौलिक सार्वनामिक
(c) 'a' व 'b' दोनों
(d) उपरोक्त में से कोई नहीं

Directions: (Q. 172-173) In each of the following sentences, four options are given. You are required to identify the best way of writing the sentence in the context of the correct usage of English Language. While doing so, you have to ensure that the message being conveyed remains the same in all the cases.

172. The moral of the entire story is how money doesn't make you happy.
(a) In this novel, the moral of the story is how money doesn't make you happy.
(b) The moral of the entire story is that money doesn't make you happy.
(c) The moral of the entire story is how money can't make you happy.
(d) That money would't not make you happy, is the entire moral of the story.

173. When this war is over, no kingdom will either be isolated in war or peace.
(a) When this war is over, no kingdom will be isolated either in war or peace.
(b) When this war is over, no kingdom will be either isolated in war or peace.
(c) When this war is over, no kingdom will either be isolated in war or be isolated in peace.
(d) When this war is over, no kingdom will either be isolated in war or peace.

Direction: (Q. 174-175) In the following questions, choose the option which is closest to meaning' of the bold words given.

174. Admonish
(a) Warn
(b) Escape
(c) Worship
(d) Distribute

175. Grandiose
(a) Striking
(b) Unpretentious
(c) Boring
(d) Lanky

Direction: (Q. 176-178) In the following questions, choose the alternative which is the 'antonym' of the bold word mentioned.

176. Ameliorate
(a) Mar (b) West
(c) Depth (d) Dearth

177. Retreat
(a) Haven (b) Shotter
(c) Advance (d) Egress

178. Antidote
(a) Medicine (b) Poison
(c) Anodyne (d) Amity

Direction: (Q. 179-182) In the following question, pick the 'odd one out' from the options.

179. (a) Cube
(b) Cubicle
(c) Cuboid
(d) Cubic

180. (a) Play
(b) Pantomime
(c) Opera
(d) Banquet

181. (a) Smog
(b) Marsh
(c) Haze
(d) Mist

182. (a) Masticate
(b) Scrunch
(c) Pulverise
(d) Sepulchre

Direction: (Q. 183-185) From the choices given below, select the pair of words which exhibits the same relationship between each other as existing in the given capitalized pair of words.

183. LONELINESS : PRIVACY : :
(a) Passion : Apathy
(b) Composure : Equanimity
(c) Destiny : Fanciful
(d) Illusory : Unpredictable

184. AUTHOR : MANUSCRIPT : :
(a) Architect : blueprint
(b) Engineer : bridge
(c) Optician : spectacles
(d) Doctor : stethoscope

185. EXTRACT : TOOTH : :
(a) Cut : nail
(b) Uproot : stump
(c) Pull out : pin
(d) Saw : wood

186. आईपी ठिकाना, ईथरनेट, राउटर्स इस क्षेत्र से संबंधित शब्द है।
(a) संगणक तंत्रजाल
(b) संगणक आरेख
(c) संगणक स्कुरण
(d) संगणक दृष्टि

187. माइक्रोसॉफ्ट नेट है?
(a) एक मुक्त स्रोत
(b) एक बद्ध स्रोत
(c) एक विचरक
(d) उपर्युक्त सभी

188. एक ऐसा अनुप्रयोग नहीं है जहाँ अंतर्जाल (इंटरनेट) का उपयोग होता है। रोसॉफ्ट नेट है..............।
(a) तंत्रजाल अधिकोषण (नेट बैंकिंग)
(b) ई-वाणिज्य (ई-कॉमर्स)
(c) मार्गस्थ क्रय (ऑनलाइन शॉपिंग)
(d) उपरोक्त में से कोई नहीं

189. सी ++ (C++) क्रमादेशन भाषा अत्यंत लोकप्रिय या प्रसिद्ध है क्योंकि इसमें है:
(a) सी (C) के साथ पश्चात्वर्ती अनुकूल
(b) व्यापक रूप से उपलब्ध
(c) वस्तुनिष्ठ
(d) उपरोक्त सभी

190. एक अरब बाइट इसके समान है :
(a) किलो बाइट (b) गीगा बाइट
(c) बाइट (d) बिट

191. शब्द प्रक्रिया (वर्ड प्रोसेसिंग) एवं विस्तार-पृष्ठ (स्प्रेडशीट) निम्नलिखित में से कौन-से तंत्रांश के उदाहरण है?
(a) परितंत्र तंत्रांश
(b) अंतर्निहित तंत्रांश
(c) अनुप्रयोग तंत्रांश
(d) प्रचालन तंत्र

192. संगणक तंत्र का मस्तिष्क किसे कहते हैं?
(a) रैम
(b) एएलयू
(c) तार्किक इकाई
(d) सीपीयू

193. उन प्रक्रियाओं को अनुमति प्रदान करने की रणनीति जो कि तार्किक रूप से रन करने योग्य है लेकिन अस्थाई रूप से निलंबित है, कहलाती है।
(a) प्रीइम्पटिव सिड्यूलिंग (रिक्तिपूर्व अनुसूचन)
(b) नॉन-प्रीइम्पटिव सिड्यूलिंग
(c) शॉर्टेस्ट जॉब फर्स्ट
(d) फर्स्ट कम फर्स्ट सर्व्ड

194. एक कम्प्यूटर से इंटरनेट के द्वारा आपके कम्प्यूटर में फाइल्स ट्रांसफर की प्रक्रिया.................कहलाती है।
(a) अपलोडिंग
(b) फॉरवर्डिंग
(c) FTP
(d) डाउनलोडिंग

195. MS Word में यह सत्यापित करने के लिए कि नोट टेक्स्ट पेज पर उचित रूप से रखा गया है...............व्यू में करें या डॉक्यूमेंट को प्रिंट प्रिव्यू में डिस्प्ले करें।
(a) नॉर्मल
(b) प्रिंट लेआउट
(c) पेज लेआउट
(d) पेज एडिट

196. MS Word (वर्जन 2007 तथा इससे आगे वाले) में, पिक्चर वॉटरमार्क इन्सर्ट करने का सर्वश्रेष्ठ तरीका क्या है?
(a) सभी पेजेज के हेडर में एक पिक्चर इन्सर्ट करना
(b) पिक्चर युक्त टेम्प्लेट निर्मित करना और उसका उपयोग डॉक्यूमेंट के लिए करना
(c) कस्टम ऑप्शंस चुनना, पेज लेआउट मेनू वॉटरमार्क सबमेनू से पिक्चर सेलेक्ट करना
(d) उपरोक्त में से कोई नहीं

197. क्लाउड कम्प्यूटिंग के विषय में निम्न में से कौन-सा सत्य है?
(a) यह एक इंटरनेट आधारित कम्प्यूटिंग का प्रकार है जो मांग पर कम्प्यूटर्स तथा अन्य डिवाइसेज को शेयर्ड कम्प्यूटर प्रॉसेसिंग रिसोर्सेज तथा डेटा प्रदान करता है।
(b) यह क्लाउड कॉर्पोरेशन द्वारा प्रदत्त सेवाओं का समूह होता है
(c) यह आपके सिस्टम में इंस्टाल एक एप्लीकेशन की इंटरनेट आधारित सेवाओं का समूह होता है
(d) उपरोक्त में से कोई नहीं

198. हार्ड डिस्क ट्रैक्स में विभाजित होती है जो आगे.....................में उपविभाजित होते हैं।
(a) क्लस्टर्स
(b) सेक्टर्स
(c) वेक्टर्स
(d) हेड्स

199. MS-DOS में वर्तमान में लॉग्ड ड्राइव के सबडाइरेक्टरी स्ट्रक्चर को डिस्प्ले करने तथा प्रत्येक स्क्रीन के सूचना से भर जाने के बाद स्क्रीन डिस्प्ले के ठहराव के लिए किस कमांड का उपयोग किया जाता है।
(a) Tree
(b) Deltree/f
(c) Dir/more
(d) Tree/more

200. MS-PPT 2007 में एक ही प्रजेंटेशन लगातार कैसे प्रदर्शित की जा सकती है?
(a) विकल्प "Loop continuously until Ese" लागू करके
(b) विकल्प "Repeat Presentation" लागू करके
(c) विकल्प "Show same Presentation" लागू करके
(d) प्रजेंटेशन एक बार पूरा होने के बाद जारी नहीं रखा जा सकता

उत्तर (हल/संकेत)

1. (a) 2000°C ताप नापने हेतु सकल रेडिएशन थर्मामीटर का प्रयोग होता है, जैसे सूर्य का ताप। इसके द्वारा प्राय: 800°C से ऊंचे ताप ही मापे जाते हैं; इससे नीचे के ताप नहीं, क्योंकि इससे कम ताप की वस्तुएं उष्मीय विकिरण उत्सर्जित नहीं करती हैं। यह तापमापी स्टीफेन के नियम पर आधारित है, जिसके अनुसार उच्च ताप पर किसी वस्तु से उत्सर्जित विकिरण की मात्रा इसके परमताप के चतुर्थ घात के अनुक्रमानुपाती होती है।

2. (b) कच्चे फल को पकाने हेतु एथलीन गैस का प्रयोग होता है। एथलीन एकमात्र ऐसा हार्मोन है, जो गैसीय रूप में पाया जाता है। हार्मोन के रूप में इसे बर्ग (Burg) ने 1962 ई. में प्रमाणित किया था।

3. (d) टिटनेस (Tetanus) रोग बैसीलस टेटनी नामक जीवाणु से होता है। इस रोग के बैक्टीरिया अधिकांशत: जंग लगे लोहे पर, घोड़े की लीद या मल में पाए जाते हैं। इस रोग में रोगी को तेज बुखार आता है और शरीर में ऐंठन होती है।

4. (b) मानव शरीर की सबसे छोटी हड्डी का नाम स्टेपीज है।

5. (c) समुद्री घोड़ा एक मछली है।

6. (b) मानव मूत्र का पीला रंग यूरोक्रोम वर्णक की उपस्थिति के कारण होता है।

7. (c) एम्फीसीमा नामक बीमारी से फुफ्फुस (फेफड़ा) प्रभावित होता है। यह बीमारी पर्यावरणीय प्रदूषण के द्वारा होती है।

8. (c) जेनिका प्रौद्योगिकी आनुवंशिक रोगों की पूर्व सूचना प्राप्त करने की एक तकनीक है।

9. (d) 2, 4-D एक खरपतवारनाशी है।

10. (a) भारत के प्रख्यात वैज्ञानिक श्री जगदीश चन्द्र बोस ने भौतिक विज्ञान और जीव विज्ञान दोनों विषयों में अनुसन्धान किया है।

11. (b) उपर्युक्त प्रश्न का सही सुमेलन इस प्रकार है–

सूची-I	**सूची-II**
A. क्यूसेक	3. प्रवाह की दर
B. बाइट	4. कम्प्यूटर
C. रिक्टर	2. भूकम्प की तीव्रता
D. बार 1.	दाब

12. (d) कलपक्कम के फास्ट ब्रीडर टेस्ट रिएक्टर में गलित सोडियम शीतलक के रूप में प्रयोग में लाया जाता है।

13. (c) कृत्रिम प्रकाश में प्रकाश संश्लेषण की क्रिया हो सकती है। पौधों में जल, प्रकाश, पर्णहरित तथा CO_2 की उपस्थिति में कार्बोहाइड्रेट्स के निर्माण की प्रक्रिया को प्रकाश संश्लेषण कहते हैं। प्रकाश संश्लेषण केवल दृश्य प्रकाश वर्णों में होता है। बैंगनी रंग के प्रकाश में सबसे कम तथा लाल रंग में सबसे अधिक प्रकाश संश्लेषण होता है।

14. (c) एक लोहे की गेंद को गर्म किया जाए तो सर्वाधिक प्रतिशत वृद्धि उसके आयतन में होती है।

15. (d) यदि किसी चुम्बक को बराबर लम्बाई के दो टुकड़ों में काट दिया जाए तो दोनों टुकड़े सम्पूर्ण चुम्बक की तरह कार्य करेंगे।

16. (c) विभिन्न माध्यम में ध्वनि की चाल भिन्न-भिन्न होती है। किसी माध्यम में ध्वनि की चाल मुख्यत: माध्यम की प्रत्यास्थता तथा घनत्व पर निर्भर करती है। ध्वनि की चाल सबसे अधिक ठोस में, उसके बाद द्रव में और उसके बाद गैस में होती है। वायु में ध्वनि की चाल 332 मी/से. जल में ध्वनि की चाल 1483 मी/से और लोहे में ध्वनि की चाल 51.30 मी./से होती है।

17. (d) गन मेटल में तांबे की मात्रा 88% टिन की मात्रा 10% तथा जिंक की मात्रा 2% होती है, जबकि जर्मन सिल्वर में तांबे की मात्रा 50% पीतल में 64% तथा काँसा में 4-11% तक होती है।

18. (a) मनुष्य की मांसपेशियों में थकावट लैक्टिक अम्ल के जमा हो जाने के कारण आती है।

19. (a) प्रत्यास्था (एलास्टिक) ऊतक (टिश्यू) जो हड्डियों को एक साथ पकड़े रहते हैं, उन्हें स्नायु (Ligaments) कहते हैं।

20. (d) टायफाइड (आंत्र-ज्वर) मानव शरीर में मुख्यत: आंतों को प्रभावित करता है। यह रोग सालमोनेला टाइफोस नामक जीवाणु (बैक्टीरिया) के कारण हो जाता है। तेज ज्वर एवं सिरदर्द इस रोग के प्रमुख लक्षण हैं।

21. (a) खजुराहो गुफाओं के लिए नहीं वरन् शैव, वैष्णव एवं जैन मंदिरों के लिए विख्यात है। यह मध्य प्रदेश के छतरपुर जिले में स्थित है।

22. (b) चोड़ गंग या शाही गंग वंश ने 13वीं-14वीं शताब्दी में उड़ीसा पर शासन किया। कोणार्क का सूर्य मन्दिर इसी समय निर्मित हुआ था।

23. (a) दिल्ली का पुराना किला जिसे 'किला-ए-कुहना' भी कहा जाता है, का निर्माण शेरशाह सूरी द्वारा लगभग 1538-45 ई. के मध्य निर्मित कराया गया था।

24. (d) मुगल शासक औरंगजेब ने औरंगाबाद में अपनी प्रिय पत्नी 'दिलरास बानो बेगम' (राबिया-उद्-दौरानी) की याद में 1678 ई. मकबरे का निर्माण कराया था। इस मकबरे की स्थापत्य कला शैली सुप्रसिद्ध ताजमहल पर आधारित थी। अत: इसे 'द्वितीय ताजमहल' भी कहा जाता है।

25. (c) भारत छोड़ो आंदोलन के दौरान देश में कई स्थानों पर समानांतर सरकार की स्थापना हुई। 1942 के दौरान देश में तीन प्रमुख स्थानों (i) बलिया-अगस्त, 1942 में चित्तू पाण्डे के नेतृत्व में, (ii) तामलुक (मिदनापुर) बंगाल-दिसंबर 1942 से सितम्बर 1944 तक और (iii) सतारा (महाराष्ट्र) 1943 के मध्य से 1945 तक समानांतर सरकार की स्थापना हुई थी।

26. (d) एण्डीज विश्व की सबसे लंबी पर्वतमाला जो दक्षिण अमेरिका में स्थित है। यह लगभग 7200 किमी. लंबी है। एण्डीज के उत्तर-पश्चिम में अटाकामा मरुस्थल है। एण्डीज पर्वतमाला की सबसे ऊँची चोटी एंकाकागुआ है। लम्बाई के आधार पर विश्व की चार शीर्ष पर्वत श्रेणियों का क्रम निम्न है–(1) एंडीज (7200 किमी.), (2) रॉकी (4800 किमी.), (3) हिमालय (2400 किमी.), (4) आल्प्स (1200 किमी.)।

27. (b)

सूची-I (चारागाह/ हिल स्टेशन)	**सूची-II (स्थिति/राज्य)**
बन्नी चारागाह	गुजरात
बुग्याल चारागाह	उत्तराखण्ड
खज्जियार	हिमाचल प्रदेश
पहलगाम	जम्मू एवं कश्मीर

28. (a) भारत में विश्व के सर्वोत्तम यूरेनियम आंध्र प्रदेश में पाए जाते हैं। यूरेनियम अणु शक्ति खनिज की श्रेणी में आता है। झारखण्ड में सिंहभूम जिले का जदुगोड़ा यूरेनियम खनन हेतु महत्वपूर्ण हैं।

29. (a) भारत में वर्तमान समय में रिफाइनरी तेलशोधन कारखाना गुजरात राज्य के बड़ोदरा में लगाया गया है, जो (IOC) के अधीन कार्यरत है।

30. (d) उपर्युक्त विकल्पों में अजरबैजान को छोड़कर शेष तीनों भू-आबद्ध देश हैं। अजरबैजान काकेशस के पूर्वी भाग में एक गणराज्य है। यह पूर्वी यूरोप और एशिया के मध्य बसा हुआ है। भौगोलिक रूप से यह एशिया का ही भाग है। इसके सीमांत देश हैं–आर्मेनिया, जॉर्जिया, रूस, ईरान, तुर्की और इसका तटीय भाग कैस्पियन सागर में लगता है। यह 1991 तक भूतपूर्व सोवियत संघ का भाग था। इसकी राजधानी 'बाकू' है।

31. (d) वर्ष 2013 में रबड़ का सर्वाधिक उत्पादन करने वाला राज्य केरल था। जबकि द्वितीय एवं तृतीय स्थान क्रमशः तमिलनाडु और कर्नाटक का है।

32. (c) 'अंतर्राष्ट्रीय पुनर्निर्माण एवं विकास बैंक', जिसे प्राय: 'विश्व बैंक' के नाम से जाना जाता है, की स्थापना 27 दिसंबर, 1944 को ब्रेटनवुड्स सम्मेलन में हुई थी और वर्ष 1946 में इसने अपना कार्य आरंभ कर दिया। विश्व बैंक का मुख्य कार्यालय वाशिंगटन में है और अंतर्राष्ट्रीय मुद्रा कोष का सदस्य होने पर कोई भी राष्ट्र इसकी सदस्यता स्वत: ही ग्रहण कर लेता है।

33. (c) जनवरी, 1957 में भारत सरकार ने सामुदायिक विकास कार्यक्रम (1952) तथा राष्ट्रीय विस्तार सेवा (1953) द्वारा किए कार्यों की जांच और उनके बेहतर ढंग से कार्य करने के लिए उपाय सुझाने के लिए एक समिति का गठन बलवंत राय मेहता की अध्यक्षता में किया। समिति ने नवम्बर 1957 को अपनी रिपोर्ट सौंपी और 'लोकतांत्रिक विकेन्द्रीकरण' की योजना की सिफारिश की, जो कि अंतिम रूप से पंचायती राज के रूप में जाना गया।

34. (c) संविधान का अनुच्छेद-21 किसी व्यक्ति को उसके प्राण, दैहिक स्वतंत्रता से विधि द्वारा स्थापित प्रक्रिया के अनुसार ही वंचित किया जायेगा अन्यथा नहीं। अनुच्छेद 11 संसद को नागरिकता के अधिकार को विधि द्वारा विनियमित किये जाना, अनुच्छेद 16 लोक नियोजन में अवसर की समानता, अनुच्छेद 26 धार्मिक कार्यों में प्रबंध की स्वतंत्रता को उल्लेख करता है।

35. (b) न्यायिक पुनरवलोकन सिद्धांत भारतीय संविधान में नहीं उल्लिखित हुआ है। परन्तु इसका आधार है–अनु. 13(2), अनु. 32, अनु. 226, 131, 132, 133-134, 246, 256 आदि। भारत में न्यायिक पुनरावलोकन की अवधारणा यू.एस.ए. से लिया गया है। न्यायिक पुनरावलोकन का तात्पर्य न्यायालय की उस शक्ति से है जिसे शक्ति के बल पर वह विधायिका द्वारा बने कानूनों, कार्यपालिका द्वारा जारी किए गए आदेशों तथा प्रशासन द्वारा किए गए कार्यों की जांच करती है कि वह मूल ढांचे के अनुरूप है कि नहीं। मूल ढांचे के प्रतिकूल होने पर न्यायालय उसे अवैध घोषित करती है। 42वें संशोधन अधिनियम 1976 में उच्च न्यायालय की न्यायिक समीक्षा शक्ति को कम किया गया हालांकि 43 संशोधन द्वारा मूल स्थिति बहाल कर दी गई। न्यायिक पुनरावलोकन की शक्ति उच्चतम न्यायालय एवं उच्च न्यायालय दोनों को प्रदान की गई है।

36. (b) गुर्जरा लघु शिलालेख मध्य प्रदेश के दतिया जिले में अवस्थित है। इस अभिलेख में अशोक का नामोल्लेख किया गया है। इस अभिलेख के अलावा अशोक का नामोल्लेख मास्की, मिहुर एवं उदेगोलम अभिलेख में हुआ है।

37. (a) उपर्युक्त में से ही सही युग्म का विकल्प (a) है क्योंकि खजुराहो मन्दिर का निर्माण चन्देल शासक ने किया था। अन्य मन्दिरों के निर्माता/वंश इस प्रकार है–

	मन्दिर	वंश/शासक
(a)	खजुराहो	चन्देल
(b)	एलोरा गुफाएं	राष्ट्रकूट
(c)	महाबलीपुरम	चोल
(d)	मीनाक्षी मन्दिर	पाण्ड्य

38. (b) बुर्जहोम स्थल से मानव कंकाल के साथ कुत्ते का कंकाल भी शवाधान से प्राप्त हुआ है।

39. (c)

40. (c) भारतीय उपमहाद्वीप में कृषि के प्राचीनतम साक्ष्य मेहरगढ़ से प्राप्त हुए हैं। यह जगह बोलन दर्रे की तराई में स्थित है और मोहनजोदड़ों से लगभग 150 मील उत्तर-पश्चिम में स्थित है। यहां पर पशुचारियों का स्थायी कृषकों के रूप में परिवर्तन शुरू होता है और भारतीय उपमहाद्वीप में स्थायी कृषि के लिए अभी तक उपलब्ध प्राचीनतम प्रमाण उपलब्ध होते हैं। यहां पर आरम्भिक अधिवासों के विभिन्न संस्तरों वाले 6 (छ:) टीले हैं।

41. (d) मेगस्थनीज ने सैण्ड्रोकोट्टस (चन्द्रगुप्त मौर्य) और सिकन्दर महान् की भेंट का उल्लेख किया है।

मेगस्थनीज यूनानी राजदूत था जिसे सेल्युकस निकेटर ने चन्द्रगुप्त मौर्य के दरबार में भेजा था। 'इण्डिका' नामक पुस्तक लिखी जिसकी मूल पाण्डुलिपि उपलब्ध नहीं है। स्ट्रैबो, डायोडोरस, एरियन (तीनों यूनानी लेखक) एवं प्लिनी जैसे रोमन लेखकों के उद्धरणों का संग्रह जो किसी न किसी रूप में इण्डिका से सम्बन्धित है, इण्डिया के रूप में हमारे पास उपलब्ध है।

42. (b) अलाउद्दीन खिलजी ने 'सिकन्दर सानी' की उपाधि धारण की थी। अलाउद्दीन का बचपन का नाम अली तथा गुरशास्प था। जलालुद्दीन के दिल्ली तख्त पर बैठने के बाद इसे अमीर-ए-तुजुक का पद मिला। मलिक छज्जू के विद्रोह को दबाने में महत्वपूर्ण भूमिका निभाने के कारण जलालुद्दीन ने इसे कड़ा-मानिकपुर की सूबेदारी सौंप दी। अलाउद्दीन ने खलीफा की सत्ता को मान्यता प्रदान करते हुए 'यामिन-उलखिलाफत-नासिरी-अमीर-उल-मोमिनीन' की उपाधिग्रहण की।

43. (c) ख्वाजा मुइनुद्दीन चिश्ती को 'शेख-उल-हिन्द की पदवी प्रदान की गई थी।

44. (b) सही सुमेलन इस प्रकार है–

वंश	राजधानी
A. काकतीय	वारंगल
B. होयसल	द्वारसमुद्र
C. यादव	देवगिरि
D. पाण्ड्य	मदुरै

45. (c) इल्तुतमिश ने 'टंका' नामक चांदी का सिक्का चलाया था। कुतुबुद्दीन ऐबक की मृत्यु के बाद इल्तुतमिश दिल्ली का शासक 1210 ई. में बना जिसने 1236 ई. तक शासन किया। इल्तुतमिश पहला तुर्क सुल्तान था जिसने शुद्ध अरबी सिक्के चलवाये। इसने सल्तनतकालीन दो महत्वपूर्ण सिक्के चांदी का 'टंका' (लगभग 175 ग्रेन का), तांबे का 'जीतल' चलवाया। इल्तुतमिश ने इक्ता व्यवस्था' का प्रचलन किया।

46. (b) कामरान, अस्करी, हिन्दाल हुमायूं के भाई थे, जबकि उस्मान हुमायूं का भाई नहीं था। अपने पिता के निर्देश के अनुसार हुमायूं ने अपने राज्य का बंटवारा अपने भाइयों में कर दिया। इसने कामरान को काबुल और कंधार, मिर्जा अरकरी को सम्भल, मिर्जा हिन्दाल को अलवर एवं मेवाड़ की जागीरें दीं। अपने चचेरे भाई सुलेमान मिर्जा को हुमायूं ने बदख्शां प्रदेश दिया।

47. (b) मुगलों एवं मेवाड़ के राणा के मध्य चितौड़ की सन्धि जहांगीर के शासनकाल में हस्ताक्षरित हुई थी।

48. (c)

49. (d) फिरोज तुगलक दिल्ली का प्रथम सुल्तान था जिसके 'हक्क-ए-शर्ब' (सिंचाई कर) लगाया था। यह कर उपज का 1/10 भाग होता

था। राजस्व व्यवस्था के अन्तर्गत फिरोज ने अपने शासनकाल में 24 कष्टदायक करों को समाप्त कर केवल चार कर-खराज (लगान), खम्स (युद्ध में लूट का माल), जजिया एवं जकात को वसूल करने का आदेश दिया। फिरोज तुगलक ब्राह्मणों पर जजिया लागू करने वाला पहला मुसलमान शासक था।

50. (d) मोहम्मद बिन तुगलक ने एक पृथक् कृषि विभाग की स्थापना की थी एवं फसल चक्र की योजना बनाई थी। इसने कृषि के विकास के लिए 'अमीर-ए-कोही' नामक एक नवीन विभाग की स्थापना की। मध्यकालीन सभी सुल्तानों में मुहम्मद तुगलक सर्वाधिक शिक्षित, विद्वान एवं योग्य व्यक्ति था।

51. (b) 1907 ई. में मुस्लिम लीग का वार्षिक अधिवेशन कराची में हुआ था।

52. (c) रौलेट एक्ट, जलियांवाला बाग हत्याकांड तथा खिलाफ आन्दोलन ने असहयोग आन्दोलन की पृष्ठभूमि तैयार की। सितम्बर, 1920 में लाला लाजपत राय की अध्यक्षता में कांग्रेस के कलकत्ता के विशेष अधिवेशन में गांधी जी ने असहयोग प्रस्ताव रखा जिसका सी.आर. दास, एनी बेसेन्ट, पण्डित मदन मोहन मालवीय, विपिन चन्द्र पाली, मि. खन्ना, सर नारायण चन्द्रावरकर, शंकर नायर आदि नेताओं ने विरोध किया लेकिन असहयोग प्रस्ताव को पारित किया।

53. (c) **54.** (d)

55. (b) प्रथम विश्व युद्ध के दौरान (1914-1918 ई.) भारत में होमरूल आन्दोलन लोकप्रिय हुआ था। होमरूल आन्दोलन जिसका उद्देश्य था-ब्रिटिश साम्राज्य के अधीन रहते हुए संवैधानिक तरीके से स्वशासन को प्राप्त किया जाए, के प्रमुख नेता थे-बाल गंगाधर तिलक एवं एनी बेसेन्ट। तिलक ने स्वशासन प्राप्त हेतु 28 अप्रैल, 1916 को बेलगांव में होमरूल लीग, की स्थापना की। इनके द्वारा स्थापित लीग का प्रभाव कर्नाटक, महाराष्ट्र (बम्बई छोड़कर) मध्य प्रान्त एवं बरार तक फैला हुआ था। तिलक ने मई, 1917 में नासिक में लीग की पहली वर्षगांठ मनाई।

56. (c)

घटनाएँ	**कालक्रम**
3. चम्पारन आन्दोलन	1917 ई.
1. जलियांवाला बाग हत्याकाण्ड	13 अप्रैल, 1919 ई.
4. मोपला विद्रोह	1921 ई.
2. चौरी-चौरा घटना	5 फरवरी, 1922 ई.

57. (a) सही सुमेलन इस प्रकार है-

	सूची-I	**सूची-II**
A.	अबुल कलाम आजाद	अल-हिलाल
B.	फिरोजशाह मेहता	बॉम्बे क्रॉनिकल
C.	एनी बेसेन्ट	न्यू इण्डिया
D.	महात्मा गांधी	यंग इण्डिया

58. (c) अबुल कलाम आजाद भारतीय राष्ट्रीय कांग्रेस के लगातार 6 वर्षों तक अध्यक्ष रहे थे। 1888 ई. में जन्मे राष्ट्रवादी मुस्लिम नेता व स्वाधीनता संग्राम सेनानी, ब्रिटिश सरकार की नीतियों के प्रखर अलोचक तथा 'अल-हिलाल' नामक उर्दू साप्ताहिक पत्र के सम्पादक अबुल कलाम आजाद थे। उन्होंने 'अल-बलग' नामक साप्ताहिक पत्र भी निकाला। उनकी पुस्तक 'इण्डिया विन्स फ्रीडम' काफी चर्चित रही।

59. (a)

60. (b) काकोरी षड्यन्त्र केस 9 अगस्त, 1925 को हुआ था। हिन्दुस्तान रिपब्लिकन एसोसिएशन का उद्देश्य सशस्त्र क्रान्ति द्वारा ब्रिटिश नेता को समाप्त कर एक 'संघीय गणतन्त्र' की स्थापना करना था, जिसे संयुक्त राज्य भारत कहा जाएगा। क्रान्तिकारी गतिविधियों के व्यापक पैमाने पर विस्तार के लिए धन की आवश्यकता थी। एच.आर.ए. ने इस उद्देश्य की पूर्ति के लिए 9 अगस्त, 1925 को काकोरी में '8 डाउन ट्रेन' को रोक कर सरकारी खजाने को लूट लिया।

61. (c) अन्तरिम सरकार में रेल मन्त्रालय का कार्य आसफ अली के पास था।

अन्तरिम केन्द्रीय मन्त्रिपरिषद्-1946,

नाम	**विभाग**
जवाहर लाल नेहरू	प्रधानमन्त्री, विदेश व राष्ट्रमण्डल
सरदार वल्लभ भाई पटेल	गृह, सूचना व प्रसारण
सरदार बलदेव सिंह	रक्षा
जॉन मथाई	उद्योग तथा आपूर्ति
सी. राजगोपालाचारी	शिक्षा
सी.एच. भाभा	खान एवं बन्दरगाह
राजेन्द्र प्रसाद	खाद्य एवं कृषि
आसफ अली	रेलवे
जगजीवन राम	श्रम
लियाकत अली खान	वित्त
आई.आई. चुन्दरीगर	वाणिज्य
अब्दुल रब नश्तर	संचार
योगेन्द्र नाथ मण्डल	विधि
गजनफन अली खान	स्वास्थ्य

62. (d) 1936 ई. के लखनऊ एवं 1937 ई. के फैजपुर के कांग्रेस अधिवेशन में कांग्रेस के सभी गुट चुनाव में हिस्सा लेने के लिए सहमत हो गए। फरवरी, 1937 में हुए चुनावों में कांग्रेस ने हिस्सा लिया और उसे कुल 1161 में से 716 सीटों पर विजय प्राप्त हुई। ग्यारह प्रान्तों में से पांच प्रान्तों-मद्रास, बिहार, उड़ीसा, मध्य प्रान्त, संयुक्त प्रान्त में स्पष्ट बहुमत मिला जबकि बम्बई में लगभग पूर्ण बहुमत मिला। कांग्रेस ने जुलाई, 1937 में मद्रास, बम्बई, मध्य प्रान्त, उड़ीसा, संयुक्त प्रान्त में अपनी सरकार का गठन किया। कुछ दिन बाद पश्चिमोत्तर प्रान्त तथा असम में भी कांग्रेस की सरकार बनी। मन्त्रिमण्डल के कार्यों का निरीक्षण करने के लिए 'केन्द्रीय नियन्त्रण परिषद' का गठन किया गया। सरदार पटेल, राजेन्द्र प्रसाद तथा अबुल कलाम आजाद को इसका सदस्य बनाया गया। कांग्रेस ने अपनी चुनावी घोषणा को पूरा करते हुए सर्वप्रथम हजारों कैदियों को स्वतन्त्र कराया।

63. (b) ब्रिटिश भारत की राजधानी कलकत्ता से दिल्ली 1911 ई. में स्थानान्तरित हुई थी। उस समय भारत के गवर्नर-जनरल लॉर्ड हार्डिंग थे।

64. (c) मद्रास में स्वदेशी आन्दोलन का नेतृत्व चिदम्बरम पिल्लै ने किया था। स्वदेशी आन्दोलन और बहिष्कार आन्दोलन को फैलाने का काम उग्रवादी नेता तिलक, लाजपत राय, अरविन्द घोष व अन्य ने किया। इन्होंने बहिष्कार आन्दोलन में सिर्फ विदेशी कपड़ों को ही बहिष्कार नहीं किया बल्कि स्कूल, अदालतों, उपाधियों, सरकारी नौकरियों के बहिष्कार का भी नारा दिया। सैयद हैदर राजा ने दिल्ली में तथा चिदम्बरम पिल्लै ने मद्रास प्रेसीडेन्सी में इस आन्दोलन का नेतृत्व किया।

65. (d) दादाभाई नौरोजी ने 1853 ई. में 'बॉम्बे एसोसिएशन' की स्थापना की। वह पहले भारतीय थे जो उदारवादी दल की ओर से 1892 ई. में फिन्सबरी से ब्रिटिश संसद के सदस्य चुने गए। जीवन के आरम्भिक काल से दादाभाई देश के सामाजिक और राजनीतिक जीवन में सक्रिय रहे। उन्होंने मुम्बई में ज्ञान प्रकाश मण्डली बनाई और एक महिला स्कूल स्थापित किया। मुम्बई में इन्होंने 'राफ्त गोफ्तार' नामक पाक्षित पत्रिका आरम्भ की और 1876 ई. में 'पावर्टी एण्ड अनब्रिटिश रूल इन इण्डिया' के माध्यम से अंग्रेजों की शीर्षक नीतियों का अनावरण किया। 'ग्राण्ड ओल्ड मैन ऑफ इण्डिया' के नाम से विख्यात नौरोजी की मृत्यु 1917 ई. में हुई।

66. (d) द्वितीय गोलमेज की समाप्ति पर मैक्डोनाल्ड ने भारतीय साम्प्रदायिक समस्या पर आपसी सहमति की बात कही थी, ऐसा न

होने पर रैम्जे मैक्डोनाल्ड ने अगस्त, 1932 में साम्प्रदायिक निर्णय की घोषणा की जिसके तहत अल्पसंख्यक समुदायों के लिए पृथक् निर्वाचन मण्डल की व्यवस्था की। इस नवीनतम घोषणा से दलित वर्ग को भी मुसलमान, सिख, ईसाई के साथ अल्पसंख्यक वर्ग में रखा गया। गांधी जी ने दलित वर्ग को अल्पसंख्यक वर्ग में शामिल करने तथा पृथक् निर्वाचन मण्डल की कड़ी आलोचना की तथा इसे समाप्त करने के लिए रैम्जे मैक्डोनाल्ड को पत्र लिखा, लेकिन कोई सुनवाई न होने के कारण उन्होंने 20 सितम्बर, 1932 से आमरण अनशन प्रारम्भ किया। मदन मोहन मालवीय, राजेन्द्र प्रसाद, पुरुषोत्तम दास टण्डन तथा सी. राजगोपालाचारी के प्रयासों के फलस्वरूप उन्होंने अम्बेडकर को दलित पृथक् निर्वाचन मण्डल को समाप्त करने के लिए मनाया तथा 26 सितम्बर, 1932 को गांधी जी और अम्बेडकर के मध्य 'पूना समझौता' (पूना पैक्ट) हुआ। समझौते की शर्तों के अनुसार दलित वर्ग के लिए पृथक निर्वाचन व्यवस्था समाप्त कर दी गई। लेकिन विधान मण्डलों में दलितों के लिए सुरक्षित सीटों की संख्या 71 से बढ़ाकर 147 कर दी गई।

67. (d) सुभाष चन्द्र बोस ने फारवर्ड ब्लॉक की स्थापना मार्च, 1939 में की थी। गांधी जी से मतभेद होने पर मार्च, 1930 में समाजवादी, अतिवादी नेता सुभाष चन्द्र बोस ने फारवर्ड ब्लॉक नामक संस्था की स्थापना की। ब्रिटिश सरकार ने सुभाष चन्द्र बोस को 2 जुलाई, 1940 को विद्रोह भड़काने के आरोप में गिरफ्तार कर लिया। जेल में अनशन के कारण स्थिति नाजुक होने पर 5 दिसम्बर, 1940 को उन्हें रिहा कर कलकत्ता स्थित एल्गिन रोड के उनके निवास स्थान पर नजरबन्द कर दिया गया। वहां से 17 जनवरी, 1941 को मौका पाकर वे भाग निकले। अफगानिस्तान, इटली होते हुए सुभाष चन्द्र बोस जर्मन पहुंचे। बर्लिन में उन्होंने जर्मनी के नाजी नेता हिटलर से मुलाकात की।

68. (b) 'स्थायी बन्दोबस्त' लॉर्ड कार्नवालिस के शासनकाल में प्रारम्भ किया गया था। इस व्यवस्था को जागीरदारी, मालगुजारी व वीसवेदारी नाम से भी जाना जाता था। वारेन हेस्टिंग्स (गवर्नर-जनरल बंगाल) ने अपना विचार व्यक्त करते हुए कहा कि भूमि का स्वामित्व सम्राट के पास हो। बिचौलियो को कमीशन एजेन्टों के रूप में किसानों से लगान वसूल करने के लिए बदले में कुछ कमीशन प्राप्त करने का अधिकार है। परन्तु हेस्टिंग्स की यह पद्धति असफल रही। 1772 ई. में हेस्टिंग्स ने पंचवर्षीय बन्दोबस्त चलाया। 1976 ई. में इस व्यवस्था को भी त्याग दिया गया।

69. (a) राधाकान्त देव प्रमुख बंगाली नेता थे जिन्होंने सामाजिक-धार्मिक सुधारों का विरोध किया था एवं रूढ़िवादिता का समर्थन किया था।

70. (a) बारीन्द्र घोष अनुशीलन समिति से सम्बद्ध थे। उन्होंने पूर्वी बंगाल में लेफ्टिनेंट गवर्नर फुलर की हत्या का असफल प्रयास 1907 ई. में किया था।

71. (c) हजारीबाग (झारखण्ड), गया और मुंगेर (बिहार) जिलों में भारत की सबसे बड़ी अभ्रक (Mica) मेखला पाई जाती है। भारत में विश्व का सर्वाधिक अभ्रक का भण्डार है तथा यहां से विश्व उत्पादन का लगभग दो-तिहाई अभ्रक प्राप्त किया जाता है।

72. (b) शान्त घाटी केरल राज्य में अवस्थित है।

73. (d) भारत में सर्वाधिक अनुसूचित जाति जनसंख्या वाला प्रदेश उत्तर प्रदेश है।

74. (b) उज्जैन क्षिप्रा नदी के तट पर स्थित है। यह नदी इन्दौर जिले की काकरी करडी नामक पहाड़ी से निकलती है। यह चम्बल नदी की सहायक नदी है। इसके किनारे उज्जैन का विख्यात महाकालेश्वर मन्दिर स्थित है जहां प्रति 12वें वर्ष कुम्भ मेला लगता है।

75. (c)

76. (b) बेंगुएला धारा शीतल जलधारा है जो दक्षिणी अटलाण्टिक महासागर में बहती है। अटलाण्टिक महासागर की धाराएं इस प्रकार हैं-

गर्म जलधारा-उत्तरी विषुवतीय जलधारा, फ्लोरिडा, गल्फस्ट्रीम, उत्तरी अटलाण्टिक प्रवाह, दक्षिणी विषुवतीय जलधारा, ब्राजील धारा।

ठण्डी जलधारा-लौब्रोडोर जलधारा, ग्रीनलैड धारा, फॉकलैण्ड जलधारा, बेंगुएला धारा।

77. (c) गंगा नदी की एकमात्र सहायक नदी गोमती का उद्‌गम मैदान में है। जबकि अन्य का उद्‌गम स्थल पहाड़ है। शारदा नदी कुमाऊं के पूर्वी भाग में मिलाप हिमनद से निकलती है। इसे काली, सरयू, गौरी गंगा इत्यादि नामों से भी जाना जाता है। सोन नदी अमरकण्टक के पठार से निकलती है। इसकी कुल लम्बाई 780 किमी है। यह पटना के निकट गंगा में मिल जाती है। रामगंगा नदी गढ़वाल हिमालय में नैनीताल के निकट निकलती है। इसकी कुल लम्बाई 600 किमी है। यह कन्नौज के निकट गंगा में मिल जाती है। गोमती नदी गाजीपुर के निकट गंगा में मिलती है।

78. (b) गन्ना और गेहूं के उत्पादन में भारत में उत्तर प्रदेश राज्य का प्रथम स्थान है।

फसल	प्रमुख उत्पादक राज्य
चावल	- पं. बंगाल, उत्तर प्रदेश, आन्ध्र प्रदेश, बिहार, पंजाब
गेहूं	- उत्तर प्रदेश, पंजाब, हरियाणा, बिहार, मध्य प्रदेश
गन्ना	- उत्तर प्रदेश, महाराष्ट्र, तमिलनाडु, कर्नाटक
ज्वार	- महाराष्ट्र, कर्नाटक, मध्य प्रदेश
बाजरा	- गुजरात, राजस्थान, उत्तर प्रदेश
दलहन	- मध्य प्रदेश, उत्तर प्रदेश, पंजाब

79. (c) चिल्का झील उड़ीसा राज्य में अवस्थित है। यह एक लैगून झील है। भारत के पूर्वी तट पर स्थित प्रमुख लैगून झील पुलिकट (चेन्नई), चिल्का (पुरी) तथा कोलेरू (आन्ध्र प्रदेश) है।

80. (c) ड्रेकेन्सबर्ग पर्वत द. अफ्रीका देश में स्थित है। यह द. अफ्रीका के दक्षिण-पूर्वी भाग में विस्तृत है। इसकी सर्वोच्च चोटी थवनाएन्टलेयाना है, जिसकी ऊंचाई 3482 मी. है। इस पर्वत की कुल लम्बाई 1290 किमी है।

81. (d) बुशमैन जनजाति कालाहारी मरुस्थल में निवास करती है। इनकी त्वचा का रंग पीला होता है। बुशमैन एवं काण्टु के मिश्रण से हॉटेण्टाट प्रजाति का निर्माण हुआ है।

82. (d) यह पृथ्वी का उपग्रह है जो पृथ्वी से 3,84,365 किमी दूर स्थित है। चन्द्रमा पर दिन का तापमान 100°C एवं रात का तापमान −180°C होता है। चन्द्रमा पर गुरुत्वाकर्षण बल का मान पृथ्वी के गुरुत्वाकर्षण का 1/6वां भाग है। कम गुरुत्वाकर्षण बल के कारण यहां वायुमण्डल का अभाव है।

83. (d) जापान के पास उच्च तकनीकी क्षमता है। इसी तकनीकी क्षमता के आधार पर यह विश्व अग्रणी औद्योगिक देशों में से एक है। जापान के पास प्रचुर खनिज संसाधन नहीं हैं। जापान के प्रमुख औद्योगिक प्रदेशों में क्वांग्टो प्रदेश, किकी प्रदेश, नगोया प्रदेश एवं किता-क्यूशू प्रदेश प्रमुख हैं क्वांग्टो प्रदेश जापान का सबसे बड़ा औद्योगिक प्रदेश है।

84. (b) शुक्र ग्रह को पृथ्वी की जुड़वां बहन कहा जाता है। यह ग्रह पृथ्वी के सबसे निकट है। इसके पश्चात् क्रमशः मंगल, बुध, बृहस्पति का स्थान आता है। पृथ्वी एवं शुक्र का आकार लगभग बराबर है। अतः दोनों ग्रहों को जुड़वां ग्रह (Twin planet) कहा जाता है।

85. (d) विश्व की सबसे गहरी झील रूस में अवस्थित बैकाल झील है। इस झील का क्षेत्रफल 30.5 हजार वर्ग किमी है। इस झील की अधिकतम गहराई 1940 मी. है।

86. (b) अति गहरी महासागरीय द्रोणियां प्रशान्त महासागर में पाई जाती हैं।

(i) फिलीपीन्स द्रोणी
(ii) फिजी द्रोणी
(iii) पूर्वी ऑस्ट्रेलियाई द्रोणी
(iv) जेफ्रीज द्रोणी
(v) पेरू-चिली द्रोणी

87. (c) पहली बार उच्च उपज किस्म बीज (HYV) मैक्सिको देश में विकसित किए गए थे।

88. (c)

89. (c) शिक्षा जो प्रारम्भ में राज्य सूची का विषय थी, उसे भारतीय संविधान के 42वें संशोधन द्वारा समवर्ती सूची में स्थानान्तरित किया गया है।

90. (a) राज्य के नीति-निदेशक सिद्धान्त का वर्णन संविधान के भाग-4 में अनुच्छेद 36 से 51 तक किया गया है। इसकी प्रेरणा आयरलैण्ड के संविधान से मिली है। प्रौढ़ शिक्षा के बारे में राज्य के नीति-निदेशक सिद्धान्त में वर्णन नहीं है। उपर्युक्त अन्य तीनों का वर्णन इसमें है।

अनुच्छेद-43-कर्मकारों के लिए निर्वाहन मजदूरी।

अनुच्छेद-39क-समान न्याय और नि:शुल्क विधिक सहायता, समान कार्य के लिए समान वेतन।

अनुच्छेद-41-कुछ दशाओं में काम, शिक्षा और लोक सहायता पाने का अधिकार।

91. (b) डॉ. बी.आर. अम्बेडकर की अध्यक्षता में संविधान सभा की प्रारूप सीमित में 6 अन्य सदस्य थे, जो इस प्रकार हैं-

1. संचालन समिति-डॉ. राजेन्द्र प्रसाद
2. संघ संविधान समिति-पं. जवाहर लाल नेहरू
3. प्रान्तीय संविधान समिति-सरदार वल्लभ भाई पटेल
4. प्रारूप समिति-डॉ. भीमराव अम्बेडकर
5. झण्डा समिति-जे.बी. कृपलानी
6. संघ शक्ति समिति-पं. जवाहर लाल नेहरू

92. (b) विधायी शक्तियों का केन्द्र तथा राज्यों के मध्य वितरण संविधान की सातवीं अनुसूची के तहत किया गया है। भारत में केन्द्र-राज्य सम्बन्ध संघवाद की ओर उन्मुख है तथा संघवाद की इस प्रणाली को कनाडा के संविधान से लिया गया है। भारतीय संविधान में केन्द्र तथा राज्य के मध्य विधायी, प्रशासनिक तथा वित्तीय शक्तियों का विभाजन किया गया है, लेकिन न्यायपालिका को विभाजन की परिधि से बाहर रखा गया है। भारतीय संविधान की सातवीं अनुसूची में केन्द्र एवं राज्यों के मध्य शक्तियों के बंटवारे से सम्बन्धित तीन सूचियाँ दी गई हैं-

(i) संघ सूची-99 विषय
(ii) राज्य सूची-61 विषय
(iii) समवर्ती सूची-52 विषय

93. (d)

94. (b) मध्य प्रदेश में द्विसदनात्मक व्यवस्था नहीं है। उत्तर प्रदेश, बिहार, कर्नाटक, जम्मू-कश्मीर एवं महाराष्ट्र में द्विसदनात्मक विधायिका है।

95. (d) उपर्युक्त सभी भारत में राजनीतिक व्यवस्था के विशिष्ट लक्षण हैं। भारत एक लोकतान्त्रिक गणतन्त्र है। इसमें संसदात्मक रूप की सरकार है। यहां सर्वोच्च सत्ता भारतीय जनता में निहित है। यह एक एकीकृत शक्ति का प्रावधान करती है।

96. (d) विपणन तृतीयक क्रियाकलाप है।

97. (b) भारत में कर्मचारियों के महंगाई भत्ते के निर्धारण का आधार उपभोक्ता मूल्य सूचकांक है।

98. (b) रिजर्व बैंक ऑफ इण्डिया के नोट निर्गमन विभाग को न्यूनतम 115 करोड़ मूल्य का स्वर्ण अपने स्टॉक में हमेशा रखना चाहिए।

99. (b) 'स्मार्ट मनी' शब्द का प्रयोग क्रेडिट कार्ड में प्रयोग होता है।

100. (a) विभेदीकृत ब्याज योजना का उद्देश्य समाज के कमजोर वर्ग के लिए रियायती ऋण प्रदान करना था।

101. (a) भारत में सर्वप्रथम कुटीर उद्योग का विकास हुआ था।

102. (a) आर.बी.आई. (RBI) के खुले बाजार संचालन का आशय शेयरों के क्रय-विक्रय से है।

103. (c) सतीश धवन अन्तरिक्ष केन्द्र श्री हरिकोटा में स्थित है।

104. (b) द्वितीय विश्वयुद्ध के समय इंग्लैण्ड के प्रधानमन्त्री विन्स्टन चर्चिल ने कहा था कि 'डोडो' की भांति साम्राज्यवाद दिवंगत हो चुका है।

105. (b) ओन्कोलॉजी (Oncology)-कैन्सर या ट्यूमर का अध्ययन जेरेन्टोलॉजी-वृद्धावस्था से सम्बन्धित तथ्यों का अध्ययन टैरेटोलॉजी-किसी व्यक्ति के भौतिक विकास की असमानता का अध्ययन आर्निथोलॉजी-पक्षियों से सम्बन्धित अध्ययन

106. (c) भारत में केन्द्र-राज्य वित्तीय सम्बन्ध वित्त आयोग की संस्तुति से निर्धारित होते हैं। संविधान के अनुच्छेद-280 में वित्त आयोग के गठन का प्रावधान किया गया है। वित्त आयोग के गठन का अधिकार राष्ट्रपति को दिया गया है। वित्त आयोग में राष्ट्रपति द्वारा एक अध्यक्ष एवं चार अन्य सदस्य नियुक्त किए जाएंगे। अब तक 13 वित्त आयोगों का गठन किया जा चुका है। राज्य वित्त आयोग का गठन भारतीय संविधान के अनुच्छेद 243(1) के द्वारा किया जाता है। प्रथम वित्त आयोग के अध्यक्ष के.सी. नियोगी थे।

107. (c) विवाह, विवाह-विच्छेद और गोद लेना संविधान की सातवीं सूची में सूची-III समवर्ती सूची में सम्मिलित किए गए हैं। समवर्ती सूची में 52 विषयों को शामिल किया गया है, जिन पर कानून बनाने का अधिकार संसद तथा राज्य विधानमण्डल दोनों को दिया गया है। यदि इस सूची में वर्णित विषयों पर संसद तथा राज्य विधानमण्डल दोनों द्वारा कानून बनाया जाता है और यदि दोनों में कानूनों में विरोध है, तो संसद द्वारा निर्मित कानून लागू होगा। इस सूची में जिन विषयों को शामिल किया गया है, उनमें से प्रमुख हैं-राष्ट्रीय जलमार्ग, परिवार नियोजन, जनसंख्या नियन्त्रण, समाचार-पत्र, कारखाना, शिक्षा, आर्थिक तथा सामाजिक योजना आदि।

108. (a) लोकसभा एवं राज्यसभा की गणपूर्ति या कोरम कुल सदस्य संख्या का दसवाँ भाग अर्थात् 55 सदस्य होता है। लोकसभा एवं राज्यसभा के अधिवेशन राष्ट्रपति के द्वारा ही बुलाए और स्थगित किए जाते हैं। लोकसभा की दो बैठकों में 6 माह से अधिक का अन्तर नहीं होना चाहिए।

109. (c) अस्पृश्यता उन्मूलन (Abolition of Untouchability) राज्य के नीति निदेशक सिद्धान्त के अन्तर्गत नहीं आता है। अस्पृश्यता उन्मूलन संविधान के मौलिक अधिकार में शामिल है। संविधान के अनुच्छेद 17 में इसका उल्लेख किया गया है। सामाजिक समता में अभिवृद्धि करने के लिए संविधान में प्रावधान किया गया है कि अस्पृश्यता की कुरीति को समाप्त किया जाए। अस्पृश्यता से उपजी किसी निर्योग्यता को लागू करना अपराध होगा जो विधि के अनुसार दण्डनीय होगा। अस्पृश्यता का अन्त करने के लिए कानून बनाने का अधिकार संसद को अनुच्छेद-35 द्वारा दिया गया है।

110.(b) राष्ट्रीय ध्वज का संरक्षण भारतीय नागरिक का मूल कर्त्तव्य है। सरदार स्वर्ण सिंह समिति की अनुशंसा पर संविधान के 42वें संशोधन (1976 ई.) के द्वारा मौलिक कर्त्तव्य का संविधान से जोड़ा गया। इसे भाग 4 (क) में अनुच्छेद 51 (क) के तहत रखा गया है। इसे रूस के संविधान से लिया गया है।

111. (a) हुगली की सहायक नदी दामोदर है। इसकी एक ओर प्रमुख सहायक नदी जलांगी है।

112. (d) हीराकुड बांध परियोजना महानदी पर बनाई गई परियोजना है। इससे उड़ीसा राज्य को शक्ति उत्पादन (बिजली) एवं सिंचाई का लाभ मिलता है। चम्बल परियोजना चम्बल नदी पर स्थित है। इससे राजस्थान तथा मध्य प्रदेश को लाभ मिलता है। मयूरांक्षी परियोजना मुरली नदी पर स्थित है। इस परियोजना से पश्चिम बंगाल, बिहार (झारखण्ड) को लाभ मिलता है। शरावती परियोजना शरावती नदी पर बनाई गई है, और इस परियोजना से कर्नाटक, केरल, तमिलनाडु एवं महाराष्ट्र को लाभ मिलता है।

113.(c)

सूची-I	सूची-II
A. ब्रजराज नगर	4. कागज
B. कैमूर	1. सीमेन्ट
C. हल्दिया	3. पेट्रो-रसायन
D. फूलपुर	2. उर्वरक

114.(d)

सूची-I	सूची-II
A. खनिज तेल	3. गुजरात
B. जिप्सम	4. राजस्थान
C. सोना	2. कर्नाटक
D. बॉक्साइट	1. उड़ीसा

115.(d) पर्यावरण एवं वन मन्त्रालय, भारत सरकार की 2010 की रिपोर्ट के अनुसार प्रश्न में दिए गए राज्यों/केन्द्रशासित प्रदेशों में भौगोलिक क्षेत्रफल के सन्दर्भ में वनों का क्षेत्रफल निम्नलिखित है-

(a) मिजोरम - 91.27%

(b) नागालैण्ड - 81.21%

(c) अण्डमान एवं निकोबार - 80.76%

(d) त्रिपुरा- 17.94%

116.(a) 2011 की जनगणना के अनुसार दिए गए राज्यों में लिंग अनुपात निम्नलिखित प्रकार हैं-

(a) गुजरात-919 (b) मणिपुर-985

(c) तमिलनाडु-996 (d) छत्तीसगढ़-991

117.(d) 'ब्रह्म कमल' प्राकृतिक रूप से फूलों की घाटी में पाया जाता है।

118. (c) भारतीय अंतरिक्ष अनुसंधान संगठन 22 मई को देश के नवीनतम रडार इमेजिंग उपग्रह RISAT-2B को लॉन्च करने वाला है।

इसे 48वें उड़ान में वर्कहॉर्स रॉकेट PSLV-C46 द्वारा लांच किया जाएगा। RISAT-2B एक आधुनिक रडार इमेजिंग पृथ्वी अवलोकन उपग्रह है। इसे पृथ्वी से 555 किमी की कक्षा में रखा जाएगा।

119. (c) ग्लोबल वेल्थ माइग्रेशन रिव्यू, 2019 नामक रिपोर्ट के अनुसार साल 2018 में देश छोड़ने वाले अमीरों की संख्या के मामले में भारत दुनिया का तीसरा देश बन गया है। वर्ष 2018 में करीब 5000 करोड़पति या उच्च संपत्ति वाले व्यक्तियों ने देश छोड़ा था। ज्ञात हो कि यह संख्या देश के उच्च संपत्ति वाले व्यक्तियों की संख्या का कुल दो फीसदी हिस्सा है।

120. (c) व्यापक परीक्षण प्रतिबंध संधि संगठन (CTBTO) के कार्यकारी सचिव, लसीना ज़ेरबो ने भारत को CTBTO में पर्यवेक्षक बनने के लिए आमंत्रित किया है। भारत का पर्यवेक्षक के रूप में शामिल होना एक अच्छा प्रारंभिक बिंदु है। विदित हो कि एक पर्यवेक्षक होने के नाते, भारत को अंतर्राष्ट्रीय निगरानी प्रणाली से डेटा तक पहुंच प्रदान की जाएगी ।

121. (c) भारतीय कर्मचारी महासंघ के नवीनतम आंकड़ों के अनुसार भारतीय प्रौद्योगिकी उद्योग, अगले पांच वर्षों में तीन मिलियन नई नौकरियों को सृजित करेगा। इसके अतिरिक्त वर्ष 2023 तक देश की तकनीकी सेना का आकार 7 मिलियन हो जाएगा। ये सभी नई नौकरियां डिजिटल तकनीक (कृत्रिम बुद्धिमत्ता), मशीन लर्निंग, इंटरनेट ऑफ़ थिंग्स, डेटा साइंस, एनालिटिक्स, बिग डेटा, और ब्लॉकचैन जैसे डिजिटल प्रौद्योगिकी क्षेत्रों में उपलब्ध होंगी।

122. (b) प्रसिद्ध हॉलीवुड अभिनेत्री डोरिस डे का 97 साल की उम्र में निधन हो गया। वह गर्ल-नेक्स्ट-डोर के लिए चर्चित हुई थीं। अपने करियर के दौरान उन्होंने हॉलीवुड की शीर्ष महिला बॉक्स ऑफिस आकर्षण के रूप में शासन किया। उन्होंने वर्ष 1948 से 1968 तक लगभग 40 फिल्मों में अभिनय किया।

123. (c) स्वीडन की 16 साल की किशोरी ग्रेटा थुनबर्ग ने प्रधानमंत्री मोदी को पर्यावरण संकट को गंभीरता से लेने और इस पर कदम उठाने का सन्देश दिया है। ग्रेटा पर्यावरण संरक्षण के लिए मुहिम चलाने के बाद दुनियाभर में चर्चित हुई हैं। वह पर्यावरण संरक्षण के लिए होने वाले प्रदर्शनों की पोस्टर गर्ल है।

124. (c) अमेरिका और ईरान के बीच बढ़ते तनाव के बीच हॉर्मुज जलडमरूमध्य से होने वाले तेल निर्यात के रास्ते में सऊदी अरब के दो तेल टैंकरों पर हमला हुआ है। यूएई के विशेष आर्थिक जोन में टैंकरों पर उस समय हमला किया गया जब ये जहाज अरब खाड़ी को पार कर रहे थे। जहाजों पर फुजैरा शहर के अपतटीय क्षेत्र में हमला किया गया। ज्ञात हो कि फुजैरा पोर्ट यूएई का अकेला ऐसा टर्मिनल है जो अरब सागर के तट पर स्थित है।

125. (a) संयुक्त राष्ट्र महासभा ने जून में पुर्तगाल के लिस्बन में उच्च स्तरीय महासागरीय सम्मेलन 2020 आयोजित करने का फैसला किया है। इस सम्मेलन का उद्देश्य महासागरों, समुद्रों और समुद्री संसाधनों के स्थायी उपयोग का समर्थन करना है।

126. (b) पद्मश्री से सम्मानित भोजपुरी लोक गायक हीरालाल यादव का 93 वर्ष की आयु में निधन हो गया। वे एक दिग्गज संगीतकार थे। यादव 'बिरहा सम्राट' के नाम से प्रसिद्ध थे। यादव को जनवरी 2019 में पद्म श्री पुरस्कार से सम्मानित किया गया था और 2015 में उत्तर प्रदेश सरकार द्वारा यश भारती पुरस्कार से भी सम्मानित किया गया था।

127. (b) 14वाँ जी-20 शिखर सम्मेलन जापान के ओसाका में 28-29 जून, 2019 तक आयोजित किया गया। इस सम्मेलन में अमेरिकी राष्ट्रपति डोनाल्ड ट्रम्प और चीन के राष्ट्रपति शी जिनपिंग की मुलाकात हुई। उल्लेखनीय है कि 15वाँ सम्मेलन सऊदी अरब के रियाद में वर्ष 2020 में आयोजित होगा और इस समूह का 13वाँ सम्मेलन अर्जेंटीना में वर्ष 2018 में संपन्न हुआ था।

128. (b) विश्व व्यापार संगठन की मंत्रिस्तरीय बैठक 13 और 14 मई, 2019 के मध्य नई दिल्ली, भारत में आयोजित हुई । इस बैठक में विवाद निपटान संस्था को लेकर गतिरोध और अमीर देशों द्वारा विकासशील देशों को कुछ विशेष व्यापार लाभ देने से इनकार करने जैसे मुद्दों पर विशेष बल दिया गया। यह बैठक वर्ष 2020 में कज़ाखस्तान में आयोजित होने वाले विश्व व्यापार संगठन के 12वें मंत्रिस्तरीय सम्मेलन से पहले आयोजित एक महत्त्वपूर्ण बैठक है।

129. (c) भारतीय क्रिकेट टीम के कप्तान विराट कोहली को सिएट इंटरनेशनल क्रिकेटर ऑफ द ईयर चुना गया। उन्हें साल का सर्वश्रेष्ठ बल्लेबाज भी घोषित किया गया। रोहित शर्मा को एकदिवसीय और चेतेश्वर पुजारा को टेस्ट क्रिकेटर ऑफ द ईयर का अवॉर्ड दिया गया।

130. (d) जी.एस.लक्ष्मी आईसीसी इंटरनेशनल पैनल ऑफ मैच रेफरी में नियुक्त होने वाली पहली महिला बन गई हैं। 51 वर्षीय जी. एस. लक्ष्मी पुरुषों के वर्चस्व वाले एक दिवसीय मैच में नियुक्त होने वाली पहली महिला रेफरी हैं।

131. (c) भारतीय रिजर्व बैंक ने अपने पूर्व उप-राज्यपाल आर. गांधी को निजी क्षेत्र के यस बैंक में अतिरिक्त निदेशक नियुक्त किया है। उनकी नियुक्ति दो साल के लिए है। वह 13 मई 2021 तक इस पद पर रहेंगे।

132. (b) यूक्रेन के राष्ट्रपति वोलोदिमिर जेलेंस्की पर चुनाव के दिन टीवी मीडियाकर्मियों और फोटोग्राफर्स को अपना मतपत्र दिखाने के मामले में जुर्माना लगाया गया है। राजधानी कीव की एक स्थानीय अदालत ने मतदान की गोपनीयता की रक्षा करने वाले चुनावी कानून को तोड़ने के लिए जेलेंस्की पर 32 अमेरिकी डॉलर या 2,225 रुपये का जुर्माना लगाया है।

133. (a)

a[c] b [c] c[b] /a[c] bc [c] b/ [a] cb

श्रेणी का लुप्त अक्षर समूह

= ccbcca

134. (d) शब्दकोश के अनुसार शब्दों का क्रम :

3. Objection
↓
2. Objective
↓
4. Obligation
↓
5. Oblivion
↓
1. Obscure

135. (a) वेन आरेख से,

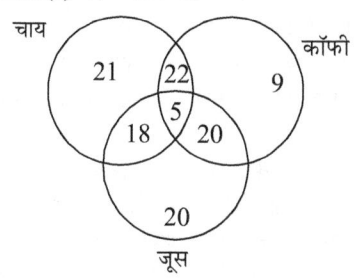

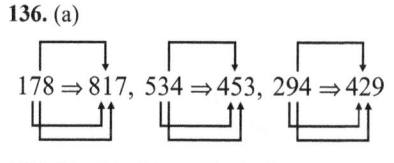

चाय
कॉफी
जूस
21
22
9
5
18
20
20

136. (a)

178 ⇒ 817, 534 ⇒ 453, 294 ⇒ 429

137. (b) $53 \div 31 \Longrightarrow 8 \div 4 = 2;$

$45 \div 27 \Longrightarrow 9 \div 9 = 1;$

$69 \div 32 \Longrightarrow 15 \div 5 = 3;$

इसी प्रकार

$97 \div 26 \Longrightarrow 16 \div 8 = 2;$

138. (d) जिस प्रकार,

M	U	S	T	A	R	D
↓	↓	↓	↓	↓	↓	↓
13	21	19	20	1	18	4

उसी प्रकार,

P	R	O	F	U	S	E
↓	↓	↓	↓	↓	↓	↓
16	18	15	6	21	19	5

139. (b) **140.** (b) **141.** (b)

142. (c)

143. (c) माना पुस्तक में कुल पृष्ठों की संख्या x है

∴ पहले दिन पढ़ी गई पृष्ठों की संख्या

$= \frac{3x}{8}$

∴ शेष पृष्ठों की संख्या $= x - \frac{3x}{8} = \frac{5x}{8}$

∴ दूसरे दिन पढ़ी गई पृष्ठों की संख्या

$= \frac{5x}{8} \times \frac{4}{5} = \frac{x}{2}$

∴ दूसरे दिन पढ़ी गई पृष्ठों की संख्या

$= x - \frac{x}{2} - \frac{3x}{8} = \frac{x}{8}$

$\because \frac{x}{8} = 30$

$\therefore x = 240$

144. (b) $\therefore \frac{(64)^{x+1}}{} = \frac{64}{4^x}$

$\Rightarrow (64)^x \times 4^x = 1$

$\Rightarrow (4)^{4x} \times = 1 = 4^o$

$\Rightarrow 4x = 0 \;\therefore\; x = 0$

145. (b)

2	1848
2	924
2	462
3	231
7	77
	11

∴ विषम संयुक्त विभाजकों की संख्या = 3

146. (b) $\sqrt[3]{0.000125} = 0.05$

147. (b) व्यंजक $= \frac{0.005184}{0.432}$

$= \frac{5184}{432 \times 1000}$

$= \frac{12}{1000} = 0.012$

148. (c) सही सुमेलन इस प्रकार है-

सूची-I (औद्योगिक संस्थान)	**सूची-II (नगर)**
इंडियन टेलीफोन इंडस्ट्रीज	- रायबरेली
ट्रांसफॉर्मर फैक्ट्री	- झांसी
कृत्रिम अंग निर्माण निगम	- कानपुर
उर्वरक कारखाना	- फूलपुर

149. (b) थारू जनजाति उत्तराखंड के नैनीताल जिले से उत्तर प्रदेश के गोरखपुर जिले तक तराई क्षेत्र में निवास करती है। प्रश्नकाल में यह उत्तर प्रदेश की सर्वाधिक जनसंख्या वाली जनजाति थी। थारू हिंदू धर्म को मानते हैं तथा हिंदुओं के सभी त्यौहार मानते हैं। ये दीपावली को 'शोक के रूप में' मनाते हैं। इस दिन ये अपने पूर्वजों को भेंट आदि प्रदान करते हैं जिसे 'रोटी' कहा जाता है। सहरिया जनजाति मध्य प्रदेश के गुना, शिवपुरी एवं मुरैना जिलों में निवास करती है जो उत्तर प्रदेश के ललितपुर जिले में भी पाई जाती है। धुरिया, गोंड समूह की ही एक उपजाति है जो उत्तर प्रदेश के सिद्धार्थ नगर, बस्ती और गोरखपुर जिलों में निवास करती है। जनगणना 2011 के अनुसार गोंड जनजातीय समूह उत्तर प्रदेश का सबसे बड़ा जनजातीय समूह है।

150. (b) सही सुमेलन इस प्रकार है-

जोश - मलीहाबाद

रघुपति सहाय फिराक - गोरखपुर (जन्मभूमि)

(इलाहाबाद इनके जीवन की कर्मभूमि थी। वे इलाहाबाद विश्वविद्यालय में अंग्रेजी विभाग में उच्च शैक्षिक थे। कानपुर से कोई संबंध नहीं था)

जिगर - मुरादाबाद

चकबस्त - लखनऊ

151. (c) सही सुमेलन इस प्रकार है-

सूची-I (कांग्रेस का अधिवेशन वर्ष)	**सूची-II (उत्तर प्रदेश में कांग्रेस अधिवेशन का स्थान)**
1892	- इलाहाबाद (अध्यक्ष-डब्ल्यू.सी. बनर्जी)
1905	- वाराणसी (अध्यक्ष-गोपाल कृष्ण गोखले)
1936	- लखनऊ (अध्यक्ष-जवाहर लाल नेहरू)
1946	- मेरठ (अध्यक्ष-जे. बी. कृपलानी)

152. (b) शंभू महाराज लखनऊ घराने के कत्थक नृत्य कलाकार थे। इनके पिता कालका प्रसाद महाराज, चाचा बिंदादीन, बड़े भाई अच्छन महाराज तथा लच्छू महाराज थे जिनसे इन्होंने नृत्य की शिक्षा ली। उन्होंने उस्ताद रहीमुद्दीन खान से हिन्दुस्तानी शास्त्रीय संगीत की शिक्षा ग्रहण की थी।

153. (b) सही सुमेलन इस प्रकार है-

सूची-I		**सूची-II**
कनक भवन	-	अयोध्या
कामदगिरी पर्वत	-	चित्रकूट
कालिंजर दुर्ग	-	बांदा
देवाशरीफ	-	बाराबंकी

154. (b) उ.प्र. में राष्ट्रीय कथक संस्थान लखनऊ में स्थित है। इसकी स्थापना एक स्वायत्तशासी संस्थान के रूप में संस्कृति विभाग के अंतर्गत की गई थी जिसका उद्देश्य राष्ट्रीय स्तर पर कथक के विभिन्न घरानों की परंपराओं का अभिलेखीकरण, युवा प्रतिभाओं को प्रोत्साहन, वरिष्ठ कलाकारों का संरक्षण एवं नृत्य का संवर्द्धन है।

155. (d) उत्तर प्रदेश में आयोजित किए जाने वाले उपर्युक्त मेलों एवं उनके आयोजन स्थलों का सही सुमेलन इस प्रकार है-

सूची-I (मेला)		**सूची-II (आयोजन स्थान)**
बटेश्वर	-	आगरा
देवा	-	बाराबंकी
हरिदास जयंती	-	वृंदावन
नौचंदी	-	मेरठ

156. (c) शेरशाह सूरी निर्मित लगभग 2500 किमी. लंबी ग्रांड ट्रंक (GT) रोड सोनार गांव (बंगाल) से प्रारंभ होकर धनबाद, डेहरी आन सोन, मुगलसराय, वाराणसी, इलाहाबाद, कानपुर, कन्नौज, आगरा, गाजियबाद, दिल्ली, अम्बाला, लुधियाना, लाहौर, पेशावर, खैबर दर्रा होते हुए अफगानिस्तान के काबुल में समाप्त होती है।

157. (d)	**158.** (d)	**159.** (c)
160. (c)	**161.** (b)	**162.** (d)
163. (c)	**164.** (a)	**165.** (d)
166. (d)	**167.** (b)	**168.** (c)
169. (a)	**170.** (a)	**171.** (c)
172. (b)	**173.** (a)	**174.** (a)
175. (a)	**176.** (a)	**177.** (c)
178. (b)	**179.** (b)	**180.** (d)
181. (b)	**182.** (d)	**183.** (c)
184. (d)	**185.** (d)	

186. (c) आई.पी.एड्रेस (IP Address) एक 32 बिट बाइनरी नम्बर होता है जिसके द्वारा इंटरनेट पर उपस्थित किसी कम्प्यूटर को एकीकृत रूप में पहचाना जाता है। प्रत्येक वह कम्प्यूटर जो इंटरनेट से जुड़ा होता है उसका अपना एक IP एड्रेस होता है। जबकि ईथरनेट एक लोकल एरिया नेटवर्क है। आई पी एड्रेस (ठिकाना), ईथरनेट, राउटर्स संगठक स्कुरण (Computer animation) क्षेत्र से संबंधित शब्द है।

187. (b) माइक्रोसॉफ्ट, नेट (Microsoft.NET) फ्रेमवर्क एक सॉफ्टवेयर संरचना है जो माइक्रोसॉफ्ट विण्डोज ऑपरेटिंग सिस्टम पर चल रहे कम्प्यूटर पर स्थापित किये जा सकते हैं। माइक्रोसॉफ्ट, नेट एक बद्धस्रोत है।

188. (c) इंटरनेट इंटरनेशनल नेटवर्किंग का संक्षिप्ताक्षर है। इंटरनेट दुनिया भर में फैले हुए छोटे बड़े कम्प्यूटरों का एक विशाल नेटवर्क है, जो टेलीफोन लाइनों के माध्यम से एक-दूसरे से सम्पर्क स्थापित करते हैं। यह नेटवर्कों का नेटवर्क है। इंटरनेट का आरंभ 1969 में अमेरिकी रक्षा विभाग द्वारा अर्पानेट द्वारा किया गया।

189. (c) सी + + (C + +) एक ऑब्जेक्ट ओरिएंटेड (वस्तुनिष्ठ) प्रोग्रामिंग भाषा है। यह बोलचाल की अंग्रेजी भाषा के करीब है। हालाँकि यह भाषा संक्षिप्त और सशक्त है, पर यह एक कठिन भाषा है।

190. (b) एक गीगाबाइट का अर्थ एक अरब बाइट है (अर्थात् 10024 मेगाबाइट) बाइटों की गणना दो के घातांक में की जाती है। अत: एक गीगाबाइट में 1, 07, 37, 41, 824 बाइट होते हैं।

191. (c) एप्लिकेशन सॉफ्टवेयर (अनुप्रयोग तंत्रांश) एक प्रोग्रामों का समूह है जो किसी विशिष्ट कार्य के लिए तैयार किये जाते हैं। वर्ड प्रोसेसिंग, स्प्रेडशीट और डाटा बेस एप्लिकेशन सॉफ्टवेयर के उदाहरण हैं। जबकि सिस्टम सॉफ्टवेयर (पारितंत्र तंत्रांश) के उदाहरण हैं डॉस, विन्डोस, युनिक्स, मैसिन्टास आदि।

192. (c) सीपीयू (सेन्ट्रल प्रोसेसिंग यूनिट) कम्प्यूटर के सभी क्रिया-कलापों को नियंत्रिय करता है तथा अन्य उपकरणों को निर्देश देता है। यह मूलभूत गणनाएं भी करता है। अत: इसे कम्प्यूटर का मस्तिष्क कहा जाता है। जबकि एएलयू (ALU) अरिथमैटिक लॉजिक यूनिट का संक्षिप्त रूप है जो कम्प्यूटर के प्रोसेसर में रहता है तथा मूलभूत गणनाएँ (जोड़, घटाव, गुणा, भाग) करता है।

193. (a) प्रीइम्पटिव सिड्यूलिंग (रिक्तिपूर्व अनुसूचन) उन प्रक्रियाओं को अनुमति प्रदान करने की रणनीति है, जो कि तार्किक रूप से रन करने योग्य है, लेकिन अस्थाई रूप से निलंबित है।

194. (d) एक कम्प्यूटर से इंटरनेट के द्वारा आपके कम्प्यूटर में फाइल्स ट्रांसफर की प्रक्रिया डाउनलोडिंग कहलाती है जबकि FTP (फाइल ट्रांसफर प्रोटोकॉल) एक मानक प्रोटोकॉल होता है जिसके आधार पर गलती रहित फाइल का ट्रांसफर किया जाता है। मूलत: प्रोटोकॉल कुछ विशेष नियमों का समूह होता है।

195. (b) MS Word में यह सत्यापित करने के लिए कि नोट टेक्स्ट पेज पर उचित रूप से रखा गया है प्रिंट लेआउट व्यू में करें या डॉक्यूमेंट को प्रिंट प्रिव्यू में डिस्प्ले करें। जबकि पेज लेआउट में स्क्रीन उस तरह दिखता है जैसे प्रिंट करने पर पेज दिखाई देता है।

196. (c) MS Word-2007 (या इससे आगे वाले वर्जन) में, पिक्चर वॉटरमार्क इन्सर्ट करने के लिए कस्टम ऑप्शंस चुनना, पेज लेआउट मेनू वॉटरमार्क सबमेनू से पिक्चर सलेक्ट करना सर्वश्रेष्ठ तरीका है।

197. (a) क्लाउड कम्प्यूटिंग वास्तव में इंटरनेट-आधारित प्रक्रिया और कम्प्यूटर्स एप्लिकेशन का इस्तेमाल है। गूगल एप्स क्लाउड कम्प्यूटिंग का एक उदाहरण है। यह एक इंटरनेट आधारित कम्प्यूटिंग का प्रकार है जो मांग पर कम्प्यूटर्स तथा अन्य डिवाइसेज को शेयर्ड कम्प्यूटर प्रोसेसिंग रिसोर्सेज तथा डेटा प्रदान करता है।

198. (b) मेमोरी डिस्क की सबसे छोटी इकाई जिस पर डाटा को लिखा जाता हैं, सेक्टर कहलाता है। हार्ड डिस्क ट्रैक्स में विभाजित होती है, तो आगे सेक्टर्स में उपविभाजित होते हैं।

199. (d) MS-DOS में वर्तमान में लॉग्ड ड्राइव के सबडाइरेक्ट्री स्ट्रक्चर को डिस्प्ले करने तथा प्रत्येक स्क्रीन के सूचना से भर जाने के बाद स्क्रीन डिस्प्ले के ठहराव के लिए Tree/more कमांड का उपयोग किया जाता है।

200. (a) MS-PPT 2007 में एक ही प्रेजेंटेशन लगातार प्रदर्शित करने के लिए विकल्प "Loop continuously until Ese" लागू करके प्रदर्शित की जा सकती है।

❑❑❑

प्रैक्टिस सेट–5

1. मीमांसा के प्रणेता थे-
(a) कणाद (b) वशिष्ठ
(c) विश्वामित्र (d) जैमिनी

2. कौन-सा सबसे प्राचीन वेद है?
(a) अथर्ववेद (b) ऋग्वेद
(c) सामवेद (d) यजुर्वेद

3. हिन्दू पौराणिक कथा के अनुसार समुद्र मंथन हेतु किस सर्प ने रस्सी के रूप में स्वयं को प्रस्तुत किया?
(a) कालिया (b) वासुकी
(c) पुष्कर (d) शेषनाग

4. 'श्रीमद् भागवद् गीता' मौलिक रूप में किस भाषा में लिखी गई थी?
(a) संस्कृत (b) उर्दू
(c) पाली (d) हिन्दी

5. योग के आविष्कारक थे-
(a) आर्यभट्ट (b) चरक
(c) पतंजलि (d) रामदेव

6. मीनाक्षी मंदिर कहां अवस्थित है?
(a) चेन्नई (b) कोलकाता
(c) मदुराई (d) महाबलीपुरम्

7. आर्यभट्ट थे-
(a) भारतीय राजनीतज्ञ
(b) भारतीय गणितज्ञ एवं खगोल शास्त्री
(c) भारतीय संस्कृत के विद्वान एवं कवि
(d) इनमें से कोई नहीं

8. 'गीत गोविन्द' के रचयिता कौन है?
(a) विद्यापति (b) सूरदास
(c) जयदेव (d) मीराबाई

9. पुरी में 'रथयात्रा' किसके सम्मान में निकाली जाती है?
(a) भगवान राम के
(b) भगवान विष्णु के
(c) भगवान जगन्नाथ के
(d) भगवान शिव के

10. निम्नलिखित में से किस प्रथा की शुरुआत राजपूतों के समय में हुई?
(a) सती-प्रथा
(b) बाल-विवाह
(c) जौहर प्रथा
(d) इनमें से किसी की नहीं

11. 'रामचरित मानस' नामक ग्रंथ के रचयिता थे-
(a) तुलसीदास (b) वाल्मीकि
(c) सूरदास (d) वेद व्यास

12. भारत में निम्नलिखित नगरों में से किसे 'गुलाबी नगरी' कहते हैं?
(a) मैसूर (b) जयपुर
(c) चंडीगढ़ (d) श्रीनगर

13. भारत वर्ष में ब्रिटिश साम्राज्य का संस्थापक कौन था?
(a) वारेन हेस्टिंग्स
(b) लॉर्ड अमहर्स्ट
(c) लॉर्ड रॉबर्ट क्लाइव
(d) लॉर्ड विलियम बेंटिक

14. सूची-I को सूची-II से सुमेलित कीजिए तथा नीचे दिये गये कूट से सही उत्तर चुनियें–

सूची-I	सूची-II
A. गद्दी	1. मेघालय
B. टोडा	2. हिमाचल प्रदेश
C. खासी	3. मणिपुर
D. नागा	4. तमिलनाडु

	A	B	C	D
(a)	1	2	4	3
(b)	3	1	2	4
(c)	4	3	2	1
(d)	2	4	1	3

15. सोपान कृषि कहाँ की जाती है?
(a) पहाड़ों के ढलान पर
(b) शुष्क क्षेत्रों में
(c) छतों पर
(d) पहाड़ों की चोटी पर

16. भारत भूमि पर सबसे अधिक व्यापक रूप में कौन-सी मिट्टी फैली हुई है?
(a) लेटेराइट मिट्टी
(b) काली मिट्टी
(c) जलोढ़ मिट्टी
(d) कच्छी (दलदली) मिट्टी

17. भारत की कितनी प्रतिशत आबादी कृषि कार्यों में संलग्न है?
(a) 85% (b) 70%
(c) 55% (d) 40%

18. भारत के सर्वोच्च न्यायालय का परामर्शदात्री अधिकार से प्रयुक्त होता है कि वह–
(a) सार्वजनिक महत्व के कानूनी या तथ्यात्मक मामलों में राष्ट्रपति को परामर्श दे सकता है
(b) सभी संवैधानिक मामलों में भारत सरार को परामर्श दे सकता है
(c) विधिक मामलों में प्रधानमन्त्री को परामर्श दे सकता है
(d) उपर्युक्त सभी व्यक्तियों को परामर्श दे सकता है

19. भारत का संघीय न्यायालय निम्नलिखित में से किस वर्ष में स्थापित किया गया था?
(a) 1935 (b) 1937
(c) 1946 (d) 1947

20. भारतीय संविधान की प्रस्तावना में 'धर्मनिरपेक्ष' व 'समाजवादी' शब्द जोड़े गये–
(a) 39वें संशोधन द्वारा
(b) 41वें संशोधन द्वारा
(c) 42वें संशोधन द्वारा
(d) 44वें संशोधन द्वारा

21. निम्नलिखित में से भारतीय संविधान के किस संशोधन द्वारा अनुच्छेद 19(1)(c) में 'सहकारी समितियाँ' शब्द जोड़ा गया?
(a) 42वाँ संशोधन अधिनियम, 1976
(b) 73वाँ संशोधन अधिनियम, 1993
(c) 97वाँ संशोधन अधिनियम, 2011
(d) 36वाँ संशोधन अधिनियम, 1975

22. गोताखोरों (Divers) के साँस लेने सम्बन्धी क्रिया में उपयोग की जाने वाली गैसें हैं–
(a) ऑक्सीजन तथा नाइट्रोजन
(b) ऑक्सीजन तथा हीलियम
(c) ऑक्सीजन तथा ऑर्गन
(d) ऑक्सीजन तथा नियॉन

23. कोहरा, बादल, कुहासा...........के उदाहरण हैं?
(a) एरोसॉल (b) ठोस सॉल
(c) झाग (d) जैल

24. भारत के प्रथम एवं अंतिम भारतीय गवर्नर- जनरल थे-
(a) आर.एम. गोपाला
(b) डॉ. एस. राधाकृष्णन
(c) सी. राजगोपालाचारी
(d) रामानुज आचार्य

25. अलीपुर सेण्ट्रल जेल स्थित है-
(a) मुम्बई में (b) कोलकाता में
(c) चेन्नई में (d) दिल्ली में

26. 'स्वराज' पार्टी का गठन किया गया था-
(a) बी.जी. तिलक तथा महात्मा गांधी द्वारा
(b) विपिन चन्द्र पाल तथा लाला लाजपत राय द्वारा
(c) सी.आर. दास तथा पंडित मोतीलाल नेहरू द्वारा
(d) सरदार पटेल तथा राजेन्द्र प्रसाद द्वारा

27. 'सेण्ट्रल लेजिस्लेटिव एसेम्बली' का प्रथम भारतीय अध्यक्ष (स्पीकर) कौन था?
(a) सह हरी सिंह गौर
(b) विट्ठल भाई जे. पटेल
(c) वल्लभ भाई जे. पटेल
(d) पुरुषोत्तम दास टंडन

28. 'भारतीय स्वतंत्रता अधिनियम' (द इण्डियन इण्डिपेण्डेंस ऐक्ट) ब्रिटिश संसद द्वारा पारित किया गया-
(a) जनवरी, 1947 में
(b) जुलाई, 1947 में
(c) अगस्त, 1947 में
(d) अगस्त, 1946 में

29. ''लेण्डमार्क्स इन इण्डियन कॉन्स्टीटयूशनल एण्ड नेशनल डेवलपमेन्ट'' नामक पुस्तक के लेखक कौन हैं?
(a) बिपिन चन्द्र
(b) गुरुमुख निहाल सिंह
(c) बी.आर. नन्दा
(d) राम गोपाल

30. निम्नलिखित में से कौन कभी भी 'भारतीय राष्ट्रीय कांग्रेस' का अध्यक्ष नहीं बना?
(a) बी.जी. तिलक
(b) बदरूद्दीन तैयबजी
(c) जी.के. गोखले
(d) सुभाषचन्द्र बोस

31. 'हरिजन' के प्रारम्भकर्ता थे-
(a) तिलक (b) गोखले
(c) गांधीजी (d) नौरोजी

32. 'लाल कुर्ती' आन्दोलन के नेता थे-
(a) मौलाना आजाद
(b) खान अब्दुल गफ्फार खां
(c) मोहम्मद अली जिन्ना
(d) इकबाल

33. 'नेहरू रिपोर्ट' तैयार की थी-
(a) एम.एल. नेहरू ने
(b) जे. नेहरू ने
(c) आर.के. नेहरू ने
(d) बी.एल. नेहरू ने

34. भारतीय राष्ट्रीय कांग्रेस का प्रथम मुस्लिम अध्यक्ष कौन था?
(a) बदरूद्दीन तैयबजी
(b) अबुल कलाम आजाद
(c) रफी अहमद किदवई
(d) एम.ए. अन्सारी

35. दिल्ली भारत की राजधानी कब बनी?
(a) 1910 में (b) 1911 में
(c) 1916 में (d) 1923 में

36. निम्न में से कौन-सी पत्रिका मौलाना अबुल कलाम आजाद के द्वारा निकाली गयी थी?
(a) अल-हिलाल
(b) जमींदार
(c) इण्डिका सोशलिस्ट
(d) कॉमरेड

37. 'पंजाबी केसरी' की उपाधि किसको दी गई थी?
(a) भगत सिंह
(b) रणजीत सिंह
(c) लाला लाजपत राय
(d) लाल हरदयाल

38. डॉ. अम्बेडकर एवं गांधीजी के मध्य हुए एक समझौते को कहा जाता है-
(a) कलकत्ता समझौता
(b) लंदन समझौता
(c) पूना समझौता (पूना पैक्ट)
(d) लाहौर समझौता

39. शारदा ऐक्ट का संबंध है-
(a) बाल विवाह निषेध से
(b) अन्तर्जातीय विवाह निषेध से
(c) विधवा पुनर्विवाह निषेध से
(d) जन जातीय विवाह निषेध से

40. नीचे स्वाधीनता संग्रामियों तथा उनके द्वारा प्रारम्भ समाचार पत्रों के नाम दिये जा रहे हैं। इनमें से कौन-सा जोड़ा गलत है?
(a) मौलाना आजाद - अल-हिलाल
(b) लोकमान्य तिलक - केसरी
(c) जवाहरलाल नेहरू - नेशनल हेराल्ड
(d) महात्मा गांधी - द पायनीयर

41. निम्नलिखित में से किसे 'केप कॉमोरिन' के नाम से भी जाना जाता है?
(a) मिजोरम (b) कश्मीर
(c) कन्याकुमारी (d) गुजरात

42. झारखण्ड राज्य की राजधानी निम्नलिखित में से कौन-सी है?
(a) जमशेदपुर (b) पटना
(c) रांची (d) धनबाद

43. वन अनुसंधान संस्थान कहां स्थित है?
(a) दिल्ली (b) भोपाल
(c) देहरादून (d) लखनऊ

44. भारतीय चावल शोध-संस्थान स्थित है-
(a) कटक (b) कोलकाता
(c) त्रिवेन्द्रम (d) मुम्बई

45. भारत में किस राज्य में सर्वाधिक कोयले के भण्डार हैं?
(a) छत्तीसगढ़
(b) उड़ीसा
(c) बिहार
(d) झारखण्ड

46. भारत के किस राज्य को 'सिलिकन स्टेट' के नाम से जाना जाता है?
(a) गोवा (b) आन्ध्र प्रदेश
(c) कर्नाटक (d) केरल

47. भारत में सोयाबीन का सबसे अधिक उत्पदन किस राज्य में होता है?
(a) उत्तर प्रदेश (b) बिहार
(c) मध्य प्रदेश (d) राजस्थान

48. किस महाद्वीप में जनसंख्या-घनत्व सर्वाधिक है?
(a) एशिया (b) यूरोप
(c) अफ्रीका (d) उत्तरी अमेरिका

49. भारत का सबसे अधिक जनसंख्या वाला शहर कौन-सा है?
(a) कोलकाता (b) चेन्नई
(c) मुम्बई (d) दिल्ली

50. भारत में राजनैतिक सत्ता का प्रमुख स्रोत कौन है?
(a) जनता (b) संविधान
(c) संसद (d) राष्ट्रपति

51. भारत की 'संविधान निर्मात्री सभा' के अध्यक्ष कौन थे?
(a) डॉ. राजेन्द्र प्रसाद
(b) डॉ. बी.आर. अम्बेडकर
(c) श्री अय्यर
(d) पं. जवाहरलाल नेहरू

52. भारत का राष्ट्रीय पक्षी कौन है?
(a) मोर (b) बत्तख
(c) तोता (d) कबूतर

53. भारत का राष्ट्रीय पशु है-
(a) हिरण (b) हाथी
(c) बाघ (d) शेर

54. भारत में, राज्य पुनर्गठन आयोग की संस्तुति के आधार पर, राज्यों का पुनर्गठन किस वर्ष किया गया?
(a) 1947 (b) 1951
(c) 1956 (d) 1966

55. निम्नलिखित में से कौन संविधान सभा का संवैधानिक सलाहकार थे?
(a) डॉ. बी.आर. अम्बेडकर
(b) के.एम. मुंशी
(c) बी.एन. राव
(d) टी.टी. कृष्णामाचारी

56. भारतीय संविधान में आरम्भ में कितने अनुच्छेद थे?
(a) 420 (b) 380
(c) 395 (d) 270

57. 'बन्धुआ मजदूरी पर रोक अधिनियम' पास हुआ था-
(a) 1972 में (b) 1976 में
(c) 1982 में (d) 1948 में

58. भारतीय संविधान के किस अनुच्छेद में भाषण एवं अभिव्यक्ति की स्वतंत्रता के मूल अधिकार का प्रावधान है?
(a) अनुच्छेद 14 (b) अनुच्छेद 19
(c) अनुच्छेद 21 (d) अनुच्छेद 22

59. भारतीय संविधान में किस संशोधन के द्वारा नागरिकों के मौलिक कर्त्तव्यों को सम्मिलित किया गया?
(a) 38वें (b) 41वें
(c) 42वें (d) 45वें

60. भारतीय संविधान का छुआछूत उन्मूलन से संबंधित अनुच्छेद है-
(a) अनुच्छेद 18 (b) अनुच्छेद 17
(c) अनुच्छेद 16 (d) अनुच्छेद 15

61. भारत में संसद के दोनों सदनों की सम्मिलित बैठक की अध्यक्षता कौन करता है?
(a) राष्ट्रपति
(b) प्रधानमंत्री
(c) लोकसभा अध्यक्ष
(d) उप-राष्ट्रपति

62. भारत का राष्ट्रपति लोकसभा में दो सदस्यों को, निम्न में से, किसका प्रतिनिधित्व करने के लिए मनोनीत कर सकता है?
(a) भारतीय ईसाई (b) आंग्ल-भारतीय
(c) बौद्ध (d) पारसी

63. प्रथम लोकसभा का अध्यक्ष कौन था?
(a) आर. वेंकटरमन (b) वाई.बी. चाह्वाण
(c) हुकम सिंह (d) जी.वी. मावलंकर

64. भारतीय संविधान के किस अनुच्छेद के अन्तर्गत किसी राज्य में राष्ट्रपति शासन लागू किया जा सकता है?
(a) अनुच्छेद 370 (b) अनुच्छेद 368
(c) अनुच्छेद 356 (d) अनुच्छेद 352

65. आपातकाल में किसी राज्य विधान सभा की अवधि बढ़ायी जा सकती है-
(a) राष्ट्रपति द्वारा
(b) संसद द्वारा
(c) राज्य के राज्यपाल द्वारा
(d) राज्य विधानमण्डल द्वारा

66. भारत का प्रधानमंत्री बनने के लिए न्यूनतम आयु कितनी होनी चाहिए?
(a) 21 वर्ष (b) 25 वर्ष
(c) 30 वर्ष (d) 35 वर्ष

67. नीति आयोग के 'पदेन' अध्यक्ष हैं-
(a) राष्ट्रपति (b) वित्त मंत्री
(c) उप-राष्ट्रपति (d) प्रधानमंत्री

68. भारत में कितने राज्य हैं-
(a) 25 (b) 27
(c) 28 (d) 29

69. सर्वोच्च न्यायालय में एक मुख्य न्यायाधीश के अतिरिक्त कितने न्यायाधीश होते हैं?
(a) सात न्यायाधीश
(b) नौ न्यायाधीश
(c) ग्यारह न्यायाधीश
(d) पच्चीस न्यायाधीश

70. भारतीय संविधान के अन्तर्गत मौलिक अधिकारों का संरक्षक कौन है?
(a) संसद
(b) राष्ट्रपति
(c) मंत्रिमण्डल (कैबिनेट)
(d) सर्वोच्च न्यायालय

71. भारत में लोक सभा के लिए प्रथम साम्राज्य निर्वाचन कब हुए थे?
(a) 1947 (b) 1948
(c) 1949 (d) 1952

72. लोक सभा में केन्द्र-शासित प्रदेशों के लिए कितनी सीटें (स्थान) आरक्षित हैं?
(a) 20
(b) 25
(c) 30
(d) कोई सीट आरक्षित नहीं

73. भारत के मुख्य चुनाव आयुक्त को नियुक्त किया जाता है-
(a) लोक सभा द्वारा
(b) प्रधानमंत्री द्वारा
(c) राष्ट्रपति द्वारा
(d) मुख्य न्यायाधीश द्वारा

74. पंचायत चुनाव होते हैं-
(a) प्रत्येक चार वर्षों में
(b) प्रत्येक पांच वर्षों में
(c) प्रत्येक छ: वर्षों में
(d) सरकार की इच्छानुसार

75. भारत के संविधान में प्रथम संशोधन कब किया गया?
(a) 1950 (b) 1951
(c) 1955 (d) 1958

76. 'समाजवादी' शब्द उद्देशिका में जोड़ा गया-
(a) 42वें संशोधन द्वारा
(b) 44वें संशोधन द्वारा
(c) 52वें संशोधन द्वारा
(d) उपर्युक्त में से किसी के द्वारा नहीं

77. मिश्रित अर्थव्यवस्था का तात्पर्य है-
(a) लघु एवं बृहद् दोनों उद्योगों की विद्यमानता
(b) निजी एवं सार्वजनिक दोनों क्षेत्रों की विद्यमानता
(c) प्राथमिक एवं द्वितीयक दोनों क्षेत्रों की विद्यमानता
(d) कोई से कोई नहीं

78. भारत में कर्मचारियों के महंगाई भत्ते का निर्धारण का आधार है-
(a) राष्ट्रीय आय
(b) उपभोक्ता कीमत सूचकांक
(c) जीवन स्तर
(d) प्रति व्यक्ति आय

79. किसे 'प्लास्टिक मनी' कहा जाता है?
(a) कागजी मुद्रा
(b) क्रेडिट कार्ड
(c) डिस्काउण्ट कूपन
(d) शेयर

80. 'भारत आर्थिक सर्वेक्षण' प्रत्येक वर्ष प्रकाशित किया जाता है-
(a) वाणिज्य मंत्रालय, भारत सरकार द्वारा
(b) वित्त मंत्रालय, भारत सरकार द्वारा
(c) उद्योग मंत्रालय, भारत सरकार द्वारा
(d) भारतीय रिजर्व बैंक द्वारा

81. निम्नलिखित में से किस वैज्ञानिक ने गुरुत्वाकर्षण का सार्वभौमिक नियम दिया था?
(a) कैपलर (b) गैलिलियो
(c) न्यूटन (d) कॉपरनिक्स

82. दूध का दही में परिवर्तन किसके द्वारा होता है?
(a) बैक्टीरिया द्वारा
(b) विटामिन द्वारा
(c) एन्जाइम द्वारा
(d) उपर्युक्त में से कोई नहीं

83. भारत में परमाणु ऊर्जा का जनक किस वैज्ञानिक को कहा जाता है?
(a) प्रो. समीश धवन
(b) होमी जे. भाभा
(c) डॉ. के.एस. कृष्णा
(d) उपर्युक्त में से कोई नहीं

84. भाप के इंजन का आविष्कार किसने किया?
(a) रॉबर्ट वाटसन
(b) जेम्स वाट
(c) विलियम हार्वे
(d) उपर्युक्त में से कोई नहीं

85. वायुयानों के टायरों में भरने में निम्न गैस का प्रयोग किया जाता है-
(a) हाइड्रोजन (b) नाइट्रोजन
(c) हीलियम (d) निर्यान

86. लौह की कमी से कौन-सी बीमारी होती है?
(a) फाइलेरिया (b) मलेरिया
(c) एनीमिया (d) फ्लोरोसिस

87. यदि आंख का लैन्स अपारदर्शी हो जाये तो आंख का रोग कहा जाता है-
(a) निकट दृष्टि (b) दृष्टि वैषम्य
(c) ग्लूकोमा (d) मोतियाबिन्दु

88. निम्नलिखित में से किस फल में लौह प्रचुर मात्रा में पाया जाता है?
(a) जामुन (b) करौंदा
(c) लोकाट (d) अमरुद

89. कुनैन, जो मलेरिया के इलाज में प्रयोग की जाती है, पादप के किस भाग से आती है?
(a) पत्ती (b) जड़
(c) छाल (d) पुष्प

90. विटामिन 'सी' का सर्वाधिक प्रचुर स्त्रोत है-
(a) आलू (b) गन्ना
(c) सन्तरा (d) चुकन्दर

91. 'एड्स' का कारण है-
(a) बैक्टीरिया (b) प्रोटोजोआ
(c) वायरस (d) फंगस

92. रतौंधी.......की कमी के कारण होती है-
(a) विटामिन B_{12} (b) विटामिन A
(c) विटामिन C (d) विटामिन E

93. 'सिलिकोसिस' एक है-
(a) गुर्दा संबंधित बीमारी
(b) यकृत संबंधित बीमारी
(c) फेफड़े संबंधित बीमारी
(d) अव्यवस्थित तंत्रिका संबंधित

94. पोलियो का कारण है-
(a) जीवाणु द्वारा (b) विषाणु द्वारा
(c) कीटों द्वारा (d) कवक द्वारा

95. भारत के किस राष्ट्रपति को 'मिसाइल मैन' की संज्ञा दी जाती है?
(a) डॉ. राधाकृष्णन
(b) डॉ. ए.पी.जे. अब्दुल कलाम
(c) डॉ. शंकर दयाल शर्मा
(d) उपर्युक्त में से कोई नहीं

96. निम्नलिखित मंदिरों में से कौन-सा बारह ज्योतिर्लिंगों में सम्मिलित है?
(a) बागनाथ (b) तुंगनाथ
(c) कल्पेश्वर (d) केदारनाथ

97. 'ए पैसेज टु इण्डिया' नामक पुस्तक किसने लिखी?
(a) वी.एस. नायपॉल
(b) पण्डित जवाहरलाल नेहरू
(c) ई.एम. फॉस्टर
(d) मुल्कराज आनन्द

98. विश्व जनसंख्या दिवस किस तिथि को मनाया जाता है?
(a) 11 जुलाई (b) 2 अगस्त
(c) 14 नवम्बर (d) 19 नवम्बर

99. भारत में मानव का सर्वप्रथम साक्ष्य कहां मिलता है?
(a) नीलगिरी पहाड़ियां
(b) शिवालिक पहाड़ियां
(c) नल्लामलै पहाड़ियां
(d) नर्मदा घाटी

100. योजना बनाने में प्रयुक्त डाटा यन्त्र प्रायः कहा जाता है-
(a) योजना विश्लेषण यन्त्र
(b) निर्णय विश्लेषण यन्त्र
(c) निर्णय समर्थक यन्त्र
(d) इनमें से कोई नहीं

101. रेडियोएक्टिविता के दौरान निम्न में से किन किरणों का उत्सर्जन नहीं होता?
(a) एल्फा किरणें (b) बीटा किरणें
(c) गामा किरणें (d) कैथोड किरणें

102. नाभिक की अस्थिरता का मुख्य कारण है–
(a) इलेक्ट्रॉन तथा प्रोटॉन के उच्च अनुपात
(b) न्यूट्रॉन तथा प्रोटॉन के उच्च अनुपात
(c) इलेक्ट्रॉन से प्रोटॉन के निम्न अनुपात
(d) न्यूट्रॉन से इलेक्ट्रॉन के निम्न अनुपात

103. जल का PH मान कितना होता है?
(a) 7 (b) 5
(c) 3 (d) 1

104. निम्न में से कौन-सा तत्व रेडियोएक्टिव नहीं है?
(a) रेडियम (b) प्लूटोनियम
(c) ज़रकोनियम (d) यूरेनियम

105. तंतु प्रकार के प्रकाश बल्ब में प्रयोग की गई अधिकांश विद्युत शक्ति प्रकट होती है–
(a) दृश्य प्रकाश के रूप में
(b) अवरक्त किरणों के रूप में
(c) पराबैंगनी किरणों के रूप में
(d) प्रतिदीप्ति प्रकाश के रूप में

106. फोटो इलेक्ट्रिल सेल (प्रकाशयी विद्युत सेल).........रूपान्तरित करता है–

(a) यांत्रिक ऊर्जा को विद्युत ऊर्जा में
(b) ऊष्मा ऊर्जा को मशीन ऊर्जा में
(c) प्रकाशीय ऊर्जा को रासायनिक ऊर्जा में
(d) प्रकाशीय ऊर्जा को विद्युत ऊर्जा में

107. एक्स किरणों या गामा किरणों के विकिरण द्वारा मानव शरीर को पहुँची हुई क्षति को किस इकाई में मापा जाता है?

(a) रेमस (b) रॉम्टगन
(c) क्यूरी (d) रेड्स

108. किस उपकरण का उपयोग विद्युत पंखे की गतिशीलता को बढ़ाने में किया जाता है?

(a) ध्वनि विस्तारक
(b) रेगुलेटर (गति नियंत्रक)
(c) स्विच
(d) दिष्टकारी

109. पीलिया किस अंग में खराबी व विकार आने से होता है?

(a) आंत (b) यकृत
(c) अमाशय (d) अग्न्याशय

110. रक्त में ऑक्सीजन का परिवहन किसकी सहायता से होता है?

(a) इरेर्थोसाइट्स
(b) थ्रम्बोसाइट्स
(c) लिम्फोसाइट्स
(d) ल्यूकोसाइट्स

111. मौना लोआ वेधशाला के अनुसार, पृथ्वी के वायुमंडल में उपस्थित कार्बन डाइऑक्साइड का उच्चतम स्तर क्या था?

(a) 375 पीपीएम
(b) 410 पीपीएम
(c) 415 पीपीएम
(d) इनमें से कोई नहीं

112. भारत सरकार द्वारा स्थापित 'नेशनल डेटा रिपॉजिटरी' किसका डेटाबेस है?

(a) देश में उपलब्ध जल संसाधन का भूवैज्ञानिक डेटा
(b) देश में उपलब्ध हाइड्रोकार्बन संसाधन का भूवैज्ञानिक डेटा
(c) देश में उपलब्ध कोयला संसाधन का भूवैज्ञानिक डेटा
(d) इनमें से कोई नहीं

113. हाल ही में धरती के किस सबसे गहरे स्थान पर प्लास्टिक कचरा पाया गया है?

(a) चैलेंजर ट्रेंच
(b) टोंगा ट्रेंच
(c) मेरियाना ट्रेंच
(d) इनमें से कोई नहीं

114. केंद्र सरकार ने किस के खिलाफ लगाए गए प्रतिबंध को हाल ही में पांच साल के लिए बढ़ा दिया है?

(a) बब्बर खालसा
(b) सिमी
(c) लिट्टे
(d) लश्कर-ए-तैय्यबा

115. स्पेनिश ग्रैंड प्रिक्स का ख़िताब किसने जीता?

(a) सेबेस्टियन वेट्टेल
(b) लुईस हैमिल्टन
(c) जेन्सन बेटन
(d) मैक्स वेरस्टैपेन

116. रक्षा अनुसंधान और विकास संगठन ने हाल ही में किस हाई स्पीड ड्रोन का सफल परीक्षण किया?

(a) नेत्र
(b) अभ्यास
(c) दृष्टि
(d) इनमें से कोई नहीं

117. एकदिवसीय क्रिकेट में सर्वाधिक विकेट लेने वाली महिला स्पिनर कौन हैं?

(a) स्टेफनी टेलर
(b) सना मीर
(c) नताली स्किवर
(d) सूज़ी बेट्स

118. भारत ने चरमपंथियों द्वारा इंटरनेट का दुरुपयोग रोकने हेतु 15 मई, 2019 को किस अंतर्राष्ट्रीय समझौते पर हस्ताक्षर किए?

(a) श्रीलंका कॉल टू एक्शन
(b) क्राइस्टचर्च कॉल टू एक्शन
(c) ग्लोबल कॉल अगेंस्ट टेरर
(d) इनमें से कोई नहीं

119. भारतीय फुटबॉल टीम का मुख्य कोच किसे नियुक्त किया गया है?

(a) बॉबी बोडेन
(b) एंडी रीड
(c) जिम हरबोघ
(d) इगोर स्तिमेक

120. विभिन्न प्रकार की माल ढुलाई और लम्बी दूरी तय करने वाली रेलवे की नई और लम्बी मालगाड़ी का क्या नाम है?

(a) जायंट पायथन
(b) जायंट रेक
(c) पायथन रेक
(d) इनमें से कोई नहीं

121. किस अमेरिकी प्रांत ने हाल ही में सबसे अधिक प्रतिबंधात्मक गर्भपात विधेयक पारित किया है?

(a) एरिज़ोना
(b) अलाबामा
(c) कैलिफ़ोर्निया
(d) न्यूयॉर्क

122. हाल ही में किसने 23वीं बार माउंट एवरेस्ट को फतह किया-

(a) अर्जुन वाजपेयी
(b) अपर्णा घोष
(c) कामी रीटा
(d) इनमें से कोई नहीं

123. वर्ष 2020 के आपदा न्यूनीकरण और रिकवरी के वैश्विक सुविधा के सलाहकार समूह की सह-अध्यक्षता किसके द्वारा की जाएगी?

(a) फ्रांस
(b) चीन
(c) भारत
(d) अबू धाबी

124. सशस्त्र बलों की बुल स्ट्राइक सैन्य ड्रिल हाल ही में कहाँ आयोजित की गई?

(a) कोच्चि
(b) लक्षद्वीप
(c) अंडमान
(d) दाहोद

125. नौसेना के पहले पूर्ण सेवा चयन बोर्ड का उद्घाटन कहाँ किया गया?

(a) तिरुवनंतपुरम
(b) कोलकाता
(c) कोच्चि
(d) पुडुचेरी

निर्देश (प्रश्न 126 से 128 तक) : निम्नलिखित प्रश्नों में एक अनुक्रम दिया है, जिसमें एक पद लुप्त है। दिए गए विकल्पों में से वह सही विकल्प चुनिए जो अनुक्रम को पूरा करे।

126. 32, 58, 92, 134, ?
(a) 184 (b) 194
(c) 156 (d) 169

127. 2, 3.5, 5, 6.5, 8, ?
(a) 9.5 (b) 10.5
(c) 11.0 (d) 9.0

128. 15, 23, 31, 39, ?, 54, 61
(a) 47 (b) 46
(c) 44 (d) 45

निर्देश (प्रश्न 129 से 131 तक) : निम्नलिखित प्रत्येक प्रश्न में दिए गए विकल्पों में से सम्बन्धित शब्द चुनिए।

129. खगोलविज्ञान : तारे :: भूविज्ञान : ?
(a) ज्यामिति (b) विज्ञान
(c) पृथ्वी (d) आकाश

130. ऊपर : नीचे : : पीछे : ?
(a) गहरे (b) सामने
(c) दायें (d) बायें

131. यदि $4 \times 2 \times 6 = 1626, 3 \times 7 \times 4 = 974$ तो $5 \times 6 \times 8 = ?$
(a) 2568 (b) 5664
(c) 6456 (d) 3658

निर्देश (प्रश्न 132 से 135 तक) : निम्नलिखित प्रत्येक प्रश्न में दिए गए विकल्पों में से विषम संख्या/शब्द चुनिए।

132. (a) Animal (b) Othello
(c) Noun (d) Madam

133. (a) 8 : 64 (b) 7 : 49
(c) 6 : 30 (d) 5 : 25

134. (a) 443 (b) 633
(c) 821 (d) 245

135. (a) बाजरा (b) जौ
(c) गेहूं (d) मूंग

136. कागज के बंडलों से भरे हुए एक बक्से का भार 36 किग्रा है। यदि बक्से का भार और कागज के बंडलों के भार का अनुपात क्रमशः 3 : 22 हो, तो उन कागजों का भाग कितने ग्राम होगा?
(a) 30680 (b) 30710
(c) 31500 (d) 31680

137. एक व्यापारी अपनी वस्तुएं उनके लागत मूल्य से 20% ज्यादा पर अंकित करता है। वह उन पर कुछ छूट देकर भी 12% लाभ कमा लेता है। तदनुसार वह छूट की दर कितनी है?
(a) $6\frac{2}{3}\%$ (b) $6\frac{1}{4}\%$
(c) $33\frac{1}{3}\%$ (d) $16\frac{2}{3}\%$

138. एक व्यापारी के कपड़े धोने की मशीन ₹ 7,660 में खरीदी। उसके अंकित मूल्य पर 12% की छूट देने पर भी उसे 10% का लाभ प्राप्त हुआ। तदनुसार, उस कपड़े धोने की मशीन का अंकित मूल्य कितना था?
(a) ₹ 9,437.12 (b) ₹ 8,426
(c) ₹ 8,246 (d) ₹ 9,575

139. एक ठेकेदार ने एक सड़क 100 दिनों में बनाने का ठेका लिया। उसने उसके लिए 90 व्यक्तियों को नियुक्त किया। 40 दिनों बाद, उसे पता चला कि निर्माण कार्य का $\frac{1}{3}$ ही हो पाया है। तदनुसार, कार्य को समयानुसार पूरा करने के लिए उसे कितने व्यक्ति और नियुक्त करने होंगे?
(a) 30 (b) 60
(c) 120 (d) 54

140. $(x-1)$ व्यक्तियों द्वारा $(x+1)$ दिनों में किया गया कार्य और $(x+1)$ व्यक्तियों द्वारा $(x+2)$ अनुपात में किया गया कार्य 5 : 6 के अनुपात में है। तद्नुसार, x कितना है?
(a) 16 (b) 10
(c) 8 (d) 6

141. सूची-I एवं सूची-II को सुमेलित कीजिए तथा नीचे दिए गए कूट से सही उत्तर चुनिए-

सूची-I (जनपद)	सूची-II (मुख्यालय)
A. अम्बेडकर नगर	1. अकबरपुर माती
B. कानपुर देहात	2. नौगढ़
C. जालौन	3. अकबरपुर
D. सिद्धार्थ नगर	4. उरई

कूट :

	A	B	C	D
(a)	3	4	2	1
(b)	1	2	4	3
(c)	4	1	3	2
(d)	3	1	4	2

142. उ.प्र. में यूरेनियम पाए जाने वाला जिला है-
(a) झांसी (b) चंदौली
(c) हमीरपुर (d) ललितपुर

143. उत्तर प्रदेश में सिंचाई का सबसे बड़ा स्रोत है-
(a) नहर (b) तालाब
(c) नलकूप (d) कुआं

144. उत्तर प्रदेश में सबसे पुराना विश्वविद्यालय है-
(a) बनारस हिंदू विश्वविद्यालय, वाराणसी
(b) इलाहाबाद विश्वविद्यालय, इलाहाबाद
(c) चौधरी चरण सिंह विश्वविद्यालय, मेरठ
(d) लखनऊ विश्वविद्यालय, लखनऊ

145. उत्तर प्रदेश में सीमांत कृषक किन्हें कहा गया है?
(a) जिनके पास एक एकड़ से कम भूमि है।
(b) जिनके पास एक हेक्टेयर से कम भूमि है।
(c) जिनके पास दो हेक्टेयर से कम भूमि है।
(d) जिनके पास 2.5 हेक्टेयर से कम भूमि है।

146. उत्तर प्रदेश को 4 छोटे प्रदेशों में बांटने का प्रस्ताव उत्तर प्रदेश विधान सभा में कब पारित हुआ?
(a) 24.11.2011 (b) 21.11.2011
(c) 22.11.2011 (d) 23.11.2011

147. भारत कला भवन संग्रहालय अवस्थित है :
(a) इलाहाबाद में (b) लखनऊ में
(c) मथुरा में (d) वाराणसी में

148. निम्न में से कौन राज्य विश्वविद्यालय है?
(a) काशी हिंदू विश्वविद्यालय (बी.एच.यू.), वाराणसी
(b) इलाहाबाद विश्वविद्यालय, इलाहाबाद
(c) डॉ. भीमराव अम्बेडकर विश्वविद्यालय, लखनऊ
(d) डॉ. राममनोहर लोहिया राष्ट्रीय विधि विश्वविद्यालय, लखनऊ

149. निम्नलिखित में गलत युग्म को इंगित कीजिए-
(a) कानपुर-चमड़ा
(b) वाराणसी-सीमेंट
(c) मेरठ-चीनी
(d) सहारनपुर-कागज

150. सरदार वल्लभ भाई पटेल कृषि विश्वविद्यालय अवस्थित है-
(a) फैजाबाद में (b) मेरठ में
(c) कानपुर में (d) झांसी में

151. उत्तर प्रदेश के निम्नलिखित जनपदों में से कौन क्षेत्रफल की दृष्टि से सबसे छोटा है?
(a) वाराणसी (b) जौनपुर
(c) इलाहाबाद (d) गाजीपुर

152. उत्तर प्रदेश में पर्यटन को बढ़ावा देने के लिए 2015 में प्रथम ट्रैवेल मार्ट का आयोजन किया गया?
(a) लखनऊ में (b) कानपुर में
(c) आगरा में (d) वाराणसी में

153. उत्तर प्रदेश वित्तीय निगम के सन्दर्भ में निम्नलिखित में से कौन-सा/से कथन सत्य है/हैं?
1. यह लघु तथा मध्यमस्तरीय उद्योगों को वित्तीय सहायता प्रदान करता है।
2. यह लघु तथा मध्यम क्षेत्र की सेवा इकाइयों को वित्तीय सहायता प्रदान करता है।
नीचे दिये गये कूट से सही उत्तर चुनिए–
(a) केवल 1 सही है
(b) केवल 2 सही है
(c) 1 तथा 2 दोनों सही हैं
(d) न तो 1 न ही 2 सही है

निर्देश: निम्नलिखित प्रत्येक वाक्य खंड के लिए उसके नीचे दिए हुए विकल्पों में से एक शब्द चुनिए–

154. 'जिसका कोई शत्रु पैदा ही न हुआ हो' कहलाता है
(a) स्कन्दगुप्त (b) अजातशत्रु
(c) अजानबाहु (d) अजेय

155. 'धन को व्यय ही खर्च करने वाला' होता है
(a) व्ययी (b) धनिक
(c) मितव्ययी (d) अपव्ययी

निर्देश (प्र.सं. 156 से 157) निम्नलिखित वाक्यों में से शुद्ध वाक्य को सही उत्तर के रूप में चुनें।

156. (a) तुलसी और सूर अवधी और ब्रजभाषा के श्रेष्ठ कवि हैं
(b) तुलसी और सूर क्रमश: अवधी और ब्रजभाषा के श्रेष्ठ कवि हैं
(c) तुलसी अवधी के श्रेष्ठ कवि हैं और ब्रजभाषा के सूर हैं
(d) तुलसी अवधि के श्रेष्ठ कवि हैं और सूरत ब्रजभाषा के हैं

157. (a) स्वामी दयानन्द सरस्वती ने हिंदी के द्वारा जनता को जगाया
(b) स्वामी दयानन्द सरस्वती ने हिंदी द्वारा जनता को जगाया
(c) स्वामी दयानन्द सरस्वती हिंदी द्वारा जनता को जगाए
(d) हिन्दी के द्वारा स्वामी दयानन्द सरस्वती ने जनता को जगाया

निर्देश (प्र.सं. 158 और 159) निम्नलिखित प्रत्येक वाक्य के नीचे चार विकल्प दिए गए हैं, उनमें कोई एक विकल्प उक्त वाक्य का शुद्ध रूप है, उसका चयन कीजिए।

158. इस लड़की ने दही गिरा दी।
(a) इस लड़की ने दही गिरा दिया
(b) इस लड़की का दही गिरा दिया
(c) इस लड़की की दही गिरा दिया
(d) इस लड़की से दही गिरा दी

159. आंसू से आंचल भीग गई।
(a) आंसुओं से आंचल भीग गया
(b) आंसू से आंचल भीग गया
(c) आंसुओं से आंचल भीग गई
(d) आंसू से आंचलें भीग गई

निर्देश-निम्नलिखित वाक्यों में से कुछ भी त्रुटियां हैं और कुछ ठीक हैं। त्रुटि वाले वाक्य के जिस भाग में त्रुटि हो, उसके अनुरूप अक्षर (a), (b), (c) वाले विकल्प को चुनिए। यदि वाक्य में कोई त्रुटि न हो, तो विकल्प (b) चुनिए।

160. (a) शिक्षा का प्रसार इतना हो चुका है
(b) पर स्त्रियों के प्रति लोगों का दृष्टिकोण
(c) पूर्ववत-सा संकुचित है
(d) कोई त्रुटि नहीं

161. (a) भारतीय किसान आजीवन पर
(b) पूरी मेहनत करता है
(c) पर साहूकारों के चंगुल से नहीं निकल पाता
(d) कोई त्रुटि नहीं

162. 'क्षुधा' शब्द का विलोम है
(a) तृषा (b) तृष्ण
(c) तृप्त (d) मृगतृष्णा

163. 'प्राकृतिक' शब्द का विपरीतार्थ शब्द क्या है?
(a) उन्नयन (b) पतन
(c) उत्कर्ष (d) अवनत

164. निम्नलिखित में कौन अविकारी गुणवाचक संज्ञा नहीं है?
(a) लाल (b) सुन्दर
(c) तेज (d) काला

165. इनमें से कौन-सा शब्द 'देवता' का पर्यायवाची नहीं है?
(a) देव (b) सुर
(c) अमर (d) अविनीत

166. 'सुमन ईमानदार महिला हुआ करती थी।' वाक्य में विशेषण शब्द कौन-सा है?
(a) सुमन (b) ईमानदार
(c) महिला (d) करती थी

167. कौन-सा शब्द तद्‌भव है?
(a) रूक्ष (b) वृक्ष
(c) पल्लव (d) खजूर

168. निम्नलिखित शब्दों में दिए गए विकल्पों में तत्सम शब्द का चयन कीजिए–
(a) कलश (b) कलस
(c) कल्स (d) कल्श

169. मोर का तत्सम शब्द होगा
(a) मऊर (b) मयूर
(c) मोयूर (d) मउर

Directions: (Q. 170-172) Sentences are given with blanks to be filled in with appropriate words. Four alternatives are suggested for each question. Choose the correct alternative out of the four.

170. Appearances are.......
(a) deceptive (b) deception
(c) deceptively (d) deceive

171. Girls generally ....in their mother.
(a) confide (b) confident
(c) confidential (d) confidence

172. Childern below the age of fourteen should be ...... sent to school.
(a) compel
(b) compulsory
(c) compulsively
(d) compulsorily

Directions: (Q. 173-174) Out of the four alternatives, choose the one which best expresses the meaning of the given word and mark it in the answer sheet.

173. Laud
(a) like
(b) acknowledge
(c) praise
(d) record

174. Emancipate
(a) liberate (b) exist
(c) correct (d) restrain

Directions: (Q. 175-177) Choose the word opposite in meaning to the given word and mark it in the answer sheet.

175. Robust
(a) lean (b) strong
(c) flexible (d) feeble

176. Credit
(a) discredit (b) debit
(c) honesty (d) failure

177. Deviate
(a) attract (b) continue
(c) concentrate (d) attend

Directions: (Q. 178-181) Four alternatives are given for the Idiom/Phrase. Choose the alternative which best expresses the meaning of the given Idiom/Phrase and mark it in the answer sheet

178. Sought after
(a) highly paid
(b) pursued by
(c) in great demand
(d) with great talent

179. All at sea
(a) very proud (b) overjoyed
(c) puzzled (d) excited

180. To hit below the belt
(a) to punish
(b) to tie with a belt
(c) to hit with a belt
(d) to attack unfairly

181. Build castles in the air
(a) waste time
(b) daydream
(c) build houses

Directions: (Q. 182-185) A sentence has been given in Active/Passive Voice. Out of the four alternatives suggested, select the one which best expresses the same sentence in Passive/Active Voice and mark your answers in the answer sheet.

182. She always cooks delicious food.
(a) Delicious food is always cooked by her.
(b) Delicious food is always being cooked by her.
(c) Delicious food has been cooked by her.
(d) Delicious food was being cooked by her.

183. Mother gave him a little puppy.
(a) He was given a little puppy by mother.
(b) A litle puppy was being given to by him mother.
(c) He had been given a little puppy by mother.
(d) A little puppy is given to him by his mother.

184. The company paid her a meagre salary.
(a) She was paid a meagre salary by the company.
(b) A meagre salary has been paid to her by the company.
(c) She was being paid a meagre salary by the company.
(d) A meagre salary was to be paid to her by the company.

185. Do not insult him.
(a) Let he not be insulated.
(b) Let him not be insulted.
(c) Let not he be insulted.
(d) Let not him be insulted.

186. ....को संगणकों के प्रसिद्ध निर्माता के रूप में जाना/जाने/जाता/जाते हैं/हैं।
(a) आईबीएम एवं एचपी
(b) ऑनिडा
(c) ड्वेल
(d) ओएसिस

187. ....संभाव्य संख्या निरूपण प्रपत्र नहीं है।
(a) अष्टक
(b) षढ़-अष्टक
(c) दशमलव
(d) द्विचरक कूटबद्ध दशमलव

188. मैन (एमएएन) से अभिप्राय है–
(a) महानगरीय क्षेत्र तंत्रजाल (मेट्रोपॉलिटन एरिया नेटवर्क)
(b) मेरा क्षेत्र संजाल (माय एरिया नेटवर्क)
(c) मध्य क्षेत्र तंत्रजाल (मीन एरिया नेटवर्क)
(d) भूमिगत क्षेत्र तंत्रजाल (मेट्रो एरिया नेटवर्क)

189. प्रचालन तंत्र है:
(a) यंत्रांश
(b) तन्त्रांश जो तंत्र के स्रोतों का प्रबंधन करे
(c) तन्त्रांश जो संगणन करे
(d) इनमें से कोई नहीं

190. ....एक अक्षर संवेदनशील भाषा है।
(a) सी ++
(b) पास्कल
(c) बेसिक
(d) उपरोक्त सभी

191. ....प्रवाह संचित्र (फ्लो चार्ट) के संकेतों का उपयोग योग, वियोग, गुणन एवं विभाजन जैसे सभी अंकगणितीय प्रक्रियाओं को दर्शाने के लिए होता है?
(a) निवेश/परिणाम (b) छोर
(c) प्रक्रिया (d) निर्णय

192. 'हेतु ('फॉर') पाश (लूप) में स्थित तीन विशेषताओं को इसके द्वारा पृथक किया जाता है?
(a) अर्धविराम
(b) अल्पविराम
(c) अपूर्ण विराम
(d) समास चिन्ह

193. गूगल क्रोम है एक ....।
(a) परितंत्र तंत्रांश (सॉफ्टवेयर)
(b) विचरक (ब्राउजर)
(c) संकलक
(d) उपरोक्त में से कोई नहीं

194. ....सूक्ष्म प्रक्रमकों के उपलब्ध संस्करण है/हैं?
(a) जे-3 (b) एल-3
(c) आई-3 (d) व्ही-3

195. कम्प्यूटर जो उभय अंकीय एवं अनुरूप तथ्य को प्रसंस्कृत करता है, वह कहलाता है?
(a) अनुरूप संगणक
(b) अंकीय संगणक
(c) वर्ण-संकर संगणक
(d) बृहत अभिकलित्र (अधिसंसाधित्र)

196. निम्नलिखित में से क्या स्मरणशक्ति का एक अमान्य प्रकार हैं?
(a) आरएएम (यादृच्छ/अनियमित उपागम स्मृति)
(b) आरओएम (केवल पठनीय स्मृति)
(c) ईपीआरओएम (विलोपनयोग्य क्रमादेशयोग्य केवल पठनीय स्मृति)
(d) पीआरएएम (क्रमादेशयोग्य केवल पठनीय उपागम स्मृति)

197. सीपीयू एवं स्मृति इस पर उपलब्ध है:
(a) विस्तार पटल
(b) मुख्य पटल
(c) भंडारण यंत्र
(d) परिणाम यंत्र

198. चित्रात्मक उपयोगकर्ता परिवेश में व्यवहृत ....एक मानक संकेतक यंत्र है।
(a) कुंजी पटल (की बोर्ड)
(b) ट्रैकबॉल
(c) जॉयस्टिक
(d) माउस

199. एलएसआई, व्हीएलएसआई एवं यूएल-एसआई चिप साधारणतः किस प्रजन्म में व्यवहृत होते थे?
(a) पंचम (b) द्वितीय
(c) तृतीय (d) चतुर्थ

200. आधुनिक संगणक में उपलब्ध संभाव्य द्वाराः ....
(a) एलपीटी
(b) यूएसबी
(c) (a) एवं (b)
(d) उपरोक्त में से कोई नहीं

उत्तर (हल/संकेत)

1. (d) मीमांसा के प्रवर्तक आचार्य जैमिनी थे। उन्होंने मीमांसा सूत्रों की रचना की।

2. (b) सबसे प्राचीन वेद ऋग्वेद है जिसमें 1028 सूक्त हैं और 10 मंडल हैं इसके बाद क्रमशः यजुर्वेद, सामवेद और अथर्ववेद आते हैं।

3. (b) स्कंदपुराण के अनुसार अमृत प्राप्ति के उद्देश्य से देवताओं और दैत्यों ने मिलकर मंदराचल पर्वत को मथानी और नागराज वासुकी को रस्सी बनाकर समुद्र मंथन किया था।

4. (a) इसमें 18 अध्याय हैं। यह संस्कृत भाषा में लिखी गई है। यह कर्म योग की विश्व प्रसिद्ध पुस्तक है जिसका विश्व की अनेक भाषाओं में अनुवाद हो चका है।

5. (c) शुंग कालीन प्रसिद्ध विद्वान तथा दार्शनिक जिन्होंने योग पर 'पतंजलि योग' नामक पुस्तक लिखी और योग का सूत्र वाक्य दिया 'योगस्य चित्तवृत्त निरोधः'।

6. (c) द्रविण शैली में निर्मित मीनाक्षी का सुप्रसिद्ध मंदिर पाण्ड्य शासकों की राजधानी और प्रसिद्ध धार्मिक केन्द्र मदुराई (तमिलनाडु) में स्थित है।

7. (b) पांचवी सदी में पैदा हुए भारत के महान खगोलशास्त्री एवं गणितज्ञ आर्यभट्ट ने बीजगणित की स्थापना की और ज्योतिष को गणित से अलग किया। इनका प्रसिद्ध ग्रन्थ आर्यभट्टीयम है।

8. (c) मैथिल कवि विद्यापति के पूर्ववर्ती जयदेव ने 'गीत गोविन्द' की रचना की जिसमें राधाकृष्ण के श्रृंगारिक चरित्र का वर्णन किया गया है।

9. (c) भगवान जगन्नाथ, सुभद्रा और बलदेव महराज के सम्मान में प्रतिवर्ष सावन मास में रथयात्रा का आयोजन किया जाता है।

10. (c) जब देश पर मुस्लिम आक्रमणकारियों की गतिविधियां बढ़ने लगीं तो राजपूत राजाओं की स्त्रियां अपने सतीत्वकी रक्षा के लिए सामूहिक रूप से चिता में जलकर अपने प्राणों को उत्सर्ग कर देती थीं। ऐसा करके वे आक्रमणकारियों के हाथों में जाने से बच जाती थीं। इस प्रथा का सर्वप्रथम प्रचलन अलाउद्दीन के चित्तोड़ आक्रमण के समय हुआ, जिसमें रानी पद्मिनी के साथ हजारों स्त्रियों ने चित्तौड़ के दुर्ग में जौहर व्रत करके अपनी सतीत्व की रक्षा की थी।

11. (a) सात काण्डों में विभाजित रामचरित मानस अवधी भाषा का उत्कृष्ट ग्रन्थ है इसकी रचना संवत् 1631 में अयोध्या में प्रारम्भ हुई। इसे पूरा करने में 2 वर्ष 7 माह लगे। यह दोहा चौपाई शैली में लिखा गया है।

12. (b)

13. (c) 23 जून, 1757 ई. को हुए प्लासी के युद्ध द्वारा भारत में अंग्रेजी राज की स्थापना मानी जाती है जिसकी जीत का श्रेय क्लाइव के सिर पर बांधा जाता है और वहीं से भारत में अंग्रेजी राज की स्थापना मानी जाती है जिसका संस्थापक लार्ड रॉबर्ट क्लाइव को माना जाता है।

14. (d)

सूची-I	**सूची-II**
गद्दी	हिमाचल प्रदेश
टोडा	तमिलनाडु
खासी	मेघालय
नागा	मणिपुर

15. (a) पहाड़ों की ढलानों पर सोपान कृषि की जाती है। यहाँ सीढ़ीदार खेतों का निर्माण किया जाता है। भारत के मुख्यतः उत्तर-पूर्वी राज्यों के पहाड़ी क्षेत्रों में ऐसी खेती की जाती है। हिमाचल प्रदेश, उत्तराखंड में भी इस प्रकार की खेती प्रचलित है। इससे मृदा का अपरदन नहीं होता तथा चाय जैसी फसलों के लिए पानी जड़ों में नहीं रुकता। वनीकरण के द्वारा पहाड़ों में मृदा अपरदन को रोका जा रहा है।

16. (c) जलोढ़ मृदाएँ देश के 14.25 लाख वर्ग किमी. (43.4%) क्षेत्र पर पश्चिम में सतलज नदी के पूर्व में ब्रह्मपुत्र घाटी तक विस्तृत है इसके अतिरिक्त जलोढ़ मृदा कृष्णा एवं कावेरी नदी घाटियों में भी पायी जाती हैं।

17. (b) भारत की 70 प्रतिशत आबादी कृषि कार्यों में संलग्न है।

18. (a) संविधान के अनुच्छेद-143 में उच्चतम न्यायालय से परामर्श करने की राष्ट्रपति की शक्ति है। यदि किसी समय राष्ट्रपति को प्रतीत होता है कि विधि या तथ्य का कोई ऐसा प्रश्न उत्पन्न हुआ है या उत्पन्न होने की संभावना है जो ऐसी प्रकृति का और ऐसे व्यापक महत्व का है कि उस पर उच्चतम न्यायालय की राय प्राप्त करना समीचीन है तो वह उस प्रश्न को विचार करने के लिए उस न्यायालय को निर्देशित कर सकेगा और वह न्यायालय, ऐसी सुनवाई के पश्चात् जो ठीक समझता है राष्ट्रपति को उस पर अपनी राय प्रतिवेदित कर सकेगा। उल्लेखनीय है कि न तो सर्वोच्च न्यायालय परामर्श देने के लिए बाध्य होता है और न ही ऐसे परामर्श को मानने हेतु राष्ट्रपति बाध्य होता है।

19. (a) भारत शासन अधिनियम 1935 के अन्तर्गत भारत में संघीय न्यायालय की स्थापना की गयी। इसमें नियम प्रावधानों के अनुसार एक मुख्य न्यायाधीश तथा दो अन्य न्यायाधीशों की व्यवस्था की गयी तथा न्यायालय से सम्बन्धित अन्तिम शक्ति प्रिवी कौंसिल (लंदन) को प्राप्त थी।

20. (c) 42वें संविधान संशोधन द्वारा प्रस्तावना में जोड़े गए शब्द और भाव हैं–'समाजवादी-पंथनिरपेक्ष तथा अखण्डता' इसके द्वारा अधिकारों के साथ-साथ कर्त्तव्यों की व्यवस्था करते हुए नागरिकों के 10 मूल कर्त्तव्य निश्चित किये गये।

41वें संवैधानिक संशोधन (1976) द्वारा अनु. 316 का संशोधन किया गया। इसके तहत राज्य लोक सेवा आयोग के अध्यक्ष और सदस्यों की सेवानिवृत्ति की आयु को 60 से बढ़ाकर 62 वर्ष किया गया।

44वें संवैधानिक संशोधन द्वारा (1979) 42वें संशोधन की अनेक आपत्तिजनक बातों को रद्द कर दिया गया। संपत्ति के मूल अधिकार को रद्द कर दिया गया अब यह केवल कानूनी अधिकार रह गया है। इनके साथ ही 19वें अनुच्छेद की छठीं स्वतंत्रता को समाप्त कर दिया गया है। इस संवैधानिक संशोधन द्वारा ऐसी व्यवस्था कर दी गई है कि व्यक्ति के 'जीवन और स्वतंत्रता के अधिकार' (अनु. 21) को शासन के द्वारा आपातकाल में भी स्थगित या सीमित नहीं किया जा सकता।

21. (c) सत्तानवेवां संविधान (97वाँ संशोधन) 2011 द्वारा अनुच्छेद 19(1)(c) में ''सहकारी समिति'' शब्द और अनुच्छेद 43-ख जोड़ा गया। इस संशोधन द्वारा संविधान में IX-ख भाग अन्तः स्थगित किया गया जिसमें अनुच्छेद 243 यज से 243 यन तक, सहकारी समितियों को संवैधानिक स्तर प्रदान किया गया।

22. (b) गोताखोर पानी में श्वास लेने के लिए ऑक्सीजन तथा हीलियम का मिश्रित टैंक अपनी पीठ पर रखते हैं।

23. (a) कोहरा, बादल, कुहासा एरोसॉल के उदाहरण हैं। धूल, धुआँ और समुद्री नमक के कण संघनन प्रक्रिया में ओस, कोहरा तथा बादल बनते हैं।

24. (c) प्रमुख विद्वान, राजनीतिज्ञ और स्वतंत्रता सेनानी सी. राजगोपालाचारी स्वतंत्र भारत के प्रथम और अंतिम भारतीय गवर्नर जनरल थे।

25. (b)

26. (c) मोतीलाल नेहरू और चितरंजन दास ने इलाहाबाद में 1923 ई. में स्वराज पार्टी की स्थापना की जो कांग्रेस के अंदर काम करते हुए विधानमण्डल चुनावों में भाग ली थी।

27. (b) 'सेंट्रल कौंसिल' स्वराजी चुनाव के बाद पूर्व बहुमत में आये। अत: भारतीय विधान सभा के प्रथम अध्यक्ष विट्ठल भाई पटेल बनाए गए।

28. (b) माउंटबेटन योजना को कानूनी जामा पहनाने के उद्देश्य से ब्रिटिश संसद ने 18 जुलाई, 1947 को भारतीय स्वतंत्रता अधिनियम पारित किया। इस अधिनियम के द्वारा भारत और पाकिस्तान नामक दो स्वतंत्र राज्यों का जन्म हुआ।

29. (b) **30.** (a)

31. (c) गांधीजी राजनेता के साथ-साथ उच्च कोटि के लेखक व पत्रकार भी थे। उन्होंने ''हिन्द स्वराज'' सत्य के मेरे प्रयोग नामक पुस्तकें लिखी तथा 'नव जीवन', यंग इंडिया एवं हरिजन नामक पत्र भी निकाला था।

32. (b) पश्चिमोत्तर सीमा प्रान्त के मुसलमानों ने खान अब्दुल गफ्फार खां (सीमांत गांधी) के नेतृत्व में सविनय अवज्ञा आंदोलन चलाया। उनके स्वयं सेवकों को 'खुदाई खिदमतगार' कहा जाता था जो आधी बांह का लाल कुर्ता पहनते थे। यह आन्दोलन 1929-30 में सक्रिय रहा था।

33. (a) 11 मई, 1928 को बम्बई में हुए दूसरे सर्वदलीय सम्मेलन में पं. मोतीलाल नेहरू की अध्यक्षता में एक सात सदस्यीय समिति की स्थापना की गई जिसने 28 अगस्त, 1928 को अपनी रिपोर्ट प्रस्तुत की जिसे नेहरू रिपोर्ट के नाम से जाना जाता है।

34. (a) कांग्रेस की स्थापना दिसम्बर 1885 में बम्बई में की गई थी। इसके प्रथम अध्यक्ष व्योमेश चन्द्र बनर्जी दूसरे अध्यक्ष दादा भाई नौरोजी थे। तीसरे कांग्रेस अधिवेशन की अध्यक्षता करने वाले प्रथम मुस्लिम अध्यक्ष बदरुद्दीन तैय्यबजी थे।

35. (b) दिसम्बर 1911 ई. में ब्रिटिश सम्राट जार्ज पंचम और महारानी मैरी के भारत आगमन पर उनके स्वागत हेतु दिल्ली में एक दरबार का आयोजन किया गया। दिल्ली दरबार में ही 12 दिसम्बर, 1911 को सम्राट ने बंगाल विभाजन को रद्द घोषित किया साथ ही कलकत्ता की जगह दिल्ली को भारत की नई राजधानी बनाने की अनुमति प्रदान की। इस प्रकार 1 अप्रैल, 1912 ई. को दिल्ली भारत की नई राजधानी बन गई।

36. (a)

37. (c) लाला लाजपत राय (1865-1929) पंजाब केसरी नाम से प्रसिद्ध संयुक्त पंजाब के प्रभावशाली कांग्रेसी नेता स्वतंत्रता संग्राम सेनानी और समाज सुधारक व गर्म दल के नेता थे।

38. (c) दलितों को पृथक् निर्वाचन मण्डल की सुविधा दिये जाने के विरोध महात्मा गांधी ने जेल में ही 20 सितम्बर, 1932 ई. को आमरण अनशन शुरू कर दिया। मदन मोहन मालवीय, डॉ. राजेन्द्र प्रसाद, पुरुषोत्तम दास, सी. राजगोपालाचारी आदि के प्रयत्नों से गांधी के उपवास के पांच दिन बाद 26 सितम्बर, 1932 को गांधी जी और डॉ. अम्बेदकर के मध्य पूना समझौता हुआ जिसमें दलितों के लिए पृथक् निर्वाचन व्यवस्था समाप्त कर दी गई।

39. (a) सन् 1930 में 'एज् ऑफ कसैट एक्ट' को संशोधित कर हरविलास शारदा के प्रयासों से एक कानून पारित कराया गया जिसके अंतर्गत विवाह की आयु 14 वर्ष (लड़की) और 18 वर्ष (लड़के) का निर्धारित किया गया।

40. (d) मौलाना आजाद ने अल-हिलाल और अल बिलाल नामक समाचार पत्र निकाला। लोकमान्य तिलक का केसरी और मराठा था। जवाहरलाल नेहरू ने नेशनल हेराल्ड का सम्पादन किया था जबकि महात्मा गांधी ने नवजीवन, यंग इंडिया और हरिजन नामक पत्र निकाला था।

41. (c) तीन समुद्रों का मिलन स्थल कन्याकुमारी को केप कामोरिन या कुमारी अन्तरीप नाम से भी जाना जाता है जो तमिलनाडु के समुद्री तट पर स्थित है।

42. (c) **43.** (c)

44. (a) भारतीय चावल शोध संस्थान की स्थापना उड़ीसा के कटक जिले में की गई है जहां से चावल की अनेक नवीन प्रजातियां निकाली गई हैं।

45. (d) भारत में सर्वाधिक 60% कोयले का भण्डार गोंडवाना लैण्ड का भाग झारखण्ड में संचित है। यहां की झरिया, बोकारो, धनवाद आदि प्रसिद्ध कोयले की खान हैं।

46. (c) कर्नाटक राज्य को भारत का 'सिलिकन स्टेट' कहा जाता है। इस राज्य के बंग्लौर शहर में सिलिकन धातु से बने पदार्थों का उत्पादन अधिक मात्रा में किया जाता है, जिसका प्रयोग कम्प्यूटर के चिप्स (Intergrated Circuit) बनाने में किया जाता है।

47. (c) भारत में सोयबीन का सर्वाधिक उत्पादन मध्य प्रदेश में होता है जो पूरे भारत का 80% सोयाबीन उत्पादन करता है इसका प्रमुख उत्पादन क्षेत्र मालवा का पठार है।

48. (a) पूरे विश्व की लगभग 1/2 से अधिक जनसंख्या, एशिया महाद्वीप में निवास करती है इसका जनघनत्व सभी महाद्वीपों से अधिक है। जनसंख्या की दृष्टि से विश्व के प्रथम एवं दूसरे नंबर के दोनों देश चीन एवं भारत इसी द्वीप में स्थित हैं।

49. (c) भारत के सर्वाधिक जनसंख्या वाले चार शहरों में मुम्बई, कोलकाता, दिल्ली और चेन्नई है।

50. (a) सविधान के किसी भी प्रावधान में पृथक् से यह इंगित नहीं किया गया है कि शासन की समूची शक्तियां जनता से प्राप्त हुई है। संविधान की प्रस्तावना में स्पष्ट है कि संविधान का आधार जनता है इसमें निहित प्राधिकार और प्रभुसत्ता सब जनता से प्राप्त हुई है।

51. (a) संविधान निर्मात्री सभा का प्रथम अधिवेशन 6 दिसम्बर, 1947 को संसद भवन के केन्द्रीय कक्ष में प्रारम्भ हुआ। डॉ. सच्चिदानंद सिन्हा को सर्वसम्मति से अस्थायी अध्यक्ष चुना गया। इसके बाद सदस्यों ने अपने मत का प्रयोग करते हुए 11 दिसम्बर, 1946 ई. को कांग्रेस के तपे हुए नेता डॉ. राजेन्द्र प्रसाद को संविधान सभा का स्थायी अध्यक्ष निर्वाचित किया।

52. (a) भारत का राष्ट्रीय पक्षी 'मोर' (पावोक्रिस्टेटस) है। भारतीय वन्य प्राणी सुरक्षा अधिनियम, 1972 के तहत इसे संरक्षण प्रदान किया गया है। राष्ट्रीय पुष्प कमल है, राष्ट्रीय वृक्ष अशोक है, राष्ट्रीय फल आम है, राष्ट्रीय वाक्य 'सत्यमेव जयते' है।

53. (c) भारत का राष्ट्रीय पशु बाघ (पेन्थराटाइग्रिस लिनियस) है। बाघ की भारत में पायी जाने वाली एक प्रजाति को रॉयल बंगाल के नाम से जाना जाता है। भारत के उत्तर-पश्चिमी क्षेत्र को छोड़कर शेष सम्पूर्ण देश में बाघ की यही प्रजाति पाई जाती है।

54. (c) 1953 में भाषाई आधार पर आंध्र प्रदेश के गठन के बाद अन्य राज्य भी भाषा के आधार पर अपने गठन की मांग करने लगे। अंतत: पंडित जवाहर लाल नेहरू ने फजल अली आयोग की स्थापना कर 1956 में भाषाई आधार पर राज्यों का पुनर्गठन किया। 1960 में भाषाई आधार पर महाराष्ट्र और गुजरात बने।

55. (c) संविधान सभा का संवैधानिक सलाहकार बी.एन. राव को चुना गया। बी.एन. राव द्वारा तैयार किए गए संविधान के प्रारूप पर विचार-विमर्श करने के लिए प्रारूप समिति का गठन किया जिसके अध्यक्ष डॉ. भीमराव अम्बेडकर थे।

56. (c) संविधान को जब 26 नवम्बर, 1949 ई. को संविधान सभी द्वारा पारित किया गया तब इसके कुल 22 भाग, 395 अनुच्छेद और 8 अनुसूचियां थीं। वर्तमान समय में संविधान में 25 भाग, 395 अनुच्छेद एवं 12 अनुसूचियां हैं।

57. (b) मौलिक अधिकार अनुच्छेद 23 का प्रयोग करते हुए संघ सरकार ने 1976 में एक कानून पारित किया जिसके अनुसार किसी व्यक्ति की खरीद, बिक्री, बेगारी तथा किसी प्रकार का अन्य जबरदस्ती लिया हुआ श्रम निषिद ठहराया गया।

58. (b) अनुच्छेद 19 में कहा गया है कि भारत के सभी नागरिकों को विचार करने, भाषण देने और अपने तथा अन्य व्यक्तियों के विचारों को प्रकट करने की स्वतन्त्रता प्राप्त है लेकिन अनुच्छेद 19(2) में उल्लिखित निम्नलिखित आधारों पर नागरिकों की वाक् एवं अभिव्यक्ति की स्वतन्त्रता पर निर्बन्धन लगाये जा सकते हैं-(1) राज्य की सुरक्षा, (2) विदेशी राज्यों के साथ मैत्रीपूर्ण सम्बन्धों के हित में, (3) लोक व्यवस्था, (4) शिष्टाचार या सदाचार के हित में, (5) न्यायालय अवमानना, (6) मानहानि, (7) अपराध के लिए उत्तेजित करना, (8) भारत की प्रभुता एवं अखण्डता।

59. (c) 42वां संविधान संशोधन 1976 ई.में किया गया। इसमें अध्याय 4क एवं अनुच्छेद 51क जोड़कर 10 मूल कर्तव्य जोड़े गए।

60. (b) अनुच्छेद 17 अस्पृश्यता का अन्त करता है। इस अनुच्छेद व अस्पृश्यता को दण्डनीय अपराध माना गया है।

61. (c) जब दोनों सदनों के बीच किसी विधान के सम्बन्ध में मतभेद होने पर संयुक्त बैठक बुलाई जाती है तो उसकी अध्यक्षता लोक सभा का अध्यक्ष करता है और बैठक के सम्बन्ध में प्रक्रिया नियम उसके निदेशों तथा आदेशों के अन्तर्गत लागू होते हैं। इस प्रकार दोनों सदनों पर लोकसभा अध्यक्ष की सर्वोच्चता सर्वोपरि होती है।

62. (b) संविधान में उपबन्ध है कि लोकसभा के 530 से अधिक सदस्य राज्यों में प्रादेशिक निर्वाचन क्षेत्रों से प्रत्यक्ष रीति से चुने जाएंगे और 20 से अनधिक सदस्य संघ राज्य क्षेत्रों का प्रतिनिधित्व करने के लिए दो से अनधिक सदस्य मनोनीत कर सकता है।

63. (d)

64. (c) अनुच्छेद 356 के अनुसार अगर राष्ट्रपति को राज्यपाल के प्रतिवेदन पर या अन्य किसी प्रकार से समाधान हो जाए कि ऐसी परिस्थितियां पैदा हो गयी हैं कि किसी राज्य का शासन संविधान के उपबन्धों के अनुसार नहीं चलाया जा सकता है तो राष्ट्रपति शासन की घोषणा की जा सकती है।

65. (b) यदि राज्य की विधान सभा में किसी भाग में शासन व्यवस्था भंग है और क्षेत्रीय अशांति है तो ऐसी स्थिति में संसद राज्य विधान सभा का कार्यकाल बढ़ा सकती है।

66. (b) भारतीय प्रधानमंत्री लोकसभा के बहुमत दल का नेता होता है अत: लोकसभा से सदस्य होने की आयु 25 वर्ष निर्धारित की गयी है। इस प्रकार कोई भी व्यक्ति जो 25 वर्ष की आयु में सांसद निर्वाचित हो जाये वह प्रधानमंत्री हो सकता है।

67. (d)

68. (d) भारत में कुल 29 राज्य एवं 7 केन्द्र शासित प्रदेश हैं।

69. (d) मूल रूप से सर्वोच्च न्यायालय के लिए मुख्य न्यायाधीश तथा 7 अन्य न्यायधीशों की व्यवस्था की गयी थी। किन्तु वर्तमान में संसद द्वारा 1985 ई. में कानून बनाकर सर्वोच्च न्यायालय में एक मुख्य न्यायाधीश और 25 अन्य न्यायधीश नियुक्त करने की व्यवस्था की गई। इसके अतिरिक्त विशेष परिस्थिति उत्पन्न होने पर तदर्थ न्यायधीश नियुक्त करने की भी व्यवस्था है जिसे मुख्य न्यायाधीश भारत के राष्ट्रपति की अनुमति प्राप्त कर नियुक्त करता है।

70. (d) अनुच्छेद 32 के अंतर्गत उच्चतम न्यायालय को नागरिकों के मूल अधिकारों का सजग प्रहरी बनाया गया है। सर्वोच्च न्यायालय और उच्च न्यायालयों के द्वारा नागरिकों के मौलिक अधिकारों की रक्षा 5 लेख (रिट) जारी कर सकता है। उन सभी कानूनों एवं कार्यपालिका के कार्यों को अवैधानिक घोषित कर दिया जायेगा जो मौलिक अधिकारों के विरुद्ध है।

71. (d) भारत का प्रथम आम चुनाव श्री सुकुमार सेन के नेतृत्व में कराया गया जिसमें 14 राष्ट्रीय राजनैतिक दल भाग लिए। इस चुनाव को सम्पन्न कराने में 4 माह का लम्बा समय लगा। सम्पूर्ण चुनाव 21 फरवरी, 1952 को सम्पन्न हुआ इसमें कुल मतदान प्रतिशत 61.16 था तथा लोकसभा के लिए स्थानों की संख्या 489 थी।

72. (a) मूल संविधान में लोक सभा की सदस्य संख्या 500 निश्चित की गयी है। अभी इसके सदस्यों की अधिकतम सदस्य संख्या 552 हो सकती है। इसमें से अधिकतम 530 सदस्य राज्यों के निर्वाचन क्षेत्र से व अधिकतम 20 सदस्य संघीय क्षेत्रों से निर्वाचित किये जा सकते हैं एवं राष्ट्रपति आंग्ल भारतीय वर्ग के अधिकतम दो सदस्यों का मनोनयन कर सकते हैं।

73. (c) संविधान के भाग-15 के अनुच्छेद 324 में निर्वाचन आयोग के गठन एवं उसकी शक्तियों का वर्णन है। निर्वाचन आयोग का गठन मुख्य निर्वाचन आयुक्त एवं अन्य निर्वाचन आयुक्तों से किया जाता है।

74. (b) 73वें संविधान संशोधन के अनुसार भारत में पंचायतीराज संस्थाओं का कार्यकाल 5 वर्ष होगा। किसी पंचायत के गठन के लिए निर्वाचन 5 वर्ष की अवधि के पूर्व और विघटन की तिथि से 6 मास की अवधि के अवसान से पूर्व करा लिया जाएगा।

75. (b) प्रथम संविधान संशोधन 1951 ई. के चम्पाकम दोरैराजन आदि के मामलों से उत्पन्न समस्याओं को दूर करने के लिए अनुच्छेद 15, 19, 31 आदि में संशोधन किया गया एवं संविधान में नवम् अनुसूची जोड़ी गयी तथा यह प्राविधान किया गया कि इसमें शामिल अधिनियमों को इस आधार पर चुनौती नहीं दी जा सकती है कि वे मूलाधिकारों का अतिक्रमण करते हैं।

76. (a) 42वें संवैधानिक संशोधन द्वारा प्रस्तावना में भारत को 6 समाजवादी 'राज्य' घोषित किया गया।

77. (b) ऐसी अर्थव्यवस्था जिसमें उत्पादन में सार्वजनिक एवं निजी क्षेत्र दोनों की निश्चित भूमिका रहती है इसमें सरकार एवं निजी उद्यमी दोनों ही आर्थिक विकास में भाग लेते हैं। भारत में मिश्रित अर्थव्यवस्था को अपनाया गया है।

78. (b) भारत में कर्मचारियों के महगाई और भत्ते का निर्धारण उपभोक्ता कीमत सूचकांक पर किया जाता है। सर्वप्रथम इसका आंकलन 1956 ई. में किया गया तथा आधार वर्ष 1948-49 को माना गया। वर्तमान में यह आधार वर्ष 2004-05 है।

79. (b) प्लास्टिक मनी से तात्पर्य विभिन्न बैंको, वित्तीय संस्थानों तथा अन्य कंपनियों द्वारा जारी किये गये क्रेडिट कार्डों से है।

80. (b)

81. (c) सुविख्यात ब्रिटिश वैज्ञानिक न्यूटन ने गुरुत्वाकर्षण के नियम को प्रतिपादन किया तथा गति के नियमों की खोज की। गणित के क्षेत्र में बाइनोमिलय प्रमेय की खोज की।

82. (a) दूध में सूक्ष्म जीवाणु पैदा हो जाते हैं जिसके कारण दूध में किण्वन की क्रिया आरम्भ हो जाती है और उसमें रासायनिक परिवर्तन होने लगता है। किण्वन की क्रिया के कारण ही दूध से दही बनता है।

83. (b) डॉ. होमी जहांगीर भाभा प्रसिद्ध भारतीय परमाणु वैज्ञानिक थे। इन्हीं की देखरेख में भारत का प्रथम एटॉमिक रिएक्टर पूर्ण हुआ।

84. (b)

85. (c) हीलियम गैस हवा से हल्की होती है। यह इसलिए वायुयान के टायरों में भरी जाती है क्योंकि वायुयान के रनवे पर उतरते समय टायर हल्के और रोड से घर्षण के समय न फटें।

86. (c) लोहा लाल रुधिर कणिकाओं में हीमोग्लोबिन बनने के लिए आवश्यक है। इसकी कमी से रक्त अल्पता रोग हो जाता है। एक स्वस्थ पुरुष के लिए 10-15 Mg और स्त्री के लिए 8-12 Mg आवश्यक है।

87. (d) नेत्र के लेंस का अपारदर्शी होना मोतियाबिन्द कहलाता है। सामान्यत: यह रोग वृद्धावस्था में होता है। इस रोग के कारण मनुष्य अंधा हो जाता है।

88. (a) जामुन में 1.5 मिलीग्राम लौह पाया जाता है जबकि अमरूद में 1.2 मिली ग्राम लौह मिलता है।

89. (c) कुनैन सिनकोना वृक्ष की छाल के रस से निकाला जाता है इसका प्रयोग मलेरिया बुखार के इलाज में किया जाता है।

90. (c)

91. (c) एड्स HIV नामक वाइरस के कारण होता है जिसमें मानव शरीर की रोग प्रतिरोधक क्षमता समाप्त हो जाती है। इसमें वायरस टी फोर कोशिकाओं को नष्ट कर देता है।

92. (b) दृष्टिपटल की शलाका और शंकु पेशियों का संबंध दैनिक दृष्टि से और शलाका पेशियों का सम्बन्ध रात्रिकालीन और सांध्य दृष्टि से होता है। शलाका पेशियों में एक विशेष प्रकार का पदार्थ पाया जाता है। इस पदार्थ का निर्माण विटामिन 'ए' की सहायता से होता है। दृश्य नील लोहित के निर्माण में व्यवधान उपस्थित होने पर रतौंधी रोग होती है इसकी चिकित्सा के लिए विटामिन 'ए' युक्त भोजन और विटामिन 'ए' का सेवन किया जाता है।

93. (c) 'सिलिकोसिस' फेफड़े की बीमारी है। यह शीशे के कणों द्वारा फेफड़े में संक्रमण होने से फैलती है।

94. (b)

95. (b) प्रसिद्ध एयरोनॉटिक्स वैज्ञानिक ए.पी. जे. अब्दुल कलाम को ''मिसाइलमैन' कहा जाता है। इन्हीं के निर्देशन में भारतीय मिसाइल प्रोग्राम आगे बढ़ाया गया था। आकाश, पृथ्वी, नाग, अग्नि आदि मिसाइलों का निर्माण किया गया अत: राष्ट्रपति बनने के पूर्व ही अब्दुल कलाम को 'मिसाइल मैन' की संज्ञा दी गई थी।

96. (d)

97. (c) 'ए पैसेज टु इण्डिया' नामक पुस्तक के लेखक' ई. एम. फॉस्टर' हैं।

98. (a) प्रतिवर्ष 11 जुलाई को विश्व जनसंख्या दिवस के रूप में मनाते हैं।

99. (b) भारत में मानव का सर्वप्रथम साक्ष्य शिवालिक पहाड़ में मिलता है।

100. (b) योजना बनाने में प्रयुक्त डाटा यन्त्र निर्णय विश्लेषण यन्त्र के नाम से जाना जाता है।

101. (d)

102. (b) जब किसी परमाणु में न्यूट्रॉन तथा प्रोटॉन का अनुपात अधिक होता है तो नाभिक सन्तुलित अवस्था में नहीं रहता। असन्तुलित अवस्था में आने पर, नाभिक स्वाभाविक रूप से विखण्डित होता रहता है।

103. (a) शुद्ध जल, प्रकृति से उदासीन होता है। अत: इसका PH मान 7 होता है।

104. (c) ज़रकोनियम एक रेडियोएक्टिव तत्व नहीं है। क्योंकि इसका परमाणु क्रमांक (40), 82 से कम होता है। अत: यह एक रेडियोएक्टिव तत्व नहीं है।

105. (b) तंतु प्रकाश के प्रकाश बल्ब में केवल 2% से 4% ऊर्जा दृश्य प्रकाश के रूप में परिवर्तित होती है, जबकि 95% से अधिक ऊर्जा अवरक्त किरणों के रूप में ऊष्मा में परिवर्तित होकर व्यर्थ चली जाती है।

106. (d) फोटो इलेक्ट्रिकल सेल वह यंत्र है जो प्रकाशीय ऊर्जा को विद्युत ऊर्जा में बदल देता है।

107. (d) एक्स किरणों या गामा किरणों के विकिरण द्वारा मानव शरीर को जो क्षति पहुँचती है, उसे रेड्स इकाई में मापा जाता है। रेड्स उस ऊर्जा की मात्रा है, जो विकिरणों द्वारा ले जायी जाती है तथा शरीर के ऊतकों द्वारा अवशोषित की जाती है।

108. (b) रेगुलेटर (गति नियंत्रक) का प्रयोग विद्युत पंखे की गति को नियंत्रित करने में किया जाता है।

109. (b) पीलिया यकृत की बीमारी है। बिलीरूबीन (जो यकृत द्वारा स्रावित होता है) की अधिकता होने पर त्वचा तथा नेत्रों में पीलापन आ जाता है। बिलीरूबीन की उच्चता से रूधिर अपघटन, यकृतशोध, अधितंतुरूजा, यकृत मृत्यु आदि होता है।

110. (a) इरेथ्रोसाइट्स या लाल रक्त कणिकाओं के हीमोग्लोबीन में ऑक्सीजन के चार अणु उपस्थित होते हैं तथा फेफड़ों से प्राप्त ऑक्सीजन के साथ मिलकर 'ऑक्सीहीमोग्लोबीन' बनाता है। तथा विसरण क्रिया द्वारा शरीर के प्रत्येक कोशिका तक ऑक्सीजन का परिवहन करता है।

111. (c) अमेरिका के हवाई में स्थित मौना लोआ वेधशाला के अनुसार पृथ्वी के वायुमंडल में उपस्थित कार्बन डाइऑक्साइड का स्तर पार्ट्स पर 415 मिलियन पीपीएम से भी अधिक था। यह स्तर लगभग तीन मिलियन साल पहले था जब समुद्र का स्तर आज की तुलना में कई मीटर ऊपर था और अंटार्कटिका के कुछ हिस्से जंगल थे।

112. (b)

113. (c) टेक्सास के एक खोजकर्ता विक्टर वेस्कोवो को धरती के सबसे गहरे स्थान मेरियाना ट्रेंच पर नुकीली धातु, मिठाई के खाली डिब्बे और प्लास्टिक का सामान दिखाई दिया। संयुक्त राष्ट्र के अनुसार दुनिया के महासागरों में मौजूद प्लास्टिक अपशिष्ट लगभग 100 मिलियन टन तक पहुंच गया है। प्रशांत महासागर में स्थित मेरियाना ट्रेंच पर समुद्र 10,898 मीटर से 10,916 मीटर तक गहरा है।

114. (c) केंद्र सरकार ने लिबरेशन टाइगर्स ऑफ तमिल ईलम(लिट्टे) के खिलाफ लगाए गए प्रतिबंध को पांच साल तक के लिए बढ़ा दिया है। यह बैन तत्काल प्रभाव से लागू किया गया है। गृह मंत्रालय ने यह कदम गैरकानूनी गतिविधियां(रोकथाम) अधिनियम, 1967 के तहत उठाया है। गृह मंत्रालय की ओर से कहा गया कि लिट्टे की ओर से जारी हिंसा और विध्वंसकारी गतिविधियां भारत की एकता और अंखडता के लिए हानिकारक हैं।

115. (b) लुईस हैमिल्टन ने बार्सिलोना में पहली पारी में मर्सिडीज टीममेट वॉल्टेरी बोटास को पछाड़कर लगातार तीसरे साल स्पेनिश ग्रैंड प्रिक्स का ख़िताब जीता। स्पेनिश ग्रैंड प्रिक्स में रेड बुल के मैक्स वेरस्टैपेन ने तीसरा स्थान प्राप्त किया और उन्हें F1 ड्राइवर ऑफ़ द डे चुना गया। स्पैनिश ग्रां प्री को मिला कर हैमिल्टन ने कुल 76वीं जीत दर्ज की।

116. (b) रक्षा अनुसंधान और विकास संगठन ने उड़ीसा के चांदीपुर के अंतरिम टेस्ट रेंज से अभ्यास हाई-स्पीड एक्सपेंडेबल एरियल टारगेट (HEAT) का सफल परीक्षण किया। अभ्यास एक हाई स्पीड ड्रोन है। अभ्यास का विन्यास एक इन-लाइन छोटे गैस टरबाइन इंजन पर डिज़ाइन किया गया है और यह अपने नेविगेशन और मार्गदर्शन के लिए स्वदेशी रूप से विकसित MEMS-आधारित नेविगेशन प्रणाली का उपयोग करता है।

117. (b) पाकिस्तान की सना मीर दुनिया की सबसे सफल एकदिवसीय महिला स्पिनर बन गई हैं। आईसीसी महिला चैम्पियनशिप के तीसरे मैच में दक्षिण अफ्रीका की सुने लुस को आउट करने के बाद उन्होंने यह खिताब हासिल किया। वह अक्टूबर 2018 में आईसीसी रैंकिंग में शीर्ष पर पहुंचने वाली पहली पाकिस्तानी गेंदबाज बन गई थीं। वर्तमान में सना मीर आईसीसी की एकदिवसीय गेंदबाजी रैंकिंग में तीसरे स्थान पर हैं।

118. (b) भारत ने 15 मई, 2019 को 'क्राइस्टचर्च कॉल टू एक्शन' पर हस्ताक्षर किए। यह समझौता 15 मार्च को मस्जिदों पर हुए हमलों की पृष्ठभूमि में आया था और इसका उद्देश्य चरमपंथियों द्वारा इंटरनेट का दुरुपयोग रोकना है।

119. (d) क्रोएशिया के इगोर स्तिमेक को दो साल के कार्यकाल के लिए भारतीय फुटबॉल टीम

प्रैक्टिस सेट-5

का मुख्य कोच नियुक्त किया गया। उनकी नियुक्ति एआईएफएफ की कार्यकारी समिति द्वारा की गई है उन्हें अंतर्राष्ट्रीय स्तर पर 18 वर्षों से अधिक का अनुभव है।

120. (c) 50-60 किमी प्रति घंटे की गति से चलने वाली रेलवे की लम्बी मालगाड़ी का नाम 'पायथन रेक' है। इसमें विभिन्न प्रकार के माल की दुलाई और लंबी दूरी तय करने के लिए रेक शामिल हैं। पायथन रेक में 147 वैगन हैं इसके दो इंजन सामने और दो पीछे की तरफ होते हैं इसलिए यह सांप की तरह प्रतीत होती है।

121. (b) अलाबामा सीनेट ने अमेरिका का सबसे अधिक प्रतिबंधात्मक गर्भपात विधेयक पारित किया है जो गर्भावस्था के समापन पर लगभग पूर्ण प्रतिबंध लगाता है। यह बलात्कार और अनाचार के मामलों में भी गर्भपात पर पूर्ण प्रतिबंध लगाता है। विधेयक के तहत, गर्भपात करना एक अपराध है जिसमें डॉक्टरों के लिए 10 से 99 साल तक जेल का प्रावधान है। गर्भपात केवल तभी वैध होगा जब मां का जीवन खतरे में हो या भ्रूण की स्थिति घातक हो।

122. (c) 49 वर्षीय शेरपा पर्वतारोही कामी रीता ने 23वीं बार माउंट एवरेस्ट को फतह किया। उन्होंने दुनिया की सबसे ऊंची चोटी के सबसे सफल आरोहियों के अपने रिकॉर्ड को तोड़ दिया। ज्ञात हो कि सोलुखुम्बु जिले के थामे गांव के रहने वाले शेरपा पर्वतारोही ने पहली बार 13 मई, 1994 को माउंट एवरेस्ट पर चढ़ाई की थी।

123. (c) भारत को वर्ष 2020 के लिए आपदा न्यूनीकरण और रिकवरी के लिए वैश्विक सुविधा के सलाहकार समूह के सह-अध्यक्ष के रूप में सर्वसम्मति से चुना गया है। स्विट्जरलैंड के जेनेवा में आयोजित जीएफडीआरआर की बैठक के दौरान यह निर्णय लिया गया। ज्ञात हो कि GFDRR एक वैश्विक साझेदारी है जो विकासशील देशों को प्राकृतिक खतरों और जलवायु परिवर्तन के प्रति उनकी भेद्यता को बेहतर ढंग से समझने और कम करने में मदद करती है।

124. (c) सशस्त्र बलों की संयुक्त संचालन क्षमता दिखाने के लिए एक्सरसाइज बुल स्ट्राइक नाम की सैन्य ड्रिल अंडमान निकोबार के टेरेसा द्वीप में आयोजित की गई थी। अभ्यास के दौरान, सेना के जवानों को हवाई अभियान का संचालन करके अपने कौशल का प्रदर्शन करने का मौका मिला। इस ड्रिल में तीन सेवाओं के 170 सैनिकों ने एक कॉम्बैट फ्री फॉल और स्टेटिक लाइन मोड में पैरा ड्रॉप ऑपरेशन किए।

125. (b) नौसेना स्टाफ के प्रमुख एडमिरल सुनील लांबा ने कोलकाता के पास डायमंड हार्बर में भारतीय नौसेना के पहले पूर्ण सेवा चयन बोर्ड (एसएसबी) का उद्घाटन किया। यह संस्थान मध्य कोलकाता से लगभग 55 किमी दूर स्थित है। यह भारतीय नौसेना का पांचवाँ सेवा चयन बोर्ड है और स्थायी और लघु सेवा आयोग के दोनों अधिकारियों के चयन के लिए बनाया गया है। अन्य बोर्ड भोपाल, बेंगलुरु, विशाखापत्तनम और कोयंबटूर में स्थित हैं।

126. (a)

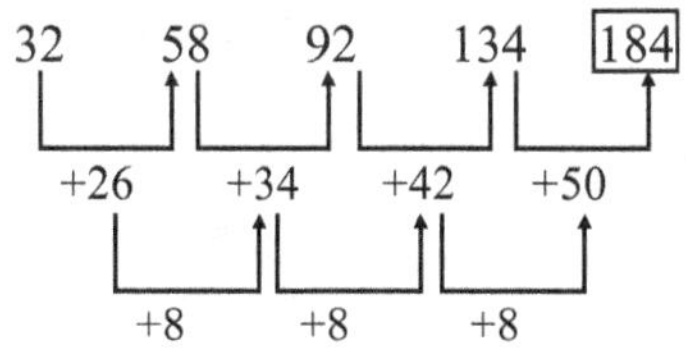

32 58 92 134 184
  +26 +34 +42 +50
    +8   +8   +8

127. (a) $2 + 1.5 = 3.5$
$3.5 + 1.5 = 5$
$5 + 1.5 = 6.5$
$6.5 + 1.5 = 8$
$8 + 1.5 = \boxed{9.5}$

128. (a) $15 + 8 = 23$
$23 + 8 = 31$
$31 + 8 = 39$
$39 + 8 = \boxed{47}$
$47 + 7 = 54$
$54 + 7 = 61$

129. (c) जिस प्रकार तारे एवं अन्य खगोलीय पिण्डों के अध्ययन को खगोलविज्ञान कहते हैं। उसी प्रकार, पृथ्वी एवं आन्तरिक संरचना के अध्ययन को भूविज्ञान कहते हैं।

130. (b) जिस प्रकार ऊपर का विपरीतार्थ शब्द नीचे है। उसी प्रकार, पीछे का विपरीतार्थक शब्द सामने है।

131. (a) जिस प्रकार,

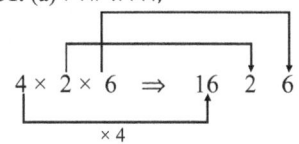

$4 \times 2 \times 6 \Rightarrow 16 \quad 2 \quad 6$
          $\times 4$

तथा

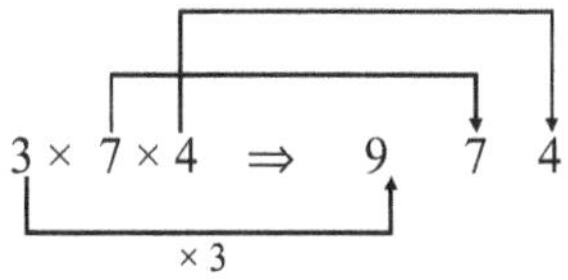

$3 \times 7 \times 4 \Rightarrow 9 \quad 7 \quad 4$
          $\times 3$

उसी प्रकार,

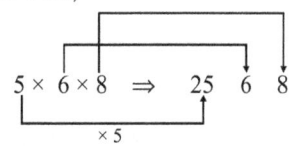

$5 \times 6 \times 8 \Rightarrow 25 \quad 6 \quad 8$
          $\times 5$

132. (c)

133. (c) संख्या 6 का पूर्ण वर्ग 36 है।
$8 \times 8 = 64; \ 7 \times 7 = 49$
$5 \times 5 = 25$

134. (b) $443 \Rightarrow 4 + 4 + 3 = 11$
$633 \Rightarrow 6 + 3 + 3 = 12$
$821 \Rightarrow 8 + 2 + 1 = 11$
$245 \Rightarrow 2 + 4 + 5 = 11$

135. (a) बाजरा को छोड़कर अन्य रबी फसलें हैं। बाजरा खरीफ की फसल है।

136. (d) कागजों का भार
$= \dfrac{22}{(22+3)} \times 36$
$= \dfrac{22 \times 36}{25}$ किग्रा = 31680 ग्राम

137. (a) माना वस्तु का क्रय मूल्य = ₹ 100
∴ अंकित मूल्य = ₹ 100 + 20 = ₹ 120
तथा विक्रय मूल्य = ₹ 100 + 12 = ₹ 112
∴ कुल छूट = 120 − 112 = ₹ 8
∴ अभीष्ट छूट की दर = $\dfrac{8}{120} \times 100\%$
$= \dfrac{20}{3}\% = 6\dfrac{2}{3}\%$

138. (d) माना मशीन का अंकित मूल्य = ₹ x
∴ 12% छूट के बाद, मशीन का विक्रय मूल्य
$= x \times \dfrac{(100-12)}{100}$
$= ₹ \dfrac{22}{25}x$ ...(i)
⇒ मशीन का क्रय मूल्य = ₹ 7660
⇒ 10% लाभ हेतु मशीन का विक्रय मूल्य
$= 7660 \times \dfrac{110}{100}$
$= ₹ (766 \times 11) = ₹ 8426$
∴ $\dfrac{22}{25}x = 8426$
$x = \dfrac{8426}{22} \times 25 = ₹ 9575$

139. (a) शेष कार्य = $\dfrac{2}{3}$ तथा शेष समय
$= 100 − 40 = 60$ दिन

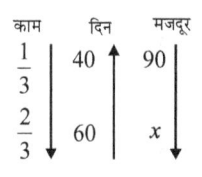

काम	दिन	मजदूर
$\dfrac{1}{3}$	40	90
$\dfrac{2}{3}$	60	x

$\left.\begin{array}{l}\dfrac{1}{3} : \dfrac{2}{3} \\ 60 : 40\end{array}\right\} :: 90 : x$

81

$\therefore x = \frac{2}{3} \times 40 \times 90 \times \frac{3}{1} \times \frac{1}{60} = 120$

∴ नियुक्त व्यक्तियों की संख्या
$= 120 - 90 = 30$

140. (a) $\because \frac{(x-1)(x+1)}{(x+1)(x+2)} = \frac{5}{6}$

$\Rightarrow \frac{x-1}{x+2} = \frac{5}{6}$

$\Rightarrow 6x - 6 = 5x + 10$

$\therefore x = 16$

141. (d) सही सुमेलन इस प्रकार है-

सूची-I (जनपद)	**सूची-II (मुख्यालय)**
अम्बेडकर नगर	अकबरपुर
कानपुर देहात	अकबरपुर माती
जालौन	उरई
सिद्धार्थ नगर	नौगढ़

142. (d) **143.** (c)

144. (b) उत्तर प्रदेश में सबसे पुराना विश्वविद्यालय इलाहाबाद विश्वविद्यालय, इलाहाबाद है। इसकी स्थापना 1887 में हुई थी। काशी हिंदू विश्वविद्यालय, वाराणसी की स्थापना 1916 ई. में, चौधरी चरण सिंह विश्वविद्यालय, मेरठ की स्थापना 1965 ई. में तथा लखनऊ विश्वविद्यालय, लखनऊ की स्थापना 1921 ई.में हुई थी।

145. (b) उत्तर प्रदेश में लघु एवं सीमांत कृषकों का बाहुल्य है। प्रदेश में कुल जोतों की 76.9 प्रतिशत जोतें सीमांत आकार (एक हेक्टेयर से कम) वाली हैं। कृषि हेतु भूमि की सीमित उपलब्धता के परिप्रेक्ष्य में प्रदेश में बहुफसली क्षेत्र के विस्तार के प्रयासों के परिणामस्वरूप उत्तर प्रदेश में फसल सघनता बढ़कर 155.1 प्रतिशत हो गई है।

146. (b) 21 नवंबर, 2011 को तत्कालीन बसपा सरकार ने ध्वनि मत से उत्तर प्रदेश को 4 छोटे प्रदेशों में बांटने संबंधी प्रस्ताव को पारित किया था।

147. (d) भारत कला भवन संग्रहालय वाराणसी में अवस्थित है। इसकी स्थापना 1920 में राय कृष्णदास द्वारा की गई थी। चित्रकला के विकास में इसका महत्वपूर्ण योगदान है।

148. (d) डॉ. राममनोहर लोहिया राष्ट्रीय विधि विश्वविद्यालय, लखनऊ राज्य विश्वविद्यालय है जबकि विकल्प में दिए गए अन्य विश्वविद्यालय केंद्रीय विश्वविद्यालय हैं।

149. (b) सीमेंट के लिए उत्तर प्रदेश का वाराणसी नहीं बल्कि सोनभद्र जिला प्रसिद्ध है। सोनभद्र के चुर्क एवं डाला में सीमेंट के कारखाने स्थित हैं। कानपुर-चमड़ा उद्योग, मेरठ-चीनी उद्योग एवं सहारनपुर-कागज उद्योग के लिए प्रसिद्ध है।

150. (b) वर्ष 2002 में उद्घाटित सरदार वल्लभ भाई पटेल कृषि विश्वविद्यालय मेरठ में अवस्थित है।

151. (a) प्रश्नानुसार जिले एवं उनका क्षेत्रफल है–

जिला	**क्षेत्रफल (वर्ग किमी.)**
वाराणसी	1535
जौनपुर	4038
इलाहाबाद	5482
गाजीपुर	3377

152. (a) 22-24 फरवरी, 2015 को उत्तर प्रदेश सरकार ने फिक्की (Ficci) के सहयोग से प्रदेश में पर्यटन को बढ़ावा देने के लिए प्रथम ट्रैवेल मार्ट का आयोजन लखनऊ में किया था। 2016 में यह आयोजन आगरा में किया गया।

153. (c) उत्तर प्रदेश वित्तीय निगम लघु तथा मध्यमस्तरीय उद्योगों तथा लघु तथा मध्यम क्षेत्र की सेवा इकाइयों को वित्तीय सहायता प्रदान करता है।

154. (b) **155.** (d) **156.** (b) **157.** (b)
158. (a) **159.** (a) **160.** (c) **161.** (a)
162. (c) **163.** (b) **164.** (d) **165.** (d)
166. (b) **167.** (d) **168.** (a) **169.** (b)
170. (a) **171.** (a) **172.** (d) **173.** (c)
174. (a) **175.** (d) **176.** (b) **177.** (c)
178. (c) **179.** (c) **180.** (d)**181.** (b)
182. (a) **183.** (a) **184.** (a)**185.** (b)

186. (a) आईबीएम (IBM) कम्प्यूटर निर्माण के क्षेत्र में एक प्रतिष्ठित अमेरिकी कम्पनी है। इसे पर्सनल कम्प्यूटर तथा विश्व के सबसे तेज सुपर कम्प्यूटर के विकास का श्रेय है। आईबीएम और एचपी को संगणकों के प्रसिद्ध निर्माता के रूप में जाना जाता है।

187. (b) षढ़-अष्टक संभाव्य संख्या निरूपण प्रपत्र नहीं है, जबकि अष्टक, दशमलव और द्वि चर कूलबद्ध दशमलव (BCD) संभाव्य संख्या निरूपण प्रपत्र है।

188. (a) मैन (मेट्रोपोलिटन एरिया नेटवर्क) किसी बड़े भौगोलिक क्षेत्र में स्थित कम्प्यूटरों का नेटवर्क है। इसका उपयोग एक ही शहर में स्थित निजी या सार्वजनिक कम्प्यूटर को जोड़ने में किया जाता है। जबकि एक निश्चित और छोटे भौगोलिक क्षेत्र को आपस में कम्प्यूटर को जोड़ने का जाल लैन (लोकल एरिया नेटवर्क) कहलाता है।

189. (b) प्रचालन तंत्र (ऑपरेटिंग सिस्टम) प्रोग्रामों का वह समूह है जो कम्प्यूटर सिस्टम और उसके विभिन्न संसाधनों को नियंत्रित करता है तथा हार्डवेयर और उपयोगकर्ता के बीच संबंध स्थापित करता है।

190. (c) बेसिक (BASIC) एक लोकप्रिय व सरल प्रोग्रामिंग भाषा है। जिसका विकास 1964 में प्रोफेसर जॉन केमेनी तथा थॉमस कुर्टज ने किया। यह एक अक्षर-संवेदनशील भाषा है। बेसिक पर्सनल कम्प्यूटर में व्यवहार में लाई जाने वाली प्रथम उच्चस्तरीय भाषा है। जबकि पास्कल को शिक्षा परक भाषा भी कहते हैं, जबकि C++ प्रोग्रामिंग लैंग्वेज वास्तव में C लैंग्वेज के विस्तार के रूप में देखी जा सकती है। यह Object Oriented Language है।

191. (c) प्रक्रिया (Processing) प्रवाह सचित्र (फ्लोचार्ट) के संकेतों का उपयोग योग, वियोग, गुणन एवं विभाजन जैसे सभी अंकगणितीय प्रक्रियाओं के दर्शाने के लिए होता है। यह एक आयताकार चिन्ह होता है जिसमें प्रोसेसिंग के निर्देश या सूत्र होते हैं। जबकि निवेश/परिणाम (इनपुट/आउटपुट) समानान्तर चतुर्भुज का चिन्ह होता है जो इनपुट या आउटपुट आदि को दर्शाता है। छोर (टर्मिनल) एक अण्डाकार चिन्ह है जो प्रक्रिया के आरंभ, अंत या विराम के लिए प्रयुक्त होता है। निर्णय तार्किक क्रिया को दर्शाता है। इससे तर्क या प्रश्न और उनके परिणाम दिखाये जाते हैं।

192. (a) 'हेतु (फॉर) पाश (लूप) में स्थित तीन विशेषताओं को अर्धविराम (Semicolon) द्वारा पृथक् किया जाता है।

193. (b) किसी जानकारी को वर्ल्ड वाइड वेब में लिंक द्वारा खोजना ही ब्राउज कहलाता है। गूगल क्रोम एक विचरक (ब्राउजर) है।

194. (d) माइक्रोप्रोसेसर (सूक्ष्मप्रक्रमक) एक ऐसी डिजिटल इलेक्ट्रॉनिक युक्ति है जिसमें लाखों ट्रांजिस्टरों को एकीकृत परिपथ के रूप में प्रयोग कर तैयार किया जाता है। व्ही-3 (v-3) सूक्ष्म प्रक्रमकों (माइक्रोप्रोसेसर) के उपलब्ध संस्करण है।

195. (c) वर्ण-संकर संगणक (हाइब्रिड कम्प्यूटर) डिजिटल व एनालॉग कम्प्यूटर) डिजिटल व एनालॉग कम्प्यूटर का मिश्रित रूप है। इसमें गणना तथा प्रोसेसिंग के लिए डिजिटल रूप का प्रयोग किया जाता है। जबकि अनुरूप संगणक (एनालॉग कम्प्यूटर) में विद्युत के एनालॉग रूप का प्रयोग किया जाता है। अंकीय संगणक (डिजिटल कम्प्यूटर) इलेक्ट्रॉनिक संकेतों पर चलते हैं तथा गणना के लिए द्विआधारी अंक पद्धति (0 या 1) का प्रयोग किया जाता है।

196. (d) ईप्रॉम (इरेजेबल प्रोग्रामेबल रीड ओनली मेमोरी) में आवश्यकता पड़ने पर हम डाटा को मिटाकर पुन: लिख सकते हैं। EPROM को इलेक्ट्रिक सिग्नल द्वारा नियंत्रित शृंखला द्वारा पुन: प्रोग्राम किया जा सकता है। PRAM स्मरण शक्ति का एक अमान्य प्रकार है।

197. (b) मुख्य पटल (Mother Board) प्लास्टिक का बना पीसीबी होता है। धातु की पतली रेखाओं द्वारा यह दो उपकरणों के बीच संबंध स्थापित करता है। यह कम्प्यूटर का मुख्य पटल होता है। जबकि जॉयस्टिक एक प्वाइंटिग डिवाइस है जो टेकबाल की तरह ही कार्य करता है।

198. (d) माउस एक इनपुट डिवाइस है जिसे प्वाइंटिंग डिवाइस भी कहा जाता है। ग्राफिकल यूसर इंटरफेस के प्रयोग से इसका महत्व बढ़ गया है। जबकि की-बोर्ड एक मुख्य इनपुट डिवाइस है जिसका प्रयोग कम्प्यूटर में डाटा डालने के लिए किया जाता है। ट्रैक बाल माउस का ही प्रारूप हैं जिसमें रबर बाल नीचे न होकर ऊपर होती है।

199. (c) तृतीय पीढ़ी के कम्पयूटर में ट्रांजिस्टर की जगह इंटीग्रेटेड सर्किट (IC) का प्रयोग शुरू हुआ जिसमें सैकड़ों इलेक्ट्रॉनिक उपकरण जैसे ट्रांजिस्टर, प्रतिरोधक और संधारित्र एक छोटे चिप पर बने होते हैं। प्रारंभ में SSI (Small Scale Integration) और बाद में MSI (Medium Scale Integration) का प्रयोग किया गया।

200. (c) आधुनिक कम्प्यूटर में उपलब्ध संभाव्य एलपीटी और यूएसबी है। यूएसबी पोर्ट एक एक्सटर्नल बस है जो लगभग सभी पेरीफेरल डिवाइसेस को कम्प्यूटर से जोड़ने में सक्षम है।

❑❑❑

प्रैक्टिस सेट–6

1. सीमेन्ट उद्योग में निम्नलिखित में से किसका प्रयोग बड़ी मात्रा में किया जाता है?
(a) जिप्सम (b) चूना-पत्थर
(c) कोयला (d) मृत्तिका

2. असम राज्य में काम कर रही तेल परिष्करणशालाओं (रिफाइनरियों) की संख्या है–
(a) एक (b) दो
(c) तीन (d) चार

3. निम्नलिखित में से कौन एक सही सुमेलित नहीं है?
(a) कोलकाता-हुगली क्षेत्र–टीटागढ़
(b) छोटा नागपुर क्षेत्र–शिवकाशी
(c) मुम्बई-पुणे क्षेत्र–अम्बरनाथ
(d) अहमदाबाद-बड़ौदा क्षेत्र–भरुच

4. कोल बाँध परियोजना का निर्माण भारत में निम्नलिखित में से किस नदी पर हुआ?
(a) कृष्णा (b) सतलज
(c) गोदावरी (d) नर्मदा

5. मुख्य आयरन और स्टील उद्योग किस पठार पर स्थित है?
(a) दक्कन (b) मालवा
(c) तेलंगाना (d) छोटानागपुर

6. भारत की निम्न झीलों में से कौन असाम में अवस्थित है?
(a) हमीरसर झील (b) कोलेरू झील
(c) सला झील (d) चपनाला झील

7. यदि ग्रह की कक्षा दीर्घवृत्त है तो वह बिंदु जिस पर सूर्य होता है, क्या कहलाता है?
(a) केन्द्र (b) परिधि
(c) अभिकेन्द्र (d) फोकस

8. निम्नलिखित में से कहाँ अन्तर्राष्ट्रीय समुद्रीय संगठन का मुख्यालय स्थित है?
(a) लन्दन (b) जिनेवा
(c) पेरिस (d) रोम

9. भारतीय संविधान के निम्नलिखित में से किस अनुच्छेद में यह व्यवस्था की गयी है कि सभी, अल्पसंख्यकों को अपनी रुचि की शिक्षण संस्थाओं की स्थापना व प्रशासन का अधिकार होगा?
(a) अनुच्छेद-28 (b) अनुच्छेद-29
(c) अनुच्छेद-30 (d) अनुच्छेद-31

10. राष्ट्रपति की मृत्यु होने या इस्तीफा देने पर राष्ट्रपति कार्यालय के कार्यभार का पालन उपराष्ट्रपति कब तक करेंगे?
(a) उर्वरित हुए कार्यकाल तक
(b) अधिकतम एक वर्ष की अवधि तक
(c) अधिकतम छः महीने की अवधि तक
(d) अधिकतम चार महीने की अवधि तक

11. निम्नलिखित में से कौन-सा एक राज्य के नीति निदेशक तत्त्वों का उद्देश्य नहीं है?
(a) एक कल्याणकारी राज्य की स्थापना करना
(b) सामाजिक-आर्थिक कल्याण सुनिश्चित करना
(c) अन्तर्राष्ट्रीय शांति एवं सुरक्षा की अभिवृद्धि करना
(d) एक धार्मिक राज्य की स्थापना करना

12. कोहिलो केस भारत के संविधान की किस अनुसूची से सम्बन्धित है?
(a) सातवीं (b) आठवीं
(c) नवीं (d) दसवीं

13. निम्नलिखित में से कौन एक नए राज्यों के निर्माण के लिए संवैधानिक उपबंध नहीं है?
(a) किसी राज्य का क्षेत्र बढ़ाकर
(b) किसी राज्य का क्षेत्र घटाकर
(c) किसी राज्य का नाम परिवर्तन कर
(d) एक राज्य संघ राज्य क्षेत्र शामिल कर सकेगा

14. सूची-I तथा सूची-II को सुमेलित कीजिए तथा नीचे दिए गए कूट से सही उत्तर चुनिए–

सूची I (उ.प्र. के प्राचीन जनपद)	सूची II (राजधानी)
A. कुरु	1. साकेत
B. पांचाल	2. कौशाम्बी
C. कोशल	3. अहिच्छत्र
D. वत्स	4. इन्द्रप्रस्थ

कूट :

	A	B	C	D
(a)	1	2	3	4
(b)	4	3	1	2
(c)	3	4	2	1
(d)	4	2	3	1

15. निम्न में से किस एक पुरास्थल से पाषाण संस्कृति से लेकर हड़प्पा सभ्यता तक के सांस्कृतिक अवशेष प्राप्त हुए हैं?
(a) आम्री (b) मेहरगढ़
(c) कोटदिजी (d) कालीबंगन

16. गौतम बुद्ध की मां किस वंश से संबंधित थी?
(a) शाक्य वंश (b) माया वंश
(c) लिच्छवि वंश (d) कोलिया वंश

17. महावीर का प्रथम अनुयायी कौन बना?
(a) जमालि (b) यशोदा
(c) अणोज्जा (d) त्रिशला

18. निम्न में से कौन एक बौद्ध ग्रंथ 'सोलह महाजनपदों' का उल्लेख करता है?
(a) अंगुत्तर निकाय
(b) मज्झिम निकाय
(c) खुद्दक निकाय
(d) दीघ निकाय

19. गंगा घाटी में धान की खेती का प्राचीनतम प्रमाण कहां से मिलता है?

(a) लहुरादेव (b) सेनुवार
(c) सोहगौरा (d) कौशाम्बी

20. उस पाल शासक का नाम बताइए जिसने विक्रमशिला विश्वविद्यालय स्थापित किया?
(a) धर्मपाल (b) देवपाल
(c) रामपाल (d) गोपाल

21. भारत में किस शिलाश्रय से सर्वाधिक चित्र प्राप्त हुए हैं?
(a) घघरिया (b) भीमबेटका
(c) लेखाहिषा (d) आदमगढ़

22. वैदिक काल में किस जानवर को 'अघन्या' माना गया है?
(a) बैल (b) भेड़
(c) गाय (d) हाथी

23. सारनाथ स्तम्भ का निर्माण किया था–
(a) हर्षवर्धन ने (b) अशोक ने
(c) गौतम बुद्ध ने (d) कनिष्क ने

24. योग दर्शन के प्रतिपादक हैं–
(a) पतंजलि (b) योगी गोरखनाथ
(c) स्वामी रामदेव (d) शंकराचार्य

25. अमीर खुसरो ने किसके विकास में अग्रगामी की भूमिका निभाई?
(a) बृज भाषा (b) अवधी
(c) खड़ी बोली (d) भोजपुरी

26. मुहम्मद गोरी ने जयचन्द को किस युद्ध में पराजित किया था?
(a) तराइन का युद्ध (1191 ई.)
(b) तराइन का युद्ध (1192 ई.)
(c) चन्दावर का युद्ध (1194 ई.)
(d) कन्नौज का युद्ध (1194 ई.)

27. किस मध्यकालीन भारतीय शासक ने पट्टा एवं कबूलियत की व्यवस्था प्रारम्भ की थी?
(a) अलाउद्दीन खिलजी
(b) मुहम्मद बिन तुगलक
(c) शेरशाह
(d) अकबर

28. मुगलों एवं मेवाड़ के राणा के मध्य 'चित्तौड़ की संधि' किस शासक के शासन काल में हस्ताक्षरित हुई थी?
(a) अकबर (b) जहांगीर
(c) शाहजहां (d) औरंगजेब

29. निम्नलिखित में से किन ब्रिटिश अधिकारियों ने लखनऊ में अपना जीवन खोया था?
1. जनरल जॉन निकल्सन
2. जनरल नील
3. मेजर जनरल हैवलॉक
4. सर हेनरी लॉरेन्स

कूट :
(a) 1, 2 और 3 (b) 1, 3 और 4
(c) 2, 3 और 4 (d) ये सभी

30. निम्नलिखित में से भारतीय राष्ट्रीय कांग्रेस के किस अधिवेशन में महात्मा गांधी ने कहा था, "गांधी मर सकते हैं परन्तु गांधीवाद सदैव बना रहेगा"?
(a) रामगढ़ अधिवेशन, 1940
(b) लाहौर अधिवेशन, 1929
(c) कलकत्ता अधिवेशन, 1928
(d) कराची अधिवेशन, 1931

31. कार्डामम पहाड़ियां जिनकी सीमाओं पर स्थित हैं, वे हैं–
(a) कर्नाटक एवं तमिलनाडु
(b) कर्नाटक एवं केरल
(c) केरल एवं तमिलनाडु
(d) तमिलनाडु एवं आंध्र प्रदेश

32. दामोदर जिसकी सहायक नदी है, वह है–
(a) गंगा (b) हुगली
(c) पद्मा (d) सुवर्ण रेखा

33. सूची-I को सूची-II से सुमेलित कीजिए तथा नीचे दिए गए कूट से सही उत्तर चुनिए–

सूची I (क्षेत्र)		सूची II (खनिज)
A.	बादाम पहाड़	1. तांबा
B.	कोडरमा	2. लौह-अयस्क
C.	मोसाबानी	3. खनिज तेल (पेट्रोलियम)
D.	रवा	4. अभ्रक

कूट :

	A	B	C	D
(a)	4	3	1	2
(b)	2	4	3	1
(c)	1	2	4	3
(d)	2	4	1	3

34. निम्नलिखित में भारत का कौन-सा क्षेत्र मृदा अपरदन (इरोजन) से अत्यधिक प्रभावित है?
(a) मालवा पठार
(b) उत्तर प्रदेश तराई
(c) आंध्र तटीय क्षेत्र
(d) चम्बल घाटी

35. निम्नलिखित को सुमेलित कीजिए। सही उत्तर का चयन नीचे दिए कूट से कीजिए–

A.	स्वर्ण	1. खेतड़ी
B.	कोयला	2. कोलार
C.	तांबा	3. कुद्रेमुख
D.	लोहा	4. झरिया

कूट :

	A	B	C	D
(a)	1	2	3	4
(b)	4	3	2	1
(c)	3	4	1	2
(d)	2	4	1	3

36. निम्नलिखित राज्यों में से उस राज्य को चुनिए जिसमें सर्वाधिक संख्या में वन्य जीव अभयारण्य (नेशनल पार्क और अभयारण्य) हैं–
(a) उत्तर प्रदेश (b) राजस्थान
(c) मध्य प्रदेश (d) प. बंगाल

37. राष्ट्रीय पर्यावरण अभियान्त्रिकी संस्थान स्थित है–
(a) कटक में (b) जमशेदपुर में
(c) नागपुर में (d) रांची में

38. शारदा सहायक समादेश विकास परियोजना के मुख्य लक्ष्य निम्नलिखित में से क्या हैं? नीचे दिए गए कूट से सही उत्तर चुनिए–
I. कृषि उत्पादन बढ़ाना।
II. बहु फसली खेती द्वारा भूमि उपयोग के प्रारूप को बदलना।
III. भू-प्रबंधन का सुधार करना।

कूट :
(a) केवल I
(b) I और II
(c) II और III
(d) ये सभी

39. भारत की काली मिट्टी उत्पादन के लिए बहुत उपयुक्त होती है–
(a) कपास की फसल के लिए
(b) धान की फसल के लिए
(c) गन्ने की फसल के लिए
(d) गेहूं की फसल के लिए

40. निम्नलिखित में से कौन सदाबहार फल वृक्ष हैं?

(a) सेब (b) बादाम
(c) आड़ू (d) लोकाट

41. निम्नलिखित में से कौन-सा कथन सही है?

(a) 1901 के बाद यौन-अनुपात में लगातार ह्रास देखा गया है।
(b) 1901 की जनगणना में सर्वाधिक यौन-अनुपात पाया जाता है।
(c) 2001 की जनगणना में न्यूनतम यौन अनुपात दर्ज किया गया है।
(d) 1991-2001 के दशक के दौरान यौन-अनुपात में सर्वाधिक ह्रास दर्ज किया गया है।

42. निम्न में से कौन-से कथन राजस्थान के मरूक्षेत्र के लिए सही हैं? सही उत्तर के चयन हेतु नीचे दिये गए कूट का प्रयोग कीजिए।

1. यह विश्व का सबसे घना बसा मरुस्थल है।
2. यह लगभग 10,000 वर्ष पुराना है, जिसका कारण अत्यधिक मानवीय हस्तक्षेप रहा है।
3. यहां केवल 40 से 60 प्रतिशत क्षेत्र कृषि हेतु उपयुक्त है।
4. शुद्ध बोए गए क्षेत्र में वृद्धि के कारण चरागाह क्षेत्र के विस्तार पर कुप्रभाव पड़ा है।

कूट :

(a) 1, 2 और 3 (b) 2, 3 और 4
(c) 1, 2 और 4 (d) 1, 2, 3 और 4

43. निम्न कथनों पर विचार कीजिए तथा नीचे दिये गए कूट से सही उत्तर का चयन कीजिए–

1. महाराष्ट्र देश का सबसे नगरीकृत राज्य है।
2. नगरीय वृद्धि से तटीय क्षेत्र कंक्रीट के जंगल में बदल रहा है।
3. यहां मुम्बई से अहमदाबाद के बीच देश के सबसे बड़े बृहन्नगर का निर्माण हो रहा है।
4. यहां के नगर मलिन बस्तियों से भरे और अत्यधिक प्रदूषित हैं।

कूट :

(a) 1, 2 और 3 (b) 1, 3 और 4
(c) 2, 3 और 4 (d) 1, 2 और 4

44. निम्न में से कौन-सा स्थान सबसे कम वर्षा प्राप्त करता है?

(a) बीकानेर (b) जैसलमेर
(c) जोधपुर (d) लेह

45. भारत में दो सर्वाधिक नगरीकृत राज्य हैं–

(a) महाराष्ट्र एवं तमिलनाडु
(b) महाराष्ट्र एवं उत्तर प्रदेश
(c) गोवा एवं मिजोरम
(d) गुजरात एवं कर्नाटक

46. निम्नलिखित में से कौन-सा बंदरगाह भारत के पूर्वी तट का नहीं है?

(a) चेन्नई (b) काण्डला
(c) पाराद्वीप (d) तूतीकोरिन

47. वर्ष 2001 की जनगणना के अनुसार भारत में नगरीय जनसंख्या का प्रतिशत है–

(a) 27.3 (b) 27.8
(c) 28.3 (d) 28.8

48. वर्ष 2011 की जनगणना के अनुसार निम्नलिखित राज्यों में से किसमें सर्वोच्च साक्षरता स्तर है?

(a) मिजोरम (b) आंध्र प्रदेश
(c) पंजाब (d) पश्चिम बंगाल

49. निम्नलिखित शैल तंत्रों में से कौन भारत के कोयला निचयों, (डिपॉजिट्स) का प्रमुख स्रोत है?

(a) धारवाड़ तंत्र (b) गोण्डवाना तंत्र
(c) कुडप्पा तंत्र (d) विन्ध्य तंत्र

50. कथन (A) : भारत में अन्तर्देशीय जल मार्गों का पर्याप्त विकास नहीं हुआ है।
कारण (R) : भारत के अधिकतर भागों में वर्षा साल के चार महीनों में ही होती है।

कूट :

(a) 'A' और 'R' दोनों सही हैं और 'R', 'A' की सही व्याख्या है।
(b) 'A' और 'R' दोनों सही हैं तथा 'R', 'A' की सही व्याख्या नहीं है।
(c) 'A' सही है, परंतु 'R' गलत है।
(d) 'A' गलत है, परंतु 'R' सही है।

51. बिसरामपुर जिसके खनन के लिए प्रसिद्ध है, वह है–

(a) ताम्र-अयस्क (b) लौह-अयस्क
(c) कोयला (d) मैंगनीज

52. रिंग ऑफ फायर संबद्ध है–

1. भूकम्प से
2. ज्वालामुखी से
3. प्रशान्त महासागर से
4. जंगल की आग से

कूट :

(a) 1, 2 और 3 (b) 2 और 3
(c) 2 और 4 (d) 1, 2, 3 और 4

53. निम्नलिखित में से कौन एक सही सुमेलित है?

(a) हेमाइट युगाण्डा
(b) सेमाइट मलेशिया
(c) सकाई सूडान
(d) बुशमैन बोत्सवाना

54. निम्नलिखित में से कौन सुमेलित नहीं है?

(a) कोपेनहेगन डेनमार्क
(b) बर्लिन जर्मनी
(c) पेरिस फ्रांस
(d) ऑस्लो नार्वे

55. भूमध्य रेखा गुजरती है–

(a) कैमरून से (b) कोस्टारिका से
(c) केन्या से (d) वेनुजुएला से

56. सौरमंडल में छुद्र ग्रह (एस्ट्रायड) छोटे खगोलीय पिंड हैं, जो निम्न ग्रहों के मध्य पाए जाते हैं, वे हैं–

(a) बुध और शुक्र
(b) मंगल और बृहस्पति
(c) बृहस्पति और शनि
(d) वरुण (नेपच्यून) और शनि

57. सरकारिया आयोग गठित हुआ था समीक्षा करने के लिए–

(a) राष्ट्रपति और प्रधानमंत्री के मध्य संबंधों की
(b) विधायिका और कार्यपालिका के मध्य संबंधों की
(c) कार्यपालिका और न्यायपालिका के मध्य संबंधों की
(d) संघ और राज्यों के मध्य संबंधों की

58. भारतीय संविधान का कौन-सा भाग संविधान की 'आत्मा' कहलाता है?
(a) मूल अधिकार
(b) राज्य की नीति के निदेशक तत्त्व
(c) उद्देशिका
(d) संविधानिक उपचारों का अधिकार

59. भारत का सर्वोच्च न्यायालय एक 'अभिलेख न्यायालय' है। इसका आशय है, कि–
(a) इसे अपने सभी निर्णयों का अभिलेख रखना होता है।
(b) इसके सभी निर्णयों का साक्ष्यात्मक मूल्य होता है और इस पर किसी भी न्यायालय में प्रश्न चिह्न नहीं लगाया जा सकता है।
(c) इसे अपनी अवमानना करने वालों को दंडित करने की शक्ति है।
(d) इसके निर्णयों के विरुद्ध कोई अपील नहीं की जा सकती।

60. हम न्यायिक पुनरावलोकन की व्यवस्था रखते हैं–
(a) केवल भारत में
(b) केवल यू.के. में
(c) केवल यू.एस.ए. में
(d) भारत और यू.एस.ए. दोनों में

61. भारतीय संविधान के किस अनुच्छेद के अंतर्गत राष्ट्रपति को अधिकार है, कि वह किसी बिल पर अपनी अनुमति रोक ले?
(a) अनुच्छेद 63 (b) अनुच्छेद 108
(c) अनुच्छेद 109 (d) अनुच्छेद 111

62. दिए गए कूट की सहायता से हरित-क्रांति के घटक चुनिए–
1. उच्च उत्पादन देने वाली किस्म के बीज।
2. सिंचाई।
3. ग्रामीण विद्युतीकरण।
4. ग्रामीण सड़कें और विपणन।

कूट :
(a) 1 और 2 (b) 1, 2 और 3
(c) 1, 2 और 4 (d) ये सभी

63. राष्ट्रीय ग्रामीण रोजगार गारंटी योजना (NREGS) प्रारंभ में कितने जनपदों में प्रारंभ की गई थी?
(a) 200 जनपदों में
(b) 300 जनपदों में
(c) 310 जनपदों में
(d) 330 जनपदों में

64. कथन (A) : केन्द्र-राज्य संबंधों पर पुनर्विचार की मांगें बढ़ती रही हैं।
कारण (R) : राज्यों के पास विकास कार्यों के लिए पर्याप्त साधन नहीं हैं।
कूट :
(a) 'A' और 'R' दोनों सही हैं और 'R', 'A' की सही व्याख्या है।
(b) 'A' और 'R' दोनों सही हैं परंतु 'R', 'A' की सही व्याख्या नहीं है।
(c) 'A' सही है, परंतु 'R' गलत है।
(d) 'A' गलत है, परंतु 'R' सही है।

65. निम्नलिखित में से कौन-सी एक लघु उद्योगों (SSIs) की समस्या नहीं है?
(a) वित्त
(b) विपणन
(c) कच्चा माल
(d) हड़ताल एवं तालाबंदी

66. 'नवरत्न' का विचार संबंधित है–
(a) तकनीकी जनशक्ति के चयनित वर्ग
(b) चयनित निर्यातोन्मुखी इकाइयां
(c) चयनित खाद्य-प्रसंस्करण उद्योग
(d) सार्वजनिक क्षेत्र के चयनित उद्यम

67. गिल्ट एजेड में विपणु संबंधित है–
(a) धातुओं के व्यापार से
(b) ऋणपत्रों के व्यापार से
(c) सरकारी प्रतिभूतियों के व्यापार से
(d) शस्त्रों के व्यापार से

68. 'एक्चुयरीज' शब्द संबंधित है–
(a) बैंकिंग से
(b) बीमा से
(c) शेयर बाजार से
(d) उपरोक्त में से किसी से नहीं

69. पूंजी बाजार से आशय है–
(a) शेयर बाजार से
(b) वस्तु बाजार से
(c) मुद्रा बाजार से
(d) इन सभी से

70. हरित क्रांति से भारत के कौन-से राज्य सर्वाधिक लाभान्वित हुए?
(a) बिहार, प. बंगाल और असम
(b) राजस्थान, गुजरात और महाराष्ट्र
(c) पंजाब, हरियाणा और पश्चिम उ.प्र.
(d) तमिलनाडु, आंध्र प्रदेश और केरल

71. कम वोल्टेज पर कार्य करने पर विद्युत मोटर प्रायः जल जाते हैं क्योंकि–
(a) वे अधिक विद्युत धारा खींचते हैं जो वोल्टेज के प्रतिलोमानुपाती होती है।
(b) वे अधिक विद्युत धारा खींचते हैं जो वोल्टेज के वर्गमूल के प्रतिलोमानुपाती होती है।
(c) वे V^2 के समानुपाती ऊष्मा खींचते हैं।
(d) कम वोल्टेज विद्युतीय विसर्जन प्रारंभ कर देता है।

72. निम्नलिखित अवस्थाओं में से किसमें गीले कपड़े सबसे जल्दी सूख जाएंगे?
(a) 100% आर्द्रता, 60ºC तापक्रम
(b) 100% आर्द्रता, 20ºC तापक्रम
(c) 20% आर्द्रता, 20ºC तापक्रम
(d) 20% आर्द्रता, 60ºC तापक्रम

73. रेडियोधर्मी डेटिंग एक प्रक्रिया है, जिससे मापा जा सकता है–
(a) चट्टानों की उम्र
(b) चट्टानों की संगठन
(c) चट्टानों का रंग
(d) चट्टानों का भार

74. जापान की 1953 में होने वाली मिनिमाटा व्याधि हुई थी, उन मछलियों को खाने से जो संक्रमित थीं–
(a) निकेल द्वारा (b) सीसे द्वारा
(c) पारा द्वारा (d) कैडमियम द्वारा

75. दिया गया है–
1. रुधिर कोशिकाएं
2. अस्थि कोशिकाएं
3. बाल रज्जु
4. लार (सलाइवा)

अपराध की जांच में डी.एन.ए. परीक्षण हेतु जो नमूने लिए जाते हैं वे हो सकते हैं–
(a) 1, 2 और 3 (b) 1 और 4
(c) 2 और 3 (d) 1, 2, 3 और 4

76. मस्तिष्क तथा मेरुरज्जु पर चढ़ी झिल्ली में सूजन आ जाने से होने वाला रोग है–

(a) ल्यूकीमिया (b) पैरालिसिस
(c) स्केलेरोसिस (d) मेनिनजाइटिस

77. निम्नलिखित कथनों में से कौन-से सही हैं? सही उत्तर का चयन नीचे दिये कूट से कीजिए–

1. मानव शरीर में ऊर्विका (फीमर) सबसे लंबी अस्थि है।
2. हैजा रोग जीवाणु के द्वारा होता है।
3. 'एथलीट फुट' रोग विषाणु के द्वारा होता है।

कूट :

(a) 1, 2 और 3 (b) 1 और 3
(c) 1 और 2 (d) 2 और 3

78. हृदय कब आराम करता है?

(a) कभी नहीं
(b) सोते समय
(c) दो धड़कनों के बीच
(d) योगिक आसन करते समय

79. प्रदूषकों को उनके दीर्घकालीन प्रभाव के साथ दिए गए कूट की सहायता से सुमेलित कीजिए–

प्रदूषक	**प्रभाव**
A. कार्बन मोनो-ऑक्साइड	1. लीवर और किडनी को क्षति
B. नाइट्रोजन के ऑक्साइड	2. कैंसर
C. धूल कण	3. श्वास संबंधी रोग
D. सीसा	4. केन्द्रीय नर्वस सिस्टम

कूट :

	A	B	C	D
(a)	2	3	4	1
(b)	4	3	2	1
(c)	1	2	3	4
(d)	3	4	1	2

80. निम्नलिखित में से कौन लौह का अच्छा स्रोत है?

(a) गाजर (b) मटर
(c) चावल (d) पालक

81. गाड़ियों को चलाने के लिए हाइड्रोजन गैस सुविधाजनक रूप से ईंधन के रूप में प्रयोग लाई जा सकती है, यदि वह कम ताप पर किसी पदार्थ द्वारा शोषित हो ताकि वह निर्वातक द्वारा उत्पन्न तापमान पर मुक्त हो सके। वह कौन-सा पदार्थ है, जो भारत में पाया जाता है?

(a) हाइड्राइट (b) कोयला
(c) सोप स्टोन (d) रेजिन

82. रडार का प्रयोग मुख्य रूप से किया जाता है–

(a) प्रकाश तरंगों द्वारा वस्तुओं का पता लगाने के लिए।
(b) ध्वनि तरंगों को परावर्तित करके वस्तुओं का पता लगाने के लिए।
(c) रेडियो तरंगों द्वारा वस्तुओं की उपस्थिति और स्थिति ज्ञात करने के लिए।
(d) वर्षा के जल भरे बादलों का पीछा करने के लिए।

83. विश्व स्तर के प्रोग्राम 'ह्यूमन जीनोम प्रोजेक्ट' का संबंध है–

(a) सुपर-मानव के समाज की स्थापना से
(b) रंगभेद पर आधारित नस्लों की पहचान करने से
(c) मानव नस्लों के आनुवंशिक सुधारों से
(d) मानव जीनों और उनके अनुक्रमों की पहचान और मानचित्रण से

84. निम्नलिखित में से कौन-सा रक्त के हीमोग्लोबिन के साथ अनुत्क्रमणीय (irreversible) संश्लिष्ट बनाता है?

(a) कार्बन डाइऑक्साइड
(b) शुद्ध नाइट्रोजन गैस
(c) कार्बन मोनोऑक्साइड
(d) कार्बन डाइऑक्साइड और हीलियम का मिश्रण

85. निम्न ग्रीन हाउस गैसों में से ऐसी कौन है, जिसके द्वारा ट्रोपोस्फियर में ओजोन प्रदूषण नहीं होता है?

(a) मीथेन
(b) कार्बन मोनोऑक्साइड
(c) नत्रजन ऑक्साइड्स (NOX)
(d) जल वाष्प

86. सूची-I को सूची-II से सुमेलित कीजिए तथा सूचियों के नीचे दिए गए कूट की सहायता से सही उत्तर का चयन कीजिए–

सूची-I	**सूची-II**
A. स्टेथोस्कोप	1. प्रकाश की तीव्रता मापने के लिए
B. स्फिग्नोमैनो-मीटर	2. सोने की शुद्धता पता लगाने के लिए
C. कैरेटोमीटर	3. हृदय की ध्वनि सुनने के लिए
D. लक्स मीटर	4. रक्त चाप मापने के लिए

कूट :

	A	B	C	D
(a)	1	2	3	4
(b)	4	3	2	1
(c)	3	4	2	1
(d)	2	1	4	3

87. यूरो नार्म्स बनाए गए हैं–

(a) वाहनों की गति नियंत्रण के लिए
(b) वाहनों का आकार वर्गीकरण के लिए
(c) वाहनों से निकलने वाली हानिप्रद गैसों को नियंत्रित करने के लिए
(d) इंजन की शक्ति बताने के लिए

88. यदि रेफ्रीजरेटर के दरवाजे को कुछ घंटों के लिए खुला छोड़ दिया जाए तो कमरे का तापमान–

(a) घट जाएगा
(b) बढ़ जाएगा
(c) अपरिवर्तित रहेगा
(d) केवल रेफ्रीजरेटर के निकट के क्षेत्र में घटेगा

89. सूची-I को सूची-II से सुमेलित कीजिए और नीचे दिए गए कूट से सही उत्तर चुनिए–

सूची-I (मंदिर)	**सूची-II (जनपद)**
A. दशावतार मंदिर	1. एटा
B. बाबा सोमनाथ मंदिर	2. फर्रूखाबाद
C. शृंगी ऋषि का मंदिर	3. देवरिया

D.	वराह भगवान का मंदिर	4.	ललितपुर

कूट :

	A	B	C	D
(a)	1	2	3	4
(b)	4	3	2	1
(c)	3	4	1	2
(d)	3	4	2	1

90. सूची-I को सूची-II से सुमेलित कीजिए। सही उत्तर का चयन नीचे दिए कूट से कीजिए–

सूची-I (केन्द्र)		सूची-II (उद्योग)	
A.	आंवला	1.	पॉलीफाइबर
B.	मोदीनगर	2.	उर्वरक
C.	बाराबंकी	3.	रबड़
D.	कानपुर	4.	विस्फोटक

कूट :

	A	B	C	D
(a)	1	2	3	4
(b)	3	2	4	1
(c)	2	3	1	4
(d)	4	3	2	1

91. सूची-I को सूची-II से सुमेलित कीजिए और अपने सही उत्तर का चयन नीचे दिए कूट से कीजिए–

सूची-I		सूची-II	
A.	मुंशी इंशा अल्ला खान	1.	हठी हमीर
B.	बाबू देवकीनन्दन खत्री	2.	कंकाल
C.	पं. प्रताप नारायण मिश्रा	3.	काजर की कोठरी
D.	जयशंकर प्रसाद	4.	उदयभान चरित

कूट :

	A	B	C	D
(a)	2	3	1	4
(b)	4	3	1	2
(c)	4	3	2	1
(d)	1	2	3	4

92. मंडल आयोग, जिसके प्रस्तावों ने अक्षुण्ण विवाद का सूत्रपात किया है, को गठित करने वाले थे–

(a) इंदिरा गांधी
(b) मोरारजी देसाई
(c) राजीव गांधी
(d) विश्वनाथ प्रताप सिंह

93. रिजर्व बैंक के उस गवर्नर का नाम बताइए, जो वित्त मंत्री भी हुए–

(a) एच.एम. पटेल
(b) सी.डी. देशमुख
(c) सी. सुब्रह्मण्यम
(d) सचिन चौधरी

94. जी-8 राष्ट्रों के समूह में सम्मिलित हैं–

(a) ब्रिटेन, चीन, जर्मनी एवं जापान
(b) ब्रिटेन, जापान, दक्षिण अफ्रीका एवं यू.एस.ए.
(c) ब्रिटेन, फ्रांस, चीन एवं रूस
(d) ब्रिटेन, कनाडा, जर्मनी एवं इटली

95. नीचे दी गई सूची से उसे चुनिए जो 'वर्ल्ड हेरीटेज साइट' (विश्व धरोहर स्थल) घोषित हुआ हो–

(a) कार्बेट नेशनल पार्क
(b) नंदा देवी जीवमंडल रिजर्व
(c) राजाजी नेशनल पार्क
(d) गिर फॉरेस्ट

96. 'द हिमालयन माउन्टेनियरिंग इन्स्टीट्यूट' निम्न स्थानों में जहां स्थित है, वह है–

(a) उत्तरकाशी
(b) देहरादून
(c) दार्जिलिंग
(d) शिलांग

97. एच.ए.एल. (HAL) उत्पादन से संबंधित है–

(a) टेलिकम्यूनिकेशन उपकरणों के
(b) वायुयानों के
(c) अंतरिक्ष मिसाइलों के
(d) युद्ध मिसाइलों के

98. निम्नलिखित में से कौन-सी कृषि करने की प्रक्रिया पर्यावरण संरक्षण में सहायक है?

(a) अधिक उपज वाली किस्म की खेती
(b) ग्लास हाउस में पौधे उगाना
(c) शिफ्टिंग खेती
(d) जैविक खेती

99. 'कारागम' धार्मिक लोक नृत्य संबंधित है–

(a) केरल से (b) तमिलनाडु से
(c) आंध्र प्रदेश से (d) कर्नाटक से

100. गायत्री मंत्र की रचना किसने की थी?

(a) वशिष्ठ (b) विश्वामित्र
(c) इन्द्र (d) परीक्षित

101. किस मुस्लिम शासक के सिक्कों पर देवी लक्ष्मी की आकृति बनी है?

(a) मोहम्मद गोरी
(b) अलाउद्दीन खिलजी
(c) अकबर
(d) इनमें से कोई नहीं

102. पंजाब के राजा रणजीत सिंह की राजधानी कहां थी?

(a) अमृतसर (b) लाहौर
(c) रावलपिंडी (d) पेशावर

103. भारत के निम्नलिखित राज्यों में से किस राज्य का समुद्र तट सबसे लंबा है?

(a) तमिलनाडु (b) आंध्र प्रदेश
(c) गुजरात (d) केरल

104. भारत के निम्नलिखित राज्यों में से जनसंख्या की दृष्टि से सबसे छोटा राज्य कौन-सा है?

(a) कर्नाटक (b) मध्य प्रदेश
(c) तमिलनाडु (d) उड़ीसा

105. हिमालय के हिमनदों (Glaciers) के पिघलने की गति–

(a) सबसे कम है।
(b) सबसे अधिक है।
(c) विश्व के अन्य भागों के हिमनदों के समान है।
(d) हिमालय के हिमनदों के पिघलने के विषय में सूचना उपलब्ध नहीं है।

106. निम्नलिखित में से कौन बनारस घराने से संबंधित है?

1. बेगम अख्तर 2. मोती बाई
3. रसूलन बाई 4. सिद्धेश्वरी देवी

नीचे दिए गए कूट से सही उत्तर चुनिए–

(a) केवल 1 तथा 2
(b) केवल 2 तथा 3
(c) केवल 1, 2 तथा 3
(d) केवल 2, 3 तथा 4

107. फेस रिकग्नीशन तकनीक पर प्रतिबंध लगाने वाला पहला अमेरिकी शहर कौन -सा है?

(a) अलास्का (b) सैन फ्रांसिस्को
(c) टेक्सास (d) वर्जीनिया

108. एक वैश्विक सर्वेक्षण के अनुसार किस एशियाई देश के लोग मनोरंजक दवाओं का उपयोग कम करने में आगे हैं?

(a) श्रीलंका (b) भारत
(c) चीन (d) बांग्लादेश

109. साइबर खतरे के मद्देनज़र किस देश में आपातकाल की घोषणा की गयी है?

(a) श्रीलंका (b) अमेरिका
(c) न्यूज़ीलैण्ड (d) चीन

110. किस इस्लामिक देश में विशेषाधिकृत इकामा' योजना को मंजूरी दी गयी है?

(a) यू. ए. ई. (b) कुवैत
(c) क़तर (d) सऊदी अरब

111. परमाणु समझौते को लेकर किन दो देशों के बीच तनातनी जारी है?

(a) अमेरिका – रूस
(b) उत्तर कोरिया – दक्षिण कोरिया
(c) अमेरिका – ईरान
(d) इनमें से कोई नहीं

112. अमेरिकी राष्ट्रपति डोनाल्ड ट्रंप जून 2019 में किस देश की अधिकारिक यात्रा पर थे?

(a) नार्थ कोरिया (b) साउथ कोरिया
(c) ईरान (d) चीन

113. किस भारतीय सेवा के अधिकारियों के चयन के लिए पहली बार प्रवेश परीक्षा सितम्बर में आयोजित की जाएगी?

(a) सशस्त्र बल (b) वायु सेना
(c) नौसेना (d) इनमें से कोई नहीं

114. निम्न सुमेलनों पर विचार करें–

1. **भारतीय अंगदान दिवस : 27 नवंबर**
2. **संविधान दिवस : 8 नवंबर**
3. **राष्ट्रीय दुग्ध दिवस : 26 नवंबर**
4. **विश्व स्वतंत्रता दिवस : 9 नवंबर**

उपर्युक्त में से कौन-सा/से सही सुमेलित नहीं हैं?

(a) केवल 1 (b) केवल 2
(c) केवल 1 व 3 (d) केवल 2 व 4

115. आईटीसी लिमिटेड के नए प्रबंध निदेशक कौन नियुक्त हुए हैं?

(a) हरदीप सिंह (b) अरुण शर्मा
(c) संजीव पुरी (d) नवदीप सिंह

116. आरबीआई ने ई-भुगतान प्रणाली के लिए क्या जारी किया है?

(a) कैश- वे
(b) ई-भुगतान
(c) विज़न डॉक्यूमेंट
(d) इनमें से कोई नहीं

117. हाल ही में किस देश ने विकिपीडिया के सभी भाषा संस्करणों को ब्लॉक किया है?

(a) रूस (b) चीन
(c) वियतनाम (d) फ़िलीपीन्स

118. किस राज्य सरकार ने जून, 2019 के अंत में कृत्रिम वर्षा करवाने का निर्णय लिया है?

(a) ओडिशा (b) कर्नाटक
(c) तेलंगाना (d) छत्तीसगढ़

119. 'वैश्विक आकलन रिपोर्ट' में किस क्षेत्र की बड़ी अर्थव्यवस्थाओं पर जलवायु परिवर्तन का सबसे बड़ा खतरा बताया गया है?

(a) खाड़ी देश
(b) एशिया प्रशांत
(c) यूरोपीय क्षेत्र
(d) एशियाई क्षेत्र

120. अमेरिका ने किस देश से आयात होने वाले स्टील और एल्युमीनियम पर बढ़ी हुई इंपोर्ट ड्यूटी हटा ली है?

(a) जर्मनी (b) कनाडा
(c) फ्रांस (d) रूस

121. बांग्लादेश क्रिकेट टीम ने किस देश को हराकर अपनी पहली खिताबी जीत दर्ज की है?

(a) आयरलैंड
(b) अफ़ग़ानिस्तान
(c) श्रीलंका
(d) वेस्टइंडीज़

निर्देश (122–124) दिए गए विकल्पों में से भिन्न समूह को पहचानिए–

122. (a) प्रत्यायुक्त (b) व्यक्ति
(c) उपायुक्त (d) प्रतिनिधि

123. (a) 4512 (b) 3621
(c) 1722 (d) 1109

124. (a) SORE (b) SOTLU
(c) NORGAE (d) MEJNIAS

125. एक विशिष्ट कूट भाषा में NATION को ANITNO लिखा गया है, तदनुसार उसी कूट भाषा में, कौन-सा शब्द EROFMR के रूप में लिखा जाएगा?

(a) FORMER
(b) ROMFER
(c) REFORM
(d) FROMRE

126. यदि TRAIN को कूट भाषा में WUDLQ लिखा जाता है, तो शब्द BUS को उस कूट भाषा में कैसे लिखा जाएगा?

(a) EXU (b) DWU
(c) EXV (d) VXE

127. इस प्रश्न में, एक शब्द के बाद चार अन्य शब्द दिए गए हैं, जिनमें से एक दिए गए शब्द के अक्षरों का प्रयोग करके नहीं बनाया जा सकता, वह शब्द चुनिए–

'CHEMOTHERAPY'

(a) HECTARE (b) MOTHER
(c) THEATRE (d) RAPED

128. यदि रानी के पिता के चाचा, अनूप के पिता के पोते हैं, तथा अनूप अपने पिता का इकलौता पुत्र है, तो रानी से अनूप का क्या सम्बन्ध है ?

(a) दादा (b) चाचा
(c) मामा (d) परदादा

129. कौन-सी उत्तर आकृति प्रश्न आकृति के प्रतिरूप को पूरा करेगी ?

प्रश्न आकृतिः

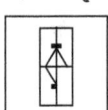

उत्तर आकृतियां

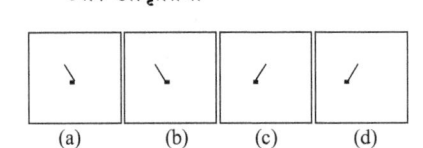

(a) (b) (c) (d)

130. GRADUATES, WORKING और KNOW COOKING को दर्शाने वाले तीन वृत्त एक-दूसरे को काटते हैं, इन कटे हुए भागों को A,B,C,D,E,F और G अंकित किया गया है, कौन-सा भाग GRADUATES KNOWING COOKING को दर्शाता है, लेकिन WORKING को नहीं

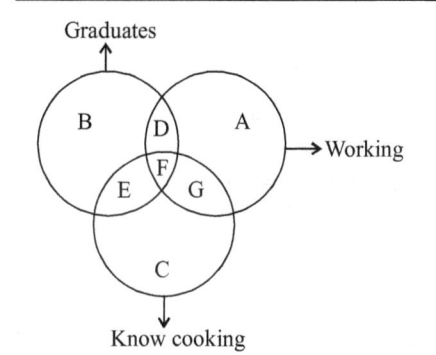

Graduates
B
D
A
Working
F
E
G
C
Know cooking

(a) E (b) D
(c) G (d) F

131. पहली पंक्ति में दिए गए वर्णों के दूसरी पंक्ति में कोड दिए गए हैं–

V	D	A	S	G	K	I	H	X	O
5	1	3	9	0	8	2	4	7	6

IVSHOD वर्णों के कोड क्या होंगे?

(a) 258416 (b) 259641
(c) 254961 (d) 259461

132. यदि 18 कुर्सियों की लागत 16 कुर्सियों की बिक्री मूल्य के बराबर हो, तो उन पर हुए लाभ का प्रतिशत कितना होगा?

(a) 12·5 (b) 13
(c) 13·5 (d) 14

133. एक वस्तु के मूल्य पर 20% की छूट, एक अन्य वस्तु पर 25% की छूट के बराबर है। तदनुसार उन दोनों वस्तुओं का लागत मूल्य क्रमशः कितना-कितना (₹ में) हो सकता है?

(a) 1000, 800 (b) 600, 800
(c) 500, 700 (d) 900, 1000

134. उस सबसे लम्बे फीते की लम्बाई कितनी होगी, जो 7 मीटर, 3 मीटर 85 सेमी तथा 12 मीटर 95 सेमी को ठीक-ठीक नाप सके?

(a) 37 (b) 35
(c) 20 (d) 11

135. 1 मी, 6 मीटर तथा 8 मीटर किनारे वाले 3 घन पिघलाकर एक घन में परिवर्तित किए गए हैं, तदनुसार उस नए घन की सतह का क्षेत्रफल कितना होगा?

(a) 294 मीटर^2 (b) 324 मीटर^2
(c) 486 मीटर^2 (d) 468 मीटर^2

136. यदि $2x = a$ तथा $4a = 2b$ हो, तो $\frac{x}{b}$ कितना होगा?

(a) $\frac{1}{2}$ (b) $\frac{2}{1}$
(c) $\frac{1}{4}$ (d) $\frac{1}{8}$

137. उत्तर प्रदेश में सर्वाधिक जनसंख्या वाली जनजाति है–

(a) थारू (b) गोंड
(c) खैरवार (d) चेरो

138. उत्तर प्रदेश में कृषि विश्वविद्यालयों की संख्या है–

(a) 2 (b) 3
(c) 4 (d) 5

139. ''उत्तर प्रदेश की संस्कृति का एक ऐतिहासिक पूर्वकाल है।'' इसमें निम्नलिखित में से कौन सम्मिलित हैं?

1. बुद्ध 2. राम
3. नवाब 4. महाराज

नीचे दिये गये कूट से सही उत्तर चुनिए–

कूट :

(a) 1, 2 और 3 (b) 2, 3 और 4
(c) 3, 4 और 1 (d) 4, 1 और 2

140. 2011 की जनगणना के अनुसार उत्तर प्रदेश में महिला आबादी कुल आबादी का लगभग है–

(a) 50% (b) 48%
(c) 45% (d) 51%

141. लोक नृत्य 'राहुला' का संबंध यू.पी. के निम्न में से किस एक क्षेत्र से है?

(a) पूर्वी क्षेत्र से
(b) पश्चिमी क्षेत्र से
(c) मध्य क्षेत्र से
(d) बुन्देलखंड क्षेत्र से

142. उत्तर प्रदेश वित्तीय निगम किसका वित्तीयकरण नहीं करता है?

(a) स्थायी सम्पत्ति का क्रय करने के लिए
(b) पर्यटन संबंधी उद्योगों के लिए
(c) दीर्घकालीन कार्यशील पूंजी की आवश्यकताओं के लिए
(d) हैण्डलूम उद्योगों के लिए

143. निम्नलिखित में से कौन-सा फसल चक्र पूर्वी उत्तर प्रदेश के लिए सर्वाधिक उपयुक्त समझा जाता है?

(a) धान-मक्का-गेहूं
(b) मक्का-आलू-मूंग
(c) मक्का-तोरिया-गेहूं
(d) कपास-गेहूं-मूंग

144. प्रति वर्ष प्रसिद्ध सूफी संत हाजी वारिस अली शाह की मजार पर मेला लगता है–

(a) फतेहपुर सीकरी में
(b) कलियर में
(c) देवा शरीफ में
(d) गढ़मुक्तेश्वर में

145. उत्तर प्रदेश की ऐतिहासिक, पुरातात्विक एवं कलात्मक निधि की देख-रेख करने के लिए स्थापित संस्कृति विभाग के कार्यों में कौन-सा कार्य सम्मिलित नहीं है?

(a) उसका संरक्षण तथा प्रदर्शन
(b) उसका प्रकाशन
(c) उसका अभिलेखीकरण
(d) उसकी बिक्री

146. निम्न में से एक नॉन-सी.एस.आई.आर. संस्थान को जो लखनऊ, यू.पी. में स्थित है, पहचानिए–

(a) आई.आई.एस.आर.
(b) एन.बी.आर.आई.
(c) सी-मैप
(d) आई.टी.आर.सी.

147. यह नृत्य की संस्कृति से संबंधित है–

(a) ख्याल और बाज लखनऊ
(b) बनारसी राज
(c) रामपुर दरबार
(d) आगरा घराना

148. कथन (A) : उत्तर प्रदेश में भारत की जनसंख्या का सर्वाधिक जमाव पाया जाता है।

कारण (R) : यह भारत का सबसे घना बसा राज्य भी है।

कूट :

(a) 'A' और 'R' दोनों सही हैं तथा 'R', 'A' की सही व्याख्या है।
(b) 'A' और 'R' दोनों सही हैं परंतु 'R', 'A' की सही व्याख्या नहीं है।
(c) 'A' सही है, परंतु 'R' गलत है।
(d) 'A' गलत है, परंतु 'R' सही है।

149. केंद्रीय औषधीय एवं सुगंधित पौधों का अनुसंधान संस्थान स्थित है–

(a) चित्रकूट में (b) सहारनपुर में
(c) कानपुर में (d) लखनऊ में

150. प्रतिवर्ष, प्रसिद्ध सूफी संत हाजी वारिस अली शाह की मजार पर मेला लगता है–

(a) फतेहपुर सीकरी, आगरा में
(b) कलियार, सहारनपुर में
(c) देवा शरीफ, बाराबंकी में
(d) गढ़मुक्तेश्वर, गाजियाबाद में

151. उत्तर प्रदेश कृषि अनुसंधान परिषद स्थित है–

(a) मेरठ में (b) बुलंदशहर में
(c) लखनऊ में (d) गोरखपुर में

152. उ.प्र. कृषि अनुसंधान परिषद स्थित है–

(a) कानपुर में (b) गाजियाबाद में
(c) इलाहाबाद में (d) लखनऊ में

153. भारतीय वनस्पति शोध संस्थान अवस्थित है–

(a) कानपुर में
(b) धामपुर में
(c) रामपुर में
(d) लखनऊ में

154. निम्नलिखित उत्तर प्रदेश के जनपदों में 'भोक्सा' जनजाति कहां पाई जाती है?

(a) बिजनौर और आगरा में
(b) बहराइच और लखीमपुर में
(c) मिर्जापुर और सोनभद्र में
(d) ललितपुर और जालौन में

155. सूची-I को सूची-II से सुमेलित कीजिए तथा नीचे दिए गए कूट से सही उत्तर चुनिए–

सूची I (औद्योगिक केंद्र)	सूची II (प्रमुख उद्योग)
A. आगरा	1. चमड़े का सामान
B. कानुपर	2. खेलकूद का सामान
C. मेरठ	3. धातुपात्र
D. मुरादाबाद	4. पर्यटन

कूट :

	A	B	C	D
(a)	1	4	2	3
(b)	4	1	2	3
(c)	4	3	1	2
(d)	3	1	4	2

156. सूची-I को सूची-II से सुमेलित कीजिए और नीचे दिए गए कूट से सही उत्तर चुनिए–

सूची-I (संस्थान)	सूची-II (स्थापना वर्ष)
A. भातखण्डे संगीत संस्थान	1. 1926
B. राज्य ललित कला अकादमी	2. 1962
C. उ.प्र. संगीत नाटक अकादमी	3. 1963
D. भारतेंदु नाट्य अकादमी	4. 1975

कूट :

	A	B	C	D
(a)	1	2	3	4
(b)	2	3	4	1
(c)	4	3	2	1
(d)	3	2	1	4

157. हरिदास जयंती प्रतिवर्ष मनाई जाती है–

(a) झांसी में (b) मथुरा में
(c) वृंदावन में (d) वाराणसी में

158. 'जिस पुरुष की पत्नी साथ नहीं है' वाक्यांश के लिए एक शब्द है

(a) अपत्नीक (b) वियोगी
(c) विधुर (d) विपत्नीक

159. नीचे दिये तत्सम् -तदभव शब्द युग्म में से कौन सा युग्म त्रुटिपूर्ण है?

(a) वचन - बैन
(b) कपाट - कपड़ा
(c) पुराण - पुराना
(d) गम्भीर - गहरा

160. 'संयोग' शब्द का विलोम है–

(a) दुर्योग (b) वियोग
(c) सहयोग (d) कुयोग

161. 'मक्खन' का तत्सम शब्द है–

(a) माखन (b) माक्षण
(c) मषक्ष (d) मृक्षण

162. अपने पांव में आप कुल्हाड़ी मारना का अर्थ क्या होगा?

(a) जानबूझकर मुसीबत में पड़ना
(b) अलग रहना
(c) अपनी बड़ाई आप करना
(d) इच्छापूरी न होना

163. निम्नलिखित में कौन-सा विलोम युग्म त्रुटिपूर्ण है?

(a) क्षर - अक्षर
(b) समास - व्यास
(c) स्वल्पायु - चिरायु
(d) आहार - विहार

164. निम्नलिखित शब्दों में से एक तद्भव शब्द नहीं है–

(a) तुरंत (b) आज
(c) धीरज (d) खर्पर

165. नीचे दिये शब्दों में से किसकी वर्तनी शुद्ध है?

(a) द्वारका
(b) पूज्यनीया
(c) अन्तर्ध्यान
(d) अहिल्यिया

166. नीचे किस वाक्य में विशेषण का प्रयोग हुआ है?

(a) राम और श्याम भाई है।
(b) राम ने मां से पानी और खाना मांगा।
(c) मां ने खाने में दाल और रोटी परोसी।
(d) राम ने रोटी खाकर और रोटी मांगी।

167. नीचे दिये शब्दों में किसकी वर्तनी शुद्ध है?

(a) सन्यासी (b) आकाल
(c) अनुग्रहीत (d) अजीवका

168. निम्नलिखित में कौन-सा वाक्य शुद्ध है?

(a) यह आपकी अनाधिकार चेष्टा है
(b) यह आपकी अनधिकार चेष्टा है
(c) यह आपकी चेष्टा अनाधिकार है
(d) यह चेष्टा आपका अनाधिकार है

169. निम्नलिखित में से कौन-सा वाक्य शुद्ध है?

(a) उसने अपनी कमाई का अधिकाशं भाग गंवा दिया।
(b) वह अपनी कमाई का अधिकांश भाग गंवा बैठा।'
(c) उसने कमाई का अधिकाशं भाग गंवा डाला।
(d) उसने अपनी कमाई का अधिकाशं गंवा दिया।

170. वर्तनी की दृष्टि से शब्द का शुद्ध रूप कौन है?

(a) बन्दना (b) वंदना
(c) बनदना (d) वन्दना

171. Choose the option that is nearly the same in meaning of the word: ancient.
(a) new (b) mint
(c) aged (d) sage

172. Choose the option that is nearly the same in meaning of the word: plenty.
(a) lot (b) scarce
(c) gift (d) bonus

173. Identify the verb in the given sentence. The leaves were yellow and sticky.
(a) leaves (b) were
(c) yellow (d) sticky

174. Choose the correct spelling
(a) ricieve (b) recieve
(c) riceive (d) receive

175. Choose the correct spelling
(a) posess (b) possess
(c) posses (d) posseis

176. Which is not a synonym of the given word ?
quarrel
(a) argument (b) bickering
(c) discord (d) quarry

177. Which prefix can be used with the following words? take, chief, behave
(a) non (b) dis
(c) in (d) mis

178. Fill in the blank with correct preposition
He deals ..... rice.
(a) in (b) with
(c) at (d) on

179. Which suffix can be used with the following words? spoon, mouth
(a) ily (b) y
(c) er (d) ful

180. Which is the adjective in the given sentence?
(a) tall (b) girl
(c) met (d) boy

181. Which is not an antonym of the given word? lovely
(a) tall (b) ugly
(c) drab (d) awful

182. Choose the best answer
What is your city like?
(a) I have no idea
(b) It's small, but nice
(c) I like it a lot
(d) Don't like it

183. Identify the adverb in the given sentence
The wicked boy slapped the girl loudly
(a) wicked (b) boy
(c) slapped (d) loudly

184. Choose the word opposite in meaning to the given word drought
(a) flood (b) dryness
(c) brought (d) river

185. Choose the word opposite in meaning to the given word ability
(a) feasibility (b) unability
(c) disability (d) inability

186. अर्ध द्विस्तर दर्शाता है कि सूचना इसमें संचारित होता है?
(a) उभय दिशा में एक ही समय में
(b) उभय दिशा में परंतु एक ही समय में नहीं
(c) उपरोक्त उभय
(d) उपरोक्त में से कोई नहीं

187. वैद्युतिक डाक (ई-मेल) में, निम्नलिखित में से कौन-सा क्रमाचार संदेशों के लिए व्यवहृत होती हैं–
(a) आईपीसी (IPC)
(b) एसएमटीपी (SMTP)
(c) एफटीपी (HTTP)
(d) एचटीटीपी (HTTP)

188. टीसीपी/आईपी (TCP/IP) क्रमाचार कौन-से प्रतिष्ठान द्वारा विकसित किया गया ?
(a) बेल (BELL)
(b) दर्प (DARPA)
(c) एटी & टी (AT & T)
(d) हायेस

189. निम्नलिखित में से क्या एक संबंधपरक संकारक है?
(a) < (b) +
(c) ++ (d) /

190. किस सारणी (श्रम) के तत्वों तक उपागम इसके द्वारा है:
(a) अनुक्रमणिका संख्या
(b) कोष्ठक
(c) + संकारक
(d) बिन्दु सदस्य (हॉट मेम्बर) संकारक

191. निम्नलिखित में से कौन-सी क्रिया का उपयोग कुंजीपटल (कीबोर्ड) से एकल अक्षर (संकेत) प्रविष्टि हेतु किया जा सकता है?
(a) गेच
(b) गेचर
(c) गेचे
(d) उपरोक्त में से कोई नहीं

192. द्रुतिका (कैचे) स्मृति है:
(a) द्रुततम रैम (RAM)
(b) रैम (RAM)
(c) आभासी स्मृति
(d) अनम्य चक्रिका (हार्ड डिस्क)

193. छम कूट इस हेतु व्यवहृत होता है
(a) क्रमादेश प्रवाह को दर्शाना
(b) संरचना सारणी निर्माण हेतु
(c) क्रमादेश को कूटबद्ध करने के लिए
(d) क्रमादेश चरण लिखने हेतु

194. रैम के प्रकार है................
(a) डीडीआर (b) डीडीआर-3
(c) डीडीआर-1 (d) उपरोक्त सभी

195. सीपीयू इनसे बना होता है।
(a) एएलयू + सीयू
(b) रॉम + एएलयू
(c) रैम + रॉम
(d) कोई नहीं

196. .... को मान्य भण्डारण प्रकार के रूप में भी माना जाता है।
(a) सी पी यू
(b) कुंजीपटल
(c) एसडी/(सुरक्षित अंकीय पत्रक)
(d) जिप (संकुचित) मिसिल

197. संगणक सीपीयू के पश्चातवर्ती पट्टिका में यह सम्मिलित नहीं होता।
(a) आरएस-322 संयोजक
(b) तंत्रजाल संयोजक
(c) यूएसबी संयोजक
(d) भाषक (स्पीकर) संयोजक

198. .... कुंजी पटल पर उपलब्ध क्रिया कुंजी (यॉं) है/है।
(a) ऑल्टर (b) आल्टर
(c) पॉइंटर (d) इंटर

199. .... एक परितंत्र तन्त्रांश नहीं है?
(a) संकलक (अनुभाषक)
(b) पावर पॉइंट
(c) त्रुटिनाशक (डिबगर)
(d) भारक (लोडर)

200. .... संगणक कृत्रिम मेधा के अवधारण का उपयोग करता है ?
(a) द्वितीय प्रजन्म (b) तृतीय प्रजन्म
(c) चतुर्थ प्रजन्म (d) पंचम प्रजन्म

उत्तर (हल/संकेत)

1. (b) सीमेन्ट उद्योग में चूना पत्थर का प्रयोग बड़ी मात्रा में किया जाता है। विश्व में सबसे पहले आधुनिक रूप से सीमेन्ट का निर्माण 1824 ई. में ब्रिटेन के पोर्टलैण्ड नामक स्थान पर किया गया। इसी के साथ 1824 ई. में एक ब्रिटिश इंजीनियर जोसेफ एस्पडीन ने चूना-पत्थर तथा चिकनी मिट्टी से जोड़ने वाला एक ऐसा नया पदार्थ बनाया जो अधिक शक्तिशाली और जलरोधी था।

2. (d) असम राज्य में 4 रिफाइनरियाँ (परिष्करणशाला) है।

1. डिग्बोई – (IOCL) के संरक्षण में
2. बोगई गाँव – (IOCL) के संरक्षण में
3. गुवाहाटी – (OCL) के संरक्षण में
4. प्रमालीगढ़ – (नुमालीगढ़ रिफाइनरी लिमिटेड के संरक्षण में कार्यरत है।)

3. (b) शिवकाशी तमिलनाडु में मदुरै 74 किमी. दूर स्थित एक नगर जो पटाखों, माचिस और छपाई के कारखानों हेतु प्रसिद्ध है। शिवकाशी पश्चिमी घाट के पूर्वी ओर स्थित है।

4. (b) कोल बाँध परियोजना का निर्माण सतलुज नदी पर हुआ है। कृष्णा नदी पर नागार्जुन सागर बांध स्थित है। नर्मदा नदी पर सरदार सरोवर बाँध, बरगी, ओंकारेश्वर तथा इंदिरा सागर बाँध स्थित है। गोदावरी नदी पर पोचम्पाद परियोजना स्थित है।

5. (d) भारत के प्रमुख उद्योग आयरन एवं स्टील उद्योग छोटानागपुर में स्थित है। छोटानागपुर पठार पर बहुत से खनिजों का संसाधन है। यहाँ पर लोहा, कोयला, मैंगनीज, तांबा तथा यूरेनियम आदि खनिजे मिलते हैं।

6. (d) चपनाला झील आसाम में, कोलरू झील आन्ध्र प्रदेश, हमीरसर झील भुज, कच्छ जिला, गुजरात और सलाझील।

7. (d) ग्रह की कक्षा दीर्घवृत्त में जिस बिंदु पर सूर्य स्थित होता है सिर्फ फोकस कहते हैं।

8. (a) अन्तर्राष्ट्रीय समुद्री संगठन का मुख्यालय लंदन में स्थित है। इसकी स्थापना 1948 ई. में जेनेवा में हुई थी। 1959 में लंदन में हुई अपनी पहली बैठक के साथ इस संगठन संयुक्त राष्ट्र की एक एजेंसी के रूप में समुद्री जहाजों की निगरानी करता है। वर्तमान समय में विश्व के 171 देश इस संगठन के सदस्य हैं।

9. (c) **अनुच्छेद-30**–खण्ड (1) के अनुसार धर्म या भाषा पर आधारित सभी अल्पसंख्यक वर्गों को अपनी रूचि की शिक्षा संस्थाओं की स्थापना और प्रशासन का अधिकार होगा।

अनुच्छेद-28–खण्ड (1) के अनुसार राज्य निधि से पूर्णत: पोषित किसी शिक्षा संस्था में कोई धार्मिक शिक्षा नहीं दी जायेगी।

अनुच्छेद-29–खण्ड (1) के अनुसार भारत के राज्य क्षेत्र या उसके किसी भाग के निवासी नागरिकों के किसी अनुभाग को जिसकी अपनी विशेष भाषा, लिपि या संस्कृति है, उसे बनाए रखने का अधिकार होगा।

अनुच्छेद-31–खण्ड (क) संपदाओं आदि के अर्जन के लिए उपबंध करने वाली विधियों की व्यावृत्ति से संबंधित है।

(ख) कुछ अधिनियमों और विनियमों का विधिमान्यकारण

(ग) कुछ निदेशक तत्वों को प्रभावी करने वाली विधियों की व्यावृत्ति।

(घ) राष्ट्र विरोधी क्रिया-कलाप के सम्बन्ध में विधियों की व्यावृत्ति।

10. (c) भारतीय संविधान के अनुच्छेद-65 के अनुसार, उपराष्ट्रपति को राष्ट्रपति पद रिक्त की स्थिति में राष्ट्रपति पद के कार्यों का निर्वहन तब तक करना होगा जब तक अनुच्छेद-62 के उपबंधों के तहत छ: मास के अंदर राष्ट्रपति का निर्वाचन नहीं हो जाता।

11. (d) भारतीय संविधान के भाग-4, अनुच्छेद 36-51 तक राज्य के नीति निदेशक तत्वों का उल्लेख किया गया है। उपरोक्त विकल्प में दिए गए 'एक धार्मिक राज्य की स्थापना करना' राज्य के नीति-निदेशक तत्वों में शामिल नहीं है। शेष विकल्प राज्य के नीति निदेशक तत्वों में आते हैं।

12. (c) आई.आर. कोहिलो बनाम तमिलनाडु राज्य (2007) का सम्बन्ध नवीं अनुसूची से है। इस मुकदमें में उच्चतम न्यायालय ने इस मुद्दे पर विचार किया कि 24-4-1973 के दिन या उसके बाद किए गए सारे संवैधानिक संशोधन, जिनके द्वारा नौवीं अनुसूची में संशोधन करके अगर कोई कानून उस अनुसूची में डाली जाती है, तो उसे संविधान के बुनियादी ढांचे की कसौटी पर परिलक्षित है। अब नौवीं अनुसूची में संवैधानिक संशोधन द्वारा डाले गए किसी भी कानून को पहले जैसा सम्पूर्ण सुरक्षा उपलब्ध नहीं है, और वह न्यायालय द्वारा संवैधानिक न्याय-निर्णय का मोहताज है। जिस हद तक वह कानून किसी मौलिक अधिकार का उल्लंघन करता है, उस हद तक वह गैर-संवैधानिक घोषित कर दिया जाएगा।

13. (d) नए राज्यों के निर्माण के लिए संवैधानिक उपबंध है–

(1) किसी राज्य का क्षेत्र बढ़ाकर।

(2) किसी राज्य का क्षेत्र घटाकर।

(3) किसी राज्य का नाम परिवर्तन कर।

14. (b)

15. (b) बलूचिस्तान (पाकिस्तान) में स्थित पुरास्थल मेहरगढ़ से पाषाण संस्कृति से लेकर हड़प्पा सभ्यता तक के सांस्कृतिक अवशेष प्राप्त हुए हैं।

16. (d) गौतम बुद्ध का जन्म 563 ई.पू. में कपिलवस्तु के लुम्बिनी नामक स्थान पर हुआ था। इनके पिता शुद्धोधन शाक्य गण के मुखिया थे। इनकी माता श्रीमती मायादेवी कोलिया वंश की कन्या थी। इनकी मृत्यु गौतम बुद्ध के जन्म के 7वें दिन ही हो गई थी। गौतम बुद्ध के बचपन का नाम सिद्धार्थ था। इनका विवाह 16 वर्ष की अवस्था में यशोधरा के साथ हुआ था।

17. (a) महावीर का प्रथम अनुयायी उनका अपना दामाद जमालि था। जमालि, प्रियदर्शनी के पति थे। महावीर स्वामी जैन धर्म के 24वें एवं अंतिम तीर्थंकर हुए। इनका जन्म 540 ई.पू. में कुण्डग्राम (वैशाली) में हुआ था। इनके पिता सिद्धार्थ 'ज्ञात्रक कुल' के सरदार थे और माता त्रिशला लिच्छवि राजा चेटक की बहन थी। महावीर की पत्नी का नाम यशोदा एवं पुत्री का नाम अनोज्जा प्रियदर्शनी था। इसी प्रियदर्शनी का पति जमालिस था।

18. (a)

19. (a) मध्य गंगा घाटी में स्थित संत कबीर नगर (उ.प्र.) के लहुरादेव ग्राम में धान की खेती के प्राचीनतम प्रमाण 7000 ई.पू. प्राप्त हुए हैं।

20. (a) विक्रमशिला विश्वविद्यालय की स्थापना पाल शासक धर्मपाल (783-820) ने की थी। यह बिहार राज्य के ग्राम अंतीचक जिला भागलपुर में स्थित है। धर्मपाल पालवंश का सबसे महान शासक था। पालवंश का संस्थापक गोपाल (750 ई.) था। इस वंश की राजधानी मुंगेर थी। गोपाल बौद्ध धर्म का अनुयायी था। इसने ओदन्तपुरी विश्वविद्यालय की स्थापना की थी।

21. (b) मध्य प्रदेश के रायसेन जिले में स्थित 'भीमबेटका' में अवस्थित शिलाश्रयों में सर्वाधिक चित्र प्राप्त हुए हैं। वहां की विभिन्न गुफाओं में हजारों चित्र प्राप्त हुए हैं। 'भीमबेटका' का महाभारत

काल के पांच भाइयों में से एक भीम के नाम पर नामकरण किया गया है। इनकी आयु 9000 वर्ष आंकी गई है।

22. (c) वैदिक काल में गाय को 'अघन्या' (न मारे जाने योग्य) माना गया है। गाय की हत्या अथवा उसे घायल करने वाले व्यक्ति को मृत्युदंड तथा देश निकालने की व्यवस्था वेदों में दी गई है।

23. (b) सारनाथ स्तम्भ का निर्माण 249 ई.पू. के आस-पास मौर्य शासक अशोक ने कराया था। इसे सिंह-शीर्ष प्रस्तर स्तम्भ के नाम से भी जाना जाता है। यह मौर्य प्रस्तर कला का सुन्दरतम उदाहरण है।

24. (a) योग दर्शन के प्रतिपादक पतंजलि हैं। इसके मुख्य ग्रंथ पतंजलि का योगसूत्र है। योगाभ्यास आठ चरणों में विभाजित है, जिसे अष्टांग योग कहते हैं। भगवद्गीता को 'योग शास्त्र' भी कहा जाता है।

25. (c)

26. (c) गोविन्द चन्द्र के बाद 1170 ई. में जयचन्द गहड़वाल शासक बना। गहड़वाल वंश के अंतिम शासक जयचन्द को सेन नरेश लक्ष्मण सेन ने एक युद्ध में परास्त कर दिया। दिल्ली पर अधिकार को लेकर हुए संघर्ष में उसे चौहानों से पराजित होना पड़ा। 1194 ई. में चन्दावर के युद्ध में मोहम्मद गोरी की सेनाओं ने जयचन्द को पराजित कर उसकी हत्या कर दी। जयचन्द के दरबार में संस्कृत का प्रसिद्ध कवि श्रीहर्ष रहता था, जिसने 'नैषध चरित' की रचना की। उसके पुत्र हरिश्चन्द्र ने मोहम्मद गौरी के अधीन शासन किया। चन्दावर उत्तर प्रदेश के इटावा जिले में यमुना तट पर स्थित है।

27. (c) मध्यकालीन भारतीय शासक शेरशाह ने अपने अधीनस्थ किसानों से संबंध स्थापित करने के लिए पट्टा तथा कबूलियत की व्यवस्था प्रारम्भ की। 'कबूलियत' (करार-विलेख) में भूमि पर किराएदार के अधिकार निहित होते हैं तथा उसकी जिम्मेदारियां ले ली गई थीं तथा सरकार ने उन्हीं नियम एवं शर्तों पर 'पट्टा' जारी कर दिया था।

28. (b) 1615 ई. में मेवाड़ विजय के उपरांत राणा अमरसिंह तथा मुगल बादशाह जहांगीर के मध्य चित्तौड़ की संधि हुई। इसमें राणा ने मुगल बादशाह की अधीनता स्वीकार कर ली तथा बादशाह जहांगीर ने राणा को चित्तौड़ समेत समस्त भू-भाग वापस कर दिया जो अकबर के समय से मुगल आधिपत्य में था।

29. (c) 14 सितम्बर, 1857 को अंग्रेजों द्वारा दिल्ली पर अधिकार करने के क्रम में जनरल जॉन निकल्सन की मृत्यु हुई। लखनऊ में 1857 ई. के विद्रोह के दौरान रेजीडेंसी की रक्षा करते हुए सर हेनरी लॉरेन्स, मेजर जनरल हैवलॉक एवं जनरल नील की मृत्यु हुई थी।

30. (d) गांधी मर सकते हैं, परन्तु गांधीवाद सदैव बना रहेगा। ("They might kill me but they cannot kill Gandhism. If truth can be killed Gandhism can be killed.") कथन यंग इंडिया के 2 अप्रैल, 1931 के अंक में प्रकाशित था, जो महात्मा गांधी द्वारा 26 मार्च, 1931 को कांग्रेस के कराची अधिवेशन में दिये गए भाषण का अंश है।

31. (c) कार्डामम पहाड़ियां केरल एवं तमिलनाडु की सीमाओं पर स्थित हैं। पश्चिमी घाट पूर्वी घाट को दक्षिण में नीलगिरि पहाड़ियां मिलाती हैं। नीलगिरि की सर्वोच्च चोटी दोदाबेट्टा (2637 मी) है। इसके दक्षिण में पालघाट दर्रा नीलगिरि पहाड़ी एवं अन्नामलाई पहाड़ी को अलग करता है। अन्नामलाई की एक शाखा (उत्तर में) पालनी पहाड़ियां एवं इसकी शाखा कार्डामम (इलायची) की पहाड़ियां (दक्षिण में) हैं। दक्षिण भारत की सबसे ऊंची चोटी अनाईमुदी है, जिसकी ऊंचाई 2696 मी है।

32. (b) हुगली नदी की सहायक नदी दामोदर है। दामोदर को बंगाल का शोक भी कहा जाता है, क्योंकि यह नदी पश्चिम बंगाल में काफी तबाही मचाती है। इस नदी का उद्भव छोटानागपुर पठार से होता है। इसकी सहायक नदी बराकर, जमुनिया एवं बराकी आदि हैं। यह रूपनारायण नदी के जल को संग्रह करती हुई हुगली में मिल जाती हैं।

33. (d) उपरोक्त प्रश्न का सही सुमेलन इस प्रकार है–

सूची-I (क्षेत्र)	**सूची-II (खनिज)**
A. बदाम पहाड़ (उड़ीसा)	लौह अयस्क
B. कोडरमा (झारखण्ड)	अभ्रक
C. मोसाबानी	तांबा
D. रवा (कृष्णा-गोदावरी के अपतटीय क्षेत्र)	खनिज तेल (पेट्रोलियम)

34. (d) भारत में मृदा अपरदन से सर्वाधिक प्रभावित क्षेत्रों में चम्बल और यमुना नदियों की उत्खात (गड्ढा) भूमि है। इसके अलावा भारत में मृदा अपरदन से सर्वाधिक प्रभावित क्षेत्र निम्नलिखित हैं–

(i) पश्चिम हिमालय का गिरिपदीय क्षेत्र

(ii) छोटानागपुर पठार

(iii) तापी-साबरमती घाटी (गुजरात)

(iv) महाराष्ट्र का रेगड़ मिट्टी क्षेत्र

(v) राजस्थान, गुजरात और हरियाणा के शुष्क क्षेत्र शामिल हैं।

35. (d) **36.** (c) **37.** (c)

38. (d) शारदा सहायक समादेश विकास परियोजना का सृजन 1973-74 में किया गया। जिसका उद्देश्य सिंचाई परियोजना एवं नहर प्रणालियों से सृजित सिंचन क्षमता का उपयोग करके कृषि उत्पादन एवं उत्पादकता में वृद्धि करना तथा कृषि क्षेत्र का समन्वित विकास करना था।

39. (a) भारत की काली मिट्टी उत्पादन के लिए कपास की फसल के लिए बहुत उपयुक्त होती है। यह मिट्टी मुख्य रूप से भारत के दक्षिणी भाग में पाई जाती है। आंध्र प्रदेश, महाराष्ट्र, तमिलनाडु, गुजरात, दक्कन के पठार आदि क्षेत्र में इसका विस्तार पाया जाता है। इसमें कैल्सियम, एल्युमीनियम, आयरन, मैग्नीशियम, कार्बोनेट आदि प्रचुर मात्रा में पाए जाते हैं, परन्तु फास्फोरस, नाइट्रोजन एवं कार्बनिक पदार्थ अल्प मात्रा में पाए जाते हैं। काली मिट्टी को 'रेगुर' के नाम से जाना जाता है।

40. (d)

41. (b) वर्ष 1901 से वर्ष 2001 तक की जनगणना रिपोर्ट देखने पर यह स्पष्ट है कि लिंग अनुपात वर्ष 1901 की जनगणना में सर्वाधिक 972 थीं। जबकि वर्ष 2001 की जनगणना के अनुसार लिंग अनुपात 933 है।

42. (d) राजस्थान का मरु क्षेत्र (थार मरुस्थल) विश्व का सबसे घना बसा मरुस्थल है। यहां का जनसंख्या घनत्व 83 व्यक्ति/वर्ग किमी है। यह अनुमानतः 10000 वर्ष पुराना है। यहां केवल 40 से 60 प्रतिशत क्षेत्र ही कृषि हेतु उपयुक्त है। सिंचाई सुविधाओं के विकास के फलस्वरूप शुद्ध बोये गए क्षेत्र में वृद्धि के कारण चरागाह क्षेत्र के विस्तार पर कुप्रभाव पड़ा है। अतः चारों कथन सही हैं।

43. (c)

44. (d) भारत के उपयुक्त नगरों की वार्षिक वर्षा इस प्रकार है–

(i) लेह–9.20 सेमी (देश भर में सबसे कम वर्षा होती है)

(ii) बीकानेर–24.30 सेमी

(iii) जैसलमेर–10 सेमी (राजस्थान में सबसे कम वर्षा वाला स्थान)

45. (c)

46. (b) काण्डला बंदरगाह भारत के गुजरात राज्य में स्थित है। यह भारत के पश्चिम तट पर स्थित है। यह एक ज्वारीय बंदरगाह है। यह मुक्त व्यापार क्षेत्र वाला बंदरगाह है।

47. (b) **48.** (a)

49. (b) भारत के कोयला भंडार का 98% भाग गोण्डवाना क्षेत्र से प्राप्त होता है। इस क्षेत्र का विस्तार 90,650 वर्ग किमी क्षेत्र पर है। इसका प्रमुख

क्षेत्र पश्चिम बंगाल, झारखंड तथा उड़ीसा राज्यों में फैला है, जहां से 76% कोयला प्राप्त किया जाता है। जबकि 17% कोयला मध्य प्रदेश एवं छत्तीसगढ़ तथा 6% कोयला आंध्र प्रदेश में मिलता है। गोण्डवानायुगीन कोयला मुख्यत: बिटुमिनस प्रकार का है, जिसका उपयोग कोकिंग कोयला बनाकर देश के लौह इस्पात के कारखानों में किया जाता है।

50. (b)

51. (c) छत्तीसगढ़ के सरगुज जिले का बिसरामपुर क्षेत्र कोयला खनन के लिए प्रसिद्ध है।

52. (a) 'रिंग ऑफ फायर' प्रशांत महासागर क्षेत्र में भूकम्प तथा ज्वालामुखी से प्राय: प्रभावित परिक्षेत्र है। विश्व के सर्वाधिक दो-तिहाई ज्वालामुखी परिप्रशांत महासागरीय पेटी में पाए जाते हैं। इसका विस्तार अंटार्कटिका महाद्वीप के माउंट इरेबस से लेकर प्रशांत महासागर के दोनों किनारों पर चारों ओर विस्तृत है। इसे प्रशांत महासागर का ज्वालावृत्त (Fire Girdle of the Pacific Ocean) अथवा (Fiery Ring of the Pacific) के उपनाम से जाना जाता है। इसे प्रशांत महासागर की अग्नि श्रृंखला भी कहा जाता है। विश्व के सर्वोत्तम ज्वालामुखी चिली का एकांकागुआ, मैक्सिको का पापोकैटपेटल, जापान का फ्यूजीयामा, संयुक्त राज्य अमेरिका का शास्ता, टेनियर एवं हुड, फिलीपीन्स का मेयॉन तथा माउण्ट ताल इस पेटी के प्रमुख ज्वालामुखी पर्वत हैं।

53. (d) विश्व की प्रमुख जनजाति एवं उससे संबंधित देश निम्नलिखित हैं–

	जनजाति	संबंधित क्षेत्र/देश
(i)	बुशमैन	बोत्सवाना (कालाहारी मरुस्थल)
(ii)	एस्कीमो	ग्रीनलैण्ड, कनाडा
(iii)	खिरगीज	मध्य एशिया
(iv)	सेमांग	मलेशिया
(v)	मसाई	केन्या
(vi)	वेद्दास	श्रीलंका
(vii)	माओरी	न्यूजीलैण्ड
(viii)	जुलू, इंकाथा	द. अफ्रीका
(ix)	पिग्मीज	कांगो बेसिन

54. (d)

55. (c) भूमध्य रेखा को विषुवत रेखा (Equator) भी कहते हैं। यह रेखा पृथ्वी को दो बराबर भागों में बांटती है। यह शून्य अंश की अक्षांश रेखा है। विषुवत रेखा के उत्तरी भाग को उत्तरी गोलार्द्ध और दक्षिणी भाग को दक्षिणी गोलार्द्ध कहते हैं।

56. (b)

57. (d) केन्द्र तथा राज्य संबंधों पर विचार करने के लिए 24 मार्च, 1983 को न्यायमूर्ति रणजीत सिंह सरकारिया की अध्यक्षता में तीन सदस्यीय समिति का गठन किया गया था। इस समिति ने 1987 ई. में अपनी रिपोर्ट केन्द्र सरकार को सौंप दी। इस आयोग द्वारा की गई मुख्य सिफारिशें निम्नलिखित हैं–

(i) केन्द्र-राज्य से संबंधित संवैधानिक प्रावधान में कोई संशोधन न तो उचित है और न ही आवश्यक। देश की एकता तथा अखंडता के लिए मजबूत केन्द्र अनिवार्य हैं।

(ii) राज्यों में राष्ट्रपति शासन को अंतिम विकल्प के रूप में लागू किया जाना चाहिए।

(iii) राज्यपाल को 5 वर्षों के लिए नियुक्त किया जाना चाहिए और बीच में इनका स्थानान्तरण नहीं करना चाहिए।

(iv) केन्द्र तथा राज्यों के बीच निगम कर के उचित बंटवारे के लिए संविधान में संशोधन किया जाना चाहिए।

(v) योजना आयोग को स्वायत्तशासी संस्था बनाया जाए।

(vi) राष्ट्रीय विकास परिषद् के नाम में परिवर्तन करके इसका नाम राष्ट्रीय एवं आर्थिक विकास परिषद् करना चाहिए।

(vii) राज्यों को ऋण देने की पद्धति पर पुनर्विचार किया जाना चाहिए और केन्द्र द्वारा प्रायोजित परियोजनाओं की संख्या कम-से-कम रखी जानी चाहिए।

58. (d) भारतीय संविधान के भाग तीन में अन्तर्निहित संवैधानिक उपचारों का अधिकार (अनुच्छेद 32) संविधान की आत्मा कहलाता है। डॉ. अंबेडकर ने भी इसे संविधान की आत्मा कहा है। संवैधानिक उपचारों संबंधी मूलाधिकार का प्रावधान अनुच्छेद 32-35 में किया गया है। संविधान के भाग 3 में प्रत्याभूत मूल अधिकारों का यदि राज्य द्वारा उल्लंघन किया जाए तो राज्य के विरुद्ध उपचार प्राप्त करने के लिए संविधान के अनुच्छेद 32 के अधीन उच्चतम न्यायालय में तथा अनुच्छेद 226 के अधीन उच्च न्यायालय में रिट याचिका दाखिल करने के अधिकार नागरिकों को प्रदान किये गए हैं। मूल अधिकारों के उल्लंघन की स्थिति में उच्चतम न्यायालय या उच्च न्यायालयों को निम्नलिखित रिट जारी करने की शक्ति है–

(i) बंदी प्रत्यक्षीकरण रिट

(ii) परमादेश रिट

(iii) प्रतिषेध रिट

(iv) उत्प्रेषण रिट

(v) अधिकार पृच्छा

59. (c) अनुच्छेद 129, उच्चतम न्यायालय को अभिलेख न्यायालय घोषित करता है। अभिलेख न्यायालय का तात्पर्य–

(i) ऐसे न्यायालय के निर्णय और कार्यवाही लिखित होती हैं, उन्हें पूर्व निर्णय के रूप में प्रस्तुत करने के लिए सुरक्षित रखा जाता है।

(ii) ऐसे न्यायालय को अपनी अवमानना के लिए दंडित करने की शक्ति होती है।

60. (d) भारतीय संविधान के अनुच्छेद 137 में उच्चतम न्यायालय को संसद या विधानमंडलों द्वारा पारित किसी अधिनियम तथा कार्यपालिका द्वारा दिये गए किसी आदेश की वैधानिकता का पुनर्विलोकन करने का अधिकार है। भारत के संविधान में न्यायिक पुनरावलोकन की संकल्पना संयुक्त राज्य अमेरिका के संविधान से ली गई है।

61. (d) भारतीय संविधान के अनुच्छेद 111 के अनुसार जब कोई विधेयक सदनों द्वारा पारित होने के बाद राष्ट्रपति के समक्ष उनकी अनुमति के लिए प्रस्तुत किया जाता है, तो राष्ट्रपति यह घोषित करेगा कि–

(i) वह विधेयक पर अपनी अनुमति देता है, या

(ii) वह अनुमति रोक लेता है।

(iii) यदि वह धन विधेयक नहीं है, तो अपने सुझाव के साथ या उसके बिना सदनों को उस पर पुनर्विचार करने के लिए लौटा सकता है।

62. (a) 1960 और 1970 के दशक के दौरान भारत में हरित क्रांति हुई। इस घटना के बाद भारतीय परंपरागत कृषि एक आधुनिक एवं अधिक उत्पादक कृषि का रूप धारण करने में सफल हुई। भारत में हरित क्रांति के जनक एम.एस. स्वामीनाथन थे। हरित क्रांति के प्रमुख घटक इस प्रकार हैं–

(i) उच्च उत्पादन देने वाली किस्म के बीज का आविष्कार करने के लिए HYVP (High Yeilding Varieties Programme) प्रारंभ किया गया।

(ii) सिंचाई को समग्र रूप से बढ़ावा दिया गया।

(iii) रासायनिक उर्वरक, कीटनाशक दवाएं और आधुनिक कृषि मशीनें उपलब्ध करायी गईं।

63. (d) राष्ट्रीय ग्रामीण रोजगार गारंटी योजना (NREGS) सितम्बर, 2005 को पारित हुई तथा 2 फरवरी, 2006 को प्रारम्भ की गई है।

64. (a) उपरोक्त कथन 'A' और कारण 'R' दोनों सही हैं तथा कारण 'R' कथन 'A' की सही व्याख्या करता है। भारतीय संघ में केन्द्र की स्थिति

और भूमिका अधिक शक्तिशाली है। इस संबंध में राज्यों पर केन्द्र का वर्चस्व है। यद्यपि वित्तीय विषयों का बंटवारा दोनों के मध्य किया गया है, किन्तु वित्तीय स्रोतों का आवंटन केन्द्र के पक्ष में अधिक है। राज्यों के पास विकास कार्यों के लिए पर्याप्त संसाधन नहीं हैं। संविधान में केन्द्र और राज्यों की व्यय संबंधी आवश्यकताओं को ध्यान में रखकर राजस्व के स्रोतों के विभाजन की व्यवस्था की गई है। संविधान के अनुच्छेद 280 के अंतर्गत प्रत्येक 5 वर्ष पर राष्ट्रपति द्वारा वित्त आयोग का गठन करने की व्यवस्था की गई है।

65. (d) हड़ताल एवं तालाबंदी लघु उद्योगों की समस्या नहीं है। लघु उद्योगों की प्रमुख समस्या कच्चा माल, वित्त, उत्पादन की अविकसित प्रणाली, विपणन एवं बड़े उद्योगों से प्रतिस्पर्द्धा है। इसकी अन्य समस्याओं में संगठन का अभाव, अनुसंधान कार्यों की कमी, परिवहन साधन की कमी एवं तकनीकी शिक्षा का अभाव है। हड़ताल एवं तालाबंदी बड़े उद्योगों की प्रमुख समस्या हैं।

66. (d) वर्ष 1997-98 के बजट में नौ अच्छा प्रदर्शन करने वाले सार्वजनिक उद्यमों को नवरत्न का दर्जा प्रदान किया गया। वर्तमान में नवरत्नों की कुल संख्या 18 हो गई है।

67. (c) गिल्ट एजेड (Gilt edged) का अर्थ है- सर्वोत्तम या उत्कृष्ण भारतीय गिल्ट एजेड बाजार में प्रतिभूतियों का क्रय-विक्रय RBI के माध्यम से किया जाता है। इस बाजार को सरकारी प्रतिभूति बाजार भी कहते हैं।

68. (b) **69.** (a) **70.** (c)

71. (a) व्याख्या कम वोल्टेज पर कार्य करने पर विद्युत मोटर प्राय: जल जाते हैं, क्योंकि वे अधिक विद्युत धारा खींचते हैं, जो वोल्टेज के प्रतिलोमानुपाती होती है। विद्युत मोटर एक ऐसा यंत्र है, जो विद्युत ऊर्जा को यांत्रिक ऊर्जा में बदल देता है। यह विद्युत चुम्बकीय प्रेरण के सिद्धांत पर कार्य नहीं करता है।

72. (d) कम आर्द्रता एवं अधिक तापमान पर गीला कपड़ा जल्दी सूख जाता है। गर्मियों के समय समुद्र, नदी, तालाब आदि का जल वाष्पीकृत होकर जलवाष्प के रूप में वायुमंडल में उपस्थित रहता है। अत: वायुमंडल में वायु एवं जलवाष्प दोनों का मिश्रण होता है। वायु के साथ घुली हुई इस जलवाष्प को आर्द्रता कहते हैं।

73. (a) रेडियोधर्मी डेटिंग एक प्रक्रिया है, जिससे चट्टानों की उम्र का पता लगाया जाता है।

74. (c) मिनिमाटा व्याधि सर्वप्रथम जापान के मिनिमाटा शहर में ज्ञात हुई थी। यह व्याधि औद्योगिक संदूषित जल में मिथाइल मरकरी (Methyl Mercury) की निकासी से मिनिमाटा खाड़ी और शिरानुई सागर (Shiranul Sea) में मछलियों और सिपी (Shellfish) के प्रदूषित होने से हुई थी।

75. (d) अपराध की जांच में डी.एन.ए. परीक्षण हेतु जो नमूने लिए जाते हैं वो हो सकते हैं–

(i) रुधिर कोशिकाएं

(ii) अस्थि कोशिकाएं

(iii) बाल रज्जु

(iv) लार (सलाइवा)

76. (d) मेनिनजाइटिस (Meningitis) वायरस से फैलने वाली बीमारी है। इस रोग में मस्तिष्क प्रभावित होता है। इस रोग में रोगी को तेज बुखार आता है तथा बाद में बेहोशी भी होने लगती है। मस्तिष्क तथा मेरुरज्जु (Spinal Cord) के ऊपर चढ़ी झिल्ली के नीचे रहने वाले द्रव सेरिब्रो स्पाइनल द्रव से संक्रमण होता है। कभी-कभी रोगी की मृत्यु भी हो जाती है। इस रोग से बचने के लिए मेनिनजाइटिस रोधी टीका लगवाना चाहिए।

77. (c) मानव शरीर में ऊर्विका (फीमर) सबसे लंबी अस्थि है। हैजा रोग जीवाणु के द्वारा होता है। एथलीट फुट रोग पैरासिटिक फंगस (Parasitic Fungus) के द्वारा होता है। यह त्वचा का संक्रामक रोग है, जो पैरों की त्वचा के फटने, कटने और मोटे होने से होता है। यह रोग कवकों द्वारा फैलता है।

78. (a) हृदय (Heart) यह एक संकुचनशील अंग है, जिसके द्वारा द्रव को समस्त शरीर में भेजा जाता है। यह लाल रंग का तिकोना, खोखला एवं मांसल होता है, जो वक्ष गुहा में अधर तल की ओर अवस्थित होता है। हृदय एक पतली झिल्ली से घिरा होता है, जिसे हृदयावरण (Pericardium) कहते हैं। हृदय रुधिर परिसंचरण तंत्र का एक प्रमुख अंग है। हृदय से रुधिर वाहिनियां शुद्ध रुधिर लेकर शरीर के विभिन्न अंगों तक पहुंचाती हैं। मनुष्य के हृदय का सामान्य स्पन्दन एक मिनट में 72 बार होता है। स्पन्दन को धड़कन भी कहते हैं। मनुष्य को जिंदा रहने के लिए हृदय को हमेशा अपना काम करना पड़ता है। अत: हृदय कभी आराम नहीं करता है।

79. (b)

(i) कार्बन मोनोऑक्साइड–यह प्रदूषक केन्द्रीय नर्वस सिस्टम तथा हृदय पर प्रतिकूल प्रभाव डालता है।

(ii) लेड (Lead)–इस विषाक्तता से हृदय संबंधी रोग तथा वृक्क संबंधी एवं लीवर संबंधी रोग होते हैं।

(iii) नाइट्रोजन के ऑक्साइड–इसके अल्प मात्र श्वास संबंधी रोग जैसे–ब्रोंकाइटिस के लिए उत्तरदायी हैं।

(iv) धूल कण–इससे कैंसर की बीमारी होती है।

80. (d) पालक (Spinach) को लौह और कैल्सियम के अच्छे स्रोत के रूप में जाना जाता है। 180 ग्राम उबले हुए पालक में 6.4 मिग्रा लौह तत्त्व पाया जाता है। लौह के अन्य मुख्य स्रोत कलेजी, गुर्दे, अंडे का पीतक, चोकरयुक्त आटे की रोटी, बाजरा, रागी, सेब, केला एवं अन्य हरी सब्जियां तथा गुड़ इत्यादि हैं।

81. (a) उपरोक्त प्रश्न का उत्तर हाइड्राइट होगा। यह भारत में पर्याप्त मात्रा में पाया जाता है।

82. (c) रडार अन्तरिक्ष में आने-जाने वाले वायुयानों के संसूचन और उनकी स्थिति ज्ञात करने के लिए काम आता है। रडार 'Radio detection and ranging' का संक्षिप्त रूप है। इसका अर्थ है रेडियो संसूचन एवं सर्वेक्षण इसका सिद्धान्त प्रतिध्वनि (cho) के सिद्धान्त से मिलता-जुलता है। रडार से वायुयान की उपस्थिति, दिशा आदि का ज्ञान हो जाता है। युद्ध के समय में शत्रु के वायुयानों तथा अन्य महत्वपूर्ण ठिकानों की उपस्थिति इसके द्वारा ज्ञात की जाती है। आकाश में वायुयानों तथा समुद्र में जहाजों का सुरक्षित रूप से चलना रडार के कारण ही सम्भव हो पाया है। रडार की सहायता से मौसम की भी भविष्यवाणी की जाती है। पृथ्वी के गर्भ में छिपे खनिजों का पता भी रडार की सहायता से लगाया जाता है।

83. (d) विश्व स्तर के प्रोग्राम 'ह्यूमन जीनोम प्रोजेक्ट' का सम्बन्ध मानव जीवों और उनके अनुक्रमों की पहचान और मानचित्रण से है। मानव जीनोम एक जैविक निर्देश की तरह हैं, जो बतलाते हैं कि किसी विशेष व्यक्ति का निर्माण कैसे होता है तथा उसकी कोशिश कैसे कार्य करती है। मानव के समस्त जीनों की संरचना जल्द-से-जल्द खोज लेने के लिए अमेरिकी सरकार ने मानव जीनोम परियोजना के नाम से वर्ष 1988 में एक महत्वाकांक्षी एवं विशाल परियोजना प्रारम्भ की। डी.एन.ए. 50,000 से अधिक जीन से बना होता है। मानव कोशिकाओं में मौजूद कुल डी.एन.ए. ही मानव जीनोम मानचित्र का निर्माण करते हैं। डी.एन.ए. कोश के भीतर केन्द्रक में जीवन का पूरा विवरण न्यूक्लिओटाइड्स से बने चार आधार एडेनाइन (A), थायमीन (T), साइटोसीन (c) और गुछानाइन (G) द्वारा क्रमबद्ध रूप से चित्रित होता है। केन्द्रक पर अवस्थित ये चारों न्यूक्लिओटाइड्स डी.एन.ए. के सर्पाकार स्वरूप पर युग्मों में अवस्थित रहते हैं।

84. (c) कार्बन मोनोऑक्साइड रक्त के हीमोग्लोबिन के साथ अनुत्क्रमणीय (irreversible) संश्लिष्ट बनाता है।

85. (d) वायुमण्डल में बढ़ती हुई गैसें जैसे-कार्बन डाइऑक्साइड (CO_2), कार्बन मोनो ऑक्साइड (CO), सल्फर डाइऑक्साइड (SO_2) वायुमण्डल की ऊपरी सतह पर जमकर पृथ्वी का तापमान बढ़ाती है। इसे ग्रीन हाऊस प्रभाव कहते हैं। ओजोन (O_3) गैस सूर्य से निकलने वाली पराबैंगनी किरणों (Ultraviolet rays) को पृथ्वी पर आने से रोकती है। पराबैंगनी किरणें जीवों के लिए घातक होती हैं। किन्तु हाल में वैज्ञानिकों ने पता लगाया है कि अण्टार्कटिका महाद्वीप के ऊपर ओजोन स्तर में छिद्र हो गया है। ओजोन छिद्र का मुख्य कारण क्लोरो-फ्लोरो-कार्बन (Chloro-Floro-Carbons) हैं। ट्रोपोस्फियर में ओजोन प्रदूषण के लिए उत्तरदायी ग्रीन हाउस गैसें हैं-जलवाष्प, कार्बन डाइऑक्साइड, मीथेन, ओजोन, नाइट्रस ऑक्साइड तथा क्लोरो-फ्लोरो-कार्बन।

86. (c) उपरोक्त प्रश्न का सही सुमेलन इस प्रकार है-

	सूची-I	**सूची-II**
A.	स्टेथोस्कोप	हृदय की ध्वनि सुनने के लिए।
B.	स्फिग्नोमैनोमीटर	रक्त चाप मापने के लिए।
C.	कैरेटोमीटर	सोने की शुद्धता पता लगाने के लिए
D.	लक्स मीटर	प्रकाश की तीव्रता मापने के लिए

87. (c) यूरोप तथा अन्य औद्योगिक राष्ट्रों में पर्यावरण के प्रति लाभप्रद वाहनों के नियमन के लिए संहिता बनाई गई है, जिसे यूरो नार्म्स कहते हैं। इसमें वाहनों के चलने से होने वाले हानिकारक उत्सर्जन के प्रति मानदण्डों का निर्धारण है।

88. (b) रेफ्रीजरेटर के फ्रीजर बॉक्स में उपस्थित बर्फ तथा जल उसमें रखे पदार्थ को ठण्डा रखता है। यदि रेफ्रीजरेटर के दरवाजे को कुछ घण्टों के लिए खुला छोड़ दिया जाए तो कमरे का तापमान बढ़ जाएगा।

89. (b) उपरोक्त प्रश्न का सही सुमेलन इस प्रकार है-

	सूची I (मंदिर)	**सूची II (जनपद)**
A.	दशावतार मंदिर	ललितपुर (देवगढ़)
B.	बाबा सोमनाथ मंदिर	देवरिया
C.	श्रृंगी ऋषि का मंदिर	फर्रूखाबाद
D.	वराह भगवान का मंदिर	एटा (सोरो)

90. (c)

91. (b) उपरोक्त प्रश्न का सही सुमेलन इस प्रकार है-

	सूची I	**सूची II**
A.	मुंशी इंशा अल्ला खान	उदयभान चरित
B.	बाबू देवकीनन्दन खत्री	काजर की कोठरी
C.	पं. प्रताप नारायण मिश्रा	हठी हमीर
D.	जयशंकर प्रसाद	कंकाल

92. (b)

93. (b) सी.डी. देशमुख, रिजर्व बैंक के गवर्नर थे। इन्होंने संविधान द्वारा चुनी गई पहली संसद का बजट हिन्दी में दिया। इन्होंने लगातार 7 बार बजट पेश किया। प्रधानमन्त्री श्री मनमोहन सिंह रिजर्व बैंक के गवर्नर तथा वित्त मन्त्री रह चुके हैं।

94. (d) जी-8 विश्व के 8 औद्योगिक एवं विकसित देशों का संगठन है। इस संगठन में शामिल देश इस प्रकार हैं-कनाडा, फ्रांस, जर्मनी, इटली, यूनाइटेड किंगडम (ब्रिटेन), जापान, संयुक्त राज्य अमेरिका (USA) एवं रूस।

95. (b) नन्दा देवी जीवमण्डल रिजर्व को वर्ल्ड हेरीटेज साइट (विश्व धरोहर स्थल) यूनेस्को द्वारा 1988 ई. में घोषित किया गया था। 2005 ई. में इसका विस्तार फूलों की घाटी तक किया गया।

96. (c) 'द हिमालयन माउन्टेनियरिंग इन्स्टीट्यूट दार्जिलिंग (प. बंगाल) में स्थित है।

97. (b) हाल (Hindustan Aeronautics Limited) वायुयानों के उपकरणों का उत्पादन करती है।

98. (d) जैविक खेती करने की प्रक्रिया पर्यावरण संरक्षण में सहायक है। यह खेती मृदा, पारिस्थितिक तन्त्र और लोगों के स्वास्थ्य के अनुकूल होती है।

99. (b) 'कारागम' तमिलनाडु का लोक नृत्य है। ऐसा विश्वास किया जाता है कि इसका जन्म तंजावुर ग्राम में हुआ था। इसके दो भाग हैं-अट्टा कारागम एवं शक्ति कारागम। इस नृत्य को स्त्री एवं पुरुष दोनों के द्वारा वर्षा-देवी 'मारी अम्मन' एवं नदी-देवी 'गगाई अम्मन' की स्तुति में उन्हें प्रसन्न करने के लिए किया जाता है। नृत्य में सिर पर मटकों की पंक्ति रखे हुए हाथों एवं शरीर की कठिन भाव-भंगिमाएं प्रस्तुत की जाती हैं।

100. (b) गायत्री मन्त्र ऋग्वेद के तृतीय मण्डल में है। इसकी रचना विश्वामित्र ने की थी। इस मण्डल में मन्त्रों की संख्या 62 है। यह मन्त्र सूर्य से सम्बन्धित देवी सावित्री को सम्बोधित है।

101. (a) मोहम्मद गोरी के सिक्के में एक तरफ शिव के बैल की आकृति तथा देवनागरी लिपि में पृथ्वीराज लिखा है तो दूसरी तरफ घोड़े के साथ मोहम्मद बिन साम। इसके कुछ सिक्कों पर लक्ष्मी को आकृति (देहलीवाल) है।

102. (b) पंजाब के राजा रणजीत सिंह की राजधानी लाहौर थी। रणजीत सिंह सिखों के 12 मिसलों में से एक मिसल सुकरचकिया से सम्बन्धित थे। 1798-99 ई. में रणजीत सिंह पंजाब के शासक नियुक्त हुए। 1805 ई. में इन्होंने अमृतसर एवं जम्मू पर अधिकार कर लिया। इन्होंने पंजाब की राजनैतिक राजधानी लाहौर और धार्मिक राजधानी अमृतसर को बनाई। जून, 1839 को महाराजा रणजीत सिंह की मृत्यु हो गई। इनकी मृत्यु के बाद इनका अयोग्य पुत्र खड़ग सिंह गद्दी पर बैठा।

103. (c) भारत के गुजरात राज्य का समुद्र तट सबसे लम्बा है।

104. (d) 2011 की जनगणना के अनुसार निम्नलिखित राज्यों की जनसंख्या इस प्रकार है-

1. कर्नाटक 6,11,30,704
2. मध्य प्रदेश 7,25,97,565
3. तमिलनाडु 7,21,38958
4. उड़ीसा 4,19,47358

अत: उपरोक्त प्रश्न में उड़ीसा राज्य की जनसंख्या सबसे कम है।

105. (b)

106. (d) रसूलन बाई, मोती बाई एवं सिद्धेश्वरी देवी बनारस घराने से संबंधित हैं जबकि बेगम अख्तर पटियाला घराने से संबंधित है। बनारस घराने के गायक खयाल के साथ ठुमरी-टप्पा, कजरी-चैती, भजन-गजल और ध्रुपद-धमार के गायन में पारंगत रहे हैं।

107. (b) अमेरिका के सैन फ्रांसिस्को में फेस रिकग्नीशन तकनीक का इस्तेमाल पूरी तरह प्रतिबंधित हो गया है। असेंबली में 8-1 के अंतर से पास हुए बिल से यह तय हो गया कि अब इस तकनीक को लोगों की पहचान के लिए इस्तेमाल नहीं किया जा सकेगा। स्थानीय एजेंसियां, पुलिस और ट्रैफिक में भी इस तकनीक का इस्तेमाल कर अपराधियों और नियम तोड़ने वालों को नहीं पकड़ा जा सकेगा। इससे लोगों की निजता भंग होती है।

108. (b) एक वैश्विक सर्वेक्षण के अनुसार मनोरंजक दवा-उपयोग अथवा अल्कोहल या ड्रग्स का उपयोग घटाने के मामले में एशियाई देशों में भारत के लोग सबसे आगे हैं । शराब, तंबाकू और भांग भारतीयों द्वारा इस्तेमाल किए जाने वाले सबसे आम उत्तेजक

थे। भारतीयों ने पिछले 12 महीनों में 41 बार औसतन 'नशे में' होने की सूचना दी। उस क्रम में भारतीय यूके, अमेरिका, कनाडा, ऑस्ट्रेलिया और डेनमार्क से पीछे हैं, लेकिन वैश्विक औसत से ऊपर हैं।

109. (b) अमेरिकी राष्ट्रपति डोनाल्ड ट्रंप ने विदेशी साइबर हमले की स्थिति में अमरीकी कंप्यूटर्स को बचाने के लिए राष्ट्रीय आपातकाल घोषित कर दिया है।

ट्रंप के इस आदेश के तहत अमरीकी कंपनियों को विदेशी टेलीकॉम सेवाओं का उपयोग करने से प्रतिबंधित किया गया है।

110. (d) सऊदी अरब की सरकार ने पहली बार एक ऐसी योजना को मंजूरी दी है जिससे कुछ खास प्रवासी वहां अचल संपत्ति खरीद सकते हैं और बिना किसी सऊदी स्पॉन्सर के अपने परिवार के साथ निवास कर सकते हैं। 'विशेषाधिकृत इकामा' नामक इस योजना के तहत स्थायी निवास योजना का प्रस्ताव है जिसमें खास दक्षता वाले लोग सालाना आधार पर निवास का रिन्यू कर सकते हैं।

111. (c) परमाणु समझौते को लेकर अमेरिका और ईरान के बीच तनातनी जारी है। ज्ञात हो कि अमेरिकी राष्ट्रपति डोनाल्ड ट्रंप ईरान पर दबाव बनाने के लिए 1,20,000 सैनिकों को भेजने पर विचार कर रहे हैं। उल्लेखनीय है कि अमेरिकी राष्ट्रपति डोनाल्ड ट्रंप हमेशा ईरान परमाणु समझौते को अस्वीकृत करते रहें हैं तो वहीं अब ईरान भी समझौते के तहत अपने कुछ दायित्वों का पालन बंद करने की धमकी दे रहा है।

112. (b) अमेरिकी राष्ट्रपति डोनाल्ड ट्रंप अपने समकक्ष मून जे-इन के साथ मुलाकात करने के लिए जून में दक्षिण कोरिया गए थे। उनकी इस यात्रा का उद्देश्य उत्तर कोरिया को अपने परमाणु हथियारों के शस्त्रागार को खत्म करने के लिए प्रयास कराना था। फरवरी में हनोई में ट्रंप और उत्तर कोरियाई नेता किम जोंग उन के बीच शिखर सम्मेलन के बाद यह दोनों नेताओं की दूसरी बैठक होगी।

113. (c) नौसेना स्नातक के बाद अधिकारियों के सीधे चयन के लिए पहली बार प्रवेश परीक्षा आयोजित करेगी। अभी उम्मीदवारों को कुछ प्रविष्टियों के लिए स्नातक या स्नातकोत्तर में प्राप्त अंकों के आधार पर सेवा चयन बोर्ड (एसएसबी) द्वारा साक्षात्कार के लिए शॉर्टलिस्ट किया जाता है। उल्लेखनीय है कि यह परीक्षा कंप्यूटर आधारित होगी।

114. (b)

115. (c) एफएमसीजी क्षेत्र की प्रमुख कंपनी आईटीसी लिमिटेड ने संजीव पुरी को तत्काल प्रभाव से अपना अध्यक्ष नियुक्त किया है। उन्हें वाई. सी. देवेश्वर के निधन के बाद नियुक्त किया गया है जो अध्यक्ष और गैर-कार्यकारी निदेशक के रूप में सेवारत थे।

116. (c) भारतीय रिजर्व बैंक ने एक सुरक्षित, सुविधाजनक, त्वरित और सस्ती ई-भुगतान प्रणाली सुनिश्चित करने के लिए एक विज़न दस्तावेज़ जारी किया है। दस्तावेज़ को भारत में भुगतान और निपटान प्रणाली: विज़न 2019 - 2021' नाम दिया गया है। इसमें कहा गया है कि बैंक 2019 - 2021 की अवधि के दौरान इस विजन में उल्लिखित दृष्टिकोण को लागू करेगा। साथ ही भुगतान प्रणालियों की सुरक्षा के प्रति 'नो-कॉम्प्रोमाइज' दृष्टिकोण पर कार्य किया जायेगा।

117. (b) हाल ही में चीन ने विकिपीडिया के सभी भाषा संस्करणों को शामिल करके अपनी ब्लॉक प्रणाली को व्यापक बनाया है। ओपन ऑब्जर्वेटरी ऑफ नेटवर्क इंटरफेरेंस की एक रिपोर्ट के अनुसार, चीन ने पिछले महीने विकिपीडिया के सभी भाषा संस्करणों को अवरुद्ध करना शुरू कर दिया है। पहले, चीनी भाषा संस्करण के अलावा विकिपीडिया के अधिकांश संस्करण उपलब्ध थे।

118. (b) हाल ही में आई एक रिपोर्ट में यह अनुमान लगाया गया है कि इस साल वर्षा में कमी आ सकती है जिसके मद्देनज़र कर्नाटक सरकार ने जून, 2019 के अंत में राज्य में कृत्रिम वर्षा करवाने का निर्णय लिया है। इस परियोजना की लागत लगभग 88 करोड़ रुपए है ।

119. (b) हाल ही में 'आपदा जोखिम न्यूनीकरण संयुक्त राष्ट्र कार्यालय ने 'वैश्विक आकलन रिपोर्ट' जारी की है। रिपोर्ट में दुनिया भर की अर्थव्यवस्थाओं को जलवायु परिवर्तन के फलस्वरूप उत्पन्न नए और बड़े खतरों के बारे में चेतावनी दी गई है। रिपोर्ट के अनुसार विशेष रूप से एशिया प्रशांत के जापान, चीन, कोरिया और भारत जैसी बड़ी अर्थव्यवस्थाओं पर जलवायु परिवर्तन का सबसे बड़ा खतरा है।

120. (b) अमेरिका ने कनाडा से आयात होने वाले स्टील और एल्यूमीनियम पर बढ़ी हुई इंपोर्ट ड्यूटी हटा ली है। स्टील पर लगी 25 प्रतिशत और एल्यूमीनियम पर लगी 10 प्रतिशत की इंपोर्ट ड्यूटी समाप्त कर दी गयी है। ज्ञात हो कि अमरीका ने पिछले साल 'राष्ट्रीय सुरक्षा' का हवाला देते हुए विभिन्न देशों से स्टील और एल्यूमीनियम इंपोर्ट करने पर भारी शुल्क लगा दिया था।

121. (d) बांग्लादेश क्रिकेट टीम ने आयरलैंड में आयोजित त्रिकोणीय सीरीज जीतकर इतिहास रच दिया है। बांग्लादेश ने सीरीज के खिताबी मुकाबले में वेस्टइंडीज़ को 5 विकेट से मात दी । बांग्लादेश की किसी टूर्नामेंट के फ़ाइनल मुकाबले में यह पहली जीत है।

122. (a) अन्य सभी का 'प्रत्यायुक्त' एक समूह है।

123. (d) अन्य सभी में अंकों का योग 12 है।

124. (c) ROSE, LOTUS तथा JASMINE फूल हैं तथा
ORANGE फल है।

125. (c) जिस प्रकार, उसी प्रकार,

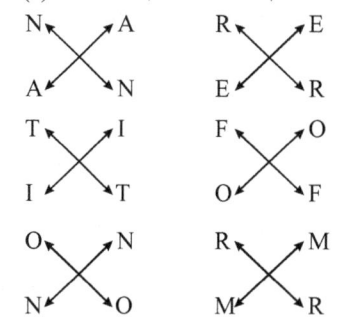

126. (c) जिस प्रकार, उसी प्रकार,

$T \xrightarrow{+3} W$ $B \xrightarrow{+3} E$

$R \xrightarrow{+3} U$ $U \xrightarrow{+3} X$

$A \xrightarrow{+3} D$ $S \xrightarrow{+3} V$

$I \xrightarrow{+3} L$

$N \xrightarrow{+3} Q$

127. (d) शब्द 'RAPED'नहीं बनाया जा सकता है क्योंकि दिए गए शब्द में अक्षर D उपस्थित नहीं है।

128. (d)

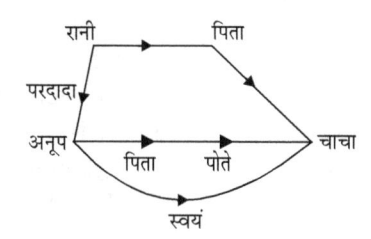

रानी
पिता
परदादा
अनूप
पिता
पोते
चाचा
स्वयं

अत: स्पष्ट है, अनूप, रानी का परदादा है।

129. (c) **130.** (b) **131.** (d)

132. (a) लाभ% $= \frac{m-n}{n} \times 100\%$
(यहां $m = 18, n = 16$)

$$= \frac{18-16}{16} \times 100\% = 12.5\%$$

133. (a) माना वस्तुओं के लागत मूल्य क्रमशः ₹x और ₹y हैं।

$\because \quad x\times\frac{20}{100} = y\times\frac{25}{100}$

$\Rightarrow \quad 4x = 5y$

∴ लागत मूल्य क्रमशः ₹ 1000 तथा ₹800 हैं।

134. (b) 7 मी = 700 सेमी

3 मी 85 सेमी = 385 सेमी

12 मी 95 सेमी = 1295 सेमी

700, 385, 1295 सेमी का म.स.प. = 35 सेमी

∴ फीते की अभीष्ट लम्बाई = 35 सेमी

135. (c) ∵ नये घन का आयतन = 1 + 216 + 512

= 729 घन मी = $(9)^3$

⇒ नये घन की प्रत्येक कोर की लम्बाई = 9 मी

∴ नये घन की सतह का क्षेत्रफल = $6a^2$

= 6 × 9 × 9 = 486 वर्ग मी

136. (c) $\because x = \frac{a}{2}, a = \frac{b}{2}$

$\therefore \frac{x}{b} = \frac{\frac{a}{2}}{2a} = \frac{1}{4}$

137. (a) उत्तर प्रदेश में सर्वाधिक जनसंख्या वाली जनजाति थारू है। इस जनजाति के लोग प्रदेश के कुशीनगर, महाराजगंज से लेकर लखीमपुर जिले के उत्तरी भागों अर्थात् तराई क्षेत्र में निवास करते हैं। ये किरात वंश से सम्बन्धित हैं एवं कई उपजातियों में विभाजित हैं। इस जनजाति के लोग कद में छोटे, चौड़ी मुखाकृति और पीले रंग के होते हैं। थारू पुरुष लंगोटी की तरह धोती लपेटते हैं और बड़ी चोटी रखते हैं, जो हिन्दुत्व का प्रतीक है। स्त्रियां रंगीन लहँगा, ओढ़नी, चोली और बूटेदार कुर्ता पहनती हैं। इन्हें आभूषण प्रिय है। इस जनजाति में संयुक्त परिवार प्रथा है। इनका मुख्य भोजन चावल है।

138. (d) उत्तर प्रदेश में कुल 5 कृषि विश्वविद्यालय हैं–

1. चन्द्रशेखर आजाद कृषि विश्वविद्यालय, कानपुर
2. नरेन्द्र देव कृषि विश्वविद्यालय, फैजाबाद
3. सैम हिगिनबॉटम कृषि विश्वविद्यालय, इलाहाबाद
4. सरदार वल्लभभाई पटेल कृषि विश्वविद्यालय, मेरठ
5. मान्यवर श्री कांशीराम जी कृषि विश्वविद्यालय, बाँदा

139. (a) उत्तर प्रदेश की संस्कृति के ऐतिहासिक पूर्वकाल में बुद्ध, राम तथा नवाब सम्मिलित हैं।

140. (b) 2011 की जनगणनानुसार उत्तर प्रदेश में महिला आबादी (9,53,31,831) कुल आबादी (19,98,12,341) का 47.72% है।

141. (d) लोक नृत्य 'राहुला' का सम्बन्ध यू. पी. के बुन्देलखण्ड क्षेत्र से है। इस लोकनाट्य में शिक्षाप्रद लोक कथनों/कहावत/ शिक्षकों का मंचन किया जाता है।

142. (b) उत्तर प्रदेश वित्तीय निगम लघु एवं मध्यम उद्योगों का वित्तीयन करता है। इसकी स्थापना 1954 ई. में हुई थी। निगम की मुख्य अंशधारी, राज्य शासन तथा भारतीय औद्योगिक विकास बैंक (IDBI) है। निगम की कुल चुकता अंश पूंजी 100 करोड़ रुपये है। यह निगम लघु एवं मध्यम स्तरीय औद्योगिक इकाइयों की स्थायी सम्पत्तियों के लिए दीर्घ अवधि वित्तीय सहायता प्रदान करता है।

143. (a) पूर्वी उत्तर प्रदेश के लिए फसल चक्र धान/मक्का-गेहूं सर्वाधिक उपयुक्त समझा जाता है। एक वर्ष के भीतर किसी क्षेत्र में फसल उगाने का निश्चित क्रम जो समय एवं स्थानीय फसल व्यवस्था दोनों की सूचना दे, फसल चक्र कहलाता है। पूर्वी उत्तर प्रदेश के लिए फसल चक्र निम्नलिखित है–

(i) धान-मसूर	- 1 वर्षीय
(ii) ज्वार+अरहर-गेहूं	- 2 वर्षीय
(iii) धान-मटर	- 1 वर्षीय
(iv) धान/मक्का-गेहूं	- 1 वर्षीय
(v) धान-गेहूं+सरसों	- 1 वर्षीय
(vi) धान-जौ	- 1 वर्षीय
(vii) गन्ना-पेड़ी, हरी खाद	- 3 वर्षीय

144. (c) बाराबंकी से लगभग 24 किमी दूर स्थित देवा शरीफ में प्रसिद्ध सूफी सन्त हाजी वारिस अली शाह का मजार है। यहां पर प्रति वर्ष कार्तिक माह में भव्य मेले का आयोजन किया जाता है, जहां सभी धर्मों के लोग एकत्रित होकर इसका आनन्द उठाते हैं।

145. (d) **146.** (a) **147.** (c) **148.** (c)

149. (d) केंद्रीय औषधीय एवं सगंध पौधा संस्थान (Central Institute of Medicainal & Aromatic-CIMAP) का मुख्यालय लखनऊ में स्थित है। वर्ष 1959 में स्थापित इस संस्थान के वर्तमान निदेशक प्रो. अनिल कुमार त्रिपाठी हैं।

नोट-प्रश्न में केंद्रीय औषधीय एवं सुगंधित पौधों का अनुसंधान संस्थान पूछा गया है जबकि सी.एस. आई.आर. की वेबसाइट पर केंद्रीय औषधीय एवं सगंध पौधा संस्थान दिया है।

150. (c) प्रतिवर्ष, प्रसिद्ध सूफी संत हाजी वारिस अली शाह की मजार पर देवा शरीफ बाराबंकी में मेला लगता है। बाराबंकी से लगभग 12 किमी. दूर स्थित देवा में प्रसिद्ध सूफी संत हाजी वारिस अली शाह की मजार है। उनके वार्षिक उर्स के मौके पर कार्तिक में एक बड़ा मेला लगता है।

151. (c) उत्तर प्रदेश कृषि अनुसंधान परिषद (UP Council of Agricultural Research-UPCAR) लखनऊ में स्थित है। वर्ष 1989 में स्थापित इस परिषद के वर्तमान निदेशक डॉ. राजेंद्र कुमार हैं।

152. (d)

153. (d) राष्ट्रीय वनस्पति अनुसंधान संस्थान देश की अग्रणी राष्ट्रीय प्रयोगशालाओं में से एक है जो कि वैज्ञानिक तथा औद्योगिक अनुसंधान परिषद, नई दिल्ली के अंतर्गत लखनऊ में कार्यरत है। यह संस्थान राष्ट्रीय वनस्पति उद्यान के रूप में राज्य सरकार के अंतर्गत कार्यरत था जिसे 13 अप्रैल, 1953 को वैज्ञानिक तथा औद्योगिक अनुसंधान परिषद ने अधिगृहीत कर लिया। 25 अक्टूबर, 1978 को इसका नाम बदलकर राष्ट्रीय वनस्पति अनुसंधान संस्थान कर दिया गया।

नोट-इस प्रश्न के हिंदी एवं अंग्रेजी दोनों स्वरूपों में अंतर है। हिंदी में 'भारतीय वनस्पति शोध संस्थान' पूछा गया है जबकि अंग्रेजी में 'National Botanical Research Institute' जिसका हिंदी अनुवाद 'राष्ट्रीय वनस्पति शोध संस्थान' होगा।

154. (a) बुक्सा या भोक्सा जनजाति उत्तर प्रदेश के बिजनौर और आगरा में पाई जाती है।

155. (b) सही सुमेलन इस प्रकार है–

सूची I (औद्योगिक केंद्र)	सूची II (प्रमुख उद्योग)
आगरा	- पर्यटन
कानपुर	- चमड़े का सामान
मेरठ	- खेलकूद का सामान
मुरादाबाद	- धातुपात्र

156. (a) सूची-I तथा सूची-II निम्नवत सुमेलित हैं–

सूची I (संस्थान)	सूची II (स्थापना वर्ष)
भातखण्डे संगीत संस्थान	: 1926
राज्य ललित कला अकादमी	: 1962
उ.प्र. संगीत नाटक अकादमी	: 1963
भारतेंदु नाट्य अकादमी	: 1975

157. (c) **158.** (d) **159.** (b) **160.** (b)
161. (d) **162.** (a) **163.** (d) **164.** (d)
165. (a) **166.** (d) **167.** (a) **168.** (d)
169. (d) **170.** (d) **171.** (c) **172.** (a)
173. (b) **174.** (d) **175.** (b) **176.** (d)
177. (d) **178.** (a) **179.** (d) **180.** (a)
181. (a) **182.** (b) **183.** (d) **184.** (a)
185. (d)

186. (b) अर्ध डुप्लेक्स में सूचनाओं का संचारण दोनों दिशाओं में किया जा सकता है, पर एक बार में एक ही दिशा में सूचनाएँ जा सकती हैं।

187. (b) E-mail (ई-मेल) इंटरनेट की वह सुविधा है जिसके माध्यम से हम सूचना एवं पत्रों का आदान-प्रदान तीव्र गति से कर सकते हैं। इसका पूरा नाम इलेक्ट्रॉनिक मेल होता है। ई-मेल में एसएमटीपी (SMTP) क्रमाचार संदेशों के लिए व्यवहृत होती है। जबकि एचटीटीपी (HTTP) एक प्रोटोकॉल है जिसका पूरा नाम हाइपरटेक्स्ट ट्रांसफर प्रोटोकॉल है।

188. (b) टीसीपी/आईपी (TCP/IP) का पूरा नाम ट्रांसफर कंट्रोल इंटरनेट प्रोटोकॉल होता है। यह इंटरनेट का एक मानक प्रोटोकाल होता है, जिसके आधार पर सूचना एवं जानकारियों का आदान-प्रदान होता है। टीसीपी/आईपी (TCP/IP) क्रमाचार दर्प (DARPA) प्रतिष्ठान द्वारा विकसित किया गया।

189. (a) ‘<’ एक संबंधपरक संकारक है जबकि +, ++ और / एक अंकगणितीय संकारक (ऑपरेटर) है।

190. (a) किसी सारणी (श्रम) के तत्वों तक उपागम अनुक्रमणिका संख्या के द्वारा है।

191. (b) गेचर क्रिया का उपयोग कुंजीपटल (की-बोर्ड) से एकल अक्षर (संकेत) प्रविष्टि हेतु किया जा सकता है।

192. (a) द्रुतिका (कैचे) स्मृति उच्च गति वाली छोटी सेमी कण्डक्टर मेमोरी है जिसमें क्रियान्वयन से पूर्व डाटा को रखा जताा है ताकि प्रोसेसिंग की गति बढ़ाई जा सके। द्रतिका (कैचे) स्मृति एक द्रुततम रैम (Faster Ram) है।

193. (d) छद्म कूट (Psedo code) किसी प्रोग्राम को लिखने का तरीका जिसमें चिन्हों का प्रयोग न कर प्रोग्राम और उसके तर्कों को साधारण व संक्षिप्त भाषा में लिखा जाता है। छद्म कूट क्रमादेश चरण लिखने हेतु व्यवहृत होता है।

194. (d) रैम (रैंडम एक्सेज मेमोरी) वोलाटाइल मेमोरी होती है। इसे कम्प्यूटर की मुख्य मेमोरी कहते हैं। इस मेमोरी के डाटा विद्युत बाधा की स्थिति में समाप्त हो जाते हैं। इसीलिए इसे वोलाटाइल मेमोरी कहते हैं। रैम डीडीआर, डीडीआर-1 और डीडीआर-3 प्रकार की होती है।

195. (a) सीपीयू (CPU-Central Processing Unit) को कम्प्यूटर का हृदय या मस्तिष्क कहा जाता है। यह कंट्रोल यूनिट (Cu) एरिथमैटिक लॉजिक यूनिट (ALU) तथा प्राथमिक मेमोरी से मिलकर बना होता है।

196. (c) एसडी (सुरक्षित अंकीय पत्रक) को मान्य भण्डारण के रूप में भी माना जाता है। जबकि सीपीयू (सेंट्रल प्रोसेसिंग यूनिट) कम्प्यूटर का केंन्द्रीय भाग होता है। इसे हम कम्प्यूटर का दिमाग भी कहते हैं। की-बोर्ड की सहायता से हम डाटा अथवा सूचना को कम्प्यूटर के अंदर प्रविष्ट कराते हैं। यह एक इनपुट डिवाइस है।

197. (a) आरएस-322 संयोजक (RS-322 Connector) संगणक सीपीयू के पश्चातवर्ती पट्टिका में सम्मिलित नहीं होता।

198. (a) ऑल्टर कुंजी पटल पर उपलब्ध क्रिया कुंजी है।

199. (b) पावर पॉइंट एक परितंत्र नहीं है। पावर पॉइंट एक प्रस्तुतिकरण का सॉफ्टवेयर पैकेज है। जबकि कम्पाइलर (संकलक) एक ट्रांसलेटर प्रोग्राम है।

200. (d) पाँचवी पीढ़ी में कुछ अन्य अत्याधुनिक कम्प्यूटर तकनीकों का भी समावेश किया गया। जैसे कम्प्यूटर की गति, क्षमता तथा भंडारण क्षमता में अभूतपूर्ण वृद्धि हुई। लैपटॉप, पामटॉप एवं अन्य अत्याधुनिक शक्तिशाली कम्प्यूटर जैसे सुपर कम्प्यूटर आदि पाँचवी पीढ़ी की देन हैं। पांचवीं पीढ़ी के संगणक कृतिक मेधा की अवधारणा का उपयोग करता है।

❑❑❑

प्रैक्टिस सेट–7

1. अंकोरवाट कहां स्थित है?
(a) वियतनाम (b) तिब्बत
(c) इंडोनेशिया (d) कंबोडिया

2. सूची-I को सूची-II से सुमेलित कीजिए तथा नीचे दिये गये कूट से सही उत्तर चुनिये–

सूची-I	सूची-II
A. भीमसेन कायस्थ	1. चार चमन
B. चन्द्रभान ब्रहमन	2. फुतूहान-ए-आलमगीरी
C. ईश्वरदास नागर	3. खुलासत-उत-तवारीख
D. सुजानराय भण्डारी	4. तारीख-ए-दिलकुशा

	A	B	C	D
(a)	1	2	3	4
(b)	2	3	4	1
(c)	3	4	1	2
(d)	4	1	2	3

3. निम्नलिखित में से किस सिक्ख गुरू ने 'गुरुमुखी' प्रारंभ की?
(a) गुरु नानक (b) गुरु अमरदास
(c) गुरु रामदास (d) गुरु अंगद

4. निम्नलिखित में से कौन एक कैबिनेट मिशन का सदस्य नहीं था?
(a) पैथिक लॉरेन्स
(b) जॉन साइमन
(c) स्टैफोर्ड क्रिप्स
(d) ए.वी. अलेक्जेण्डर

5. निम्न में से किसने महात्मा गाँधी को आदेशित किया था कि वह भारत में प्रथम वर्ष 'खुले कान पर मुँह बन्द कर' व्यतीत करें?
(a) दादाभाई नौरोजी
(b) बाल गंगाधर तिलक
(c) फिरोजशाह
(d) गोपाल कृष्ण गोखले

6. निम्नलिखित में से वह इस्पात संयंत्र कौन-सा है जिसकी स्थापना द्वितीय योजना के दौरान नहीं की गई थी?
(a) बोकारो (b) भिलाई
(c) दुर्गापुर (d) राउरकोला

7. विश्व का सबसे बड़ा स्टील निर्माता (एल.एन. मित्तल समूह) भारत में स्टील संयंत्र कहाँ स्थापित कर रहा है?
(a) झारखंड (b) बिहार
(c) ओडिशा (d) छत्तीसगढ़

8. भारतीय वस्त्र उद्योगों में, इनमें से किसका प्रचुर मात्रा में इस्तेमाल किया जाता है?
(a) सूत (b) ऊन
(c) कृत्रिम रेशे (d) पटसन

9. एशिया की सबसे लम्बी नदी है–
(a) सिंधु (b) ब्रह्मपुत्र
(c) यांग्टसी (d) हुआंग हो

10. सभी प्रकार के जलवायु कटिबंध निम्नलिखित में से किस महाद्वीप में हैं?
(a) दक्षिणी अमेरिका में
(b) उत्तरी अमेरिका में
(c) ऑस्ट्रेलिया में
(d) एशिया में

11. किस संविधान संशोधन ने केन्द्रीय मंत्रियों की संख्या को लोक सभा के कुल सदस्यों की संख्या के 15% पर सीमित कर दिया है?
(a) 90वाँ
(b) 91वाँ
(c) 92वाँ
(d) इनमें से कोई नहीं

12. वर्ष 1947 के बाद निम्नलिखित में से किस राज्य को भारत के संघ के साथ बलपूर्वक मिलाया गया?
(a) हैदराबाद (b) कश्मीर
(c) पटियाला (d) मैसूर

13. निम्नलिखित में से कौन भारत के संविधान द्वारा प्रदत्त छः मूल अधिकारों में से नहीं है?
(a) समानता का अधिकार
(b) विरोध का अधिकार
(c) शोषण के विरुद्ध अधिकार
(d) धर्म की स्वतंत्रता का अधिकार

14. जब एक ही व्यक्ति को दो या अधिक राज्यों का राज्यपाल नियुक्त किया जाता है, तो उस राज्यपाल को देय उपलब्धियाँ और भत्ते होंगे–
(a) राज्यपाल की व्यक्त इच्छानुसार
(b) राष्ट्रपति के निर्णयानुसार
(c) गृह मन्त्रालय के निर्णयानुसार
(d) इसे उन राज्यों के बीच ऐसे अनुपात में आबंटित किया जाएगा जैसा राष्ट्रपति आदेश द्वारा अवधारित करें।

15. संसद में 'शून्य-काल' का समय है–
(a) सुबह 9 बजे से 10 बजे तक
(b) सुबह 10 बजे से 11 बजे तक
(c) सुबह 11 बजे से 12 बजे तक
(d) दोपहर 12 बजे से अपराह्न 1.00 बजे तक

16. ''भारत के प्रत्येक नागरिक का कर्त्तव्य होगा प्राकृतिक पर्यावरण का संरक्षण एवं सुधार।'' यह कथन भारतीय संविधान के किस अनुच्छेद से सन्दर्भित है?
(a) अनुच्छेद 48-A
(b) अनुच्छेद 51-A
(c) अनुच्छेद 56
(d) अनुच्छेद 21

17. निम्न में से कौन-सा सार्वजनिक व्यय पर संसदीय नियन्त्रण का अंग नहीं हैं?
(a) लोक लेखा समिति
(b) भारत का नियन्त्रक व महालेखा परीक्षक
(c) प्राक्कलन समिति
(d) सार्वजनिक उपक्रम समिति

18. मुद्रा की दशमलव प्रणाली के साथ प्रचलित 'नया पैसा' कब 'पैसा' हो गया?

(a) 1 अप्रैल, 1957 से
(b) 1 अप्रैल, 1965 से
(c) 1 जून, 1964
(d) 2 अक्टूबर, 1961 से

19. समुद्र में प्लवन करते हुए आइसबर्ग का कितना भाग समुद्र की सतह से ऊपर होता है?
(a) 1/9 (b) 1/10
(c) 1/6 (d) 1/4

20. प्रेशर-कुकर में खाना कम समय में पकता है, क्योंकि-
(a) अधिक दाब के कारण उबलते पानी का ताप कम हो जाता है।
(b) चारों ओर से बन्द होने के कारण वायु का प्रभाव नहीं पड़ता है।
(c) अधिक दाब के कारण उबलते पानी का ताप बढ़ जाता है।
(d) प्रयुक्त पानी का वाष्पन बहुत कम होता है।

21. कार चलाते समय अपने पीछे के यातायात को देखने के लिए आप किस प्रकार के दर्पण का उपयोग करना चाहेंगे?
(a) अवतल दर्पण (b) समतल दर्पण
(c) गोलीय दर्पण (d) उत्तल दर्पण

22. एक स्वस्थ मनुष्य के शरीर का ताप होता है-
(a) 37° सेल्सियस
(b) 37° फॉरेनहाइट
(c) 98.4° सेल्सियस
(d) 98.4° कैल्विन

23. विद्युत ऊर्जा को यान्त्रिक ऊर्जा में बदलने वाली युक्ति है-
(a) डायनमो (b) ट्रान्सफॉर्मर
(c) विद्युत मोटर (d) इन्डक्टर

24. निम्न में से किसने कहा था, ''अच्छा शासन स्वशासन का स्थानापन्न नहीं है''?
(a) लोकमान्य तिलक
(b) स्वामी विवेकानन्द
(c) स्वामी दयानन्द
(d) रवीन्द्र नाथ टैगोर

25. त्रिपुरा-संकट की समाप्ति के बाद कांग्रेस का अध्यक्ष किसे चुना गया?
(a) जवाहरलाल नेहरू
(b) पट्टाभि सीतारमैया
(c) राजेन्द्र प्रसाद
(d) सरदार पटेल

26. डीजल रेल इन्जन बनाए जाते हैं-
(a) चितरंजन में (b) मडुवाडीह में
(c) जमशेदपुर में (d) पेराम्बूर में

27. वर्ष 2001 की जनगणना के अनुसार भारत का सर्वाधिक नगरीकृत राज्य है-
(a) गुजरात (b) पंजाब
(c) महाराष्ट्र (d) तमिलनाडु

28. सर्वाधिक जैव-विविधता पाई जाती है-
(a) शान्त घाटी में
(b) कश्मीर घाटी में
(c) सूरमा घाटी में
(d) फूलों की घाटी में

29. निम्नलिखित में से कौन-सा एक भारत में जनसंख्या वृद्धि का प्रतिफल नहीं है?
(a) बाढ़ों में वृद्धि
(b) प्रदूषण में वृद्धि
(c) कृषि योग्य भूमि में कमी
(d) जंगली जानवरों में अभिवृद्धि

30. वर्ष 1991-2001 के दौरान सबसे अधिक जनसंख्या वृद्धि दर एवं सबसे कम जनसंख्या वृद्धि दर रही क्रमश–
(a) नागालैण्ड और केरल में
(b) मिजोरम एवं केरल में
(c) उत्तर प्रदेश एवं केरल में
(d) बिहार एवं दिल्ली में

31. 'ब्रिटिश हाउस ऑफ कॉमन्स' का चुनाव लड़ने वाला प्रथम भारतीय था-
(a) दादा भाई नौरोजी
(b) गोपाल कृष्ण गोखले
(c) रमेश चन्द्र दत्त
(d) डब्ल्यू.सी. बनर्जी

32. निम्नांकित में से किसने सुझाव दिया कि स्वतन्त्रता प्राप्ति के पश्चात् भारतीय राष्ट्रीय कांग्रेस को समाप्त कर दिया जाए?
(a) सी. राजगोपालाचारी
(b) आचार्य जे.बी. कृपलानी ने
(c) महात्मा गांधी ने
(d) जयप्रकाश नारायण ने

33. वर्ष 2001 की जनगणना आंकड़ों के अनुसार भारत के तीन अधिकतम आबादी वाले राज्यों का सही क्रम कौन-सा है?
(a) महाराष्ट्र, मध्य प्रदेश, उत्तर प्रदेश
(b) बिहार, उत्तर प्रदेश, पश्चिम बंगाल
(c) उत्तर प्रदेश, पश्चिम बंगाल, बिहार
(d) उत्तर प्रदेश, महाराष्ट्र, बिहार

34. बांग्लादेश में गंगा नदी को किस नाम से पुकारा जाता है?
(a) मेघना (b) पद्मा
(c) भागीरथी (d) महागंगा

35. निम्नांकित में से किस स्थान पर तीन अर्द्ध-चन्द्रकार समुद्र तट मिलते हैं?
(a) मर्मागावो में (b) बालेश्वर में
(c) कोवलम में (d) कन्याकुमारी में

36. 'सलीम अली राष्ट्रीय उद्यान' कहां स्थित है-
(a) महाराष्ट्र
(b) जम्मू और कश्मीर
(c) मध्य प्रदेश
(d) उत्तर प्रदेश

37. भारत का सर्वाधिक खनिज सम्पन्न शैल तन्त्र है-
(a) कुडप्पा तन्त्र (b) गोण्डवाना तन्त्र
(c) विन्ध्य तन्त्र (d) धारवाड़ तन्त्र

38. निम्न में से किस राज्य की महिला साक्षरता दर जनगणना वर्ष 2001 के अनुसार सबसे ज्यादा है?
(a) छत्तीसगढ़ (b) मध्य प्रदेश
(c) उड़ीसा (d) राजस्थान

39. निम्नलिखित भाषाओं में 'सुनामी' शब्द किस भाषा से सम्बन्धित है?
(a) अरबी (b) जापानी
(c) हिब्रू (d) लैटिन

40. निम्नलिखित में कौन 'धूम्रनगर' में के नाम से जाना जाता है?
(a) कोलकाता (b) शिकागो
(c) लन्दन (d) लैनझाऊ

41. जनसंख्या के आधार पर निम्न में से कौन सबसे बड़ा इस्लामिक देश है?
(a) पाकिस्तान (b) बांग्लादेश
(c) इण्डोनेशिया (d) मिस्र

42. निम्नांकित में से कौन-सा विश्व का सबसे बड़ा पोताश्रय है?
(a) लन्दन (b) कोलम्बो
(c) रॉटरडम (d) न्यूयार्क

43. यलो स्टोन नेशनल पार्क कहां अवस्थित है?
(a) कनाडा में
(b) कोलम्बिया में
(c) केन्या में
(d) संयुक्त राज्य अमेरिका में

44. अन्तर्राष्ट्रीय स्तर पर 'मेसाबी रेंज' जिस उत्पाद के लिए जाना जाता है–
(a) तांबा (b) सोना
(c) लौह अयस्क (d) यूरेनियम

45. यूरेनियम के सर्वाधिक भण्डार किस देश में हैं?
(a) कनाडा में
(b) ऑस्ट्रेलिया में
(c) दक्षिण अफ्रीका में
(d) ब्राजील में

46. शून्य अंश अक्षांश तथा शून्य अंश देशान्तर अवस्थित है-
(a) अटलाण्टिक महासागर में
(b) आर्कटिक महासागर में
(c) हिन्द महासागर में
(d) प्रशान्त महासागर में

47. संचार उपग्रह वायुमण्डल में किस स्तर में अवस्थित किए जाते हैं?
(a) बहिर्मण्डल में
(b) समताप मण्डल में
(c) आयन मण्डल में
(d) क्षोभ मण्डल में

48. कौन-सा 'संवैधानिक संशोधन' राज्यों से चुने जाने वाले लोकसभा के सदस्यों की संख्या बढ़ाने से सम्बन्धित है?
(a) छठा और बाइसवां
(b) तेरहवां और अड़तीसवां
(c) सातवां और इकतीसवां
(d) ग्यारहवां और बयालीसवां

49. निम्न में से कौन संविधानेत्तर संस्था है?
(a) संघ लोक सेवा आयोग
(b) वित्त आयोग
(c) नीति आयोग
(d) चुनाव आयोग

50. भारतीय संविधान की अस्पृश्यता उन्मूलन से सम्बन्धित अनुच्छेद है-
(a) अनुच्छेद 15 (b) अनुच्छेद 16
(c) अनुच्छेद 17 (d) अनुच्छेद 18

51. सबसे कम 'वेव लैथ' (तरंगदैर्ध्य) वाला प्रकाश होता है-
(a) लाल (b) पीला
(c) नीला (d) बैंगनी

52. आकाश नीला प्रतीत होता है, क्योंकि-
(a) नीली गैसें ऊपर जाती हैं
(b) वायु में प्रदूषण विद्यमान है
(c) सितारे नीला प्रकाश प्रक्षेपित करते हैं
(d) वातावरण में वायु कण सूर्य किरणें विकीर्णित करते हैं

53. ट्यूब लाइट में निम्न दाब पर कौन-सी गैस भरी जाती है?
(a) आर्गन और निऑन
(b) निऑन और पारद वाष्प
(c) नाइट्रोजन एवं निऑन
(d) केवल आर्गन

54. रासायनिक दृष्टि से 'सिन्दूर' है-
(a) कैल्सियम कार्बोनेट
(b) पोटैशियम नाइट्रेट
(c) मरक्यूरिक सल्फाइड
(d) सोडियम क्लोराइड

55. गैसोहोल है-
(a) एथिल एल्कोहल+पेट्रोल
(b) प्राकृतिक गैस+एथिल एल्कोहल
(c) एल्कोहल में विलायित कोई गैस
(d) एथिल एल्कोहल+मिट्टी का तेल

56. निम्नलिखित गैस मिश्रणों में से कौन-सी गैस वेल्डिंग के लिए प्रयुक्त की जाती है?
(a) एसीटिलीन तथा हाइड्रोजन
(b) ऑक्सीजन तथा एसीटिलीन
(c) हाइड्रोजन एवं ऑक्सीजन
(d) हाइड्रोजन तथा हीलियम

57. अशुद्ध जल से बड़ी मात्रा में पेयजल तैयार किया जाता है?
(a) निर्लवणीकरण द्वारा
(b) आसवन द्वारा
(c) आयन आदान-प्रदान द्वारा
(d) निथार कर

58. निम्नांकित में से कौन एक 'बुलेट-प्रूफ जैकेट' बनाने में प्रयोग किया जाता है?
(a) रेशेदार कांच
(b) गन मेटल
(c) सीसा
(d) लेमिनेटेड (पटलित) कांच

59. स्टेनलैस स्टील बनाने के लिए लोहे में क्या मिलाया जाता है?
(a) निकिल और तांबा
(b) जिंक और टिन
(c) निकिल और टिन
(d) क्रोमियम और निकिल

60. जल के लिए pH-मान होता है-
(a) लगभग शून्य
(b) लगभग 7
(c) 5 या 5 से कम
(d) 8.5 या उससे अधिक

61. पानी की स्थायी कठोरता के लिए निम्न में से कौन उत्तरदायी है?
(a) कैल्सियम और मैग्नीशियम के क्लोराइड्स व सल्फेट्स
(b) कैल्सियम का बाइकार्बोनेट
(c) मैग्नीशियम का बाइकार्बोनेट
(d) सिल्वर व पोटैशियम के क्लोराइड्स

62. भोजन विषाक्तता का कारण होता है-
(a) ई. कोलाई
(b) सैल्मोनेला बैसिलाई
(c) स्यूडोमोनास
(d) कैन्डिडा

63. थैलेसीमिया के रोगी में शरीर निम्न के संश्लेषण की क्षमता नहीं रखता-
(a) विटामिन डी (b) हार्मोन
(c) हीमोग्लोबिन (d) प्रोटीन

64. स्वस्थ मनुष्य का रक्त-चाप (सिस्टॉलिक व डाइस्टॉलिक) होता है-
(a) 120 मिमी. व 80 मिमी.
(b) 201 मिमी. व 110 मिमी.
(c) 90 मिमी. व 60 मिमी.
(d) 85 मिमी. व 55 मिमी.

65. दन्त क्षय का मुख्य कारण है मुख के भीतर होने वाले जीवाणु व-
(a) प्रोटीन के खाद्य कणों के मध्य अन्तर्व्यवहार
(b) कार्बोहाइड्रेट के खाद्य कणों के मध्य अन्तर्व्यवहार
(c) वसा के खाद्य कणों के मध्य अन्तर्व्यवहार
(d) सलाद के खाद्य कणों के मध्य अन्तर्व्यवहार

66. शीत भण्डारों में फलों तथा साग-सब्जियों का अपघटन-
(a) सदैव के लिए समाप्त हो जाता है
(b) कुछ समय के लिए अवरुद्ध हो जाता है
(c) अप्रभावित रहता है
(d) धीमा हो जाता है

67. पैलियो-वनस्पति के अन्तर्गत अध्ययन करते हैं-
(a) जन्तु-जीवाश्म का
(b) शैवाल का
(c) फफूंदी का
(d) इनमें से कोई नहीं

68. एच.आई.वी. एड्स रोग नहीं फैलता है-
(a) एच.आई.वी. संक्रमित रक्त से
(b) बिना उबली सुई के प्रयोग से

(c) मच्छर के काटने से
(d) असुरक्षित यौन सम्बन्ध से

69. निम्नलिखित में से किसमें सुमेल है?

(a) मोतियाबिन्द थायरॉइड ग्रन्थि
(b) पीलिया यकृत
(c) टायफाइड फेफड़े
(d) निमोनिया आंखें

70. निम्नलिखित में से कौन-सा तत्त्व पौधों के विकास के लिए आवश्यक नहीं है?

(a) सोडियम (b) पोटैशियम
(c) कैल्सियम (d) मैग्नीशियम

71. इन्टरनेट पर www का अर्थ है-

(a) वर्डस्, वर्डस्, वर्डस्
(b) वाइड वर्ल्ड वर्डस्
(c) वर्ल्ड वाइड वैब
(d) व्हैन व्हैर व्हाई

72. एक किलोबाइट बराबर होता है-

(a) 1000 बाइट्स
(b) 1024 बाइट्स
(c) 1042 बाइट्स
(d) 1 किलोग्राम बाइट्स

73. सूची-I तथा सूची-II का मिलान करें तथा नीचे दिए गए कूट की सहायता से सही उत्तर चुनें-

सूची-I		सूची-II	
A.	कवलम नारायण पणिक्कर	1.	नृत्य
B.	शर्मिला टैगोर	2.	कर्नाटक संगीत
C.	बाल मुरली कृष्ण	3.	रंगमंच
D.	सोनल मान सिंह	4.	इतिहासकार
		5.	सिनेमा

कूट :

	A	B	C	D
(a)	4	5	3	1
(b)	3	1	2	5
(c)	4	1	3	5
(d)	3	5	2	1

74. दाभोल परियोजना, जिसे पुनः जीवित करने के प्रयास चल रहे हैं, का सम्बन्ध है-

(a) रसायन से
(b) इस्पात उत्पादन से
(c) ऑटो निर्माण से
(d) ऊर्जा उत्पादन से

75. 'भारतीय राष्ट्रीय ध्वज' में चक्र किसका प्रतीक है?

(a) स्वतन्त्रता का (b) न्याय का
(c) समानता का (d) भाईचारे का

76. निम्नांकित में से किसे 'एशिया का ज्योति पुञ्ज' नाम से जाना जाता है?

(a) ईसा मसीह
(b) भगवान बुद्ध
(c) पैगम्बर मुहम्मद
(d) जरथ्रुस्ट

77. भारत में अनेक तीर्थयात्री 'श्रीशैलम' की यात्रा करते हैं, जो द्वादश ज्योतिर्लिंगों में से एक है। यह अवस्थित है-

(a) उत्तरांचल में तपोवन के पास
(b) तमिलनाडु में अरुणाचल के निकट
(c) आन्ध्र प्रदेश में कुर्नूल के निकट
(d) केरल में कलाडी के निकट

78. नासा की नेट प्रोपल्सन लेबोरेट्री स्थित है-

(a) ह्यूस्टन में
(b) लास एन्जिलिस में
(c) पासाडेना में
(d) केप केनेडी में

79. 'ट्रॉपिकल आइसलैण्ड' नामक विश्व का सबसे बड़ा कृत्रिम आरामगाह कहां है?

(a) मलेशिया में
(b) संयुक्त राज्य अमेरिका में
(c) इटली में
(d) जर्मनी में

80. 'साइलेन्ट स्प्रिंग' के लेखक हैं-

(a) रशेल कार्सन
(b) लीनियस
(c) रिचर्ड विदेराल्ड
(d) जोसेफ फोरियर

81. भारत में प्रथम आम चुनाव आयोजित हुए-

(a) वर्ष 1951 में (b) वर्ष 1952 में
(c) वर्ष 1953 में (d) वर्ष 1950 में

82. डब्ल्यू.टी.ओ. का मुख्यालय अवस्थित है-

(a) जेनेवा में
(b) पेरिस में
(c) रोम में
(d) न्यूयार्क में

83. जुगाली करने वाले पशुओं से जिस ग्रीन हाउस का निस्सरण होता है-

(a) कार्बन डाइऑक्साइड
(b) मीथेन
(c) सी.एफ.सी.
(d) नाइट्रस ऑक्साइड

84. निम्न में से कौन वायुमण्डलीय ओजोन परत के क्षरण के लिए सबसे अधिक उत्तरदायी है?

(a) सल्फर डाइऑक्साइड गैस
(b) क्लोरो-फ्लोरो-कार्बन गैसें
(c) नाइट्रस ऑक्साइड गैस
(d) कार्बन डाइऑक्साइड गैस

85. 'डाबसन' इकाई का प्रयोग किया जाता है-

(a) पृथ्वी की मोटाई मापने में
(b) हीरे की मोटाई नापने में
(c) ओजोन पर्त की मोटाई नापने में
(d) शोर के मापन में

86. स्यादवाद सिद्धान्त है-

(a) लोकायत धर्म का
(b) शैव धर्म का
(c) जैन धर्म का
(d) वैष्णव धर्म का

87. 'सत्यमेव जयते' शब्द किस उपनिषद् से लिए गए हैं?

(a) मुण्डक उपनिषद्
(b) कठोपनिषद्
(c) ईशोपनिषद्
(d) बृहदारण्यक उपनिषद्

88. प्रथम शताब्दी ईस्वी में किस भारतीय बौद्ध भिक्षुक को चीन भेजा गया था?

(a) असंग (b) अश्वघोष
(c) वसुमित्र (d) नागार्जुन

89. मुगल प्रशासन के दौरान जिले को किस नाम से जाना जाता था?

(a) अहर (b) विश्यास
(c) सूबा (d) सरकार

90. 'आदि ग्रन्थ' अथवा 'गुरु ग्रन्थ गुरु साहिब' का संकलन निम्नांकित में से किसने किया था?

(a) गुरु नानक देव
(b) गुरु तेग बहादुर
(c) गुरु गोविन्द सिंह
(d) गुरु अर्जुन देव

91. फ्यूल सेल्स (Fuel Cells) जिसमें हाइड्रोजन से समृद्ध ईंधन और ऑक्सीजन का उपयोग विद्युत पैदा करने के लिए होता है, के संदर्भ मे निम्नलिखित कथनों पर विचार कीजिये-

1. **यदि शुद्ध हाइड्रोजन का उपयोग ईंधन के रूप में होता है, तो फ्यूल सेल उल-उत्पाद (बाइ प्रोडक्ट) के रूप में ऊष्मा एवं जल का उत्सर्जन करता है।**
2. **फ्यूल सेल्स का उपयोग भवनों को विद्युत प्रदान के लिये तो किया जा सकता है, किंतु लैपटॉप व कम्प्यूटर जैसी छोटी युक्तियों (डिवाइसेज) के लिए नहीं।**
3. **फ्यूल सेल्स, प्रत्यावर्ती धारा AC के रूप में विद्युत उत्पादन करते हैं**

उपर्युक्त कथनों में से कौन-सा/से सही है/हैं?

(a) केवल 1
(b) केवल 2 और 3
(c) केवल 1 और 3
(d) 1, 2 और 3

92. भारतीय इतिहास के मध्यकाल में बंजारे सामान्यतः कौन थे?

(a) कृषक (b) योद्धा
(c) बुनकर (d) व्यापारी

93. निम्नलिखित राज्यों में से किसका संबंध बुद्ध के जीवन से था?

1. अवंति 2. गांधार
3. कोसल 4. मगध

कूटः

(a) 1, 2 और 3 (b) 2 और 4
(c) 3 और 4 (d) 1, 3 और 4

94. दक्षिण-पश्चिमी एशिया का निम्नलिखित में से कौन-सा एक देश भूमध्यसागर तक फैला नहीं है?

(a) सीरिया (b) जॉर्डन
(c) लेबनान (d) इज़रायल

95. निम्नलिखित राज्यों पर विचार कीजिये–

1. **अरूणाचल प्रदेश**
2. **हिमाचल प्रदेश**
3. **मिज़ोरम**

उपर्युक्त राज्यों में से किसमें/किनमें 'उष्णकटिबन्धीय आर्द्र सदापर्णी वन' होते है?

(a) केवल 1
(b) केवल 2 और 3
(c) केवल 1 और 3
(d) 1, 2 और 3

96. भारत के निम्नलिखित क्षेत्रों में से किसमें/किनमें शेल गैस के संसाधन पाए जाते हैं?

1. **कैम्बे बेसिन**
2. **कावेरी बेसिन**
3. **कृष्णा-गोदावरी बेसिन**

नीचे दिये गए कूट का प्रयोग कर सही उत्तर चुनिए।

(a) केवल 1 और 2
(b) केवल 3
(c) केवल 2 और 3
(d) 1, 2 और 3

97. इनमें से किसने अप्रैल 1930 ई. में नमक कानून तोड़ने के लिये तंजौर तट पर एक अभियान संगठित किया था?

(a) वी.ओ. चिदम्बरम पिप्लै
(b) सी. राजगोपालाचारी
(c) के. कामराज
(d) एनी बेसेंट

98. निम्नलिखित कथनों में से कौन-सा / से सही है / हैं?

1. **लोक सभा में लम्बित कोई विधेयक उसके सत्रावसान पर व्यपगत (लैप्स) हो जाता है।**
2. **राज्य सभा में लम्बित कोई विधेयक, जिसे लोक सभा ने पारित नहीं किया है, लोक सभा के विघटन पर व्यपगत नहीं होगा।**

नीचे दिये गए कूट का प्रयोग कर सही उत्तर चुनिए।

(a) केवल 1
(b) केवल 2
(c) 1 और 2 दोनों
(d) न तो 1 और न ही 2

99. विजयनगर राज्य की स्थापना की थी-

(a) विजय राय ने
(b) हरिहर-द्वितीय ने
(c) हरिहर और बुक्का ने
(d) बुक्का-द्वितीय ने

100. प्रसिद्ध कवि अमीर खुसरो निम्नांकित में से किस बादशाह के दरबार में सम्बद्ध थे?

(a) नवाब आसफुद्दौला
(b) ग्यासुद्दीन बलबन
(c) मोहम्मद शाह रंगीला
(d) कुतुबुद्दीन ऐबक

101. भारत में 'ब्रह्म समाज' की स्थापना इनमें से किसने की?

(a) केशव चन्द्र सेन
(b) राजा राममोहन राय
(c) महर्षि देवेन्द्रनाथ टैगोर
(d) श्रीमती एनी बेसेन्ट

102. किन यूरोपियों ने भारत में प्रथमतः सामुद्रिक व्यापारिक केन्द्र स्थापित किए?

(a) अंग्रेज (b) फ्रांसीसी
(c) पुर्तगाली (d) डच

103. सविनय अवज्ञा आन्दोलन के रूप में गांधीजी ने 'दाण्डी मार्च' किया था-

(a) 31 दिसम्बर, 1929 को
(b) 26 जनवरी, 1930 को
(c) 12 मार्च, 1930 को
(d) 6 अप्रैल, 1930 को

104. भारत के स्वतन्त्रता-संघर्ष के दौरान सबसे पहले सत्याग्रह किसने किया था?

(a) सरदार पटेल
(b) जवाहरलाल नेहरू
(c) विनोबा भावे
(d) महात्मा गांधी

105. भारत के स्वतन्त्रता आन्दोलन के दौरान महात्मा गाँधी द्वारा स्थापित साबरमती आश्रम नगर के बाहर स्थित है-

(a) गांधीनगर (b) अहमदाबाद
(c) राजकोट (d) वर्धा

106. 'बारदोली सत्याग्रह' (1928 ई.) के नेता थे-

(a) सरदार पटेल
(b) विट्ठलभाई जे. पटेल
(c) महादेव देसाई
(d) महात्मा गांधी

107. स्वतन्त्रता पूर्व अवधि में ब्रिटिश सरकार द्वारा भारत में आधुनिक शिक्षा के प्रसार का मुख्य उद्देश्य था-

(a) छोटे प्रशासनिक पदों पर नियुक्ति हेतु शिक्षित भारतीयों की आवश्यकता
(b) भारतीय संस्कृति को प्रोत्साहित करना
(c) भारतीय लोगों को आधुनिक बनाना, जिससे वे राजनैतिक जिम्मेदारी में भाग ले सकें
(d) उपरोक्त में से कोई नहीं

108. महात्मा गांधी ने असहयोग आन्दोलन स्थगित कर दिया, क्योंकि-
(a) आम जनता का समर्थन सन्तोषजनक नहीं था
(b) मुसलमानों ने आन्दोलन से अपने आपको अलग रखा
(c) ब्रिटिश सरकार ने कांग्रेस पार्टी की मांगों को सहृदयतापूर्वक विचार करने का आश्वासन दिया
(d) चौरी-चौरा में हिंसा भड़क उठी

109. 'आजाद हिन्द फौज' का प्रथम सेनापति था-
(a) मोहन सिंह
(b) प्रीतम सिंह
(c) सुभाष चन्द्र बोस
(d) शाहनवाज खां

110. ऑयल एक उपक्रम है, जो संलग्न है-
(a) तेल आयात में
(b) तेल शोधन में
(c) तेल अनुसन्धान में
(d) तेल विपणन में

111. ई.सी.जी.सी. सम्बन्धित है-
(a) निर्यात संवर्द्धन में
(b) निर्यात वित्तीयन एवं बीमा से
(c) निर्यात गुणवत्ता के प्रमाणन से
(d) निर्यात आँकड़ों के प्रकाशन से

112. मिश्रित अर्थव्यवस्था का अर्थ है-
(a) जहां कृषि और उद्योग को समान महत्त्व दिया जाता है
(b) जहां राष्ट्रीय अर्थव्यवस्था में सार्वजनिक क्षेत्र के साथ-साथ निजी क्षेत्र भी विद्यमान हों।
(c) जहां राष्ट्रीय अर्थव्यवस्था में भूमण्डलीकरण की प्रक्रिया भारी मात्रा में स्वदेशी से प्रभावित हो
(d) जहां आर्थिक नियोजन और विकास के केन्द्र और राज्यों की समान भागीदारी हो।

113. आश्रय बीमा योजना का उद्देश्य है-
(a) गृह आवंटन करना
(b) गृह ऋण उपलब्ध कराना
(c) बेरोजगार को रोजगार उपलब्ध कराना
(d) ऐसे कामगारों को जो बेरोजगार हो गए हों, सामाजिक सुरक्षा उपलब्ध कराना

114. 'यूरो' राष्ट्रीय मुद्रा है-
(a) यूरोप की सभी राज्यों की
(b) यूरोपीय संघों के सभी राज्यों की
(c) यूरोपीय संघों के के वल 12 राज्यों की
(d) यूरोपीय संघों के केवल 10 राज्यों की

115. जी-15 है-
(a) संसार के विकसित देशों की एक संस्था
(b) संसार के विकासशील देशों की एक संस्था
(c) यूरोप के विकसित देशों की एक संस्था
(d) एशिया के विकासशील देशों की एक संस्था

116. हाल ही में किन्हें भारतीय वायुसेना का उप प्रमुख बनाया गया है?
(a) आर.के.एस. भदौरिया
(b) एच.एस.अरोड़ा
(c) बी.एस. धनोआ
(d) वी.के.सिंह

117. खंडेरी क्या है?
(a) रेल
(b) गुफा
(c) हवाई जहाज
(d) पनडुब्बी

118. भारत के किस राज्य में हाथियों की आबादी सर्वाधिक है?
(a) कर्नाटक
(b) असम
(c) केरल
(d) ओडिशा

119. भारत के अलावा किस देश में बापू की सबसे अधिक प्रतिमाएं हैं?
(a) श्रीलंका
(b) अमेरिका
(c) इंग्लैंड
(d) नेपाल

120. 64वीं कॉमनवेल्थ पार्लियामेंट्री कॉन्फ्रेंस कहां आयोजित की गई?
(a) पाकिस्तान
(b) केन्या
(c) युगांडा
(d) ऑस्ट्रेलिया

121. भारत में किस दिवस को आयुर्वेद दिवस के रूप में मनाया जाता है?
(a) चरक दिवस
(b) विश्व स्वास्थ्य दिवस
(c) सुश्रुत दिवस
(d) धन्वंतरी दिवस

122. किस शास्त्रीय गायक के नाम पर एक छोटे ग्रह का नाम रखा गया है?
(a) पंडित अरुण भादुड़ी
(b) पंडित जसराज
(c) भीमसेन जोशी
(d) निर्मला देवी

123. हाल ही में किस राजनेता ने देशवासियों से 'भारत की लक्ष्मी'' अभियान चलाने की अपील की?
(a) अमित शाह
(b) राजनाथ सिंह
(c) नरेंद्र मोदी
(d) निर्मला सीतारमण

124. हाल ही में किस अमेरिकी धावक ने खेल में वापसी कर महान धावक उसेन बोल्ट का रिकॉर्ड तोड़ा?
(a) वीके विस्मया
(b) जिस्ना मैथ्यू
(c) शैली फेजर
(d) एलिसन फेलिक्स

125. हाल ही में ब्रह्मोस का सफल परीक्षण कहां पर किया गया?
(a) ओडिशा
(b) आंध्र प्रदेश
(c) पंजाब
(d) राजस्थान

126. स्कूल शिक्षा गुणवत्ता सूचकांक में कौन-सा राज्य शीर्ष पर है?
(a) राजस्थान
(b) उत्तर प्रदेश
(c) केरल
(d) पंजाब

127. अमेरिका ने किन देशों को अमेरिकी रक्षा मिसाइल बेचने की मंजूरी दी है?
(a) ईरान और दक्षिण कोरिया
(b) दक्षिण कोरिया और जापान
(c) जापान और पाकिस्तान
(d) इनमें से कोई नहीं

128. ओडिशा में जागरूकता फैलाने के उद्देश्य से किस शुभंकर का अनावरण किया गया है?
(a) टिक्की मौसी
(b) चिक्की मौसी
(c) रिक्की ताई
(d) जमुना बाई

129. चीफ ऑफ स्टाफ कमेटी की कमान किन्हें सौंपी गई है?
(a) एयर मार्शल राकेश कुमार सिंह भदौरिया
(b) जनरल बिपिन रावत
(c) एयर मार्शल एच. एस. अरोड़ा
(d) एडमिरल करमबीर

130. 'सेग्निओरेज' (Seigniorage) क्या है?
(a) भारतीय रिजर्व बैंक द्वारा बेची गई प्रतिभूति से अर्जित लाभ।
(b) केंद्रीय बैंक द्वारा किसी अवधि में विदेशी मुद्रा विनिमय खरीद व बिक्री के बीच अंतर।
(c) भारतीय रिजर्व बैंक द्वारा सिक्कों की ढलाई में इस्तेमाल धातु की मात्रा।
(d) इनमें से कोई नहीं।

131. निम्नलिखित में असंगत का चयन कीजिए।
(a) पीतल (b) चाँदी
(c) ताँबा (d) लोहा

निर्देश (प्रश्न 132–133 तक) : प्रत्येक प्रश्न में एक अनुक्रम दिया गया है, जिससे एक पद / संख्या लुप्त है, दिए गए विकल्पों में से वह सही विकल्प चुनिए, जो अनुक्रम को पूरा करे–

132. 109, 74, 46, 25, 11, ?
(a) 11 (b) 4
(c) 3 (d) 36

133. ABD, EFH, IJL. ?
(a) OPQ (b) SPQ
(c) UPQ (d) OPR

निर्देश (प्रश्न 134–135 तक) : अक्षरों का कौन-सा एक समूह दी गई अक्षर शृंखला के रिक्त स्थानों में क्रम से रखने पर उसे पूरा कर देगा?

134. b_ ccacca _ba_bbc_bc_a
(a) baabc (b) abaaa
(c) acbca (d) bacab

135. A_VZ_AV_ZA_V
(a) AVAZ (b) ZVZA
(c) AZVA (d) ZVAZ

निर्देश (प्रश्न 136–139 तक) : दिए गए विकल्पों में से सम्बन्धित अक्षर/शब्द/संख्या को चुनिए–

136. ऑक्सीजन : श्वास :: ?
(a) कलम : स्याही
(b) रोग : जन्म
(c) बिस्तर : विश्राम
(d) ग्लूकोस : बल

137. थर्मामीटर : ऊष्मा :: बैरोमीटर : ?
(a) ताप
(b) दाब
(c) नमी (आर्द्रता)
(d) ऊंचाई (तुंगता)

138. UTS : EDC : : WVU : ?
(a) GFE (b) XYW
(c) SJM (d) RST

139. 2 : 3 : : 23 ?
(a) 24 (b) 28
(c) 46 (d) 29

निर्देश (प्रश्न 140–143 तक) : दिए गए विकल्पों में से सम्बन्धित अक्षर/शब्द/संख्या युग्म को चुनिए–

140. (a) स्टील (b) सिल्वर
(c) कॉपर (d) सोना

141. दो वृत्त एक-दूसरे को अन्दर से छूते हैं। बड़े वृत्त की त्रिज्या 6 सेमी है और दोनों वृत्तों के केन्द्रों के बीच की दूरी 2 सेमी है। तदनुसार दूसरे वृत्त की त्रिज्या कितनी होगी?
(a) 3 सेमी (b) 8 सेमी
(c) 4 सेमी (d) 10 सेमी

142. $x^2 - 4x + 3$ तथा $x^2 - 5x + 6$ का लघुत्तम समापवर्त्य (LCM) क्या होगा?
(a) $(x-1)(x-2)(x-3)^2$
(b) $(x-1)(x+2)(x-3)$
(c) $(x+1)^2(x-2)(x-3)$
(d) $(x-1)(x-2)(x-3)$

143. यदि $x = \frac{\sqrt{5}-1}{\sqrt{5}+1}$ तथा $xy = 1$ हो, तो $x^2 + y^2 - 3xy$ कितना होगा?
(a) 9 (b) 5
(c) 4 (d) 3

144. A, B की तुलना में दोगुंना सक्षम कामगार है। वे दोनों मिलकर एक कार्य 18 दिन में कर लेते हैं। तदनुसार अकेला B वह कार्य कितने दिनों में कर सकता है?
(a) 9 दिन (b) 36 दिन
(c) 54 दिन (d) 27 दिन

145. एक विमान 2500 किमी, 1200 किमी तथा 500 किमी की यात्रा क्रमशः 500 किमी/घण्टा, 400 किमी/घण्टा तथा 250 किमी/घण्टा की गति से करता है, तदनुसार उस विमान की औसत गति कितनी होगी?
(a) 420 किमी/घण्टा
(b) 410 किमी/घण्टा
(c) 405 किमी/घण्टा
(d) 575 किमी/घण्टा

146. उत्तर प्रदेश का प्रमुख लोकगीत है-
(a) धमार (b) विरहा
(c) टप्पा (d) कव्वाली

147. उत्तर प्रदेश में प्रथम खेल-गांव की स्थापना की गई है?
(a) आगरा में
(b) इलाहाबाद में
(c) मेरठ में
(d) लखनऊ में

148. उत्तर प्रदेश के निम्नलिखित नगरों का भौगोलिक क्षेत्रफल की दृष्टि से सही अवरोही क्रम क्या है?
(a) वाराणसी, बागपत, संत रविदास नगर, गौतमबुद्ध नगर
(b) संत रविदास नगर, वाराणसी, बागपत, गौतमबुद्ध नगर
(c) गौतमबुद्ध नगर, वाराणसी, संत रविदास नगर, बागपत
(d) वाराणसी, गौतमबुद्ध नगर, बागपत, संत रविदास नगर

149. निम्नलिखित में से कौन सुमेलित नहीं है?
(a) आल्हा महोबा
(b) रसिया-बरसाना
(c) कजरी-मिर्जापुर
(d) बिरहा-कन्नौज

150. उत्तर प्रदेश के ब्रजमंगल का संबंध इनमें से किस लोकनृत्य से है?
(a) चरकुला (b) छोलिया
(c) जोगिनी (d) नटवरी

151. निम्नलिखित लोक नृत्यों में से कौन उत्तर प्रदेश के बुंदेलखंड क्षेत्र का लोक नृत्य नहीं है?

(a) रवाना नृत्य (b) डांडिया नृत्य

(c) बढ़इया नृत्य (d) राई नृत्य

152. निम्नलिखित में गलत युग्म को इंगित कीजिए-

(a) कन्नौज-इत्र एवं तेल

(b) मिर्जापुर-कालीन

(c) मुरादाबाद-पीतल के बर्तन

(d) आगरा-चाकू तथा कैंची

153. सूची-I को सूची-II से सुमेलित कीजिए और सूचियों के नीचे दिए गए कूट से सही उत्तर का चयन कीजिए-

सूची-I (संस्थान)	सूची-II (स्थान)
A. सेंट्रल ड्रग इंस्टीट्यूट	1. इलाहाबाद
B. सेंट्रल लेप्रोसी इंस्टीट्यूट	2. कानपुर
C. मोतीलाल नेहरू राष्ट्रीय प्रौद्योगिकी संस्थान	3. आगरा
D. इंडियन इंस्टीट्यूट ऑफ शुगर टेक्नोलोजी	4. लखनऊ

कूट :

	A	B	C	D
(a)	1	2	3	4
(b)	3	1	4	2
(c)	4	3	1	2
(d)	2	4	3	1

154. सूची-I एवं सूची-II को सुमेलित कीजिए तथा नीचे दिए गए कूट का प्रयोग करते हुए सही उत्तर का चयन कीजिए-

सूची-I (नगर)	सूची-II (उत्पाद)
A. रेनूकूट	1. खेल का सामान
B. ऋषिकेश	2. एंटीबायोटिक
C. मेरठ	3. ताले
D. अलीगढ़	4. एल्यूमीनियम

कूट :

	A	B	C	D
(a)	4	2	1	3
(b)	2	4	1	3
(c)	4	2	3	1
(d)	2	4	3	1

155. निम्नलिखित में से कौन सा एक उ.प्र. के संदर्भ में सही सुमेलित नहीं है?

(a) खाद्य अनुसंधान एवं विश्लेषण केन्द्र – लखनऊ

(b) खाद्य पार्क – नोएडा

(c) सरदार वल्लभभाई पटेल कृषि विश्वविद्यालय – मेरठ

(d) भारतीय दलहन शोध संस्थान – आगरा

156. नीति आयोग द्वारा गठित 'महिला उद्यमी प्रकोष्ठ' के सन्दर्भ में निम्न कथनों पर विचार कीजिए–

1. महिलाओं द्वारा स्टार्टअप आरम्भ करने पर छूट की घोषणा की गई है।

2. वित्तीय तथा बौद्धिक सम्पदा अधिकारों पर सुझाव दिया जाएगा।

3. नीति आयोग नोडल एजेन्सी के रूप में कार्य करेगी

सही कथन है-

(a) 1 और 2 (b) 2 और 3

(c) 1 और 3 (d) ये सभी

157. 'यमुना' का पर्यायवाची है–

(a) कालिन्दिनी (b) भागीरथी

(c) यामिनी (d) कालिन्दी

158. 'जंगल' शब्द का पर्यायवाची है–

(a) प्रमोद (b) विश्रान्ति

(c) कान्तार (d) दिव

159. 'प्रत्यक्ष' शब्द का विलोम है–

(a) अपरोक्ष (b) परोक्ष

(c) सुंदर (d) प्रत्यय

160. 'सामान्य' शब्द का विलोम है–

(a) श्रेष्ठ (b) सर्वज्ञ

(c) साधारण (d) विशिष्ट

161. कौन-सा वाक्य शुद्ध है?

(a) दही खट्टी है (b) दही खट्टा है

(c) दही खटास है (d) दही खटाई है

162. कौन-सा वाक्य शुद्ध है?

(a) सुरेश को एक पाती लिखना है

(b) सुरेश ने एक पाती लिखना है

(c) सुरेश के लिए एक पत्र लिखनी है

(d) सुरेश के लिए एक पत्र लिखना है

163. शुद्ध वर्तनी वाला शब्द है–

(a) धोबिन (b) धोबिनी

(c) धोबनी (d) धोबीन

164. कौन-सा तत्सम शब्द नहीं है?

(a) इन्दु (b) दिनेश

(c) मनोज (d) रात

165. 'तिक्त' शब्द का तद्भव है–

(a) तीता (b) तीखा

(c) तिक्ता (d) तिखन

166. 'विशेषण' शब्द का चयन कीजिए–

(a) सरपंच (b) पांचवां

(c) प्रपंच (d) पहुंच

167. 'ऋषि' संज्ञा शब्द का विशेषण शब्द क्या बनेगा?

(a) आर्ष (b) ऋषिकल्प

(c) ऋषितुल्य (d) ऋषिवत्

168. 'परिणामवाचक क्रिया-विशेषण' का वाक्य होगा–

(a) वह बहुत थक गया है

(b) वह अभी-अभी गया है

(c) वह अंदर बैठा है

(d) वह अब भली-भाँति नाच लेता है

169. निम्नलिखित में विशेष्य पद है–

(a) अनुरागी (b) अनादृत

(c) अपमानित (d) अग्नि

170. 'नीली साड़ी' में कौन-सा विशेषण है?

(a) संख्यावाचक (b) परिमाणवाचक

(c) गुणवाचक (d) सार्वनामिक

Directions: (Q. 171 and 172) In these questions, some of the sentences have errors and some have none. Find out which part of the sentence has an error. If there is no error mark option (d) in the answer sheet.

171. The manager put forward (a)/ a number of critereons (b)/ for the post (c)/ No error (d)

172. The Railways have made (a)/ crossing the tracks (b)/ a punished offence (c)/ No error (d)

Directions: (Q. 173 to 175) In these questions, sentences are given with blanks to be filled in with an appropriate word(s). Four alternatives are suggested for each question. Choose the correct alternative out of the four.

173. The explosion that .... the bus killed twelve people.

(a) wrecked (b) deflated

(c) stalled (d) hindered

174. There was some .... between the member's version and the committe's version.
(a) discourse (b) discrepancy
(c) certainty (d) recurrence

175. We have talked a lot; now let us ..... to work.
(a) get down (b) set off
(c) take off (d) sit up

Directions: (Q. 176 and 177) In these questions, out of the four alternatives, choose the one which best expresses the meaning of the given word and mark it in the answer-sheet.

176. Savour
(a) Taste (b) Protector
(c) Sour (d) Flavour

177. Rivalled
(a) Hatred (b) Revised
(c) Competed (d) Contradicted

Directions: (Q. 178 to 181) In these questions choose the word opposite in meaning to the given word and mark it in the answer-sheet.

178. Meagre
(a) Numerous (b) Large
(c) Plentiful (d) Enormous

179. Professional
(a) Amateur (b) Tradesman
(c) Labour (d) Customer

180. Scarcity
(a) Scanty (b) Prosperity
(c) Majority (d) Plenty

181. Stale
(a) Fresh (b) Old
(c) Steal (d) Stalk

Directions: (Q. 182 to 185) In these questions, four alternatives are given for the idiom/phrase underlined in the sentence. Choose the alternative which best expresses the meaning of the idiom/phrase and mark it in the answer-sheet.

182. She could never <u>measure up</u> to her parent's expectation.
(a) Reach the level
(b) Work as hard
(c) Assess the amount
(d) Increase her height

183. The little girl with her flawless performance <u>stole the show</u>.
(a) Stole something from the show
(b) Crept into the show
(c) Won everybody's praise
(d) Disappeared from the show

184. The thief was on <u>good terms</u> with the police.
(a) Kept terms and conditions
(b) Was friendly
(c) Followed the rules
(d) Agreed with them

185. Jonh's offer of help was <u>turned down</u> by the police.
(a) Sent back
(b) Twisted around
(c) Refused
(d) Handed over

186. एसएमटीपी (SMTP) का विस्तृत रूप क्या है?
(a) सामान्य डाक स्थानांतरण क्रमाचार (सिंपल मेल ट्रांसफर प्रोटोकॉल)
(b) सामान्य डाक परिवहन क्रमाचार (सिंपल मेल ट्रांसफर प्रोटोकॉल)
(c) सामान्य डाक अवरोध क्रमाचार (सिंपल मेल इंटरप्ट प्रोटोकॉल)
(d) सामान्य डाक प्रशिक्षण क्रमाचार (सिंपल मेल ट्रेनिंग प्रोटोकॉल)

187. निम्नलिखित में से क्या एक साधारण व्यापार निष्ठ भाषा (कॉमन बिजनेस ओरिएंटेड लैंग्वेज) हैं?
(a) कोबोल (b) पास्कल
(c) फोरट्रान (d) सी

188. निम्नलिखित में से कौन-सा मिसिल व्यवस्थापन सर्वाधिक कार्यक्रम व्यवस्थापन का प्रकार है?
(a) व्हीएएसएम
(b) क्रमबद्ध
(c) बी-वृक्ष मिसिल
(d) उपरोक्त में से कोई नहीं

189. गिनतारा का उपयोग सर्वप्रथम यहाँ हुआ था?
(a) भारत (b) चीन
(c) जापान (d) यूएसए

190. सी भाषा में आयताकार कोष्ठकों का उपयोग यहाँ होता है?
(a) प्रकार्य (b) सारणी
(c) मिसिल (d) उपरोक्त सभी

191. निम्नलिखित में से क्या सी भाषा में एक प्रारूपबद्ध निवेश/निर्गम कथन है?
(a) प्रिंटएफ (printf) एवं स्कैनएफ (scanf)
(b) गेट्स एवं पुट्स
(c) उपरोक्त उभय
(d) उपरोक्त सभी

192. कौन-सा संचार माध्यम न्यूनतम गतिसम्पन्न है?
(a) प्रकाशित तंतु (b) समाक्षीय तार
(c) विकृत युग्म (d) उपग्रह माध्यम

193. निम्नलिखित में से क्या पारितंत्र विपत्तियाँ (सिस्टम थ्रेट्स) कहलाते हैं?
(a) कीट (वर्म)
(b) विषाणु (वायरस)
(c) गुप्त योद्धा (ट्रोजन्स)
(d) उपरोक्त में से कोई नहीं

194. एक प्रधान सिमिल में समाविष्ट होते हैं?
(a) अस्थायी तथ्य
(b) स्थायी तथ्य
(c) उपरोक्त उभय
(d) उपरोक्त में से कोई नहीं

195. एक क्रमादेश संगणक है, निर्देशों का पालन ऐसे किया जाता है?
(a) क्रमबद्ध (अनुक्रमिक) रूप
(b) यादृच्छिक (अव्यवस्थित) रूप
(c) समयांतराल का
(d) समयांतराल रूप

196. संगणक विषाणु (कम्प्यूटर वाइरस) में यह करने की क्षमता होती है?
(a) स्वयं को द्विधाविभक्त करना
(b) स्वयं का प्रतिरूपण करना
(c) स्वयं को समाप्त करना
(d) स्वयं को गुप्त करना

197. अर्धचालक स्मृति है।
(a) ह्रासी (उदवायी)
(b) अनह्रासी
(c) उपरोक्त उभय
(d) उपरोक्त में से कोई नहीं

198. एक किलोबाइट में, 'k' से तात्पर्य है:
(a) 2000 बाइट (b) 1000 बाइट
(c) 1024 बाइट (d) 1020 बाइट

199. PASACAL भाषा इनके द्वारा बनाया गया:
(a) निकलॉस वर्थ
(b) जॉन मार्क
(c) डेनिस एम. रिची
(d) अहो

200. अंकीय (डिजिटल) से अनुरूप (एनालॉग) संकेतों के लिए कौन-से यंत्र का उपयोग किया जा सकता है?
(a) मोडेम
(b) डी मोडेम
(c) अधिमिश्रक (मॉड्युलेटर)
(d) पुलिंदा (पैकेट)

उत्तर (हल/संकेत)

1. (d) अंकोरवाट कंबोडिया में स्थित है। यहां का विष्णु मंदिर, जिसका निर्माण 1125 ई. में कंबोडिया (कम्बुज) के शासक सूर्यवर्मा द्वितीय द्वारा करवाया गया था। यह पूर्व मध्य कालीन हिन्दू स्थापत्य की एक उत्कृष्ट रचना है।

2. (d)

सूची-I	**सूची-II**
भीमसेन कायस्थ	तारीख-ए-दिलकुशा
चन्द्रभान ब्रहमन	चार चमन
ईश्वरदास नागर	फुतूहात-ए-आलमगीरी
सुजानराय भण्डारी	खुलासत-उत-तवारीख

3. (d) गुरु अंगद ने 'गुरुमुखी' लिपि प्रारम्भ की। गुरु नानक सिक्खों के पहले गुरु थे। गुरु अमरदास ने सिक्खों और हिन्दुओं के विवाह को पृथक करने के लिए 'लवन' पद्धति शुरू किया। गुरु रामदास को अकबर ने 500 बीघा जमीन दी।

4. (b) कैबिनेट मिशन 24 मार्च, 1946 को भारत में पहुँचा था। इसके अध्यक्ष भारत सचिव पैथिक लॉरेंस तथा अन्य दो सदस्य स्टैकोर्ड क्रिप्स तथा ए.वी. अलेक्जेण्डर थे। इस मिशन का उद्देश्य भारतीयों को सत्ता हस्तान्तरण के बारे में विचार करना था।

5. (d) गोपाल कृष्ण गोखले ने गाँधी जी को आदेशित किया था कि वह भारत में प्रथम वर्ष 'खुले कान पर मुँह बन्द कर' व्यतीत करें।

6. (a) भारत में बोकारो कारखाना की स्थापना चौथी पंचवर्षीय योजना (1969-74) के अंतर्गत इन्दिरा गांधी सरकार के तहत की गई थी।

7. (a) विश्व के सबसे बड़े स्टील निर्माता एल.एन. मित्तल समूह जो कि भारत के झारखंड राज्य में स्थापित किया जा रहा है।

8. (a) कपड़ा उद्योग भारत का सबसे बड़ा उद्योग है। इसके कच्चे माल के लिए सूत की जरूरत होती है और भारत का वस्त्र उद्योग जो कि कपास पर आधारित है।

9. (c) एशिया की सबसे लंबी नदी चीन की यांग्टसी नदी है। इसका बहाव क्षेत्र 8915 मील/6300 किमी. है। यह विश्व की तीसरी सबसे लंबी नदी है नील और अमेजन का क्रमश: प्रथम और द्वितीय स्थान है।

10. (d) सभी प्रकार के जलवायु कटिबंध एशिया में पाए जाते हैं। विश्व के 30% क्षेत्रफल पर विस्तृत एशिया सबसे बड़ा महाद्वीप है। कुछ दक्षिणी द्वीपों को छोड़कर यह उत्तरी गोलार्द्ध में स्थित है जिससे होकर तीन प्रमुख अक्षांशीय वृत्त-विषुवत, कर्क और आर्कटिक गुजरते हैं।

11. (b) 91वाँ संविधान संशोधन अधिनियम, 2003 द्वारा मंत्रिपरिषद के आकार को निश्चित कर दिया गया। इसमें प्रावधान किया गया कि केन्द्रीय मंत्रिपरिषद में प्रधानमंत्री समेत मंत्रियों की अधिकतम संख्या लोकसभा की कुल सदस्य संख्या के 15 प्रतिशत से अधिक नहीं होगी। इसके एक अन्य प्रावधान के अनुसार, संसद के किसी भी सदन का किसी भी राजनीतिक दल का सदस्य, यदि दल बदल के आधार पर संसद की सदस्यता के आयोग्य घोषित कर दिया जायेगा तो सदस्य मंत्री पद के लिए भी अयोग्य होगा।

12. (a) वर्ष 1947 में भारत की स्वतंत्रता के पश्चात हैदराबाद के अंतिम निजाम 'ओसमान अली खान' ने हैदराबाद को स्वतंत्र रखने की घोषणा की। तत्कालीन गृह मंत्री सरदार वल्लभभाई पटेल की पहल पर 'ऑपरेशन पोलो' शीर्षक से पुलिस कार्रवाई प्रारंभ की गई। 16 सितंबर, 1948 को भारतीय सेना ने सैन्य कार्रवाई कर हैदराबाद को भारतीय संघ में शामिल करा दिया।

13. (b) 'विरोध का अधिकार' मूल अधिकारों की श्रेणी में नहीं आता है। समानता का अधिकार संविधान के अनु. 14 से 18 में वर्णित है तथा शोषण के विरुद्ध अधिकार अनु. 23 व 24 में दिया गया है व धर्म की स्वतन्त्रता का अधिकार अनु. 25 से 28 में वर्णित है।

14. (d) संविधान के अनु. 155 के अनुसार राज्य के राज्यपाल की नियुक्ति राष्ट्रपति अपने हस्ताक्षर और मुद्रा सहित अधिपत्र द्वारा करेगा। अनु. 158 (3क) के अनुसार जब एक ही व्यक्ति दो या अधिक राज्यों का राज्यपाल नियुक्त किया जाता है, वहाँ उस राज्यपाल को सदैव उपलब्धियाँ और भत्ते उन राज्यों के बीच ऐसे अनुपात में आबंटित किए जाएंगे जो राष्ट्रपति आदेश द्वारा अवधारित करे।

15. (d) संसद में शून्य काल का समय दोपहर 12 से 1 के बीच का होता है। 'शून्यकाल' शब्द का वर्णन संसदीय संचालन नियम में नहीं हैं। शून्य काल का नाम समाचार पत्रों द्वारा दिया गया है, इस काल के दौरान सदस्य अविलम्बनीय महत्व के मामलों को उठाते हैं तथा उस पर तुरन्त कार्यवाही चाहते हैं।

16. (b) अनुच्छेद 48A-राज्य प्राकृतिक पर्यावरण के संरक्षण का प्रयास करेगा। अनुच्छेद 51A-मूल कर्त्तव्य में 10 मूल कर्त्तव्यों का उल्लेख है, जिसमें से एक मूल कर्त्तव्य में यह उल्लेख है कि प्रत्येक नागरिक का कर्त्तव्य होगा कि वह प्राकृतिक पर्यावरण के संरक्षण का प्रयास करे।

अनुच्छेद 56-राष्ट्रपति की पदावधि।

अनुच्छेद 21-प्राण एवं दैहिक स्वतन्त्रता का संरक्षण।

17. (b) **प्राकक्कलन समिति**-इस समिति को 'स्थायी मितव्ययता समिति' भी कहा जाता है। इसमें लोकसभा के 30 सदस्या होते हैं। **लोक लेखा समिति**-प्राक्कलन समिति की 'जुड़वां बहन' के रूप में ज्ञात इस समिति में 22 सदस्य होते हैं, जिनमें से 15 सदस्य लोकसभा के सदस्यों द्वारा तथा 7 सदस्य राज्यसभा के सदस्यों द्वारा चुने जाते हैं। **सार्वजनिक उपक्रम समिति**-इस समिति का गठन 22 सदस्यों द्वारा किया जाता है, जिनमें से 15 लोकसभा से तथा 7 राज्यसभा से निर्वाचित होते हैं।

नियन्त्रक व महालेखा परीक्षक-यह संघ तथा राज्यों, दोनों की सभी वित्तीय प्रणाली का नियन्त्रण करता है।

18. (a) 1 अप्रैल, 1957 ई. से मुद्रा की दशमलव प्रणाली की शुरूआत हुई।

19. (a) बर्फ का टुकड़ा (आइसबर्ग) जब जल में तैरता है, तो उसके एक भाग को जल के ऊपर रहने के लिए उसका 9 गुना भाग जल के अन्दर रहना जरूरी होता है। अर्थात् 8/9 भाग को जल के अन्दर एवं शेषक 1/9 भाग को जल के ऊपर रहना जरूरी है।

20. (c) प्रेशर कुकर के अन्दर दाब बढ़ने से पानी क्वथनांक बढ़ जाता है, जिससे अधिक ऊष्मा की प्राप्ति होती है और खाना जल्दी पक जाता है।

21. (d) उत्तल दर्पण में किसी वस्तु का बना प्रतिबिम्ब सदैव आभासी और वस्तु से छोटा होता है अर्थात् उत्तल दर्पण द्वारा काफी बड़े क्षेत्र की वस्तुओं का प्रतिबिम्ब एक छोटे से क्षेत्र में बन जाता है। इसीलिए इसे चालक के बगल में लगाया जाता है।

22. (a) विभिन्न तापमापियों पर मानव शरीर का सामान्य तापक्रम है-

सेण्टीग्रेड (^{0}C)	37
फारेनहाइट (^{0}F)	98.6
र्‍यूमर (^{0}R)	29.6
केल्विन (^{0}K)	310

23. (c)

24. (c) स्वामी दयानन्द सरस्वती विदेशी दासता को एक अभिशाप मानते थे और स्वतन्त्रता एवं लोकतन्त्र के हिमायती थे। उन्होंने 'सत्यार्थ प्रकाश' में लिखा कि बुरे से बुरा देशी राज्य अच्छे से अच्छे विदेशी राज्य से अच्छा है।

25. (c) 1939 ई. के त्रिपुरा अधिवेशन में सुभाष चन्द्र बोस, गांधीजी समर्थित उम्मीदवार पट्टाभि सीतारमैया को हराकर कांग्रेस के अध्यक्ष बने जिसके पश्चात् कांग्रेस में मतभेद शुरू हो गया। फलस्वरूप सुभाष चन्द्र बोस ने इस्तीफा दे दिया और उनके स्थान पर गांधीजी समर्थक राजेन्द्र प्रसाद को अध्यक्ष बनाया गया।

26. (b) सैन्ट्रल लोकोमोटिव फैक्ट्री (चितरंजन)-बिजली इन्जन बनाया जाता है।

डीजल लोकोमोटिव वर्क्स (मडुवाडीह, वाराणसी)-डीजल इन्जन बनाया जाता है।

टाटा इन्जीनियरिंग लोकोमोटिव (जमशेदपुर)-भाप इन्जन बनाया जाता है।

इण्टीग्रल कोच फैक्ट्री (पेराम्बूर, चेन्नई)-विविध प्रकार के कोच बनाये जाते हैं।

27. (d)

राज्य	नगरीकरण (% में)
गोवा	49.7
मिजोरम	49.5
तमिलनाडु	43.8
महाराष्ट्र	42.4

28. (a) सर्वाधिक जैव-विविधता शान्त घाटी में पायी जाती है।

शान्त घाटी	केरल
कश्मीर घाटी	जम्मू-कश्मीर
सूरमा घाटी	असम
फूलों की घाटी	उत्तरांचल

29. (d) भारत में जनसंख्या वृद्धि के कारण बाढ़ों की बारम्बारता में वृद्धि, पर्यावरणीय क्षति, कृषि योग्य भूमि में कमी होने के साथ-साथ वनों में कमी होने से वर्षा की अनियमितता और जंगली जीव-जन्तुओं में कमी आयी है।

30. (a)

राज्य	1991-2001 में वृद्धि दर (%में)
नागालैण्ड	64.41
दिल्ली	46.31
मिजोरम	29.18
बिहार	28.43
उत्तर प्रदेश	25.80
केरल	9.42

31. (d) दादाभाई नौरोजी ब्रिटिश हाउस ऑफ कॉमन्स में निर्वाचित होने वाले प्रथम भारतीय थे, परन्तु डब्ल्यू.सी. बनर्जी प्रथम भारतीय थे जो ब्रिटिश कॉमन्स का चुनाव लड़े थे लेकिन हार गए थे।

32. (c) महात्मा गांधी जी का विचार था भारतीय राष्ट्रीय कांग्रेस का मुख्य उद्देश्य भारत को स्वतन्त्रता दिलवाने में सहयोग का था जो पूरा हो गया और इसीलिए इसको अब समाप्त कर देना चाहिए।

33. (d)

राज्य	जनसंख्या
उत्तर प्रदेश	16,6,0,52,859
महाराष्ट्र	9,6,7,52,247
बिहार	8,2,8,78,796
पश्चिम बंगाल	8,0,2,21,171
मध्य प्रदेश	6,0,3,85,118

34. (b) गंगा नदी का उद्गम गंगोत्री हिमनद से होता है, जहां इसे भागीरथी के नाम से जाना जाता है। गंगा नदी बांग्लादेश में पद्मा नाम से प्रवाहित होते हुए ग्वाल्डो के निकट ब्रह्मपुत्र से मिलती है। जिसके पश्चात् यह मेघना नदी से मिलकर बंगाल की खाड़ी में गिरती है।

35. (b) बालेश्वर (उड़ीसा) में तीन अर्द्ध-चन्द्राकार समुद्र तट मिलते हैं।

कोवलम	-	केरल
मर्मागावो	-	गोवा
कन्याकुमारी	-	तमिलनाडु

36. (b) सलीम अली राष्ट्रीय उद्यान जम्मू-कश्मीर में स्थित है।

राज्य	राष्ट्रीय उद्यान
जम्मू-कश्मीर	दाचीग्राम
महाराष्ट्र	नवेगांव, सेल्वाडर
मध्य प्रदेश	कान्हा, बान्धवगढ़, फॉसिल, सतपुड़ा

37. (d) धारवाड़ क्रम का शैल तन्त्र आर्थिक दृष्टिकोण से सर्वाधिक खनिज सम्पन्न है। इस शैल तन्त्र में देश की कुल प्रमुख धातुएं (लोहा, सोना, मैंगनीज, तांबा, टंगस्टन, क्रोमियम, जस्ता) तथा महत्त्वपूर्ण खनिज (फ्लूराइट, इल्मेनाइट, सीसा, सुरमा, अभ्रक, गारनेट, संगमरमर, कोरण्डम आदि) प्राप्त होता है।

38. (a)

राज्य	महिला साक्षरता प्रतिशत
छत्तीसगढ़	52.4%
उड़ीसा	50.9%
मध्य प्रदेश	50.2%
राजस्थान	44.3%

39. (b) सुनामी जापानी भाषा का शब्द है जिसमें सु का अर्थ बन्दरगाह और नामी का अर्थ तुरंग है अर्थात् इसका तात्पर्य बहुत लम्बी व कम कम्पन वाली समुद्री लहरें हैं।

40. (b) शिकागो को धूम्रनगर के रूप में जाना जाता है।

41. (c)

देश	जनसंख्या (करोड़ों में)
इण्डोनेशिया	21.21
पाकिस्तान	15.65
बांग्लादेश	12.82

42. (d) न्यूयार्क में विश्व का सबसे बड़ा बन्दरगाह है, जबकि नीदरलैण्ड में स्थित रॉटरडम बन्दरगाह को 'यूरो बन्दरगाह' के नाम से जानते हैं।

43. (d) संयुक्त राज्य अमेरिका में यलोस्टोन नेशनल पार्क की स्थापना 1872 ई. में की गई। इस पार्क में स्थित 'एक्सेल्सियर गेसर' से सदैव गर्म जल तथा वाष्प निकलती रहती है।

44. (c) संयुक्त राज्य अमेरिका में सुपीरियर झील के दक्षिण-पश्चिम में मेसाबी, वरमिलियन, मारक्वेट, कुयानरा, गोजेबिक, मेनोमिनी आदि से लौह अयस्क की प्राप्ति होती है।

45. (b)

देश	भण्डार (हजार मिट्रिक हम)
ऑस्ट्रेलिया	463
दक्षिण अफ्रीका	257
ब्राजील	163
कनाडा	155

यूरेनियम का सर्वाधिक भण्डार ऑस्ट्रेलिया में है, जबकि सर्वाधिक उत्पादन कनाडा में होता है।

46. (a) शून्य अक्षांश तथा शून्य देशान्तर दोनों का सम्मिलन दक्षिण अटलाण्टिक महासागर में स्थित गुयाना की खाड़ी में होती है।

47. (a)

मण्डल	ऊंचाई (किमी. में)
क्षोभ मण्डल	0-12
समताप मण्डल	12-30
ओजोन मण्डल	30-60
आयन मण्डल	60-400
बहिर्मण्डल	400 किमी. से ऊपर

संचार उपग्रह 36,000 किमी. की ऊंचाई पर स्थित रहता है जो बहिर्मण्डल का भाग है।

48. (c) **सातवां संशोधन**-इसके द्वारा संविधान की प्रथम अनुच्छेद सूची में संशोधन करके राज्यों को 14 राज्यों तथा 6 संघ राज्य क्षेत्रों में पुनर्गठित किया गया है।

इकतीसवां संशोधन-इस संशोधन द्वारा 197 ई. की जनगणना के आधार पर लोकसभा के सदस्यों की संख्या को 525 से बढ़ाकर 545 कर दिया गया है।

49. (c) भारत में नीति आयोग के सम्बन्ध में कोई संवैधानिक प्रावधान नहीं है। योजना आयोग की स्थापना केन्द्रीय मन्त्रिमण्डल के उस प्रस्ताव पर की गयी थी, जो मन्त्रिमण्डल द्वारा 15 मार्च, 1950 को पारित किया गया था।

50. (c) **अनुच्छेद 15**-धर्म मूलवंश, जाति, लिंग, जन्म स्थान के आधार पर विभेद का प्रतिषेध।

अनुच्छेद 16-लोक सेवाओं में अवसर की समानता का अधिकार।

अनुच्छेद 17-अस्पृश्यता का अन्त।

अनुच्छेद 18-उपाधियों का अन्त।

51. (d) बैंगनी रंग की तरंगदैर्ध्य सबसे कम 4×10^{-5} सेमी. तथा लाल रंग की तरंगदैर्ध्य सबसे अधिक 75×10^{-5} सेमी. होती है।

52. (d) आकाश का नीला दिखाई देना वायुमण डल में विद्यमान धूल के कणों द्वारा प्रकाश के प्रकीर्णन के कारण है। प्रकीर्णन, तरंग दैर्ध्य के व्युत्क्रमानुपाती होता है। इसी कारण कम तरंग दैर्ध्य के प्रकाश (बैंगनी-नीली किरणों) का प्रकीर्णन सर्वाधिक होता है और हम तक बैंगनी किरणें ही अधिकाधिक पहुंचती हैं, जिससे आकाश नीला दिखाई देता है।

53. (c) ट्यूब लाइट में कांच की एक लम्बी ट्यूब होती है, जिसके अन्दर की दीवारों पर फास्फोर का लेप चढ़ा रहता है। ट्यूब के अन्दर कोई अक्रिय गैस जैसे-निऑन या आर्गन आदि को कुछ पारे के साथ भर दिया जाता है।

54. (c) 'सिन्दूर' का रासायनिक नाम मरक्यूरिक सल्फाइड (HgS) है।

55. (a) गैसोहोल के अन्तर्गत गन्ने के रस द्वारा प्राप्त सामान्य एल्कोहल को पेट्रोल में मिलाकर पेट्रोल के अत्यधिक व्यय तथा पेट्रोलियम प्रदूषण की वृद्धि को रोका जा सकता है। चेन्नई की मैसूर शुगर कम्पनी ने एल्कोहल एवं पेट्रोल को 25 : 75 के अनुपात में सम्मिश्रण में पेट्रोल का सफल उपयोग किया है।

56. (b) ऑक्सीजन-यह धातुओं को जोड़ने तथा क्लोरीन, सल्फ्यूरिक अम्ल आदि के औद्योगिक निर्माण में प्रयोग की जाती है।

एसीटिलीन-इस गैस का उपयोग मुख्यत: कपूर बनाने, प्रकाश उत्पन्न करने कृत्रिम रबर बनाने, वेल्डिंग करने में, रेशमी कपड़े, एसीटिक अम्ल आदि बनाने में किया जाता है।

57. (d) अशुद्ध जल को निथार कर बड़ी मात्रा में पेयजल तैयार किया जाता है।

58. (a) बुलेट-प्रूफ जैकेट बनाने में रेशेदार कांच का प्रयोग किया जाता है।

59. (d) स्टेनलैस स्टील का मुख्य संघटक है-

आयरन	(89.4%)
क्रोमियम	(10%)
मैंगनीज	(0.35%)
कार्बन	(0.25%)

60. (b) pH मूल्य एक संख्या होती है, जो पदार्थों की अम्लीयता या क्षारीयता को प्रदर्शित करती है। pH का मान 0 से 14 के बीच होता है। जिन विलयनों के pH का मान 7 से कम होता है, वे अम्लीय होते हैं तथा जिनका मान 7 से अधिक होता है, वे क्षारीय होते हैं। उदासीन विलयनों के pH का मान 7 होता है। जल का pH मान 7 होता है।

61. (a) कठोर जल में कैल्सियम व मैंग्नीशियम के क्लोराइड, सल्फेट व बाईकार्बोनेट घुले रहते हैं। कठोर जल साबुन के साथ झाग उत्पन्न नहीं करता है। इसकी कठोरता दूर करने के लिए इसे सोडियम कार्बोनेट के साथ मिलाया जाता है।

62. (b)

63. (c) थैलेसीमिया एक ऐसा आनुवांशिक रोग है, जिससे पीड़ित शिशु में जन्म के कुछ माह बाद ही अत्यधिक अरक्तता हो जाती है। उसे जीवित रखने के लिए उसे बाहरी रक्त देना अनिवार्य हो जाता है।

64. (a) एक स्वस्थ मनुष्य का रक्त चाप 120/80 मिमी. होता है।

65. (b) दांतों के क्षरण का मुख्य कारण जीवाणु और कार्बोहाइड्रेट के खाद्य कणों, जो दांतों के बीच फंसे रहते हैं, के मध्य अन्तर्व्यवहार होता है।

66. (d) शीत भण्डारों में फलों तथा साग-सब्जियों की अपघटन क्रिया धीमे रूप में होती रहती है।

67. (d)

Phycology or Algology	शैवालों का अध्ययन
Mycology	फफूंदी (कवक) का अध्ययन
Palaeontology	जन्तु जीवाश्म का अध्ययन
Palaeobotany	पादप जीवाश्म का अध्ययन

68. (c) यह एक विषाणु जनित रोग है जिसका पूरा नाम 'एक्वायर्ड इम्यूनो डिफिसएन्सी सिन्ड्रोम' है। यह रोग यौन सम्बन्धों के कारण, रक्ताधान में अनियमितता और नशीले पदार्थों के अत्यधिक सेवन करने से फैलता है।

69. (b)

रोग	**प्रभावित अंग**
मोतियाबिन्द	आंखें
पीलिया	यकृत
टायफायड	आंत
निमोनिया	फेफड़ा

70. (a) पौधों के विकास के लिए 16 तत्त्वों की आवश्यकता होती है जिसमें से 10 तत्त्व जो अति महत्त्वपूर्ण हैं, वह हैं-कार्बन, हाइड्रोजन, ऑक्सीजन, नाइट्रोजन फॉस्फोरस, पोटैशियम, मैग्नीशियम, कैल्सियम, सल्फर तथा आयरन।

71. (c) यह शब्द एवं आकृति को दर्शाने के लिए हाइपर टेक्स्ट का उपयोग करता है।

72. (b)

73. (d)

के.एन. पणिक्कर	रंगमंच
शर्मिला टैगोर	सिनेमा
बाल मुरली कृष्ण	कर्नाटक संगीत
सोनल मान सिंह	भरतनाट्यम (नृत्य)

74. (d) महाराष्ट्र में स्थित दाभोल परियोजना विद्युत उत्पादन से सम्बन्धित है।

75. (a) **76.** (b) **77.** (c)

78. (c) नासा की जेट प्रोपल्सन लेबोरेट्री की स्थापना 1936 ई. में कैलिफोर्निया के पासाडेना में की गई।

79. (d)

80. (a) अमेरिकी जैव वैज्ञानिक रसेल कार्सन द्वारा लिखी इसी पुस्तक में कीटनाशकों के उपयोग पर प्रश्न उठाया गया है।

81. (b) वर्ष 1950 में संविधान लागू किया गया और वर्ष 1952 में प्रथम आम चुनाव आयोजित हुआ।

82. (a) जेनेवा में निम्न का मुख्यालय स्थित है-ILO, WHO, WMO, ITU, WIPO, GATT, WTO रेड क्रास।

83. (b)

84. (b) ओजोन परत के क्षरण के सर्वप्रमुख मानव निर्मित कारण हैं-CFC यौगिक, हैलोजन्स (क्लोरीन, फ्लोरीन, ब्रोमीन) तथा नाइट्रस ऑक्साइड की वायुमण्डल में अधिकता, परन्तु सर्वाधिक उत्तरदायी CFC ही है।

85. (c) 'डाबसन' ओजोन परत की मोटाई को नापता है। वर्तमान में अण्टार्कटिका में ओजान की मोटाई घटकर 100 डाबसन हो गयी है।

86. (c) स्यादवाद जिले सप्त भगनीय कहा जाता है। ज्ञान की सापेक्षता का सिद्धान्त है जिसके प्रवर्तक महावीर जैन है। इनके अनुसार सांसारिक वस्तुओं के विषय में हमारे सभी निर्णय सापेक्ष्य एवं सीमित होते हैं। न तो हम किसी को पूर्णरूपेण स्वीकार कर सकते हैं और न अस्वीकार ही ये दोनों अतियां हैं। अतः हम प्रत्येक निर्णय के पूर्व 'स्यात' (शायद) लगाना चाहिये। इसके सात प्रकार बताए गए हैं जो इस प्रकार हैं-

''है, नहीं है, है भी और नहीं भी है, कहा नहीं जा सकता है तथा कहा नहीं जा सकता, नहीं है तथा कहा नहीं जा सकता एवं है, नहीं है तथा कहा नहीं जा सकता।''

87. (a) मुण्डकोपनिषद् अथर्ववेद से सम्बन्धित है, इसी से 'सत्यमेव जयते' लिया गया है।

88. (d) नागार्जुन कनिष्क के दरबार की एक महान विभूति था। उसकी तुलना मार्टिन लूथर से की जाती है। ह्वेनसांग ने उसे 'संसार की चार मार्गदर्शक शक्तियों में से एक कहा है। उसने अपनी पुस्तक 'माध्यमिक सूत्र' में सापेक्षता सिद्धांत को प्रस्तुत किया। उसे 'भारत का आइन्स्टीन' भी कहा गया है।

89. (d) पुराने समय में सरकार आम तौर पर राजा अथवा कुलीन के खजाने के लिए प्रयुक्त होता था। शेरशाह के काल में इसका अर्थ प्रशासनिक इकाई (जिला) यानि परगनों का समूह था एवं अकबर के शासन काल में इसका प्रयोग जिले का राजस्व के अर्थ में होता था।

90. (d)

91. (a) **फ्यूल सेल (Fuel Cell)** में रासायनिक अभिक्रिया के द्वारा विद्युत ऊर्जा का उत्पादन किया जाता है।

• एल्केलाइन फ्यूल सेल्स में हाइड्रोजन और ऑक्सीजन का प्रयोग किया जाता है, जो जल, ऊष्मा और विद्युत उत्पन्न करती हैं। यह सर्वाधिक दक्ष फ्यूल सेलों में से एक है, जिसकी दक्षता 70% तक है।

• इसका उपयोग वाहनों, सेल फोन, लैपटॉप तथा कम्प्यूटर जैसी युक्तियों में भी किया जाता है। फ्यूल सेल दिष्ट धारा के रूप में विद्युत उत्पादन करते हैं।

• फ्यूल सेल के सिद्धांत का आविष्कार 'विलियम ग्रोव' के द्वारा 1839 में किया गया लेकिन इनका प्रथम व्यावहारिक विकास 1950 के दशक के अंत में ब्रिटिश आविष्कारक फ्रॉसिस थॉमस बेकन ने किया था, जिनके नाम पर इसे बेकन फ्यूल सेल्स भी कहते हैं।

92. (d) भारतीय इतिहास के मध्यकाल में बंजारे सामान्यतः नमक के व्यापारी वर्ग से संबंधित थे। बंजारा (जिन्हें लंबाणी, वंजारा और गोरमाटी भी कहा जाता है) एक ऐसा समुदाय है जिसे आमतौर पर घुमंतू समुदाय के रूप में वर्णित किया जाता है, जो भारत के राजस्थान में पाए जाते हैं। अब ये सम्पूर्ण भारतीय उपमहाद्वीप में फैले हुए हैं। बंजारे पारम्परिक रूप से बैलों औश्र नमक के आपूर्तिकर्ता व्यापारी माने जाते थे। ऐसा माना जाता है, कि बंजारा शब्द संस्कृत शब्द के 'वनचर' से आया है। (अर्थात् वनों में विचरण करने वाला) 1 लंबाण ी या लामनी शब्द संस्कृत शब्द 'लवण' से लिया गया प्रतीत होता है, जो प्रमुख वस्तु थी, जिसका यह समुदाय व्यापार करता था। अतः बंजारे मुख्य रूप से व्यापारी थे। इस समुदाय की महिलाएं कढ़ाई का कार्य करती थीं परंतु यह उनके जीवनयापन का स्रोत नहीं था।

93. (c)

94. (b) एशिया का दक्षिण-पश्चिमी भाग भूमध्यसागर से संलग्न है जिससे टर्की, सीरिया, लेबनान तथा इज़रायल की सीमाएं भूमध्य सागर से स्पर्श करती हैं, जबकि जॉर्डन की सीमाएं भूमध्यसागर से स्पर्श नहीं करती हैं। वस्तुतः भूमध्यसागर की सीमाएं यूरोप, एशिया और अफ्रीका तीनों महाद्वीपों से मिलती हैं।

95. (c) उष्णकटिबंधीय आर्द्र सदाबहार वन, वर्षा वनों का एक अनूठा उदाहरण हैं। ये वन 200 सेमी. से अधिक औसत वार्षिक वर्षा, 22°C औसत तापमान से अधिक वाली जलवायविक दशाओं में ही विकसित होते हैं।

यहां विविध प्रजातियों के वन एक साथ पाए जाते हैं, जो कि वर्ष में भिन्न-भिन्न अवधियों में अपनी पत्तियां गिराते हैं, एकसाथ नहीं, अतः ये समग्र रूप से सदापर्णी बने रहते हैं।

भारत में ये वन अंडमान-निकोबार द्वीपसमूह, पश्चिमी घाट (विशेषकर कर्नाटक के भाग) अन्नामलाई पहाड़ियां, असम, पश्चिम बंगाल, अरूणाचल प्रदेश एवं मिजोरम में पाए जाते हैं।

96. (d) भारत में शेल गैस के संसाधन कैम्बे बेसिन, कृष्णा-गोदावरी बेसिन, कावेरी बेसिन और विंध्यन बेसिन में पाए गए हैं।

97. (b) तंजौर (तंजावुर), तमिलनाडु राज्य में है, जहां सी. राजगोपालाचारी ने त्रिचिनापल्ली से वेदारण्यम तक की यात्रा की तथा नमक कानून तोड़ने के लिये तंजौर के तट पर अभियान संगठित किया।

सविनय अवज्ञा आंदोलन गांधीजी की साबरमती से दाण्डी तक की यात्रा से प्रारंभ हुआ। 6 अप्रैल, 1930 ई. को गांधीजी ने दाण्डी में नमक बनाकर कानून तोड़ा।

98. (b) अनुच्छेद 107(3) के अनुसार लोक सभा में लम्बित कोई भी विधेयक उसके सत्रावसान पर व्यपगत नहीं होता है। वहीं अनुच्छेद 107(4) के अनुसार राज्य सभा में लम्बित कोई विधेयक जिसे लोक सभा ने पारित नहीं किया है, लोक सभा के विघटन पर व्यपगत नहीं होता। क्योंकि राज्य सभा एक स्थायी सदन है। अतः यह विधेयक बना रहता है। नई लोक सभा के गठन के पश्चात् यह विधेयक लोक सभा में भेजा जा सकता है। अतः कथन 1 असत्य है तथा कथन 2 सत्य है।

99. (c)

100. (b) अमीर खुसरो का जन्म 1253 ई. में उत्तर प्रदेश के एटा जिला के पटियाली में हुआ था। उन्हें छह सुल्तानों के अन्तर्गत सेवा का मौका मिला था वे बलबन, कैकूबाद, जलालुद्दीन खिलजी, अलाउद्दीन खिलजी मुबारकशाह तथा ग्यासुद्दीन तुगलक के अन्तर्गत शाही सेवा में रहे। उनकी प्रमुख कृतियां हैं–

लैला-मजनू, मिफता-उल-फुतूह, आशिका नूह सिपिहर, तुगलकनाम खजाइन-उल-फुतूह (तारीखे अलाई) इत्यादि।

101. (b) हिन्दू धर्म में पहला सुधार आन्दोलन ब्रह्म समाज था जिसकी नींव 1828 ई. में राजा राममोहन राय ने डाली। राजा राममोहन राय ने ब्रह्म समाज द्वारा हिन्दू समाज की कुरीतियों, सती प्रथा, बहुपत्नी प्रथा, वेश्यागमन, जातिवाद, मूर्ति पूजा आदि का विरोध किया। उन्हें पुनर्जागरण का अग्रदूत माना जाता है।

उनकी पुनर्जागरण रचनाएं हैं-तोहफत-उल-मुहीद्दीन, प्रीसेप्ट्स ऑफ जीसस, संवाद कौमुदी, मिशन-उल-अखबार इत्यादि।

102. (c)

ब्रिटिश ईस्ट इण्डिया कम्पनी की स्थापना	1600 ई.
फ्रांसीसी कम्पनी की स्थापना	1664 ई.
पुर्तगाली ईस्ट इण्डिया कम्पनी की स्थापना	1498 ई.
डच ईस्ट इण्डिया कम्पनी की स्थापना	1602 ई.

103. (c) सविनय अवज्ञा आन्दोलन के रूप में गांधीजी द्वारा 'दाण्डी मार्च 12 मार्च, 1930 को साबरमती आश्रम से प्रारम्भ हुआ और 6 अप्रैल, 1930 को उन्होंने अपने सहयोगियों के साथ दाण्डी समुद्र तट पर पहुंच कर स्वयं नमक कानून का उल्लंघन कर सत्याग्रह का श्रीगणेश किया।

104. (d) सत्याग्रह का शाब्दिक अर्थ है-सत्य को मानकर किसी वस्तु के लिए आग्रह करना अथवा सत्य और अहिंसा से उत्पन्न होने वाला बल। महात्मा गांधी ने भारत के स्वतन्त्रता संघर्ष के दौरान 1917 ई. में चम्पारण (बिहार) से सत्याग्रह प्रारम्भ किया।

105. (b) महात्मा गांधी ने 1915 ई. में अहमदाबाद में साबरमती नदी के किनारे सत्याग्रह आश्रम की स्थापना की जो बाद में साबरमती आश्रम के रूप में प्रसिद्ध हुआ।

106. (a) 1928 ई. के बारदोली सत्याग्रह का नेतृत्व सरदार वल्लभभाई पटेल ने किया। इसी सत्याग्रह में उन्हें 'सरदार' की उपाधि दी गई।

107. (a)
ब्रिटिश राज द्वारा भारत में अंग्रेजी शिक्षा के प्रसार करवाने के पीछे मुख्य कारण था, प्रशासन का खर्च कम करने की चिन्ता। इसके लिए सरकार शिक्षित भारतीयों की संख्या बढ़ाना चाहती थी, जिससे प्रशासन और ब्रिटिश व्यावसायिक प्रतिष्ठानों की छोटे कर्मचारियों की बड़ी और बढ़ती हुई जरूरतों को पूरा किया जा सके।

108. (d) सितम्बर, 1920 के कलकत्ता के कांग्रेस अधिवेशन में असहयोग आन्दोलन के प्रस्ताव को मंजूर किया गया। 1920 ई. से 1922 ई. के पूर्वार्द्ध तक असहयोग आन्दोलन चलता रहा। 1 फरवरी, 1922 को महात्मा गांधी ने घोषणा की कि अगर सात दिनों के अन्दर राजनीतिक बन्दी रिहा नहीं किए जाते और प्रेस पर सरकार का नियन्त्रण समाप्त नहीं होता, तो वे करों की गैर, अदायगी समेत एक सामूहिक नागरिक अवज्ञा आन्दोलन शुरू करेंगे, परन्तु संयुक्त प्रान्त के गोरखपुर जिले में चौरी-चौरा नामक स्थान पर एक क्रुद्ध भीड़ ने 5 फरवरी, 1922 को एक पुलिस थाना को जला दिया फलस्वरूप गांधीजी ने 12 फरवरी, 1922 को असहयोग आन्दोलन समाप्त कर दिया।

109. (a) आजाद हिन्द फौज की पहली डिवीजन का गठन 1 सितम्बर, 1942 को हुआ और कैप्टन मोहन सिंह इसके सेनापति बने।

110. (d) ऑयल इण्डिया लिमिटेड (OIL) देश में तेल की खोज और उत्पादन करने वाली सार्वजनिक क्षेत्र की कम्पनी है।

111. (a) ई.सी.जी.सी. (E.C.G.C.) का विस्तृत रूप है-Export Credit and Guarantee Corporation। यह निर्यात संवर्द्ध से सम्बन्धित है।

112. (b) मिश्रित अर्थव्यवस्था एक ऐसी अर्थव्यवस्था है, जिसमें निजी और सार्वजनिक दोनों क्षेत्रों का अस्तित्व होता है, जो एक-दूसरे को सहयोग करते हुए आर्थिक विकास में योगदान करते हैं। भारत में आजादी के बाद मिश्रित अर्थव्यवस्था को अपनाया गया था। परन्तु वर्ष 1991 के बाद निजी उद्योग को बढ़ावा दिया जा रहा है।

113. (d) आश्रय बीमा योजना की शुरुआत 10 अक्टूबर, 2001 को हुई थी। इसका उद्देश्य नौकरी/काम छूट जाने के बाद प्रभावित व्यक्ति को सुरक्षा प्रदान करना है। इसके तहत निकाले जाने की तारीख से पहले के 12 महीने के दौरान मिले औसत वार्षिक वेतन के 30% तक मासिक भरण-पोषण भत्ता जिसकी अधिकतम सीमा ₹ 3000 प्रतिमाह होगी। इसे 12 महीने तक या जब तक सम्बद्ध व्यक्ति वैकल्पिक रोजगार नहीं पा जाता, इसमें जो भी पहले हो, दिए जाने का प्रावधान है।

114. (c)

115. (b) जी-15 निर्गुट एवं विकासशील देशों का संगठन है। इसकी स्थापना सितम्बर, 1989 में परस्पर सहयोग के लिए बेलग्रेड (यूगोस्लाविया) निर्गुट शिखर सम्मेलन के समय हुई थी। जी-15 का सचिवालय जेनेवा स्थित प्रौद्योगिकी सेवा सुविधा (Technical Service Facility) से संचालित होता है। इसका मुख्यालय समूह के वर्तमान अध्यक्ष देश के विदेश मन्त्रालय से होता है। जी-15 संगठन में वर्तमान में 19 सदस्य देश हैं। इसका 12वीं शिखर सम्मेलन 27-28 फरवरी, 2004 को कराकस (वेनेजुएला) में हुआ था। जी-15 का आगामी शिखर सम्मेलन अल्जीरिया में होगा।

116. (b) एयर मार्शल हरजीत सिंह अरोड़ा को भारतीय वायुसेना का उप प्रमुख बनाया गया है। एयर मार्शल अरोड़ा को दिसम्बर 1981 में भारतीय वायुसेना की युद्धक इकाई में शामिल किया गया था। उन्हें वायुसेना के आधुनिक तथा अन्य युद्धक विमान उड़ाने का पर्याप्त अनुभव है। इससे पहले अरोड़ा गांधीनगर में दक्षिण पश्चिम वायु कमान के कमांडर थे। वे कई महत्वपूर्ण पदों पर रह चुके हैं।

117. (d) आईएनएस खंडेरी भारतीय नौसेना की दूसरी सबसे अत्याधुनिक पनडुब्बी है। महाराष्ट्र की राजधानी मुंबई के समुद्र तट की रक्षा के लिए खंडेरी का निर्माण किया गया है। भारत और फ्रांस की तकनीक को मिलाकर निर्मित खंडेरी मुंबई के मझगांव डॉकयार्ड में ही तैयार हुई है। इसे साइलेंट किलर भी कहा जा रहा है। देश में निर्मित यह पनडुब्बी एक घंटे में करीब 35 किलोमीटर की दूरी तय करने में सक्षम है। 67 मीटर लंबी, 6.2 मीटर और 12.3 मीटर ऊंचाई की खंडेरी का कुल वजन 1550 टन है। एक बार पानी में जाने के बाद यह 12 हजार किमी तक का सफ़र तय कर सकती है।

118. (a)

119. (b) भारत के अलावा अमेरिका में बापू की सर्वाधिक प्रतिमाएं हैं। भले ही बापू कभी अमेरिका न गए हों, लेकिन उनके स्मारक और प्रतिमाएं अमेरिका में बड़ी संख्या में स्थापित हैं। गांधीजी से संबंधित पहला स्मारक केंद्र वाशिंगटन डीसी के मेरीलैंड के बेथिस्डा में स्थित गांधी मेमोरियल सेंटर में बना था। यह अब भी कार्यरत है। प्रतिमाओं के अलावा अमेरिका में बड़ी संख्या में गांधी जी के अनुयायी भी हैं।

120. (c) 64वीं कॉमनवेल्थ पार्लियामेंट्री कॉन्फ्रेंस युगांडा की राजधानी कंपाला में आयोजित की गई। कॉमनवेल्थ पार्लियामेंट्री कॉन्फ्रेंस (सीपीसी) में सभी सदस्य देशों की संसद से जुड़े अधिकारी और चुने हुए प्रतिनिधि हिस्सा लेते हैं। लोकसभा अध्यक्ष ओम बिड़ला के नेतृत्व में भारतीय संसदीय प्रतिनिधिमंडल ने इसमें भाग लिया। प्रतिनिधिमंडल में कांग्रेस सांसद अधीर रंजन चौधरी, कांग्रेस से राज्यसभा सांसद एल. हनुमनथैया, राज्यसभा सांसद रूपा गांगुली, भुवनेश्वर की सांसद अपराजिता सारंगी और लोकसभा की सचिव स्नेहलता श्रीवास्तव शामिल रहीं।

121. (d)

122. (b) सौरमंडल में मंगल और बृहस्पति के बीच एक छोटे से ग्रह का नाम प्रख्यात शास्त्रीय गायक पंडित जसराज के नाम पर रखा गया है। यह सम्मान पाने वाले वह पहले भारतीय कलाकार हैं। इंटरनेशनल एस्ट्रोनॉमिकल यूनियन ने 'माइनर प्लेनेट' 2006 वीपी 32 नंबर 300128 का नामकरण पंडित जसराज के नाम पर किया गया है। इस ग्रह की खोज 11 नवम्बर, 2006 को की गई थी। माइनर प्लेनेट वह ग्रह होते हैं, जो न तो ग्रह हैं और न ही इन्हें पूरी तरह से धूमकेतु कहा जा सकता है। पंडित जसराज से पहले 'मोजार्ट बीथोवन' और 'टेनर लूसियानो' को यह सम्मान मिल चुका है। 28 जनवरी, 1930 को जन्मे पंडित जसराज अब भी पूरी ऊर्जा के साथ संगीत के क्षेत्र में सक्रिय हैं।

123. (c) हाल ही में प्रधानमंत्री नरेंद्र मोदी ने 'मन की बात' कार्यक्रम के दौरान दिवाली में लक्ष्मी पूजा का जिक्र करते हुए देशवासियों से 'भारत की लक्ष्मी'' अभियान चलाने की अपील की। उन्होंने कहा कि हमारे बीच कई ऐसी बेटियां मौजूद हैं, जो परिवार, समाज और देश का नाम रोशन कर रही हैं। इन बेटियों की उपलब्धियों को अधिक-से-अधिक सोशल मीडिया में शेयर करना चाहिए ताकि अन्य बेटियां भी उनकी राह पर चलकर अपने लक्ष्य को पूरा कर सकें और देश का नाम रोशन कर सकें।

124. (d) हाल ही में अमेरिकी धावक एलिसन फेलिक्स ने जमैका के महान धावक उसेन बोल्ट के रिकॉर्ड को तोड़ा। उसेन बोल्ट ने विश्व चैम्पियनशिप में 11 स्वर्ण प्राप्त किए थे, जबकि फेलिक्स का यह 12वां स्वर्ण है।33 साल की फेलिक्स ने नवम्बर 2018 में बेटी कैमरिन के जन्म के कारण खेलों से कुछ समय के लिए दूरी बना ली थी, उसके 13 महीने बाद उसने खेल में वापसी की। एलिसन फेलिक्स 4 × 400 मिश्रित मीटर रिले में रिकॉर्ड के साथ स्वर्ण पदक जीता।

125. (a) हाल ही में ओडिशा के बालासोर जिले में चांदीपुर तट पर ब्रह्मोस सुपरसोनिक मिसाइल के जमीन पर मार करने वाले विशेष संस्करण का सफलतापूर्वक परीक्षण किया गया। यह मिसाइल ज़मीन के अलावा समुद्री पोतों और पनडुब्बी से भी दागी जा सकती है। यह टू इन वन मिसाइल है। हालांकि समुद्र, जमीन और हवा से दागे जाने वाले ब्रह्मोस मिसाइल के अलग-अलग संस्करण पहले ही तैयार किए जा चुके हैं, लेकिन यह अकेले ही जमीन के अलावा समुद्र में मार कर सकती है। ब्रह्मोस नाम भारत की नदी ब्रह्मपुत्र और रूस की नदी मस्कोवा को मिलाकर बनाया गया है। इस मिसाइल का निर्माण रक्षा अनुसंधान विकास संगठन (डीआरडीओ) और रूसी कम्पनी एनपीओ द्वारा संयुक्त रूप से किया गया है।

126. (c) स्कूल शिक्षा गुणवत्ता सूचकांक में केरल पहले स्थान पर है। इस सूची में उत्तर प्रदेश सबसे निचले पायदान पर है। नीति आयोग की ओर से जारी इस सूची में देश के 20 बड़े राज्यों में केरल पहले स्थान पर है, जबकि राजस्थान दूसरे और कर्नाटक तीसरे स्थान पर है। स्कूल शिक्षा गुणवत्ता सूचकांक सीखने के परिणामों, एक्सेस, इक्विटी, बुनियादी ढांचे और सुविधाओं के आधार पर राज्यों का आंकलन करता है। आंकलन करने के लिए नीति आयोग द्वारा सर्वेक्षण डेटा, राज्यों के स्व रिपोर्ट डेटा और तीसरे पक्ष के सत्यापन का उपयोग किया जाता है।

127. (b) अमेरिका ने दक्षिण कोरिया और जापान को हवाई हमलों से बचाव के लिए 60 करोड़ डालर से अधिक मूल्य की रक्षा मिसाइल बेचने की मंजूरी दी है साथ ही 160 हवाई हमले रोधी अमराम मिसाइल और इनसे संबंधित लक्षित उपकरण बेचने की भी अनुमति दी गई है।

128. (a) बच्चों तथा महिलाओं में पोषण के बारे में जागरूकता फैलाने के उद्देश्य से ओडिशा सरकार के महिला व बाल विकास विभाग ने यूनिसेफ के साथ मिलकर "टिक्की मौसी" नामक शुभंकर का अनावरण किया है। इसका उद्देश्य महिलाओं तथा बच्चों के पोषण के बारे में जागरूकता फैलाना है। इस शुभंकर के द्वारा ओडिशा के प्रत्येक घर तक पोषण के महत्व की जानकारी उपलब्ध करवाई जाएगी। यह शुभंकर महिलाओं व बच्चों के लिए राज्य सरकार की विभिन्न योजनाओं की जानकारी भी प्रदान करेगी।

129. (b) चीफ ऑफ स्टाफ कमेटी की कमान सेना प्रमुख बिपिन रावत को सौंपी गई है। एक कार्यक्रम में COSC चीफ के बैटन को बिपिन रावत को सौपा गया। उन्होंने बी.एस. धनोआ की जगह ली है। बी.एस.धनोआ 30 सितंबर, 2019 को सेवानिवृत्त हो चुके हैं। चीफ ऑफ स्टॉफ कमेटी सेना से जुड़े सभी फैसले लेती है, जिसकी अध्यक्षता तीनों सेना प्रमुखों में से सबसे वरिष्ठ अधिकारी करता है।

130. (d)

131. (d) पीतल को छोड़कर सभी शुद्ध धातुएं हैं जबकि पीतल मिश्रधातु है।

132. (b) $109 \xrightarrow{-35} 74 \xrightarrow{-28} 46 \xrightarrow{-21} 25 \xrightarrow{-14} 11 \xrightarrow{-7} \boxed{4}$

133. (d)

$A \xrightarrow{+4} E \xrightarrow{+4} I \xrightarrow{+6} O$

$B \xrightarrow{+4} F \xrightarrow{+4} J \xrightarrow{+6} P$

$D \xrightarrow{+4} H \xrightarrow{+4} L \xrightarrow{+6} R$

134. (a) bb cca/ cca a b/ a a bbc/ b bcca.

135. (d) AZV/ ZV A/ VA Z/ AZV.

136. (d) जिस प्रकार 'ऑक्सीजन', 'श्वास' लेने में प्रयोग की जाती है, उसी प्रकार 'ग्लूकोस' 'बल' को बढ़ाने में प्रयोग की जाती है।

137. (b) जिस प्रकार 'थर्मामीटर', ऊष्मा का पता लगाता है, उसी प्रकार 'बैरोमीटर' से दाब ज्ञात किया जाता है।

138. (a) जिस प्रकार,

U → E → 19 + 5 = 24

T → D → 20 + 4 = 24

S → C → 21 + 3 = 24

उसी प्रकार,

W → G → 21 + 7 = 28

V → F → 22 + 6 = 28

U → E → 23 + 5 = 28

139. (a) जिस प्रकार, 2 + 1 = 3
उसी प्रकार, 23 + 1 = 24

140. (a) अन्य सभी धातुएं हैं, जबकि स्टील मिश्रधातु है।

141. (c)

$R = 6$

$\because \quad R - r = 2$

$\therefore \quad r = 6 - 2 = 4$ सेमी

142. (d) $\because x^2 - 4x + 3 = (x-1)(x-3)$

$x^2 - 5x + 6 = (x-2)(x-3)$

∴ अभीष्ट लघुतम समापवर्त्य

$= (x-1)(x-2)(x-3)$

143. (c) $x = \dfrac{\sqrt{5}-1}{\sqrt{5}+1} \times \dfrac{\sqrt{5}-1}{\sqrt{5}-1}$

$= \dfrac{5+1-2\sqrt{5}}{4} = \dfrac{3-\sqrt{5}}{2}$

और $y = \dfrac{2}{3-\sqrt{5}} = \dfrac{2(3+\sqrt{5})}{4}$

$= \dfrac{(3+\sqrt{5})}{2}$

∴ व्यंजक $= x^2 - y^2 - 3xy$

$= \left(\dfrac{3-\sqrt{5}}{2}\right)^2 + \left(\dfrac{3+\sqrt{5}}{2}\right)^2 - 3\times1$

$= \dfrac{9+5-6\sqrt{5}}{4} + \dfrac{9+5+6\sqrt{5}}{4} - 3$

$= 7 - 3 = 4$

144. (c) माना B अकेला x दिन में पूरा काम कर सकता है।

∴ A अकेला $\dfrac{x}{2}$ दिन में पूरा काम कर सकता है, तब

$\because \quad \dfrac{2}{x} + \dfrac{1}{x} = \dfrac{1}{18}$

$\Rightarrow \quad \dfrac{3}{x} = \dfrac{1}{18}$

$\therefore \quad x = 54$ दिन

145. (a) कुल तय दूरी $= 2500 + 1200 + 500$
$= 4200$ किमी

तथा कुल लगा समय = $(5+3+2)$
$= 10$ घण्टे

$\therefore$ अभीष्ट औसत गति = $\frac{4200}{10}$
= 420 किमी/घण्टा

146. (b)

147. (a) उत्तर प्रदेश में प्रथम खेल-गांव की स्थापना आगरा में की गई है। इसके अतिरिक्त आगरा शहर के विकास को लेकर उत्तर प्रदेश सरकार द्वारा 'आगरा महायोजना 2021' तैयार की गई है और इसको नगर योजना एवं विकास योजना के अंतर्गत स्वीकृति प्राप्त है। इसके अंतर्गत आगरा के पुरातात्विक एवं ऐतिहासिक महत्व को देखते हुए विभिन्न नगरीय क्रियाओं के लिए 20016.97 हेक्टेयर भूमि का भू-उपयोग किया जाएगा।

148. (d) विकल्प में दिए गए उत्तर प्रदेश के नगरों का भौगोलिक क्षेत्रफल निम्न है-

नगर	क्षेत्रफल (वर्ग किमी. में)
वाराणसी	1535
गौतम बुद्ध नगर	1442
बागपत	1321
संत रविदास नगर	1055.99

149. (d) बिरहा पूर्वांचल की प्रसिद्ध लोकगायन परंपरा है, जिसमें गायक द्वारा भोजपुरी भाषा में स्थानीय क्षेत्र में घटी किसी घटना का वृत्तांत गीत रूप में गाया जाता है। इसमें अधिकांशत: वीर रस के गीत गाए जाते हैं। इसमें गायक लोक वाद्य के रूप में 'करताल' का प्रमुखता से उपयोग करते हैं। आल्हा बुंदेलखंड क्षेत्र (महोबा) की प्रसिद्ध रस की वीर गायन शैली है। रसिया ब्रजभूमि (बरसाना) की प्रसिद्ध लोकगायन परंपरा है तथा सोहर एवं कजरी अवध की प्रसिद्ध लोकगीत परंपराएं हैं।

150. (a) चरकुला ब्रजभूमि का लोकनृत्य है। यह नृत्य रथ के पहिये पर घड़ा रखकर किया जाता है। इसे घड़ा नृत्य भी कहते हैं।

151. (b) ख्वाला नृत्य, बढ़इया नृत्य तथा राई नृत्य उत्तर प्रदेश के बुंदेलखंड क्षेत्र का लोक नृत्य है जबकि 'डांडिया नृत्य' गुजरात राज्य का लोकप्रिय नृत्य है, जो नवरात्र के समय किया जाता है। डांडिया नृत्य का मूल 'गरबा नृत्य' है। बढ़इया नृत्य, बरहिया या बधाई नृत्य के रूप में भी जाना जाता है। यह नृत्य जन्म, विवाद एवं त्योहारों के अवसर पर स्त्री एवं पुरुष करते हैं।

152. (d) चाकू एवं कैंची के लिए आगरा नहीं बल्कि अलीगढ़ एवं मेरठ प्रसिद्ध हैं। शेष सभी विकल्प सुमेलित हैं।

153. (c) सही सुमेलन इस प्रकार है-

सूची-I (संस्थान)		सूची-II (स्थान)
सेंट्रल ड्रग इंस्टीट्यूट	-	लखनऊ
सेंट्रल लेप्रोसी इंस्टीट्यूट	-	आगरा
मोतीलाल नेहरू राष्ट्रीय प्रौद्योगिकी संस्थान	-	इलाहाबाद
इंडियन इंस्टीट्यूट ऑफ शुगर टेक्नोलोजी	-	कानपुर

154. (a) सही सुमेलन इस प्रकार है-

सूची-I (नगर)		सूची-II (उत्पाद)
रेनूकूट	-	एल्यूमीनियम
ऋषिकेश	-	एंटीबायोटिक
मेरठ	-	खेल का सामान
अलीगढ़	-	ताले

155. (d) भारतीय दलहन शोध संस्थान आगरा में नहीं बल्कि कानपुर में अवस्थित है। खाद्य अनुसंधान एवं विश्लेषण केंद्र लखनऊ में, खाद्य पार्क नोएडा में तथा सरदार वल्लभभाई पटेल कृषि विश्वविद्यालय, मेरठ में अवस्थित है।

156. (d)

157. (d) दिये गये विकल्पों में यमुना का पर्यायवाची 'कालिन्दी' है। जबकि यामिनी रात्रि का पर्यायवाची है, भागीरथी गंगा का पर्यायवाची है। यमुना के अन्य पर्यायवाची शब्द हैं, जैसे सूर्यतनया, भानुजा, सूर्यसुता, तरणितनुजा आदि।

158. (c) जंगल शब्द का पर्यायवाची शब्द कान्तार है, न कि जबकि प्रमोद, विश्रान्ति और दिव है। जंगल के अन्य पर्यायवाची शब्द हैं – विपिन, कानन, वन, अटवि कान्तार आदि।

159. (b) प्रत्यक्ष का विलोम शब्द परोक्ष है न कि अपरोक्ष, सुदंर और प्रत्यय है। अपरोक्ष का अर्थ भी प्रत्यक्ष है।

160. (d) सामान्य शब्द का विलोम शब्द विशिष्ट है। श्रेष्ठ सर्वज्ञ और साधारण इसके विलोम शब्द नहीं है। जबकि साधारण का असाधारण, सर्वज्ञ का अज्ञ और श्रेष्ठ का निम्न विलोम होता है।

161. (b) दिये गये विकल्पों में विकल्प (b) दही खट्टा है, सही है। ध्यातव्य हो। कि दही शब्दों पुर्लिंग के अर्थ में प्रयोग किया जाता है। दूध एवं दूध से बने पदार्थ, हमेशा पुर्लिंग होते हैं।

162. (d) निर्दिष्ट विकल्पों के विकल्प (d) सुरेश के लिए एक पत्र लिखना है, शुद्ध वाक्य है। जबकि अन्य तीनों व्याकरण की दृष्टि से गलत है।

163. (b) शुद्ध वर्तनी वाला शब्द है 'धोबिन' है। अत: विकल्प (a) सही है।

164. (d) दिये गये विकल्पों में इन्दु, दिनेश और मनोज तत्सम शब्द हैं जबकि रात तद्भव शब्द है। इसका तत्सम रूप रात्रि होता है।

165. (a) तिक्त शब्द का तद्भव तीता शब्द से हुआ है। अत: विकल्प (a) सही है।

166. (b) दिये गये विकल्पों में पांचवां शब्द विशेषण है जो कि निश्चित संख्या (क्रम सूचक) की अभिव्यक्ति करता है, जबकि अन्य शब्द सरपंच, प्रपंच और पहुंच इससे इतर शब्द हैं।

167. (a) ऋषि संज्ञा शब्द से विशेषण शब्द आर्ष बनेगा। अत: विकल्प (a) सही है, अन्य विकल्प ऋषिकल्प, ऋषिवत और ऋषितुल्य गलत शब्द हैं।

168. (a) परिणामवाचक क्रिया विशेषण का वाक्य है - वह बहुत थक गया है। बहुत शब्द परिमाणवाचक क्रिया विशेषण के अंतर्गत आता है। अन्य विकल्प वह अभी-अभी गया है, वह अंदर बैठा है, वह अब भली-भांति नाच लेता है। उक्त प्रश्न से पृथक् आशय रखता है।

169. (d) ध्यातव्य हो कि अग्नि संज्ञा है जो विशेष्य पद है। इसका विशेषण 'आग्नेय' होगा।

170. (c) नीली साड़ी में प्रयुक्त विशेषण गुणवाचक विशेषण है, जबकि संख्यावाचक विशेषण संख्या प्रकट करते हैं। वहीं परिमाणवाचक विशेषण द्रव्य वस्तु से सम्बन्धित है।

171. (b) **172.** (c) **173.** (a) **174.** (b)
175. (d) **176.** (a) **177.** (c) **178.** (c)
179. (a) **180.** (d) **181.** (a) **182.** (a)
183. (c) **184.** (b) **185.** (c)

186. (a) एसएमटीपी (SMTP) का विस्तृत रूप सामान्य डाक स्थानांतरण क्रमाचार (सिम्पल मेल ट्रांसफर प्रोटोकॉल) है। यह इंटरनेट पर ई-मेल के लिए प्रयुक्त सर्वाधिक लोकप्रिय प्रोटोकॉल है। उपयोगकर्त्ता के कम्प्यूटर से मैसेज को ई-मेल सर्वर तक और पुन:सर्वर से प्राप्तकर्ता तक भेजने के लिए इस प्रोटोकॉल का प्रयोग किया जाता है।

187. (a) कोबोल (COBOL-Common Business Oriented Language) सरकारी या वाणिज्यिक दफ्तरों में व्यावसायिक आंकड़ों के संसाधन में किया जाता है। जबकि पास्कल भाषा का प्रयोग प्रशिक्षुओं में प्रोग्रामिंग की अवधारणा स्पष्ट करने में किया जाता है। फोरट्रॉन (FORTRAN) को

प्रथम उच्च स्तरीय भाषा माना जाता है। जिसका प्रयोग वैज्ञानिक और इन्जीनियरों द्वारा गणितीय सूत्रों को आसानी से हल करने तथा जटिल वैज्ञानिक गणनाओं में किया जाता है।

188. (c) क्रमबद्ध (Seauential) मिसिल व्यवस्थापन सर्वाधिक कार्यक्रम व्यवस्थापन का प्रकार है।

189. (b) गिनतारा (एबेकस) जिसे गणक सांचा भी कह सकते हैं। यह एक गणन उपकरण होता है, जिसका प्रयोग एशिया के भागों में अंकगणितीय प्रकार्यों के लिए किया जाता था। गिनतारा का सर्वप्रथम उपयोगी चीन में हुआ था।

190. (b) 'सी' भाषा का आविष्कार एंटी एण्ड टी बेल्स' प्रयोगशाला में डेनिस रिंची ने किया था। 'सी' भाषा में आयताकार कोष्ठकों का उपयोग सरणी में होता है।

191. (a) सी भाषा (C language) हमें Print function की सहायता से output display करने की अनुमति देती हैं जबकि अगर आपको कोई भी value की बोर्ड से insert करानी होती है तो input function का use होता है। इसके लिए scanf function का उपयोग करते हैं।

192. (c) विकृत युग्म (twisted pair wire) के माध्यम का प्रयोग ऐसी व्यवस्था में किया जाता है जहाँ ट्रांसमीटर (भेजने वाला)एवं रिसीवर (प्राप्त करने वाला) के बीच अधिकतम दूरी 1 किमी. से अधिक न हो।

193. (d) कीट (वर्म), विषाणु (वायरस) और गुप्त योद्धा (ट्रोजन्स) आदि पारितंत्र विपत्तियाँ (सिस्टम थ्रेट्स) कहलाते हैं।

194. (b) एक प्रधान मिसिल (Master file) में समाविष्ट स्थायी तथ्य होते हैं।

195. (a) क्रमादेश संगणक (कम्प्यूटर प्रोग्राम) किसी कार्य विशेष को संगणक द्वारा कराने अथवा करने के लिए संगणक को समझ आने वाली भाषा में दिए गए निर्देशों का समूह होता है। एक क्रमादेश संगणक में निर्देशों का पालन क्रमबद्ध (अनुक्रतिक) रूप में होता है।

196. (b) वायरस एक द्वेषपूर्ण प्रोग्राम है जो किसी उपयोगी प्रोग्राम के साथ जुड़कर या इंटरनेट द्वारा विभिन्न कम्प्यूटरों की मेमोरी में प्रवेश करता है। यह डाटा को मिटाने या उसे खराब करने या उसमें परिवर्तन करने का कार्य कर सकता है। वायरस स्वयं को कम्प्यूटर के बूट से जोड़ लेता है। कम्प्यूटर जितनी बार बूट करता है। वायरस उतना ही अधिक फैलता है।

197. (a) रैम (रैण्डम एक्सेस मेमोरी) अस्थायी मेमोरी है जिसमें डाटा और सूचना को अस्थायी तौर पर रखा जाता है। इसमें अस्थायी निर्देशों और अंतरिम परिणामों को भी रखा जाता है। ह्रासी (उदवायी) अर्धचालक समृति है।

198. (c) किलोबाइट मेमोरी की इकाई है, जो 1024 बाइट के बराबर होती है। इसका संक्षिप्त नाम kB, kb, k byte आदि है।

199. (a) पास्कल (Pascal) भाषा का विकास 1971 में स्विट्जरलैण्ड के प्रोफेसर निकलॉस विर्थ द्वारा किया गया। इसका नामकरण कम्प्यूटर के जनक कहे जोने वाले ब्लेज पास्कल के नाम पर किया गया। जबकि 'सी' भाषा का विकास डेनिस एम. रिची ने किया था।

200. (a) मोडेम एक ऐसा डिवाइस (युक्ति) होता है जिसका प्रयोग इंटरनेट का प्रयोग करने हेतु होता है। ये एनालॉग सिग्नल को डिजिटल तथा डिजिटल सिग्नल को वापस एनालॉग सिग्नल में परिवर्तित करता है।

❑❑❑

प्रैक्टिस सेट–8

1. वह सही कालानुक्रम कौन-सा है, जिसमें भारत में निम्नलिखित राजाओं ने राज किया?
1. बिम्बिसार 2. महापद्मनन्द
3. कनिष्क प्रथम 4. स्कन्दगुप्त
नीचे दिए गए कूट का प्रयोग कर सही उत्तर चुनिए।
(a) 1-2-3-4 (b) 4-3-2-1
(c) 2-3-4-1 (d) 3-1-4-2

2. मूर्तिकला का गांधार स्कूल निम्न शैलियों का एक सम्मिश्रण था–
(a) भारतीय एवं ग्रीक शैलियों का
(b) भारतीय एवं पर्सियन शैलियों का
(c) मूलरूप से शुद्ध भारतीय
(d) भारतीय और दक्षिण-पूर्व एशियाई शैलियों का

3. पंजाब के हिन्दू शाही राजवंश को किसने स्थापित किया?
(a) वसुमित्र (b) कल्लर
(c) जयपाल (d) महिपाल

4. निम्न में से भक्ति संतों का सही तैथिक (कालानुक्रम) अनुक्रम चुनिये–
(a) कबीर, गुरुनानक, चैतन्य, मीराबाई
(b) कबीर, चैतन्य, गुरुनानक, मीराबाई
(c) कबीर, मीराबाई, चैतन्य, गुरुनानक
(d) गुरुनानक, चैतन्य, मीराबाई, कबीर

5. असम और नागालैंड के पहाड़ी वनों में पाया जाने वाला भारत का एकमात्र कपि है–
(a) ओरांगउटान (b) गिब्बन
(c) चिम्पैंजी (d) गोरिल्ला

6. भारतीय प्रायद्वीप की सबसे लंबी नदी कौन-सी है?
(a) कृष्णा (b) नर्मदा
(c) कावेरी (d) गोदावरी

7. भारत का सबसे ऊँचा जल-प्रपात किस राज्य में है?
(a) आंध्र प्रदेश (b) असम
(c) महाराष्ट्र (d) कर्नाटक

8. भारत में हीरे की खानें कहाँ हैं?
(a) कर्नाटक (b) उत्तर प्रदेश
(c) मध्य प्रदेश (d) तमिलनाडु

9. सोल्टोरो कटक कहाँ स्थित है?
(a) स्कैंडीनेवियन उच्च भूमि में
(b) सियाचिन हिमनद में
(c) अलास्का में
(d) आलप्स पर्वत में

10. टैगा वन विशिष्टता है–
(a) भूमध्य रेखीय क्षेत्र की
(b) उष्णकटिबंधीय क्षेत्र की
(c) उपोष्ण कटिबंधीय क्षेत्र की
(d) समशीतोष्ण क्षेत्र की

11. वह न्यूनतम जनसंख्या कितनी है, जिसके नीचे (73वें संशोधन) अधिनियम के उपबन्ध के अनुसार, मध्यवर्ती स्तर पर पंचायतें गठित नहीं की जा सकती?
(a) 25 लाख (b) 20 लाख
(c) 35 लाख (d) 30 लाख

12. शिक्षा जो आरंभ में एक राज्य का विषय थी, किस संशोधन के द्वारा समवर्ती सूची में हस्तांतरित की गयी?
(a) 24वें संशोधन द्वारा
(b) 25वें संशोधन द्वारा
(c) 42वें संशोधन द्वारा
(d) 44वें संशोधन द्वारा

13. भारत के उच्चतम न्यायालय के न्यायाधीशों की वर्तमान स्वीकृत संख्या है–
(a) 20 (b) 25
(c) 30 (d) 31

14. निम्नलिखित में से भारत के संविधान का कौन-सा अनुच्छेद कानून के समक्ष समानता से सम्बन्धित है?
(a) अनुच्छेद-16 (b) अनुच्छेद-15
(c) अनुच्छेद-14 (d) अनुच्छेद-13

15. भारतीय संविधान का कौन-सा अनुच्छेद बच्चों के शोषण के विरुद्ध मौलिक अधिकार से सम्बन्धित है?
(a) अनुच्छेद 17 (b) अनुच्छेद 19
(c) अनुच्छेद 23 (d) अनुच्छेद 24

16. भारतीय रिजर्व बैंक की स्थापना कब हुई?
(a) वर्ष 1920 (b) वर्ष 1930
(c) वर्ष 1935 (d) वर्ष 1940

17. एक रुपए के भारतीय नोट पर किसके हस्ताक्षर होते हैं?
(a) गवर्नर, भारतीय रिजर्व बैंक
(b) सचिव, वित्त मन्त्रालय
(c) वित्त मन्त्री
(d) इनमें से कोई नहीं

18. 'सोज-ए-वतन' पुस्तक के लेखक हैं–
(a) महादेवी वर्मा
(b) प्रेमचन्द
(c) सुमित्रानन्दन पन्त
(d) सूर्यकान्त त्रिपाठी 'निराला'

19. अंग्रेजों के विरुद्ध 'भारत छोड़ो आन्दोलन' की घोषणा किस वर्ष की गई?
(a) वर्ष 1940 में (b) वर्ष 1942 में
(c) वर्ष 1946 में (d) वर्ष 1936 में

20. जलियांवाला बाग कत्लेआम किस शहर में हुआ?
(a) मेरठ (b) आगरा
(c) अमृतसर (d) लाहौर

21. किस राजवंश ने उत्तर भारत पर शासन नहीं किया है?
(a) चालुक्य (b) राजपूत
(c) गुप्त (d) मौर्य

22. हल्दीघाटी का युद्ध किस वर्ष में हुआ था?
(a) 1756 ई. (b) 1576 ई.
(c) 1756 ई. पू. (d) 1576 ई. पू.

23. वह महिला जिसने अवध में 1857 की क्रान्ति का नेतृत्व किया था–
(a) लक्ष्मीबाई
(b) अहिल्याबाई
(c) अरुणा आसफ अली
(d) बेगम हजरत महल

प्रैक्टिस सेट-8

24. महात्मा गांधी ने पहला आमरण अनशन कब प्रारम्भ किया था?
    (a) कम्युनल अवार्ड के समय
    (b) कलकत्ता के दंगों के समय
    (c) जलियांवाला बाग दुर्घटना के समय
    (d) दिल्ली के दंगों के समय

25. बाकू प्रसिद्ध क्यों है?
    (a) लोहा उद्योग
    (b) हवाई जहाज उद्योग
    (c) समुद्री जहाज उद्योग
    (d) पेट्रोलियम

26. बेरोजगारी समस्या से गरीबी बढ़ती है, क्योंकि–
    (a) गरीबी-रेखा से नीचे रहने वालों की संख्या बढ़ती है
    (b) जनसंख्या तेजी से बढ़ती है
    (c) मुद्रास्फीति की दर बढ़ती है
    (d) ब्याजदर बढ़ती है

27. वयस्क मानव शरीर में हड्डियों की संख्या होती है–
    (a) 214   (b) 206
    (c) 253   (d) अनिश्चित

28. भागीरथी घाटी में राजमा और आलू की खेती प्रारम्भ करने का श्रेय किसको दिया जाता है?
    (a) विल्सन
    (b) राम ब्रह्मचारी
    (c) हेनरी
    (d) महाराजा सुदर्शन शाही

29. भारत में अधिकांशतः बेरोजगारी है–
    (a) प्रौद्योगिकीय
    (b) चक्रीय
    (c) संघर्ष सम्बन्धी
    (d) संरचनात्मक

30. आदि शंकराचार्य द्वारा स्थापित चार मठ हैं–
    (a) जोशीमठ, द्वारका, पुरी, शृंगेरी
    (b) शृंगेरी, द्वारका, जोशीमठ, प्रयाग
    (c) द्वारका, जोशीमठ, प्रयाग, कांची
    (d) पुरी, शृंगेरी, द्वारका, वाराणसी

31. संयुक्त राष्ट्र मानव विकास सूचकांक किसके द्वारा विकसित किया गया है?
    (a) महबूब-उल-हक
    (b) जगदीश भागवत
    (c) जोसेफ स्टिग्लिज
    (d) अमर्त्य सेन

32. भारत में राष्ट्रीय आय के प्राक्कलन तैयार किए जाते हैं
    (a) भारतीय विकास परिषद् द्वारा
    (b) भारतीय उत्पादकता परिषद् द्वारा
    (c) भारतीय आय समिति द्वारा
    (d) केन्द्रीय सांख्यिकीय संगठन द्वारा

33. भगत सिंह, सुखदेव और राजगुरु को किस 'वाद' (केस) में फांसी की सजा सुनाई गई थी?
    (a) अलीपुर षड्यन्त्र केस
    (b) लाहौर षड्यन्त्र केस
    (c) काकोरी षड्यन्त्र केस
    (d) कानपुर षड्यन्त्र केस

34. भारत के मुख्य चुनाव आयुक्त को निम्न में से किसके द्वारा नियुक्त किया जाता है?
    (a) लोकसभा द्वारा
    (b) प्रधानमन्त्री द्वारा
    (c) राष्ट्रपति द्वारा
    (d) मुख्य न्यायाधीश द्वारा

35. भारत की स्वतन्त्रता प्राप्ति के समय भारतीय राष्ट्रीय कांग्रेस के अध्यक्ष थे–
    (a) जे बी कृपलानी
    (b) जवाहरलाल नेहरू
    (c) राजेन्द्र प्रसाद
    (d) सरदार पटेल

36. 1908 में 6 वर्ष की कारावास की सजा स्वतन्त्रता संग्राम के किस उग्रवादी नेता को दी गई थी?
    (a) विपिनचन्द्र पाल
    (b) बाल गंगाधर तिलक
    (c) लाला लाजपत राय
    (d) अरविन्द घोष

37. मौर्य काल में शिक्षा ग्रहण करने का सर्वाधिक प्रसिद्ध केन्द्र था–
    (a) तक्षशिला   (b) उज्जैन
    (c) नालन्दा   (d) वल्लभी

38. प्रसिद्ध बौद्ध विद्वान् अश्वघोष किसके समकालीन थे?
    (a) अशोक   (b) नागार्जुन
    (c) कनिष्क   (d) हर्ष

39. किस वायसराय की हत्या उसके कार्यालय में की गई?
    (a) लॉर्ड कर्जन   (b) लॉर्ड मेयो
    (c) लॉर्ड रिपन   (d) लॉर्ड वेलेजली

40. निम्नलिखित में से किस स्थान पर मानव के साथ कुत्ते को दफनाए जाने का साक्ष्य मिला है?
    (a) बुर्जहोम   (b) कोल्डीहवा
    (c) चौपानी   (d) माण्डो

41. संसद में पहला लोकपाल विधेयक कब रखा गया था?
    (a) वर्ष 1967   (b) वर्ष 1971
    (c) वर्ष 1968   (d) वर्ष 1972

42. एलीफेण्टा की प्रसिद्ध गुफा-मन्दिरों का सम्बन्ध था–
    (a) चालुक्यों से   (b) चोल से
    (c) पल्लवों से   (d) राष्ट्रकूट से

43. संविधान का कौन-सा अनुच्छेद दोषसिद्ध के सम्बन्ध में अभियुक्तों को दोहरे दण्ड एवं स्व-अभिशंसन से संरक्षण प्रदान करता है?
    (a) अनुच्छेद-19   (b) अनुच्छेद-22
    (c) अनुच्छेद-21   (d) अनुच्छेद-20

44. भारतियों के विरोध के कारण बंगाल को फिर से कब एकीकृत किया गया?
    (a) वर्ष 1905   (b) वर्ष 1911
    (c) वर्ष 1947   (d) वर्ष 1971

45. 'हुमायूंनामा' का लेखक कौन है?
    (a) जेबुन्निसा   (b) जहांआरा
    (c) गुलबदन बेगम (d) रोशन आरा

46. गणित की पुस्तक 'लीलावती' के लेखक थे–
    (a) रामानुज   (b) कौटिल्य
    (c) अमर्त्य सेन   (d) भास्कराचार्य

47. सर्वेण्ट्स ऑफ इण्डिया सोसायटी के संस्थापक कौन थे?
    (a) मदनमोहन मालवीय
    (b) सरोजिनी नायडू
    (c) जस्टिस रानाडे
    (d) गोपालकृष्ण गोखले

48. ब्रिटिश ईस्ट इण्डिया कम्पनी ने बम्बई किससे लिया था?
    (a) डचों से   (b) फ्रांसीसियों से
    (c) डेनिसों से   (d) पुर्तगालियों से

49. कौलेस्ट्रोल का असामान्य स्तर सम्बन्धित होता है–
    (a) धमनियों का कठोर हो जाना
    (b) शिराओं का कठोर हो जाना
    (c) वृक्क पत्थर निर्माण
    (d) यकृत सिरहोसिस

50. संसद की सम्मिलित बैठक की अध्यक्षता की जाती है–
(a) राज्यसभा के अध्यक्ष द्वारा
(b) प्रधानमन्त्री द्वारा
(c) लोकसभा के स्पीकर द्वारा
(d) राज्यसभा में विपक्ष के नेता द्वारा

51. 1838 ई. में स्थापित भारत का प्रथम राजनैतिक संगठन था–
(a) ब्रिटिश इण्डिया सोसायटी
(b) बंगला ब्रिटिश इण्डिया सोसायटी
(c) सेटलर्स एसोसिएशन
(d) जमीदारों एसोसिएशन

52. महात्मा गांधी के राजनीतिक जीवन में निम्नलिखित घटनाओं का क्या सही कालानुक्रम है?
1. चम्पारण सत्याग्रह
2. अहमदाबाद मिल हड़ताल
3. खेड़ा सत्याग्रह
4. असहयोग आन्दोलन

कूट:
(a) 2, 4, 3, 1 (b) 1, 3, 2, 4
(c) 4, 3, 2, 1 (d) 3, 4, 2, 1

53. 'ए पैसेज टू इण्डिया' पुस्तक किसने लिखी थी?
(a) जवाहरलाल नेहरू
(b) मीनू मसानी
(c) ई एम फोर्स्टर
(d) इनमें से कोई नहीं

54. निम्न में से कौन उदारवादी नहीं था?
(a) फिरोजशाह मेहता
(b) दादाभाई नौरोजी
(c) गोपालकृष्ण गोखले
(d) बाल गंगाधर तिलक

55. 'माना दर्रा' स्थित है–
(a) उत्तर प्रदेश (b) उत्तराखण्ड
(c) जम्मू-कश्मीर (d) हिमाचल प्रदेश

56. फसल चक्र आवश्यक है–
(a) पादपों में प्रोटीन वृद्धि हेतु
(b) विभिन्न फसलों की प्राप्ति हेतु
(c) मृदा की उर्वरा शक्ति में वृद्धि हेतु
(d) मृदा की नमी को बनाए रखने हेतु

57. चन्द्रमा एक–
(a) तारा है (b) ग्रह है
(c) उपग्रह है (d) उल्का है

58. एंजाइम एक–
(a) विटामिन है
(b) बैक्टीरियम है
(c) बायो-उत्प्रेरक है
(d) वायरस है

59. निम्न में से कौन संक्रामक बीमारी नहीं है?
(a) एड्स
(b) छोटी माता
(c) गलसुआ
(d) परिसर्प सरल (हरपीज)

60. निम्न में से कौन आनुवंशिक अव्यवस्था नहीं है?
(a) डाउन सिण्ड्रोम
(b) हीमोफीलिया
(c) इरिटेबुल-बाउल-सिण्ड्रोम
(d) दात्र-कोशिका अरक्तता

61. निम्न में से कौन-सा जैविक मूल का है?
(a) मूंगा (b) पन्ना
(c) माणिक (d) पुखराज

62. मुस्लिम लीग ने भारत के विभाजन की मांग का प्रस्ताव अपने किस अधिवेशन में किया था?
(a) लाहौर में (b) कराची में
(c) इलाहाबाद में (d) ढाका में

63. निम्न में से कौन-सा वेद सबसे प्राचीन है?
(a) सामवेद (b) यजुर्वेद
(c) ऋग्वेद (d) अथर्ववेद

64. पानीपत की तीसरी लड़ाई में मराठों को हराया–
(a) अफगानों ने (b) मुगलों ने
(c) अंग्रेजों ने (d) रोहिल्लों ने

65. महमूद गजनवी के साथ भारत आने वाला प्रसिद्ध इतिहासकार कौन था?
(a) फरिश्ता (b) अलबरूनी
(c) अफीफ (d) इब्नबतूता

66. 'खानवा के युद्ध' में कौन पराजित हुआ था?
(a) राणा प्रताप
(b) हेमू
(c) राणा सांगा
(d) अलाउद्दीन खिल्जी

67. महात्मा गांधी ने अपनी आत्मकथा मूलरूप में लिखी–
(a) हिन्दी (b) मराठी
(c) गुजराती (d) अंग्रेजी

68. लोथल कहां है?
(a) गुजरात (b) राजस्थान
(c) पाकिस्तान (d) हरियाणा

69. भारतीय संविधान के अनुसार सम्पत्ति का अधिकार है–
(a) मौलिक अधिकार
(b) नीति-निदेशक सिद्धान्त
(c) विधिक अधिकार
(d) सामाजिक अधिकार

70. प्लासी का युद्ध मैदान कहां स्थित है?
(a) बिहार (b) आन्ध्र प्रदेश
(c) ओडिशा (d) पश्चिम बंगाल

71. इनफ्लूएंजा रोग होता है
(a) विषाणु से (b) कवक से
(c) शैवाल से (d) जीवाणु से

72. फ्रिजों में कौन-सी गैस भरी जाती है?
(a) अमोनिया (b) मेफ्रोन
(c) मीथेन (d) एसीटिलीन

73. वायुयान में 'ब्लैक बॉक्स' का क्या रंग होता है?
(a) नारंगी (ऑरेंज)
(b) लाल
(c) नीला
(d) काला

74. ध्वनि का वेग महत्तम होता है–
(a) निर्वात में (b) धातु में
(c) द्रव में (d) वायु में

75. निम्न में कौन-सा प्रदूषण कारक जैवीय रूप से अपघटित होता है?
(a) एस्बेस्टास (b) डी डी टी
(c) प्लास्टिक (d) मल

76. निम्नांकित में से कौन एक सर्वाधिक भंगुर पारिस्थितिक तन्त्र है, जो वैश्विक तापन द्वारा सबसे पहले प्रभावित होगा?
(a) आर्कटिक एवं ग्रीन लैण्ड हिम चादर
(b) अमेजन वर्षा वन
(c) टैगा
(d) भारतीय मानसून

77. निम्नांकित में से कौन एक वायुमण्डल के ओजोन परत की मोटाई नापने वाली इकाई है?
(a) नॉट (b) डॉब्सन
(c) प्वॉयज (d) मैक्सवेल

78. भारत का सबसे बड़ा जल प्रपात, जोग प्रपात किस नदी पर है?
(a) शरावती (b) कावेरी
(c) गोदावरी (d) नर्मदा

79. भारत में केन्द्र शासित राज्यों की संख्या कितनी है?
(a) 8 (b) 7
(c) 9 (d) 11

80. भारत का निम्नलिखित में से कौन-सा प्राकृतिक बन्दरगाह नहीं है?
(a) कोचीन
(b) मुम्बई
(c) विशाखापट्टनम
(d) चेन्नई

81. 'ब्लैक पैगोडा' कहां है?
(a) मदुरै
(b) कोणार्क
(c) खजुराहो
(d) इनमें से कोई नहीं

82. दुनिया में सबसे बड़ा (ग्रीनलैण्ड के बाद) द्वीप है–
(a) बोर्नियो (b) मालागासी
(c) सुमात्रा (d) न्यू-गिनी

83. हमारे जल मण्डल का सबसे बड़ा भाग है–
(a) अटलाण्टिका महासागर
(b) हिन्द महासागर
(c) प्रशान्त महासागर
(d) अण्टार्कटिक महासागर

84. ओजोन पर्त अवस्थित है–
(a) क्षोभमण्डल में
(b) समताप मण्डल में
(c) मध्य मण्डल में
(d) बहिर्मण्डल में

85. हरित क्रान्ति में प्रयुक्त मुख्य पादप (फसल) कौन-सी थी?
(a) जैपोनिका चावल
(b) भारतीय चावल
(c) एमर गेहूं
(d) मैक्सिकन गेहूं

86. निम्नलिखित में से किसे ओशेनिया के नाम से अभिहित देशों के भौगोलिक समूह में सम्मिलित किया जाता है?
(a) इण्डोनेशिया (b) मेलेनेशिया
(c) माइक्रोशिया (d) ऑस्ट्रेलिया

87. निम्न में से कौन-सा देश अरण्ड-तेल बीज का सबसे बड़ा उत्पादक व निर्यातक है?
(a) फ्रांस (b) भारत
(c) जापान (d) चीन

88. पृथ्वी की भूमध्य रेखा की कुल लम्बाई है लगभग–
(a) 6,400 किमी
(b) 12,800 किमी
(c) 40,000 किमी
(d) 5,000 किमी

89. निम्न में से किस प्रदेश में अभ्रक संसाधन सर्वाधिक हैं?
(a) राजस्थान (b) उत्तर प्रदेश
(c) उत्तराखण्ड (d) हरियाणा

90. किसी जगह का स्थानीय समय 6.00 प्रातः है जबकि ग्रीनविच मीन टाइम (जी एम टी) 3.00 है। उस जगह की देशान्तर रेखा क्या होगी?
(a) 45^0 पश्चिम (b) 45^0 पूर्व
(c) 120^0 पूर्व (d) 120^0 पश्चिम

91. निम्नलिखित भारतीय द्वीपों में से कौन-सा द्वीप भारत एवं श्रीलंका के मध्य है?
(a) एलीफेण्डा (b) निकोबार
(c) रामेश्वरम् (d) सलसत

92. भारत का निम्नलिखित में से कौन-सा क्षेत्र उच्च तीव्रता की भूकम्पीय मेखला में नहीं आता है?
(a) उत्तराखण्ड (b) हिमाचल प्रदेश
(c) कच्छ (d) कर्नाटक पठार

93. दुलहस्ती बिजली स्टेशन किस नदी पर स्थित है?
(a) गंगा (b) यमुना
(c) चिनाब (d) कावेरी

94. भारत के संविधान के अन्तर्गत ग्राम पंचायतों का गठन–
(a) एक मूलभूत अधिकार है
(b) एक मूल कर्त्तव्य है
(c) निदेशक सिद्धान्त है
(d) इनमें से कोई नहीं

95. शिवालिक श्रेणियों की ऊंचाई है–
(a) 850-1200 मी के मध्य
(b) 750-1100 मी के मध्य
(c) 750-1500 मी के मध्य
(d) 750-1300 मी के मध्य

96. कितने भारतीय प्रदेश से होकर कर्क रेखा गुजरती है?
(a) 6 (b) 8
(c) 7 (d) 9

97. इनमें से कौन 'ग्रेट लेक्स' का हिस्सा नहीं है?
(a) बीयर (b) सुपीरियर
(c) हूरन (d) मिशीगन

98. निम्न में से एक भारतीय कृषि की विशेषता नहीं है
(a) प्रकृति पर अधिक निर्भरता
(b) उत्पादकता का निम्न स्तर
(c) फसलों की विविधता
(d) बड़े खेतों की प्रधानता

99. भारत के कम्पट्रोलर और ऑडिटर जनरल (सी ए जी) की रिपोर्ट का परीक्षण निम्न में से कौन-सी संसदीय समिति के द्वारा किया जाता है?
(a) एस्टीमेट कमेटी
(b) इंश्योरेन्स कमेटी
(c) पब्लिक एकाउन्ट्स कमेटी
(d) स्टैण्डिंग कमेटी

100. 'समेकित बाल विकास सेवाएं' नामक कार्यक्रम प्रारम्भ हुआ–
(a) वर्ष 1969 में (b) वर्ष 1984 में
(c) वर्ष 1975 में (d) वर्ष 1999 में

101. किस राज्य में बौद्ध स्थल 'तांबो मठ' अवस्थित है?
(a) अरुणाचल प्रदेश
(b) हिमाचल प्रदेश
(c) सिक्किम
(d) उत्तराखण्ड

102. सोमनाथ (मासी) मेला उल्लासपूर्वक किस राज्य में मनाया जाता है?
(a) उत्तराखण्ड (b) बिहार
(c) राजस्थान (d) मध्य प्रदेश

103. भारत में निम्न में से प्रत्यक्ष कर कौन-सा नहीं है?
(a) आयकर (b) सम्पत्ति कर
(c) सम्पदा शुल्क (d) बिक्री कर

104. निर्यात-आयात (एक्जिम) बैंक का गठन भारत में किस वर्ष हुआ?
(a) 1980 (b) 1982
(c) 1981 (d) 1989

105. कार में लगा हुआ गति मापक यन्त्र निरूपित करता है–
(a) एनालॉग कम्प्यूटर
(b) डिजिटल कम्प्यूटर
(c) हाईब्रिड कम्प्यूटर
(d) इनमें से कोई नहीं

106. साधारण शब्दों में नेटवर्कों का नेटवर्क कहलाता है–
(a) इक्स्ट्रानेट (b) इन्ट्रानेट
(c) वेबनेट (d) इण्टरनेट

107. निम्न में से कौन-सी क्रिया स्वेद-वाष्पन से सम्बन्धित है?
(a) उष्मादायक क्रिया
(b) ऊष्माशोषक क्रिया
(c) रासायनिक क्रिया
(d) लवणीय अभिक्रिया

108. जल में घुलनशील विटामिन है–
(a) विटामिन A (b) विटामिन C
(c) विटामिन D (d) विटामिन E

109. प्रकाश संश्लेषण में सूर्य के प्रकाश की कौन-सी रश्मियों का पर्णहरित द्वारा सर्वाधिक उपयोग किया जाता है?

प्रैक्टिस सेट-8

(135) दिए गए विकल्पों में शब्द/संख्या को चुनिए।
0 : ?
(b) 1009
(d) 9999

WY : : CEGI : ?
(b) PTVX
(d) TVXZ

मी :: ईंधन : ?
(b) आग
(d) धुआं

(38) दिए गए विकल्पों में से ब्द/संख्या युग्म को चुनिए।
(b) QRT
(d) JKL
(b) G J
(d) Q R
(b) 484
(d) 729

चुनिए जो प्रश्न चित्र का म्ब होगा—

तियां :
(c) 1   (d) t 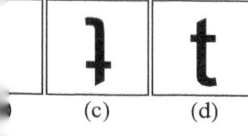

तियों में दिखाए अनुसार ोड़ कर काटने तथा खोलने किस उत्तर आकृति जैसा ?

यां :

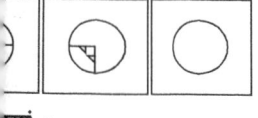

तयां :
(c)   (d)

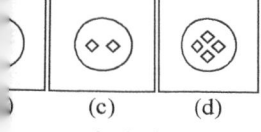

आकृतियों में से उस उत्तर चुनिए जिसमें प्रश्न आकृति

प्रश्न आकृति :

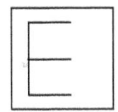

[E आकृति]

उत्तर आकृतियां :

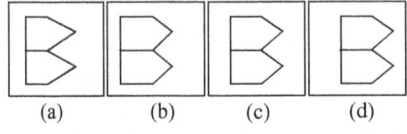

(a) (b) (c) (d)

142. कौन-सी उत्तर आकृति प्रश्न आकृति के प्रतिरूप को पूरा करेगी?
प्रश्न आकृति :

उत्तर आकृतियां :

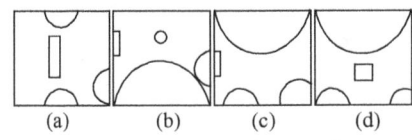

(a) (b) (c) (d)

143. तीन संख्याओं का औसत 28 है। पहली संख्या दूसरी की आधी और तीसरी संख्या दूसरी की दोगुनी है। तीसरी संख्या है–
(a) 18 (b) 26
(c) 36 (d) 48

144. निम्नांकित का मान ज्ञात करें– (1250 का 0.07%) – (650 का 0.02%) = ?
(a) 0.545 (b) 0.615
(c) 0.625 (d) 0.745

145. शहर की आबादी 50% प्रति वर्ष की दर से बढ़ती है। यदि शहर की मौजूदा आबादी 185220 हो, तो 3 वर्ष पहले उसकी आबादी कितनी थी?
(a) 181500
(b) 183433
(c) 160000
(d) 127783

146. यदि $\dfrac{a}{2} = \dfrac{b}{3} = \dfrac{c}{5}$ हो, तो $\dfrac{4a + 3b - c}{b}$ का मान क्या होगा?
(a) 5 (b) 3
(c) 4 (d) $\dfrac{8}{3}$

147. यदि $(3x - 2y) : (x + 3y) = 5 : 6$ हो, तो $x : y$ का मान क्या होगा?
(a) $\dfrac{17}{13}$ (b) $\dfrac{5}{13}$
(c) $\dfrac{3}{13}$ (d) $\dfrac{27}{13}$

148. उत्तर प्रदेश गन्ना अनुसंधान कौंसिल अवस्थित है-
(a) मेरठ में
(b) कानपुर में
(c) लखनऊ में
(d) शाहजहांपुर में

149. उत्तर प्रदेश के निम्नलिखित जिलों में से किसका क्षेत्रफल सर्वाधिक है?
(a) लखीमपुर खीरी
(b) सोनभद्र
(c) सीतापुर
(d) हरदोई

150. मिर्जापुर प्रसिद्ध है-
(a) कज़री के लिए
(b) चरकुला नृत्य के लिए
(c) पंवारा के लिए
(d) नकटा के लिए

151. 'यमुना एक्सप्रेस वे' है-
(a) नोएडा से ग्रेटर नोएडा तक
(b) ग्रेटर नोएडा से आगरा तक
(c) लखनऊ से आगरा तक
(d) आगरा से इलाहाबाद तक

152. जनगणना 2011 के अनुसार उत्तर प्रदेश में कामगारों के संबध में निम्न में से कौन-सा कथन सही है?
(a) उत्तर प्रदेश में सभी श्रेणियों के कामगारों की संख्या सर्वाधिक हैं।
(b) उत्तर प्रदेश में कृषि एवं घरेलू उद्योगों में काम करने वाले श्रमिकों की संख्या 3.0 मिलियन है।
(c) उत्तर प्रदेश में कामगारों की संख्या 20 मिलियन है।
(d) उपरोक्त में से कोई नहीं

153. रिक्त स्थान में उचित चयन को भरें- 2011 में उ.प्र. का अभिलिखित (रिकार्डेड) वन क्षेत्र अपने कुल क्षेत्रफल का लगभग .... था।
(a) 3% (b) 5%
(c) 7% (d) 9%

(a) लाल (b) पीला
(c) हरा (d) नीला

110. मिश्र धातु में किस पदार्थ के संयोग से निष्कलंक इस्पात (स्टेनलेस स्टील) अचुम्बकीय हो जाता है?
(a) कार्बन (b) क्रोमियम
(c) निकेल (d) मॉलिब्डेनम

111. निम्न में से कौन-सा रासायनिक उर्वरक नहीं है?
(a) यूरिया
(b) सोडियम सल्फेट
(c) सुपर फॉस्फेट
(d) पोटैशियम नाइट्रेट

112. मॉण्ट्रियल प्रोटोकॉल निम्न में से किसके रक्षण से सम्बन्धित है?
(a) हरित गृह गैसें
(b) अम्लीय वर्षा
(c) ओजोन परत
(d) संकटग्रस्त प्रजाति

113. कोबरा सर्प का विष होता है–
(a) तन्त्रिकाविषी
(b) रुधिरविषी
(c) (a) और (b) दोनों
(d) इनमें से कोई नहीं

114. शल्यक्रिया में आर्थो प्लास्टी क्या है?
(a) ओपन हार्ट सर्जरी
(b) कूल्हे के जोड़ का प्रतिस्थापन
(c) गुर्दा प्रत्यारोपण
(d) रुधिर आदान

115. प्लास्टिक से कौन-सी गैस उत्पन्न होती है?
(a) पोलिनाइट्रोजन
(b) पोलिहाइड्रोजन
(c) पोलिक्लोरिन
(d) पोलिथिलीन

116. राष्ट्रीय पर्यावरण इंजीनियरिंग शोध संस्थान (नीरी) का मुख्यालय स्थित है?
(a) अहमदाबाद
(b) हैदराबाद
(c) नागपुर
(d) पुणे

117. रतौंधी निम्न में से किसकी अल्पता के कारण होती है?
(a) विटामिन ए (b) विटामिन बी
(c) विटामिन सी (d) विटामिन के

118. सिंगल यूज प्लास्टिक से मुक्ति का लक्ष्य कब तक हासिल करने की योजना है?
(a) वर्ष 2022 तक
(b) वर्ष 2020 तक
(c) वर्ष 2021 तक
(d) वर्ष 2025 तक

119. 'नेहरू' : द इन्वेंशन ऑफ इंडिया' पुस्तक के लेखक कौन हैं?
(a) सलमान खुर्शीद
(b) शशि थरूर
(c) सोनिया गाँधी
(d) इनमें से कोई नहीं

120. पूर्वी तट पर आए 'गज' नामक उष्णकटिबंधीय चक्रवात का नाम किसने दिया था?
(a) इंडोनेशिया
(b) श्रीलंका
(c) भारत
(d) चीन

121. रेलवे स्टेशन स्वच्छता सर्वे में प्रथम स्थान पर कौन-से शहर का स्टेशन रहा है?
(a) दिल्ली
(b) जोधपुर
(c) दुर्गापुर
(d) जयपुर

122. अमेरिका में रह रहे भारतीय मूल के लोगों ने गांधीजी की 150वीं जयंती पर किस अभियान की शुरुआत की है?
(a) "चलो गांव"
(b) "चलो शहर"
(c) "चलो गिव"
(d) "चलो भारत"

123. वंदे भारत एक्सप्रेस कहां से कहां तक चलाई गई है?
(a) श्रीनगर-कटरा
(b) भोपाल-कटरा
(c) दिल्ली-कटरा
(d) चण्डीगढ़-कटरा

124. केन्द्रीय मंत्री स्मृति ईरानी द्वारा भारत में सबसे बड़े चरखे का उद्घाटन कहां पर किया गया?
(a) अहमदाबाद
(b) नोएडा
(c) पुणे
(d) कानपुर

125. किस देश ने अपनी सबसे शक्तिशाली मिसाइल डीएफ-41 का अनावरण किया है?

निर्देश (प्रश्न 133-
से सम्बन्धित अक्षर
133. 9 : 80 : :
(a) 901
(c) 9889
134. BDFH : S
(a) QTW.
(c) JLNP
135. आहार : अ
(a) लकड़ी
(c) गरमी
निर्देश (प्रश्न 136–
विषम शब्द अक्षर/
136. (a) VWY
(c) LMO
137. (a) BE
(c) NQ
138. (a) 400
(c) 625
139. सही विकल
दर्पण प्रति
प्रश्न आकृ

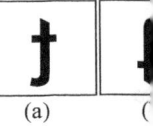

उत्तर आकृ

(a) (

140. प्रश्न आकृ
कागज को
के बाद व
दिखाई देग
प्रश्न आकृ

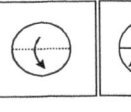

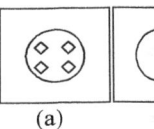

उत्तर आकृ

(a) (

141. दी गई उत्त
आकृति को
निहित है–

154. सूची-I को सूची-II से सुमेलित कीजिए तथा नीचे दिए गए कूट का प्रयोग कर सही उत्तर चुनिए-

सूची-I (स्थान)	सूची-II (उद्योग)
A. फिरोजाबाद	1. चमड़े के सामान
B. कानपुर	2. कांच की चूड़ियां
C. नजीबाबाद	3. कागज और लुगदी
D. सहारनपुर	4. प्लायवुड

कूट:

	A	B	C	D
(a)	2	1	3	4
(b)	1	2	4	3
(c)	2	1	4	3
(d)	4	2	1	3

155. उत्तर प्रदेश सरकार की आय का सबसे बड़ा भाग आता है-
(a) पंजीकरण शुल्क से
(b) व्यापार-कर से
(c) भूमि-राजस्व से
(d) संघीय एक्साइज ड्यूटी के हिस्से से

156. नीचे उन व्यक्तियों की सूची है, जो उत्तर प्रदेश के मुख्यमंत्री रहे हैं-
(1) चरण सिंह
(2) कमलापति त्रिपाठी
(3) सम्पूर्णानन्द
(4) सुचेता कृपलानी
उनके पदारूढ़ रहने का सही कालक्रम नीचे दिए गये कूट का उपयोग करते हुए इंगित कीजिए-
कूट:
(a) 3, 1, 4 और 2
(b) 3, 4, 1 और 2
(c) 3, 2, 1 और 4
(d) 1, 3, 4 और 2

157. निम्नलिखित में से कौन एक उत्तर प्रदेश का लोकगीत नहीं है?
(a) बिरहा
(b) ढोला-मारु
(c) कज़री
(d) रसिया

158. इनमें एक 'लहर' का पर्यायवाची शब्द नहीं है–
(a) वीचि (b) दुकूल
(c) तरंग (d) हिलोर

159. 'मृगेन्द्र' का पर्यायवाची शब्द है–
(a) कुरंग (b) केसरी
(c) भुजंग (d) तुरंग

160. 'ईप्सित' शब्द का विलोम है–
(a) अनीप्सित (b) अभीप्सित
(c) अधीप्सित (d) कुत्सित

161. 'स्वजाति' का विलोम है
(a) अजाति (b) कुजाति
(c) सुजाति (d) विजाति

162. निम्नलिखित में शुद्ध वर्तनी का शब्द है–
(a) वांड्मय (b) वांगमय
(c) वाड्मय (d) बांगमय

163. इनमें से कौन सा वाक्य शुद्ध है?
(a) मेरा गुप्त रहस्य कोई नहीं जानता
(b) श्याम सज्जन आदमी है
(c) उत्तर का अधिकांश भाग पहाड़ी है
(d) इनमें से एक भी वाक्य शुद्ध नहीं है

164. इनमें से वर्तनी की दृष्टि से शुद्ध है–
(a) अन्तर्धान
(b) षष्ठम्
(c) सहस्त्र
(d) अनुषंगिक

165. इन नामों में से एक की वर्तनी अशुद्ध है–
(a) कौसल्या
(b) मैथिलीशरण गुप्त
(c) मेघनाद
(d) राहुल सांस्कृत्यायन

166. इनमें से शुद्ध वाक्य है–
(a) डॉ. गुप्ता हमारे पृभारी है
(b) आज मैं इकतिस वर्ष हो गया हूं
(c) इस वर्ष पहाड़ों पर जमकर तुषारपात हुआ है
(d) हमें कभी हतोत्साहित नहीं होना चाहिए

167. इनमें से कौन सा शब्द तत्सम नहीं है?
(a) अग्नि (b) घोटक
(c) दूभर (d) मोती

168. इनमें से एक शब्द तद्भव है–
(a) दिन (b) अंधकार
(c) स्कन्ध (d) कपास

169. 'अखरोट' शब्द का तत्सम रूप है–
(a) अक्षवाट (b) अक्षोर
(c) अक्षरोट (d) अषरोट

170. निम्नलिखित में से क्रिया विशेषण है?
(a) अंधेरा (b) धीरे-धीरे
(c) चाल-चलन (d) सुन्दर

Directions: (Q. 171-173) In these questions each sentence consists of a word or a phrase which is underlined. It is followed by four words or phrases. Select the word which is closest to the antonym of the bold word or phrase.

171. We must remember that like all other things days of <u>prosperity</u> will end too.
(a) Trouble (b) Disaster
(c) Adversity (d) Misfortune

172. He pleaded for the modernization of the factory <u>enthusiastically</u>.
(a) Unconvincingly
(b) Reluctantly
(c) Indifferently
(d) Dispassionately

173. The court jester was allowed to make <u>derogatory</u> remarks about the king and yet get away with it.
(a) Humorous
(b) Emotional
(c) Complimentary
(d) Commendable

Directions: (Q. 174 and 175) In each of the following items, some parts of the sentence have been jumbled up. You are required to rearrange these parts which are labelled P, Q, R and S to produce the correct sentence. Choose the proper sequence and mark your answer.

174. Rekha and Seema
P : If they studied hard
Q : Could pass their examinations easily
R : With all their heart and soul
S : And did not waste their time
The correect sequence should be
(a) QPRS (b) PRQS
(c) QRPS (d) RQPS

175. The leader of opposition
P : In the manner he had planned to convince them
Q : On realizing that he had failed to convince the assembly
R : Who had a reputation for speech making
S : Was very much disappointed
The correct sequence should be
(a) QSRP (b) PSRQ
(c) SPRQ (d) RSQP

Directions: (Q. 176 and 177) In these questions, a sentence with one or more blank's has been given. From the given alternatives, you are to select the most appropriate one to fill up these blanks most meaningfully.

176. It_____since early morning.

(a) rained
(b) is raining
(c) has been raining
(d) had been raining

177. The train ____ before we reach station.

(a) left (b) has left
(c) will have left (d) had left

Directions: (Q. 178 and 179) In the following questions there are four sentences as choices. One of the sentences contain grammatical error. Choose the incorrect sentence.

178. (a) Farming in India is dependent on the Monsoons
(b) Multiple factors decide rain during the year
(c) Good rains mean good harvests
(d) Good harvests result in better economy

179. (a) Japanese are very harder working people
(b) They are dedicated to their organisations
(c) Japan's economy has prospered in recent years
(d) Japan is among the world's wealthy nations

Directions: (Q. 180 and 181) In the following questions pick the correct by spelt word.

180. (a) Typhoid (b) Typhyiod
(c) Typhyoid (d) Typhiod

181. (a) Stretchar (b) Stretcher
(c) Stratcher (d) Strecher

Directions: (Q. 182 and 183) Against each key word are given four suggested meanings. Choose the word or phrase which is most nearly the same to the keyword.

182. BOURGEOIS

(a) Aristocratic (b) Animated
(c) Lively (d) Ordinary

183. ANIMADVERT

(a) Needy
(b) Hospitable
(c) Make Remarks
(d) Notation

Directions: (Q. 184 and 185) Against each key word are given four suggested meanings. Choose the word or phrase which is opposite in meaning to the key word.

184. JOCOSE

(a) Humorous (b) Waggish
(c) Diseased (d) Dull

185. INCULPATE

(a) Accuse (b) Exonerate
(c) Barbaric (d) Easily

186. 'सी.पी.यू.' का पूरा फॉर्म (कम्प्यूटर भाषा में) है-

(a) सेन्ट्रल प्लेस यूनिट
(b) सेन्ट्रल प्रोविन्स यूनिट
(c) केन्द्रीय संसाधक एकक
(d) केन्द्रीय पुलिस यूनिट

187. आई. सी. चिपों का निर्माण किया जाता है-

(a) फाइबर से
(b) सेमीकण्डक्टर से
(c) प्लास्टिक से
(d) उपरोक्त में से कोई नहीं

188. आई. सी. चिपों द्वारा निर्मित प्रथम डिजिटल कम्प्यूटर जाना जाता है-

(a) एप्पल-1
(b) वेक्स-780
(c) आई. बी. एम.-1620
(d) आई. बी. एम. सिस्टम/360

189. सेव-एज बाक्स को डिस्प्ले करने के लिए ...... बटन उपयोग किया जाता है।

(a) F10 (b) F12
(c) F9 (d) F11

190. एम.एस. एक्सेल में, डिफॉल्ट रूप से नंबर .... गठबंधन कर रहे हैं।

(a) लेफ्ट (b) राइट
(c) जस्टीफाइड (d) सेंटर

191. एमएस वर्ड में 'Alt + Shift + d' का उपयोग क्या है?

(a) टेबल को इंसर्ट करना
(b) इंसर्ट डेट
(c) इंसर्ट लोगो
(d) इंसर्ट पिक्चर

192. एक बाइट .... के एक समूह का प्रतिनिधित्व है।

(a) 10 बिट (b) 5 बिट
(c) 8 बिट (d) 4 बिट

193. कौन-सी शार्टकट की करंट वर्कबुक को मिनीमाइज करने के लिए उपयोगी की जाती है?

(a) Ctrl + F10 (b) Ctrl + F9
(c) Ctrl + F12 (d) Ctrl + F3

194. निम्नलिखित नेटवर्क डिवाइस में एक साथ दो नेटवर्क क्षेत्रों में शामिल करने के लिए उपयोग किया डिवाइस क्या है?

(a) ब्रिज (b) रिपीटर
(c) फायरवॉल (d) बस

195. दो प्रोसेसरों के बीच रिमोट होस्ट पर कौन-सी लेयर पीयर टू-पीयर और एण्ड टू एण्ड कनेक्शन देती है?

(a) एप्लीकेशन लेयर
(b) डाटा लिंक लेयर
(c) ट्रांसपोर्ट लेयर
(d) फिजिकल लेयर

196. ओएसआई उद्धरण प्रतिमान (रिफरेन्स मॉडल) कितने स्तरों से निर्मित होता है?

(a) 7 (b) 6
(c) 5 (d) 4

197. डीएनएस (DNS) का विस्तृत रूप क्या है?

(a) प्रक्षेत्र नाम प्रणाली (डोमेन नेम सिस्टम)
(b) प्रक्षेत्र तंत्रजाल प्रणाली (डोमेन नेटवर्क सिस्टम)
(c) गतिशील नाम प्रणाली (डायनॉमिक नेम सिस्टम)
(d) वितरित नाम प्रणाली (डिस्ट्रिब्यूटेड नेम सिस्टम)

198. वीजीए (VGA) का विस्तृत रूप क्या है?

(a) दृश्यमान चित्रित प्रदर्शनी (विजुअल ग्राफिक डिस्प्ले)
(b) चलचित्र चित्रित प्रदर्शनी (वीडियो ग्राफिक डिस्प्ले)
(c) चलचित्र अनुकूलन प्रदर्शनी (विजुअल एडाप्टर डिस्प्ले)
(d) उपरोक्त में से कोई नहीं

199. 3.5 इंच नमनीय चक्रिका (फ्लॉपी डिस्क) की क्षमता कितनी है?

(a) 2 जीबी (b) 1.44 एमबी
(c) 1.44 एमबी (d) 1 एमबी

200. निम्नलिखित में से कौन-से लघुपथ कुंजियों का उपयोग संकेतक तक को आलेख के अंत में ले जाने के लिए किया जा सकता है?

(a) कंट्रोल + एंड
(b) कंट्रोल + शिफ्ट
(c) कंट्रोल + शिफ्ट + डेल
(d) उपरोक्त में से कोई नहीं

उत्तर (हल/संकेत)

1. (a) बिम्बिसार–544 ई.पू. (हर्यंक वंश), महापद्मनन्द–344 ई.पू. (नन्द वंश के संस्थापक), कनिष्क प्रथम–78 ई. (कुषाण वंश), स्कन्दगुप्त–455 ई. (गुप्त वंश)

2. (a) मूर्तिकला का गांधार स्कूल भारतीय एवं ग्रीक शैलियों का सम्मिश्रण था। गांधार कला में सर्वप्रथम बुद्ध की मूर्ति का निर्माण किया गया था। मथुरा कला भारतीय शैली की कला थी।

3. (b) कल्लर नामक ब्राह्मण मंत्री ने कश्मीर के शाही वंश के अंतिम शासक लगतुरमान को अपदस्थ करके राजसत्ता पर अधिकार कर लिया तथा हिन्दू शाही राजवंश की नींव डाली। मुस्लिम आक्रमण के पूर्व यहां जयपाल शासन कर रहा था। हिन्दू शाही राजवंश की राजधानी उद्भाण्डपुर थी। राजतरंगिणी में राजा कल्लर को 'लालिया शाही' कहा गया है।

4. (a) भक्ति संतों का सही कालक्रम इस प्रकार है–कबीर (1440 से 1510 ई.)। ये सिकन्दर लोदी के समकालीन थे। गुरुनानक (1469-1538) एकेश्वरवाद और मानवता प्रेमी थे। इन्होंने पंजाब में सिक्ख धर्म की नींव डाली। चैतन्य (1486-1533 ई.) इनका वास्तविक नाम विशम्भर था। इनका जन्म बंगाल के नवद्वीप या नदिया में हुआ था। मीराबाई (1498-1546 ई.) ये मेड़ता के राजा रत्नसिंह की इकलौती संतान थीं।

5. (b) गिब्बन कपि असम और नागालैंड के पहाड़ी वनों में पाया जाता है। गिब्बन कपि कार्डेटा संघ का एक स्तनधारी सदस्य है। जिसमें असम, म्यांमार, इंडोनेशिया, ब्रुनेई, मलेशिया, आदि देशों में भी पाया जाता है। यह चिम्पैंजी, बोनोबोस, गोरिल्ला, ओरांगउटांग और मानव का निकट संबंधी है।

6. (d) गोदावरी महाराष्ट्र के नासिक जिले से निकलती है एवं प्रायद्वीपीय नदियों में यह सबसे लम्बी (1465 किमी.) नदी है। इसे 'दक्षिणी गंगा' भी कहा जाता है। उसके बाद लम्बाई का क्रमशः कृष्णा, महानदी, नर्मदा कावेरी का स्थान आता है।

7. (d) भारत का सबसे ऊँचा जल प्रताप कर्नाटक राज्य के शिमोगा जिले में स्थित कुंचिकल जल प्रपात है जो एशिया का दूसरा सबसे ऊँचा जल प्रपात है जिसकी ऊँचाई 455 मी. है। यह वराही नदी पर स्थित है।

8. (c) भारत में हीरे की खान मध्य प्रदेश के पन्ना जिले में स्थित है। इसके अतिरिक्त आंध्र प्रदेश के गुंटूर जिले में कोल्लुर खान, जो कि कृष्णा नदी के दाहिने किनारे पर स्थित है, से भी हीरे प्राप्त किये जाते हैं।

9. (b) सोल्टोरो कटक सियाचिन हिमनद के समीप स्थित है। यह काराकोरम श्रेणी के मध्य में स्थित है। सियाचिन ग्लेशियर भारत का सबसे बड़ा ग्लेशियर है। यह ट्रांस हिमालय में स्थित है। सोल्टोरो कटक काराकोरम श्रेणी की उपश्रेणी है। यह काराकोरम के बिल्कुल मध्य में स्थित है।

10. (d) टैगा वन समशीतोष्ण क्षेत्र की प्रमुख विशिष्टता है। इस प्रकार के वन 50°से 70°उत्तरी अक्षांशों के बीच उत्तरी अमेरिका और यूरोशिया के उत्तरी भागों में मिलते हैं। ये समुद्रतल से 1500 से 2000 मी. तक की ऊँचाई के बीच पर्वतीय भागों में पाई जाती है। इन वृक्षों की पत्तियों नुकीली, शंकुल या कोणधारी होती है।

11. (b) संविधान अधिनियम (73वाँ संशोधन) 1992 के पारित होने से देश के संघीय लोकतांत्रिक ढाँचे में एक नए युग का सूत्रपात हुआ और पंचायती राज को सांविधिक दर्जा प्राप्त हुआ। इस संशोधन द्वारा संविधान में एक नया भाग 9 तथा एक नई अनुसूची ग्यारवीं अनुसूची जोड़ी गई। इस भाग में तीन सोपानों में पंचायत बनाने की परिकल्पना है। ये है–

(क) ग्राम स्तर, (ख) जिला स्तर पर जिला पंचायत और (ग) अन्तर्वती पंचायत या मध्यवर्ती स्तर जो ग्राम और जिला पंचायतों के बीच होगी। यह स्तर जो ग्राम और जिला पंचायतों के बीच होगी। यह स्तर उन्हीं राज्यों में होगा जिनकी जनसंख्या 20 लाख से अधिक है। (कुछ राज्यों में इन संस्थाओं को स्थानीय बोर्ड, संघ बोर्ड, तालुका बोर्ड, जिला परिषद आदि कहा जाता है।)

12. (c) 42वें संवैधानिक संशोधन में कुल 59 प्रावधान थे। 15वें प्रावधान में पाँच विषयों का राज्य सूची से समवर्ती सूची में स्थानान्तरण, जैसे-शिक्षा, वन, वन्य जीवों एवं पक्षियों का संरक्षण, नाप-तौल और न्याय प्रशासन एवं उच्चतम और उच्च न्यायालय के अलावा सभी न्यायालयों का गठन एवं संगठन शामिल है।

24वें संविधान संशोधन (1971) में यह कहा गया कि संसद को यह अधिकार होगा कि संविधान के किसी भी उपबंध में जिसमें मौलिक अधिकार भी सम्मिलित हैं, संशोधन कर सके।

25वां संवैधानिक संशोधन संपत्ति के अधिकार से संबंधित है जिसमें अनु. 31 को संशोधित कर तथा अनु. 31 (ग) के बाद कुछ शब्दों को जोड़कर इस बात की व्यवस्था करता है कि सम्पत्ति के सार्वजनिक दृष्टि से अर्जन और उसके मुआवजे की राशि को न्यायालय में चुनौती नहीं दी जा सकती।

13. (d) उच्चतम न्यायालय में मुख्य न्यायाधीश सहित कुल 8 न्यायाधीशों की व्यवस्था संविधान में मूलतः की गई थी। वर्तमान में संसद द्वारा लिये गये निर्णय के अनुसार 21 फरवरी, 2008 से उच्चतम न्यायालय में एक मुख्य न्यायाधीश के अलावा अन्य 30 न्यायाधीश होंगे।

14. (c) भारतीय संविधान का अनुच्छेद 14 'विधि के समक्ष समता' से **सम्बन्धित है, इसका** अर्थ यह है कि राज्य सभी व्यक्तियों के लिये एकसमान कानून बनायेगा तथा उन पर एक समान लागू करेगा।

15. (d) अनुच्छेद-23 एवं 24 शोषण के विरुद्ध अधिकार से सम्बन्धित है।

अनुच्छेद-23–के अनुसार मानव का दुर्व्यापार और बेगार तथा इसी प्रकार का अन्य बलात श्रम प्रतिषिद्ध किया जाता है और इस उपबंध का कोई भी उल्लंघन अपराध होगा जो विधि के अनुसार दंडनीय होगा।

अनुच्छेद-24–"चौदह वर्ष से कम आयु के किसी बालक को किसी कारखाने या खान में काम करने के लिए नियोजित नहीं किया जाएगा या किसी अन्य परिसंकटमय नियोजन में नहीं लगाया जाएगा।"

अनुच्छेद-17–"अस्पृश्यता" का अंत किया जाता है और उसका किसी भी रूप में आचरण निषिद्ध किया जाता है। "अस्पृश्यता" से उपजी किसी निर्योग्यता को लागू करना अपराध होगा जो विधि के अनुसार दंडनीय होगा।

अनुच्छेद-19

(क) वाक् स्वातंत्र्य और अभिव्यक्ति स्वातंत्र्य का अधिकार

(ख) शांतिपूर्वक और निरायुद्ध सम्मेलन का अधिकार

(ग) संगम या संघ बनाने का अधिकार

(घ) भारत के राज्य क्षेत्र में सर्वत्र अबाध संचरण का अधिकार

(ङ) भारत के राज्य क्षेत्र के किसी भाग में निवास करने और बस जाने का अधिकार

(छ) कोई वृत्ति, उपजीविका, व्यापार और कारोबार करने का अधिकार होगा।

16. (c) भारतीय रिजर्व बैंक की स्थापना 1 अप्रैल, 1935 की रिजर्व बैंक ऑफ इण्डिया एक्ट 1934 के तहत की गई। उस समय यह एक निजी

क्षेत्रीय बैंक था जिसकी अधिकृत पूंजी 5 करोड़ रुपए थी। इसका मुख्यालय मुम्बई है।

17. (b) एक रुपए के भारतीय नोट पर सचिव, वित्त मन्त्रालय के हस्ताक्षर होते हैं। 2 रुपए से लेकर 2000 के तक के नोट पर गवर्नर, रिजर्व बैंक के हस्ताक्षर होते हैं। एक रुपए के नोट का मुद्रण अब बन्द हो गया है।

18. (b)

19. (b) अंग्रेजों के विरुद्ध 'भारत छोड़ो आन्दोलन' की घोषणा अगस्त, 1942 में की गई, जिसमें गांधी जी ने 'करो या मरो' का नारा दिया था। इस आन्दोलन के दौरान गांधी जी को पूना के आगा खां महल में नजरबन्द किया गया।

20. (c) 13 अप्रैल, 1919 को अमृतसर में डॉ. सतपाल एवं सैफुद्दीन किचलू की गिरफ्तारी के विरोध में हो रही जनसभा पर जनरल डायर ने अन्धाधुन्ध गोलियां चलाई, जो जलियांवाला बाग हत्याकाण्ड के नाम से जाना जाता है।

21. (a) चालुक्यों का शासन दक्षिण भारत में था। जिसमें वातापी के चालुक्य, कल्याणी के चालुक्य और वेंगी के चालुक्य आदि प्रसिद्ध थे।

22. (b) हल्दीघाटी का युद्ध 18 जून, 1576 ई. को मेवाड़ के शासक महाराणा प्रताप एवं अकबर के बीच हुआ। इस युद्ध में मुगल सेना का नेतृत्व मानसिंह एवं आसफ खां ने किया था।

23. (d) अवध में 1857 की क्रान्ति का नेतृत्व बेगम हजरत महल ने किया। अवध (लखनऊ) में 4 जून, 1857 को क्रान्ति हुई जिसको मार्च, 1858 में ब्रिटिश सेनानायक कैम्पबेल ने दबा दिया।

24. (a) महात्मा गांधी ने दलितों को पृथक् निर्वाचक मण्डल प्रदान करने वाले 'कम्युनल अवार्ड' का विरोध करने के लिए 20 सितम्बर, 1932 को यरवदा जेल में आमरण अनशन आरम्भ किया था।

25. (d) 'बाकू' अजरबैजान की राजधानी है जो कैस्पियन सागर के तट पर स्थित सबसे बड़ा शहर है। बाकू पेट्रोलियम के लिए प्रसिद्ध है।

26. (c) बेरोजगारी समस्या से गरीबी बढ़ती है, क्योंकि मुद्रास्फीति की दर बढ़ती है, मुद्रास्फीति में मुद्रा का वास्तविक मूल्य कम हो जाता है।

27. (b) वयस्क मानव में कुल 206 हड्डियां होती है। फीमर सबसे लम्बी तथा मध्यकान की स्टैपिज सबसे छोटी हड्डी होती है।

28. (a) भागीरथी घाटी में राजमा और आलू की खेती प्रारम्भ करने का श्रेय 'विल्सन' को दिया जाता है।

29. (b) भारत में अधिकांशत: बेरोजगारी चक्रीय है। ऐसी बेरोजगारी जो समग्र मांग में कमी तथा निष्क्रिय उत्पादन क्षमता के कारण हो और मांग में वृद्धि के साथ समाप्त हो जाए, इसे हम चक्रीय बेरोजगारी कहते हैं।

30. (a) आदि शंकराचार्य द्वारा स्थापित चार मठ हैं

जोशीमठ (उत्तर में बद्रीनाथ के पास), पूर्व में गोवर्धन मठ (पुरी शारदा पीठ श्रृंगेरी) दक्षिण में तथा द्वारका पीठ (द्वारका) पश्चितम में रामचन्द्रपुर मठ शंकराचार्य द्वारा स्थापित सबसे पुराना मठ है।

31. (a) महबूब-उल-हक ने संयुक्त राष्ट्र मानव विकास सूचकांक विकसित किया। वह पाकिस्तानी अर्थशास्त्री एवं कराची विश्वविद्यालय में माइक्रो इकोनॉमिक्स के प्रोफेसर थे।

32. (d) केन्द्रीय सांख्यिकीय संगठन (CSO) द्वारा राष्ट्रीय आय के प्राक्कलन तैयार किए जाते हैं।

33. (b) भगतसिंह, सुखदेव और राजगुरु को 23 मार्च, 1931 को लाहौर षड्यन्त्र केस में फांसी की सजा सुनाई गई थी। भगतसिंह ने 'नौजवान भारत सभा' की भी स्थापना की थी।

34. (c) भारत के मुख्य चुनाव आयुक्त और दो अन्य चुनाव आयुक्तों की नियुक्ति राष्ट्रपति द्वारा की जाती है। इनका कार्यकाल 6 वर्ष या 65 वर्ष की आयु पूरी होने तक है (जो भी पहले हो वही लागू होता है)। जून, 2012 में एस वाई कुरेशी की जगह बी एस सम्पत को नया मुख्य चुनाव आयुक्त बनाया गया है।

35. (a) स्वतन्त्रता प्राप्ति के समय कांग्रेस के अध्यक्ष जे बी कृपलानी एवं ब्रिटेन के प्रधानमंत्री क्लीमेण्ट एटली (लेबर पार्टी) थे।

36. (b) उग्रवादी दल के प्रमुख नेता बाल गंगाधर तिलक को 1908 में क्रान्तिकारी प्रफुल्ल चाकी और खुदीराम बोस बम हमले का समर्थन करने की वजह से बर्मा (म्यांमार) में जेल भेज दिया गया। जेल से छूटकर वे फिर कांग्रेस में शामिल हुए और एनी बेसेण्ट के साथ मिलकर 1916 में अखिल भारतीय होमरूल लीग की स्थापना की। उनका प्रसिद्ध कथन था ''स्वराज्य मेरा जन्मसिद्ध अधिकार है और मैं इसे लेकर रहूंगा।''

37. (a) मौर्य काल में तक्षशिला शिक्षा का प्रसिद्ध केन्द्र था। आचार्य चाणक्य तक्षशिला में ही शिक्षक थे जहां उन्होंने चन्द्रगुप्त मौर्य को शिक्षा दी।

38. (c) प्रसिद्ध बौद्ध विद्वान् अवश्घोष कनिष्क के समकालीन थे जिन्होंने बुद्धचरित संस्कृत में लिखा तथा महालंकर ग्रन्थ भी लिखा। वह महायान विचारधारा के समर्थक थे। मध्य भारत के 'साकेत' में उनका जन्म हुआ था। कालिदास के पूर्व नाटककारों में सर्वश्रेष्ठ नाटककार थे।

39. (b) लॉर्ड मेयो की हत्या एक अफगान ने 1872 में चाकू मारकर कर दी थी। लॉर्ड मेयो ने अजमेर में कॉलेज की स्थापना की थी तथा 1872 ई. में एक कृषि विभाग की स्थापना की।

40. (a) बुर्जहोम कश्मीर में खोजा गया प्रथम नवपाषाणिक स्थल है, जो डलझील और जबरवान पहाड़ी के बीच स्थित 'करेवा' पर स्थित है। यहां पर स्टोन ऐज से आरम्भिक ऐतिहासिक काल तक का प्रवास मिला है। इसी स्थान पर मानव के साथ कुत्ते दफनाए जाने का भी साक्ष्य मिला है।

41. (c) संसद में पहला लोकपाल बिल शान्तिभूषण द्वारा वर्ष 1968 में रखा गया और 1969 में लोकसभा (चौथी) द्वारा पारित किया गया किन्तु राज्यसभा द्वारा पारित होने से पहले ही लोकसभा भंग हो गई और बिल अधर में लटक गया। लोकपाल बिल 1968 से अब तक 8 बार लोकसभा में रखा गया।

42. (d) एलीफेण्टा की गुफाएं भारत में मुम्बई से 12 किमी दूर हैं। यहां 7 गुफाएं हैं। मुख्य गुफा में 26 स्तम्भ हैं जिसमें शिव को कई रूपों में उकेरा गया है। इन गुफाओं का निर्माण राष्ट्रकूट शासकों द्वारा किया गया है। त्रिमूर्ति भगवान शिव की मूर्ति अत्यन्त प्रसिद्ध है।

43. (d) संविधान का अनुच्छेद-20 स्वतन्त्रता के अधिकार के अन्तर्गत दोषसिद्ध के सम्बन्ध में अभियुक्तों को दोहरे दण्ड एवं स्व अभिशंसन से संरक्षण प्रदान करता है।

44. (b)

45. (c) बाबर की पुत्री गुलबदन बेगम (1523-1603) ने 'हुमायूंनामा' लिखा है।

46. (d) लीलावती भारतीय गणितज्ञ भास्कराचार्य II द्वारा 1150 ई. में संस्कृत में रचित गणित और खगोल शास्त्र का एक प्राचीन ग्रन्थ है। साथ ही यह 'सिद्धान्त शिरोमणि' का एक अंक भी है। लीलावती में अंकगणित का विवेचन किया गया है।

47. (d) गोपालकृष्ण गोखले ने सर्वेन्ट्स ऑफ इण्डिया सोसायटी की स्थापना पुणे, महाराष्ट्र में की थी। सोसायटी ने शिक्षा, स्वास्थ्य, सफाई और सामाजिक बुराइयों के क्षेत्र में कार्य किया।

48. (d) 1668 ई. में इंग्लैण्ड के सम्राट चार्ल्स II का विवाह पुर्तगाल की राजकुमारी केथरीन से होने के कारण चार्ल्स को दहेज के रूप में बम्बई मिला जिसे उन्होंने दस पौण्ड वार्षिक किराये पर ईस्ट इण्डिया कम्पनी को दे दिया।

49. (a) कौलेस्ट्रोल का असामान्य स्तर शिराओं के कठोर हो जाने से सम्बन्धित है जिससे हृदयघात होने की सम्भावना बढ़ जाती है।

प्रैक्टिस सेट-8 129

50. (c) संसद के संयुक्त अधिवेशन की अध्यक्षता लोकसभा के अध्यक्ष (स्पीकर) के द्वारा की जाती है। संविधान के अनुच्छेद-108 में संसद के संयुक्त अधिवेशन की व्यवस्था है। प्रथम लोकसभा अध्यक्ष जी वी मावलंकर थे।

51. (d) 1838 में जमींदारी सभा की (लैण्ड होल्डर्स सोसायटी) स्थापना द्वारकानाथ टैगोर के प्रयासों से हुई। यह प्रथम राजनीतिक संस्था थी जिसका उद्देश्य जमींदारों के हितों का संरक्षण करना था।

52. (b) चम्पारण सत्याग्रह (1917), खेड़ा सत्याग्रह (1918), अहमदाबाद मिल मजदूरों की हड़ताल (मार्च 1918), असहयोग आन्दोलन (1920) क्रमानुसार हुए महात्मा गांधी के जीवन में।

53. (c) ई एम फोर्स्टर (1879-1970) ब्रिटिश उपन्यासकार, लघु कहानी लेखक, निबन्धकार एवं उदारवादी थे। वर्ष 1920 में देवास के महाराजा तुकोजी राव III के प्राइवेट सेक्रेटरी रहे, इसी दौरान 'द हिल ऑफ देवी' पुस्तक लिखी। भारत से लन्दन लौटने पर 'ए पैसेज टू इण्डिया' (1924) ग्रन्थ लिखा जिसके लिए उन्हें जेम्स टेट ब्लैक मेमोरियल पुरस्कार दिया गया।

54. (d) बाल गंगाधर तिलक उग्रवादी दल के नेता थे। उन्होंने मराठा एवं केसरी पत्रिका का प्रकाशन किया। साथ ही शिवाजी जयन्ती एवं गणेश पूजा का प्रचलन किया एवं ''स्वराज्य मेरा जन्मसिद्ध अधिकार है और मैं इसे लेकर रहूंगा'' जैसे क्रान्तिकारी विचारों का प्रतिपादन किया। 1908 में वे 6 वर्ष की सजा के लिए बर्मा भेजे गए।

55. (b) 'माना दर्रा' नन्दा देवी जैव-मण्डल रिजर्व के अन्दर है, जो जास्कर पर्वतमाला श्रेणी के पूर्व में स्थित है। यह दर्रा उत्तराखण्ड के माना कस्बे से 48 किमी उत्तर में है। 'माना दर्रा' सरस्वती नदी का स्रोत है। माना दर्रा उत्तराखण्ड और तिब्बत के बीच व्यापार का रास्ता था।

56. (c) फसल चक्र का उद्देश्य पौधों के भोज्य तत्त्वों का सदुपयोग तथा भूमि की भौतिक, रासायनिक और जैविक दशाओं में सन्तुलन स्थापित करना है। फसल चक्र से पौधे की उर्वरा शक्ति की रक्षा, पोषक तत्त्वों का सन्तुलन, हानिकारक कीटाणुओं एवं घासपात की रोकथाम, आदि फायदे होते हैं।

57. (c) चन्द्रमा पृथ्वी का एकमात्र उपग्रह है जो पृथ्वी के चारों ओर चक्कर लगाता है। चन्द्रमा पर वायु का अभाव है।

58. (c) एंजाइम जैव उत्प्रेरक होते हैं जिनके द्वारा पाचन सहित सभी रासायनिक अभिक्रियाएं उत्प्रेरित होती है। एंजाइम स्वयं परिवर्तित हुए बिना ही रासायनिक प्रक्रियाओं को उत्प्रेरित करते हैं। उदाहरण टायलिन, पेप्सिन, रेनिन आदि।

59. (a) एड्स एक विषाणुजन्य रोग है जो ह्यूमन इम्यूनो डेफिसिएंसी वाइरस (HIV) के द्वारा होता है। एड्स रोग का विषाणु लैंगिक स्पर्श रुधिर आधान व सन्दूषित सीरिंज के द्वारा फैलता है।

60. (c) डाउन सिण्ड्रोम, हीमोफीलिया, सिकिल सेल एनीमिया आदि आनुवंशिक रोग हैं जो एक पीढ़ी से दूसरी पीढ़ी में संचरित होते हैं।

61. (a) मूंगा (coral) जैविक मूल का है। मूंगा संघ सीलेण्ट्रेटा का एक समुद्री जीव है।

62. (a) मुस्लिम लीग के लाहौर अधिवेशन में अध्यक्षता करते हुए मोहम्मद अली जिन्ना ने 23 मार्च, 1940 को पृथक् मुस्लिम राष्ट्र की मांग की।

63. (c) ऋग्वेद सबसे प्राचीन वेद है, जिसमें 10 मण्डल व 1028 सूक्त हैं। इस वेद की ऋचाओं को पढ़ने वाले ऋषि को 'होत' कहते थे। इसमें 'दसराज्ञ' युद्ध का वर्णन है जो भरत व सुदास के बीच लड़ा गया था।

64. (a) पानीपत के तीसरे युद्ध में (14 जनवरी, 1761) अफगान अहमदशाह अब्दाली ने मराठों को हराया। इस युद्ध में मराठा सेना का प्रतिनिधित्व सदाशिव राव भाऊ ने किया था। तोपखाने की टुकड़ी इब्राहिम खां गार्दी के हाथों में थी।

65. (b) अलबरूनी भारत में महमूद गजनवी के साथ आया। उसने 'तहकीक-उल-हिन्द' पुस्तक अरबी में लिखी जिसमें 11वीं सदी के भारत की राजनैतिक एवं सामाजिक दशा का उल्लेख मिलता है।

66. (c) 1527 ई. खानवा के युद्ध में बाबर ने राणा सांगा को हराया था। इसी युद्ध में बाबर ने तमगा कर न लेने, शराब न पीने की घोषणा की। इस युद्ध के बाद बाबर ने 'गाजी' की उपाधि धारण की।

67. (c) महात्मा गांधी ने अपनी आत्मकथा '*My Experiment with Truth*' गुजराती भाषा में लिखी।

68. (a) लोथल गुजरात के अहमदाबाद जिले में भोगवा नदी के तट पर स्थित एक प्रसिद्ध सैन्धवकालीन बन्दरगाह था। इस स्थल के उत्खननकर्ता रंगनाथ राव थे।

69. (c) भारतीय संविधान के अनुसार सम्पत्ति का अधिकार एक विधिक अधिकार है। मूल संविधान में सात मौलिक अधिकार थे लेकिन 44वें संविधान संशोधन के (1979 ई.) सम्पत्ति का अधिकार (अनुच्छेद 31 व 19क) को मौलिक अधिकार से हटाकर संविधान के अनुच्छेद 300(a) के अन्तर्गत कानून अधिकार के रूप में रखा गया है।

70. (d) प्लासी का युद्ध (1757 ई.) स्थल पश्चिम बंगाल के मुर्शिदाबाद के नदिया जिले में भागीरथी नदी के किनारे प्लासी गांव में है। इस युद्ध में क्लाइव की सेना ने सिराजुद्दौला को हराया था।

71. (a) इन्फ्लूएंजा मिक्सो वायरस द्वारा होता है। इस बीमारी के लक्षण है-गलशोथ, छींक, बेचैनी।

72. (b) फ्रिजों में मेफ्रोन गैस भरी जाती है।

73. (a) वायुयान में ब्लैक बॉक्स में उड़ान के दौरान विभिन्न सूचनाओं, जैसे-वायुयान में होने वाली बातचीत, एटीसी और क्रू के सदस्यों के बीच हुई बातचीत और परिवेश की ध्वनियां रिकॉर्ड होती रहती हैं। सामान्यत: इसका रंग गहरा नारंगी होता है। 1954 में पहली बार वायुयान में लगाया गया। इसकी मजबूत बॉडी टाइटेनियम की बनी होती है। विमान के दुर्घटनाग्रस्त हो जाने पर भी इसको नुकसान नहीं पहुंचता।

74. (b) ठोसों जैसी धातु में ध्वनि की चाल अधिकतम होती है, क्योंकि ठोसों में प्रत्यास्थता द्रवों एवं गैसों की अपेक्षा अधिक होती है।

75. (d) 'मल' जैविक रूप से अपघटित प्रदूषण है जिसमें 99% पानी होता है। इसमें पैथोजेनिक ऑर्गेनिज्म होते हैं, जो इसको अपघटित करते रहते हैं। जबकि प्लास्टिक, एस्बेस्टास DDT अकार्बनिक रसायन हैं।

76. (a) आर्कटिक एवं ग्रीनलैण्ड हिम चादर सर्वाधिक भंगुर पारिस्थितिक तन्त्र है, जो वैश्विक तापन द्वारा सबसे पहले प्रभावित होगी क्योंकि यह क्षेत्र पूर्णतया प्रदूषण रहित है।

77. (b) 'डाब्सन' इकाई पृथ्वी के वातावरण में ओजोन परत की मोटाई नापने वाली इकाई है। 'डाब्सन' इकाई गार्डन के नाम पर रखी गई है जो ऑक्सफोर्ड यूनिवर्सिटी में रिसर्चर थे। उन्होंने ही सर्वप्रथम पृथ्वी की सतह से कुल ओजोन की मात्रा ज्ञात करने का यन्त्र 1920 में डाब्सन ओजोन स्पेक्ट्रोफोटोमीटर बनाया।

78. (a) जोग प्रपात महाराष्ट्र और कर्नाटक की सीमा पर शरावती नदी पर है। यह चार छोटे-छोटे प्रपातों-राजा, रॉकेट, रोरर और दाम ब्लांचे से मिलकर बना है। इसका जल 250 मी की ऊंचाई से गिरकर बड़ा सुन्दर दृश्य प्रस्तुत करता है। इसका एक अन्य नाम जोरसप्प भी है।

79. (b) भारत में केन्द्र शासित राज्यों की संख्या-7 है-दिल्ली, पुदुचेरी, चण्डीगढ, दादर एवं नगर हवेली, लक्षद्वीप, अण्डमान-निकोबार, दमन एवं दीव।

80. (d) चेन्नई एक कृत्रिम बन्दरगाह है। मुम्बई देश का सबसे बड़ा बदरगाह है। विशाखापट्टनम एक प्राकृतिक बन्दरगाह है।

81. (b) कोणार्क के सूर्य मन्दिर को 'ब्लैक पैगोडा' कहते हैं जो ओडिशा के कोणार्क में स्थित है। इसे 13वीं सदी में पूर्वी गंग नरेश नरसिंहदेव I (1238-1250) ने बनवाया था। इसे विश्व विरासत स्थल में रखा गया है। कृष्ण के पुत्र साम्ब ने सूर्य भगवान की उपासना के सन्दर्भ में यहां पर सूर्य मन्दिर बनवाया था ऐसी जनश्रुति है।

82. (d) दुनिया में सबसे बड़ा (ग्रीनलैण्ड के बाद) न्यू-गिनी द्वीप है।

83. (c) हमारे जलमण्डल का सबसे बड़ा भाग प्रशान्त महासागर है, जो विश्व का सबसे बड़ा और गहरा महासागर है जिसमें सर्वाधिक गर्त पाए जाते हैं।

84. (b) ओजोन गैस समताप मण्डल (Stratosphere) में पाई जाती है, जो पृथ्वी से 50 किमी तक विस्तृत है। ओजोन परत सूर्य की पराबैंगनी किरणों का अवशोषण करती है इसलिए इसे पृथ्वी का रक्षा कवच कहते हैं।

85. (d) हरित क्रान्ति में मैक्सिकन गेहूं पादप को प्रमुख रूप से प्रयुक्त किया गया था।

86. (c) **87.** (b)

88. (c) भूमध्य रेखा (Equator) पृथ्वी की सतह पर उत्तरी ध्रुव एवं दक्षिणी ध्रुव से समान दूरी पर स्थित एक काल्पनिक रेखा है जो पृथ्वी को उत्तरी एवं दक्षिणी ध्रुव में विभाजित करती है। पृथ्वी की भूमध्य रेखा लम्बाई लगभग 40,075 किमी. है। भूमध्य रेखा के निकट वर्ष भर उच्च तापक्रम रहता है। भूमध्य रेखा 14 देशों के स्थल या जल से होकर गुजरती है। मध्यान्ह रेखा से होकर यह पूर्व की ओर जाती है।

89. (a) भारत अभ्रक उत्पादन में विश्व में प्रथम स्थान रखता है। भारत विश्व का 3/4 अभ्रक का उत्पादन करता है। अच्छी गुणवत्ता वाले अभ्रक राजस्थान, बिहार एवं आन्ध्र प्रदेश में पाए जाते हैं।

90. (b) 45^0 पूर्व

91. (c) रामेश्वरम द्वीप श्रीलंका और भारत के बीच है। यह भारत के प्रसिद्ध धामों में से एक है। रामनाथस्वामी मन्दिर का कॉरिडोर पूरे भारत में सबसे बड़ा है।

92. (d) भारत के उच्च तीव्रता का भूकम्प केन्द्र हिमाचल क्षेत्र (उत्तर-पश्चिम में जम्मू-कश्मीर से लेकर उत्तर-पूर्व में असम-मणिपुर तक) है। गंगा-ब्रह्मपुत्र और पंचनद के मैदान हिमालय क्षेत्र से सटे होने के कारण भूकम्प के केन्द्र हैं। प्रायद्वीपीय भारत को भूकम्प से सुरक्षित माना गाया है लेकिन तटीय क्षेत्र भूकम्प के केन्द्र हैं। कर्नाटक पठार में उच्च तीव्रता का भूकम्प नहीं आता है।

93. (c) दुलहस्ती बिजली स्टेशन (390MW) का निर्माण जम्मू-कश्मीर के क्षेत्र में चिनाब नदी पर NHPC द्वारा किया गया है। इस स्टेशन से जम्मू-कश्मीर, पंजाब, हरियाणा, उत्तर प्रदेश, राजस्थान, उत्तराखण्ड, दिल्ली और चण्डीगढ़ को फायदा पहुंचता है।

94. (c) भारतीय संविधान के अनुच्छेद-40 के अन्तर्गत राज्यों को निदेश दिया गया है, कि वे ग्राम पंचायतों की स्थापना करें। अत: ग्राम पंचायतों का गठन एक नीति-निदेशक सिद्धान्त है। पंचायती राज की स्थापना वर्ष 1993 में 73वें संविधान संशोधन के द्वारा हुई है।

95. (a) शिवालिक पर्वत श्रेणी हिमाचल पर्वत का सबसे दक्षिणी तथा भौगोलिक रूप से युवा भाग है, जो पश्चिम से पूरब तक फैला हुआ है। इसकी औसत ऊंचाई 900-1200 मी है और इसकी कई उपश्रेणियां भी हैं। यह 1600 किमी तक पूर्व में तीस्ता नदी, सिक्किम से पश्चिमावर्त नेपाल और उत्तराखण्ड से कश्मीर होते हुए उत्तरी पाकिस्तान तक जाता है।

96. (b) कर्क रेखा (Tropic of Cancer) भारत के मध्य भाग से 8 राज्यों (गुजरात, राजस्थान, मध्य प्रदेश, छत्तीसगढ़, झारखण्ड, पश्चिम बंग, त्रिपुरा एवं मिजोरम) से होकर गुजरती है।

97. (a) द ग्रेट. लेक, सुपीरियर मिशीगन, ह्युरन, इरी और ओण्टारियो उत्तरी अमेरिका के भौगोनिक एवं सांस्कृतिक विरासत के प्रमुख हिस्से हैं।

98. (d) भारतीय अर्थव्यवस्था का मूल आधार कृषि है। भारतीय कृषि में फसलों की विविधता है, प्रकृति पर निर्भरता भी है, किन्तु यहां बड़े खेतों की प्रधानता नहीं है। खेत छोटे-छोटे हैं।

99. (c) भारत के नियन्त्रक और महालेखा परीक्षक की रिपोर्ट का परीक्षण 'पब्लिक एकाउन्ट्स कमेटी' संसदीय समिति के द्वारा किया जाता है।

100. (c) समन्वित बाल विकास योजना 1975 में भारत सरकार द्वारा छ: साल से कम वर्ष के बच्चों एवं उनकी माँ के कुपोषण एवं स्वास्थ्य से सम्बन्धित समस्याओं से लड़ने के लिए यह एक लोक कल्याणकारी स्कीम शुरू की गई थी।

101. (b) 'तांबो मठ' भारत के हिमाचल प्रदेश के स्पीतली घाटी में 996 ई. में प्रसिद्ध तिबेतन बुद्धिस्ट रिंचेन जंगपो (पश्चिमी हिमाचल के राजा) द्वारा स्थापित किया गया। 1975 में भूकम्प के बाद यहां नया मठ बना।

102. (a) सोमनाथ (मासी) मेला उत्तराखण्ड के अल्मोड़ा के नजदीक मासी में शिव मन्दिर में मनाया जाता है। पशु, बैल, बछड़े आदि इस मेले में बेचे जाते हैं। यह मेला विषुवत् संक्रान्ति के दिन लगता है।

103. (d) 'बिक्री कर' किसी भी समान की खरीद-फरोखत पर सरकार द्वारा वसूला गया कर है। इस प्रकार बिक्री कर अप्रत्यक्ष कर है।

104. (b) आयात-निर्यात बैंक (भारत) का गठन वर्ष 1982 में किया गया था। इसके गठन का उद्देश्य न केवल निर्यात को बढ़ावा देने के लिए अपितु देश के विदेशी व्यापार एवं निवेश को संगठित करना है, जिससे देश का आर्थिक विकास तीव्र हो।

105. (a) कार में लगा हुआ गति मापक यन्त्र एनालॉग कम्प्यूटर को दर्शाता है।

106. (d) नेटवर्कों का नेटवर्क 'इण्टरनेट' कहलाता है।

107. (b) ऊष्माशोषक क्रिया स्वेद वाष्पन से सम्बन्धित है। हमारे शरीर से जब पसीना सूखता है, तब वह शरीर से ऊष्मा ग्रहण करता है, अत: शरीर ठण्डा हो जाता है।

108. (b) विटामिन जैव पदार्थ है तथा प्राणियों में या उनकी वृद्धि एवं विकास के लिए बहुत आवश्यक है। शरीर के विविध उपापचयी प्रक्रमों पर नियन्त्रण रखते हैं। विटामिन केवल भोजन से ही प्राप्त होते हैं क्योंकि इनका संश्लेषण केवल पादप कर सकते हैं। विटामिन B व C जल में घुलनशील हैं और A, D, E, D वसा मे घुलनशील हैं।

109. (a) प्रकाश संश्लेषण में सूर्य के प्रकाश की लाल रश्मियों तरंगदैर्ध्य 7800A का पर्णहरित द्वारा सर्वाधिक उपयोग किया जाता है।

110. (b) स्टेनलेस स्टील एक इस्पात है तथा कार्बनिक एवं अकार्बनिक अम्लों से खराब नहीं होता है। साधारण इस्पात की अपेक्षा ए अधिक ताप भी सह सकते हैं। इस्पात में ए गुण क्रोमियम मिलाने से उत्पन्न होते हैं। इसमें 15-20% क्रोमियम 8-10% निकिल तथा साधारण स्टील होता है। क्रोमियम इस्पात के बाह्य तल को निष्क्रिय बना देता है।

111. (b) उर्वरक ऐसे रसायन होते हैं जो पेड़-पौधे की वृद्धि में सहायक होते हैं। पौधे के लिए तीन प्रमुख पोषक तत्त्व होते हैं- नाइट्रोजन, फॉस्फोरस व पोटैशियम। सोडियम सल्फेट का प्रयोग फोटोग्राफी के क्षेत्र में किया जाता है।

112. (c) मॉण्ट्रियल प्रोटोकॉल अन्तर्राष्ट्रीय सन्धि है जो ओजोन परत को संरक्षित करने के लिए, चरणबद्ध तरीके से उन पदार्थों का उत्सर्जन रोकने के लिए बनाई गई है। जिन्हें ओजोन परत को क्षीण करने के लिए उत्तरदायी माना जाता है। यह संधि 1 जनवरी, 1989 से प्रभावी हुई और इसकी पहली बैठक 1989 में हेलसिकी में हुई थी।

113. (a) कोबरा सर्प के विष का प्रभाव तन्त्रिका तन्त्र पर पड़ता है। सांपों की यह प्रजाति- दक्षिण-पूर्ण एशिया एवं भारत के कुछ भागों में बहुतायत से पाई जाती है। किंग कोबरा के विष में न्यूरोटॉक्सिन होता है। रोगी की मृत्यु तुरन्त हो जाती है क्योंकि श्वसन तन्त्र फेल हो जाता है।

114. (b) शल्यक्रिया में आर्थोप्लास्टी से तात्पर्य कूल्हे के जोड़ का प्रतिस्थापन से है। इस प्रतिस्थापन में एसिटाबुलम (कूल्हे का जोड़) और फीमर हड्डी का सिरा व गर्दन बदला जाता है। इस शल्यक्रिया का उद्देश्य दर्द से राहत दिलाना, गतिशीलता को बनाए रखना और चलने की क्षमता को उन्नत करना है।

115. (d) प्लास्टिक प्राय: उच्च अणुभार वाले बहुलक होते हैं। जो मुख्यत: पोलिथिलीन से बने होते हैं। अत: जब प्लास्टिक को गलाया जाता है तो उससे पोलिथिलीन गैस उत्पन्न होती है।

116. (c) राष्ट्रीय पर्यावरण इंजीनियरिंग अनुसन्धान संस्थान (NEERI) का मुख्यालय नागपुर में है, जो तीन वायु प्रदूषकों SO_2, NO_2 तथा SPM के सम्बन्ध में सूचना ग्रहण करता है।

117. (a)

118. (a) सिंगल यूज प्लास्टिक से मुक्ति का लक्ष्य वर्ष 2022 तक हासिल करने का है। बापू की 150वीं जयंती के अवसर पर आयोजित एक कार्यक्रम में प्रधानमंत्री मोदी ने कहा कि स्वच्छता, पर्यावरण संरक्षण और पशु, गांधीजी को बेहद प्रिय थे। प्लास्टिक इन सभी के लिए बहुत बड़ा खतरा है। इसलिए हमने 2022 तक सिंगल यूज प्लास्टिक को समाप्त करने का लक्ष्य रखा है। इस अवसर पर मोदी जी ने 150 रुपए मूल्य का स्मारक सिक्का भी जारी किया।

119. (b) **120.** (b)

121. (d) रेलवे स्टेशन स्वच्छता सर्वे में राजस्थान का जयपुर देश का सबसे साफ रेलवे स्टेशन हैं। दूसरे नम्बर पर जोधपुर और तीसरे नम्बर पर दुर्गापुर स्टेशन हैं। दिल्ली स्टेशन 165वें नम्बर पर है। आनंदविहार टर्मिनल 26वें स्थान पर है। सर्वे मुख्यत: तीन मानकों के आधार पर किया गया। इसमें प्रक्रिया मूल्यांकन, प्रत्यक्ष अवलोकन और यात्री प्रतिक्रिया को शामिल किया गया है।

122. (c) राष्ट्रपिता महात्मा गांधी की 150वीं जयंती पर अमेरिका में रह रहे भारतीय मूल के लोगों ने 'चलो गिव'' अभियान की शुरुआत की। 2-8 अक्टूबर तक चलने वाले इस अभियान का मकसद भारत में जारी विभिन्न सामाजिक-आर्थिक कार्यों के लिए धन एकत्रित करना है। इस अभियान के जरिए भारतीय-अमेरिकी मूल के लोगों को भारत में परोपकारी कार्यों के लिए ज्यादा-से-ज्यादा रकम देने के लिए प्रोत्साहित किया जा रहा है।

123. (c) वंदे भारत एक्सप्रेस का शुभारंभ 3 अक्टूबर, 2019 को गृह मंत्री अमित शाह ने किया। यह ट्रेन दिल्ली से कटरा तक जाएगी। (भाया अंबाला, लुधियाना, जम्मू-तवी होते हुए) इस ट्रेन में 16 डिब्बे हैं, जिसमें 14 चेयर कार और 2 एग्जीक्यूटिव क्लास के हैं। हर चेयर कार कोच में 78 कुर्सियां हैं। वंदे भारत एक्सप्रेस में 1100 यात्री सवार हो सकते हैं। इस ट्रेन में दिल्ली से कटरा के लिए चेयरकार क्लास में किराया 1630 रुपए तथा एग्जीक्यूटिव चेयर कार में 3015 होगा।

124. (b) महात्मा गांधी की 150वीं जयंती पर नोएडा प्राधिकरण की ओर से बनवाए गए प्लास्टिक वेस्ट के चरखे का उद्घाटन केंद्रीय मंत्री स्मृति ईरानी ने किया। 1650 ग्राम प्लास्टिक वेस्ट चरखा नोएडा के सेक्टर 94 में बनाया गया है। नोएडा में जब्त की गई 1250 किलोग्राम पॉलीथिन को गाजियाबाद के कलाकार सरुराज अली व साक्षी झा को सौंपा गया, जिन्होंने मात्र 20 दिन में एकरैलिक के जरिए चरखा तैयार किया। इसकी ऊंचाई 14 फीट, लंबाई 20 फीट और चौड़ाई 8 फीट है। इस चरखे की खासियत यह है कि यह पूरी तरह से मूव करता है। चरखे को घुमाने पर सूत कातने तक ही हर गतिविधि इसमें होती है।

125. (d) हाल ही में चीन ने साम्यवादी शासन के 70 साल पूरे होने पर विशाल सैन्य परेड निकाल कर दुनिया को अपनी ताकत दिखाई। इस दौरान चीन ने अपनी अंतरमहाद्वीपीय बैलिस्टिक मिसाइल डीएफ-41 (डोंगफेंग) को भी पहली बार दिखाया। यह मिसाइल अमेरिका को मात्र 30 मिनट में तबाह कर सकती है। उड़ान भरने के दौरान यह मिसाइल लक्ष्य के हिसाब से ऊंचाई को कम या ज्यादा कर सकती है। ठोस ईंधन से चलने वाली मोबाइल अंतरमहाद्वीपीय बैलिस्टिक परमाणु मिसाइल रडार से बचने में सक्षम है।

126. (b) दिल्ली सरकार ने हाल ही में खेल विश्वविद्यालय शुरू करने की घोषणा की है। इस विश्वविद्यालय की खास बात यह होगी कि यहां पर खिलाड़ी स्नातक से लेकर पीएचडी तक की डिग्री हासिल कर सकेंगे। इससे खिलाड़ियों को खेल की डिग्री के जरिए विभिन्न नौकरियों के लिए आवेदन करने के अवसर भी प्राप्त होंगे। देश में पहली बार इस तरह का विश्वविद्यालय खोला जाएगा।

127. (a) अर्थशास्त्री सुरजीत भल्ला को अंतर्राष्ट्रीय मुद्रा कोष का कार्यकारी निदेशक नियुक्त किया गया है। ये तीन साल की अवधि तक इस पद पर रहेंगे। जुलाई 2019 में डॉ. सुबीर गोकर्ण की असामयिक मृत्यु होने के कारण यह पद अभी तक रिक्त था। सुरजीत भल्ला प्रधानमंत्री के आर्थिक सलाहकार परिषद के सदस्य के रूप में कार्यरत थे, लेकिन इस साल के प्रारंभ में उन्होंने इस्तीफा दे दिया था।

128. (d) भारत के तीसरे बड़े प्राइवेट सेक्टर, एक्सिस बैंक ने 'एक्सप्रेस FD' लांच की है। यह एक डिजिटल फिक्सड डिपोजिट है, जिसको ग्राहक बैंक में बचत खाता खोले बिना केवल 3 मिनट में डिजिटल मोड के जरिए खोल सकते हैं। बैंक के अनुसार 'एक्सप्रेस FD' आकर्षक ब्याज दरें ऑफर करती है, जिसे शून्य शुल्क पर जारी किया जा सकता है और निकासी की तिथि से पहले 25 प्रतिशत तक की राशि बिना किसी शुल्क के निकाली जा सकती है। इसमें ग्राहक 5000 रुपए की न्यूनतम राशि से लेकर 90,000 रुपए तक की राशि की FD खोल सकते हैं।

129. (d) सफाई में नंबर 1 का खिताब प्राप्त इंदौर सिंगल यूज प्लास्टिक पर प्रतिबंध लगाने वाला देश का पहला शहर बन गया है। जिन व्यापारियों ने सिंगल यूज प्लास्टिक का स्टॉक रखा हुआ है, उन्हें उसे खत्म करने के लिए तीन महीने का समय दिया गया है। इन दिनों पूरे देश में ''सिंगल यूज प्लास्टिक खत्म करो'' का जोर है। कई संस्थाएं एवं लोगों ने गंभीरतापूर्वक इसका पालन करना भी आरंभ कर दिया है। यह हमारे देश के लिए बहुत अच्छी बात है।

130. (c) ह्युंडई ने हाल ही में भारत में अपनी एग्जीक्यूटिव सिडैन इलेंट्रा को नए रंग-रूप और ज्यादा फीचर्स के साथ लांच किया है। इस कार की शुरुआती कीमती 15.89 लाख से शुरू होकर 20.39 लाख रुपए के बीच है। नई इलेंट्रा में दो खास बदलाव है– पहला, अब यह एक कनेक्टेड कार है यानी इसमें ह्युंडई वैन्यू की तरह 34 फीचर वाली कनेक्टेड कार तकनीक दी गई है। दूसरा, अब नई इलेंट्रा में 2.0 लीटर का पेट्रोल इंजन दिया गया है, जो बीएस 6 एमिशन नॉर्म्स के अनुरूप है। इसके साथ 6-स्पीड मैन्युअल और 6-स्पीड टॉर्क कन्वर्टर ऑटोमैटिक गियरबॉक्स के ऑप्शन उपलब्ध है। इसका मुकाबला सीधे तौर पर होंडा सिविक, टोयोटा कोरोला एल्टिस और स्कोडा ऑक्टाविया से होगा।

131. (a) राष्ट्रपति रामनाथ कोविंद 9 से 17 सितम्बर तक तीन देशों की यात्रा पर रहे। ये तीन देश थे आइसलैंड, स्विट्जरलैंड और स्लोवानिया। इस दौरान भारत के राष्ट्रपति कोविंद ने तीनों देशों के शीर्ष नेताओं के साथ बातचीत कर द्विपक्षीय संबंधों को मजबूत किया। राष्ट्रपति कोविंद 9-11 सितम्बर तक आइसलैंड में रहे। वहां से वे

स्विजरलैंड गए और 15 सितम्बर को स्लोवानिया पहुंचे। वे 17 सितम्बर को भारत लौटे। इस बीच राष्ट्रपति कोविंद ने स्विट्जरलैंड में महात्मा गांधी की प्रतिमा का अनावरण भी किया।

132. (a) दुनिया की सबसे कठिन रेस एंडुरोमन ट्रायथलन में भारतीय एथलीट मयंक ने शानदार प्रदर्शन करते हुए इसे जीतकर इतिहास रच दिया। वह इस रेस को जीतने वाले एशिया के पहले और दुनिया के 44वें एथलीट हैं। मयंक हिमाचल प्रदेश के निवासी हैं। उन्होंने 463.5 किलोमीटर रेस को 50 घंटे और 24 मिनट में जीता। ट्रायथलन में तीन स्पर्धाएं होती हैं–दौड़, तैराकी और साइकिलिंग। मयंक ने 16 घंटे 35 मिनट में दौड़, 12 घंटे 28 मिनट में तैराकी व 13 घंटे 29 मिनट का समय साइकिलिंग में निकाला।

133. (d) जिस प्रकार,
$9 \to (9)^2 - 1 = 80$
उसी प्रकार, $100 \to (100)^2 - 1 = 9999$

134. (d) जिस प्रकार, उसी प्रकार,
B $\xrightarrow{+17}$ S   C $\xrightarrow{+17}$ T
D $\xrightarrow{+17}$ U   E $\xrightarrow{+17}$ V
F $\xrightarrow{+17}$ W   G $\xrightarrow{+17}$ X
H $\xrightarrow{+17}$ Y   I $\xrightarrow{+17}$ Z

135. (b) जिस प्रकार 'आहार', 'आदमी' के लिए आवश्यक है, उसी प्रकार, 'ईंधन', 'आग' के लिए आवश्यक है।

136. (d)
V W Y   Q R T
+1 +2   +1 +2
L M O   J K L
+1 +2   +1 +2

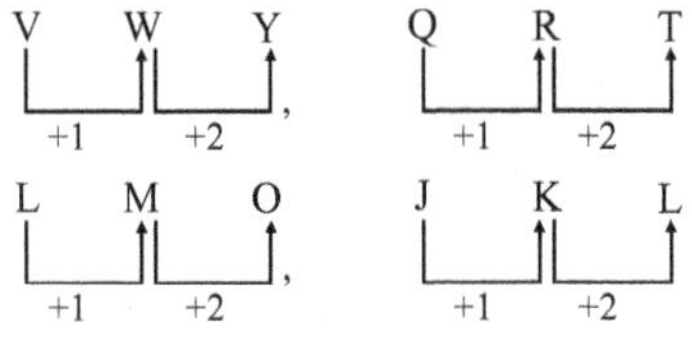

137. (d)
B E   G J
+3   +3
N Q   Q R
+3   +1

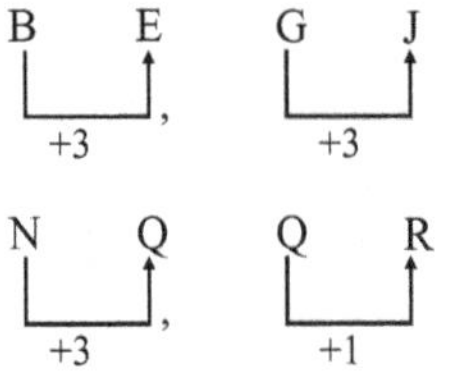

138. (d) 729 एक घन संख्या है जबकि अन्य सभी पूर्ण वर्ग संख्याएं हैं।

139. (c) **140.** (d) **141.** (c) **142.** (c)

143. (d) पहली संख्या $= x$
दूसरी संख्या $= 2x$
तीसरी संख्या $= 4x$

$\therefore x + 2x + 4x = 3 \times 28$
$\Rightarrow 7x = 3 \times 28$
$\Rightarrow x = \dfrac{3 \times 28}{7} = 12$
$\therefore$ तीसरी संख्या $= 4x = 4 \times 12 = 48$

144. (d) $? = \dfrac{0.07 \times 1250}{100} - \dfrac{0.02 \times 650}{100}$
$= 0.875 - 0.13 = 0.745$

145. (c) $P = P_0 \left(1 + \dfrac{R}{100}\right)^T$
$\Rightarrow 185220 = P_0 \left(1 + \dfrac{5}{100}\right)^3$
$\Rightarrow 185220 = P_0 \left(\dfrac{21}{20}\right)^3$
$\Rightarrow P_0 = \dfrac{185220 \times 20 \times 20 \times 20}{21 \times 21 \times 21}$
$= 160000$

146. (c) माना $\dfrac{a}{2} = \dfrac{b}{3} = \dfrac{c}{5} = k$
$\therefore a = 2k;$
$b = 3k;$
और $c = 5k;$
$\therefore$ व्यंजक $= \dfrac{4a + 3b - c}{b}$
$= \dfrac{8k + 9k - 5k}{3k} = \dfrac{12k}{3k} = 4$

147. (d) $\because (3x - 2y) : (x + 3y) = 5 : 6$
$\Rightarrow \dfrac{3x - 2y}{x + 3y} = \dfrac{5}{6}$
$\Rightarrow 18x - 12y = 5x + 15y$
$\Rightarrow 13x = 27y$
$\Rightarrow \dfrac{x}{y} = \dfrac{27}{13}$ $\therefore x : y = 27 : 13$

148. (d) उत्तर प्रदेश गन्ना अनुसंधान कौंसिल सन् 1912 में तत्कालीन कृषि रसायनज्ञ जॉर्ज क्लार्क द्वारा एक शोध केंद्र के रूप में स्थापित किया गया था। सन् 1931 में शुगर टैरिफ एक्ट लागू होने के साथ ही चीनी उद्योग तीव्र गति से विकसित हुआ और गन्ना राज्य की प्रमुख नकदी फसल बन गया। वर्ष 1944 में राज्य सरकार द्वारा कृषि निदेशक, उ.प्र., लखनऊ के प्रशासनिक नियंत्रण में शोध केंद्र के प्रथम निदेशक की नियुक्ति की गई। गन्ना शोध कार्य एवं उपज वृद्धि में समन्वय स्थापित करने के उद्देश्य से वर्ष 1972 में यह शोध केंद्र गन्ना आयुक्त, उ.प्र., लखनऊ के नियंत्रण में आ गया।

शोध कार्यों में गति लाने के उद्देश्य से महामहिम राज्यपाल, उ.प्र. द्वारा दिसंबर, 1976 में उ.प्र. गन्ना शोध परिषद की स्थापना की स्वीकृति प्रदान कर दी गई। फलत: वर्ष 1977 में गन्ना शोध संगठन को सोसाइटीज रजिस्ट्रेशन एक्ट 1860 के अंतर्गत पंजीकृत करके एक स्वशासी संस्था 'उ.प्र. शोध परिषद' का गठन किया गया जिसका मुख्यालय शाहजहांपुर रखा गया।

149. (a) जनगणना 2011 के अनुसार, क्षेत्रफल की दृष्टि से उ.प्र. का सबसे बड़ा जिला लखीमपुर खीरी है। इसका क्षेत्रफल 7680 वर्ग किमी. है, एवं सबसे छोटा जिला भदोही है, किंतु जनसंख्या की दृष्टि से प्रदेश का सबसे बड़ा जिला इलाहाबाद एवं सबसे छोटा जिला महोबा है।

150. (a)

151. (b) 'यमुना एक्सप्रेस वे' को ताज एक्सप्रेस वे के नाम से भी जाना जाता है। 165 किमी. लम्बा यह मार्ग उत्तर प्रदेश के दो शहरों ग्रेटर नोएडा एवं आगरा को जोड़ता है।

152. (a) जनगणना 2011 के अनुसार उत्तर प्रदेश में सभी श्रेणियों के कामगारों की संख्या सर्वाधिक है। अन्य विकल्पों में दिए गए कथन गलत हैं।

153. (c)

154. (c) सूची-I तथा सूची-II का सही सुमेलन निम्नवत है–

सूची-I (केंद्र)	सूची-II (उद्योग)
फिरोजाबाद	कांच की चूड़ियां
कानपुर	चमड़े के सामान
नजीबाबाद	प्लायवुड
सहारनपुर	कागज और लुगदी

फिरोजाबाद के कांच एवं चूड़ी कारखानें प्रसिद्ध हैं। इसके अतिरिक्त अन्य कांच एवं चूड़ी कारखाने नैनी, गाजियाबाद, मेरठ, लखनऊ, मक्खनपुर, हिरनगऊ, वाराणसी, सासनी, हाथरस, शिकोहाबाद और बालावली में हैं। कानपुर, चमड़ा उद्योग के लिए प्रसिद्ध है। इसके अतिरिक्त उ.प्र. के अन्य चमड़ा उद्योग आगरा, लखनऊ, मेरठ तथा बरेली में हैं। नजीबाबाद, प्लायवुड के लिए तथा सहारनपुर, कागज और लुगदी उद्योग के लिए प्रसिद्ध है। कागज एवं लुगदी उद्योग के लिए अन्य प्रसिद्ध स्थल लखनऊ, इलाहाबाद, कानपुर और मेरठ हैं।

155. (b)

156. (b) उत्तर प्रदेश के मुख्यमंत्री रहे प्रश्नगत व्यक्तियों का इस पद पर पदारूढ़ रहने का कालक्रम इस प्रकार है–
डॉ. सम्पूर्णानन्द (28.12.1954–6.12.1960)
सुचेता कृपलानी (2.10.1963–13.3.1967)
चौधरी चरण सिंह (18.2.1970–1.10.1970)
पं. कमलापति त्रिपाठी (4.4.1971–12.6.1973)

157. (b) बिरहा, कजरी तथा रसिया, उत्तर प्रदेश के लोकगीत हैं जबकि ढोला-मारू राजस्थान का लोकगीत है। बिरहा, पूर्वांचल की प्रसिद्ध लोकगायन परंपरा है, जिसमें गायक द्वारा भोजपुरी भाषा में स्थानीय क्षेत्र में घटी किसी घटना का वृत्तांत गीत रूप में गाया जाता है। रसिया, ब्रजभूमि की प्रसिद्ध लोकगायन परंपरा है जबकि कजरी, सावन के महीने में गाया जाने वाला पूर्वांचल क्षेत्र का मधुर लोकगीत है, जिसे मुख्यत: महिलाओं द्वारा गाया जाता है।

158. (b) लहर का पर्यायवाची शब्द है-वीचि, तरंग हिलोर है, जबकि दुकूल का आशय किनारा से है।

159. (b) मृगेन्द्र का पर्यायवाची शब्द केसरी है। इसके अन्य पर्यायवाची शब्द व्याघ्र, मृगारि, मृगराज, पुण्डरीक, व्याघ्र आदि है, जबकि भुजंग सर्प का पर्याय है, तुरंग, घोड़े का पर्याय है।

160. (a) इप्सित शब्द का विलोम अनीप्सित है, अभीप्सित, अधीप्सित एवं कुत्सित शब्द इससे पृथक शब्द है।

161. (d) स्वजाति का विलोम विजाति होता है। कुजाति, सुजाति एवं अजाति इससे अलग शब्द है।

162. (c) वाक् + मय = वाङ्मय

163. (d) दिये गये विकल्पों में विकल्प (a) में गुप्त रहस्य शब्द का प्रयोग एक ही भाव स्पष्ट करता है जो पुनरावृति का द्योतक है। अत: रहस्य ही पर्याप्य आशय रखता है। इसी प्रकार श्याम सज्जन आदमी है। यहां पर श्याम सज्जन है से भाव की पूर्ति हो जा रही है। विकल्प (c) में अधिकाशं भाग से अधिक + अंश पुन: आगे प्रयुक्त भाग अंश शब्द का पुनरावृत्ति है। अत: यह वाक्य भी दोषपूर्ण है। अगला वाक्य इनमें से एक भी शुद्ध नहीं है। यही वाक्य शुद्ध है। अत: विकल्प में अधिकाशं भाग से अधिक + अंश पुन: आगे प्रयुक्त भाग अंश शब्द का पुनरावृति है। अत: यह वाक्य भी दोषपूर्ण है। अत: विकल्प (d) सही उत्तर है।

164. (a) वर्तनी की दृष्टि से विकल्प (a) अन्तर्धान शुद्ध है। अन्य विकल्प षष्ठम् सहस्त्र एवं अनुषंगिक वर्तनी की दृष्टि से त्रुटिपूर्ण है। इसका शुद्ध शब्द होगा - षष्ठ सहस्त्र एवं आनुषंगिक।

165. (d) वर्तनी की दृष्टि से अशु शुद्ध शब्द विकल्प (d) है इसका शुद्ध वर्तनी रूप होगा– राहुल सांकृत्यायन। इसके अतिरिक्त अन्य विकल्प वर्तनी की दृष्टि से शुद्ध है।

166. (d)

167. (d) दिये गये चारों विकल्पों में मोती शब्द तत्सम नहीं है। इसका तत्सम रूप माणिक्य होगा। अन्य शब्द अग्नि, घोटक और घट तत्सम शब्द है। इनका तद्भव शब्द क्रमश: होगा - आग, घोड़ा और घड़ा।

168. (d) दिये गये विकल्पों में दिन शब्द तद्भव है। इसका तत्सम रूप दिवस होगा। जबकि स्कन्ध का तद्भव कन्धा, अंधकार का अंधियारा और कपास का कपास होता है।

169. (b) अखरोट शब्द का तत्सम रूप है- अक्षोर।

170. (b)	**171.** (c)	**172.** (d)	**173.** (c)
174. (a)	**175.** (d)	**176.** (c)	**177.** (d)
178. (c)	**179.** (a)	**180.** (a)	**181.** (b)
182. (a)	**183.** (c)	**184.** (d)	**185.** (b)

186. (c) सी.पी.यू. (CPU) का पूरा फॉर्म कम्प्यूटर भाषा में केन्द्रीय संसाधक एकक (Central Processing Unit) है। यह कम्प्यूटर के प्रोग्राम निर्देशों का क्रियान्वयन करता है। इसकी कम्प्यूटर में वही भूमिका है, जो शरीर में मस्तिष्क की है। गणना व विवेक से निर्णय लेने के सारे कार्य वह बहुत शीघ्रता से करता है। कम्प्यूटर का प्रत्येक अंग सी.पी.यू. के आदेश के अनुसार ही पूर्ण अनुशासन में कार्य करता है। जिस प्रणाली से यह नियन्त्रित किया जाता है, उसे आपरेटिंग सिस्टम कहा जाता है। सी.पी.यू. के दो भाग हैं-(1) कन्ट्रोल यूनिट (2) एरिथमेटिक लाजिक यूनिट।

कन्ट्रोल यूनिट कम्प्यूटर सिस्टम को यह बताता है, कि निर्देशों का पालन कैसे किया जाए जबकि एरिथमेटिक यूनिट (ALU) आंकिक एवं लॉजिकल कार्य करता है।

187. (b) आई.सी. (I.C.) चिपों का निर्माण सेमीकण्डक्टर से किया जाता है।

188. (b) आई.सी. चिप द्वारा निर्मित प्रथम डिजिटल कम्प्यूटर आई.बी.एम.-1620 (IBM-1620) नाम से जाना जाता है।

189. (b) सेव एज बॉक्स (Save as box) को डिस्प्ले करने के लिए F12 बटन उपयोग किया जाता है।

190. (b) एम.एस. एक्सेल (MS Excel) डिफाल्ट रूप से नंबर राइट गठबंधन करता है।

191. (b) एम.एस.वर्ड (MS. Word) में 'Alt + Shift + d' का उपयोग इंसर्ट डेट (Insert date) करना है।

192. (c) एक बाइट 8 बिट के एक समूह का प्रतिनिधित्व है। बिट (Bit) सूचना की सबसे छोटी इकाई होती है। इसका पूरा नाम 'बाइनरी डिजिट' है। कम्प्यूटर में डाटा भण्डारण मात्रक निम्न प्रकार है–

0 अथवा 1 = बिट

4 बिट = 1 निबंल, 2 निबल = 1 बाइट

8 बिट = 1 बाइट

1024 बाइट = 1 किलो बाइट

1024 किलोबाइट = 1 मेगाबाइट

1024 मेगाबाइट = 1 गीगाबाइट

1024 गीगाबाइट = 1 टेराबाइट

193. (b) Ctrl + F9 शार्टकट की करंट वर्कबुक मिनीमाइज करने के लिए उपयोग की जाती है ?

194. (a) ब्रिज (Bridge) नेटवर्क डिवाइस में एक साथ दो नेटवर्क क्षेत्रों में शामिल करने के लिए प्रयोग किया जाता है। इस नेटवर्क डिवाइस द्वारा दो लोकल एरिया नेटवर्क (LAN) को आपस में जोड़ा जा सकता है। जबकि रिपीटर (Repeater) सूचनाओं के एक स्थान से दूसरे स्थान पर भेजने पर संचार सिग्नल दूरी अधिक होने के कारण कमजोर अर्थात् धीमे पड़ जाते हैं। अत: उन कमजोर सिग्नलों को प्रवर्धित (Boots) करने के लिए रिपीटर का प्रयोग किया जाता है। फायरवॉल (Firewall) नेटवर्क सुरक्षा के लिए प्रयुक्त हार्डवेयर तथा सॉफ्टवेयर का समूह जो किसी संस्था के कम्प्यूटर नेटवर्क पर आने-जाने वाली सूचनाओं पर नजर रखता है। बस (BUS) के द्वारा डाटा या इलेक्ट्रॉनिक सिग्नल के एक स्थान से दूसरे स्थान पर जाने का मार्ग होता है।

195. (c) ट्रांसपोर्ट लेयर (Transport layer) दो प्रोसेसरों के बीच रिमोट होस्ट पर पीयर-टू-पीयर (Peer-to-peer) और एण्ड टू एण्ड (End to-end) कनेक्शन देती है।

196. (a) OSI मॉडल ISO सर्टिफाइड नेटवर्क कम्यूनिकेशन मॉडल है, जो कि यह रिप्रजेंट करता है कि नेटवर्क में सिस्टम के बीच में कम्यूनिकेशन कैसे हो रहा है ? ओएसआई (OSI) मॉडल में सात लेयर होती है।

197. (a) डीएनएस (DNS) का पूरा नाम प्रक्षेत्र नाम प्रणाली (डोमेन नेम सिस्टम) है। यह कम्प्यूटर सेवाओं या किसी इंटरनेट या एक निजी नेटवर्क से जुड़े संसाधन के लिए एक क्रमिक नामकरण प्रणाली है।

198. (b) वीडियो डिस्प्ले कार्ड (VDC) दृश्य तथा चित्र को मॉनीटर पर दिखाने के लिए मदरबोर्ड पर लगाया जाता है। इसमें वीजीए (VGA-वीडियो ग्राफिक डिस्प्ले) का प्रयोग किया जाता है।

199. (b) फ्लॉपी डिस्क एक प्लास्टिक का बना वृत्ताकार डिस्क होता है। जिस पर चुम्बकीय पदार्थ की लेप चढ़ी रहती है। वर्तमान में प्रयुक्त फ्लॉपी की लम्बाई 3.5 इंच होती है। उच्च क्षमता वाली फ्लॉपी की भंडारण क्षमता 1.44 MB होती है।

200. (a) कंट्रोल + एंड (Ctrl + End) लघुपथ कुंजियों का उपयोग संकेतक को आलेख के अंत में ले जाने के लिए किया जा सकता है।

❑❑❑

प्रैक्टिस सेट–9

1. मंदाकिनी नदी किस जल प्रवाह अथवा मुख्य नदी से सम्बन्धित है?
(a) अलकनन्दा (b) भागीरथी
(c) यमुना (d) धौली गंगा

2. नागार्जुन सागर बांध स्थित है-
(a) तमिलनाडु में
(b) आन्ध्र प्रदेश में
(c) कर्नाटक में
(d) उड़ीसा में

3. भारत के अधिकांश वन्य जीव संरक्षित क्षेत्र घिरे हुए हैं-
(a) घने जंगलों से
(b) नदियों और झीलों से
(c) मानवीय बस्तियों से
(d) पर्वतों और पहाड़ियों से

4. निम्न में से कौन-सी नदी बंगाल की खाड़ी में नहीं गिरती है?
(a) महानदी (b) कृष्णा
(c) ताप्ती (d) गोदावरी

5. भारत में ग्रीष्मकालीन मानसून के प्रवाह की सामान्य दिशा है-
(a) दक्षिण से उत्तर
(b) दक्षिण-पश्चिम से दक्षिण-पूर्व
(c) दक्षिण-पूर्व से दक्षिण-पश्चिम
(d) दक्षिण-पश्चिम से उत्तर-पूर्व

6. भारत में सर्वाधिक जनसंख्या का घनत्व सम्बन्धित है-
(a) औद्योगिक क्षेत्रों से
(b) समुद्रतटीय मैदानों में
(c) कम ऊंचाई युक्त पहाड़ियों से
(d) समतल धरातलीय बनावट, उपजाऊ मिट्टियां और पानी की उपलब्धता वाले क्षेत्रों से

7. लघु हिमालय स्थित है मध्य में-
(a) ट्रांस हिमालय और महान् हिमालय
(b) शिवालिक और महा हिमालय
(c) ट्रांस हिमालय और शिवालिक
(d) शिवालिक और बाह्य हिमालय

8. भारतीय सर्वेक्षण विभाग (Survey of India) का मुख्यालय स्थित है-
(a) चण्डीगढ़ में (b) हैदराबाद में
(c) देहरादून में (d) नई दिल्ली में

9. 2001-2011 के दौर में सर्वाधिक जनसंख्या वृद्धि दर दर्ज की गई-
(a) आन्ध्र प्रदेश में
(b) नागालैण्ड में
(c) मेघालय में
(d) उत्तराखण्ड में

10. भोजपत्र वृक्ष (Birch tree) मिलता है-
(a) अरावली पर्वतमाला में
(b) हिमालय में
(c) नीलगिरी श्रृंखलाओं में
(d) विन्ध्याचल पर्वतमाला में

11. उस नदी का नाम बताइए जो केदारनाथ से रुद्र प्रयाग के मध्य बहती है-
(a) भागीरथी (b) अलकनन्दा
(c) सरयू (d) मन्दाकिनी

12. निम्नलिखित में से विश्व का सबसे बड़ा पोताश्रय (Harbour) है?
(a) टोकियो (b) मुम्बई
(c) रॉटरडम (d) लन्दन

13. यलो स्टोन नेशनल पार्क स्थित है-
(a) मैक्सिको में (b) दक्षिण अफ्रीका में
(c) कनाडा में (d) यू.एस.ए. में

14. निम्न में से अलास्का किस देश का हिस्सा है?
(a) ग्रीनलैण्ड
(b) यू.एस.ए.
(c) कनाडा
(d) यूनाइटेड किंगडम

15. एण्डीज पर्वत श्रेणी निम्न में से किस महाद्वीप में स्थित है?
(a) आस्ट्रेलिया
(b) यूरोप
(c) दक्षिण अमेरिका
(d) एशिया

16. आल्पस पर्वत श्रेणी निम्न में से किस देश का हिस्सा नहीं है?
(a) फ्रांस (b) जर्मनी
(c) ऑस्ट्रिया (d) इंग्लैण्ड

17. मैक्सिको देश स्थित है-
(a) दक्षिण अमेरिका महाद्वीप में
(b) उत्तर अमेरिका महाद्वीप में
(c) अफ्रीका महाद्वीप में
(d) यूरोप महाद्वीप में

18. दक्षिण एशिया के निम्न देशों में से क्षेत्रफल की दृष्टि से कौन सबसे छोटा है?
(a) मालदीव (b) भूटान
(c) श्रीलंका (d) बांग्लादेश

19. एशिया के निम्न देशों में से किस देश में जन्म दर सबसे कम है?
(a) नेपाल (b) भूटान
(c) श्रीलंका (d) मालदीव

20. दुनिया में सर्वाधिक आणविक खनिज उत्पाद देश निम्न में से कौन-सा है?
(a) रूस (b) चीन
(c) यू.एस.ए. (d) कनाडा

21. किस नगर को निषिद्ध नगर (Forbidden City) कहा जाता है?
(a) शंघाई
(b) सेन फ्रांसिस्को
(c) न्यूयॉर्क
(d) ल्हासा

22. निम्न में से कौन-सी रबी की फसल नहीं है?
(a) भिण्डी
(b) गाजर
(c) मूली
(d) मटर

23. कोयला एक उदाहरण है-
(a) आग्नेय शैलों का
(b) रूपान्तरित शैलों का
(c) परतदार चट्टानों को
(d) उपर्युक्त सभी का

24. ऊर्जा संकट से क्या तात्पर्य है?
(a) जलविद्युत को कमी
(b) कुपोषण के कारण शरीर में ऊर्जा का ह्रास
(c) तापीय ऊर्जा की कमी
(d) कोयला तथा पेट्रोल जैसे जीवाश्म ईंधन के समाप्त होने का खतरा

25. लावा के ठोस होने के फलस्वरूप पृथ्वी के अन्दर निर्मित चट्टानों को कहते हैं-
(a) प्लूटोनिक चट्टानें
(b) वाल्केनिक चट्टानें
(c) रूपान्तरित चट्टानें
(d) पर्तदार चट्टानें

26. पृथ्वी के अन्दर पिघले पदार्थ को कहते हैं-
(a) लावा
(b) बेसाल्ट
(c) ऑब्सीडियन
(d) इनमें से कोई नहीं

27. संगमरमर (Marble) है-
(a) पुनर्रवीकृत चूना पत्थर
(b) एक आग्नेय शैल
(c) बलुआ पत्थर
(d) कार्बनिक पदार्थ से अकार्बनिक पदार्थ में परिवर्तित होने से निर्मित

28. निम्न में से कौन-सा रूपान्तरित चट्टानों (Metamorphic rocks) का उदाहरण नहीं है?
(a) संगमरमर
(b) क्वार्टजाइट
(c) स्लेट
(d) ग्रेनाइट

29. अपक्षय (Weathering) का विचार सम्बन्धित है-
(a) पृथक हुए पदार्थों का संग्रह
(b) मौसम में दैनिक परिवर्तन
(c) एक प्राकृतिक क्रिया जो चट्टानों को सूक्ष्म कणों में विभक्त करती है
(d) उपर्युक्त में से कोई नहीं

30. भारत में पंचायती राज प्रणाली का शुभारम्भ कब और कहां हुआ?
(a) 5 जुलाई, 1957; फैजाबाद (उ. प्र.)
(b) 2 अक्टूबर, 1959; नागौर (राजस्थान)
(c) 14 नवम्बर, 1959; अहमदाबाद (गुजरात)
(d) 3 दिसम्बर, 1960; भोपाल (म. प्र.)

31. भारतीय संविधान के किस अनुच्छेद में भारतीय नागरिकों के मूल कर्त्तव्य शामिल है?
(a) अनुच्छेद 50 क
(b) अनुच्छेद 50 ख
(c) अनुच्छेद 51 क
(d) अनुच्छेद 51 ख

32. भारत में संघ लोक सेवा आयोग के लिए निम्न में से कौन सही है?
(a) यह राज्य लोक सेवा आयोग का निरीक्षण करता है
(b) इसका राज्य लोक सेवा आयोग से कोई लेना-देना नहीं है
(c) इसके सारे सदस्य राज्य लोक सेवा आयोग से लिए जाते हैं
(d) यह राज्य लोक सेवा आयोगों को वार्षिक दिशा-निर्देश भेजता है

33. भारत के नीति आयोग का अध्यक्ष कौन होता है।
(a) प्रधानमंत्री
(b) राज्यपाल
(c) सर्वोच्च न्यायालय के मुख्य न्यायाधीश
(d) राष्ट्रपति

34. राष्ट्रीय विकास परिषद की अध्यक्षता कौन करता है?
(a) भारत का योजना आयोग का उपाध्यक्ष
(b) भारत का प्रधानमन्त्री
(c) भारत का वित्त मन्त्री
(d) भारत का उपराष्ट्रपति

35. निम्न राज्यों में .... को छोड़कर सभी में कृषि भूमि का प्रतिशत काफी अधिक है।
(a) पंजाब (b) हरियाणा
(c) उत्तर प्रदेश (d) सिक्किम

36. भारत निर्माण योजना का सम्बन्ध है-
(a) अवस्थापना विकास से
(b) खाद्यान्न उत्पादन आत्मनिर्भरता से
(c) पारिवारिक कल्याण कार्यक्रम से
(d) उपर्युक्त में से कोई नहीं

37. नरसिम्हन समिति का सम्बन्ध है-
(a) बैंक क्षेत्र के सुधार में
(b) भारी उद्योग के विकास में
(c) बीमा क्षेत्र के सुधार में
(d) 'a' और 'c' सही है

38. क्यूसेक में क्या मापा जाता है?
(a) जल की शुद्धता
(b) जल की गहराई
(c) जल का बहाव
(d) जल की मात्रा

39. तारे अपनी ऊर्जा निम्न में से किस प्रकार प्राप्त करते हैं?
(a) नाभिकीय संयोजन के फलस्वरूप
(b) नाभिकीय विखण्डन से
(c) रासायनिक क्रिया से
(d) गुरुत्वाकर्षण खिंचाव से

40. रासायनिक ऊर्जा का विद्युत ऊर्जा में रूपान्तरण निम्नवत होता है-
(a) इलेक्ट्रोलाइसिस द्वारा
(b) प्रकाश संश्लेषण द्वारा
(c) श्वसन द्वारा
(d) उत्स्वेदन द्वारा

41. एकीकृत परिपथ में प्रयुक्त अर्द्धचालक चिप निम्न की बनी होती है-
(a) बेरीलियम (b) कार्बन
(c) सिलिकॉन (d) जिरकॉन

42. आइन्स्टीन के $E = mc^2$ समीकरण में c द्योतक है-
(a) ध्वनि वेग का
(b) प्रकाश वेग का
(c) प्रकाश तरंगदैर्ध्य का
(d) एक स्थिरांक

43. ऑटो हान ने अणुबम की खोज निम्न सिद्धान्त के आधार पर की-
(a) यूरेनियम विखण्डन
(b) नाभिक विखण्डन
(c) अल्फा विकिरण
(d) गामा विकिरण

44. भौतिकी में चतुर्थ आयाम का परिचय दिया था-
(a) न्यूटन ने (b) आइन्स्टीन ने
(c) गैलीलियो ने (d) नील बोर ने

45. टैकियॉन (Techyon) से तात्पर्य है-
(a) प्रकाश गति से तीव्र गति वाले कण
(b) भारी नाभिक वाले अणु का भाग
(c) वायु में ध्वनि की गति से तीव्र गति वाले कण
(d) जालक कम्पन (Lattice vibration) की मात्रा

46. हीरे की खनिजीय बनावट क्या है?
(a) कार्बन (b) नाइट्रोजन
(c) निकिल (d) जस्ता

47. पायरोमीटर (Pyrometer) का प्रयोग करते हैं-
(a) गहराई (Depth) नापने में
(b) आर्द्रता (Humidity) नापने में
(c) तापक्रम (Temperature) नापने में
(d) ऊंचाई (Altitiudes) नापने में

48. एक रेडियोधर्मी तत्व (Radiopactive element) जिसके भारतवर्ष में बड़े भण्डार पाए जाते हैं-
(a) प्लूटोनियम (b) थोरियम
(c) थासेरियम (d) यूरेनियम

49. तारों के मध्य दूरी ज्ञात करने की इकाई-
(a) स्टीलर मील
(b) कॉस्मिक किलोमीटर
(c) गैलेक्टिक इकाई
(d) प्रकाश वर्ष

50. कार्बन डेटिंग निम्न की आयु निर्धारण हेतु प्रयुक्त होती है-
(a) जीवाश्म
(b) पौधे
(c) चट्टानें
(d) उपरोक्त में से कोई नहीं

51. निम्न में से कौन सीमेन्ट का मुख्य संघटन (Ingredient) है?
(a) जिप्सम (b) चूना पत्थर
(c) राख (d) मटियार

52. खानों में अधिकतम विस्फोट निम्न में से किसके मिलने से होते हैं?
(a) कार्बन डाइ-ऑक्साइड के साथ मिथेन
(b) मीथेन के साथ वायु
(c) ऑक्सीजन के साथ एसीटिलीन
(d) हाइड्रोजन के साथ ऑक्सीजन

53. निम्न में से किस धातु को प्राप्त करने हेतु बॉक्साइट अयस्क है?
(a) लोहा (b) तांबा
(c) एल्युमीनियम (d) चांदी

54. शरीर में हीमोग्लोबिन का कार्य है-
(a) ऑक्सीजन का परिवहन
(b) जीवाणु को नष्ट करना
(c) रक्ताल्पता को रोकना
(d) लौह का उपयोग

55. जब वृक्क कार्य करना बन्द कर देते हैं, तो निम्न में कौन-सा पदार्थ जमा होता है?
(a) शरीर में वसा
(b) शरीर में प्रोटीन
(c) रक्त में शर्करा
(d) रक्त में नत्रजनित अपशिष्ट पदार्थ

56. निम्न में से कौन-सी व्याधि आनुवंशिक है?
(a) हीमोफीलिया
(b) ट्यूबरकुलोसिस
(c) कैंसर
(d) पेचिस

57. निम्न में से कौन-सी प्रोटीन दूध में पाई जाती है?
(a) एग्लूटिनिन (b) केसिन
(c) मायोसिन (d) हीमोग्लोबिन

58. रक्त समूह का आविष्कारक है-
(a) लैण्डस्टीनर
(b) विलियम हार्वे
(c) रोबर्ट कोच
(d) लुई पाश्चर

59. पीलिया (Jaundice) से दुष्प्रभावित होता है-
(a) अग्न्याशय
(b) आमाशय
(c) यकृत
(d) छोटी आंत

60. जब एक व्यक्ति वृद्ध होता जाता है तो सामान्यतया उसका रक्त का दाब-
(a) घट जाता है
(b) बढ़ जाता है
(c) उतना ही रहता है
(d) बदलता रहता है

61. मधुमेह (Diabetes) के उपचार हेतु प्रयुक्त हॉर्मोन इन्सुलिन का आविष्कार किया था-
(a) एफ.जी. बैन्टिंग ने
(b) श्लीडेन एवं श्वान ने
(c) ब्राउन ने
(d) हुक ने

62. रुधिर में श्वेत रक्त कणिकाओं को अत्यधिक मात्रा में उपस्थिति रोग को विज्ञान की भाषा में कहते हैं-
(a) एनोक्सिया (b) ल्यूकेमिया
(c) एनीमिया (d) सेप्टीसीमिया

63. चिकित्सक परामर्श देते हैं कि हमें अपना भोजन वनस्पति घी की अपेक्षा तेल में बनाना चाहिए क्योंकि-
(a) तेल में असंतृप्त वसाएं होती हैं
(b) तेल में संतृप्त वसाएं होती हैं
(c) तेल का संग्रह आसान है
(d) तेल सस्ता है

64. फलीदार पादपों की जड़ों में उपस्थित गांठों में पाए जाने वाले नत्रजन स्थिरीकरण जीवाणु है-
(a) मृतोपजीवी
(b) पराश्रयी
(c) सहजीवी
(d) प्रोटोपघटनी

65. कोलेस्टोरोल है-
(a) पर्णहरित का प्रकार
(b) क्लोरोफार्म का एक यौगिक
(c) जन्तु वसा में उपस्थित वसीय एल्कोहॉल
(d) क्रोमियम लवण

66. एक सामान्यतः स्वस्थ मनुष्य का हृदय प्रति मिनट धड़कता है-
(a) 60 बार (b) 78 बार
(c) 120 बार (d) 72 बार

67. निम्न में से कौन-सी गैस वैश्विक उष्णता (Global warming) के लिए उत्तरदायी है?
(a) केवल ऑक्सीजन
(b) ऑक्सीजन और कार्बन डाइ-ऑक्साइड
(c) कार्बन डाइ-ऑक्साइड और मीथेन
(d) केवल मीथेन

68. निम्न में से कौन-सी एक यन्त्र सामग्री नहीं है?
(a) प्रिन्टर
(b) की-बोर्ड
(c) माऊस
(d) प्रचालन तन्त्र (Operating system)

69. श्याम विवर (Black hole)-
(a) कोई भी विकिरण प्रवाहित नहीं करता
(b) पराबैंगनी किरणों को पार रक्त किरणों में बदल देता है
(c) सारे विकिरण जो इसके पास से प्रवाहित होते हैं उनका अवशोषण करता है
(d) एक काल्पनिक विचार है

70. तेजाब वर्षा पर्यावरण में निम्न प्रदूषण से होती है-
(a) कार्बन मोनोऑक्साइड एवं कार्बन डाइ-ऑक्साइड
(b) कार्बन डाइ-ऑसाइड एवं नाइट्रोजन
(c) ओजोन तथा कार्बन डाइ-ऑक्साइड
(d) नाइट्स ऑक्साइड एवं सल्फर डाइ-ऑक्साइड

71. जीन अभियन्त्रण में नवीनतम तकनीक विकसित हुई है-
(a) जीन विश्लेषण
(b) जीन प्रतिचित्रण
(c) जीन समबन्धन
(d) जीन संश्लेषण

72. हरित गृह प्रभाव (Green House Effect) का अर्थ है-
(a) वायुमण्डल में ग्रीन हाऊस गैसों के घनीकरण के कारण वायुमण्डल के तापमान का बढ़ना
(b) बढ़े हुए तापमान में सब्जियों तथा फूलों का उत्पादन
(c) शीशे के मकानों में खाद्य फसलों का उत्पादन
(d) उपरोक्त में से कोई नहीं

73. निम्न के साथ मिलाने से ऐजोला एक अच्छा उर्वरक (Bio-fertilizer) होता है-
(a) नील हरित शैवाल
(b) हड्डी का चूरा
(c) गोबर
(d) यूरिया

74. 'एम. एस.' वर्ड प्रयोग किया जाता है-
(a) चित्र डाटा संशोधन हेतु
(b) पद्यांश डाटा संशोधन हेतु
(c) संख्यात्मक डाटा संशोधन हेतु
(d) उपरोक्त में से कोई नहीं

75. एक पेन ड्राइव है-
(a) एक स्थिर द्वितीय भण्डारण एकक
(b) एक चुम्बकीय द्वितीय भण्डारण एकक
(c) एक हटाए जाने वाली द्वितीय भण्डारण एकक
(d) उपरोक्त में से कोई नहीं

76. 'जी.आई.एफ.' का आशय है-
(a) जिओग्राफिकल इमेज फॉरमेट
(b) ग्लोबल इमेज फॉरमेट
(c) ग्राफिकल इन्टरचेंज फॉरमेट
(d) इनमें से कोई नहीं

77. कम्प्यूटरों को जाल क्रमित (Net working) करना-
(a) खतरों के अवसरों में बढ़ोत्तरी करता है
(b) कम्प्यूटरों की उपयोगिता बढ़ाता है
(c) सूचना अभिगमन की सम्भावनाओं को बढ़ाता है
(d) उपरोक्त सभी

78. मूल निवेश-निर्गम प्रणाली कम्प्यूटर में विद्यमान रहती है-
(a) हार्ड डिस्क पर
(b) यादृच्छिक अभिगम स्मृति (RAM) में
(c) केवल पाठन स्मृति (ROM) में
(d) उपरोक्त में से कोई नहीं

79. पद एम. बी. प्रयोग किया जाता है-
(a) मैगनेटिक बिट्स के लिए
(b) मेगा बाइट्स के लिए
(c) मेगा बिट्स के लिए
(d) इनमें से कोई नहीं

80. 'रोमांसिंग विद लाइफ, एन. ऑटोबायोग्राफी शीर्षक' पुस्तक किसने लिखी?
(a) देवानन्द
(b) कल्पना चावला
(c) अमिताभ बच्चन
(d) अनुपम खेर

81. अल्बर्ट आइन्स्टीन कौन-सा वाद्य यन्त्र बजाने में निपुण थे?
(a) गिटार (b) बांसुरी
(c) वायलिन (d) सितार

82. निम्नलिखित में से किसको 'भारत रत्न' सम्मान प्रदान नहीं किया गया है?
(a) जे.आर.डी. टाटा
(b) आचार्य नरेन्द्र देव
(c) सत्यजीत रे
(d) सी. सुब्रह्मण्यम

83. विश्व पर्यावरण दिवस (World Environment Day) निम्नलिखित में से किस तारीख को मनाया जाता है?
(a) 5 जून (b) 2 अक्टूबर
(c) 10 नवम्बर (d) 19 नवम्बर

84. भटनागर पुरस्कार निम्न में से किस क्षेत्र में योगदान के लिए दिया जाता है?
(a) संगीत
(b) पुरातत्व
(c) विज्ञान
(d) सामाजिक कार्य

85. 'इन्साइड आई.बी. एण्ड रॉ : द रोलिंग स्टोन दैट गैदर्ड मौर्स' पुस्तक का लेखक कौन है?
(a) आर.एन. काव
(b) के. शंकरन नायर
(c) आर.बी. शाही
(d) इनमें से कोई नहीं

86. व्यास सम्मान पाने वाली प्रथम महिला कौन थी?
(a) चित्रा मुद्गल (b) प्रभा खेतान
(c) मालती जोशी (d) मन्नू भण्डारी

87. भागीरथी नदी निकलती है-
(a) गोमुख से (b) गंगोत्री से
(c) तपोवन से (d) विष्णु प्रयाग से

88. निम्न में से कौन-सा भारत में निर्वनीकरण (Deforestation) का प्रभाव नहीं है?
(a) हिमालय में जलस्रोतों का सूखना
(b) जैव विविधता की हानि
(c) नगरीयकरण
(d) मृदा अपरदन

89. भारतीय वन्य जीव संस्थान (Wildlife Institute of India) स्थित है-
(a) नई दिल्ली (b) शिमली
(c) देहरादून (d) भोपाल

90. निम्न में से कौन-सी नदी का स्रोत हिमनदों में नहीं है?
(a) यमुना (b) अलकनन्दा
(c) कोसी (d) मन्दाकिनी

91. भारत का निम्न में से कौन-सा नगरीय केन्द्र विश्व के सबसे अधिक जनसंख्या वाले 10 शहरों में से एक है?
(a) कोलकाता
(b) चेन्नई
(c) बृहत्तर मुम्बई
(d) नई दिल्ली

92. निम्नलिखित में से कौन-सा एक भारत में जनसंख्या वृद्धि का प्रतिफल नहीं है?
(a) बाढ़ों में वृद्धि
(b) प्रदूषण में वृद्धि
(c) कृषि योग्य भूमि में कमी
(d) वन्य जीवों में अभिवृद्धि

93. भारत के निम्न में से किस भाग में खनिज संसाधनों के सबसे बड़े भण्डार है?
(a) पश्चिम में (b) दक्षिण में
(c) उत्तर में (d) दक्षिण-पूर्व में

94. उदयिन-वासवदत्ता की दन्तकथा (Legend) सम्बन्धित है-
(a) उज्जैन से (b) मथुरा से
(c) महिष्मती से (d) कौशाम्बी से

95. देश में निम्नलिखित में से किसने मूर्ति-पूजा (Image-Worship) की नींव रखी थी?
(a) जैन धर्म ने (b) बौद्ध धर्म ने
(c) आजीविका ने (d) वैदिक धर्म ने

96. निम्नलिखित में से कौन एक कनिष्क के दरबार से सम्बद्ध नहीं था?
(a) अश्वघोष (b) चरक
(c) नागार्जुन (d) पतंजलि

97. मृण-पट्टिका पर उत्कीर्ण सींगयुक्त देवता की कृति प्राप्त हुई है-
(a) बनावली से (b) कालीबंगा से
(c) लोथल से (d) सुरकोटड़ा से

98. कालसी प्रसिद्ध है-
(a) बौद्ध चैत्यों हेतु
(b) फारसी सिक्कों के कारण
(c) अशोक के शिलालेख के कारण
(d) गुप्तकालीन मन्दिरों हेतु

99. एलोरा के प्रसिद्ध कैलाश मन्दिर के निर्माण से कौन-सा शासक वंश सम्बद्ध रहा है?
(a) चालुक्य (b) चोल
(c) पल्लव (d) राष्ट्रकूट

100. मौर्यन मन्त्रिपरिषद् में निम्नलिखित में से कौन राजस्व इकट्ठा करने से सम्बन्धित था?
(a) समाहर्ता (b) व्यभारिका
(c) अन्नपाल (d) प्रदेष्टा

101. पाण्ड्य राज्य की जीवन रेखा कौन-सी नदी थी?
(a) गोदावरी (b) कृष्णा
(c) तुंगभद्रा (d) वेंगी

102. 'दशकुमार-चरित्र' किसने लिखा?
(a) भारवि ने (b) बिल्हण ने
(c) दण्डी ने (d) सोमदेव ने

103. निम्नलिखित में से कौन-सा स्थान सातवाहनों की राजधानी था?
(a) प्रतिष्ठान
(b) नागार्जुन कोण्डा
(c) शाकल अथवा स्यालकोट
(d) पाटलिपुत्र

104. सारनाथ स्तम्भ का निर्माण किया था-
(a) हर्षवर्धन ने (b) अशोक ने
(c) गौतम बुद्ध ने (d) कनिष्क ने

105. महात्मा बुद्ध ने 'धर्मचक्रप्रवर्तन' के रूप में ज्ञात अपना प्रथम धर्मोपदेश किस स्थान पर दिया?
(a) साँची (b) सारनाथ
(c) श्रावस्ती (d) बोधगया

106. कृषि को सम्मुन्नत करने के लिए नहर खुदवाने के सन्दर्भ में 13वीं शताब्दी का निम्नलिखित में पहला शासक होने का श्रेय किसे दिया जाता है?
(a) बलबन
(b) इल्तुतमिश
(c) गयासुद्दीन तुगलक
(d) रजिया बेगम

107. शिवाजी का छत्रपति के रूप में औपचारिक राज्याभिषेक कहाँ पर हुआ था?
(a) पुणे (b) कोल्हापुर
(c) रायगढ़ (d) अहमदनगर

108. बाबर ने सर्वप्रथम 'पादशाह' की पदवी धारण की थी–
(a) फरगना में
(b) काबुल में
(c) दिल्ली में
(d) समरकन्द में

109. सूची-I को सूची-II से सुमेलित कीजिए तथा नीचे दिए गए कूट से सही उत्तर का चयन कीजिए–

सूची-I (समाचार पत्र)	सूची-II (आरंभ करने वाला/प्रकाशक)
A. लीडर	1. मदन मोहन मालवीय
B. बॉम्बे क्रॉनिकल	2. फिरोजशाह मेहता
C. इंडिपेन्डेंट	3. टी.एम. नायर
D. जस्टिस	4. मोतीलाल नेहरू

	A	B	C	D
(a)	1	2	4	3
(b)	4	3	2	1
(c)	3	2	1	4
(d)	4	1	2	3

110. भारतीय संविधान के अनुच्छेद-352 के अंतर्गत आपातकाल की घोषणा तभी की जा सकती हैं जब भारत के किसी भाग की सुरक्षा को निम्नलिखित खतरा हो–
1. युद्ध के कारण
2. विदेशी आक्रमण के कारण
3. सशस्त्र विद्रोह के कारण
4. आंतरिक उपद्रव के कारण
नीचे दिए गए कूट से सही उत्तर चुनिए–
कूट–
(a) केवल 1 तथा 2
(b) 2, 3 तथा 4
(c) 1, 2 तथा 3
(d) 1, 3 तथा 4

111. बिना संसद के सदस्य हुये कोई व्यक्ति मंत्रिपरिषद् का सदस्य रह सकता है–
(a) तीन वर्ष तक (b) दो वर्ष तक
(c) एक वर्ष तक (d) छः महीने तक

112. भारतीय संविधान का निम्नलिखित में से कौन-सा एक अनुच्छेद अस्पृश्यता का उन्मूलन करता है तथा किसी भी रूप में इसके आचरण का निषेध करता है?
(a) अनुच्छेद 17 (b) अनुच्छेद 16
(c) अनुच्छेद 15 (d) अनुच्छेद 28

113. संविधान के निम्नलिखित संशोधनों में से किसके अन्तर्गत भारत में महिलाओं के लिए ग्राम पंचायतों में 30% स्थान आरक्षित किया गया है?
(a) 70वें संशोधन के अन्तर्गत
(b) 71वें संशोधन के अन्तर्गत
(c) 73वें संशोधन के अन्तर्गत
(d) 74वें संशोधन के अन्तर्गत

114. लोकसभा में आंग्ल-भारतीय समुदाय के लिये प्रतिनिधित्व का प्रावधान भारत के संविधान में किया गया है–
(a) अनुच्छेद-221 द्वारा
(b) अनुच्छेद-222 द्वारा
(c) अनुच्छेद-331 द्वारा
(d) अनुच्छेद-223 द्वारा

115. उत्तर प्रदेश में उर्दू को द्वितीय राजभाषा घोषित किया गया–
(a) 1979 में (b) 1961 में
(c) 1989 में (d) 1969 में

116. वियतनाम ओपन खिताब किसने जीता?
(a) सुन फेई जियांग
(b) सौरभ वर्मा
(c) लक्ष्य सेन
(d) अमन शर्मा

117. ग्रेट गंगा रन 2019 का आयोजन कहां किया गया?
(a) इंदिरा गांधी स्टेडियम में
(b) त्यागराज स्टेडियम में
(c) तालकटोरा स्टेडियम में
(d) जवाहरलाल नेहरू स्टेडियम में

118. टाइम्स हायर एजुकेशन वर्ल्ड यूनिवर्सिटी रैंकिंग में टॉप यूनिवर्सिटी कौन-सी है?
(a) ऑक्सफोर्ड यूनिवर्सिटी
(b) हॉवर्ड यूनिवर्सिटी
(c) स्टैनफोर्ड यूनिवर्सिटी
(d) आईआईएससी बेंगलुरु

119. हाल ही में किस देश के प्रधानमंत्री को डॉ. कलाम स्मृति अंतर्राष्ट्रीय उत्कृष्टता पुरस्कार से सम्मानित किया गया है?
(a) बांग्लादेश
(b) नेपाल
(c) भूटान
(d) श्रीलंका

120. एमनेस्टी इंटरनेशनल ने अपना सबसे बड़ा अवॉर्ड किस देश की किशोरी को दिया है?
(a) ब्रिटेन (b) भारत
(c) स्वीडन (d) न्यूयॉर्क

121. हाल ही में भारतीय वायुसेना ने हवा से हवा में मार करने वाली किस मिसाइल का ओडिशा में सफल परीक्षण किया?
(a) अस्त्र (b) ब्रह्मास्त्र
(c) त्रिशूल (d) शस्त्र

122. 'ACROSS' योजना (वायुमंडल और जलवायु अनुसंधान-मॉडलिंग अवलोकन प्रणाली) के बारे में निम्न कथनों पर विचार करें–
1. यह योजना पृथ्वी विज्ञान मंत्रालय के वायुमंडलीय विज्ञान कार्यक्रमों से संबंधित है।
2. इसका उद्देश्य समाज के सुधार के लिये विश्वसनीय मौसम और जलवायु पूर्वानुमान प्रदान करना है।
3. इसके अंदर नौ उपयोजनायें सम्मिलित हैं और ये एकीकृत रूप में लागू की जायेगीं।

उपर्युक्त कथनों में से कौन-सा/से सही है/हैं?
(a) केवल 2 व 3
(b) केवल 1 व 3
(c) केवल 3
(d) सभी तीनों

123. हाल ही में ड्रोन हमला किस देश के तेल संयत्रों पर किया गया है?
(a) ईरान
(b) सऊदी अरब
(c) ईराक
(d) यमन

124. किस डॉक्यूमेंट्री फिल्म को ऑस्कर फिल्म महोत्सव में एंट्री के लिए नामांकित किया गया है?
(a) मोतीबाग
(b) चारमीनार
(c) रानी बाग
(d) शालीमार बाग

125. दक्षिण एशिया के सबसे ऊंचे टावर का अनावरण कहां किया गया?
(a) भारत
(b) नेपाल
(c) श्रीलंका
(d) भूटान

126. किन्हें आंध्र प्रदेश के पहले लोकायुक्त के रूप में शपथ दिलाई गई है?
(a) जस्टिस पी. लक्ष्मण रेड्डी
(b) जस्टिस धीरूभाई नारनभाई पटेल
(c) जस्टिस गोविंद माथुर
(d) जस्टिस विक्रम नाथ

127. विदेश में किसी भी भारतीय दूतावास में तैनात होने वाली भारत की पहली महिला सैन्य राजनयिक कौन बनी हैं?
(a) विंग कमांडर अनुप्रिया
(b) विंग कमांडर अंजलि सिंह
(c) "लाइट ले. अवनि चतुर्वेदी
(d) पायलट भावना कंठ

128. हाल ही में किस देश ने ई-सिगरेट, ई-हुक्का और ई-चिलम पर पूरी तरह पाबंदी लगा दी है?
(a) श्रीलंका
(b) नेपाल
(c) भारत
(d) चीन

129. हाल ही में किस महिला पहलवान ने विश्व कुश्ती चैम्पियनशिप में कांस्य पदक जीतकर 2020 टोक्यो ओलम्पिक का क्वालिफिकेशन हासिल किया?
(a) विनेश फोगाट
(b) पूजा ढांडा
(c) अलका तोमर
(d) बबीता फोगाट

130. महिलाओं के प्रति हिंसा उन्मूलन हेतु अन्तर्राष्ट्रीय दिवस किस दिन मनाया जाता है?
(a) 21 नवम्बर
(b) 23 नवम्बर
(c) 25 नवम्बर
(d) 27 नवम्बर

131. नीचे दिए गए संकेतों से सही अनुक्रिया की पहचान कीजिए–
2 (27 * 3) * 30 * 30 * 18
(a) + – = + (b) × + ÷ =
(c) + – ÷ = (d) ÷ + – =

निर्देश (प्रश्न 132-134 तक): एक अनुक्रम दिया है, जिसमें एक पद लुप्त है, दिए गए विकल्पों में से वह सही विकल्प चुनिए जो अनुक्रम को पूरा करें।

132. 37, 32, 26, 19, ?
(a) 10 (b) 11
(c) 12 (d) 13

133. 15, 20, 30, ?, 65
(a) 40 (b) 45
(c) 50 (d) 60

134. 10 , 11, 14, 23, 50, ?
(a) 110 (b) 104
(c) 70 (d) 131

135. कौन-सा विकल्प दिए गए अक्षरों में जोड़ने पर सार्थक शब्द का रूप लेगा?
A L_ _ T
(a) TE (b) ER
(c) FE (d) AT

136. यदि RATE को SBUF लिखा जाता है, तो FIRE को कैसे लिखा जायेगा?
(a) HJSF (b) GJSF
(c) GJFS (d) JGSF

137. निम्नलिखित विकल्पों में से वह शब्द चुनिए जो दिए गए शब्द के अक्षरों का प्रयोग करके नहीं बनाया जा सकता–
INTERDEPENDENCE
(a) DEPENDENT
(b) INTEND
(c) INCENT
(d) INCIDENT

138. दिए गए शब्दों को एक सार्थक क्रम में व्यवस्थित कीजिए–

1. शिशु 2. किशोर
3. बालक 4. वृद्ध
5. वयस्क

(a) 3, 1, 2, 4, 5 (b) 1, 3, 2, 5, 4
(c) 3, 2, 4, 5, 1 (d) 5, 4, 3, 2, 1

139. शब्दकोश में अन्तिम स्थान पर कौन-सा शब्द होगा?

(a) laugh (b) latch
(c) laurels (d) latitude

140. शब्दकोश में तीसरे स्थान पर कौन-सा शब्द होगा?

(a) BALLIUM
(b) BALLISTICS
(c) BALLERINA
(d) BALLISTITE

141. यदि $a : b = 3 : 5$ और $b : c = 4 : 7$ है, तो $a : c = ?$

(a) 11 : 35 (b) 35 : 11
(c) 35 : 12 (d) 12 : 35

142. एक व्यक्ति 6 किमी प्रति घण्टा की गति से 30 किमी का सफर तय करता है तथा शेष 40 किमी का सफर 5 घण्टें में तय करता है। पूरे सफर के लिए उसकी औसत गति कितनी है?

(a) $6\frac{4}{11}$ किमी/घण्टा

(b) 7 किमी/घण्टा

(c) $77\frac{1}{2}$ किमी/घण्टा

(d) 8 किमी/घण्टा

143. A और B किसी काम को 72 दिन में कर सकते हैं। B और C उसे 120 दिन में कर सकते हैं। A और C उसे 90 दिन में कर सकते हैं। A अकेला उस काम के कितने दिन में कर सकता है?

(a) 80 दिन (b) 100 दिन
(c) 120 दिन (d) 150 दिन

144. पहली और दूसरी अभाज्य संख्याओं का योगफल ज्ञात करें–

(a) 5 (b) 3
(c) 7 (d) 2

145. एक वस्तु के क्रय मूल्य और विक्रय मूल्य के बीच अन्तर ₹ 300 है। यदि 25% हानि हुई है तो विक्रय मूल्य ज्ञात करें?

(a) ₹ 1000 (b) ₹ 850
(c) ₹ 900 (d) ₹ 940

146. निम्नलिखित में कौन सुमेलित नहीं है?

(a) डीजल लोकोमोटिव कारखाना - वाराणसी
(b) इंडियन टेलीफोन इंडस्ट्री - नैनी
(c) मॉर्डन बेकरी - लखनऊ
(d) तेल शोधक संयंत्र - मथुरा

147. लाल मिट्टियां पाई जाती हैं जनपद-

(a) आगरा तथा मथुरा में
(b) एटा तथा मैनपुरी में
(c) मिर्जापुर तथा झांसी में
(d) सीतापुर तथा बाराबंकी में

148. निम्नलिखित स्थानों में से कहां शाकम्भरी देवी मेले का आयोजन किया जाता है?

(a) वाराणसी में (b) विन्ध्याचल में
(c) मेरठ में (d) सहारनपुर में

149. उ. प्र. में संतरे की पैदावार वाला प्रमुख जिला निम्नलिखित में से कौन-सा है?

(a) लखनऊ (b) उन्नाव
(c) सहारनपुर (d) इलाहाबाद

150. उत्तर प्रदेश में ग्राम प्रधान का निर्वाचन होता है-

1. पंचायत की सीमा क्षेत्र में निवास करने वाले सभी वयस्कों द्वारा।
2. पंचायत की सीमा क्षेत्र की निर्वाचन सूची में सम्मिलित सभी निर्वाचकों द्वारा।
3. ग्राम पंचायत के सदस्यों द्वारा।
4. पंचायत की सीमा क्षेत्र के निर्वाचकों में से।

निम्न कूट में से सही उत्तर का चयन कीजिए :

कूट :

(a) केवल 1 (b) केवल 2
(c) केवल 2 तथा 4 (d) केवल 3 तथा 4

151. उत्तर प्रदेश विधान सभा के 2012 के चुनाव में कितनी महिलाएं निर्वाचित हुई?

(a) 58 (b) 35
(c) 49 (d) 17

152. 'करमा' जिस क्षेत्र का लोकनृत्य है उसमें समाविष्ट जिला है-

(a) खीरी (b) महोबा
(c) मथुरा (d) सोनभद्र

153. उत्तर प्रदेश के किस जिले में यूरेनियम के सीमित भंडार की खोज हुई थी?

(a) बांदा (b) ललितपुर
(c) सोनभद्र (d) हमीरपुर

154. उत्तर प्रदेश में होली के त्यौहार पर 'लट्ठमार होली' मनायी जाती है-

(a) वृन्दावन में (b) बरसाना में
(c) मथुरा में (d) गोकुल में

155. सूची-I एवं सूची-II को सुमेलित कीजिए तथा सूचियों के नीचे दिए गए कूट से सही उत्तर चुनिए-

	सूची-I (उद्योग)	सूची-II (केन्द्र)
A.	लकड़ी (काष्ठ) के खिलौने	1. मेरठ
B.	खेल का सामान	2. बरेली
C.	पीतल की मूर्तियां	3. वाराणसी
D.	दियासलाई उद्योग	4. मथुरा

कूट :

	A	B	C	D
(a)	1	4	3	2
(b)	3	2	1	4
(c)	2	1	4	3
(d)	3	1	4	2

156. निम्नलिखित में से तत्सम शब्द है–

(a) गरम (b) नरम
(c) नरम (d) तीर्थ

157. 'सिंगार' शब्द का तत्सम है–

(a) शृंगार (b) श्रंगार
(c) शंगार (d) शिंगार

158. निम्नलिखित में से कौन तद्भव शब्द है?

(a) दिनकर (b) दिवाकर
(c) प्रभाकर (d) सूरज

159. 'वह श्रेष्ठ उपासक है' में विशेष्य है–

(a) वह (b) श्रेष्ठ
(c) उपासक (d) है

160. 'भले और महान लोग उचित और संयमित व्यवहार करते हैं। उपर्युक्त वाक्य में कितने विशेषण और विशेष्य हैं?

(a) दो विशेषण और दो विशेष्य
(b) दो विशेषण और दो विशेष्य
(c) तीन विशेषण और दो विशेष्य
(d) चार विशेषण और दो विशेष्य

161. कौन-सा शब्द 'अहि' का पर्यायवाची नहीं है–

(a) उरग (b) सरीसृप
(c) पवनाश (d) सिंधुर

162. 'नैसर्गिक' का पर्यायवाची है–

(a) सत्कृत (b) चमत्कृत
(c) प्राकृतिक (d) चतुर्दिक्

163. निम्नलिखित में कौन-सा शब्द 'सस्वती' का पर्यायवाची नहीं है?

(a) वीणापाणि (b) महाश्वेता
(c) पद्मा (d) भारती

164. निम्नलिखित में कौन-सा विलोम युग्म त्रुटिपूर्ण है?
(a) अपेक्षा-उपेक्षा (b) अग्रज- अनुज
(c) उन्नत- अवगत (d) आदान-प्रदान

165. 'अथ' का विलोम है–
(a) पूर्ण (b) समाप्त
(c) इति (d) खत्म

166. किस शब्द की वर्तनी अशुद्ध है?
(a) लंगड़ (b) बुझक्कड़
(c) कोंकण (d) भुख्खड़

167. 'संकीर्ण' का विलोम है–
(a) संक्षेप (b) विस्तार
c) विकीर्ण (d) विस्तीर्ण

168. कौन-सा वाक्य शुद्ध है?
(a) आपका शासन सम्बन्धी कार्य अधिक विख्यातपूर्ण है
(b) आपको भूमि-भवन-वाहन का अभिनव सुख की प्राप्ति होगी।
(c) यह समाचार पूरे देश भर में तुरन्त फैल गया
(d) तुम्हें कल कुछ हो जाये तो कहीं का नहीं रहूंगा

169. 'सापेक्ष' का विलोम शब्द है–
(a) असापेक्ष (b) निष्पक्ष
(c) निरपेक्ष (d) आपेक्ष

170. कौन-सा वाक्य शुद्ध है?
(a) रोगी अपनी कमजोरियों के कारण उठ तक नहीं पा रहा था
(b) राजपथ की सड़क से झांकियां वापस लौट गई
(c) शिकारी उस पर गोली चलाई पर वह शेर बच निकला
(d) उस समय चरखा चलाना भी एक अनुशासन था

171. 'Helen is the most beautiful woman in the world'.
The comparative form of the given sentence is..........
(a) Helen is more beautiful than many other women in the world
(b) Helen is more beautiful than most other women in the world
(c) Helen is more beautiful than very few women in the world
(d) Helen is more beautiful than any other woman in the world

172. 'Devi looked at the moon'.
The phrase 'look at' means..........
(a) to see
(b) to examine
(c) to investigate
(d) to take care of

173. 'This is an interesting story'. To get the opposite of the word 'interesting', we use the prefix........
(a) un (b) dis
(c) in (d) ill

174. 'Raju plays cricket. He plays chess also'. The given sentences can be combined and expressed as..........
(a) Raju doesn't play either cricket or chess
(b) Raju plays cricket but not chess
(c) Raju plays chess but not cricket
(d) Raju plays not only cricket but also chess

175. Find the correct sentence that contains the words 'birds, distances, fly, long, migrating'
(a) Migrating birds fly distances long
(b) Birds fly long migrating distances
(c) Migrating birds fly long distances
(d) Bird fly migrating long distances

176. Identify the correctly spelt word.
(a) Champyen (b) Champian
(c) Champien (d) Champion

177. "I should be here..........the stroke of five," Venu said. Choose the correct preposition to fill in the given blank
(a) by (b) in
(c) at (d) on

178. 'My father..........(drink) tea everyday'. Choose the correct from of the verb given in the brackets to fill in the given blank
(a) is drinking (b) drink
(c) drinks (d) drank

179. 'Madhavi is very hospitable'. It means that Madhavi is.............
(a) bedridden
(b) in a hospital
(c) friendly
(d) fearful

180. 'I am very lucky'.........
Select the appropriate question tag to be used in the given blank
(a) amn't I (b) aren't I
(c) am I (d) isn't it

181. 'My sister has....(paint) the wall.' Choose the correct form of verb given in the brackets to fill in the given blank.
(a) painting (b) paint
(c) paints (d) painted

182. 'Dolphins look like fish,.......they are not fish'.
Choose the correct word to fill in the given blank.
(a) but (b) and
(c) or (d) them

183. 'Lalitha used to take a slate to school'. It means that..........
(a) Lalitha has been taking a slate to school
(b) Lalitha doesn't take a slate to school now
(c) Lalitha takes a slate to school
(d) Lalitha is taking a slate to school

184. In writing a letter, an appropriate way of writing subscription is
(a) yours sincerely,
(b) Yours sincerely,
(c) Yours Sincerely,
(d) yours Sincerely,

185. Sheela said, "I am learning Russian language."
The reported form of the given sentence is:
(a) Sheela said that she learnt Russian language
(b) Sheela said that she was learning Russian language
(c) Sheela said that she is learning Russian language
(d) Sheela said that she has been learning Russian language

186. BIOS का मतलब है–
(a) बूटस्ट्रैप प्रारंभिक ऑपरेटिंग सिस्टम
(b) बेसिक इनपुट आउटपुट शुरुआत
(c) बूट प्रारंभिक परिचालन शुरुआत
(d) बेसिक इनपुट आउटपुट सिस्टम

187. किस प्रकार के कनेक्टर को एक मॉडल में एक टेलीफोन लाइन प्लग करने के लिए प्रयोग किया जाता है?
(a) COM 1 (b) आरजे 45
(c) आरजे 11 (d) आरजे 10

188. एक कम्प्यूटर प्रणाली के चार बुनियादी कार्य क्या है?
(a) इनपुट, प्रोसेसिंग, उत्पादन और भंडारण
(b) की-बोर्ड, प्रदर्शन, स्मृति और डिस्क ड्राइव

(c) वर्ड प्रोसेसिंग, स्प्रेडशीट, डेटाबेस और संपर्क प्रबंधन
(d) पढ़ना, लिखना, गणना और प्रदर्शन

189. ....स्मृति कम से कम अभिगम काल (Access time) है?
(a) कैश (Cache)
(b) आभासी (Virtual)
(c) माध्यमिक (Secondary)
(d) बाहरी (External)

190. कौन-सा दूसरे से अलग है?
(a) एंड्रॉयड (b) उबांटू
(c) विंडोज (d) लिनक्स

191. कम्प्यूटिंग में ....जो गणित और तार्किक कार्रवाई करता है, उसे एक गणित और तर्क इकाई (ALU) कहा जाता है।
(a) इलेक्ट्रॉनिक सर्किट
(b) अनुभवजन्य सर्किट
(c) इलेक्ट्रॉनिक अनुरूप सर्किट
(d) डिजिटल सर्किट

192. डीवीडी का मतलब है-
(a) डाटा बहुमुखी डिस्क
(b) डबल वीडियो डिस्क
(c) डिजीटल वेर्सेटाइल डिस्क
(d) डिस्क वीडियो डिजिटल

193. ओ.एस.आई. का पूरा नाम क्या है?
(a) ओपन सिस्टम इंटर कनेक्शन
(b) ऑपरेटिंग सिस्टम इंटरफेस
(c) ऑप्टिकल सर्विस इम्प्लीमेन्टेशन
(d) ऑप्टिकल स्टेटस आइडेन्टिफिकेशन

194. निम्न में से कौन-से कम्प्यूटर के सी.पी.यू. (केन्द्रीय प्रसंस्करण यूनिट) के तीन अंग हैं?
(a) सी.यू.ए.एल.यू. एंड आउटपुट
(b) आउटपुट एम.यू. एंड सी.यू.
(c) इनपुट एम.यू. एंड ए.एल.यू.
(d) ए.एल.यू.एम.यू. एंड सी.यू.

195. निम्न में से कौन-सा इनपुट डिवाइस नहीं है?
(a) माउस (b) स्पीकर
(c) माइक्रोफोन (d) जॉयस्टिक

196. निम्न में से कौन-सी इलेक्ट्रॉनिक डिवाइस प्रथम पीढ़ी के कम्प्यूटर में प्रयोग की गई थी?
(a) माइक्रोप्रोसेसर (b) वैक्यूम ट्यूब
(c) ट्रांजिस्टर (d) इंटीग्रेटेड सर्किट

197. हर एनआईसी (नेटवर्क इंटरफेस कार्ड) नेटवर्क पर...........एड्रेस सहायता से पी सी को पहचानती है?
(a) एम ए डी (b) पी ए सी
(c) एम ए सी (d) एम ए टी

198. प्रोग्राम अनुवाद किए बिना कम्प्यूटर द्वारा आसानी से समझने वाली लैंग्वेंज को कहते हैं?
(a) मशीन लैंग्वेज
(b) हार्डवेयर लैंग्वेज
(c) इंटर लैंग्वेज
(d) सॉफ्ट लैंग्वेज

199. निम्नलिखित में से कौन-सा एम.एस. वर्ड डॉक्यूमेन्ट का एक्स्टेन्सन है?
(a) .doc (b) .exe
(c) .txt (d) .dll

200. वह कम्प्यूटर निर्देश जो कि बाइनरी मशीन कोड के बदले अंग्रेजी शब्दों में लिखा जाता है, क्या कहलाता है?
(a) ओपकोड
(b) सिम्बालिक कोड
(c) न्यूमोनिक
(d) ग्रे-कोड

उत्तर (हल/संकेत)

1. (a) मन्दाकिनी नदी, अलकनन्दा जल प्रवाह अथवा मुख्य नदी से सम्बन्धित है। मन्दाकिनी नदी ब्रदीनाथ के दक्षिण की ओर रुद्रप्रयाग नामक स्थान पर अलकनन्दा में मिलती है।

2. (b) नागार्जुन सागर परियोजना आन्ध्र प्रदेश में स्थित है। यह परियोजना कृष्णा नदी पर बनाई गई है। इसका मुख्य उद्देश्य शक्ति का उत्पादन एवं सिंचाई की व्यवस्था करना है।

3. (a)भारत के अधिकांश वन्य जीव संरक्षित क्षेत्र घने जंगलों से घिरे हुए हैं।

4. (c) महानदी, कृष्णा और गोदावरी नदी बंगाल की खाड़ी में गिरती हैं, जबकि ताप्ती नदी अरब सागर में गिरती है।

5. (d) भारत में ग्रीष्मकालीन मानसून के प्रवाह की सामान्य दिशा दक्षिण-पश्चिम से उत्तर-पूर्व की ओर है।

6. (a) भारत में सर्वाधिक जनसंख्या घनत्व औद्योगिक क्षेत्रों में है।

7. (b) लघु हिमालय शिवालिक और महा हिमालय के मध्य स्थित है। लघु अथवा मध्य हिमालय श्रेणी महान् हिमालय के दक्षिण में, उसके समानान्तर विस्तृत हैं। इसकी चौड़ाई 80 से 100 किमी. तथा औसत ऊंचाई 1,828 से 3000 मी. के बीच पाई जाती है। इस श्रेणी में नदियों द्वारा 1,000 मी. से भी अधिक गहरे खड्डों अथवा गार्जो का निर्माण किया गया है। यह श्रेणी मुख्यत: छोटी-छोटी पर्वत श्रेणियों जैसे-धौलाधार, नागटिब्बा, पीरपंजाल, महाभारत तथा मसूरी का सम्मिलित रूप है। इस श्रेणी के निचले भाग में देश के प्रसिद्ध पर्वतीय स्वास्थ्यवर्द्धक स्थान शिमला, मसूरी, नैनीताल, चकराता, रानीखेत दार्जिलिंग आदि स्थित है।

8. (c) **9.** (b)

10. (d) भोजपत्र वृक्ष प्राय: विन्ध्याचल पर्वतमाला में पाए जाते हैं।

11. (d) मन्दाकिनी नदी केदारनाथ से रुद्र प्रयाग के मध्य बहती है। यह नदी ब्रद्रीनाथ के दक्षिण की ओर रुद्र प्रयाग नामक स्थान पर अलकनन्दा में मिलती है।

12. (c) विश्व का सबसे बड़ा पोताश्रय रॉटरडम है। इसको आन्त्रेपो पत्तन (Interport ports) भी कहा जाता है। ऐसे पत्तनों द्वारा एक देश के माल को दूसरे देश को भेजने का कार्य सम्पन्न किया जाता है। इन पर जो माल आता है, उसको भेजने वाले दूसरे देश होते हैं और उनका गन्तव्य भी दूसरे ही देश होते हैं। इन पत्तनों पर आने वाले माल को बड़े-बड़े गोदामों में संचयन करके रखा जाता है। इस प्रकार के अन्य पत्तन हैं-सिंगापुर, कोपेनहेगन आदि।

13. (d) यलो स्टोन नेशनल पार्क यू.एस.ए. में स्थित है।

14. (b) अलास्का, यू.एस.ए. का हिस्सा है। यह उत्तरी अमेरिका के उत्तर-पश्चिम में स्थित है। अलास्का पर्वत श्रेणी यहीं स्थित है। इस श्रेणी का सर्वोच्च बिन्दु माउण्ट मैकिन्ले है, जिसकी ऊंचाई 6,193 मी. और लम्बाई 1,130 किमी. है।

15. (c) एण्डीज पर्वत श्रेणी दक्षिण अमेरिका महाद्वीप में स्थित है। यह दक्षिण अमेरिका के पश्चिमी भाग में अवस्थित है। इसकी सर्वोच्च चोटी एकांकागुआ है जिसकी ऊंचाई 6,960 मी. है। इस पर्वत की लम्बाई 7,200 किमी. है।

16. (d) आल्पस पर्वत श्रेणी मध्यवर्ती यूरोप में स्थित है। इसका सर्वोच्च बिन्दु माउण्ट ब्लैक है जिसकी ऊंचाई 4,807 मी. और लम्बाई 1,050 किमी. है। यह पर्वत श्रेणी इंग्लैण्ड का हिस्सा नहीं है।

17. (b) मैक्सिको देश उत्तर अमेरिका महाद्वीप के दक्षिण भाग में स्थित है।

18. (a) प्रश्न में दिए गए विकल्प में मालदीव सबसे छोटा देश है। विश्व के प्रमुख सबसे छोटे देश एवं उनके क्षेत्रफल इस प्रकार हैं-

देश	क्षेत्रफल (किमी.)	स्थिति
1. वेटिकन सिटी	0.44	यूरोप
2. मोनाको	1.95	यूरोप
3. मालदीव	298.00	हिन्द महासागर
4. माल्टा	316.00	हिन्द महासागर
5. भूटान	47,000	एशिया
6. श्रीलंका	65,610	एशिया
7. बांग्लादेश	1,43,998	एशिया

19. (c) **20.** (d)

21. (d) तिब्बत की राजधानी 'ल्हासा' को निषिद्ध नगर कहा जाता है।

22. (a) उपरोक्त में से भिण्डी (Lady Finger) रबी की फसल नहीं है। रबी की फसलें वे फसलें होती हैं जो अक्टूबर-नवम्बर में बोयी जाती हैं एवं फरवरी-मार्च में काट ली जाती है। इस वर्ग की प्रमुख फसलें हैं-गेहूं, जौ, चना, मटर, मसूर, आलू, सरसों, बरें, तीसी इत्यादि।

23. (c) **24.** (d)

25. (a) लावा के ठोस होने के फलस्वरूप पृथ्वी के अन्दर निर्मित चट्टानों को प्लूटोनिक चट्टानें कहते हैं।

26. (d) पृथ्वी के अन्दर पिघले पदार्थ को मैग्मा कहा जाता है।

27. (a) संगमरमर तापीय एवं संस्पशीर्य रूपान्तरण से बनी रूपान्तरित या कायान्तरित चट्टानें हैं। इस प्रकार के रूपान्तरण का प्रमुख कारण ताप होता है। इसी प्रकार के रूपान्तरण के कारण चूना पत्थर संगमरमर में परिवर्तित हो जाता है।

28. (d) उपरोक्त विकल्पों में से संगमरमर, क्वार्टजाइट एवं स्लेट रूपान्तरित चट्टान के उदाहरण हैं जबकि ग्रेनाइट आग्नेय चट्टान का उदाहरण है।

29. (c) भौतिक अथवा रासायनिक प्रक्रियायों द्वारा चट्टानों का अपने ही स्थान पर टूटना-फूटना या सड़ना-गलना अपक्षय (Weathering) कहलाता है। अपक्षय दो प्रकार का होता है-

(i) भौतिक अपक्षय-बिना किसी रासायनिक परिवर्तन के चट्टानों के टूट-फूट कर टुकड़े-टुकड़े होने की प्रक्रिया भौतिक या यान्त्रिक ऋतुक्षरण कहलाता है। यह मरुस्थलों में अधिक दैनिक तापान्तर के कारण एवं ठंडी जलवायु वाले क्षेत्रों में पाले (Frost) के कारण होता है।

(ii) रासायनिक अपक्षय-जब रासायनिक प्रक्रियाओं द्वारा चट्टानों का विखण्डन होता है तो उसे रासायनिक अपक्षयण कहा जाता है। जब विभिन्न कारणों से चट्टानों के अवयवों में रासायनिक परिवर्तन होता है तो उनका बन्धन ढीला हो जाता है तब रासायनिक अपक्षयण की क्रिया होती है। तापमान एवं आर्द्रता अधिक रहने पर रासायनिक अपक्षयण की क्रिया तीव्र गति से होती है। यही कारण है कि विश्व के उष्ण एवं आर्द्र प्रदेशों में यह क्रिया अधिक महत्वपूर्ण होती है। रासायनिक अपक्षय के तहत विलयन, आक्सीकरण, जलयोजन, कार्बोनेटीकरण इत्यादि रासायनिक अभिक्रिया होती है।

30. (b)

31. (c) भारतीय संविधान में नागरिकों के मूल कर्त्तव्यों का कोई उल्लेख नहीं था। संविधान के पुनरीक्षण के लिए गठित स्वर्ण सिंह समिति की रिपोर्ट के आधार पर वर्ष 1976 में 42वें संविधान संशोधन द्वारा संविधान में भाग 4-क तथा अनुच्छेद 51 (क) को जोड़कर मूल कर्त्तव्यों को शामिल किया गया। इस अनुच्छेद में 10 मूल कर्त्तव्यों को शामिल किया गया है। पूर्व सोवियत संघ के अतिरिक्त विश्व के किसी अन्य संविधान में मूल कर्त्तव्यों का उल्लेख नहीं है, इसलिए यह कहा जा सकता है कि 42वें संविधान संशोधन द्वारा संविधान में सम्मिलित मूल कर्त्तव्य पूर्व सोवियत संघ के संविधान से लिये गए हैं।

32. (b) भारत के संविधान के अनुच्छेद 315 में लोक सेवा आयोग के सम्बन्ध में यह प्रावधान किया गया है कि संघ सरकार के लिए संघ लोक सेवा आयोग और प्रत्येक राज्य के लिए राज्य लोक सेवा आयोग होगा। साथ ही यदि दो या दो से अधिक राज्य चाहे, तो उनके लिए राष्ट्रपति एक संयुक्त लोक सेवा आयोग की स्थापना कर सकता है। इसके अतिरिक्त किसी राज्य के अनुरोध पर तथा राष्ट्रपति की पूर्व अनुमति से संघ लोक सेवा आयोग उस राज्य के लिए भी कार्य कर सकता है। संघ लोक सेवा आयोग का राज्य लोक सेवा आयोग से कोई लेना-देना नहीं है।

33. (a)

34. (b) राज्यों तथा केन्द्रों के बीच शक्तियों के विभाजन को देखते हुए योजना तैयार करने में राज्यों का भाग लेना अनिवार्य था, इसलिए 1952 ई. में राष्ट्रीय एकता परिषद की स्थापना की गयी। राष्ट्रीय विकास परिषद का अध्यक्ष प्रधानमन्त्री होता है तथा सभी राज्यों के मुख्यमन्त्री इसके पदेन सदस्य होते हैं।

35. (d) सिक्किम राज्य को छोड़कर प्रश्न में दिए गए राज्य पंजाब, हरियाणा तथा उत्तर प्रदेश में कृषि भूमि का प्रतिशत काफी अधिक है। चूंकि सिक्किम राज्य पर्वतीय क्षेत्र है, इसलिए यहां खेती योग्य भूमि बहुत कम है।

36. (a) भारत निर्माण योजना का सम्बन्ध, अवस्थापना (Infrastructure) विकास से है।

37. (a) नरसिम्हन समिति का सम्बन्ध है, बैंक क्षेत्र के सुधार में। बैंकिंग क्षेत्र में सुधार हेतु वित्त मंत्रालय ने एम. नरसिम्हन की अध्यक्षता में ही दूसरी समिति गठित की, जिसने वर्ष 1998 में अपनी रिपोर्ट सरकार को सौंप दी।

38. (c) क्यूसेक से जल के बहाव को मापा जाता है।

39. (a) तारे अपनी ऊर्जा नाभिकीय संयोजन के फलस्वरूप प्राप्त करते है। नाभिकीय संयोजन (Nuclear Fussion) प्रक्रिया के अन्तर्गत दो हल्के नाभिक परस्पर संयुक्त होकर एक भारी और स्थायी नाभिक का निर्माण करते हैं। नाभिकीय संलयन प्रक्रिया में द्रव्यमान की सदैव क्षति होती है जो आइन्स्टीन समीकरण $E = mc^2$ के अनुसार ऊर्जा में परिवर्तित हो जाती है।

यही कारण है कि इस प्रक्रिया में अपार ऊर्जा विमुक्त होती है। चूंकि नाभिकीय संलयन की प्रक्रिया अति उच्च ताप पर (लगभग 10 लाख डिग्री सेल्सियस) पर होती है, इस कारण इसे उष्मा नाभिकीय अभिक्रिया कहा जाता है। सूर्य एवं अन्य तारों से प्राप्त होने वाली उष्मा एवं प्रकाश ऊर्जा का कारण यही उष्मा नाभिकीय अभिक्रिया है, जो वहां लगातार चलती रहती है।

हाइड्रोजन बम, जिसकी संहारक क्षमता परमाणु बम से कई गुना ज्यादा होती है, के निर्माण में नाभिकीय संलयन का सिद्धान्त निहित है।

$1H^1 + 1H^3 — 2He^4 + {}_0n^1 +$ ऊर्जा

40. (a) रासायनिक ऊर्जा का विद्युत ऊर्जा में रूपान्तरण इलेक्ट्रोलाइसिस द्वारा होता है। किसी यौगिक की द्रवित अवस्था या घोल की अवस्था में विद्युत धारा प्रवाहित कर अपघटित करने की क्रिया को वैद्युत अपघटन कहते हैं। वैद्युत अपघटन, वैद्युत धारा का एक रासायनिक प्रभाव है। जब शुद्ध धातुओं में वैद्युत धारा प्रवाहित की जाती है, तो वे अपघटित नहीं होती, परन्तु कुछ पदार्थ ऐसे होते

हैं, कि जब उनमें वैद्युत धारा प्रवाहित की जाती है तो वे अपघटित हो जाते हैं, तथा रासायनिक प्रभाव दर्शाते हैं, वैद्युत अपघट्य (electrolyte) कहलाते हैं। जैसे-अम्लीय जल, नमक का जल में विलयन आदि वैद्युत अपघट्य के ऋण एवं धन आयन उपस्थित करते हैं तथा वैद्युत धारा का प्रवाह इन्हीं आयनों की गति के कारण होता है।

41. (c) एकीकृत परिपथ में प्रयुक्त अर्द्धचालक चिप सिलिकॉन की बनी होती है। सिलिकॉन का प्रमुख उपयोग निम्नलिखित है-

(i) शुद्ध सिलिकॉन का उपयोग अतिचालकता में होता है।

(ii) कम्प्यूटर चिप्स के निर्माण में।

(iii) अर्द्धचालक उपकरणों के निर्माण में।

(iv) कार्बोरेण्डम के निर्माण में।

(v) मिश्रधातुओं के निर्माण में।

42. (b) आइन्स्टीन के $E = mc^2$ समीकरण में c द्योतक है, प्रकाश के वेग का, M द्रव्यमान एवं E ऊर्जा का द्योतक है।

43. (a) 'ऑटो हान' ने अणुबम की खोज यूरेनियम विखण्डन के सिद्धान्त पर की थी। वर्ष 1939 में जर्मन वैज्ञानिक 'ऑटो हान' (Otto Hahn) और 'स्टासमान' (Strassmann) ने बताया कि $_{92}U^{235}$ के नाभिक पर मन्द वेग वाले न्यूट्रान से प्रहार करने पर यूरेनियम का नाभिक टूटकर $_{56}Ba^{141}$ तथा $_{36}Kr^{92}$ में बदल जाता है। इस प्रक्रिया में तीन अन्य न्यूट्रान भी उत्पन्न होते हैं तथा ऊर्जा की एक विशाल राशि उत्पन्न होती है।

$$_{92}U^{235} + {}_0n^1 \rightarrow {}_{56}Ba^{141} + {}_{36}Kr^{92} + 3{}_0n^1 + \text{ऊर्जा}$$

44. (b) प्रसिद्ध वैज्ञानिक 'आइन्स्टीन' ने भौतिकी में चतुर्थ आयाम का परिचय दिया था।

45. (a) टैकियॉन प्रकाश गति से तीव्र गति से चलने वाला कण होता है।

46. (a) हीरे की खनिजीय बनावट कार्बन है। हीरा कार्बन का क्रिस्टलीय अपरूप है। इसका प्राकृतिक स्रोत किम्बरलाइट पत्थर होता है। शुद्ध हीरा पारदर्शक एवं रंगहीन होता है। किन्तु अशुद्धियों की उपस्थिति के कारण यह भिन्न-भिन्न रंगों का होता है। कुछ हीरे काले रंग के होते हैं जिसे बोर्ट (Bort) कहते हैं। यह सभी पदार्थों से अधिक कठोर होता है। इसका आपेक्षित घनत्व 3.52 होता है। यह कांच को आसानी से काट देता है। इसके रवे घनाकार होते हैं। इसका अपवर्तनांक 2.417 होता है। अतः पूर्ण आन्तरिक परावर्तन के कारण ही यह बहुत चमकता है। यह ताप और विद्युत का कुचालक है।

47. (c) पायरोमीटर का प्रयोग तापमान को नापने के लिए किया जाता है इससे दूर स्थित आकाशीय पिण्डों के उच्च ताप को नापा जाता है।

48. (b) भारत में पाये जाने वाले आणविक खनिज मुख्यतः यूरेनियम, थोरियम, इल्मेनाइट, ग्रेफाइट, बेरेलियम, जिनकॉन एवं एण्टिमनी हैं। यूरेनियम मुख्यतः भारत में झारखण्ड (जादूगोड़ा), राजस्थान विसुनदीह (अजमेर), उमरा (उदयपुर), आन्ध्र प्रदेश संकरा खान (नेल्लोर), मेघालय (दोमियातास) में पाया जाता है। यूरेनियम का अन्य स्रोत चेरालाइट खनिज भी है, जो केरल के बालू में पाया जाता है।

थोरियम मोनाजाइट से प्राप्त किया जाता है। भारत में मोनाजाइट का विश्व में सबसे बड़ा उचित भण्डार है। यह मुख्य रूप से केरल के बालू (कन्याकुमारी से लेकर केरल के क्विलोन तक 160 किमी. की लम्बाई) में पाया जाता है। भारत में थोरियम पर्याप्त मात्रा में मौजूद है। परन्तु प्राकृतिक थोरियम विखण्डनीय नहीं होता है। अतः इसे सर्वप्रथम 233 में परिवर्तित किया जाता है, जो विखण्डनीय होने के कारण नाभिकीय ईंधन के रूप में प्रयोग किया जा सकता है।

49. (d) तारों के मध्य दूरी ज्ञात करने की इकाई प्रकाश वर्ष है। यह प्रकाश द्वारा एक वर्ष में तय की गई दूरी के बराबर होती है।

1 प्रकाश वर्ष $= 9.46 \times 10^{15}$ मीटर

50. (a) कार्बन डेटिंग विधि से जीवाश्म (Fossils) की आयु का निर्धारण होता है। किसी रेडियोसक्रिय समस्थानिक की मात्रा या किसी पत्थर के नमूने, काष्ठ या जैव अवशेष में मापन करके उनकी आयु का निर्धारण करना रेडियो आइसोटोप डेटिंग कहलाता है। कार्बन डेंटिंग रेडियो आइसोटोप डेटिंग का एक महत्त्वपूर्ण उदाहरण है। कार्बन डेटिंग के द्वारा जीवाश्मों, मृत पेड़-पौधों आदि की आयु का अंकन किया जाता है। निर्जीव वस्तुओं जैसे-पृथ्वी, पुरानी चट्टानों आदि की आयु ज्ञात करने के लिए यूरेनियम का प्रयोग किया जाता है। इसे यूरेनियम द्वारा आयु अंकन कहते हैं। अधिक पुरानी चट्टानों के लिए पोटैशियम-ऑर्गन डेटिंग विधि भी अधिक उपयुक्त सिद्ध हुई है। मृत पेड़-पौधों और जानवरों का आयु निर्धारण उनमें $_6C^{14}$ और $_6C^{12}$ का अनुपात ज्ञात करके किया जाता है।

51. (b) सीमेन्ट का मुख्य संघटक चूना पत्थर (Limestone) है। सीमेन्ट में चूना, सिलिका, ऐलुमिना, मैग्नीशिया एवं आयरन तथा सल्फर के ऑक्साइड मिले रहते हैं। सीमेन्ट में चूना की मात्रा अधिक रहने पर जमते समय उसमें दरारें पड़ जाती हैं, जबकि सीमेन्ट में ऐलुमिना की मात्रा अधिक रहने पर वह शीघ्र जमता है।

52. (b) खानों में अधिकतम विस्फोट मिथेन के साथ वायु के मिलने से होता है। मिथेन एक कार्बनिक गैस है। इसे मार्श गैस से भी जाना जाता है। यह प्राकृतिक गैस का प्रमुख अवयव है। उसमें यह 90% मात्रा में मौजूद रहता है। हवा के साथ यह विस्फोटक मिश्रण बनाता है, जिस कारण कोयले की खानों में प्रायः भयानक विस्फोट हुआ करते हैं।

53. (c) बॉक्साइट अयस्क से एल्युमीनियम धातु प्राप्त की जाती है। बॉक्साइट एल्युमीनियम का मुख्य अयस्क है, जो एल्युमीनियम के जलयोजित ऑक्साइड के रूप में पाया जाता है। चूँकि यह अयस्क सर्वप्रथम फ्रांस के बॉक्स नामक स्थान पर पाया गया था, इसलिए इस अयस्क का नाम बॉक्साइट रखा गया है।

54. (a) शरीर में हीमोग्लोबिन का कार्य ऑक्सीजन का परिवहन करना है।

55. (d) वृक्क स्तनधारियों एवं अन्य कशेरुकी जन्तुओं में मुख्य उत्सर्जी अंग है, जो उपापचय के फलस्वरूप उत्पन्न विभिन्न अपशिष्ट पदार्थों की मूत्र के रूप में शरीर से बाहर निकालता है। यह रुधिर में हाइड्रोजन आयन सान्द्रता अर्थात pH का नियन्त्रण करता है। यह अम्लीय एवं क्षारीय पदार्थों के अधिशेष भाग का निष्कासन करता है। यह अम्लीय एवं क्षारीय पदार्थों के अधिशेष भाग का निष्कासन कर रुधिर के pH को स्थायी रूप से कायम रखता है। यह रुधिर के परासरणी दाब तथा उसकी मात्रा का नियन्त्रण करता है।

56. (a) हीमोफीलिया आनुवंशिक रोग है। साधारणतः एक व्यक्ति को चोट लगने पर औसतन 2–5 मिनट में रक्त का थक्का बनकर बहना बन्द हो जाता है। किन्तु हीमोफीलिया रोग से ग्रस्त व्यक्ति में चोट लगने पर आधा घण्टा से 24 घण्टे तक रक्त में कुछ प्रोटीन की कमी के कारण थक्का नहीं बनता है और रक्त हमेशा बहता रहता और अन्ततः शीघ्र उपचार न होने पर रोगी की मृत्यु हो जाती है। मनुष्यों में कुछ आनुवंशिक रोग निम्नलिखित हैं-

(i) वर्णान्धता

(ii) कर्णपल्लवों का हाइपरट्राइकोसिस

(iii) टर्नर सिन्ड्रोम

(iv) क्लीनेफेल्टर सिन्ड्रोम

(v) डाउन्स सिन्ड्रोम

(vi) मायलोजिनस ल्यूकीमिया।

57. (b) दूध में केसिन, एल्ब्यूमिन तथा ग्लोबिन तीन प्रमुख प्रकार के प्रोटीन पाए जाते हैं। इसमें केसिन की मात्रा सबसे अधिक होती है। केसिन प्रोटीन से प्लेनीटाल या लेक्टोफिल तथा एरालोक नाम से धागे बनाए जाते हैं।

58. (a) रुधिर (Blood) वर्ग के विषय में जानकारी देने वाले पहले वैज्ञानिक कार्ल लैण्डस्टीनर थे, जिन्होंने 1902 ई. में इसकी खोज की थी। इन्होंने रुधिर को इसकी एण्टीजन एण्टीबॉडी प्रतिक्रिया के आधार पर चार समूहों में विभक्त किया-

(i) ग्रुप A (ii) ग्रुप B
(iii) ग्रुप AB (iv) ग्रुप O

59. (c) पीलिया से दुष्प्रभावित यकृत (Liver) होता है। यह एक यकृत रोग, जिसमें रक्त में पित्त वर्णक (Bile Pigment) अधिक मात्रा में चला आता है। इसमें यकृत में पित्त वर्णक का निर्माण अधिक मात्रा में होने लगता है, परन्तु यकृत की कोशिकाएं इसका उत्सर्जन निम्न मात्रा में करती हैं। फलत: पित्त वर्णक यकृत शिरा के माध्यम से रक्त में प्रवेश कर जाता है। पेशाब भी पीला हो जाता है। खून में पित्त (Bile) बढ़ जाता है।

60. (a) जैसे-जैसे कोई व्यक्ति वृद्ध होता जाता है वैसे-वैसे उसका रक्त का दाब सामान्यतया घटता जाता है। रक्त दाब को स्फाइग्नोमैनोमीटर यन्त्र द्वारा मापा जाता है। हृदय के संकुचन से धमनियों की दीवारों पर पड़ने वाला दाब रुधिर दाब कहलाता है। इस दाब को संकुचन दाब कहते हैं, जो निलयों के संकुचन के फलस्वरूप उत्पन्न होता है। यह संकुचन दाब उतना होता है जितना कि 120 मिलीमीटर पारे के स्तम्भ द्वारा उत्पन्न होता है। इसके ठीक उल्टा अनुशिथिलन दाब होता है, जो निलय के अनुशिथिलन के फलस्वरूप उत्पन्न होता है। जब रुधिर आलिन्द से निलय में प्रवेश कर रहा होता है। यह दाब सामान्यत: 80 मिलीमीटर पारे के स्तम्भ द्वारा उत्पन्न दाब के बराबर होता है। अत: एक स्वस्थ मनुष्य में संकुचन और अनुशिथिलन दाब अर्थात् रुधिर दाब 120/80 होता है।

61. (a) मधुमेह के उपचार हेतु प्रयुक्त हार्मोन इन्सुलिन का आविष्कार प्रसिद्ध वैज्ञानिक 'एफ.जी. बैन्टिंग' ने किया था। इन्सुलिन हार्मोन अग्नाशय की लैंगरहैंस की द्वीपिका ग्रन्थि से स्रावित होती है। यह रक्त में शर्करा की मात्रा को नियन्त्रित करती है।

62. (b) रुधिर में श्वेत रक्त कणिकाओं की अत्यधिक मात्रा में उपस्थिति रोग को विज्ञान की भाषा में ल्यूकेमिया कहते हैं। श्वेत रक्त कण का आकार अनिश्चित होता है एवं यह केन्द्रिकायुक्त होता है। इसमें हीमोग्लोबिन रहित संख्या प्रति घन मिमी 5 से 7 हजार होती है। इसका कार्य बाहर से आए रोगाणुओं को हनन करना (मारना) होता है। इसका जीवन काल 24 से 30 घण्टे होता है।

63. (a) चूंकि तेल में असंतृप्त वसाएं पाई जाती हैं इसलिए हमें अपना भोजन वनस्पति घी की अपेक्षा तेल में बनाना चाहिए।

64. (c) फलीदार पादपों की जड़ों में उपस्थित गांठों में पाए जाने वाले नत्रजन स्थिरीकरण जीवाणु सहजीवी का उदाहरण हैं। लेग्यूमिनस परिवार या दलहनी परिवार के पौधों की जड़ों की गांठों में पाया जाने वाला राइजोबियन नामक सहजीवी जीवाणु नाइट्रोजन स्थिरीकरण में भाग लेता है। नाइट्रोजन यौगिकों का नाइट्रोजन में परिवर्तन विनाइट्रीकरण कहलाता है। यह क्रिया कुछ जीवाणुओं द्वारा सम्पादित होती है।

65. (c) कोलेस्टेराल जन्तु वसा में उपस्थित वसीय एल्कोहॉल है।

66. (d) हृदय के संकुचन एवं शिथिलन को सम्मिलित रूप से हृदय की धड़कन कहते हैं। एक सामान्य या स्वस्थ मनुष्य का हृदय, विश्राम की अवस्था में औसतन 1 मिनट में 72 बार धड़कता है। हृदय की कड़ी मेहनत या व्यायाम के फलस्वरूप यह धड़कन बढ़कर 1 मिनट में 180 बार तक हो सकती है। हृदय एक धड़कन में लगभग 70 मिमी. रुधिर पम्प करता है।

67. (c) ग्लोबल वार्मिंग के लिए उत्तरदायी गैस मुख्यत: कार्बन डाइ-ऑक्साइड (CO_2) एवं मिथेन (CH_2) है। इसके अलावा नाइट्रस ऑक्साइड, ओजोन, क्लोरो फ्लोरो कार्बन इत्यादि हैं। इन सभी में क्लोरो फ्लोरो कार्बन (CFC) और नाइट्रस ऑक्साइड में गर्मी को अवशोषित करने की क्षमता काफी अधिक है किन्तु वातावरण में इनकी मात्रा कम होती है। इस कारण मुख्य ग्रीन हाऊस गैस के अन्तर्गत CO_2 ही आती है।

पृथ्वी की सतह का वातावरण काफी हद तक सूर्य के द्वारा प्राप्त विकिरण के द्वारा नियन्त्रित होता है। धरातल के तापमान के सन्तुलित रहने के लिए यह आवश्यक है कि जितनना तापमान या ऊर्जा पृथ्वी सूर्य के द्वारा ग्रहण करती है उतनी ही पुन: वायुमण्डल में चली जाए। इस सन्तुलन के कारण ही पृथ्वी का तापमान सन्तुलित रहता है। किन्तु ग्रीन हाऊस प्रभाव वाली गैसें सूर्य के द्वारा प्राप्त गर्मी को अवशोषित रखती हैं और इसे वायुमण्डल में कम मात्रा में ही छोड़ती हैं। अत: इन गैसों की मात्रा बढ़ने से वायुमण्डल को पुन: प्राप्त होने वाली ऊर्जा में कमी आती है जिससे पृथ्वी के आसपास तापमान का स्तर बढ़ जाता है। इस ग्रीन हाउस का प्रभाव ही वैश्विक उष्णता (Global Warming) होती है।

68. (d) उपरोक्त चारों में केवल 'प्रिन्टर', 'की-बोर्ड' (Key-Board) एवं 'माऊस' यन्त्र सामग्री है जबकि 'प्रचालन तन्त्र' तन्त्र सामग्री नहीं है। प्रचालन तन्त्र (Operating system) सॉफ्टवेयर होता है। कम्प्यूटर के संचालन के लिए निर्मित प्रोग्रामों को सॉफ्टवेयर कहा जाता है। प्रचालन पद्धति सॉफ्टवेयर का ही एक प्रकार है। कम्प्यूटर के आन्तरिक कार्यों के लिए एवं कम्प्यूटर के साथ लगी अन्य युक्तियों के प्रचालन के लिए बनाए गए प्रोग्राम को प्रचालन पद्धति कहा जाता है।

69. (c) ब्लैक होल मृत हुए तारे (Star) है। इनका आन्तरिक क्षेत्र में संकुचन हुआ होता है। इस प्रक्रिया के कारण इनमें काफी ज्यादा गुरुत्वाकर्षण बल पैदा हो जाता है। इतना अधिक कि इनके गुरुत्वाकर्षण बल को पार कर प्रकाश भी बाहर नहीं जा सकता है। हमारी आकाश गंगा के मध्य में ब्लैक होल (Black Hole) है।

70. (d) तेजाब वर्षा अर्थात् अम्ल वर्षा का कारण मुख्यत: सल्फर डाइ-ऑक्साइड (SO_2) नाइट्रिक ऑक्साइड व नाइट्रस ऑकसाइड आदि गैसें हैं। इस गैसों का मुख्य स्रोत जीवाश्म ईंधन का जलाया जाना एवं औद्योगिक प्रक्रियाएं हैं कार्बन डाइ-ऑक्साइड के पश्चात SO_2 (सल्फर-डाइ-ऑक्साइड) वायु को प्रदूषित करने वाली दूसरी महत्वपूर्ण गैस है। सल्फर डाइ-ऑक्साइड, नाइट्रिक ऑक्साइड एवं नाइट्रस ऑक्साइड जैसी गैसें जब वर्षा जल में घुलकर पृथ्वी पर आती हैं तो अम्ल वर्षा होती है। इसका प्रभाव फसलों, पेड़-पौधों एवं जीव-जन्तुओं पर पड़ता है।

71. (b) जीन अभियन्त्रण की नवीनतम तकनीक जीन प्रतिचित्रण है।

72. (a) वायुमण्डल में बढ़ती हुई गैसें जैसे-कार्बन डाइऑक्साइड (CO_2) कार्बन मोनोऑक्साइड (CO_2), सल्फर डाइ-ऑक्साइड (SO_2) वायुमण्डल की ऊपरी सतह पर जमकर पृथ्वी का तापमान बढ़ाती है। इसे ग्रीन हाऊस प्रभाव कहते हैं। ये गैसें पृथ्वी से वापस लौटने वाली अवरक्त किरणों को रोककर वातावरण को गर्म करती हैं। यदि तापमान इसी तरह बढ़ता रहेगा, तो ध्रुवों की बर्फ पिघलकर समुद्रतल को ऊंचा कर देगी, जिससे समुद्र के किनारे बसे शहर डूब जाएंगे।

73. (a) नील हरित शैवाल के साथ ऐजोला को मिलाने से यह एक अच्छे उर्वरक का काम करता है। ऐजोला प्रयोग जैव उर्वरकों के उत्पादन में होता है। इसका उपयोग कार्बनिक पदार्थ तथा नाइट्रोजन स्थिरीकरण के रूप में होता है।

74. (b) एम.एस. वर्ड का प्रयोग पद्यांश डाटा संशोधन हेतु किया जाता है।

75. (c) एक पेन ड्राइव एक हटाए जाने वाली द्वितीय भण्डारण एकक है।

76. (d) जी.आई.एफ. का आशय 'ग्राफिक्स इन्टरचेन्ज फॉरमेंट' होता है।

77. (d) कम्प्यूटरों का जाल क्रमित खतरों के अवसरों में वृद्धि करता है। कम्प्यूटरों की उपयोगिता को बढ़ाता है। यह सूचना अभिगमन की सम्भावनाओं को बढ़ाता है। जब अलग-अलग कम्प्यूटरों को सूचना के आदान-प्रदान के लिए आपस में जोड़ दिया जाता है, तो इसे कम्प्यूटर नेटवर्क कहा जाता

है। नेटवर्क कई प्रकार के होते हैं, जिनमें सर्वाधिक प्रसिद्ध विश्वव्यापी अन्तर्राष्ट्रीय नेटवर्क 'इन्टरनेट' है। कम्प्यूटर नेटवर्किंग कई कम्प्यूटरों को आपस में जोड़ने की तकनीक है। कम्प्यूटर नेटवर्किंग से सभी कम्प्यूटरों की क्षमता का सामूहिक उपयोग किया जाता है। नेटवर्किंग (संयोजन) दो प्रकार से की जाती है।

(i) Local of Area Networking (LAN)

(ii) Wide Area Networking (WAN)

LAN के द्वारा एक ही भवन (Building) में रखे सभी कम्प्यूटरों को जोड़ा जाता है। जैसे-विश्वविद्यालय परिसर, कार्यालय इत्यादि। WAN के द्वारा एक बड़े क्षेत्र में रखे सभी कम्प्यूटरों को आपस में जोड़ा जाता है। जैसे-शहर के सभी कार्यालयों के बीच।

कम्प्यूटर नेटवर्किंग का उपयोग कम्प्यूटर क्षेत्र में अभी अपेक्षाकृत नया है। लेकिन अधिक उपयोगी होने के कारण कम समय में ही यह तकनीक काफी प्रचलित हो गई है। कम्प्यूटर तथा दूरसंचार तकनीकों के मिलन से इस विधि का जन्म हुआ है। भारत में INDONET नामक बड़े कम्प्यूटर की स्थापना की जा रही है जिसका उद्देश्य भारत के मुख्य शहरों की कम्प्यूटरों के जरिए जोड़ना है।

78. (b) मूल निवेश-निर्गम प्रणाली कम्प्यूटर में यादृच्छिक अभिगम स्मृति में विद्यमान रहती है। रैम कम्प्यूटर की मुख्य स्मृति के समान हैं। इसे पढ़ो और लिखो स्मृति भी कहते हैं। जिसका तात्पर्य यह है कि रैम में आंकड़ों को लिखा जा सकता है और पढ़ा भी जा सकता है।

79. (b)

80. (a) 'रोमासिंग विद लाइफ, एन ऑटोबायोग्राफी' शीर्षक पुस्तक देवानन्द ने लिखी है।

81. (c)

82. (b) भारत रत्न पुरस्कार भारत सरकार द्वारा कला, साहित्य, विज्ञान एवं सार्वजनिक सेवा या जीवन में असाधारण एवं अत्युत्तम कोटि की उपलब्धि हेतु व्यक्तियों को दिया जाता है। यह पुरस्कार 1954 ई. से दिया जा रहा है। सर्वप्रथम यह पुरस्कार डॉ. सर्वपल्ली राधाकृष्णन को दिया गया। जे.आर. डी. टाटा, सत्यजीत रे और सी. सुब्रह्मण्यम को यह पुरस्कार दिया गया है। प्रसिद्ध समाजवादी आचार्य नरेन्द्र देव को यह पुरस्कार नहीं दिया गया है।

83. (a)

84. (c) भटनागर पुरस्कार, भारतीय औद्योगिक एवं वैज्ञानिक अनुसंधान परिषद द्वारा विज्ञान एवं प्रौद्योगिकी के क्षेत्र में उल्लेखनीय योगदान करने वाले भारतीय वैज्ञानिकों को विभिन्न वैज्ञानिक विधाओं के अंतर्गत शोध कार्य हेतु दिया जाता है। देश का यह सर्वोच्च वैज्ञानिक पुरस्कार है। यह पुरस्कार 1957 ई. में शुरू हुआ।

85. (b) ''इन्साइड आई.बी. एण्ड रॉ : द रोलिंग स्टोन दैट गैदर्ड मोर्स' नामक पुस्तक के लेखक के. शंकरन नायर हैं।

86. (a) व्यास सम्मान पाने वाली प्रथम महिला चित्रा मुद्गल थी। यह सम्मान प्रति वर्ष के.के. बिडला फाउण्डेशन द्वारा भारतीय भाषा में पिछले 10 वर्षों से प्रकाशित भारतीय नागरिक को उत्कृष्ट हिन्दी कृति पर दिया जाता है। चित्रा मुद्गल को वर्ष 2003 में यह पुरस्कार उनकी कृति 'आवा' के लिए प्रदान किया गया था।

87. (a) भागीरथी एवं अलकनन्दा नदियों का सम्मिलित नाम गंगा है। गंगा नदी गंगोत्री के पास गोमुख हिमानी (समुद्र तल से 5,165 मी. से भी अधिक ऊंचाई पर) से निकलती है। इसकी कुल लम्बाई 2.071 किमी. है। यह बंगाल की खाड़ी में गिरती है। अलकनन्दा नदी तिब्बत की सीमा के निकट 7,800 मी. की ऊंचाई पर गढ़वाल से निकलती है तथा इसमें भागीदारी की अपेक्षा जल की मात्रा अधिक होती है। अलकनन्दा की दो प्रमुख सहायक नदियां धौली एवं विष्णु गंगा हैं। देवप्रयाग के नजदीक अलकनन्दा और भागीरथी नदियां मिलकर एक हो जाती हैं एवं यहीं से यह शिवालिक श्रेणी को काटती हुई गंगा नदी के नाम से ऋषिकेश और हरिद्वार पहुंचती है। गंगा नदी ऋषिकेश के बाद हरिद्वार के समीप मैदान में प्रवेश करती है एवं उत्तर प्रदेश, बिहार एवं पश्चिम बंगाल राज्य में बहती हुई बंगाल की खाड़ी में गिर जाती है। फरक्का के बाद गंगा की मुख्य धारा बांग्लादेश में प्रवेश करती है जहां से इसे पद्मा के नाम से जाना जाता है। बांग्लादेश के चन्दनपुर में ग्वालण्डों के समीप पद्मा नदी ब्रह्मपुत्र में मिल जाती है तथा वहां इसे यमुना या मेघना कहते हैं।

88. (c) नगरीयकरण (Urbanization) भारत में निर्वनीकरण का प्रभाव नहीं है। भारत में निर्वनीकरण काफी तीव्र गति से हो रहा है। तीव्र गति से हो रहे निर्वनीकरण के कारण ही हिमालय में जलस्रोत सूख रहे हैं। इससे जैव-विविधता की हानि होती है एवं मृदा अपरदन होता है। राष्ट्रीय वन नीति के अनुसार भारत के कुल क्षेत्र के एक तिहाई भाग में वन होना चाहिए लेकिन अभी वर्तमान में भारत के 17.9% भाग में वन है।

89. (c) भारतीय वन्य जीवन संस्थान उत्तराखण्ड की राजधानी देहरादून में स्थित है।

90. (c) यमुना, अलकनन्दा और मन्दाकिनी नदी का स्रोत हिमनद है, जबकि कोसी नदी का स्रोत हिमनद नहीं है। अलकनन्दा और मन्दाकिनी नदी, गंगोत्री के पास गोमुख हिमानी से निकलती हैं। यमुना नदी बन्दरपूंछ के पश्चिमी ढाल पर स्थित यमुनोत्री हिमानी से निकलती है। कोसी नदी नेपाल में स्थित गोसाईधान चोटी के उत्तर से निकलती है।

91. (c) भारत का वृहत मुम्बई नगरीय केन्द्र विश्व के सबसे अधिक जनसंख्या वाले 10 शहरों में से एक है। विश्व के सर्वाधिक जनसंख्या वाले शहर (घटते क्रम में) इस प्रकार है-

शहर	आबादी (करोड़ में)
1. टोकियो	3.53
2. मैक्सिको	1.92
3. न्यूयॉर्क	1.85
4. साओ पोलो	1.83
5. ब्राजील	1.83
6. मुम्बई	1.83
7. दिल्ली	1.53
8. कोलकाता	1.43
9. ब्यूनस आयर्स	1.33
10. जकार्ता	1.32

92. (d) भारत में जनसंख्या वृद्धि से कृषि योग्य भूमि में कमी आती है। प्रदूषण में वृद्धि है एवं पर्यावरणीय संतुलन गड़बड़ा गया है। पर्यावरणीय संकट से बाढ़ों में वृद्धि हुई है। वन्य जीवों में अभिवृद्धि, जनसंख्या वृद्धि का प्रतिफल नहीं है।

93. (d) प्रश्न के अनुसार, भारत के दक्षिण-पूर्व में खनिज संसाधनों के सबसे बड़े भण्डार हैं। भारत के खनिज क्षेत्रों को निम्नलिखित भागों में बांटा गया है।

(i) उत्तर-पूर्वी प्रायद्वीपीय क्षेत्र।

(ii) मध्य क्षेत्र।

(iii) दक्षिण क्षेत्र।

(iv) दक्षिण-पश्चिम क्षेत्र।

(v) उत्तर-पश्चिम क्षेत्र।

उपरोक्त में से उत्तर-पूर्व प्रायद्वीपीय क्षेत्र खनिज सम्पदा की दृष्टि से काफी महत्वपूर्ण है। इस क्षेत्र को भारतीय खनिज का हृदय स्थल कहा जाता है यह आर्कियन शिल्ड क्षेत्र है, जिसका सम्पूर्ण मान उड़ीसा का पठार, छोटानागपुर का पठार छत्तीसगढ का उत्तरी भाग आदि से बना है। यहां की मुख्य खनिजें कोयला, लोहा मैंगनीज, अभ्रक, तांबा, बॉक्साइट आदि बहुतायत में मिलती है।

94. (d) उदयिन एवं वासवदत्ता की प्रेम कहानी का वर्णन हमें भास द्वारा लिखित प्रसिद्ध नाटक 'स्वप्नवासवदत्ता' में मिलता है। उदयिन कौशाम्बी के शासक थे एवं वासवदत्ता अवन्तिराज की पुत्री थी।

95. (d) देश में वैदिक धर्म ने मूर्ति-पूजा (Image-Worship) की नींव रखी थी।

96. (d) कनिष्क बौद्ध धर्म की 'महायान' शाखा का अनुयायी था। इसके समय में ही बौद्ध धर्म की चौथी संगीति का आयोजन किया गया था।

इस संगीति में बौद्ध धर्म दो भागों हीनयान और महायान में विभाजित हो गया। कनिष्क के दरबार में संरक्षण प्राप्त विद्वान अश्वघोष, नागार्जुन, वसुमित्र, चरक और मथरा थे। अश्वघोष ने बुद्धचरित, सौन्दरानन्द, शारिपुत्रप्रकरण एक सूत्रालंकार की रचना की। बुद्धचरित को बौद्ध धर्म का महाकाव्य कहा जाता है। नागार्जुन ने अपनी पुस्तक 'माध्यमिक सूत्र' में सापेक्षता के सिद्धान्त को प्रस्तुत किया। वसुमित्र ने चौथी बौद्ध संगीति में बौद्ध धर्म के विश्वकोष 'महाविभाषसूत्र' की रचना की। कनिष्क के दरबार के एक और रत्न चिकित्सक 'चरक' ने औषधि पर 'चरक संहिता' की रचना की।

97. (c) लोथल गुजरात के अहमदाबाद जिले में भोगवा नदी के किनारे सरागवाला नामक ग्राम के समीप स्थित है। इसकी खुदाई 1957-58 ई. में रंगनाथ राव के नेतृत्व में की गई। यहां की सर्वाधिक प्रसिद्ध उपलब्धि हड़प्पाकालीन बन्दरगाह के अतिरिक्त विशिष्ट मृद्भाण्ड, उपकरण, मुहरें, बाट तथा माप एवं पाषाण उपकरण हैं। यहां तीन युग्मित समाधि के भी उदाहरण मिले हैं। अन्य अवशेषों में धान (चावल), फारस की मुहरों एवं घोड़ों की लघु मृण्मूर्तियों के अवशेष प्राप्त हुए हैं सम्भवतः समुद्र के तट पर स्थित सिन्ध सभ्यता का यह स्थल पश्चिम एशिया के साथ व्यापार के दृष्टिकोण से सर्वोत्तम स्थल था।

98. (c) सम्राट अशोक का कालसी शिलालेख वर्तमान समय में देहरादून के निकट स्थित है। अशोक के इतिहास की सम्पूर्ण जानकारी हमें उसके अभिलेखों से मिलती है। अशोक के शिलालेख की खोज 1750 ई. में पाद्रेटी फेन्थैलर ने की थी। अशोक ने अभिलेख पढ़ने में सबसे पहली सफलता 1837 ई. में जेम्स प्रिंसेप को मिली। अशोक के प्रमुख शिलालेख-इसमें पशुबलि की निन्दा की गई है।

(i) पहला शिलालेख-इसमें पशुबलि की निन्दा की गई है।

(ii) दूसरा शिलालेख-इसमें अशोक ने मनुष्य एवं पशु दोनों की चिकित्सा व्यवस्था का उल्लेख किया है।

(iii) तीसरा शिलालेख-इसमें राजकीय अधिकारियों को यह आदेश दिया गया है कि वे हर पांचवें वर्ष के उपरान्त दौरे पर जाएं। इस शिलालेख में कुछ धार्मिक नियमों का भी उल्लेख किया गया है।

(iv) चौथा शिलालेख-इस अभिलेख में भेरीघोष की जगह धम्मघोष की घोषणा की गई है।

(v) पांचवां शिलालेख-इस शिलालेख में धर्म महामात्रों की नियुक्ति के विषय में जानकारी मिलती है।

(vi) छठा शिलालेख-इसमें आत्म-नियन्त्रण की शिक्षा दी गई है।

(vii) सातवां एवं आठवां शिलालेख-इनमें अशोक की तीर्थ यात्राओं का उल्लेख किया गया है।

(viii) नौवां शिलालेख-इसमें सच्ची भेंट तथा सच्चे शिष्टाचार का उल्लेख किया गया है।

(ix) दसवां शिलालेख-इसमें अशोक ने आदेश दिया है कि राजा तथा उच्च अधिकारी हमेशा प्रजा के हित में सोचें।

(x) ग्यारहवां शिलालेख-इसमें धम्म की व्याख्या की गई है।

99. (d) राष्ट्रकूट वंश की स्थापना लगभग 736 ई. में दन्तिदुर्ग ने की। उसने मान्यखेत या माल्यखेत को अपनी राजधानी बनाया। दन्तिदुर्ग के चाचा एवं उत्तराधिकारी कृष्ण प्रथम ने बादामी के चालुक्यों के अस्तित्व को पूर्णतः समाप्त कर दिया। इसने एलोरा में सुप्रसिद्ध गुहा मन्दिर (कैलाश मन्दिर) का एक ही चट्टान काटकर निर्माण करवाया।

100. (a) समाहर्ता मौर्यकाल में राजस्व विभाग का प्रमुख अधिकारी होता था। इसका मुख्य कार्य राजस्व इकट्ठा करना, आय-व्यय का ब्यौरा रखना एवं वार्षिक बजट तैयार करना होता था। इसका वेतन 24,000 पण वार्षिक था।

101. (d) पाण्ड्य राज्य की जीवन रेखा वेंगी नदी थी। पाण्ड्य राजवंश का प्रारम्भिक उल्लेख पाणिनी के 'अष्टाध्यायी' में मिलता है। सम्भवतः पाण्ड्य राज्य मदुरई, रामनाथपुरम, तिरुनेलवेली, तिरुचिरापल्ली एवं त्रावणकोर तक विस्तृत था। पाण्ड्यों का राजचिन्ह मत्स्य (मछली) था।

102. (c) 'दशकुमार-चरित' लेखक दण्डी थे। दण्डी द्वारा लिखा गया अन्य प्रमुख ग्रन्थ 'काव्यादर्श' है।

103. (a) पुराणों के अनुसार कृष्ण का पुत्र एवं उत्तराधिकारी शतकर्णी प्रथम शासक हुआ। यह सातवाहन वंश का प्रथम शतकर्णी उपाधि धारण करने वाला राजा था। इसके शासनकाल के बारे में हमें नागनिका एवं नानाघाट अभिलेख से महत्त्वपूर्ण जानकारी मिलती है। शतकर्णी प्रथम ने दो अश्वमेघ यज्ञ एवं एक राजसूय यज्ञ सम्पन्न कर सम्राट की उपाधि धारण की। शतकर्णी ने लगभग 56 वर्ष तक शासन किया। इसने सातवाहनों की सार्वभौम सत्ता का दक्षिण में विस्तार किया। गोदावरी के तट पर स्थित 'प्रतिष्ठान' को इसने अपनी राजधानी बनाया।

104. (b) सारनाथ स्तम्भ का निर्माण अशोक ने किया था। अशोक के इतिहास की सम्पूर्ण जानकारी हमें उसके अभिलेखों से मिलती है। अभिलेखों के द्वारा प्रजा को सन्देश देने की प्रेरणा अशोक को सम्भवतः ईरानी शासक डेरियस (दारा प्रथम) से मिली थी। अब तक अशोक के लगभग 40 अभिलेख प्राप्त हुए है। सारनाथ के लघु स्तम्भ लेख में अशोक अपने महापात्रों को संघ भेद रोकने का आदेश दिया है। सारनाथ लघु स्तम्भ लेख की खोज 1905 ई. में औटेल द्वारा की गई थी।

105. (b) सारनाथ (ऋषिपत्तनम्) में महात्मा बुद्ध ने अपना प्रथम धर्मोपदेश दिया था।

106. (c) दिल्ली सल्तनत में गयासुद्दीन तुगलक नहर खुदवाने वाला सुल्तान था। जबकि सल्तनतकालीन शासकों में सर्वाधिक नहरें खुदवाने का श्रेय फिरोज तुगलक को प्राप्त है।

107. (c) 5 जून, 1674 ई. में शिवाजी का छत्रपति के रूप में राज्याभिषेक रायगढ़ के किले में हुआ था। तत्कालीन समय के बनारस के महान् पंडित विश्वेश्वर उर्फ गंगाभट्ट ने उन्हें क्षत्रिय घोषित करते हुए उनका राज्याभिषेक कराया था।

108. (b) बाबर ने 1504 ई. में काबुल पर अधिकार कर लिया और परिणामस्वरूप उसने 1507 ई. में 'पादशाह' की उपाधि धारण की।

109. (a) सही सुमेल है–

समाचार पत्र		**प्रकाशक**
लीडर	–	मदन मोहन मालवीय
बॉम्बे क्रॉनिकल	–	फिरोजशाह मेहता
इंडिपेन्डेन्ट	–	मोतीलाल नेहरू
जस्टिस	–	टी.एम. नायर

110. (c) भारतीय संविधान का अनुच्छेद 352 आपात की उद्घघोषणा से संबंधित है। इस अनु. के खण्ड (1) में यह प्रावधान है कि यदि राष्ट्रपति को यह समाधान हो जाता है कि गंभीर आपात विद्यमान है जिससे युद्ध या बाह्य आक्रमण या सशस्त्र विद्रोह के कारण भारत या उसके राज्य क्षेत्र का कोई भाग सुरक्षा की दृष्टि से संकट में है तो वह उद्घघोषणा द्वारा संपूर्ण भारत या उसके राज्य क्षेत्र के ऐसे भाग के संबंध में जो उद्घघोषणा में विनिर्दिष्ट किया जाए इस आशय की घोषणा कर सकेगा।

111. (d) बिना संसद का सदस्य हुये कोई व्यक्ति मंत्रिपरिषद् का सदस्य 6 माह तक रह सकता है। मंत्रिपरिषद् में बने रहने के लिये 6 माह में उसे संसद के दोनों सदनों में से किसी भी एक सदन की सदस्यता लेना अनिवार्य है।

112. (a) भारत का संविधान समानता के अधिकार के अन्तर्गत (अनु. 14 से 18) अनुच्छेद 17 का सम्बन्ध अस्पृश्यता के अन्त से है, इसमें अस्पृश्यता को दंडनीय अपराध की श्रेणी में रखा गया है।

113. (c) भारत में महिलाओं को 73वें संविधान संशोधन द्वारा ग्राम पंचायतों में 30% आरक्षण दिया गया है। अनुच्छेद 243घ (3) के अनुसार पंचायतों में सभी स्तरों पर महिलाओं को एक तिहाई आरक्षण प्रदान किया गया है। 70वाँ संविधान संशोधन, 1992 राष्ट्रपति के निर्वाचन में निर्वाचन मंडल के रूप में राष्ट्रीय राजधानी क्षेत्र दिल्ली विधानसभा के सदस्यों एवं केन्द्रशासित प्रदेश पुदुचेरी को भी शामिल किया गया। 71वाँ संविधान संशोधन, 1992 में कोंकणी, मणीपुरी और नेपाली भाषा को आठवीं अनुसूची में शामिल किया गया। इसके साथ ही अनुसूचित भाषाओं की संख्या बढ़कर 18 हो गयी। जबकि 74वाँ संविधान संशोधन में शहरी स्थानीय निकायों को संवैधानिक स्थिति एवं सुरक्षा प्रदान की गई है। इस उद्देश्य के लिए संशोधन में नया भाग IX(क) जोड़ा गया। जिसे 'नगरपालिकाएँ' नाम दिया गया और नई बारहवीं अनुसूची में नगरपालिकाओं की 18 कार्यात्मक मदें जोड़ी गयीं।

114. (c) भारत के संविधान में अनुच्छेद 331 के अन्तर्गत यह प्रावधान किया गया है कि, यदि राष्ट्रपति यह समझे कि लोकसभा में आंग्ल भारतीय समुदाय के लोगों का उचित प्रतिनिधित्व नहीं है तो वह इस समुदाय के लोगों का लोकसभा में मनोनयन कर सकता है।

115. (c) वर्ष 1989 में उत्तर प्रदेश राज्य सरकार ने अल्पसंख्यकों की भावनाओं का समादर करते हुए उत्तर प्रदेश राजभाषा (संशोधन) अधिनियम, 1989 पारित करके उर्दू को दूसरी राजभाषा घोषित किया था।

116. (b) बैडमिंटन खिलाड़ी सौरभ वर्मा ने इतिहास रचते हुए वियतनाम ओपन खिताब जीत लिया। यह खिताब जीतने वाले वह पहले भारतीय हैं। उन्होंने चीनी खिलाड़ी सुन फेई जियांग को हराया। सौरभ वर्मा का चौथा बीडब्ल्यूएफ सुपर 100 खिताब है। सौरभ वर्ल्ड बैडमिंटन रैंकिंग में 38वें स्थान पर हैं। राष्ट्रीय चैम्पियन सौरभ ने जापान के कोदाई नारोका, यू इगाराशी और मिनोरू कोगा को हराया।

117. (d) हाल ही में दिल्ली के जवाहर लाल नेहरू स्टेडियम में जल शक्ति मंत्रालय की ओर से नमामि गंगे 'द ग्रेट गंगा रन' का आयोजन किया गया। इन मैराथन को केन्द्रीय खेल मंत्री किरण रिजिजू और जल शक्ति मंत्री गजेंद्र सिंह शेखावत ने झंडी दिखाकर रवाना किया। इस मैराथन का उद्देश्य एक जन आंदोलन की शुरुआत कर लोगों को गंगा नदी एवं अन्य नदियों के प्रति जागरूक करना है ताकि नदियां प्रदूषित होने से बचें और उनका जल स्वच्छ रहे। इस मैराथन में बुजुर्गों, युवाओं और महिलाओं सभी ने बढ़-चढ़कर भाग लिया।

118. (a) टाइम्स हायर एजुकेशन वर्ल्ड यूनिवर्सिटी रैंकिंग में ऑक्सफोर्ड यूनिवर्सिटी को टॉप पर चुना गया है। 2020 की नई लीग तालिका का अनावरण 11 सितम्बर 2019 को स्विट्जरलैंड में किया गया। ऑक्सफोर्ड अंतर्राष्ट्रीय रैंकिंग में शीर्ष पर रहने वाला ब्रिटेन का एकमात्र विश्वविद्यालय है जो विश्व में 1200 से अधिक संस्थानों में रिसर्च, स्टडी और इनोवेशन की गुणवत्ता का आंकलन करता है। इस रैंकिंग में भारत के 56 संस्थानों का नाम आया है। वर्ल्ड यूनिवर्सिटी रैंकिंग को शैक्षणिक संस्थानों की रैंकिंग की दृष्टि से काफी प्रतिष्ठित माना जाता है। इसके तहत दुनिया के 92 देशों के 1396 संस्थानों की रैंकिंग की जाती है। रैंकिंग में भारतीय यूनिवर्सिटीज की संख्या बढ़ने के साथ ही भारत पांचवां ऐसा देश बन गया है जिसकी अधिक-से-अधिक यूनिवर्सिटी को रैंकिंग में जगह मिली है।

119. (a) 16 सितम्बर 2019 को बांग्लादेश की प्रधानमंत्री शेख हसीना को ढाका में डॉ. कलाम स्मृति अंतर्राष्ट्रीय उत्कृष्टता पुरस्कार 2019 से सम्मानित किया गया। यह पुरस्कार हमारे देश के पूर्व राष्ट्रपति डॉ.ए.पी.जे.अब्दुल कलाम की स्मृति में स्थापित किया गया है। डॉ. कलाम स्मृति अंतर्राष्ट्रीय सलाहकार परिषद के मुख्य सलाहकार पूर्व राजदूत टी.पी श्रीनिवासन ने यह पुरस्कार शेख हसीना को प्रदान किया। यह पुरस्कार हर साल उन राजनेताओं को दिया जाता है जिन्होंने अपने देश के लिए दूसरे देशों के साथ सर्वश्रेष्ठ संबंध बनाकर विश्व शांति, प्रेम एवं सहयोग को लाने में प्रमुख भूमिका निभाई होती है।

120. (c) पर्यावरण के लिए मुहिम चलाने वाली स्वीडन की 16 साल की किशोरी ग्रेटा थुनबर्ग को एमनेस्टी इंटरनेशनल द्वारा सबसे बड़े अवॉर्ड ''एम्बैसडर ऑफ कॉन्शस'' से सम्मानित किया गया है। स्वीडन की रहने वाली ग्रेटा पिछले महीने नाव से अटलांटिक सागर पार करके न्यूयॉर्क पहुंच गई थी। ग्रेटा ने कार्बन उत्सर्जन को बचाने के लिए विमान से जाने से मना कर दिया था। जब वह नाव से दो सप्ताह की कठिन यात्रा करके न्यूयॉर्क पहुंची तो वहां पर हजारों लोगों ने उनका स्वागत किया। ग्रेटा ने पुरस्कार लेने के बाद कहा कि यह पुरस्कार अकेले उनका नहीं बल्कि उन लाखों युवाओं का है जिन्होंने पर्यावरण के लिए हरसंभव योगदान दिया है।

121. (a) भारतीय वायुसेना ने हवा से हवा में मार करने वाली ''अस्त्र'' मिसाल का हाल ही में ओडिशा में सफल परीक्षण किया। यह सटीक निशाने के साथ 70 किलोमीटर की दूरी से दुश्मन देशों के विमान और मिसाइलें गिराने में सक्षम है। ''अस्त्र'' हवा से हवा में मार करने वाली पहली स्वदेशी मिसाइल है। डीआरडीओ ने 50 निजी व सरकारी संस्थानों के सहयोग से इसका निर्माण किया है। अस्त्र 66 हजार फीट ऊंचाई पर उड़ान भरने की ताकत और राडार की आंखों में धूल झोंकने में माहिर है। इस अत्याधुनिक मिसाइल की मारक क्षमता 70 किलोमीटर से अधिक है, जो 5,555 किलोमीटर प्रति घंटे की गति से लक्ष्य की ओर उड़ान भर सकती है।

122. (d)

123. (b) हाल ही में सऊदी अरब के तेल संयत्रों पर ड्रोन से हमला किया गया। दुनिया की सबसे बड़ी तेल कम्पनी अमराको के अब्कैक और खुरैस तेल संयत्रों पर हुए हमले से पूरे विश्व की अर्थव्यवस्था के डगमगाने का खतरा बढ़ गया है। इस हमले के बाद पूरी दुनिया में तेल की कीमतों पर असर पड़ा है। साथ ही अमेरिका और ईरान के बीच पहले से जारी तनाव और बढ़ गया है। इस हमले के बाद अंतर्राष्ट्रीय बाजार में तेल की कीमतों में बढ़ोत्तरी हुई है। इसका असर भारत में भी देखने को मिला और यहां भी पेट्रोल और डीजल की कीमतों में मामूली बढ़ोतरी हुई। तेल संयत्रों पर हमले से पूरे विश्व की अर्थव्यवस्था पर भारी असर पड़ेगा। इस समस्या का हल विश्व बिरादरी को मिलकर सुलझाना होगा।

124. (a) मोतीबाग डॉक्यूमेंट्री फिल्म को ऑस्कर फिल्म महोत्सव में एंट्री के लिए नामांकित किया गया है। यह फिल्म उत्तराखंड के एक दूरस्थ गांव के किसान के संघर्ष पर आधारित है। इस फिल्म में एक बुजुर्ग किसान के बारे में दर्शाया गया है। जिले के विकास खंड कल्जीखाल स्थित सांगुडा गांव में बुजुर्ग किसान विद्या दत्त शर्मा विगत 52 वर्षों से पहाड़ की सजीवता को संजोए हुए हैं। उनके इसी संघर्ष को मोतीबाग डॉक्यूमेंट्री में दिखाया गया है।

125. (c) श्रीलंका ने दक्षिण एशिया के सबसे ऊंचे टावर का अनावरण किया। इसकी लागत 100 मिलियन डॉलर है। इसे 80 प्रतिशत चीन द्वारा विवादास्पद बेल्ट एंड रोड इनिशिएटिव के तहत वित्तपोषित किया गया है। यह कोलंबो शहर के मध्य में स्थित 350 मीटर लंबा 17 मंजिला लोटस टावर है। यह टावर 30,600 वर्ग मीटर के क्षेत्रफल में फैला है। यह परियोजना वर्ष 2012 में तत्कालीन राष्ट्रपति महिंदा राजपक्षे के समय में शुरू हुई थी।

126. (a) जस्टिस पी लक्ष्मण रेड्डी ने आंध्र प्रदेश राज्य के पहले लोकायुक्त के रूप में शपथ ली। उन्हें राज्यपाल विश्वभूषण हरिचंदन ने विजयवाड़ा के एक कार्यक्रम में शपथ दिलाई। जस्टिस लक्ष्मण रेड्डी अलगे पांच साल के लिए यह पद संभालेंगे। वर्ष 2014 में राज्य के विभाजन के बाद से पदभार संभालने वाले वह पहले लोकायुक्त हैं।

127. (b) विंग कमांडर अंजलि सिंह विदेश में किसी भी भारतीय दूतावास में तैनात होने वाली भारत की पहली महिला सैन्य राजनयिक बन गई हैं। वह रूस में भारतीय दूतावास में शामिल हो गई हैं। वह डिप्टी एयर अटैच के रूप में अपने नए कार्य में शामिल हुई हैं। उन्होंने 17 वर्षों तक भारतीय वायु सेना में सेवा की है और वे मिग-29 विमानों में प्रशिक्षित हैं।

128. (c) हाल ही में भारत सरकार ने ई-. सिगरेट, ई-हुक्का और ई-चिलम जैसे इलेक्ट्रॉनिक निकोटीन डिलीवरी सिस्टम पर प्रतिबंध लगा दिया है। अब देश में इलेक्ट्रॉनिक निकोटीन डिलीवरी सिस्टम (ENDS) बेचना, बनाना, इस्तेमाल करना, भंडारित करना और इनका विज्ञापन करना अपराध माना जाएगा। इस मामले में पहली बार पकड़े जाने पर एक साल की सजा या 1 लाख रुपए जुर्माना अथवा दोनों और दोबारा पकड़े जाने पर तीन साल की सजा और 5 लाख तक का जुर्माना हो सकता है। ई-सिगरेट बैटरी से चलने वाली डिवाइस है, जिसमें निकोटीन के घोल का धुआं स्मोकिंग में इस्तेमाल किया जाता है।

129. (a) हाल ही में विनेश फोगाट ने विश्व कुश्ती चैम्पियनशिप में कांस्य पदक जीतकर 2020 टोक्यो ओलंपिक का क्वालिफिकेशन प्राप्त किया है। उन्होंने कांस्य पदक के मुकाबले में यूनान की मारिया प्रेवोलाराकी को हराकर कांस्य पदक प्राप्त किया। इस पदक के साथ ही विनेश अब विश्व कुश्ती चैम्पियनशिप में पदक जीतने वाली पांचवीं भारतीय महिला बन गई हैं। उनसे पहले अलका तोमर(2006)ए गीता फोगाट और बबीता फोगाट (2012) एवं पूजा ढांडा (2018) ने इसमें कांस्य पदक प्राप्त किया था। विनेश अब भारत की सबसे सफल पहलवानों में से एक बन गई हैं।

130. (c)

131. (d) $2(27 \div 3) + 30 - 30 = 18$

$2(9) + 30 - 30 = 18$

$18 + 30 - 30 = 18$

$18 = 18$

L.H.S = R.H.S

132. (b)

37 → 32 → 26 → 19 → **[11]**

(−5, −6, −7, −8)

133. (b)

15 → 20 → 30 → **[45]** → 65

(+5, +10, +15, +20)

134. (d)

10 → 11 → 14 → 23 → 50 → **[131]**

(+1, +3, +9, +27, +81)

135. (b)

136. (b)

$R \xrightarrow{+1} S$ $F \xrightarrow{+1} G$

$A \xrightarrow{+1} B$ $\therefore$ $I \xrightarrow{+1} J$

$T \xrightarrow{+1} U$ $R \xrightarrow{+1} S$

$E \xrightarrow{+1} F$ $E \xrightarrow{+1} F$

137. (d) 'INTERDEPENDENCE' में दो I नहीं हैं अत: INCIDENT' शब्द नहीं बन सकता है।

138. (b)

139. (c) शब्दों का क्रम इस प्रकार है–

Latch, Latitude, laugh, Laurels.

140. (d) शब्दों का क्रम इस प्रकार है–

BALLERINA, BALLISTICS, BALLISTITE, BALLIUM.

141. (d) $\frac{a}{b} = \frac{3}{5}; \frac{b}{c} = \frac{4}{7}$

$\therefore \frac{a}{b} \times \frac{b}{c} = \frac{3}{5} \times \frac{4}{7}$

$\therefore \frac{a}{c} = \frac{12}{35}$

a : c = 12 : 35

142. (b) कुल दूरी $= 30 + 40 = 70$ किमी

कुल समय $= \frac{30}{6} + 5 = 10$ घण्टे

$\therefore$ औसत गति $= \frac{\text{कुल दुरी}}{\text{कुल समय}}$

$= \frac{70}{10} = 7$ किमी/घण्टा

143. (c) (A + B) का 1 दिन का काम $= \frac{1}{72}$

(B + C) का 1 दिन का काम $= \frac{1}{120}$

(C + A) का 1 दिन का काम $= \frac{1}{90}$

तीनों को जोड़ने पर,

2 (A + B + C) का 1 दिन का काम

$= \frac{1}{72} + \frac{1}{120} + \frac{1}{90}$

$= \frac{5+3+4}{3600} = \frac{12}{360} = \frac{1}{30}$

$\therefore$ (A + B + C) का 1 दिन का काम $= \frac{1}{60}$

$\therefore$ A का 1 दिन का काम

$= \frac{1}{60} - \frac{1}{120} = \frac{2-1}{120} = \frac{1}{120}$

$\therefore$ अभीष्ट समय = 120 दिन

144. (a) पहली अभाज्य संख्या = 2

दूसरी अभाज्य संख्या = 3

अभीष्ट योगफल = 2 + 3 = 5

145. (c) विक्रय मूल्य = ₹ x

क्रय मूल्य = ₹ $(x + 300)$

$\therefore \frac{300}{x+300} \times 100 = 25$

$\Rightarrow x + 300 = 1200$

$\Rightarrow x = 1200 - 300 =$ ₹ 900

146. (c) दिए गए विकल्पों में विकल्प (c) में मॉडर्न बेकरी-लखनऊ निर्दिष्ट है जबकि कानपुर होना चाहिए। अत: (c) विकल्प त्रुटिपूर्ण है। अन्य विकल्प सही हैं।

147. (c) लाल मिट्टियां मुख्यत: झांसी मंडल, मिर्जापुर एवं सोनभद्र जिले में पाई जाती हैं। लाल मिट्टी इन जिलों के ऊपरी पठारी भागों में पाई जाती है। यह दो प्रकार की होती है-परवा और रक्कर। 'परवा' हल्की बलुई अथवा बलुई चिकनी होती है जबकि 'रक्कर' अपक्षरित मिट्टी होती है।

148. (d)

149. (c) उत्तर प्रदेश में संतरे की पैदावार वाला प्रमुख जिला सहारनपुर है। यहां पर देशी नागपुरी, एम्पदार और लड्डू प्रजातियां पैदा की जाती है।

150. (c) उत्तर प्रदेश में ग्राम प्रधान का निर्वाचन पंचायत की सीमा क्षेत्र के निर्वाचन सूची में सम्मिलित सभी निर्वाचकों द्वारा इसी क्षेत्र के निर्वाचकों में से किया जाता है।

151. (b) उत्तर प्रदेश राज्य विधान सभा के 2012 के चुनावों में कुल 582 महिलाएं चुनाव मैदान में थी जिनमें से 35 (सर्वाधिक 20 समाजवादी पार्टी से) चुनाव जीतने में सफल रहीं।

152. (d) **153.** (b)

154. (b) लट्ठमार होली का संबंध बरसाना से है। लोक कथाओं के अनुसार भगवान श्रीकृष्ण अपने मित्रों के साथ इस दिन अपने गांव नंदगांव से राधा जी के गांव बरसाना गए थे, जहां राधा और उनकी सहेलियों ने लट्ठ (Stick) से उन्हें भागने

का प्रयास किया था। तब से यह परंपरा आज भी फाल्गुन मास की शुक्ल पक्ष की नवमी को मनायी जा रही है।

155. (d) सही सुमेलन इस प्रकार है-

सूची-I	सूची-II
(उद्योग)	(केंद्र)
लकड़ी (काष्ठ) के खिलौने	- वाराणसी
खेल का सामान	- मेरठ
पीतल की मूर्तियां	- मथुरा
दियासलाई उद्योग	- बरेली

156. (d) हिन्दी में प्रयुक्त अधिकांश शब्दों की जननी संस्कृत भाषा ही है। इनमें कतिपय शब्द तद्नुरूप अपनी गरिमा हिन्दी भाषा में अद्यतन बनाये हुए हैं। जो तत्सम के नाम से जाने जाते हैं। उक्त दिये गये विकल्पों में तीनों को छोड़कर विकल्प (d) 'तीर्थ' संस्कृत का शुद्ध शब्द है जो तत्सम शब्द है।

157. (d) 'सिंगार' शब्द का तत्सम रूप शृंगार शब्द है।

158. (d) ऐसे शब्द जो संस्कृत से उत्पन्न एवं विकसित हुए हैं, तद्भव शब्द कहलाते हैं। तत् + भव, जिसका आशय है 'उससे उत्पन्न'। ऐसे शब्दों को देखकर सहज ही अनुमान हो जाता है कि ये संस्कृत के किस शब्द से प्रस्फुटित हुए हैं। जैसे– दिये गये विकल्प में 'सूरज' शब्द को देखकर स्पष्ट भान हो जाता है कि यह 'सूर्य' शब्द से बना हुआ है।

159. (c) जो शब्द संज्ञा या सर्वना की विशेषता बतलाता है, उसे विशेषण कहते हैं तथा विशेषण जिसकी विशेषता बतलाता है उसे विशेष्य कहते हैं। 'उपासक' विशेष्य शब्द है।

160. (d) दिये गये विकल्प में चार विशेषण और दो विशेष्य हैं। 'भले' और 'महान', उचित और संयमित विशेषण हैं और लोग और व्यवहार विशेष्य हैं।

161. (d) दिये गये विकल्पों में 'अहि' का पर्यायवाची शब्द 'सिंधुर' नहीं है। सिंधुर का आशय हाथी से है, जबकि उरग, सरीसृप, पवनाश सर्प का पर्यायवाची शब्द है।

162. (c) 'नैसर्गिक' का पर्यायवाची शब्द 'प्राकृतिक' होता है जबकि सत्कृत, चमत्कृत, और चतुर्दिक का नैसर्गिक शब्द से कोई लेना-देना नहीं है।

163. (c) दिये गये विकल्प में 'पद्मा' शब्द सरस्वती का पर्यायवाची नहीं है। पद्मा का अर्थ 'लक्ष्मी' से है जबकि वीणापाणि, महाश्वेता और भारती, सरस्वती का पर्यायवाची शब्द है।

164. (c) दिये गये विलोम युग्म में अपेक्षा-उपेक्षा, अग्रज- अनुज और आदान और प्रदान सही विलोम युग्म है। जबकि 'उन्नति' का विलोम –अवनति' होता है न कि अवगत।

165. (c) 'अथ' का विलोम 'इति' होता है जबकि पूर्ण का विलोम अपूर्ण समाप्त का आरंभ और खत्म का शुरू होता है।

166. (d) दिये गये विकल्पों में लंगड़, बुझक्कड़ और कोंकण शब्द शुद्ध हैं। विकल्प (d) में दिया गया शब्द 'भुखखड़' अशुद्ध है। इसका शुद्ध होगा 'भुक्खड़'।

167. (d) 'संकीर्ण' का विलोम –विस्तीर्ण' होता है।

168. (d)

169. (c) 'सापेक्ष' का विलोम 'निरपेक्ष' होता है जबकि असापेक्ष, निष्पक्ष और आपेक्ष शब्द का आशय प्रश्न से बिल्कुल असम्बद्ध है।

170. (d) दिये गये विकल्पों में 'उस समय चरखा चलाना भी एक अनुशासन था।' विकल्प वाक्य शुद्ध है।

171. (d) **172.** (a) **173.** (a) **174.** (d)
175. (c) **176.** (d) **177.** (c) **178.** (c)
179. (c) **180.** (a) **181.** (d) **182.** (a)
183. (b) **184.** (b) **185.** (b)

186. (d) BIOS का मतलब ''बेसिक इनपुट आउटपुट सिस्टम'' (Basic Input Output system) है। जब कम्प्यूटर को चालू किया जाता है, तो रॉम (ROM) में संग्रहित बायोस (BIOS) सॉफ्टवेयर कम्प्यूटर के प्रत्येक हार्डवेयर की जाँच करता है। ऑपरेटिंग सिस्टम को प्रारंभ करता है तथा विभिन्न हार्डवेयर युक्तियों के बीच समन्वय स्थापित करता है।

187. (c) आरजे-11 या (RJ-11 या Registered Jack-11) कनेक्टर को एक मॉडेम में टेलिफोन लाइन प्लग करने के लिए प्रयोग किया जाता है।

188. (a) एक कम्प्यूटर प्रणाली के चार बुनियादी कार्य होते हैं जैसे– इनपुट (Input), प्रोसेसिंग (processing), उत्पादन (Production) और भंडारण (Storage)

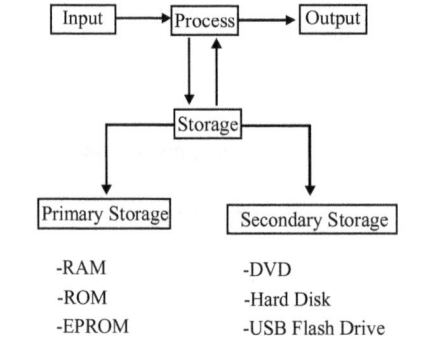

```
Input → Process → Output
            ↓
         Storage
         ↙     ↘
Primary Storage    Secondary Storage
-RAM               -DVD
-ROM               -Hard Disk
-EPROM             -USB Flash Drive
```

189. (a) कैश (Cache) स्मृति कम से कम अभिगम काल (Access time) है। यह केन्द्रीय प्रोसेसिंग इकाई (CPU) तथा मुख्य मेमोरी के बीच का भाग है, जिसका उपयोग बार-बार उपयोग में आने वाले डेटा और निर्देशों को संग्रहित करने में किया जाता है। जिस कारण मुख्य मेमोरी तथा प्रोसेसर के बीच गति अवरोध दूर हो जाता है, क्योंकि मेमोरी से डेटा पढ़ने की गति CPU के प्रोसेस करने की गति से काफी मंद होती है।

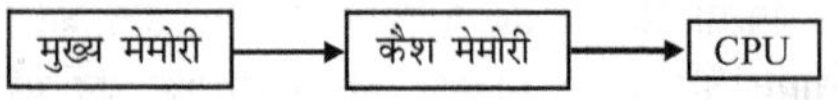

```
मुख्य मेमोरी → कैश मेमोरी → CPU
```

जबकि आभासी (Virtual Memory) स्मृति एक प्रकार की कम्प्यूटर प्रणाली तकनीक है, जो एक कम्प्यूटर (एप्लीकेशन) प्रोग्राम को यह धारणा प्रदान करता है कि इसके पास एक सन्निहित कार्य क्षमता वाली मेमोरी है। माध्यमिक स्मृति (Secondary Memory) यह मुख्यतः चुम्बकीय डिस्क या ऑप्टिकल डिस्क होता है, जिसमें बड़ी मात्रा में सूचनाओं को संग्रहित किया जा सकता है। यह स्थायी (Non-Volatile) मेमोरी है। जिसमें विद्युत उपलब्ध न होने पर भी सूचनाओं का ह्रास नहीं होता।

190. (a) एंड्रॉयड (Android) एक मोबाइल ऑपरेटिंग सिस्टम है, जो लिनक्स पर आधारित है। इसका विकास गूगल द्वारा किया गया है। एंड्रायड का विकास मुख्य रूप से टचस्क्रीन मोबाइल के लिए किया गया है। उबांटू (Ubantu) एक लिनक्स डिस्ट्रिब्यूशन है, जो अक्टूबर 2004 में आया था। यह डेबियन लिनक्स पर आधारित है। लिनक्स (Linux) व्यक्तिगत कम्प्यूटर के लिए बनाया गया ऑपरेटिंग सिस्टम है। जिसका विकास लाइनक्स टॉरवैल्ड्स (Linut Torvalds) ने सन् 1991 में किया। विंडोज (windows) माइक्रोसॉफ्ट कंपनी के एक नया प्रोग्राम विकसित किया, जिसका नाम विंडोज था। वह प्रोग्राम ग्राफिकल यूजर इंटरफेस (Graphical User Interface) की सुविधा प्रदान करता है।

191. (d) कम्प्यूटिंग में डिजिटल सर्किट जो गणित और तार्किक कार्रवाई करता है। उसे एक गणित और तर्क इकाई (ALU) कहा जाता है। इसका कार्य मूलभूत अंकगणितीय गणनाएँ करना (जोड़, घटाव, गुणा, भाग आदि) तथा कुछ लॉजिकल कार्य (बराबर है, बराबर नहीं, कम है या अधिक है) संपादित करता है। यह कंट्रोल यूनिट से प्राप्त निर्देशों के अनुसार कार्य करता है।

192. (c) डीवीडी (DVD) का मतलब ''डिजिटल वर्सेंटाइल डिस्क'' (Digital Versatile Disk) होता है। यह ऑप्टिकल डिस्क तकनीक

के CD-रॉम की तरह होता है, इसमें न्यूनतम 4.7 GB डेटा एक लंबाई की फिल्म पर संग्राहित किया जा सकता है। इसका मुख्य उपयोग वीडियो और डेटा का भंडारण करना है।

193. (a) ओ.एस.आई (OSI) 'ओपन सिस्टम इंटर कनेक्शन' (Open system interconnection) का पूरा नाम है। OSI मॉडल में सात लेयर (Seven layers) होती है।

194. (d) ए.एल.यू. (ALU) अरिथमैटिक लॉजिक यूनिट (Arithmetic Logic Unit) का संक्षिप्त रूप है। जो कम्प्यूटर के प्रोसेसर में रहती है तथा मूलभूत गणनाएँ (जोड़, घटाव, गुणा, भाग) और कुछ लॉजिकल कार्य (बराबर है, बराबर नहीं, कम है, अधिक है) करता है, जबकि एम.यू. (Memory Unit) CPU की यह यूनिट प्रयोगकर्ता द्वारा प्राप्त निर्देशों एवं डाटा को सुरक्षित रखती है तथा आवश्यकतानुसार इन्हें प्रक्रिया इकाई (process unit) तक भेजती है। सी.यू. (Control Unit) सी. पी.यू. (CPU) का अति महत्वपूर्ण भाग होती है, जो विभिन्न यूनिटों में होने वाली प्रक्रियाओं पर पूर्ण नियंत्रण रखती है। यह कम्प्यूटर का नाड़ी तंत्र कहलाता है।

195. (b) स्पीकर एक आउटपुट डिवाइस है, जिसका प्रयोग ध्वनि रूपी डाटा को परिणाम के रूप में प्राप्त करने के लिए होता है, जबकि माउस (Mouse) एक प्वाइंटिंग इनपुट डिवाइस होती है, जिसका प्रयोग निर्देशों को कम्प्यूटर में डालने हेतु होता है। माउस का मुख्य कार्य स्क्रीन पर कर्सर अथवा प्वाइंटर को चलाना होता है। माइक्रोफोन तथा माइक (Mice) ऐसी इनपुट युक्तियाँ हैं, जो आवाज रूपी डाटा को कम्प्यूटर में प्रविष्ट (Enter) कराती है। जॉयस्टिक (Joystick) एक प्वाइंटिंग डिवाइस है, जो ट्रैकबाल की तरह ही कार्य करता है।

196. (b) प्रथम पीढ़ी के कम्प्यूटर (1942-1955) में वैक्यूम ट्यूब इलेक्ट्रॉनिक डिवाइस का प्रयोग किया गया था, जबकि दूसरी पीढ़ी के कम्प्यूटर में वैक्यूम ट्यूब की जगह ट्रांजिस्टर का प्रयोग किया गया था। तीसरी पीढ़ी के कम्प्यूटर (Third (1964-1975) में ट्रांजिस्टर की जगह इंटीग्रेड सर्किट (IC-Integrated Circuit) का प्रयोग शुरू हुआ था। चौथी पीढ़ी के कम्प्यूटर (1975-1989) में माइक्रो प्रोसेसर के विकास से कम्प्यूटर के आकार में कमी तथा क्षमता में वृद्धि हुई। माइक्रो प्रोसेसर का विकास एम ई हॉफ ने 1971 में किया।

197. (c) एन.आई.सी. (NIC-Network Interface Card) नेटवर्क इंटरफेस कार्ड किसी कम्प्यूटर को नेटवर्क से जोड़ने के लिए प्रयुक्त हार्डवेयर है। एन.आई.सी. (NIC) नेटवर्क पर एम.ए. सी. (MAC) एड्रेस की सहायता से पी.सी. (PC) को पहचानती है।

198. (a) मशीन भाषा बाइनरी नम्बर (0 या 1) में लिखी भाषा है, जिसे कम्प्यूटर द्वारा बिना ट्रांसलेशन प्रोग्राम के समझा और क्रियांवित किया जा सकता है। इस भाषा में ट्रांसलेटर प्रोग्राम की आवश्यकता नहीं होती है। प्रोग्राम भाषा को मुख्यत: तीन भागों में विभाजित किया जा सकता हैं मशीन भाषा, असेम्बली भाषा और उच्च स्तरीय भाषा।

199. (a) .doc एम.एस.वर्ड (MS-Word) डॉक्यूमेंट का एक्सटेन्सन है।

200. (b) सिम्बालिक कोड वह कोड है, जो कम्प्यूटर निर्देश जो कि बाइनरी मशीन कोड के बदले अंग्रेजी शब्दों में लिखा जाता है। ग्रे-कोड (Gray Code) संख्याओं को बाइनरी में कोड करने की एक प्रणाली है।

❑❑❑

प्रैक्टिस सेट–10

1. बैसिलस थूरिंजिनिसिस का उपयोग होता है
(a) जैविक खाद
(b) जैविक कीटनाशक
(c) रासायनिक खाद
(d) रासायनिक कीटनाशक

2. निम्नलिखित में से कौन-सी गैस ग्लोबलवार्मिंग के लिए ज्यादा जिम्मेदार है?
(a) नाइट्रोजन
(b) मीथेन
(c) कार्बन डाइ-ऑक्साइड
(d) कार्बन मोनो-ऑक्साइड

3. निम्नलिखित में से किस जोड़े का मिलान सही नहीं है?
(a) इबोला वायरस : चेचक
(b) जीव-सांख्यिकी पहचान : अंगुली छापन तथा आयरिस स्कैन
(c) क्लोनिंग : आनुवंशिक प्रतिकृति
(d) डी.एन.ए. फिंगरप्रिंटिंग : पैत्रक या अपराधी की पहचान

4. निम्नलिखित में से कौन-सा यूरेनियम समस्थानिक परमाणु ऊर्जा संयंत्र में बिजली उत्पादन में इस्तेमाल किया जाता है?
(a) U-233 (b) U-234
(c) U-235 (d) U-239

5. बायोगैस का मुख्य घटक है
(a) हाइड्रोजन (b) मीथेन
(c) ब्यूटेन (d) एसिटिलिन

6 निम्नलिखित में से कौन-सा तत्व सोलर सेल में उपयोग किया जाता है?
(a) सिलिकॉन (b) सीरियम
(c) एस्टैटीन (d) वैनेडियम

7. निम्नलिखित में से कौन-सा पॉलीमर नहीं है?
(a) नायलॉन (b) टैफलॉन
(c) कैप्रोलैक्टम (d) पॉलीस्टाइरीन

8. कौन-सा विटामिन खून का थक्का बनाने के लिए चाहिए?
(a) विटामिन A (b) विटामिन C
(c) विटामिन E (d) विटामिन K

9. इलैक्ट्रिक बल्ब में फिलामेंट बना होता है
(a) टंगस्टन (b) नाइक्रोम
(c) सीसा (d) एल्युमीनियम

10. निम्न में से किस विकिरण में ऊर्जा प्रति क्वाटंम सर्वाधिक होगी?
(a) 320-400 nm (b) 200-280 nm
(c) 280-320 nm (d) 400-600 nm

11. प्रकाश को सूर्य से पृथ्वी तक पहुँचने में कितना समय लगता है?
(a) 5.5 मिनट (b) 6.8 मिनट
(c) 8.3 मिनट (d) 9.5 मिनट

12. उत्तल दर्पण सामान्यतः प्रयोग होता है–
(a) सौर कुकर में
(b) ऑपथैल्मोस्कोप (नेत्र विज्ञान/ नैत्रिकी) में
(c) हेड लाइट के परावर्तन के लिए
(d) वाहन के पीछे के भागों को देखने के लिए दर्पण के रूप में

13. ऊष्माशोषी अभिक्रिया क्या होती हैं?
(a) वह अभिक्रिया जिसमें ऊष्मा निष्कर्षित होती है।
(b) वह अभिक्रिया जिसमें ऊष्मा अवशोषित होती हैं।
(c) वह अभिक्रिया जिसमें न ऊष्मा निष्कर्षित होती, न ही अवशोषित होती है।
(d) निम्न में से कोई नहीं।

14. अक्रिय गैसों का आयनन विभव होता है–
(a) शून्य (b) निम्न
(c) उच्च (d) ऋणावेशित

15. फल एवं सब्जियाँ हमारे भोजन का हिस्सा होती है क्योंकि ये उत्तेजित करते हैं–
(a) क्रमाकुंचन (b) लार का स्रावण
(c) उत्सर्जन (d) श्वसन

16. किस संवैधानिक संशोधन द्वारा शहरी स्थानीय शासन को संवैधानिक दर्जा दिया गया?
(a) 72वां (b) 73वां
(c) 74वां (d) 71वां

17. भारत के सर्वोच्च न्यायालय का क्षेत्राधिकार किसके द्वारा बढ़ाया जा सकता है?
(a) भारत के राष्ट्रपति द्वारा
(b) संसद द्वारा प्रस्ताव पारित करके
(c) संसद द्वारा विधि बनाकर
(d) भारत के मुख्य न्यायाधीश से परामर्श करके राष्ट्रपति द्वारा

18. मंत्रिपरिषद् सामूहिक रूप से किसके प्रति उत्तरदायी है?
(a) प्रधानमंत्री (b) राष्ट्रपति
(c) राज्यसभा (d) लोकसभा

19. निम्नलिखित में से किसको 'भारतीय संविधान की आत्मा' कहा गया है?
(a) मौलिक अधिकार
(b) राज्य के नीति-निदेशक सिद्धांत
(c) संवैधानिक उपचार का अधिकार
(d) उद्देशिका

20. लोकसभा सचिवालय प्रत्यक्ष रूप से किसकी देख-रेख में कार्य करता है?
(a) गृह मंत्रालय
(b) संसदीय कार्य मंत्रालय
(c) भारत के राष्ट्रपति
(d) लोकसभा अध्यक्ष

21. निम्न में से किसकी नियुक्ति राज्य का राज्यपाल नहीं करता?
(a) मुख्यमंत्री
(b) सदस्य, राज्य लोक सेवा आयोग
(c) उच्च न्यायालय के न्यायाधीश
(d) महान्यायवादी

22. निम्नलिखित में से किसके अंतर्गत भारतीय संविधान सभा का गठन किया गया?

(a) भारत सरकार अधिनियम, 1935
(b) क्रिप्स प्रस्ताव, 1942
(c) कैबिनेट मिशन योजना, 1946
(d) भारतीय स्वतंत्रता अधिनियम, 1947

23. भारतीय संसद में निम्न में से कौन सम्मिलित हैं?

(a) राष्ट्रपति, लोकसभा एवं राज्यसभा
(b) लोकसभा, राज्यसभा एवं प्रधानमंत्री
(c) लोकसभा, राज्यसभा एवं संसदीय कार्य मंत्री
(d) लोकसभा, राज्यसभा एवं संसदीय सचिवालय

24. संसद के दोनों सदनों की संयुक्त बैठक की अध्यक्षता कौन करता है?

(a) भारत का राष्ट्रपति
(b) भारत का उप-राष्ट्रपति
(c) भारत का प्रधानमंत्री
(d) लोकसभा अध्यक्ष

25. भारत के मुख्य चुनाव आयुक्त का कार्यकाल कितना होता है?

(a) पांच वर्ष
(b) छह वर्ष या 65 वर्ष की आयु जो भी पहले हो
(c) पांच वर्ष या 65 वर्ष की आयु जो भी पहले हो
(d) भारत के राष्ट्रपति के प्रसादपर्यंत

26. जनहित याचिका (पी.आई.एल.) कहां पर प्रस्तुत की जा सकती है?

(a) केवल भारत के सर्वोच्च न्यायालय में
(b) केवल राज्यों के उच्च न्यायालयों में
(c) केंद्रीय प्रशासनिक प्राधिकरण में
(d) उच्च न्यायालय एवं सर्वोच्च न्यायालय दोनों में

27. एक व्यक्ति पंचायत का चुनाव लड़ सकता है यदि उसने पूर्ण कर ली है

(a) 25 वर्ष की आयु
(b) 30 वर्ष की आयु
(c) 21 वर्ष की आयु
(d) 18 वर्ष की आयु

28. संविधान के किस संशोधन के अंतर्गत अन्य पिछड़ा वर्ग को शिक्षण संस्थाओं में प्रवेश हेतु 27% का आरक्षण दिया गया है?

(a) 92वें (b) 93वें
(c) 94वें (d) 96वें

29. राज्यपाल को पद व गोपनीयता की शपथ कौन दिलाता है?

(a) राष्ट्रपति
(b) सर्वोच्च न्यायालय का मुख्य न्यायाधीश
(c) उच्च न्यायालय का मुख्य न्यायाधीश
(d) मुख्यमंत्री

30. निम्न में से किस राज्य ने सर्वप्रथम लोकायुक्त संस्था की स्थापना की?

(a) राजस्थान (b) महाराष्ट्र
(c) बिहार (d) गुजरात

31. निम्न में से किस आयोग/समिति ने स्थानीय संस्था ऑम्बुड्समैन बनाने का सुझाव दिया?

(a) प्रथम प्रशासनिक सुधार आयोग
(b) द्वितीय प्रशासनिक सुधार आयोग
(c) बलवंतराय मेहता समिति
(d) अशोक मेहता समिति

32. निम्न में से कौन-सी समिति भारत में पंचायती राज व्यवस्था से संबंधित नहीं है?

(a) दिनेश गोस्वामी समिति
(b) एल.एम. सिंघवी समिति
(c) सादिक अली समिति
(d) अशोक मेहता समिति

33. संविधान के किस अनुच्छेद के अंतर्गत शिक्षण संस्थाओं में, जिसमें गैर-सरकारी व गैर-अनुदान प्राप्त भी सम्मिलित हैं, अन्य पिछड़ों, अनुसूचित जाति व अनुसूचित जनजाति हेतु आरक्षण की सुविधा प्रदान की गई है?

(a) अनुच्छेद 15(4)
(b) अनुच्छेद 15(5)
(c) अनुच्छेद 16(4)
(d) अनुच्छेद 16(5)

34. 86वें संशोधन द्वारा प्रस्तावित 'शिक्षा का अधिकार' किस वर्ष से लागू किया गया?

(a) 2002 से (b) 2004 से
(c) 2008 से (d) 2010 से

35. निम्नलिखित में से कौन, उत्तराखंड राज्य की सबसे ऊंची हिमाच्छादित पर्वत चोटी है?

(a) कामेत (b) त्रिशूल
(c) नंदादेवी (d) चंगोरी

36. टिहरी जल-विद्युत परियोजना, निम्नलिखित में से किन नदियों पर बनाई गई है?

(a) भागीरथी एवं अलकनंदा
(b) यमुना एवं भागीरथी
(c) काली एवं टोंस
(d) भागीरथी एवं भिलंगना

37. ब्रेटनवुड्स सम्मेलन ने किन संस्थाओं की स्थापना की?

1. आई.एम.एफ. (IMF)
2. आई.बी.आर.डी. (IBRD)
3. सयुक्त राष्ट्र
4. डब्ल्यू.टी.ओ. (WTO)

कूट:

(a) 1 और 2 (b) 1, 2 और 3
(c) 1 और 3 (d) 1, 2, 3 और 4

38. मानव विकास रिपोर्ट, निम्नलिखित में से किस संस्था द्वारा प्रकाशित की जाती है?

(a) यूनेस्को (b) विश्व बैंक
(c) यू.एन.डी.पी. (d) आई.एम.एफ.

39. निम्नलिखित में से विश्व बैंक की कौन-सी संबद्ध संस्था, विश्व के निर्धनतम राष्ट्रों को गरीबी उन्मूलन हेतु सहायता प्रदान करती है?

(a) अंतर्राष्ट्रीय वित्त निगम
(b) अंतर्राष्ट्रीय विकास संघ
(c) बहुपक्षीय निवेश गारंटी एजेंसी
(d) अंतर्राष्ट्रीय मौद्रिक कोष

40. जब विनिमय दर 1$ = रु. 60 से परिवर्तित होकर 1$ = रु. 58 हो जाती है, तो इसका अभिप्राय है कि

1. रुपया अधिमूल्यित हो गया है।
2. डॉलर का मूल्य घट गया है।
3. रुपये का मूल्य घट गया है।
4. डॉलर अधिमूल्यित हो गया है।

(a) 1 और 2 सही हैं
(b) 2 और 3 सही हैं
(c) 1 और 4 सही हैं
(d) 2 और 4 सही हैं

41. माल्थस के जनसंख्या सिद्धांत के अनुसार, जनसंख्या में वृद्धि होती है

(a) ज्यामितीय क्रम में
(b) अंकगणितीय क्रम में
(c) हरात्मक क्रम में
(d) उपर्युक्त में से कोई नहीं

42. फिलिप्स वक्र किनके मध्य संबंध को व्यक्त करता है?

(a) मुद्रा विस्फीति एवं बेरोजगारी
(b) मुद्रास्फीति एवं बेरोजगारी
(c) मुद्रास्फीति एवं अदृश्य बेरोजगारी
(d) मुद्रा विस्फीति एवं चक्रीय बेरोजगारी

43. निम्नलिखित में से 'पूंजी का संग्रहण' (The Accumulation of Capital) पुस्तक का लेखक कौन है?

(a) श्रीमती जॉन रॉबिंसन
(b) एडम स्मिथ
(c) लॉर्ड मेनार्ड कींस
(d) इनमें से कोई नहीं

44. निम्नलिखित में से किस अर्थशास्त्री ने, 1929-30 की महान् मंदी को सुधारने के लिए, राजकोषीय नीति के उपाय का उपयोग किया?
(a) प्रो. कींस (b) प्रो. पीगू
(c) प्रो. मार्शल (d) प्रो. क्राउथर

45. वर्ष 2011 की जनगणना के अनुसार भारत में लिंग अनुपात (प्रति 1000 पुरुषों के पीछे स्त्रियों की संख्या) है
(a) 925 (b) 947
(c) 916 (d) 940

46. निम्नलिखित में से राष्ट्रीय विकास समिति का अध्यक्ष कौन होता है?
(a) भारत का प्रधानमंत्री
(b) भारत सरकार का वित्त मंत्री
(c) भारत का राष्ट्रपति
(d) भारत का उप-राष्ट्रपति

47. निम्नलिखित में से कौन-सा राज्य, भारतवर्ष में रबर की खेती के लिए प्रसिद्ध है?
(a) कर्नाटक (b) ओडिशा
(c) आंध्र प्रदेश (d) केरल

48. निम्नलिखित में से कौन एक राजकोषीय नीति का भाग है?
(a) उत्पादन नीति (b) कर नीति
(c) विदेश नीति (d) ब्याज दर नीति

49. नरेगा (NREGA) को मनरेगा (MNREGA) नाम कब दिया गया?
(a) 2 अक्टूबर, 2007 को
(b) 2 फरवरी, 2008 को
(c) 2 अक्टूबर, 2009 को
(d) 2 अक्टूबर, 2010 को

50. भारत सरकार द्वारा, बीमा नियामक एवं विकास प्राधिकरण की स्थापना की गई थी
(a) अप्रैल 2000 में
(b) अप्रैल 2001 में
(c) अप्रैल 2002 में
(d) अप्रैल 2003 में

51. निम्नलिखित में से किस अर्थशास्त्री ने व्यापार चक्र का विशुद्ध मौद्रिक सिद्धान्त प्रतिपादित किया?
(a) हाट्रे (b) हायक
(c) कींस (d) हिक्स

52. मिनामाता व्याधि का मुख्य कारण है
(a) आर्सेनिक विषाक्तता
(b) सीसा विषाक्तता
(c) पारद विषाक्तता
(d) कैडमियम विषाक्तता

53. किसी निश्चित क्षेत्र में प्राणियों की संख्या की सीमा, जिसे पर्यावरण समर्थन कर सकता है, कहलाती है
(a) जनसंख्या
(b) वहन-क्षमता
(c) संख्या या जैव-द्रव्यमान का पिरैकिड
(d) उपर्युक्त में से कोई नहीं

54. नैनो-कण का आकार निम्नलिखित में से किसके बीच होता है
(a) 100 एन-एम से 1000 एन-एम
(b) 0.1 एन-एम से 1 एन-एम
(c) 1 एन-एम से 100 एन-एम
(d) 0.01 एन-एम से 0.1 एन-एम

55. निम्नलिखित में से कौन-सा एक भारतीय रिजर्व बैंक का कार्य नहीं है?
(a) करेंसी का नियमन
(b) विदेशी व्यापार का नियमन
(c) साख का नियमन
(d) देश के विदेशी विनिमय कोषों की रखवाली एवं प्रबंध

56. भारत का पहला संचालन उपग्रह IRNSS-1A कहां से छोड़ा गया?
(a) श्रीहरिकोटा (b) अहमदाबाद
(c) तिरूअनंतपुरम (d) बंगलुरू

57. जैव-विविधता में परिवर्तन होता है
(a) भूमध्य रेखा की तरफ बढ़ती है
(b) भूमध्य रेखा की तरफ घटती है
(c) पृथ्वी पर एक समान रहती है
(d) ध्रुवों की तरफ बढ़ती है

58. 'भारतीय रिमोट सेसिंग संस्थान' (IIRS) स्थित है
(a) देहरादून (b) नई दिल्ली
(c) लखनऊ (d) नागपुर

59. 'ग्रेट हिमालय राष्ट्रीय पार्क', जिसे यूनेस्को ने विश्व धरोहर स्थल घोषित किया है, स्थित है
(a) उत्तराखंड में
(b) हिमाचल प्रदेश में
(c) जम्मू-कश्मीर में
(d) नागालैंड में

60. उत्तर-मध्य रेलवे जोन (क्षेत्र) का मुख्यालय कहां स्थित है?
(a) इलाहाबाद (b) जबलपुर
(c) भोपाल (d) दिल्ली

61. 'अंतर्राष्ट्रीय अहिंसा दिवस' मनाया जाता है–
(a) 10 दिसंबर को
(b) 30 जनवरी को
(c) 2 अक्टूबर को
(d) 23 मार्च को

62. पी.ओ.सी.एस.ओ. कानून का संबंध है–
(a) तेल कंपनियों से
(b) बच्चों से
(c) लोक सेवकों से
(d) समुद्र से

63. निम्नलिखित में से किस जोड़े का मिलान सही नहीं है?
(a) प्रकाशिक फाइबर प्रकाश तरंगें
(b) एंड्रॉइड वाणी निवेश
(c) बृहद हेड्रॉन कोलाइडर गॉड पार्टीकल
(d) लाल ग्रह मंगल

64. निम्नलिखित में से कौन संयुक्त राष्ट्रसंघ के प्रथम अफ्रीकी महासचिव रहे हैं?
(a) बान-की-मून
(b) जेवियर पेरेज द क्यूलार
(c) बुतरस-बुतरस घाली
(d) यू-थांट

65. निम्न में से कौन-सा राज्य/कौन से राज्य, प्रस्तावित "किसाऊ बांध" परियोजना से लाभांवित होंगे?
(a) हरियाणा
(b) उत्तराखंड व हिमाचल प्रदेश
(c) जम्मू-कश्मीर
(d) असम

66. "आउट ऑफ प्रिंट : न्यूजपेपर्स, जर्नलिज्म, एंड द बिजनेस ऑफ न्यूज इन द डिजिटल एज" नामक पुस्तक के लेखक कौन हैं?
(a) प्रोफेसर जॉर्ज ब्रॉक
(b) राबिन ज्याफ्रे
(c) निक न्यूमैन
(d) मार्क टूली

67. निम्नलिखित कथन (A) और (B) को पढ़ें और नीचे दिए गए कूटों में से सही उत्तर का चयन करें
(A) विश्व के सभी भागों में ईसा पूर्व छठी शताब्दी एक महान् धार्मिक उथल-पुथल का काल था।
(B) वैदिक धर्म बहुत जटिल हो चुका था।

कूट

(a) दोनों (A) और (B) गलत हैं।
(b) दोनों (A) और (B) सही हैं।
(c) (A) सही है, जबकि (B) गलत है।
(d) (A) गलत है, जबकि (B) सही है।

68. भागवत् धर्म का ज्ञात सर्वप्रथम अभिलेखीय साक्ष्य है–

(a) समुद्रगुप्त की प्रयाग प्रशस्ति
(b) गौतमी बलश्री का नासिक अभिलेख
(c) बेसनगर का गरुड़ स्तंभ अभिलेख
(d) धनदेव का अयोध्या अभिलेख

69. बौद्ध ग्रंथ 'मिलिंदपन्हों' किस हिंद-यवन शासक पर प्रकाश डालता है?

(a) डायोडोरस I (b) डेमेट्रियस
(c) मिनाडर (d) स्ट्रैटो I

70. किस वैदिक ग्रंथ में 'वर्ण' शब्द का सर्वप्रथम नामोल्लेख मिलता है?

(a) ऋग्वेद (b) अथर्ववेद
(c) सामवेद (d) यजुर्वेद

71. गुप्त साम्राज्य के पतन के विभिन्न कारण थे। निम्नलिखित में से कौन-सा कारण नहीं था?

(a) हूण आक्रमण
(b) प्रशासन का सामंतीय ढांचा
(c) उत्तरवर्ती गुप्तों का बौद्ध धर्म स्वीकार करना
(d) अरब आक्रमण

72. दिल्ली सल्तनत के पतन के उपरांत किस शासक द्वारा स्वर्ण मुद्रा का सर्वप्रथम प्रचलन किया गया?

(a) अकबर (b) हुमायूं
(c) शाहजहां (d) शेरशाह

73. निम्नलिखित स्मारको को उनसे संबंधित शासक से सुमेलित करके नीचे दिए गए कूटों से सही उत्तर का चयन कीजिए

A. दोहरा गुंबद 1. शेरशाह
B. अष्टभुजीय मकबरा 2. मुहम्मद आदिल शाह
C. सत्य मेहराबीय मकबरा 3. बलबन
D. गोल गुंबद 4. सिकंदर लोदी

कूट:

	A	B	C	D
(a)	4	3	1	2
(b)	4	1	3	2
(c)	1	3	4	2
(d)	2	3	1	4

74. कौन-सा स्मारक फतेहपुर सीकरी में नहीं है?

(a) जलमहल
(b) पंच महल
(c) जोधा बाई का महल
(d) उज्जयानी का महल

75. महात्मा गांधी से संबंद्ध निम्नलिखित आश्रमों में कौन-सा सबसे पुराना है?

(a) साबरमती (b) फिनिक्स
(c) वर्धा (d) सदाकत

76. ईस्ट इंडिया कंपनी द्वारा स्थापित उच्चतम न्यायालय के प्रथम मुख्य न्यायाधीश थे–

(a) एलिजाह इंपे
(b) कोर्टनी इल्बर्ट
(c) फिलिप फ्रांसिस
(d) इनमें से कोई नहीं

77. 'नील दर्पण' के लेखक कौन थे?

(a) ईश्वर चंद्र विद्यासागर
(b) बंकिम चंद्र चटर्जी
(c) नबगोपाल मित्रा
(d) दीनबंधु मित्रा

78. अजीमुल्ला खां सलाहकार थे–

(a) नाना साहब के
(b) तात्या टोपे के
(c) रानी लक्ष्मीबाई के
(d) कुंवर सिंह के

79. 'सत्य शोधक समाज' की स्थापना किसने की थी?

(a) बी.आर. अंबेडकर
(b) संतराम
(c) ज्योतिबा फुले
(d) भास्कर राव जाधव

80. मुजफ्फर अहमद, एस.ए. डांगे, शौकत उस्मानी तथा नलिनी गुप्ता किस षडयंत्र के लिए कैद किए गए थे?

(a) काकोरी रेल डकैती
(b) चटगांव शस्त्रागार पर छापा
(c) मेरठ षडयंत्र कांड
(d) कानपुर बोल्शोविक षडयंत्र कांड

81. 'चुंबकीय दिशासूचक' यंत्र का सर्वप्रथम संदर्भ मिलता है

(a) मिफल-उल-फुतूह में
(b) चयनामा में
(c) रजतुस सफा में
(d) जीवामिउल् हिकायात में

82. गोविन्द घाट किन नदियों के संगम पर स्थित है?

(a) अलकनंदा एवं भागीरथी
(b) अलकनंदा एवं खिरोंगाड
(c) अलकनंदा एवं लक्ष्मणगंगा (भ्यूंडार गाड)
(d) अलकनंदा एवं धौली गंगा

83. महासागरीय नितल का सबसे विस्तृत भाग कौन-सा है?

(a) महासागरीय गर्त
(b) महासागरीय ढाल
(c) महासागरीय मग्न तट
(d) गहरे सागरीय मैदान

84. ग्रेनाडा अवस्थित है

(a) प्रशांत महासागर में
(b) हिंद महासागर में
(c) कैरीबियन सागर में
(d) भूमध्य सागर में

85. ग्रीनविच से दोपहर 12.00 बजे एक तार भेजा गया। तार संप्रेषित करने में 12 मिनट का समय लगा। वह एक नगर में 6.00 बजे सायं को पहुंचा। नगर का देशांतर होगा

(a) 978° पू. (b) 87° प.
(c) 87° प. (d) 97° प.

86. निम्नलिखित में कौन 'ब्रिक्स' (BRICS) का सदस्य नहीं है?

(a) भारत (b) चीन
(c) सऊदी अरब (d) ब्राजील

87. निम्नलिखित में से कौन 'समूह' से संबंधित नहीं है?

(a) नीस (b) बालुका पत्थर
(c) चूना पत्थर (d) शैल

88. वर्ष 2011 की जनगणना के अनुसार सर्वाधिक साक्षरता दर वाला राज्य है–

(a) उत्तर प्रदेश (b) मणिपुर
(c) राजस्थान (d) मिजोरम

89. निम्नलिखित में से कौन सुमेलित नहीं है?

जैवमंडल आरक्षी क्षेत्र	राज्य
(a) सिमलीपाल	ओडिशा
(b) नोकरेक	मेघालय
(c) अगस्त्यमलाई	केरल
(d) कंचनजंगा	हिमाचल प्रदेश

90. वर्ष 2011 की जनगणना के अनुसार उत्तराखंड में निम्नांकित में किस जनपद में जनसंख्या वृद्धि-दर ऋणात्मक रही है?

(a) पिथौरागढ़ (b) अल्मोड़ा
(c) रुद्रप्रयाग (d) उत्तरकाशी

91. निम्नलिखित में से कौन-सी नदी सरदार सरोवर परियोजना से संबंधित है?
(a) नर्मदा (b) ताप्ती (तापी)
(c) गोदावरी (d) कावेरी

92. निम्नलिखित समूहों में कौन-सा पूर्व से पश्चिम की ओर पर्वत शिखरों का सही क्रम है?
(a) एवरेस्ट, कंचनजंगा, अन्नपूर्णा, धौलागिरि
(b) कंचनजंगा, एवरेस्ट, अन्नपूर्णा, धौलागिरि
(c) कंचनजंगा, धौलागिरि, अन्नपूर्णा, एवरेस्ट
(d) एवरेस्ट, कंचनजंगा, धौलागिरि, अन्नपूर्णा

93. सूची-I को सूची-II से सुमेलित कीजिए और नीचे दिए गए कूट का उपयोग करते हुए सही उत्तर का चयन कीजिए

सूची-I	सूची-II
A. उर्वरक	1. कोटा
B. कांच	2. उदयपुर
C. सीमेंट	3. जयपुर
D. कृत्रिम रेशम	4. श्री गंगानगर

कूट:

	A	B	C	D
(a)	4	3	2	1
(b)	1	4	3	2
(c)	2	1	4	3
(d)	3	2	1	4

94. निम्नलिखित में से कौन-सी नदी गंगा नदी में बाएं से नहीं मिलती है?
(a) गोमती (b) घाघरा
(c) कोसी (d) सोन

95. सूची-I को सूची-II से सुमेलित कीजिए और नीचे दिए गए कूट का उपयोग करते हुए सही उत्तर चुनिए–

सूची-I (समुद्री बंदरगाह)	सूची-II (राज्य)
A. अलेप्पी	1. तमिलनाडु
B. इन्नोर	2. ओडिशा
C. पारादीप	3. केरल
D. काकीनाड़ा	4. आंध्र प्रदेश

कूट:

	A	B	C	D
(a)	3	1	2	4
(b)	4	2	1	3
(c)	2	4	3	1
(d)	1	3	4	2

96. भारत के दक्कन के पठार पर बेसाल्ट-निर्मित लावा शैलों का निर्माण हुआ है।
(a) क्रिटेशियस युग में
(b) प्लास्टोरीन युग में
(c) कार्बोनीफेरस युग में
(d) मायोसीन युग में

97. वर्ष 1946 में स्थापित 'संयुक्त राष्ट्र मानवाधिकार आयोग' के सदस्य के रूप में सम्मिलित प्रथम भारतीय कौन थे?
(a) श्रीमती सरोजनी नायडू
(b) श्रीमती हंसा मेहता
(c) श्रीमती विजया लक्ष्मी पंडित
(d) उपर्युक्त में से कोई नहीं

98. 'स्टार्ट I' एवं 'स्टार्ट II' संधियां हस्ताक्षरित की गई हैं
(a) अमेरिका व सोवियत संघ के मध्य
(b) अमेरिका व चीन के मध्य
(c) सोवियत संघ व चीन के मध्य
(d) उपर्युक्त में से किसी के मध्य नहीं

99. भारत में 'मानवाधिकार संरक्षण अधिनियम' कब लागू हुआ?
(a) 1990 में (b) 1991 में
(c) 1992 में (d) 1993 में

100. अंतर्राष्ट्रीय मुद्रा कोष की स्थापना किस समझौते के अंतर्गत हुई?
(a) ब्रेटनवुड्स समझौता
(b) ब्रेटन स्टोन समझौता
(c) एस. वुड्स समझौता
(d) यू थांट समझौता

101. दक्षिण एशियाई क्षेत्रीय सहयोग संगठन (सार्क) की स्थापना कब हुई?
(a) 1984 में (b) 1987 में
(c) 1985 में (d) 1989 में

102. राज्य विधानसभा निम्नलिखित में से किनके निर्वाचन में भाग लेती है?
1. भारत के राष्ट्रपति के
2. भारत के उपराष्ट्रपति के
3. राज्य सभा के सदस्यों के
4. राज्य विधानपरिषद् के सदस्यों के

कूट:
(a) 1, 2 और 3 (b) 1, 3 और 4
(c) 1 और 3 (d) 1, 2 और 4

103. निम्नलिखित में से कौन भारत के राज्यों का उनके क्षेत्रफल के अवरोही क्रम में सही क्रम है?
(a) उत्तराखंड, छत्तीसगढ़, झारखंड, हिमाचल प्रदेश
(b) झारखंड, उत्तराखंड, हिमाचल प्रदेश, छत्तीसगढ़
(c) छत्तीसगढ़, झारखंड, हिमाचल प्रदेश, उत्तराखंड
(d) हिमाचल प्रदेश, उत्तराखंड, झारखंड, छत्तीसगढ़

104. 10 दिसंबर मनाया जाता है-
(a) मानवाधिकार दिवस के रूप में
(b) विश्व स्वास्थ्य दिवस के रूप में
(c) यू.एन. दिवस के रूप में
(d) मजदूर दिवस के रूप में

105. दिलवाड़ा के जैन मन्दिरों का निर्माण किसने करवाया था?
(a) चोलों ने (b) चन्देलों ने
(c) चालुक्यों ने (d) राजवंशियों ने

106. भारत के राष्ट्रीय कैलेण्डर के बारे में निम्नलिखित कथनों पर विचार कीजिए–
1. राष्ट्रीय कैलेण्डर शक महाकल्प पर, जिसमें चैत्र पहला महीना होता है, आधारित है।
2. राष्ट्रीय कैलेण्डर की तिथियाँ, ग्रेगरीय (ग्रेगोरियन) कैलेण्डर की तिथियों से स्थायी संगति रखती हैं।
उपरोक्त कथनों में से कौन-सा/से कथन सही है/हैं?
(a) केवल 1
(b) केवल 2
(c) 1 और 2 दोनों
(d) न तो 1 और न ही 2

107. विख्यात तट मन्दिर कहाँ स्थित है?
(a) पुरी में
(b) विशाखापत्तनम् में
(c) मामल्लपुरम् में
(d) चेन्नई में

108. ब्रिटिश भारत में हुए विद्रोहों के सन्दर्भ में 'कल्लार' नाम से जाने गए लोग निम्नलिखित में से किस क्षेत्र से सम्बन्धित थे?
(a) कोल्हापुर (b) मिदनापुर
(c) मदुरै (d) रंगपुर

109. उत्तर भारत में बाढ़ की घटनाएँ हाल में क्यों बढ़ी?
(a) वार्षिक वर्षा में वृद्धि
(b) बाँधों में गाद अधिक जमने
(c) अपवाह क्षेत्र में वन कटाई में वृद्धि
(d) उपर्युक्त में से कोई नहीं

110. यदि देश का 20% या इससे अधिक क्षेत्र मानसून के मौसम में वर्षा की कमी से ग्रस्त हो जाता है, तो उसे क्या कहते हैं?
(a) बाढ़ वर्ष
(b) सूखा वर्ष
(c) अकाल वर्ष
(d) आत्मनिर्भरता वर्ष

प्रैक्टिस सेट-10   157

111. निम्नलिखित कोयला उत्पादक राज्यों का उत्पादन (2014) की दृष्टि से सही अवरोही क्रम है—
(a) छत्तीसगढ़, झारखण्ड, ओडीशा, महाराष्ट्र
(b) ओडीशा, झारखण्ड, छत्तीसगढ़, महाराष्ट्र
(c) झारखण्ड, छत्तीसगढ़, महाराष्ट्र, ओडीशा
(d) झारखण्ड, ओडीशा, छत्तीसगढ़, महाराष्ट्र

112. सुन्दरवन या 'मैंग्रोव' वन कहाँ पाए जाते हैं?
(a) कच्छ प्रायद्वीप
(b) पश्चिमी घाट
(c) कोंकण तट
(d) डेल्टाई पश्चिम बंगाल

113. विश्व का अधिकांश न्यूजप्रिंट (अखबारी कागज) निम्नलिखित में से कहाँ से आता है?
(a) शंकुवृक्षी वन
(b) पतझड़ी वन
(c) मैंग्रोव वन
(d) वर्षा प्रचुर वन

114. निम्नलिखित में से कौन सही सुमेलित नहीं है?
(a) रेडक्लिफ रेखा—भारत और पाकिस्तान के बीच
(b) मैगीनॉट रेखा—फ्रांस और जर्मनी के बीच
(c) डूरण्ड रेखा—बांग्लादेश और भारत के बीच
(d) हिन्डेनबर्ग रेखा—बेल्जियम और जर्मनी के बीच

115. भारतीय संविधान का कौन-सा भाग संविधान की आत्मा कहलाता है?
(a) मूल अधिकार
(b) राज्य की नीति के निर्देशक तत्व
(c) संविधान का आमुख
(d) संवैधानिक उपचारों के प्रति अधिकार

116. संयुक्त राष्ट्र की एक रिपोर्ट के मुताबिक विदेशों में बसने वाले सबसे अधिक किस देश के लोग हैं?
(a) चीन के
(b) रूस के
(c) पाकिस्तान के
(d) भारत के

117. हाल ही में किस मंत्री ने स्वदेश निर्मित हल्के लड़ाकू विमान तेजस में उड़ान भरी?
(a) निर्मला सीतारमण
(b) राजनाथ सिंह
(c) एस. जयशंकर
(d) अमित शाह

118. 54 घंटे में बिना रुके तैरकर चार बार इंग्लिश चैनल पार करने वाली पहली महिला तैराक कौन बन गई हैं?
(a) मार्का
(b) लॉरेन जैक्सन
(c) सू बर्ड
(d) सारा थॉमस

119. पांचवां अंतर्राष्ट्रीय रामायण महोत्सव कहां पर आयोजित किया गया?
(a) नई दिल्ली
(b) राजस्थान
(c) बिहार
(d) पंजाब

120. किस राज्य में हाल ही में "मुख्यमंत्री दाल पोषित योजना" की शुरुआत की गई?
(a) झारखंड
(b) उत्तराखंड
(c) बिहार
(d) मध्य प्रदेश

121. भारत के नए वायुसेना प्रमुख का क्या नाम है?
(a) आर के एस भदौरिया
(b) बी एस धानोआ
(c) अनिल खोसला
(d) सतीश धवन

122. किस राज्य/केंद्रशासित प्रदेश ने अपने नागरिकों की सुविधा के लिए "तत्पर" एप की शुरुआत की?
(a) चण्डीगढ़
(b) दिल्ली
(c) महाराष्ट्र
(d) कर्नाटक

123. हाल ही में "हाउडी मोदी" कार्यक्रम कहां पर आयोजित किया गया?
(a) एरिजोना
(b) न्यूयॉर्क
(c) ह्यूस्टन
(d) अलास्का

124. हाल ही में प्रधानमंत्री मोदी ने रिमोट के माध्यम से किस देश में भगवान बुद्ध की प्रतिमा का अनावरण किया?
(a) जापान
(b) वियतनाम
(c) कम्बोडिया
(d) मंगोलिया

125. हाल ही में कोयला सचिव किन्हें नियुक्त किया गया है?
(a) अनिल अग्रवाल
(b) अनिल कुमार जैन
(c) सुमंत चौधरी
(d) नीलेश जैन

126. किस फिल्म को ऑस्कर पुरस्कार में भारतीय प्रविष्टि के रूप में भेजा गया है?
(a) मिशन मंगल
(b) बधाई हो
(c) राजी
(d) गली ब्वॉय

127. हरियाणा और महाराष्ट्र में चुनाव कब होंगे?
(a) 21 अक्टूबर
(b) 20 नवम्बर
(c) 10 अक्टूबर
(d) 07 नवम्बर

128. 'गाइया इन्सेलाड्स' इसमें से क्या हैं?
(a) एक गैलेक्सी
(b) बृहस्पति पर ज्वालामुखी
(c) शनि ग्रह का पर्वत
(d) मंगल ग्रह का क्रेटर

129. केंद्रीय बैंक के संदर्भ में 'ओपन माउथ ऑपरेशन' से क्या तात्पर्य है?
(a) केंद्रीय बैंक द्वारा सरकारी प्रतिभूतियों एवं बांड को विदेशी बाजार में बेचना।
(b) लक्षित स्रोत को संबोधित करना ताकि मन मुताबिक उद्देश्य प्राप्त किया जा सके।
(c) आर्थिक संकट के समय विदेशी संस्थागत निवेशकों को त्वरित मंजूरी देना।
(d) इनमें से कोई नहीं।

130. भारतीय रिजर्व बैंक एक्ट के सेक्शन-7 का विषय क्या है?
(a) भारतीय रिजर्व बैंक के गवर्नर को हटाने की प्रक्रिया।
(b) भारतीय रिजर्व बैंक द्वारा मौद्रिक नीति घोषित करने की स्वायत्तता।
(c) केंद्र सरकार द्वारा आरबीआई को लोकहित में निर्देश देने का अधिकार।
(d) इनमें से कोई नहीं।

निर्देश: (प्रश्न 131-133 तक): उसे चुनिए जो अन्य तीन विकल्पों में भिन्न हो।
131. (a) ZVRN (b) KHEB
(c) WSOK (d) RNJF

132. (a) गैंडा (b) घोड़ा
(c) हाथी (d) मगर

133. (a) 1436 (b) 2321
(c) 345 (d) 648

निर्देश : (प्रश्न 134 से 135 तक) : दो कथन के आगे दो/चार निष्कर्ष I, II, III और IV दिए गए हैं। आपको कथन को सत्य मानकर विचार करना है। चाहे वह सामान्यतः ज्ञात तथ्यों से भिन्न प्रतीत होता हो। आपको निर्णय करना है कि दिए गए निष्कर्षों में से कौन-सा, यदि कोई हो, निश्चित रूप से दिए गए कथनों के आधार पर निकाला जा सकता है, अपना उत्तर निर्दिष्ट करें।

134. कथन : 1. सभी बक्से, बेंचे हैं।
2. सभी बक्से, कुर्सियां हैं।

निष्कर्ष : I. सभी बेंचे, कुर्सियां हैं।
II. सभी बेंचे, बक्से हैं।
III. कुछ बेंचे, कुर्सियां हैं।
IV. कुछ कुर्सियां, बक्से हैं।

(a) सभी निष्कर्ष लागू हैं।
(b) केवल निष्कर्ष I तथा III लागू हैं।
(c) केवल निष्कर्ष II या IV लागू हैं।
(d) केवल निष्कर्ष, III तथा IV लागू हैं।

135. कथन : 1. कुछ अभिनेता, गायक हैं।
2. सभी गायक, नर्तकी हैं।

निष्कर्ष : I. कुछ अभिनेता, नर्तक हैं।
II. कोई गायक, अभिनेता नहीं है।

(a) केवल निष्कर्ष I ठीक है।
(b) केवल निष्कर्ष II ठीक है।
(c) या निष्कर्ष I या II ठीक है।
(d) न निष्कर्ष, I न ही II ठीक है।

निर्देशः (प्रश्न 136-137 तक) : दिए गए विकल्पों में से लुप्त संख्या ज्ञात कीजिए।

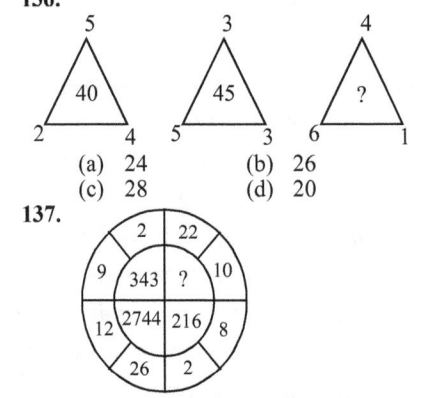

136.

(a) 24 (b) 26
(c) 28 (d) 20

137.

(a) 1000 (b) 1728
(c) 878 (d) 560

138. कन्नन, उत्तर दिशा में 21 किमी गया, फिर दाएं मुड़कर 17 किमी गया और फिर से दाएं मुड़कर 10 किमी गया। तदनुसार अब वह अपने प्रस्थान बिन्दु से किस दिशा में है?

(a) पूर्व (b) उत्तर-पूर्व
(c) दक्षिण-पूर्व (d) पश्चिम

139. कौन-सी उत्तर आकृति प्रश्न आकृति के प्रतिरूप को पूरा करेगी?

प्रश्न आकृति :

उत्तर आकृतियां :

(a) (b) (c) (d)

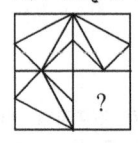

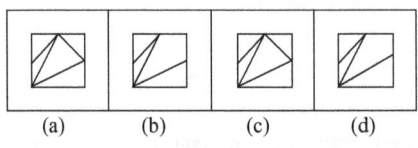

140. यदि एक दर्पण को MN रेखा पर रखा जाए, तो दी गई उत्तर आकृतियों में से कौन-सी आकृति प्रश्न आकृति की सही दर्पण प्रतिबिम्ब होगी?

प्रश्न आकृति :

उत्तर आकृतियां :

(a) (b) (c) (d)

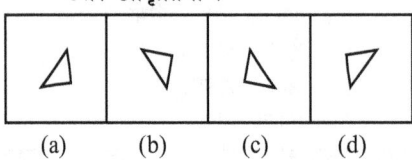

141. 70% तथा 30% की दो क्रमिक छूटें, कितनी मात्रा की एकल छूट के बराबर हैं?

(a) 75% (b) 79%
(c) 100% (d) 89%%

142. यदि आयताकार समान्तर षट्फलक की लम्बाई, चौड़ाई और ऊंचाई का योग 24 सेमी है उसके विकर्ण की लम्बाई 15 सेमी है। तद्नुसार उसका समग्र पृष्ठीय क्षेत्रफल कितना होगा?

(a) 256 सेमी^{2} (b) 265 सेमी^{2}
(c) 315 सेमी^{2} (d) 351 सेमी^{2}

143. एक समबाहु त्रिभुज के अंतर्गत एक वृत्त बनाया गया है और उस वृत्त के अंतर्गत एक वर्ग बनाया गया है। तदनुसार, उक्त त्रिभुज तथा वर्ग के क्षेत्रफलों का अनुपात कितना होगा?

(a) $\sqrt{3}:4$ (b) $\sqrt{3}:8$
(c) $3\sqrt{3}:2$ (d) $3\sqrt{3}:1$

144. A, B तथा C एक कार्य क्रमशः 10, 12 और 15 दिनों में कर सकते हैं। A उस कार्य को पूरा होने से 5 दिन पहले छोड़ देता है, और B उसे A के 2 दिनों बाद छोड़ देता है। तदनुसार कार्य पूरा होने में कितना समय लगेगा?

(a) 6 दिन (b) 12 दिन
(c) 13 दिन (d) 7 दिन

145. दो नालियां A तथा B एक टंकी को क्रमशः 6 घण्टों तथा 4 घण्टों में भर सकती हैं। यदि उन्हें हर घण्टे के बाद बारी-बारी से खोला जाए और नली A को पहले खोला जाए, तो टंकी भरने में कितना समय लगेगा?

(a) 5 घण्टे (b) $5\frac{1}{2}$ घण्टे
(c) 6 घण्टे (d) $4\frac{1}{2}$ घण्टे

146. निम्नलिखित में से कौन-सा एक खनिज उत्तर प्रदेश में नहीं पाया जाता है?

(a) चूना पत्थर
(b) अभ्रक
(c) बॉक्साइट
(d) जिप्सम

147. उत्तर प्रदेश में विधान सभा के फरवरी 2002 में हुए चुनाव में प्रमुख राजनीतिक दलों से चयनित विधायकों की स्थिति रही है–

	समाजवादी पार्टी	बी.एस.पी.	बीजेपी	कांग्रेस
(a)	141	99	97	27
(b)	142	102	92	23
(c)	143	98	88	25
(d)	145	101	94	26

148. उत्तर प्रदेश की प्रमुख नकदी फसल है-

(a) आलू (b) गन्ना
(c) मैथी (d) सरसों

149. निम्नलिखित युग्मों में से कौन सुमेलित नहीं है?

(a) अमीर खुसरो - एटा
(b) मिर्जा गालिब - आगरा
(c) जोश - मलीहाबाद
(d) रामप्रसाद बिस्मिल - इलाहाबाद

150. उत्तर प्रदेश का पारीछा बांध किस नदी पर अवस्थित है?

(a) बेतवा (b) केन
(c) रिहंद (d) रोहिणी

151. चुनारगढ़ में अनूप वेदिका है जिनकी, वे हैं-
(a) आदि शंकराचार्य
(b) भृर्तहरि
(c) चैतन्य
(d) रामानंद

152. उत्तर प्रदेश का गुरु पूर्णिमा पर्व समर्पित है ऋषि
(a) व्यास को
(b) वशिष्ठ को
(c) वाल्मीकि को
(d) भृगु को

153. हिंदू-मुस्लिम एकता का प्रतीक 'सुलहकुल उत्सव' आयोजित किया जाता है-
(a) आगरा में (b) अलीगढ़ में
(c) इटावा में (d) बाराबंकी में

154. उत्तर प्रदेश में शस्य-जलवायु क्षेत्रों की संख्या है-
(a) 5 (b) 7
(c) 9 (d) 11

155. निम्नलिखित में से कौन-सा जनपद इलाहाबाद जनपद के साथ सीमा नहीं बनाता?
(a) चित्रकूट
(b) जौनपुर
(c) संत रविदास नगर
(d) सोनभद्र

निर्देश (प्रश्न 156-157 तक): निम्नलिखित प्रत्येक वाक्य में काले छपे शब्द के पर्यायवाची शब्द का चयन उसके नीचे दिए गए विकल्पों में से कीजिए?

156. भगवान शंकर ने अपने तीसरे नेत्र से कामदेव को भस्म कर दिया।
(a) आत्मज (b) स्वेदज
(c) मनसिज (d) सरसिज

157. उसने तूणीर से अपना आखिरी बाण निकाला और शत्रु सेना पर छोड़ दिया।
(a) असंग (b) उत्संग
(c) निषंग (d) निःसंग

निर्देश (प्रश्न 158-159 तक): नीचे प्रत्येक वर्ग में दिए गए विकल्पों में से तद्भव का चयन कीजिए-

158. (a) शांति (b) सांस
(c) गणना (d) दन्त

159. (a) कल्प (b) मधुर
(c) प्रतिवाद (d) मौत

निर्देश (प्रश्न 160-161 तक): नीचे प्रत्येक वर्ग में दिए गए विकल्पों में से तत्सम शब्द का चयन कीजिए-

160. (a) अश्रु (b) रेडियो
(c) पगड़ी (d) कान

161. (a) छुधा (b) निर्दोष
(c) मूढ़ (d) जंघा

निर्देश (प्रश्न 162-163 तक): निम्नलिखित प्रत्येक वाक्यों में से मुद्रित शब्द के विलोम के लिए चार-चार विकल्प दिए गए हैं। इनमें से उचित विकल्प का चयन कीजिए।

162. गृहस्थी के बंधन के कारण मैं कहीं आ-जा नहीं सकता।
(a) उद्घाटन (b) पार्थक्य
(c) मोक्ष (d) विमोचन

163. यद्यपि भारत विश्व का सबसे बड़ा लोकतन्त्र है, किन्तु यहां की स्थिति जरा भी अच्छी नहीं है?
(a) अपितु (b) बल्कि
(c) किंतु (d) तथापि

निर्देश (प्रश्न 164-165 तक): दिए गए वाक्य में काले छपे शब्द की वर्तनी शुद्धि के लिए चार विकल्प दिए गए है इनमें से एक विकल्प में शब्द की वर्तनी शुद्ध है। उसे चुनिए।

164. परिस्थितियों के वशीभूत होकर उसने यह कार्य किया।
(a) वषीभूत (b) वशीभूत
(c) वशिभुत (d) वशीभुत

165. गर्विष्ठ व्यक्ति ऊंची उड़ान भरने का अभ्यस्त होता है।
(a) गर्विश्ठ (b) गर्विष्ट
(c) गर्वीष्ट (d) गरविष्ठ

निर्देश (प्रश्न 166): निम्नलिखित प्रत्येक प्रश्न में दिए गए चार-चार विकल्पों में से वाक्य के शुद्ध रूप का चयन कीजिए-

166. (a) आजादी के पीछे की दो महत्वपूर्ण घटनाओं का स्मरण कीजिए।
(b) आजादी के पश्चात् दो महत्वपूर्ण घटनाओं का स्मरण कीजिए।
(c) आजादी के बाद की दो महत्वपूर्ण घटनाओं का स्मरण कीजिए।
(d) आजादी के आगे की दो महत्वपूर्ण घटनाओं का स्मरण कीजिए

निर्देश (प्रश्न 167-168 तक): निम्नलिखित प्रत्येक वाक्य-खंड के लिए उसके नीचे दिए गए विकल्पों में से एक शब्द चुनिए-

167. हर काम को देर से करने वाला
(a) दीर्घदर्शी (b) अदूरदर्शी
(c) विलम्बी (d) दीर्घसूत्री

168. बहुत पढ़ी-लिखी महिला
(a) सरस्वती (b) विदुषी
(c) शिक्षिता (d) बुद्धिमती

169. क्रिया के मूल रूप को क्या कहते हैं?
(a) क्रिया विशेषण
(b) कारक
(c) धातु
(d) इनमें से कोई नहीं

170. जो शब्द संज्ञा व सर्वनाम की विशेषता बताते हैं उन्हें क्या कहते हैं?
(a) अव्यय (b) क्रिया
(c) कारक (d) विशेषण

Directions: (Q. 171-172) Some of the sentences have errors and some have none. Find out which part of the sentence has an error. If there is no error, mark the answer corresponding to (d) in the answer sheet.

171. I don't think so (a)/ that the delegates at Copenhagen (b)/can stop global warming. (c)/ No error. (d)

172. The Members of Parliament (a)/ asked the Prime Minister (b)/ the way how to curb inflation. (c)/ No error. (d)

Directions: (Q. 173-174) Sentences are given with blanks to be filled in with an appropriate word(s). Four alternatives are suggested for each question. Choose the correct alternative out of the four.

173. Every child in that group........not know how to read or write yet.
(a) has (b) did
(c) do (d) does

174. All the water in the bucket.......used to wash the car.
(a) has (b) was
(c) have (d) are

Directions: (Q. 175-176) Out of the four alternative, choose the one which best expresses the meaning of the given word and mark it in the answer sheet.

175. Disparity
(a) Rise (b) Similarity
(c) Difference (d) Separate

176. **Boycott**
(a) Attend (b) Blacklist
(c) Blackmail (d) Refuse

Directions: (Q. 177-178) Choose the word opposite in meaning to the given word and mark it in the answer sheet.

177. **Secluded**
(a) Isolated (b) Crowded
(c) Concealed (d) Solitary

178. **Extravagant**
(a) Slightly (b) Lenient
(c) Novice (d) Frugal

Directions: (Q. 179-180) Four alternatives are given for the idiom/phrase underlined in the sentence. Choose the alternative which best expresses the meaning of the idiom/phrase and mark it in the Answer Sheet.

179. **She <u>played her cards</u> so well that she is the managing director now.**
(a) got tricked by everyone
(b) played games with everyone
(c) used her tricks
(d) made good use of opportunities

180. **My visits to the Himalayas are <u>few and far between</u>.**
(a) often (b) never
(c) infrequent (d) far away

Directions: (Q. 181-182) In these questions the underlined part may need improvement. Below are given alternatives which may improve the sentence. Choose the correct alternative. In case no improvement is needed your answer is (d).

181. **<u>I am not supporting</u> of these policies.**
(a) No policies I am supporting
(b) I am supporting none
(c) I am not supporting any
(d) No improvement

182. **Whenever her <u>preach</u> the people gather to listen**
(a) preaches
(b) preached
(c) was preaching
(d) No improvement

Directions: (Q. 183 -185) Out of the four alternatives, choose the one which can be substituted for the given words/sentence.

183. **One's legally recognised place of residence**
(a) genealogy (b) domicile
(c) dominion (d) civility

184. **Documents proving a person's identity or qualifications**
(a) credentials (b) summons
(c) memorands (d) testaments

185. **A person who does not believe in the existence of God?**
(a) iconist (b) atheist
(c) fatalist (d) deist

186. **साइबर लॉ की शब्दावली में 'DOS' का अर्थ है**
(a) डिनाइल ऑफ सर्विस
(b) डिस्क ऑपरेटिंग सिस्टम
(c) डिस्टैंट ऑपरेटर सर्विस
(d) इनमें से कोई नहीं

187. **मल्टीमीडिया में सम्मिलित हो सकता है**
(a) न्यूमेरिक, टेक्स्ट व पिक्चर डाटा
(b) ग्राफिक्स, एनीमेशन, वीडियो म्यूजिक और आवाज
(c) केवल न्यूमेरिक टाइप डाटा
(d) उपर्युक्त में से कोई नहीं

188. **एक निश्चित पते पर किसी एब्यूजर द्वारा बार-बार एक ही ई-मेल संदेश भेजना कहलाता है**
(a) ई-मेल स्पूफिंग
(b) ई-मेल स्पेमिंग
(c) ई-मेल बांबिंग
(d) इनमें से कोई नहीं

189. **एक प्रोग्राम जिसमें अन्य प्रोग्रामों को संक्रमित करने की योग्यता होती है तथा जो अपनी ही प्रतियां स्वयं बनाकर दूसरे प्रोग्रामों में फैला सकता है, वह कहलाता है**
(a) वॉर्म (b) वायरस
(c) ट्रोजन (d) इनमें से कोई नहीं

190. **कंप्यूटर में एक ही समय पर एक से अधिक माध्यमों के प्रयोग का तरीका कहलाता है**
(a) मल्टीमीडिया (b) मैक्रोमीडिया
(c) इंटरएक्टिविटी (d) इनमें से कोई नहीं

191. **एक कार्बन क्रेडिट समतुल्य है**
(a) 10 किग्रा. CO_2
(b) 100 किग्रा. CO_2
(c) 1000 किग्रा. CO_2
(d) 10,000 किग्रा. CO_2

192. **तकनीकी तौर पर यूनिक्स नामक ऑपरेटिंग प्रणाली विशेष रूप से कौन-से प्रयोग में लायी जाती है?**
(a) डेस्कटॉप कम्प्यूटर
(b) लैपटॉप कम्प्यूटर
(c) सुपर कम्प्यूटर
(d) वेब सर्वर्स

193. **निम्नलिखित में से कौन-सा कथन सत्य है?**
(a) बाइनरी नम्बर में बाइट एक "गल डिजिट होता है
(b) बिट डिजिटल नम्बर्स के एक समूह को रिप्रेजेंट करता है।
(c) आठ-डिजिट के बाइनरी नम्बर को बाइट कहते हैं।
(d) आठ-डिजिट के बाइनरी नम्बर को बिट कहते हैं।

194. **तकनीकी व्यवस्था में किस कमांड के प्रयोग से प्रोग्राम से किसी भाग को हटाया जा सकता है?**
(a) Delete (b) Save
(c) Load (d) Edit

195. **किस प्रकार की एक ऐसी स्थायी मैमोरी है जो स्टार्टअप के लिए जरूरी उन सभी इन्स्ट्रक्शन्स को होल्ड करती है और पावर बंद करने पर यह इरेज नहीं होती है?**
(a) नेटवर्क इंटरफेस कार्ड (NIC)
(b) CPU
(c) RAM
(d) ROM

196. **सूचना एवं प्रौद्योगिकी के क्षेत्र में RAM (रैम) किस प्रकार की मैमोरी है?**
(a) बाहरी
(b) सहायक
(c) भीतरी
(d) मुख्य

197. **सूचना एवं प्रौद्योगिकी के क्षेत्र में फ्लैश क्या है?**
(a) सॉफ्टवेयर (b) हार्डवेयर
(c) ROM (d) RAM

198. **तकनीकी के क्षेत्र में कम्प्यूटर शब्दकोष में CD अक्षरों का प्रयोग किसके लिए किया जाता है?**
(a) कॉम्पेक्ट डिस्क
(b) कम्प्रेस्ड डिस्क
(c) कम्प्यूटराइज्ड डाटा
(d) कम्प्रेस्ड डाटा

199. निम्न में से कौन-सी डिवाइस डाटा और प्रोग्राम के बीच का अंतर समझ सकती है?
(a) इनपुट डिवाइस
(b) आउटपुट डिवाइस
(c) मेमरी
(d) माइक्रो प्रोसैसर

200. यदि मैमोरी चिप वोलेटाइल हो तो क्या होगा?
(a) यह एक्सप्लोड हो जाएगी, यदि अधिक तापमान में एक्सपोज की जाए।
(b) इसके कन्टेन्ट खत्म हो जायेंगे, यदि करंट टर्न ऑफ कर दिया जाए।
(c) इसका प्रयोग केवल डाटा स्टोरेज के लिए किया जाए।
(d) इसका प्रयोग डाटा को रीड और राइट दोनों के लिए किया जाएगा।

उत्तर (हल/संकेत)

1. (b) बैसिलस थूरिंजिनिसिस का उपयोग जैविक कीटनाशक के रूप में किया जाता है। यह एक भूमिगत जीवाणु है, जिसकी खोज जापानी वैज्ञानिक ईशीवाटा ने वर्ष 1902 में की थी।

2. (c) कार्बन डाइ-ऑक्साइड गैस ग्लोबल-वार्मिंग के लिए सर्वाधिक जिम्मेदार है। पृथ्वी के सतह से होने वाले विकिरण को कार्बन डाइ-ऑक्साइड रोककर तापमान को 15 डिग्री सेल्सियस तक बनाए रखती हैं, परन्तु इसकी मात्रा बढ़ जाने पर पृथ्वी आवश्यकता से अधिक गर्म हो जाएगी, जो पृथ्वी के सभी प्राणियों के लिए खतरे का सूचक है।

3. (a) इबोला वायरस रोग या इबोला रक्तस्त्रावी बुखार इबोला वायरस के कारण लगने वाला अत्यन्त संक्रामक रोग है। आमतौर पर इसके लक्षणों में बुखार, गले में खराश, मांसपेशियों में दर्द तथा सिरदर्द होता है।

4. (b) यूरेनियम समस्थानिक परमाणु ऊर्जा संयन्त्र में बिजली उत्पादन में प्रयोग किया जाता है। परमाणु विद्युत उत्पादन के कार्यान्वयन की दृष्टि से परमाणु विद्युत बोर्ड के स्थान पर वर्ष 1987 में भारतीय परमाणु विद्युत निगम लिमिटेड की स्थापना की गई है।

5. (d) जैव गैस या बायोगैस वह गैस मिश्रण है, जो ऑक्सीजन की अनुपस्थिति में जैविक सामग्री के विघटन से उत्पन्न होती है। यह पर्यावरण मित्र ऊर्जा है। यह एक नवीकरणीय ऊर्जा स्रोत है। बायोगैस स्थानीय उपलब्ध कच्चे पदार्थों एवं कचरा से पैदा की जा सकती है।

6. (a)

7. (c) कैप्रोलैक्टम एक कार्बनिक यौगिक (Organic Compound) है। बहुलक या पॉलीमर बहुत अधिक अणु मात्रा वाला कार्बनिक यौगिक होता है। यह सरल अणुओं जिन्हें मोनेमार कहा जाता है के बहुत अधिक इकाइयों के पॉलीमेराइजेशन के फलस्वरूप बनता है।

8. (d) विटामिन K खून का थक्का बनाने में महत्वपूर्ण योगदान देता है। विटामिन K की खोज डेनिश वैज्ञानिक Heurik Dan द्वारा की गई थी।

9. (a) इलैक्ट्रिक बल्ब में फिलामेन्ट टंगस्टन का बना होता है। टंग्स्टन अथवा आवर्त सारणी के छठे अंतवर्ती समूह का तत्व है।

10. (b) हम जानते हैं कि विकिरण ऊर्जा $E = h\nu$ जहां ν = आवृति जिस विकिरण में तरंगदैर्ध्य जितना कम होगा, आवृत्ति उतनी ही अधिक होगी अर्थात् ऊर्जा भी अधिक होगी। अतः दिए गए विकल्पों में 200-280 nm तरंगदैर्ध्य के लिए आवृत्ति सर्वाधिक होगी। अत: ऊर्जा प्रति क्वान्टम भी अधिक होगी।

11. (c) प्रकाश को सूर्य से पृथ्वी तक पहुँचने में 8.3 मिनट का समय लगता है।

12. (d) चूँकि उत्तल दर्पण किसी वस्तु का प्रतिबिम्ब आभासी और वास्तविक वस्तु से छोटा बनाता है, जो वाहन चालक को पीछे के वृहद् भागों को देखने में मदद करता है। उत्तल दर्पण का प्रयोग पश्च दृश्य अवलोकन दर्पण के रूप में होता है।

13. (b) वह अभिक्रियाएं जिनमें ऊष्मा का अवशोषण होता हैं, ऊष्माशोषी अभिक्रियाएं कहलाती हैं।

उदाहरणतः:- $CaCO_3 \xrightarrow{\Delta} CaO + CO_2$

$CaCO_3$ के विघटन में ऊष्मा दी जाती है, जो कि अवशोषित हो जाती है। अतः यह एक ऊष्माशोषी अभिक्रिया है।

14. (c) अक्रिय गैसों के आयनन विभव काफी उच्च होते हैं। इसका मुख्य कारण अक्रिय गैसों को पूर्ण व्यवस्थित इलेक्ट्रॉनिक विन्यास होता है। हालांकि अक्रिय गैसों में He से Rn की ओर बढ़ते हुए आयनन विभव घटता है क्योंकि परमाणु क्रमांक बढ़ता है।

15. (a) फल एवं सब्जियाँ हमारे आहार को उत्तेजित करती हैं। क्रमाकुंचन पेटको संकुचित एवं विश्राम की अवस्थामें लाता है, जिससे पेट खाली होता है।

16. (c) 74वां संविधान संशोधन द्वारा शहरी स्थानीय शासन को संवैधानिक दर्जा दिया गया। इस संविधान संशोधन द्वारा एक नया भाग 9 'क' जोड़ा गया, इसके अंतर्गत अनुच्छेद 243 (P) से 243 (ZG) समाविष्ट किया गया। इसके लिए 12वीं अनुसूची को जोड़ा गया।

17. (c) भारत के संविधान में अनुच्छेद 138 में उच्चतम न्यायालय की अधिकारिता की वृद्धि से संबंधित सावधान किया गया है। अनुच्छेद 138 में यह व्यवस्था की गई है कि संसद विधि बनाकर उच्चतम न्यायालय की अधिकारिता में वृद्धि कर सकती है

18. (d) भारतीय संसदीय व्यवस्था में मन्त्रिपरिषद् का कार्यकाल लोकसभा के विश्वास पर निर्भर करता है, क्योंकि संविधान के अनुच्छेद 75(3) के तहत सामूहिक उत्तरदायित्व का प्रावधान किया गया है अर्थात् मन्त्रिपरिषद् सामूहिक रूप से लोकसभा के प्रति उत्तरदायी होती है

19. (c) भारतीय संविधान के अनुच्छेद 32 अर्थात् 'संवैधानिक उपचारों के अधिकारों' को डॉ. अम्बेडकर ने संविधान की आत्मा की संज्ञा दी है। इसके अंतर्गत हर नागरिक को यह अधिकार प्राप्त है कि वह मौलिक अधिकारों के उल्लंघन की स्थिति में सीधे उच्चतम न्यायालय अथवा उच्च न्यायालय जा सकता है।

20. (d) लोकसभा सचिवालय प्रत्यक्ष रूप से लोकसभा अध्यक्ष की देख-रेख में कार्य करता है। सचिवालय परिसर की सुरक्षा व्यवस्था तथा परिसर में आगंतुकों एवं संवाददाताओं के प्रवेश तथा ठहराव आदि की व्यवस्था पर उसका नियन्त्रण होता है। परिसर में अनुशासन व्यवस्था बनाए रखने के लिए भी वही जिम्मेदार होता है।

21. (c) अनुच्छेद 217 के अनुसार उच्च न्यायालय के मुख्य न्यायाधीशों की नियुक्ति, भारत के राष्ट्रपति द्वारा उच्चतम न्यायालय के मुख्य न्यायमूर्ति और संबंधित राज्य के राज्यपाल के परामर्श से होती है। अन्य न्यायाधीशों की नियुक्ति भारत का राष्ट्रपति संबंधित राज्य के राज्यपाल तथा संबंधित उच्च न्यायालय के मुख्य न्यायाधीश के परामर्श से करता

है। राज्य लोक सेवा आयोग के सदस्यों, मुख्यमंत्री तथा राज्य महाधिवक्ता की नियुक्ति राज्यपाल के द्वारा की जाती है।

22. (c) भारतीय संविधान का निर्माण एक संविधान सभा द्वारा किया गया। संविधान सभा का गठन कैबिनेट मिशन योजना (1946) के तहत किया गया। संविधान सभा में कुल 389 सदस्य थे, जिनमें से 292 सदस्य ब्रिटिश भारत के गवर्नरों के अधीन, 11 प्रान्तों से, 4 चीफ कमिश्नरों के अधीन, 4 प्रान्तों (दिल्ली, अजमेर-मारवाड़, कुर्ग एवं ब्रिटिश बलूचिस्तान) से तथा 93 प्रतिनिधि देशी रियासतों से लिए जाने थे। प्रान्तीय सभाओं के द्वारा प्रत्येक 10 लाख जनसंख्या में से एक सदस्य के अनुपात में इसके सदस्य निर्वाचित हुए।

23. (a) भारतीय संसद (अनुच्छेद 79) में राष्ट्रपति (अनुच्छेद 52), लोकसभा (अनुच्छेद 81) तथा राज्यसभा (अनुच्छेद 80) को सम्मिलित किया जाता है।

24. (d) लोकसभा अध्यक्ष, संसद के दोनों सदनों की संयुक्त बैठक (अनुच्छेद 108) की अध्यक्षता करता है। किसी विधेयक पर दोनों सदनों (अनुच्छेद 108) की अध्यक्षता करता है। किसी विधेयक पर दोनों सदनों में गतिरोध की स्थिति में राष्ट्रपति संयुक्त बैठक बुलाता है, किन्तु धन विधेयक और संविधान संशोधक विधेयक में गतिरोध की स्थिति में संयुक्त बैठक का प्रावधान नहीं है। वर्ष 1950 से संयुक्त बैठक को तीन बार बुलाया गया है-

1. दहेज प्रतिबन्ध विधेयक, 1961
2. बैंक सेवा आयोग विधेयक, 1978
3. आतंकवाद निवारण विधेयक, 2002

25. (b) संविधान के अनुच्छेद 324 के अंतर्गत एक स्वतन्त्र निर्वाचन आयोग की व्यवस्था की गई है। इसमें एक मुख्य निर्वाचन आयुक्त तथा दो अन्य निर्वाचन आयुक्त होते हैं। मुख्य निर्वाचन आयुक्त का कार्यकाल 6 वर्ष या 65 वर्ष की आयु तक (जो पहले हो) होता है। वह किसी भी समय अपना त्याग-पत्र राष्ट्रपति को सौंप सकता है। मुख्य निर्वाचन आयुक्त को उसी प्रक्रिया से पदच्युत किया जा सकता है, जिसके द्वारा सर्वोच्च न्यायालय के न्यायाधीशों को हटाया जाता है।

26. (d) लोकहितवाद या जनहित याचिका की अवधारणा मुख्य न्यायमूर्ति पी.एन. भगवती और न्यायमूर्ति बी.आर. कृष्णा अय्यर के द्वारा दी गई। इससे तात्पर्य है कि यदि ऐसा कोई व्यक्ति जो पीड़ित है और न्यायालय में नहीं जा सकता है, तो इस स्थिति में अन्य व्यक्ति या गैर-सरकारी संगठनों को यह अधिकार है कि वे पीड़ित व्यक्ति की ओर से न्याय की मांग कर सकता है।

27. (c) किसी भी भारतीय नागरिक को पंचायत का चुनाव लड़ने के लिए न्यूनतम आयु 21 वर्ष निर्धारित की गई है।

28. (b) 93वें संविधान संशोधन अधिनियम, 2003 द्वारा अन्य पिछड़ा वर्ग को शिक्षण संस्थाओं में प्रवेश हेतु 27% आरक्षण की व्यवस्था की गई है।

29. (c) संविधान के अनुच्छेद 159 के तहत उच्च न्यायालय का मुख्य न्यायाधीश या उसकी अनुपस्थिति में उस न्यायालय के उपलब्ध ज्येष्ठतम न्यायाधीश के द्वारा राज्यपाल को पद एवं गोपनीयता की शपथ दिलाई जाती है। राज्यपाल राष्ट्रपति के प्रसादपर्यन्त पदभार ग्रहण करता है। राज्यपाल नियुक्त होने के लिए न्यूनतम आयु 35 वर्ष है।

30. (b) सर्वप्रथम 1966 में प्रशासनिक सुधार आयोग ने केंद्र स्तर पर लोकपाल तथा राज्य स्तर पर लोकायुक्त की स्थापना की सिफारिश की थी। सर्वप्रथम महाराष्ट्र में वर्ष 1971 में लोकायुक्त पद का सृजन हुआ था। राजस्थान, बिहार तथा गुजरात में लोकायुक्त की स्थापना क्रमशः वर्ष 1973, 1974 तथा 1986 में की गई थी।

31. (a) ऑम्बुड्समैन संस्था पहली बार 1809 ई. में स्वीडन में गठित की गई थी। भारत में ऑम्बुड्समैन को लोकपाल/लोकायुक्त कहा जाता है। सर्वप्रथम भारत में स्थानीय संस्था ऑम्बुड्समैन बनाने का सुझाव 1966 ई. से प्रथम प्रशासनिक सुधार आयोग ने दिया था।

32. (a) दिनेश गोस्वामी समिति, 'चुनाव सुधार व्यवस्था' से संबंधित है। सिंघवी समिति, अशोक मेहता समिति तथा सादिक अली समिति का संबंध पंचायत राज व्यवस्था से है। अशोक मेहता समिति ने ही, बलवन्त राय मेहता समिति द्वारा प्रस्तावित 'त्रिस्तरीय प्रणाली' के स्थान पर 'द्विस्तरीय प्रणाली' अपनाने की सिफारिश की थी।

33. (b) भारतीय संविधान के अनुच्छेद 15 (धर्म, मूलवंश, जाति, लिंग या जन्म स्थान के आधार पर विभेद का प्रतिषेध) के 15(5) के अंतर्गत अल्पसंख्यक शिक्षण संस्थाओं को छोड़कर चाहे वह राज्य द्वारा सहायता प्राप्त हों या न हों, शिक्षण संस्थाओं में सम्मिलित होने वाली प्राइवेट शिक्षण संस्थाओं में उनके प्रवेश से संबंधित विशिष्ट उपबन्ध जहां तक सामाजिक, शैक्षणिक पिछड़े वर्ग के नागरिकों या अनुसूचित जाति अथवा अनुसूचित जनजाति के लाभ का संबंध है, के लिए आरक्षण की सुविधा प्रदान की गई है।

34. (d) संविधान के 86वें संशोधन अधिनियम, 2002 द्वारा एक नया अनुच्छेद 21 (क) जोड़कर शिक्षा के अधिकार को मूल अधिकार में सम्मिलित किया गया। इसके अंतर्गत 6 से 14 वर्ष की आयु के सभी बच्चों के लिए निःशुल्क एवं अनिवार्य शिक्षा का प्रावधान किया गया। 1 अप्रैल, 2010 से 'शिक्षा का अधिकार' अधिनियम लागू हो गया है।

35. (c) नन्दादेवी राज्य की ऊंची हिमाच्छादित पर्वत चोटी है। यह राज्य के उच्च हिमालयी क्षेत्र में स्थित है। साथ ही त्रिशूल और कामेन भी उच्च हिमालयी क्षेत्र में पाए जाते हैं, जबकि चंगोरी पर्वत चोटी जम्मू एवं कश्मीर राज्यक्षेत्र में है। नन्दादेवी की ऊंचाई 7,817 मी, कामेत की ऊंचाई 7,756 मी. एवं त्रिशूल की ऊंचाई 7,120 मी. है।

36. (d) टिहरी जल-विद्युत परियोजना भागीरथी एवं भिलंगना नदियों पर बनाई गई है। यह परियोजना उत्तराखण्ड की सबसे महत्वपूर्ण परियोजनाओं में से है। इस परियोजना से 2400 मेगावाट विद्युत का उत्पादन होता है। वर्तमान में इससे 6.04 हेक्टेयर सिंचित क्षेत्र में सिंचाई के स्थायीकरण के अलावा 2.7 लाख हेक्टेयर अतिरिक्त सिंचाई की सुविधा का विकास हुआ है। परियोजना से दिल्ली के 40 लाख लोगों के लिए प्रतिदिन 300 क्यूसेक तथा उत्तर प्रदेश के विभिन्न नगरों तथा गांवों के लोगों के लिए प्रतिदिन 200 क्यूसेक पेय जल उपलब्ध होता है।

37. (a) ब्रेटनवुड्स सम्मेलन 1944 में संयुक्त राज्य अमेरिका के ब्रेटनवुड्स शहर में आयोजित किया गया। इसकी अध्यक्षता प्रसिद्ध अर्थशास्त्री जॉन बोनार्ड कोस ने की थी। इस सम्मेलन में अंतर्राष्ट्रीय मुद्रा कोष (IMF) तथा पुनर्निर्माण और विकास के लिए अंतर्राष्ट्रीय बैंक (IBRD) की स्थापना का निर्णय लिया गया। इसके तहत दिसम्बर 1945 में इन दोनों संस्थाओं की स्थापना की गई।

38. (c) मानव विकास रिपोर्ट का प्रकाशन संयुक्त राष्ट्र विकास कार्यक्रम (UNDP) द्वारा प्रतिवर्ष किया जाता है। यह रिपोर्ट विश्व के विभिन्न भागों में मानव विकास की स्थिति का आकलन करती है। इसके लिए यह शिक्षा, स्वास्थ्य एवं आय के तीन आयामों से संबंधित चार मानकों जीवन-प्रत्याशा, स्कूलिंग का माध्य वर्ष, स्कूलिंग का अपेक्षित वर्ष और क्रय शक्ति समता के आधार पर प्रति व्यक्ति सकल राष्ट्रीय आय को आधार बनाता है।

39. (b)

40. (a) जिस दर पर रुपए के विदेशी मुद्रा में तथा विदेशी मुद्रा को रुपए में परिवर्तित किया जाता है उसे विनिमय दर कहा जाता है। सामान्य परिस्थितियों में इसका निर्धारण बाजार कारकों पर निर्भर करता है।

41. (a) टी.आर. माल्थस की पुस्तक "एन एस्से ऑन द प्रिंसिपल्स ऑफ पॉपुलेशन" 1978 में प्रकाशित हुई। इसमें उन्होंने अपना प्रसिद्ध जनसंख्या सिद्धान्त दिया था। इस सिद्धान्त के अनुसार, जनसंख्या में वृद्धि ज्यामितीय क्रम में अर्थात् 2,4, 8, 16, 32 में होती है, जबकि खाद्यान्न में वृद्धि अंकगणितीय क्रम 1, 2, 3, 4 में होती है।

42. (b) फिलिप्स वक्र बेरोजगारी के स्तर और मौद्रिक मजदूरी में परिवर्तन की दर के अंर्तसंबंधों की दिशा में संकेत देते हुए बतलाता है कि बेरोजगारी और मुद्रास्फीति की दर में कुछ हद तक नकारात्मक संबंध पाया जाता है। आशय यह है कि अगर मुद्रास्फीति की दर अधिक होगी तो बेरोजगारी घटेगी, क्योंकि अर्थव्यवस्था में बेरोजगारी का एक निश्चित स्तर मौद्रिक मजदूरी में परिवर्तन की विशेष दर को जन्म देगी। बेरोजगारी के निम्न स्तर और मुद्रास्फीति के निम्न स्तर के उद्‌देश्य में निरन्तरता का अभाव होता है।

43. (a) पूंजी का संग्रहण (The Accomulation of Capital) पुस्तक की लेखिका श्रीमती जॉन रॉबिन्सन है। इसका प्रकाशन 1956 में हुआ था।

44. (a) 1929-30 की महान् मन्दी से उबरने के लिए ब्रिटिश अर्थशास्त्री जॉन मेनार्ड कीन्स ने राजकोषीय नीति का सुझाव दिया, जिसके तहत सरकार को व्यय स्तर को समायोजित करते हुए टैक्स दरों का निर्धारण करके बाजार को प्रभावित करना चाहिए।

45. (d) वर्ष 2011 की अन्तिम भारतीय जनगणना के अनुसार, देश को लिंगानुपात 943 (अनन्तिम 940) है। केरल में सर्वाधिक लिंगानुपात 1084 है तो हरियाणा में न्यूनतम 879 है।

46. (a)

47. (d) भारत में रबर के उत्पादन में केरल का एकाधिकार है, जो 90.63% रबर का उत्पादन करता है। अन्य उत्पादक राज्यों में तमिलनाडु कर्नाटक, त्रिपुरा आदि हैं।

48. (b) राजस्व या लोक वित्त सरकार के राजस्व से संबंधित है। इनके विभिन्न पहलुओं को प्रभावित करने वाली नीति सामान्यतः राजकोषीय नीति या बजटेरी नीति के नाम से जानी जाती है। इसके अंतर्गत सरकार के सार्वजनिक व्यय, करारोपण, सार्वजनिक ऋण तथा उसके प्रबन्धन से संबंधित उन नीतियों को शामिल किया जाता है, जिनका प्रयोग अर्थव्यवस्था में रोजगार, राष्ट्रीय आय, आन्तरिक तथा बाह्य स्थिरता आर्थिक समता आदि उद्‌देश्यों को प्राप्त करने के लिए किया जाता है।

49. (c) **50.** (a)

51. (b) व्यापार चक्र का विशुद्ध मौद्रिक सिद्धान्त प्रो. आर.जी. हाट्रे ने प्रतिपादित किया था। प्रो. हाट्रे के अनुसार, व्यापार चक्र विशुद्ध रूप से मौद्रिक परिघटना है। यह व्यवसायियों की ओर से मुद्रा की मांग के पक्ष में अर्थव्यवस्था की समृद्धि तथा मन्दी में परिवर्तित होता है।

52. (c) यह रोग पारद विषाक्तता (Muscury Poisoning) के कारण से होता है। इस रोग की पहली बार खोज जापान के मिनामाता शहर (Minamata City) में वर्ष 1956 में की गई थी। इस रोग में मरीज के बोलने तथा सुनने की क्षमता समाप्त हो जाती है।

53. (b) वहन-क्षमता (Carrying Capacity) किसी भौगोलिक क्षेत्र के पारितन्त्र में किसी जीवधारी प्रजाति की उस अधिकतम जनसंख्या के रूप में परिभाषित की जाती है, जिसे उस पारितन्त्र के संसाधन पोषण प्रदान कर सकते हैं। पारितन्त्र की वह क्षमता से अधिक जनसंख्या वृद्धि हो जाना जनसंख्या उत्क्षेप (Population Overshoot) कहा जाता है।

54. (c) नैनो-कण का आकार 1 नैनोमीटर से 100 नैनोमीटर तक होता है। नैनो-कण मजबूती-प्रत्यास्था, विद्युत चालकता तथा रंग आदि गुणों को प्रदर्शित करते हैं, जबकि इनके पदार्थ रूप सूक्ष्म अथवा वृहत स्तर पर ये गुण प्रदर्शित नहीं करते। नैनो-कण एम आर आई (MRI) तथा अल्ट्रासोनोग्राफी में निदानात्मक कार्य निभा सकते हैं।

55. (b) भारतीय रिजर्व बैंक (RBI) भारत सरकार का केंद्रीय बैंक तथा देश का शीर्ष मौद्रिक नियामक है। इसके प्रमुख कार्य हैं

1. मुद्रा का निर्गमन
2. सरकार का बैंक तथा बैंकों का बैंक
3. मौद्रिक एवं साख-नीति का निर्माण एवं नियमन
4. विनिमय का स्थिरीकरण
5. आई. एम. एफ. में भारत सरकार का एजेण्ट
6. वित्तीय संस्थानों का नियामक

वित्तीय व्यापार का नियमन रिजर्व बैंक का कार्य न होकर वाणिज्य मंत्रालय भारत सरकार का कार्य है।

56. (a) भारत का पहला संचालन उपग्रह IRNSS-IA, 1 जुलाई, 2013 को PSLV-C-22 द्वारा सतीश ध्वन अंतरिक्ष केंद्र से छोड़ा गया। इसका निर्माण इसरो उपग्रह केंद्र बंगलूरू द्वारा किया गया है।

57. (a) किसी भी पारिस्थितिक तन्त्र में मिलने वाले पौधे एवं जन्तुओं की प्रजातियों की विविधता को जैव-विविधता कहते हैं। किसी भी पारिस्थितिक-तन्त्र में जैव-विविधता का तापमान एवं आर्द्रता सबसे ज्यादा प्रभावित करता है। भूमध्य रेखा के पास पौधे एवं जन्तुओं के विकास का अनुकूल तापमान एवं आर्द्रता पायी जाती है, इसलिए भूमध्य रेखा की तरफ जैव-विविधता बढ़ती है।

58. (a)

59. (b) ग्रेट हिमालय राष्ट्रीय पार्क हिमाचल प्रदेश के कुल्लू जिले में स्थित है। इसे वर्ष 1999 में राष्ट्रीय पार्क घोषित किया गया। यह 754.4 वर्ग किमी. क्षेत्र में फैला है। इसे जून, 2014 में यूनेस्को के विश्व विरासत सूची में शामिल किया गया।

60. (a) **61.** (b)

62. (b) पी.ओ.सी.एस. अधिनियम 2012 बाल यौन शौषण के मामलों से निपटने के लिए एक विशेष कानून है। यह अधिनियम ग्यारह साल से कम उम्र के किसी भी व्यक्ति के रूप में एक बच्चे को परिभाषित करता है।

63. (b) प्रकाशीय फाइबर, कांच या प्लास्टिक से निर्मित एक तन्तु होता है, जिससे लम्बाई की दिशा में प्रकाश का संचरण हो सकता है। वर्तमान में इसका संचार में अधिक प्रयोग हो रहा है। वृहद् हेड्रोन कोलाइडर सर्न एक महत्वाकांक्षी परियोजना है। इस परियोजना के अंतर्गत ही गॉड पार्टीकल की खोज की गई है। मंगल ग्रह को लाल ग्रह के रूप में जाना जाता है।

64. (c) बुतरस-बुतरस घाली प्रथम अफ्रीकी है, जो संयुक्त राष्ट्रसंघ के महासचिव रहे। संयुक्त राष्ट्रसंघ में इनका कार्यकाल 1 जनवरी, 1992 से 31 दिसम्बर, 1996 तक था। इनका जन्म 14 नवम्बर, 1922 को मिस्र के एक राजनीतिक परिवार में हुआ था।

65. (b) 'किसाऊ बांध' यमुना के सहायक नदी टोस पर बनाया जा रहा है, जिससे उत्तराखण्ड एवं हिमाचल प्रदेश को लाभ मिलेगा, इस परियोजना में 660 मेगावाट जल विद्युत उत्पादन होगा।

66. (a) "आउट ऑफ प्रिण्ट न्यूजपेपर्स, जर्नलिज्म एण्ड द विजनेस ऑफ न्यूज इन द डिजिटल एज" नामक पुस्तक के लेखक प्रोफेसर जॉर्ज ब्रॉक है।

67. (b) छठी शताब्दी ई.पू. तक वैदिक धर्म अत्यन्त जटिल हो गया था, जिसमें यज्ञ एवं कर्मकाण्ड की महत्ता काफी बढ़ गई थी। इस कारण ईसा पूर्व छठी सदी के उत्तरार्द्ध में मध्य गंगा के मैदानों में अनेक धार्मिक सम्प्रदायों का उदय हुआ, जिनमें बौद्ध एवं जैन धर्म सर्वाधिक महत्वपूर्ण थे। इसी समय विश्व के अनेक देशों में भी बौद्धिक आन्दोलन के प्रमाण मिलते हैं। जैसे-चीन में कन्फ्यूशियस, ईरान में जरथ्रुष्ट तथा यूनान में पाइथागोरस। इन धर्म सुधार आन्दोलनों तथा इनके नेताओं के मध्य सम्पर्क था कि नहीं, यह निश्चित करना कठिन है।

68. (c) ब्राह्मण धर्म के जटिल कर्मकाण्ड एवं यज्ञीय व्यवस्था के विरुद्ध प्रतिक्रिया स्वरूप भागवत धर्म का उदय हुआ। इस धर्म का सर्वप्रथम उल्लेख छठी शताब्दी ई.पू. के आस-पास उपनिषदों में मिलता है। वासुदेव कृष्ण के भक्त या उपासक भागवत कहलाते थे। भागवत धर्म का ज्ञात सर्वप्रथम अभिलेखीय साक्ष्य बेसनगर का गरुड़ स्तम्भ है। हिन्द-यवन शासक एण्टियालकीड्स ने हेलियोडोरस को भागभद्र के दरबार में भेजा था, जिसने बेसनगर के गरुड़ स्तम्भ की स्थापना की थी। इस स्तम्भ पर दम्भ, त्याग तथा अप्रमाद तीन शब्द अंकित किए गए हैं।

69. (c)

70. (a) सर्वप्रथम ऋग्वेद के दसवें मण्डल में वर्णित पुरुष सूक्त में चार वर्णों की उत्पत्ति का वर्णन मिलता है। इसमें चारों वर्णों की उत्पत्ति एक विराट पुरुष के विभिन्न अंगों से बताई गई है। प्रारम्भ में वर्ण शब्द रंग का द्योतक हुआ करता था तथा आर्य मूल निवासियों से अपने को पृथक दर्शाने के लिए इस शब्द का प्रयोग करते थे। ऋग्वैदिक काल के उत्तरार्द्ध में वर्ण शब्द कर्म का भी व्यंजक हो गया।

71. (d)

72. (a) 1526 ई. के पानीपत के प्रथम युद्ध में लोदी शासक इब्राहिम लोदी का बाबर के हाथों पराजित होने के साथ ही दिल्ली सल्तनत का पराभव हो गया। बाबर ने शासक बनने के पश्चात चांदी का सिक्का चलाया। हुमायूं को सिक्का चलाने का अवसर नहीं मिल पाया। शेरशाह ने शुद्ध चांदी के सिक्के, जिसे रुपया कहा जाता था तथा तांबे का सिक्का चलाया। मुगलकालीन मुद्रा को एक सुव्यवस्थित एवं व्यापक आधार अकबर ने दिया। अकबर ने शासनकाल के प्रारम्भ में 'मुहर' नामक एक सोने का सिक्का चलाया, जो मुगलकाल का सबसे अधिक प्रचलित सिक्का था।

73. (b) बलबन का मकबरा शुद्ध इस्लामी पद्धति द्वारा निर्मित भारत का पहला मकबरा है। सिकन्दर लोदी के समय एक नई शैली की शुरूआत हुई, जिसमें एक गुंबद के स्थान पर दो गुंबदों का निर्माण होता था। लोदी काल को मकबरों का काल भी कहा जाता है। बीजापुरी वास्तुशिल्प में गुंबद अर्द्धवृत्ताकार होते थे तथा छज्जे का चलन था। मुहम्मद आदिलशाह का मकबरा गोल गुंबद विश्व प्रसिद्ध है। शेरशाह का मकबरा सासाराम में स्थित है।

74. (a) अकबर ने गुजरात विजय की स्मृति में फतेहपुर सीकरी की स्थापना की थी। यहां अनेक भव्य इमारतों का निर्माण कराया गया था, जिनमें पंचमहल, जोधाबाई का महल, मरियम का महल बीरबल का महल, शेख सलीम की दरगाह, बुलन्द दरवाजा आदि प्रमुख हैं।

75. (b) गांधीजी 1893 ई. में पहली बार गुजराती व्यापारी दादा अब्दुल्ला एण्ड कम्पनी का मुकदमा लड़ने दक्षिण अफ्रीका गए। वहां उन्होंने 'नटाल भारतीय कांग्रेस' का गठन किया और 'इंडियन ओपिनियन' नामक एक अखबार निकालना प्रारम्भ किया। जहां से इण्डियन ओपिनियन निकलता था, उस जगह का नाम 'फिनिक्स आश्रम' रखा गया, जो वर्ष 1904 में अस्तित्व में आया।

76. (a) हेस्टिंग्स के काल में रेग्युलेटिंग एक्ट, 1773 के तहत कलकत्ता में एक उच्चतम न्यायालय की स्थापना की गई, जिसके मुख्य न्यायाधीश एलिजा इम्पे थे।

77. (d) दीनबन्धु मित्रा के 'नीलदर्पण' में नील की खेती करने वाले किसानों की पीड़ा की अभिव्यक्ति हुई है। नील विद्रोह (1859-60) सम्भवत: प्रथम कृषक आन्दोलन माना जाता है, जो बंगाल में हुआ। नील आन्दोलन, नील उत्पादक किसानों पर उनके मालिकों द्वारा किए गए अत्याचार के विरोधस्वरूप हुआ था।

78. (a) अजीमुल्ला खां नाना साहब के सलाहकार थे। ऐसा माना जाता है अजीमुल्ला खां तथा सतारा के अपदस्थ राजा के निकटवर्ती रणोजी बापू ने लन्दन में 1857 के विद्रोह की योजना बनाई थी। अजीमुल्ला ने बिठूर (कानपुर) में नाना साहब के साथ मिलकर विद्रोह की योजना का अन्तिम रूप देते हुए 31 मई, 1857 को क्रान्ति का दिन निश्चित किया।

79. (c) सत्यशोधक समाज की स्थापना ज्योतिबा फुले द्वारा 1873 ई. में की गई थी। यह आन्दोलन दलितों और निम्न जाति के लोगों के कल्याण के लिए चलाया गया था।

80. (d) भारत में साम्यवादी पार्टी की स्थापना की दिशा में प्रयासरत नेताओं को सरकार ने गिरफ्तार कर उन पर कानपुर षड्यन्त्र केस के अंतर्गत मुकदमा चलाया। इन पर सरकार के विरुद्ध षड्यन्त्र रचने क्रान्तिकारी गतिविधियों को संचालित करने, भारत में सामाज्ञी की सत्ता को उखाड़ने का आरोप लगाकर मुकदमा चलाया गया। मई, 1924 में कानपुर में श्रीपाद अगृत डांगे मुजफ्फर अहमद नलिनी गुप्ता तथा शैकत उस्मानी को कानपुर बोल्शेविक षड्यन्त्र काण्ड में चार साल के लिए जेल भेज दिया।

81. (d) चुम्बकीय दिशा सूचक यन्त्र का सर्वप्रथम प्रयोग चीन में किया गया था। 13वीं सदी के अरबी ग्रन्थ जवामिउल् हिकायात में चुम्बकीय दिशासूचक यन्त्र का सर्वप्रथम उल्लेख मिलता है, इसकी रचना मुहम्मद-अल-अवफी ने की है।

82. (c) अलकनन्दा चमोली के उत्तरी भाग में स्थित संतोपंथ शिखर के अल्कापुरी बांक हिमनद और संतोपंथ शिखर के अल्कापुरी बांक हिमनद और संतोपंथ ताल (श्रीनगर) से होते हुए, 195 किमी. की यात्रा के बाद देवप्रयाग में भागीरथी नदी में मिल जाती है। अलकनन्दा में सर्वप्रथम लक्ष्मण गंगा या हेमगंगा या पुरुणावती नदी मिलती है और इन नदियों के संगम स्थल पर गोविन्दा घाट स्थित है।

83. (d) गहरे सागरीय मैदान महासागरीय नितल का सर्वाधिक विस्तृत भाग होता है, जिसकी गहराई 3000 से 6000 मी. तक होती है। समस्त महासागरीय क्षेत्रफल का लगभग 75.9% भाग पर गहरे सागरीय मैदान का विस्तार पाया जाता है, जबकि महाद्वीपीय मग्नतट का 8.6%, महाद्वीपीय मग्नढाल का 8.5% तथा महासागरीय गर्त का 7% भाग पर विस्तार पाया जाता है।

84. (c) ग्रेनाडा पश्चिमी द्वीप समूह का एक देश है, जो कैरीबियन सागर में स्थित है। इसकी राजधानी सेंट जॉर्ज है। यहां की मुद्रा इस्ट कैरिबियन डॉलर एवं भाषा इंग्लिश एवं फ्रेंच है।

85. (b) पृथ्वी अपनी धुरी पर पश्चिम से पूर्व की ओर घूमती है, इसलिए ग्रीनविच से पूर्व की ओर समय इससे आगे तथा इससे पश्चिम की ओर समय इससे पीछे होता है। सूर्य प्रति 4 मिनट में 1° देशान्तर को पार करता है, इसलिए 6 घण्टे में 90° देशान्तर को सूर्य पार करेगा, लेकिन 12 मिनट तार संप्रेषित करने में समय लगा। जिससे 6.00 बजे सायं को पहुंचने वाले तार के नगर का देशान्तर 87° होगा, क्योंकि 3° देशान्तर को पार करने में 12 मिनट का समय लगता है।

86. (c) ब्रिक्स संगठन विश्व की पांच सबसे बड़ी विकासशील अर्थव्यवस्थाओं का संगठन है।

ब्रिक्स इन अर्थव्यवस्थाओं के पहले अक्षर का द्योतक है। इस प्रकार यह बी-ब्राजील, आर-रूस, आई-इण्डिया, सी-चाइना तथा एस-साउथ अफ्रीका को दर्शाता है।

87. (a) नीस रूपान्तरित चट्‌टान है, जबकि चूनापत्थर, बालू का पत्थर एवं शेल अवसादी चट्‌टान के उदाहरण है। कांग्लोमरेट तथा बड़े कणों वाली आग्नेय चट्‌टान रूपान्तरित होकर नीस में बदल जाती है। नीस का प्रमुख खनिज फेल्सपार होता है, इसमें पत्रीकरण (Foliation) अच्छी तरह विकसित नहीं हो पाता है।

88. (b) वर्ष 2011 जनगणना के अनुसार निम्नलिखित राज्यों की साक्षरता दर

राज्य	साक्षरता दर
उत्तर प्रदेश	67.7
मणिपुर	79.2
राजस्थान	66.1
मिजोरम	19.3

89. (d) सिमिलिपाल ओडिशा में, नोकरेक मेघालय में, अगस्तमलाई केरल में तथा कंचनजंगा सिक्किम में अवस्थित जैवमण्डल आरक्षी क्षेत्र है। कंचनजंगा जैवमण्डल आरक्षी क्षेत्र का कुल क्षेत्रफल 849.5 वर्ग किमी. है। इसमें जेमू हिमनद को भी शामिल किया गया है। इसमें मस्क हिरण, हिमतेंदुआ आदि पाए जाते हैं।

90. (b) वर्ष 2011 की जनगणना के अनुसार, उत्तराखण्ड में अल्मोड़ा जनपद में जनसंख्या वृद्धि-दर ऋणात्मक रही है। अल्मोड़ा की जनसंख्या वृद्धि दर (–) 1.28 रही, जबकि 2011 की जनगणना के अनुसार 2001-11 के दौरान राज्य में जनसंख्या का दशकीय वृद्धि दर 18.81% रहा, जोकि इसी अवधि के राष्ट्रीय औसत (17.70%) से अधिक है। दशकीय वृद्धि दर में देश के सभी राज्यों में उत्तराखण्ड का 17वां स्थान है।

91. (a) सरदार सरोवर परियोजना मध्य प्रदेश, महाराष्ट्र, गुजरात एवं राजस्थान की संयुक्त परियोजना है, जिसको गुजरात के भड़ौच जिले में नवगांव के निकट नर्मदा नदी पर बनाया गया है। इससे 17.92 लाख हेक्टेयर भूमि की सिंचाई होगी।

92. (b) कंचनजंगा सिक्किम में स्थित है, जबकि एवरेस्ट, अन्नपूर्णा पर्वत शिखर वृहत हिमालय में स्थित है। एवरेस्ट विश्व का सबसे ऊंचा शिखर है, जिसकी ऊंचाई 8848 मी. है। हिमालय श्रेणी का भारत में सबसे ऊंचा शिखर कंचनजंगा है, जिसकी ऊंचाई 8598 मी. है।

93. (a)

94. (d) गंगा का उद्‌गम गंगोत्री हिमनद से गोमुख नामक स्थान से होता है, इसकी कुल लम्बाई 2525 किमी. है, इसके बाएं तट की मुख्य सहायक नदियां पश्चिम से पूर्व की ओर रामगंगा, गोमती, घाघरा, गंडक, बूढ़ी गंडक, कोसी तथा महानन्दा है, जबकि इसके दाहिनी तट की मुख्य सहायक नदी-यमुना, टोंस, सोन, पुनपुन आदि हैं।

95. (a) भारत के पश्चिमी तट पर केरल में अलेप्पी बन्दरगाह स्थित है, जबकि भारत के पूर्वी तट पर इन्नोर तमिलनाडु में, पारद्वीप ओडिशा में तथा काकीनाड़ा आन्ध्र प्रदेश में स्थित है। इन्नोर बन्दरगाह चेन्नई से 24 किमी. उत्तर की ओर स्थित है। यह भारत का प्रथम निगमित बन्दरगाह है।

96. (a) दक्कन के पठार की उत्पत्ति क्रिटेशियस युग में ज्वालामुखी क्रिया द्वारा निःसृत लावा के जमने से हुई है। इसका विस्तार मध्य प्रदेश, महाराष्ट्र, कर्नाटक एवं तमिलनाडु राज्यों में है। यहां पर जीवाश्म रहित ग्रेनाइट, नीस, बेसाल्ट, बालुका पत्थर, क्वकार्ट्ज एवं चूना पत्थर शैलों की अधिकता है।

97. (b) श्रीमती हंसा मेहता प्रसिद्ध समाजसेवी, स्वतन्त्रता सेनानी तथा शिक्षाविद् थीं। यह वर्ष 1950 में संयुक्त राष्ट्र मानवाधिकार आयोग की उपाध्यक्ष बनी।

98. (a) स्टार्ट सन्धि अमेरिका एवं रूस के मध्य की गई एक द्विवक्षीय सन्धि है। यह सन्धि रणनीतिक आक्रमण शस्त्रों की कमी से संबंधित है। स्टार्ट-1 सन्धि पर 31 जुलाई, 1991 का हस्ताक्षर किए गए एवं यह 5 दिसम्बर, 1994 को अस्तित्व में आई।

99. (d) राष्ट्रीय मानवाधिकार आयोग, एक सांविधिक (संवैधानिक नहीं) निकाय है। इसका गठन संसद में पारित अधिनियम के अंतर्गत हुआ था, जिसका नाम था, मानवाधिकार संरक्षण अधिनियम, 19931 इस अधिनियम में वर्ष 2006 में संशोधन किया गया था।

100. (a)

101. (c) दक्षिण एशियाई क्षेत्रीय सहयोग संघ (SAARC) की स्थापना दिसम्बर, 1985 में ढाका में दक्षिण एशिया के 7 देशों के राष्ट्राध्यक्षों के सम्मेलन में हुई थी। SAARC का मुख्यालय काठमाण्डू (नेपाल) में है तथा संगठन के वर्तमान महासचिव अर्जुन बहादुर थापा (नेपाल) है।

102. (d)

103. (c)

राज्य	क्षेत्रफल (वर्ग किमी.)
छत्तीसगढ़	135190
झारखण्ड	79714
हिमाचल प्रदेश	55673
उत्तराखण्ड	53483

104. (a)

105. (c) चालुक्य राजाओं के काल में (941-1240 ई.) गुजरात के अन्हिलवाड़ तथा राजस्थान के आबू पर्वत पर अनेक भव्य मन्दिरों का निर्माण कराया गया। आबू पर्वत पर दो प्रसिद्ध संगमरमर के मन्दिर हैं, जिन्हें दिलवाड़ा का जैन मन्दिर कहा जाता है, पहले में आदिनाथ की मूर्ति है तथा दूसरे मंदिर को तेजपाल कहा जाता है। पहले मन्दिर का निर्माण भीमदेव प्रथम के मंत्री विमलशाह ने करवाया।

106. (a) भारतीय राष्ट्रीय कैलेण्डर शक सम्वत् पर आधारित है। इसमें वर्ष का आरम्भ चैत्र मास से होता है। ग्रेगोरियन कैलेण्डर अन्तर्राष्ट्रीय स्तर पर स्वीकृत है, जिसमें पहला महीना जनवरी होता है।

107. (c) विख्यात तट मन्दिर पल्लव शासक नरसिंहवर्मन द्वितीय (राजसिंह) (700 से 728 ई.) ने मामल्लपुरम् अथवा महाबलीपुरम् में बनवाया था।

108. (c) भारत में ब्रिटिश शासन की स्थापना के पश्चात् नवीन ब्रिटिश प्रशासकीय व्यवस्था के विरोध में अनेक विद्रोह हुए जिनमें दक्षिण भारत के मदुरै में कल्लार लोगों का विद्रोह, उड़ीसा के पायकों का विद्रोह, पोरहाट में होस आदिवासियों का विद्रोह, मिदनापुर और रंगपुर जिले के विद्रोह प्रमुख हैं।

109. (c) हाल के वर्षों में गंगा के मैदान में बाढ़ की आवृति और तीव्रता पाई गई है। वृद्धि का मुख्य कारण तराई वनों की कटाई है।

110. (b) भारतीय मौसम के अनुसार जब देश में 10% से अधिक भाग वर्षा की कमी से प्रभावित हो तो ऐसी स्थिति को सूखा वर्ष कहते हैं।

111. (a) शीर्ष चार कोयला उत्पादक राज्य (2014), क्रमशः छत्तीसगढ़, झारखण्ड, ओडिशा और महाराष्ट्र हैं। इन राज्यों से निकलने वाला लगभग सभी कोयला 'बिटुमिनस' प्रकार का होता है। यह कोयले का द्वितीय प्रकार है। भारत में 80% कोयला बिटुमिनस ही है। भारत के शीर्ष कोयला उत्पादक राज्य निम्न हैं–

1. छत्तीसगढ़-22.5% (कुल राष्ट्रीय उत्पादन)
2. झारखण्ड-20% (कुल राष्ट्रीय उत्पादन)
3. ओडीशा-19.9% (कुल राष्ट्रीय उत्पादन)
4. मध्य प्रदेश-13% (कुल राष्ट्रीय उत्पादन)
5. आन्ध्र प्रदेश-9% (कुल राष्ट्रीय उत्पादन)
6. महाराष्ट्र-7% (कुल राष्ट्रीय उत्पादन)

112. (d) सुन्दरवन पश्चिम बंगाल की गंगा डेल्टा क्षेत्र में स्थित हैं। यहाँ का सुन्दरी वृक्ष गृह निर्माण एवं नौका निर्माण में प्रयुक्त होता है।

113. (a) कनाडा के कुल क्षेत्र के लगभग 40% क्षेत्र में शंकुधारी वनों (टैगा) का विस्तार है। इन शंकुधारी वनों से मुलायम लकड़ी काटी जाती है जिससे कागज, लुग्दी और रेशा तैयार होते हैं। संसार में अखबारी कागज के उत्पादन में कनाडा का पहला स्थान है।

114. (c) डूरण्ड रेखा पाकिस्तान तथा अफगानिस्तान के मध्य (अविभाजित भारत एवं अफगानिस्तान के मध्य) सर मार्टिगर डूरंड (ब्रिटेन) द्वारा 1896 में यह सीमा रेखा निर्धारित की गई थी।

115. (c) भारतीय संविधान का आमुख जिसे हम प्रस्तावना या उद्देशिका कहते हैं को संविधान की आत्मा कहा जाता है। जबकि भारतीय संविधान में दिए गए मौलिक अधिकारों के अन्तर्गत अनुच्छेद 32 में वर्णित संवैधानिक उपचारों के अधिकार को डॉ. अम्बेडकर ने संविधान की आत्मा कहा है।

116. (d) संयुक्त राष्ट्र की एक रिपोर्ट के मुताबिक विदेशों में बसने वाले सबसे अधिक भारतीय हैं। 2019 में 1.75 करोड़ की आबादी के साथ भारत अंतर्राष्ट्रीय प्रवासियों के मामले में शीर्ष पर रहा। दूसरे स्थान पर मैक्सिको और तीसरे स्थान पर चीन है। आंकड़ों के मुताबिक वैश्विक प्रवासियों की संख्या करीब 27.2 करोड़ तक पहुंच गई है।

117. (b) रक्षा मंत्री राजनाथ सिंह स्वदेश निर्मित हल्के लड़ाकू विमान 'तेजस' में उड़ान भरने वाले पहले रक्षा मंत्री बन गए हैं। 'तेजस' में उड़ान भरकर राजनाथ सिंह ने एक नया इतिहास बनाया है। इससे पहले पूर्व रक्षा मंत्री निर्मला सीतारमण ने लड़ाकू विमान 'सुखोई' में उड़ान भरी थी। जहां सुखोई दो इंजन वाला लड़ाकू विमान है, वहीं 'तेजस' एक इंजन वाला लड़ाकू विमान है। रक्षा मंत्री राजनाथ सिंह ने स्वदेशी पर भरोसा जताने और उसे प्रमोट करने के लिए तेजस में उड़ान भरने का निर्णय किया था।

118. (d) अमेरिकी सारा थॉमस बिना रुके तैरकर चार बार इंग्लिश चैनल पार करने वाली पहली महिला तैराक बन गई हैं। उन्होंने 54 घंटों में 209 किमी की दूरी तय की। इस दौरान उन्होंने हर आधे घंटे में केवल इलेक्ट्रॉल और कैफीन युक्त तरल पदार्थ लिया। सारा ने इंग्लैंड के कोलोराडो से तैरना शुरू किया था और अपना चौथा चक्कर डोवर तट पर खत्म किया। आश्चर्यजनक तथ्य यह है कि सारा ने एक साल पहले ही ब्रेस्ट कैंसर से जिंदगी की जंग जीती है। उन्होंने अपनी इस जीत को कैंसर से पीड़ित उन लोगों को समर्पित किया है, जो हिम्मत के साथ इस बीमारी का मुकाबला कर रहे हैं।

119. (a) पांचवें अंतर्राष्ट्रीय रामायण महोत्सव का आयोजन नई दिल्ली में 17 से 19 सितम्बर तक भारतीय सांस्कृतिक सम्बन्ध परिषद (आई.सी.सी.आर.) द्वारा किया गया था। आई.सी.सी.आर. के अध्यक्ष विनय सहस्त्रबुद्धे के अनुसार इस कार्यक्रम में थाईलैंड, कंबोडिया, इंडोनेशिया, बांग्लादेश, श्रीलंका, त्रिनिदाद एंड टोबैगो एवं फिजी सहित आठ देशों के कला समूहों ने हिस्सा लिया। इस महोत्सव के आयोजन का उद्देश्य भारत की सौम्य संपदा के जरिए सांस्कृतिक आयामों को पेश करना है।

120. (b) उत्तराखंड में 'मुख्यमंत्री दाल पोषित योजना' की शुरुआत की गई है। इसका शुभारंभ उत्तराखंड के मुख्यमंत्री त्रिवेन्द्र सिंह रावत ने किया। इस योजना के द्वारा प्रत्येक राशनकार्ड धारक को दो किलो दाल भारत सरकार से उपलब्धता के आधार पर हर महीने कम कीमत पर उपलब्ध कराई जाएगी। इससे राज्य के 23 लाख 32 हजार कार्ड धारकों को लाभ मिलेगा।

121. (a) एयर मार्शल राकेश कुमार सिंह भदौरिया वायुसेना के नए प्रमुख बने हैं। वे परम विशिष्ट सेवा मेडल, अति विशिष्ट सेवा मेडल, वायुसेना मेडल से सम्मानित हैं। वाइस चीफ ऑफ एयर स्टाफ पद प्राप्त करने से पहले वे वायुसेना के बेंगलुरु ट्रेनिंग कमांड के प्रमुख थे। वे 2 साल तक भारतीय वायुसेना के प्रमुख पद पर रहेंगे। राष्ट्रीय रक्षा अकादमी से निकले भदौरिया को जून 1980 में वायु सेना की युवक शाखा में रखा गया था। योग्यता की समग्र सूची में अव्वल आने के कारण उन्हें ''सोर्ड ऑफ ऑनर'' से सम्मानित किया जा चुका है। भदौरिया को 26 प्रकार के लड़ाकू एवं परिवहन विमानों को 4250 घंटे उड़ाने का अनुभव प्राप्त है।

122. (b) दिल्ली के उपराज्यपाल अनिल बैजल ने दिल्ली पुलिस के नए एप ''तत्पर'' की शुरुआत की। तत्पर नाम के इस वन टच एप की खासियत यह है कि इसमें दिल्ली पुलिस की सभी वेबसाइट और मोबाइल को शामिल करने के अलावा 50 से अधिक सेवाओं को जोड़ा गया है। इस एप के जरिए आप नजदीकी पुलिस स्टेशन, ट्रैफिक और प्रीपेड टैक्सी बूथ से संपर्क कर सकते हैं। इसके साथ ही एक एसओएस बटन है, जिसे दबाने पर यह आपातकालीन नंबर पर कॉल करने या एक टच के साथ 100 नम्बर पर पुलिस नियंत्रण कक्ष से संपर्क करने में सक्षम होगा।

123. (c) हाल में ''हाउडी मोदी'' कार्यक्रम ह्यूस्टन में आयोजित किया गया।

124. (d) प्रधानमंत्री नरेंद्र मोदी ने मंगोलिया के राष्ट्रपति खाल्टमा बटुल्गा के साथ बौद्ध मंत्रोच्चारण के बीच रिमोट के जरिए संयुक्त रूप से मंगोलिया के 'गंडन मठ' में भगवान बुद्ध की प्रतिमा का अनावरण किया। मंगोलिया के राष्ट्रपति पांच दिवसीय भारत यात्रा पर आए थे। नई दिल्ली से दोनों नेताओं ने वीडियो कॉन्फ्रेंसिंग के जरिए मूर्ति का अनावरण किया। मंगोलिया की राजधानी उलानबटोर में स्थित 'गंडन मठ' मंगोलिया का सबसे पुराना और महत्वपूर्ण मठ है। इस मूर्ति अनावरण से भारत-मंगोलिया की आध्यात्मिक साझेदारी और मजबूत हुई है।

125. (b) हाल ही में भारतीय प्रशासनिक सेवा के वरिष्ठ अधिकारी अनिल कुमार जैन को नया कोयला सचिव नियुक्त किया गया है। वे मध्य प्रदेश काडर के 1986 बैच के आईएएस अधिकारी हैं। मंत्रिमंडल की नियुक्ति समिति ने पर्यावरण, वन एवं जलवायु परिवर्तन मंत्रालय के विशेष सचिव अनिल कुमार जैन को कोयला मंत्रालय का सचिव नियुक्त करने की मंजूरी प्रदान की है। वे सुमंत चौधरी का स्थान लेंगे।

126. (d) फिल्म 'गली ब्वॉय' को ऑस्कर पुरस्कार में भारतीय प्रविष्टि के रूप में भेजा गया है। जोया अख्तर निर्देशित इस फिल्म का नाम अंतर्राष्ट्रीय फीचर फिल्म वर्ग श्रेणी में भेजा गया है। ऑस्कर पुरस्कारों की घोषणा 9 फरवरी, 2020 को की जाएगी। इस साल करीब 27 फिल्में दौड़ में थीं, लेकिन बाजी 'गली ब्वॉय' के हाथ लगी।

127. (a) चुनाव आयोग ने हरियाणा और महाराष्ट्र दोनों राज्यों में एक ही दिन 21 अक्टूबर, 2019 को मतदान कराने की घोषणा की है। वोटों की गिनती 24 अक्टूबर को की जाएगी। चुनाव की घोषणा के साथ ही दोनों राज्यों में आदर्श आचार संहिता भी लागू हो गई है। अब चुनाव होने तक दोनों राज्यों में कोई नई घोषणा नहीं की जा सकेगी।

128. (a) **129.** (b) **130.** (c)

निर्देश (प्रश्न 131–132 तक) : उसे चुनिए जो अन्य तीन विकल्पों से भिन्न हो।

131. (b)

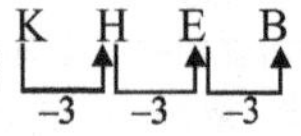

K H E B
−3 −3 −3

परन्तु

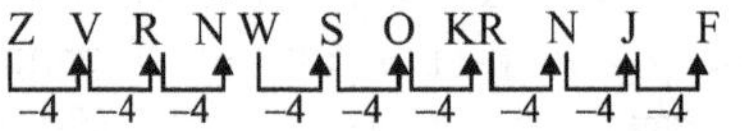

Z V R N W S O K R N J F
−4 −4 −4 −4 −4 −4 −4 −4 −4

132. (d) केवल मगर पानी में रहता है।

133. (b) $1436 = 2 \times 2 \times 359$

$2321 = 11 \times 211$

$345 = 5 \times 3 \times 23$

$648 = 2 \times 2 \times 2 \times 3 \times 3 \times 3 \times 3$

134. (d)

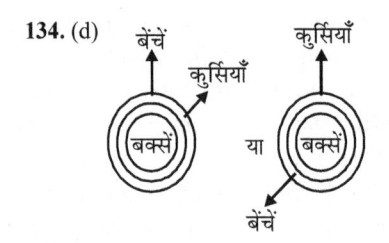

135. (d)

136. (a) जिस प्रकार,
40 5 × 2 × 4
तथा 45 = 3 × 5 × 3
उसी प्रकार, ? = 4 × 6 × 1
= 24

137. (b) जिस प्रकार,
$(9-2)^3 = 343,$
$(26-12)^3 = 2744$
तथा $(8-2)^3 = 216$
उसी प्रकार,
$? = (22-10)^3$
$= 1728$

138. (b)

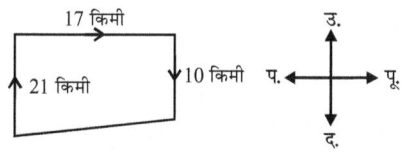

17 किमी
21 किमी
10 किमी
उ.
प.
पू.
द.

139. (a) **140.** (a)

141. (b) संक्षिप्त विधि द्वारा,
एकल समतुल्य बट्टा
$= \left(70 + 30 - \frac{70 \times 30}{100}\right)\%$
$= (100 - 21)\% = 79\%$

142. (d) $l + b + h = 24$
$l^2 + b^2 + h^2 = 225$
$\therefore\ (l + b + h)^2 = l^2 + b^2 + h^2 + 2\,(lb + bh + hl)$
$\Rightarrow (24)^2 = 225 + 2\,(lb + bh + hl)$
$\Rightarrow\ 2 = (lb + bh + hl)$
= 576 – 225 = 351 वर्ग सेमी

143. (c)

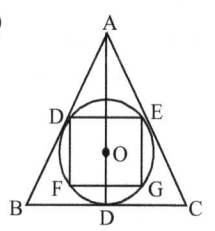

यदि AB = BC = CA = x इकाई हो, तो
$AD = \sqrt{x^2 - \frac{x^2}{4}} = \frac{\sqrt{3}x}{2}$
$OD = \frac{1}{3}\ AD = \frac{x}{2\sqrt{3}}$ = वृत्त की त्रिज्या
वर्ग का विकर्ण $= 2 \times \frac{x}{2\sqrt{3}} = \frac{x}{\sqrt{3}}$
$\therefore$ त्रिभुज : वर्ग $= \frac{\sqrt{3}}{2}x^2 : \frac{x^2}{2 \times 3}$
$= \frac{\sqrt{3}}{2} : \frac{1}{3} = 3\sqrt{3} : 2$

144. (d) अभीष्ट समय = x दिन (माना)
$\therefore\ \frac{x-5}{10} + \frac{x-3}{12} + \frac{x}{15} = 1$
$\Rightarrow \frac{6x - 30 + 5x - 15 + 4x}{60} = 1$
$\Rightarrow 15x - 45 = 60$
$\Rightarrow 15x = 105$
$\Rightarrow x = 7$ दिन

145. (a) पहले दो घण्टे में टंकी का भरा गया भाग
$= \frac{1}{6} + \frac{1}{4} = \frac{2+3}{12} = \frac{5}{12}$
पहले 4 घण्टे में टंकी का भरा गया भाग
$= \frac{-10}{12} = \frac{5}{6}$
शेष भाग $= \left(1 - \frac{5}{6}\right) = \frac{1}{6}$
नल A द्वारा $\frac{1}{6}$ भाग भरने में लगा समय
$= \frac{1}{6} \times 6 = 1$ घण्टा
$\therefore$ कुल समय = (4 + 1) = 5 घण्टे

146. (b) अभ्रक खनिज उत्तर प्रदेश में नहीं पाया जाता है जबकि विकल्प में दिए गए अन्य खनिज थोड़ी-बहुत मात्रा में यहां अवश्य पाए जाते हैं।

147. (c) उ.प्र. विधान सभा चुनाव वर्ष 2002, 2007 एवं 2012 में इन प्रमुख राजनीतिक दलों की स्थिति इस प्रकार रही थी-

दल	वर्ष 2002/ सीट	वर्ष 2007/ सीट	वर्ष 2012/ सीट
समाजवादी पार्टी	143	97	224
बहुजन समाज पार्टी	98	206	80
भारतीय जनता पार्टी	88	51	47
कांग्रेस	25	22	28

148. (b)

149. (d) राम प्रसाद बिस्मिल का जन्म शाहजहांपुर में 1897 ई. में हुआ था। ये महान क्रांतिकारी और चंद्रशेखर आजाद के सहयोगी थे। 'काकोरी केस' में 1927 में गोरखपुर में इन्हें फांसी दी गई थी। "सरफरोशी की तमन्ना......कातिल में है" इन्हीं की रचना है। अमीर खुसरो का जन्म 1253 ई. में पटियाली (एटा) में हुआ था। वर्तमान में पटियाली नवगठित जनपद कासगंज में स्थित है। मिर्जा गालिब, आगरा तथा जोश, मलीहाबाद से संबंधित थे।

150. (a) उत्तर प्रदेश का पारीछा बांध (झांसी) बेतवा नदी (संस्कृत में बेतवा नदी को बेत्रवती कहा जाता है) पर स्थित है। बेतवा नदी मध्य प्रदेश में भोपाल के दक्षिण-पश्चिम से निकलकर भोपाल, ग्वालियर, झांसी, औरैया और जालौन से होती हुई हमीरपुर के निकट यमुना नदी में मिल जाती है।

151. (b) चुनारगढ़ पूर्वी उत्तर प्रदेश के चुनार में स्थित है। 3400 वर्ग गज में फैले इस गढ़ के अंदर सोनवा मंडप, बावन, खंभा, सौर घड़ी तथा भर्तृहरि की समाधि आदि दर्शनीय विरासतें हैं।

152. (a) उत्तर प्रदेश का गुरू पूर्णिमा हिंदुओं और बौद्धों दोनों के लिए महत्वपूर्ण है। यह पर्व हिन्दू कैलेन्डर के अनुसार, आषाढ़ महीने (जून-अगस्त) के पूर्णिमा के दिन मनाया जाता है। हिंदू इस पर्व को महान संत 'व्यास' की स्मृति में मनाते हैं जबकि बौद्ध इसी दिन को भगवान बुद्ध के सम्मान में मनाते हैं जिन्होंने इसी दिन सारनाथ (वाराणसी) में अपना पहला उपदेश दिया था।

153. (a) हिन्दू-मुस्लिम एकता का प्रतीक 'सुलहकुल उत्सव' आगरा में आयोजित किया जाता है।

154. (c)

155. (d) सोनभद्र जिला इलाहाबाद से सीमा नहीं बनाता है, क्योंकि सोनभद्र तथा इलाहाबाद जिले के बीच में मिर्जापुर जिला स्थित है। इलाहाबाद के सीमावर्ती जिले चित्रकूट, रीवा (म.प्र.), मिर्जापुर, भदोही, जौनपुर, प्रतापगढ़ एवं कौशाम्बी हैं।

156. (c) **157.** (c) **158.** (b) **159.** (d)
160. (a) **161.** (b) **162.** (d) **163.** (d)
164. (b) **165.** (b) **166.** (c) **167.** (d)
168. (b) **169.** (c) **170.** (d) **171.** (a)
172. (c) **173.** (d) **174.** (b) **175.** (c)
176. (d) **177.** (b) **178.** (d) **179.** (c)
180. (c) **181.** (c) **182.** (a) **183.** (b)
184. (a) **185.** (b)

186. (a) साइबर लॉ में DOS शब्दावली का अर्थ होता है-डिनाइल ऑफ सर्विस। साइबर क्षेत्र में बढ़ते हुए अपराध के कारण वर्तमान में साइबर लॉ महत्वपूर्ण हो गया है।

187. (b) मल्टीमीडिया अनेक माध्यमों से सूचना प्राप्ति की पद्धति है। इसके अंतर्गत वीडियो, तस्वीर, संगीत, टेक्स्ट, कंप्यूटर के माध्यम से प्राप्त किया जा सकता है। सी डी रोम मल्टीमीडिया का आधार है।

188. (b)

189. (b) कंप्यूटर वायरस एक प्रकार का कंप्यूटर प्रोग्राम होता है, जो कार्यशील फाइलों या हार्ड एवं फ्लॉपी डिस्क के सिस्टम एरिया को संक्रमित कर देता है तथा स्वयं को ही कॉपी कर इसे दूसरे कंप्यूटरों तक पहुंचा देता है।

190. (a)

191. (c) एक कार्बन क्रेडिट 1000 किग्रा. CO_2 के बराबर होता है उत्सर्जन व्यापार का प्रयोग प्रदूषकों के उत्सर्जन में कटौती को प्राप्त करने पर आर्थिक प्रोत्साहन प्रदान करके प्रदूषण को नियन्त्रित करने के लिए किया जाता है।

192. (d) **193.** (c) **194.** (a)
195. (d) **196.** (d) **197.** (d)
198. (a) **199.** (d) **200.** (b)

❑❑❑

प्रैक्टिस सेट–11

1. अभिक्रिया ऊष्मा निर्भर नहीं करती है-
(a) अभिक्रिया के ताप पर
(b) उस पथ पर जिससे अंतिम उत्पाद प्राप्त किया जाता है
(c) अभिकारकों और उत्पादों की भौतिक स्थिति पर
(d) चाहे अभिक्रिया स्थिर दाब पर की गई है या स्थिर आयतन पर

2. दो धातुओं का सोल्डरन किसके गुण के कारण संभव है?
(a) परासरण (b) श्यानता
(c) पृष्ठीय तनाव (d) असंजन

3. आण्विक कक्षा का अभिन्यास किससे नियंत्रित होता है?
(a) मुख्य क्वांटम संख्या
(b) चुंबकीय क्वांटम संख्या
(c) चक्रण क्वांटम संख्या
(d) द्विगंशी क्वांटम संख्या

4. किसी तत्त्व के परमाणु का परमाणु क्रमांक 17 हैं और द्रव्यमान 36 है। उसके न्यूक्लिअस में न्यूट्रॉनों की संख्या है–
(a) 17 (b) 19
(c) 36 (d) 53

5. आहार में लवण का मुख्य उपयोग है-
(a) जल में भोजन के कणों की विलेयता को बढ़ाना
(b) भोजन में पाचन के लिए अपेक्षित हाइड्रोक्लोरिक एसिड लघु मात्रा में पैदा करना
(c) पकाने की प्रक्रिया को सरल बनाना
(d) भोजन को स्वादिष्ट बनाना

6. पशु प्रोटीन को प्रथम श्रेणी का प्रोटीन माना जाता है, क्योंकि यह-
(a) अनिवार्य एमिनो एसिड में भरपूर होता है।
(b) बाजार में सस्ता होता है।
(c) सुपाच्य होता है।
(d) खाने में स्वादिष्ट होता है।

7. जब बर्फ पिघलती है तो उसका आयतन:
(a) घटता है।
(b) बढ़ता है।
(c) पहले घटता है फिर बढ़ता है।
(d) वही रहता है।

8. निम्नलिखित में से किसमें कार्बन नहीं होता है?
(a) हीरा (b) ग्रेफाइट
(c) कोयला (d) बलुआ पत्थर

9. भारी जल है एक :
(a) शीतलक
(b) मंदक
(c) एक प्रकार की औषधि
(d) ईंधन

10. निम्न में से कौन-सी धातु चाकू से काटी जा सकती है?
(a) चांदी (b) एल्युमिनियम
(c) जस्ता (d) सोडियम

11. वर्षा ऋतु में लकड़ी से बने दरवाजों के फूलने का कारण है-
(a) वाष्पोत्सर्जन (b) अन्त: शोषण
(c) बहि: परासरण (d) बिंदुस्रावण

12. पादपों द्वारा वायुमंडल में जल परिवर्धन की प्रक्रिया कहलाती है-
(a) संघनन (b) अवक्षेपण
(c) बहना (d) वाष्पोत्सर्जन

13. विटामिन-सी का रासायनिक नाम है:
(a) फोलिक अम्ल
(b) साइट्रिक अम्ल
(c) एस्कॉर्बिक अम्ल
(d) लैक्टिक अम्ल

14. अरक्तता निम्न में से किन विटामिन की अल्पता के कारण होती है?
(a) ए$_1$ एवं बी$_2$ (b) बी$_6$ एवं बी$_{12}$
(c) ए एवं डी (d) ई एवं के

15. इलायोप्लास्ट संगृहीत करते हैं
(a) स्टार्च
(b) प्रोटीन
(c) वसा
(d) आवश्यक अमीनो अम्ल

16. निम्न में से किसको ''लाल रक्त कोशिकाओं की कब्रगाह'' कहा जाता है?
(a) यकृत (b) तिल्ली
(c) अस्थि मज्जा (d) आंत

17. भारत में शून्य के सम्प्रत्यय सहित दाशमिक संख्यात्मक प्रणाली की खोज, निम्नलिखित में से कौन-से एक राजवंश के दौरान हुई?
(a) शक (b) गुप्त
(c) पाल (d) चोल

18. निम्नलिखित में से क्या सुमेलित है?
(a) एलोरा–शका
(b) महाबलीपुरम्–राष्ट्रकूट
(c) मीनाक्षी मन्दिर–पल्लव
(d) खजुराहो–चन्देल

19. पृथ्वी पर अधिकतर निरंतर पर्माफ्रॉस्ट पाये जाते हैं?
(a) अत्यधिक ऊंचाई वाले पर्वतीय वातावरण में
(b) अंटार्कटिका में
(c) उत्तरी अमेरिका एवं साइबेरिया में
(d) ग्रीनलैंड में

20. दक्षिण-पूर्व एशिया में ग्रीष्मकालीन मानसून के दौरान
(a) मौसम प्राय: साफ एवं शुष्क रहता है।
(b) हवायें मध्य एशिया से दक्षिण की ओर प्रवाहित होती हैं।
(c) हवायें हिंद महासागर से एशिया महाद्वीप की ओर प्रवाहित होती हैं।
(d) हवायें निम्न वायु दबाव से उच्च दबाव की ओर प्रवाहित होती हैं।

21. बोरियल वन का, सबसे महत्वपूर्ण वनस्पति संसाधन है-
(a) गेहूं (b) वन्य उत्पाद
(c) नींबू (d) प्राकृतिक रबर

22. मानव का पर्माफ्रॉस्ट पर प्रभाव सम्मिलित करता है
(a) पर्माफ्रॉस्ट की गहनता को बढ़ाता है।
(b) पर्माफ्रॉस्ट जोन का धीरे-धीरे ध्रुव की ओर खिसकना।
(c) पर्माफ्रॉस्ट को जानवरों से बचाना।
(d) तापीय अपरदन को प्रेरित करना।

23. वर्ष 2011 की जनगणना के अनुसार, उत्तराखंड राज्य में न्यूनतम साक्षरता दर किस जिले में थी?
(a) उत्तरकाशी में
(b) टिहरी गढ़वाल में
(c) हरिद्वार में
(d) ऊधमसिंह नगर में

24. वर्ष 2011 की जनगणना के अनुसार उत्तराखंड राज्य का लिंगानुपात है:
(a) 932 (b) 951
(c) 956 (d) 963

25. जनसंख्या का गणितीय घनत्व होता है:
(a) सम्पूर्ण भूमि और कुल जनसंख्या का अनुपात
(b) सम्पूर्ण ग्रामीण भूमि और कुल जनसंख्या के बीच का अनुपात
(c) सम्पूर्ण कृषि भूमि और कुल ग्रामीण जनसंख्या के बीच का अनुपात
(d) सम्पूर्ण भूमि और कुल ग्रामीण जनसंख्या के बीच का अनुपात

26. निम्न में से किस सामाजिक-धार्मिक आंदोलन ने दलित वर्ग के संबंध में आवाज उठायी?
(a) ब्रह्म समाज
(b) प्रार्थना समाज
(c) आर्य समाज
(d) इनमें से कोई नहीं

27. ''भारतीय प्रेस की स्वतंत्रता का प्रणेता'' किसे कहा जाता है?
(a) आगस्टस हिक्की
(b) चार्ल्स मेटकॉफ
(c) मैकग्रेथ
(d) डिजारेली

28. दिसम्बर 1929, में कांग्रेस के लाहौर अधिवेशन ने जोर दिया।
(a) होम-रूल
(b) पूर्ण स्वराज
(c) औपनिवेशिक स्वशासन
(d) प्रशासन में भारतीयों की उचित भागीदारी

29. 1928 के बारदौली सत्याग्रह का नेतृत्व किसने किया था?
(a) गांधी जी के अनुयायियों ने
(b) कांग्रेस सोशलिस्ट पार्टी ने
(c) वामपंथियों ने
(d) किसान सभा ने

30. गदर पार्टी का संस्थापक कौन था?
(a) बरकतउल्ला
(b) लाला हरदयाल
(c) भगत सिंह
(d) लाला लाजपत राय

31. जवाहरलाल नेहरू भारतीय राष्ट्रीय कांग्रेस के पहली बार अध्यक्ष कब बने?
(a) 1929 (b) 1927
(c) 1921 (d) 1932

32. 'चौखंभा सिद्धांत' के अग्रणीय सिद्धांतकार कौन थे?
(a) एम.जी. रानाडे
(b) महात्मा गांधी
(c) राम मनोहर लोहिया
(d) एनी बेसेंट

33. निम्नलिखित में से कौन-सा भारत का दक्षिणतम बिंदु है?
(a) इंदिरा बिंदु (b) शास्त्री बिंदु
(c) मोदी बिंदु (d) राम बिंदु

34. सुंदरवन डेल्टा कौन से पेड़ के लिए प्रसिद्ध है?
(a) रोजवुड (b) साल
(c) सुंदरी (d) शीशम

35. निम्न में से कौन सा भू-संतुलन का उदाहरण है?
(a) अण्डमान द्वीपसमूह का निर्माण
(b) पथरीले पहाड़ों का निर्माण
(c) मिसीसीपी मुहाने का संकुचन
(d) सेन एण्ड्रीयास भ्रंश

36. भाखड़ा नांगल बांध की ऊंचाई है-
(a) 406 मी. (b) 316 मी.
(c) 226 मी. (d) 186 मी.

37. निम्न में से कौन सा ज्वालामुखी सतही प्लेट के मध्य में घटित होता है?
(a) माउंट फ्यूजीयामा
(b) माउंट सेंट-हेलन्स
(c) कार्कोटोवा
(d) माउंट किलिमंजारों

38. न्यूनतम वृद्धि काल वाला बायोम है
(a) सवाना (b) टैगा
(c) चपारल (d) टुंड्रा

39. जीरोफाइट वनस्पति अधिकतर पाई जाती है-
(a) टुंड्रा एवं टैगा वनों में
(b) मध्य अक्षांशों एवं भूमध्यसागरीय वनों में
(c) घास के मैदान एवं मरूस्थलों में
(d) सवाना एवं उष्ण वर्षा वाले वनों में

40. निम्न में से कौन-सा बायोम प्राय: मरूस्थलीकरण का कारण है?
(a) ऊष्ण कटिबंधीय घास के मैदान
(b) भूमध्यसागरीय वन
(c) पर्वत
(d) बोरियल वन

41. लवण-प्रभावित मृदाओं का सर्वाधिक क्षेत्रफल वाला राज्य है–
(a) तमिलनाडु (b) राजस्थान
(c) गुजरात (d) आन्ध्र प्रदेश

42. निम्नलिखित में से कौन-सा शहर कर्क रेखा से सबसे निकटस्थ है?
(a) जबलपुर (b) अहमदाबाद
(c) उज्जैन (d) वाराणसी

43. एल-निनो बनता है–
(a) प्रशान्त महासागर में
(b) हिन्द महासागर में
(c) भूमध्य सागर में
(d) अटलाण्टिक महासागर में

44. 2011 की जनगणना के अनुसार किस राज्य की जनसंख्या सर्वाधिक है?
(a) उत्तर प्रदेश (b) बिहार
(c) पश्चिम बंगाल (d) केरल

45. लोकसभा में भारत के राष्ट्रपति द्वारा एंग्लो-इंडियन समुदाय के कितने सदस्य मनोनीत किये जाते हैं?
(a) 12 (b) 8
(c) 4 (d) 2

46. लोकसभा का प्रोटेम अध्यक्ष नियुक्त किया जाता है-
(a) भारत के राष्ट्रपति द्वारा
(b) भारत के उप-राष्ट्रपति द्वारा
(c) भारत के प्रधानमंत्री द्वारा
(d) भारत के मुख्य न्यायाधीश द्वारा

47. भारतीय संविधान के अनुच्छेद 70 के अंतर्गत राष्ट्रपति एवं उप-राष्ट्रपति की अनुपस्थिति में कौन राष्ट्रपति होगा?

(a) लोकसभा अध्यक्ष
(b) भारत का प्रधानमंत्री
(c) भारत का मुख्य निर्वाचन आयुक्त
(d) भारत का मुख्य न्यायाधीश

48. निम्नलिखित राज्यों में किस राज्य का विधान-मण्डल द्विसदनीय है?
(a) तमिलनाडु (b) त्रिपुरा
(c) पश्चिम बंगाल (d) बिहार

49. भारतीय संघ कौन से देश के संघ के सदृश है?
(a) संयुक्त राज्य अमेरिका
(b) ऑस्ट्रेलिया
(c) स्विट्जरलैंड
(d) कनाडा

50. भारत में केंद्र शासित प्रदेशों की कुल संख्या है:
(a) 5 (b) 6
(c) 9 (d) 8

51. भारत के सर्वोच्च न्यायालय की अधिकारिक भाषा है–
(a) हिंदी-देवनागरी
(b) उर्दू/पारसी
(c) अंग्रेजी
(d) भारत के संविधान में वर्णित 18 भाषाएं

52. भारत में राजनीतिक दलों को मान्यता दी जाती है:
(a) केंद्र सरकार द्वारा
(b) राज्य सरकार द्वारा
(c) भारत के उच्चतम न्यायालय द्वारा
(d) भारतीय निर्वाचन आयोग द्वारा

53. भारत में सूचना का अधिकार किस वर्ष मे पारित किया गया?
(a) 2004 में (b) 1999 में
(c) 2005 में (d) 2009 में

54. भारत का निर्वाचन आयोग है
(a) विधिक संस्था
(b) प्रशासनिक संस्था
(c) अधिनियमित संस्था
(d) संवैधानिक संस्था

55. 93 वां संविधान संशोधन किससे संबंधित है?
(a) पंचायती राज संस्था से
(b) मौलिक कर्तव्यों से
(c) भारत के उत्तर-पूर्वी राज्यों से
(d) शिक्षण संस्थानों में OBC के आरक्षण से

56. 'ट्राइसेम' एक कार्यक्रम है-
(a) ग्रामीण विकास का
(b) औद्योगिक विकास का
(c) शहरी विकास का
(d) सुरक्षा विकास का

57. 'निर्धनता का दुश्चक्र' की अवधारणा संबंधित है-
(a) कार्ल मार्क्स
(b) आर. नर्कसे
(c) एडम स्मिथ
(d) उपर्युक्त में से कोई नहीं

58. भारत की नई औद्योगिक नीति, 1991 आधारित है-
(a) उदारीकरण (b) निजीकरण
(c) वैश्वीकरण (d) उपयुक्त सभी

59. भारत में पहली औद्योगिक नीति कब अस्तित्व में आई?
(a) मार्च, 1942
(b) मई, 1946
(c) अप्रैल, 1948
(d) जून, 1952

60. भारत के किस क्षेत्र से ''अधिकतम कुल घेरलू बचत'' प्राप्त होती है?
(a) सार्वजनिक क्षेत्र
(b) घरेलू क्षेत्र
(c) निजी क्षेत्र
(d) इनमें से कोई नहीं

61. निम्न में से कौन-सी अवधि प्रथम पंचवर्षीय योजना की थी?
(a) 1946-50 (b) 1951-56
(c) 1952-57 (d) 1953-58

62. भारत में मानव विकास सूचकांक (HDI) में समाविष्ट है-
(a) जीवन प्रत्याशा
(b) शैक्षिक उपलब्धि
(c) प्रति व्यक्ति आय
(d) उपर्युक्त सभी

63. भारतीय जीवन बीमा निगम (LIC) की स्थापना किस वर्ष में हुई थी?
(a) 1953 (b) 1956
(c) 1954 (d) 1958

64. चौदहवें वित्त आयोग (2015-20) ने भारत के राष्ट्रपति को अपनी रिपोर्ट प्रस्तुत की-
(a) दिसम्बर, 2014
(b) जनवरी, 2015
(c) अक्टूबर, 2016
(d) मई, 2017

65. ग्रामीण अवस्थापना विकास कोष का सृजन किसके अधीन किया गया है?
(a) आर.बी.आई.
(b) नाबार्ड
(c) कृषि मंत्रालय
(d) ग्रामीण विकास मंत्रालय

66. राष्ट्रीय सांख्यिकी आयोग की स्थापना कब हुई थी?
(a) 1 जून, 2000
(b) 10 जून, 2002
(c) 24 मई, 2004
(d) 12 जुलाई, 2006

67. भारतीय रिजर्व बैंक के गवर्नर के कार्यकाल की अवधि होती है:
(a) 2 साल (b) 3 साल
(c) 4 साल (d) 5 साल

68. निम्नलिखित में से कौन-सा राज्य भारत में सबसे अधिक मैंग्नीज पैदा करता है?
(a) मध्य प्रदेश
(b) आन्ध्र प्रदेश
(c) उत्तर प्रदेश
(d) ओडिशा

69. किस संशोधन के द्वारा 'संपत्ति का अधिकार' समाप्त किया गया है?
(a) 24वें (b) 44वें
(c) 25वें (d) 42वें

70. निम्नलिखित में से कौन-सी विधि/प्रक्रिया जैव-प्रौद्योगिकी की है?
(a) अमाशय मे दूध का जमना
(b) दही बनाना
(c) अचार बनाना
(d) उपर्युक्त में से कोई नहीं

71. ''चिपको आन्दोलन'' संबंधित है:
(a) प्रोजेक्ट टाइगर से
(b) पौध प्रजनन से
(c) वन संरक्षण से
(d) ऊतक संवर्धन से

72. प्लास्टिक की थैलियों पर प्रतिबंध लगाने वाला देश का प्रथम राज्य था?
(a) हिमाचल (b) पश्चिम बंगाल
(c) मेघालय (d) राजस्थान

73. किस वर्ष नीति आयोग अस्तित्व में आया?
(a) जनवरी 01, 2014
(b) जनवरी 26, 2014
(c) जनवरी 26, 2015
(d) जनवरी 01, 2015

74. भारत का उन्तीसवां राज्य कौन-सा है?
(a) झारखंड (b) उत्तराखंड
(c) आंध्र प्रदेश (d) तेलंगाना

75. पनामा पेपर्स स्कैंडल का संबंध है:
(a) अंतर्राष्ट्रीय फिल्म पायरेसी से
(b) बड़ी हस्तियों के घोटालों से
(c) प्रतिलिप्याधिकार से
(d) मैच फिक्सिंग से

76. वर्ष 2005 में, द्वितीय प्रशासनिक सुधार आयोग, किसकी अध्यक्षता में बनाया गया था?
(a) वाई.वी. रेड्डी
(b) वी. मोइली
(c) डॉ. मनमोहन सिंह
(d) वी. सुब्रमण्यम

77. कबीर का पालन-पोषण एक मुस्लिम जुलाहे ने किया था जिसका नाम था:
(a) रहीम (b) रामानन्द
(c) नीमा (d) चैतन्य

78. वैदिक काल में 'बलि' शब्द का क्या अर्थ था?
(a) बलिदान
(b) बैल
(c) आनुवंशिक
(d) प्रजा द्वारा शासक को दी गई भेंट

79. किस सातवाहन राजा ने स्वयं 'एकब्राह्मण' की उपाधि धारण की थी?
(a) यज्ञश्री शातकर्णी
(b) शातकर्णी
(c) गौतमीपुत्र शातकर्णी
(d) वशिष्ठीपुत्र शातकर्णी

80. कौन से बौद्ध ग्रंथ में 'सोलह महाजनपदों' का उल्लेख मिलता है?
(a) अंगुत्तर निकाय
(b) महावंश
(c) दीघ निकाय
(d) महावग्ग

81. निम्नलिखित में से किस शासक ने भारत में सर्वप्रथम 'इक्ता व्यवस्था' प्रारंभ की थी?
(a) इल्तुतमिश
(b) बलबन
(c) अलाउद्दीन खिलजी
(d) रजिया

82. बुलन्द दरवाजा किसके द्वारा बनवाया गया था?
(a) अकबर (b) जहांगीर
(c) शाहजहां (d) बाबर

83. भारत में 'मनसबदारी व्यवस्था' किसने प्रारम्भ की?
(a) शाहजहां (b) जहांगीर
(c) अकबर (d) औरंगजेब

84. वहाबी आन्दोलन का मुख्य उद्देश्य क्या था?
(a) अंग्रेजों से अच्छे सम्बन्ध
(b) इस्लाम का शुद्धीकरण
(c) अंग्रेजी शिक्षा का समर्थन
(d) सामाजिक सुधारों का विरोध

85. भारतीय इतिहास में 6 अप्रैल, 1930 ई. की तिथि जानी जाती है-
(a) महात्मा गांधी द्वारा डाण्डी मार्च हेतु
(b) प्रथम गोलमेज सम्मेलन हेतु
(c) गांधी-इर्विन समझौता हेतु
(d) जलियांवाला बाग हत्याकांड हेतु

86. निम्न में से कौन-सा वृक्ष जो कभी सामाजिक वानिकी में लोकप्रिय था, अब एक पारिस्थितिक आतंकवादी माना गया है?
(a) बबूल (b) अमलतास
(c) नीम (d) यूकेलिप्टस

87. भारत की निम्नलिखित में से कौन-सी जनजाति प्रोटो ऑस्ट्रेलॉयड प्रजाति से संबंधित है?
(a) इरुला (b) खासी
(c) संथाल (d) थारु

88. गांधी जी को किसने सावधान किया था कि वे मुस्लिम धार्मिक नेताओं और उनके अनुयायियों के कट्टरपन को प्रोत्साहित न करें?
(a) आगा खां
(b) अजमल खां
(c) हसन इमाम
(d) मो. अली जिन्ना

89. दक्षिण अफ्रीका में रहने की अवधि में महात्मा गांधी ने निम्न में से जिस पत्रिका का प्रकाशन किया, उसका नाम था-
(a) नवजीवन
(b) इंडिया गजट
(c) अफ्रीकन
(d) इंडियन ओपीनियन

90. निम्न में से किस राज्य की सीमा बांग्लादेश से नहीं मिलती है?
(a) मेघालय
(b) त्रिपुरा
(c) मणिपुर
(d) मिजोरम

91. कथन (A): नगरीकरण औद्योगीकरण का अनुसरण करता है।
कारण (R): विकासशील देशों में नगरीकरण स्वयं में एक आन्दोलन है।
कूट :
(a) A तथा R दोनों सही हैं तथा R, A की सही व्याख्या है
(b) A और R दोनों सही हैं परन्तु R, A की सही व्याख्या नहीं है
(c) A सही है, परन्तु R गलत है
(d) A गलत है, परन्तु R सही है

92. निम्न में से कौन बारूदी सुरंगों का पता लगाने में उपयोगी होते हैं?
(a) मधुमक्खी (b) बर्र
(c) तितली (d) पतंगा

93. शहद का प्रमुख घटक है-
(a) ग्लूकोज (द्राक्षा शर्करा)
(b) सुक्रोज (इक्षु शर्करा)
(c) माल्टोज (यव शर्करा)
(d) फ्रक्टोज (फल शर्करा)

94. जीनोम चित्रण का सम्बन्ध है-
(a) रक्त वर्गीकरण से
(b) जीन्स के चित्रण से
(c) स्नायु केन्द्रों के चित्रण से
(d) मस्तिष्क के चित्रण से

95. भारत में अणुबम के विकास से संबंधित हैं-
(a) डॉ. ए.पी.जे. अब्दुल कलाम
(b) डॉ. होमी जहांगीर भाभा
(c) डॉ. राजा रमन्ना
(d) कस्तूरी रंगन

96. निम्नलिखित में से कौन-सा ओजोन परत के रिक्तीकरण के लिए उत्तरदायी नहीं है?
(a) प्रशीतकों में प्रयुक्त होने वाला CFC-12
(b) विलायक के रूप में प्रयुक्त मेथिल क्लोरोफार्म
(c) अग्निशमन में प्रयुक्त हैलान-1211
(d) नाइट्रस ऑक्साइड

97. योग दर्शन के प्रतिपादक हैं-
(a) पतंजलि (b) गौतम
(c) जैमिनी (d) शुक्राचार

98. प्रसिद्ध नैमिषारण्य तीर्थ निम्न जनपदों में से किस एक में स्थित है?
(a) उज्जैन (b) मथुरा
(c) सीतापुर (d) जबलपुर

99. कौटिल्य प्रधानमंत्री थे-
(a) चन्द्रगुप्त विक्रमादित्य के
(b) अशोक के
(c) चन्द्रगुप्त मौर्य के
(d) राजा जनक के

100. 'असम हिमालय' का विस्तार है-
(a) सतलुज व काली नदी के बीच
(b) काली व तिस्ता नदी के बीच
(c) तिस्ता व दिहांग नदी के बीच
(d) उपर्युक्त में से कोई नहीं

101. निम्नलिखित में से कौन-सा स्थल पार्श्वनाथ से संबंध होने के कारण जैन सिद्ध क्षेत्र माना जाता है?
(a) चम्पा (b) पावा
(c) सम्मेद शिखर (d) ऊर्जयन्त

102. उपनिषद पुस्तकें हैं-
(a) धर्म पर (b) दर्शन पर
(c) विधि पर (d) यर्शण पर

103. बुद्ध का जन्म हुआ था-
(a) वैशाली में (b) लुंबिनी में
(c) कपिलवस्तु में (d) पाटलिपुत्र में

104. 'जनरथ' नाम दिया गया है-
(a) उत्तर प्रदेश में ग्रामीण संचार को बढ़ावा देने के लिए
(b) देश में यातायात सुविधाओं को बढ़ाने के लिए
(c) भारत सरकार द्वारा भारत तथा बांग्लादेश के मध्य बस सेवा को प्रारंभ करने के लिए
(d) उत्तर प्रदेश सरकार द्वारा प्रारंभ किए गए निम्न लागत ए.सी. बस सेवा को

105. निम्न में से कौन-सा युग्म सुमेलित नहीं है?
(a) विंध्याचल - मिर्जापुर
(b) देवशरीफ - बाराबंकी
(c) हस्तिनापुर - मेरठ
(d) श्रृंगवेरपुर - फैज़ाबाद

106. निम्नलिखित में से कौन काशी विद्यापीठ का संस्थापक है?
(a) पंडित मदन मोहन मालवीय
(b) आचार्य नरेंद्र देव
(c) बाबू शिव प्रसाद गुप्त
(d) महात्मा गांधी

107. राष्ट्रीय राजमार्ग विकास परियोजना के उत्तर-दक्षिण तथा पूर्व-पश्चिम गलियारे मिलते हैं-
(a) कानपुर में (b) झांसी में
(c) लखनऊ में (d) वाराणसी में

108. भारत की जनगणना 2011 के अनुसार, देश के मिलियन (दस लाखीय) नगरों की सूची में अंतिम स्थान पर है-
(a) सूरत (b) कोटा
(c) मंगलौर (d) इलाहाबाद

109. निम्न में से कौन-सा युग्म सुमेलित नहीं है?
(a) कानपुर - चकेरी
(b) वाराणसी - बाबतपुर
(c) लखनऊ - अमौसी
(d) आगरा - फुरसतगंज

110. निम्नलिखित में से कौन एक सही सुमेलित नहीं है?
(a) कबीरपंथियों का पवित्र तीर्थ स्थल–मगहर
(b) भगवान बुद्ध का निर्वाण स्थल–कुशीनगर
(c) सूफी संत हाजी वारिस अली शाह की मजार–देवा शरीफ
(d) अट्ठासी हजार ऋषियों की तपस्थली–संकीसा

111. निम्नलिखित में से कौन सही सुमेलित नहीं है?

	स्थान		**उत्पाद**
(a)	लखीमपुर-खीरी	-	नक्काशीदार काष्ठ शिल्प
(b)	खुर्जा	-	मृत्तिका शिल्प
(c)	मेरठ	-	खेलकूद के सामान
(d)	जलेसर	-	ढलवां घंटियां

112. बायोटेक्नोलॉजी पार्क अवस्थित है-
(a) लखनऊ में
(b) वाराणसी में
(c) आगरा में
(d) उपर्युक्त में से कोई नहीं

113. गुरु गोविंद सिंह स्पोर्ट्स कॉलेज की स्थापना उत्तर प्रदेश में की गई है–
(a) आगरा में (b) इलाहाबाद में
(c) गोरखपुर में (d) लखनऊ में

114. उत्तर प्रदेश में परम्परागत भूमि मापन इकाई है?
(a) कनाल (b) मार्ला
(c) बीघा (d) धुर

115. उत्तर प्रदेश में सिंचाई का सबसे बड़ा स्रोत है–
(a) नहर (b) तालाब
(c) नलकूप (d) कुआँ

116. विख्यात भारतमाता मन्दिर स्थित है–
(a) लखनऊ में (b) वाराणसी में
(c) इलाहाबाद में (d) मेरठ में

117. किस मंत्री ने ''ई-बीट बुक'' और ''ई-साथी एप'' का लोकार्पण किया ?
(a) पीयूष गोयल
(b) निर्मला सीतारमण
(c) अमित शाह
(d) स्मृति ईरानी

118. आईडीबीआई (IDBI) बैंक के उप-प्रबंध निदेशक कौन बने हैं?
(a) प्रकाश सामंत
(b) डेविड हेनरी
(c) शक्ति दास
(d) सैमुएल जोसेफ जेबराज

119. कौन-सी ट्रेवल कम्पनी दिवालिया हो गई है?
(a) जेट एयरवेज
(b) थॉम्पसन हुक
(c) थॉमस कुक
(d) कूल रिवर

120. हाल ही में सबसे युवा पुरातत्वविद होने का खिताब किनको मिला है?
(a) गगन
(b) नीलेश
(c) आकाश मनोज
(d) अर्श अली

121. पुस्तक 'चेंजिंग इंडिया' निम्न में से किस की जीवनी है?
(a) अटल बिहारी वाजपयी
(b) मनमोहन सिंह
(c) एपीजे अब्दुल कलाम
(d) सोमनाथ चैटर्जी

122. हाल ही में भारत के किस सबसे उम्रदराज चौथे जीवित टेस्ट क्रिकेटर की मृत्यु हो गई है?
(a) माधव आप्टे
(b) रमन लांबा
(c) वी. बी. चंद्रशेखर
(d) हैंसी क्रोन्ये

123. फॉर्च्यून इंडिया की ओर से जारी की गई टॉप 50 सबसे शक्तिशाली महिलाओं में पहले स्थान पर कौन हैं?
(a) अनुष्का शर्मा
(b) प्रियंका चोपड़ा
(c) इंदिरा नूई
(d) जिया मोदी

124. हाल ही में दादा साहेब फाल्के पुरस्कार किस अभिनेता को देने की घोषणा की गई है?
(a) अमिताभ बच्चन
(b) धर्मेन्द्र
(c) अनुपम खेर
(d) जितेन्द्र

125. किस फुटबॉल खिलाड़ी को छठी बार "फीफा प्लेयर ऑफ द ईयर" चुना गया है?
(a) डेविड बेकहम
(b) वर्जिल वान डिक
(c) रोनाल्डो
(d) लियोनेल मेसी

126. फोर्ब्स बिजनेस वुमन 2019 की 25 महिलाओं में भारत की कितनी महिलाएं शामिल हैं?
(a) चार (b) पांच
(c) दस (d) दो

127. हाल ही में किस राज्य में महिलाओं को निःशुल्क यात्रा के लिए गुलाबी टिकट जारी किए जाने की घोषणा की गई है?
(a) दिल्ली
(b) राजस्थान
(c) हरियाणा
(d) पंजाब

128. हाल ही में किन्होंने भारत जल सप्ताह का उद्‌घाटन किया?
(a) प्रधानमंत्री ने
(b) राष्ट्रपति ने
(c) रक्षा मंत्री ने
(d) गृह मंत्री ने

129. 2019 में शास्त्र (SASTRA) रामानुजन पुरस्कार किस को दिया जाना है?
(a) जॉन रिन
(b) डेविड एशेल
(c) स्मिथ जॉनसन
(d) एडम हार्पर

130. किन को एसोसिएशन ऑफ म्यूचुअल फंड्स इन इंडिया (AMFI) का नया अध्यक्ष नियुक्त किया गया है?
(a) नीलेश शाह
(b) आकाश मोदी
(c) निमेश शाह
(d) इनमें से कोई नहीं

131. प्रधानमंत्री नरेंद्र मोदी ने हाल ही में किन दो योजनाओं का शुभारंभ रांची से किया?
(a) किसान मान धन योजना व राष्ट्रीय पेंशन योजना
(b) फसल बीमा योजना व अटल पेंशन योजना
(c) प्रधानमंत्री मुद्रा योजना व कुसुम योजना
(d) प्रधानमंत्री किसान सम्मान योजना व स्वच्छ भारत योजना

निर्देश (प्रश्न 132-133 तक) : शृंखला में विषय संख्या ज्ञात कीजिए।

132. 2, 10, 50, 252, 1250, 6250
(a) 50 (b) 252
(c) 1250 (d) 6250

133. 0, 6, 24, 60, 124
(a) 124 (b) 6
(c) 24 (d) 60

134. निम्नलिखित को शब्दकोश के क्रम में व्यवस्थित कीजिए, तो तीसरा शब्द कौन-सा होगा?
(1) Particular (2) Particle
(3) Participate (4) Partiality
(a) 2 (b) 3
(c) 4 (d) 1

135. यदि D, A की पुत्री है। D, M की बहन है और A का भाई C है, तो C और M का क्या संबंध है?
(a) माता और पुत्री
(b) चाचा और भतीजी
(c) पिता और पुत्री
(d) चाची और भतीजी

136. कौन-सा शेष तीनों से भिन्न है?
(a) 61523 : 61532
(b) 84224 : 84242
(c) 45742 : 45742
(d) 15632 : 15623

137. निम्नलिखित विकल्पों में से वह शब्द चुनिए जो दिए गए शब्द के अक्षरों का प्रयोग करके नहीं बनाया जा सकता है–
PERMISSIBLE
(a) MISSILE (b) SIMPLE
(c) LIMPER (d) BUMPER

138. निम्नलिखित लंबाइयों को छोटे से बड़े क्रम में व्यवस्थित कीजिए–
1. nanometer 2. millimetre
3. centimetre 4. metre
5. micrometre
(a) 1, 2, 5, 3, 4 (b) 1, 5, 2, 3, 4
(c) 1, 5, 2, 4, 3 (d) 5, 1, 2, 3, 4

139. निम्नलिखित शब्दों को शब्दकोश में दिए गए क्रम के अनुसार लिखिए–
1. Obstacle 2. Observe
3. Obvious 4. Obtain
5. Obstruct
(a) 2, 4, 1, 5, 3 (b) 2, 5, 4, 1, 3
(c) 2, 1, 5, 4, 3 (d) 4, 2, 1, 5, 3

निर्देश (प्रश्न 140-143 तक) : दिए गए विकल्पों में से संबंधित अक्षर/शब्द/संख्या को चुनिए।

140. CAT : 21 : : DOG : ?
(a) 23 (b) 24
(c) 25 (d) 26

141. पेंटिंग : कला : : ? : नृत्य
(a) मीराबाई (b) समारोह
(c) कत्थक (d) तबला

142. समबाहु त्रिभुज जिसकी प्रत्येक भुजा 6 सेमी है के अन्तवृत्त की त्रिज्या है–
(a) $2\sqrt{3}$ सेमी (b) $\sqrt{3}$ सेमी
(c) $6\sqrt{3}$ सेमी (d) 2 सेमी

143. यदि 6 वर्ष के साधारण ब्याज मूलधन के 30% के बराबर हो जाए तो यह कितने समय के बाद मूलधन के बराबर हो जाएगा?
(a) 10 वर्ष (b) 20 वर्ष
(c) 22 वर्ष (d) 30 वर्ष

144. एक व्यक्ति ने 60 पैसे और 35 पैसे के 147 डाक-टिकटों की खरीद की। उसने इसमें कुल ₹68.20 की धनराशि खर्च की। उसके द्वारा 35 पैसे के कितने डाक-टिकटों की खरीद की गई थी?
(a) 60 (b) 72
(c) 76 (d) 80

145. एक महिला और उसकी बेटी की औसत आयु 16 वर्ष है। उनकी आयु का अनुपात 7 : 1 है। महिला की आयु क्या है?
(a) 4 वर्ष (b) 28 वर्ष
(c) 32 वर्ष (d) 6 वर्ष

146. एक ट्रेन बिना रुके 50 किमी/घंटे की गति से यात्रा करती है तथा रुकने के साथ 40 किमी/घंटे की गति से यात्रा करती है। ट्रेन प्रति घंटा औसत पर रुकने में कितने मिनट लेती है?
(a) 6 मिनट (b) 12 मिनट
(c) 18 मिनट (d) 14 मिनट

निर्देश-(147–148) निम्नलिखित प्रत्येक वाक्य खंड के लिए उसके नीचे दिए गए विकल्पों में से एक शब्द चुनिए–

147. मछली के समान आंखों वाली

(a) मयूराक्षी (b) मीनाक्षी
(c) मृगनयनी (d) महिषी

148. जानने की इच्छा रखने वाला

(a) विज्ञ (b) जिज्ञासु
(c) ज्ञानी (d) ऋषि

149. जो शब्द मूल रूप से विशेषण होते हैं उन्हें क्या कहा जाता है?

(a) व्युत्पन्न विशेषण
(b) प्रविशेषण
(c) गुणवाचक विशेषण
(d) पूर्णांकबोधक विशेषण

150. जहां एक क्रिया के समाप्त होने के एकदम बाद दूसरी पूर्ण क्रिया के होने का बोध होता है, वहां पहली क्रिया को क्या कहते हैं?

(a) क्रियार्थक क्रिया
(b) तात्कालिक क्रिया
(c) अनुकरणात्मक क्रिया
(d) पूर्वकालिक क्रिया

151. रचना की दृष्टि से क्रिया के कौन-से भेद हैं?

(a) अकर्मक और सकर्मक
(b) एककर्मक और द्विकर्मक
(c) संयुक्त, प्रेरणार्थक, नामधातु, पूर्वकालिक
(d) इनमें से कोई नहीं

निर्देश-(152–153) वाक्य में काले छपे शब्द की शुद्ध वर्तनी का चयन कीजिए

152. हिमालय के शुभ्रोज्वल श्रृंग किसे आकृष्ट नहीं करते।

(a) शुभ्रुज्जवल (b) शुभ्रोज्जवल
(c) शुभोज्जवल (d) शुभ्रोज्वल

153. सभी देशवासियों को देश की समस्याओं के समाधान के लिए स्वयमेव <u>सनद्ध</u> हो जाना चाहिए।

(a) सन्नद्ध (b) सन्नद्य
(c) सनद्ध (d) सनद्ध

निर्देश-(154–155) दिए गए चार विकल्पों में से वाक्य शुद्ध विकल्प का चयन कीजिए

154. (a) उसने बिना कुछ कहे उनकी आज्ञा स्वीकार ली।
(b) उसने बिना कुछ कहे उनकी आज्ञा उतार ली।
(c) उसने बिना कुछ कहे उनकी आज्ञा मान ली।
(d) उसने बिना कुछ कहे उनकी आज्ञा की हामी भर ली

155. (a) तुमको खीर बनाना नहीं आती।
(b) तुम्हें खीर बनाना नहीं आता।
(c) तुमको खीर बनाना नहीं आता।
(d) तुमको खीर बनानी नहीं आती।

निर्देश-(156) निम्नलिखित वाक्यों में मुद्रित शब्द के विलोम के लिए चार-चार विकल्प दिए गए हैं। इनमें से उचित विकल्प का चयन कीजिए

156. मानव का लोभ उसके <u>विनाश</u> का कारण बन सकता है।

(a) सृजन (b) सर्जन
(c) विसर्जन (d) उभार

निर्देश-(157–158) नीचे प्रत्येक वर्ग में दिए गए विकल्पों में से तद्भव शब्द का चयन कीजिए

157. (a) कुशल (b) वृत्तान्त
(c) स्त्री (d) खजूर

158. (a) मान्य (b) उदार
(c) सुई (d) उद्गार

निर्देश-(159–162) नीचे प्रत्येक वर्ग में दिए गए विकल्पों में से तत्सम शब्द का चयन कीजिए

159. (a) पूनम (b) काठ
(c) छिन्न (d) आश्चर्य

160. (a) मुनि (b) कन
(c) नहान (d) दांत

161. (a) नौकर (b) निर्जीव
(c) नेह (d) निकास

162. (a) चूर (b) कांटा
(c) रेणु (d) चाकू

निर्देश-(163–165) निम्नलिखित वाक्यों में मुद्रित शब्द के विलोम के लिए चार-चार विकल्प दिए गए हैं। इनमें से उचित विकल्प का चयन कीजिए

163. <u>स्वाधीनता</u> एक नियामत है।

(a) परतंत्रता
(b) परवशता
(c) निर्बन्धता
(d) पराधीनता

164. <u>कनिष्ठ</u> भ्राता के मुख से अपवचन सुनकर उसे अपना जीवन व्यर्थ प्रतीत होने लगा।

(a) उच्छिष्ट (b) उत्कृष्ठ
(c) ज्येष्ठ (d) जेठ

165. अपने <u>सहोदर</u> को देखकर उसका साहस दो गुना हो गया।

(a) कुधर
(b) अधर
(c) परोदर
(d) अन्योदर

Directions: (Q. 166-168) Out of the four alternatives, choose the one which best expresses the meaning of the given word and mark it in the Answer Sheet.

166. Demise

(a) death (b) misfortune
(c) accident (d) dismissal

167. Adversity

(a) opponent (b) misfortune
(c) adversary (d) hostility

168. Mundane

(a) musical (b) ordinary
(c) mortal (d) mandatory

Directions: (Q. 169 -171) Choose the word opposite in meaning to the given word and mark in the answer Sheet.

169. Liberation

(a) movement
(b) bondage
(c) service
(d) unrest

170. Cruel

(a) rich (b) wicked
(c) poor (d) kind

171. Pessimist

(a) theist (b) optimist
(c) vocalist (d) believer

Directions: (Q.172-174) Four alternatives are given for the Idiom/Phrase underlined in the sentence. Choose the alternative which best expresses the meaning of the Idiom/Phrase and mark it in the Answer Sheet.

172. In the last few years, India has advanced <u>by leaps and bounds</u> in Industrial sector.

(a) very pathetically
(b) very slowly
(c) very rapidly
(d) very competently

173. The whole problem has been swept <u>under the carpet</u>, but that is not the solution.

(a) kept hidden
(b) ignored
(c) solved
(d) detected

174. The strawberry dessert you made was <u>out of this world</u>.

(a) extraordinary
(b) ordinary
(c) bitter
(d) tasteless

Directions: (Q. 175-177) Out of the four alternatives choose the one, which can be substituted for the given words/sentence.

175. Inability to sleep
(a) insomnia
(b) slumber
(c) lassitude
(d) sleeping sickness

176. One who knows everything
(a) omnipresent
(b) omnipotent
(c) omniscient
(d) almighty

177. Animals that eat flesh
(a) herbivorous
(b) omnivorous
(c) carnivorous
(d) aquatic

Directions: (Q. 178-180) There are four different words out of which one is wrongly spelt. Find out wrongly spelt word and indicate it by blackening the appropriate oval [•] in the Answer Sheet.

178. (a) earring (b) gourrment
(c) torrent (d) carrying

179. (a) rationaly (b) rationing
(c) rational (d) rationale

180. (a) asessment
(b) harassment
(c) nourishment
(d) punishment

181. निम्नलिखित में से कौन एक प्रोग्रामिंग भाषा नहीं है?
(a) वी. बी. (VB)
(b) सी (C)
(c) ओरेकल (Oracle)
(d) जावा (Java)

182. मेमोरी और ए. एल. यू. (ALU) के मध्य डाटा का अन्तरण कराती है
(a) रॉम (b) इंटरनेट
(c) कंट्रोल यूनिट (d) रैम

183. निम्न में से किसे कंप्यूटर (Computer) का मस्तिष्क कहा जाता है?
(a) मॉनीटर
(b) माउस
(c) की-बोर्ड (कुंजीपटल)
(d) सी. पी. यू.

184. टी. सी. पी. का (TCP) अर्थ है
(a) टेक्सट कंट्रोल प्रोटोकॉल
(b) ट्रांसमिशन कंट्रोल प्रोटोकॉल
(c) ट्रांसमिशन कम्युनिकेशन प्रोटोकॉल
(d) ट्रांसमिशन कैलिबरेटेड प्रोटोकॉल

185. .html एक उदाहरण है-
(a) डोमेन का
(b) डाटाबेस का
(c) प्रोटोकॉल का
(d) फाइल एक्सटेंशन का

186. सामान्यत: www पेजेज विकसित होते हैं-
(a) यू. आर. एल.
(b) एच. टी. एम. एल.
(c) आई. आर. एस.
(d) एफ. टी. पी.

187. एक निब्बल बराबर .... बिट्स है।
(a) 2 (b) 4
(c) 6 (d) 8

188. राउटर (Router) किस प्रकार की युक्ति है?
(a) आगत (b) निर्गत
(c) तंत्रजाल (d) टेलिनेट

189. कंप्यूटर विषाणु (Virus) प्रभावित करता है–
(a) सॉफ्टवेयर को
(b) हार्डवेयर को
(c) कंप्यूटर भाषा को
(d) उपर्युक्त में से कोई नहीं

190. तकनीकी भाषा में किसी कम्प्यूटर के फिजिकल पार्टस क्या कहलाते हैं?
(a) सॉफ्टवेयर (b) हार्डवेयर
(c) शेयर वेयर (d) फिक्सिड वेयर

191. निम्न में से कौन-सा हार्डवेयर कम्प्यूटर के टैक्निकल पार्ट की तरह ट्रीट नहीं किया जा सकता है?
(a) मदर बोर्ड (b) कार्ड्स
(c) मैमोरी (d) पोर्टस

192. निम्न में से कौन-सा ATM हार्डवेयर का पार्ट नहीं है?
(a) प्रिंटर (b) डिसपेंसर
(c) कपाइलर (d) मल्टीमीडिया

193. RBI, EFT सिस्टम के अन्तर्गत, वर्तमान में ट्रांजिक्शन की अधिकतम सीमा क्या है?
(a) ₹ 2 लाख (b) ₹ 20 लाख
(c) ₹ 200 लाख (d) ₹ 2000 लाख

194. निम्न में से कौन-सी तकनीकी सेवा बैंकों द्वारा टेली बैंकिंग सेवा के अन्तर्गत प्रदान नहीं की जाती है?
(a) प्रविष्टी की सूचना के बारे में
(b) पिछले ट्रांजिक्शनों की संख्या की सूचना के बारे में
(c) चैक बुक्स को देने सम्बंधी
(d) ओवरड्राफ्ट की स्वीकृति के लिए गुजारिश

195. तकनीकी क्षेत्र में इलेक्ट्रोनिक हस्ताक्षर एक ऐसा हस्ताक्षर है–
(a) जो डिजिटल कोड्स में बनता है
(b) इलेक्ट्रोनिक रूप में इलेक्ट्रोनिक रिकोर्ड से जुड़ा होता है
(c) इलेक्ट्रोनिक रूप में प्रत्येक इलेक्ट्रो. निक ट्रांजिक्शन से जुड़ा होता है
(d) (a) और (b)

196. तकनीकी क्षेत्र में निम्न में से कौन-सी एक्ट इलेक्ट्रोनिक हस्ताक्षर को वैधता प्रदान करती है?
(a) निगोशिएबल इंस्ट्रूमेंट्स एक्ट
(b) आयकर एक्ट
(c) सूचना प्रौद्योगिकी एक्ट
(d) इण्डियन ऐवीडेंस एक्ट

197. निम्न में से कौन-सा एक इलेक्ट्रोनिक हस्ताक्षर का लाभ नहीं है?
(a) मूल मैसेज की पहचान करना
(b) मैसेज प्रगाढ़ता की निश्चितता
(c) प्रेषक की पहचान करना
(d) (a) और (b)

198. जब एक व्यक्ति किसी माइक्रोफोन में बोलता है, तो ऐसी तकनीकी जो ध्वनि तरंगों को इलेक्ट्रोनिक सिग्नल में परिवर्तित करती है और इसे कम्प्यूटर से गुजारती है, कहलाती है।
(a) स्पीच तकनीकी
(b) वॉईस तकनीकी
(c) स्पीच रिकॉग्नीशन तकनीकी
(d) कम्यूनीकेशन तकनीकी

199. गुमराह तथा दूसरे प्रकार के अपराध जो इंटरनेट नेटवर्क पर घटित होते हैं। वे कहलाते हैं–
(a) इंटरनेट फ्रोड्स
(b) इंटरनेट क्राइम्स
(c) साइबर क्राइम्स
(d) इलेक्ट्रोनिक फ्रोड्स

200. तकनीकी प्रबन्धन में एक कम्प्यूटर प्रोग्राम जो दूसरे प्रोग्रामों अथवा डाटा को संक्रमित करता है क्या कहलाता है?
(a) सिस्टम सॉफ्टवेयर
(b) एप्लीकेशन सॉफ्टवेयर
(c) साइबर क्राइम
(d) वायरस

उत्तर (हल/संकेत)

1. (b) **2.** (d) **3.** (b)

4. (b) **5.** (d) **6.** (a)

7. (a) जब बर्फ पिघलती है, तो उसका आयतन घटता है।

8. (d) हीरा, ग्रेफाइट, कोयले में कार्बन होता है जबकि बलुआ पत्थर में कार्बन नहीं होता है। बलुआ पत्थर (सैंड स्टोन)ऐसी दृढ़ शिला है जो मुख्यतया बालू के कणों का दबाव पाकर जम जाने से बनती है और किसी योजक पदार्थ से जुड़ी होती है। बालू के समान इसकी रचना में अनेक पदार्थ विभिन्न मात्रा में हो सकते हैं, किंतु इसमें अधिकांश स्फटिक ही होता है। बलुआ पत्थर में वे ही धात्विक तत्व होते हैं, जो बालू में बलुआ पत्थर में स्फटिक की मात्रा अधिक होती है, फेल्स पार तथा श्वेत अभ्रक भी थोड़ी मात्रा में पाए जाते हैं।

9. (b) भारी जल (D_2O) हाइड्रोजन के समस्थानिक (आइसोटोप) ड्यूटीरियम तथा ऑक्सीजन का एक यौगिक है। सामान्य रूप से उपयोग में लाये जाने वाले मंदको में भारी जल, ग्रेफाइट, बेरीलियम तथा हल्का जल शामिल होता है। भारी जल एक उत्कृष्ट मंदक है।

10. (d)

11. (b) वर्षा ऋतु में लकड़ी से बने दरवाजों के फूलने का कारण अन्त: शोषण है। यह एक विशेष प्रकार का विसरण है। जब ठोस एवं कोलाइडस द्वारा पानी को अवशोषित किया जाता है तो इसके कारण उसके आयतन में वृद्धि होती है। अंत: शोषण के प्रमुख उदाहरणों में बीजों और सूखी लकड़ियों द्वारा जल का अवशोषण है।

12. (d) वाष्पोत्सर्जन (ट्रांसपिरेशन) पौधों द्वारा जल का वाष्प के रूप में परिवर्तन तथा इससे उत्पन्न क्षति है। मुख्यत: यह पत्तियों पर पाए जाने वाले रंध्रों से होता है। वाष्पोत्सर्जन में पानी का वाष्प बनकर उड़ने के अलावा ऑक्सीजन एवं कार्बन-डाइ ऑक्साइड का आदान-प्रदान भी पत्तियों में छोटे छिद्रों जिन्हें रंध्र कहते हैं, के द्वारा होता है। सामान्यत: ये रंध्र दिन में खुलते हैं और रात में बंद हो जाते हैं।

13. (c)

14. (b) शरीर को स्वस्थ बनाए रखने के लिए हमें कुछ विटामिन तथा जरूरी पोषक तत्वों की जरूरत होती है। उनमें से एक है विटामिन-बी। विटामिन-बी अपने आप में एक समूह है जिसे हम विटामिन-बी कॉम्पलेक्स के नाम से जानते हैं। इस समूह में विटामिन B_1, B_2, B_3, B_5, B_6, B_7, B_8, B_9 एवं B_{12} सम्मिलित हैं। विटामिन B समूह जल में घुलनशील होता है। विटामिन B_6 एवं B_{12} की कमी से अरक्तता रोग हो जाता है। विटामिन B_6 के अच्छे स्रोत-खमीर, चावल, मटर, गेहूं, मछली, अंडे की जर्दी होते हैं। विटामिन B_{12} का अच्छे स्रोत अंडे, मांस तथा मछली होते हैं। विटामिन B_6 एवं B_{12} के रासायनिक नाम क्रमश: पायरीडॉक्सिन तथा साएनोकोबालमिन हैं।

15. (c) इलायोप्लास्ट एक प्रकार का ल्यूकोप्लास्ट है जो पौधे में लिपिड भण्डारण के लिए विशिष्ट है। इलायोप्लास्ट, प्लोस्टोग्लोबुली को वसा की बूदों के रूप में इकट्ठा करता है। विभिन्न प्रकार के ल्यूकोप्लास्ट होने के कारण इलायोप्लास्ट गैर पिग्मेंटेड होते हैं।

16. (b) लाल रूधिर कणिकाएं (इरिथ्रोसाइट) अन्य सभी कोशिकाओं से संख्या में अधिक होती है। एक स्वस्थ मनुष्य में ये कणिकाएं लगभग 5 से 5.5 लाख प्रतिघन मिमी. (5-5.5 मिलियन प्रतिघन मिमी.) होती है। वयस्क अवस्था में लाल रूधिर कणिकाएं लाल अस्थि मज्जा में बनती है। अधिकतर स्तनधारियों की लाल रूधिर कणिकाओं में केंद्रक नहीं पाये जाते हैं। इनकी आकृति उभयावतल (वाईकोनकेव) होती है। इनका लाल रंग एक लौहयुक्त जटिल प्रोटीन हीमोग्लोबिन की उपस्थिति के कारण होता है। एक स्वस्थ मनुष्य के प्रति 100 ml रक्त में लगभग 12-16 ग्राम हीमोग्लोबिन पाया जाता है। इन पदार्थों की श्वसन गैसों के परिवहन में महत्वपूर्ण भूमिका होती है। इनकी औसत आयु 4 महीने होती है। तत्पश्चात् इनका विनाश प्लीहा (लाल रक्त कणिकाओं का कब्रिस्तान) में होता है।

17. (b) शून्य तथा दाशमिक प्रणाली की खोज का श्रेय आर्यभट्ट को है। आर्यभट्ट ने 'आर्यभट्टियम्' तथा 'सूर्यसिद्धान्तकम्' ग्रन्थों में इसकी विवेचना की। आर्यभट्ट गुप्त राजवंश के समय चौथी शताब्दी में थे।

18. (d) मध्य प्रदेश के छतरपुर जिले में स्थित खजुराहो मन्दिर वास्तुकला के नागर शैली में बारहवीं शताब्दी के बीच चन्देल नरेश धंग (चन्देल वंशीय नरेशों) ने खजुराहो मन्दिर का निर्माण करवाया था।

19. (c) भूविज्ञान में पर्माफ्रॉस्ट स्थायी तुषार ऐसी धरती को कहते हैं जिसमें मिट्टी लगातार कम-से-कम दो वर्षो तक पानी जमने के तापमान से कम तापमान पर रही हो। इस प्रकार की भूमि में मौजूदा जल अक्सर मिट्टी के साथ मिलकर उसे इतनी सख्ती से जमा देता है कि मिट्टी, सीमेंट या पत्थर जैसी कठोर हो जाती है। इस प्रकार के स्थान अधिकतर पृथ्वी के ध्रुवों के पास होते हैं (जैसे कि साइबेरिया, ग्रीनलैंड व अलास्का) यद्यपि कुछ ऊंचे पहाड़ी क्षेत्रों (जैसे कि तिब्बत व लद्दाख) में भी जहां-तहां पर्माफ्रॉस्ट मिलते हैं। पर्माफ्रॉस्ट में खुदाई करना पत्थर तोड़ने की तरह ही होता है और इसके लिए भारी औजारों की जरुरत होती है। अत: विकल्प (c) सही है।

20. (c) 21 मार्च के बाद सूर्य के उत्तरायण होने के कारण ITCZ का मौसमी स्थानांतरण होता है। इस समय एशिया विशेषत: दक्षिण एवं दक्षिण पूर्व एशिया में दबाव में परिवर्तन के कारण वायु की दिशा हिन्द महासागर से उपरोक्त क्षेत्र की ओर हो जाती है। जिससे ग्रीष्म काल में हल्की वर्षा होती है।

21. (b) बोरियल वन को शंकुधारी वन भी कहा जाता है। इस क्षेत्र के वन अपेक्षाकृत आर्थिक एवं वन्य उत्पादों की दृष्टि से अधिक महत्वपूर्ण होते हैं इस क्षेत्र की प्रमुख वनस्पतियों में स्प्रुस, पाइन, रेडवुड, फर आदि हैं।

22. (d) मानव का पर्माफ्रास्ट पर प्रभाव तापीय अपरदन को प्रेरित करना सम्मिलित करता है। ध्यातव्य है कि इस प्रकार की मिट्टी (पर्माफ्रॉस्ट), प्राय: अत्यधिक कम तापमान वाले क्षेत्रों, जैसे, साइबेरिया, ग्रीनलैंड, लद्दाख एवं तिब्बत, में पायी जाती हैं। इस मिट्टी की कठोरता इतनी अधिक होती है कि इसे तोड़ने के लिए भारी औजारों की आवश्यकता होती है।

23. (d) **24.** (d)

25. (a) जनसंख्या घनत्व का तात्पर्य जनसंख्या एवं धरातल के अनुपात से है। जनसंख्या घनत्व के 4 प्रकार हैं-

1. गणितीय घनत्व
2. फिजियोलॉजिक घनत्व
3. कृषि घनत्व
4. आर्थिक घनत्व

गणितीय जनसंख्या घनत्व के लिए कुल जनसंख्या को उसके क्षेत्रफल से विभाजित करते हैं।

अर्थात् गणितीय घनत्व = कुल जनसंख्या/क्षेत्रफल

26. (c) विकल्प में दिये गये सामाजिक-धार्मिक आन्दोलनों में आर्य समाज ने दलित वर्ग के संबंध में आवाज उठायी। यह एक हिन्दू सुधार आन्दोलन था जिसकी स्थापना स्वामी दयानन्द

सरस्वती ने 1875 ई. में बंबई (मुंबई) में मथुरा के स्वामी विरजानंद की प्रेरणा से की थी। यह आन्दोलन पाश्चात्य प्रभावों की प्रतिक्रिया स्वरूप हिन्दू धर्म में सुधार के लिए प्रारंभ हुआ था। जबकि सत्यशोधक समाज वर्ष 1873 में ज्योतिबा राव फूले द्वारा शुरू किया गया था। इसका मुख्य उद्देश्य ब्राह्मणवाद और उसकी कुरीतियों के विरुद्ध आवाज उठाना था। इन्होंने मूर्ति पूजा तथा कर्मकांडों का विरोध किया, सर्वप्रथम इन्होंने शूद्रों एवं अछूतों के लिए आवाज उठाया तथा अछूतों के लिए विद्यालय भी खुलवाया। आर्य समाज ने दलितों, अछूतों के लिए आवाज उठाई थी इसलिए विकल्प c सही माना जाएगा।

27. (b) कार्यवाहक गवर्नर-जनरल चार्ल्स मेटकॉफ ने भारतीय प्रेस के प्रति उदारवादी दृष्टिकोण अपनाया तथा 1823 के कुत्सित अधिनियम को रद्द कर दिया। इस प्रयास के कारण चार्ल्स मेटकॉफ को भारतीय समाचार पत्रों के 'मुक्तिदाता', की संज्ञा दी गयी। मेटकॉफ ने 1835 में एक प्रेस अधिनियम बनाया जिसके अनुसार, प्रकाशक या मुद्रक को केवल प्रकाशन के स्थान की निश्चित सूचना ही सरकार को देनी थी और वह आसानी से अपना कार्य कर सकता था। यह कानून 1856 तक चलता रहा तथा अवधि में समाचार पत्रों की संख्या में उल्लेखनीय वृद्धि हुई।

28. (b) दिसंबर 1929 में, भारतीय राष्ट्रीय कांग्रेस का वार्षिक अधिवेशन तत्कालीन पंजाब प्रांत की राजधानी लाहौर में हुआ। इस ऐतिहासिक अधि वेशन में कांग्रेस का पूर्ण स्वराज का घोषणा-पत्र तैयार किया गया तथा इसे कांग्रेस का मुख्य लक्ष्य घोषित किया गया। जवाहर लाल नेहरू जिन्होंने 'पूर्ण स्वराज' के विचार को लोकप्रिय बनाने में सर्वाधिक योगदान दिया था, इस अधिवेशन के अध्यक्ष चुने गये। नेहरू को अध्यक्ष बनाने में गांधी जी की निर्णायक भूमिका थी।

29. (a) बारदौली सत्याग्रह, भारतीय स्वाधीनता संग्राम के दौरान वर्ष 1928 में गुजरात में हुआ यह एक प्रमुख किसान आन्दोलन था जिसका नेतृत्व वल्लभ भाई पटेल ने किया था। इस सत्याग्रह आंदोलन के सफल होने के बाद वहां की महिलाओं ने वल्लभ भाई पटेल को 'सरदार' की उपाधि प्रदान की। सरदार पटेल गांधी जी के अनुयायियों में से एक थे।

30. (b) गदर पार्टी की स्थापना भारत को अंग्रेजों से स्वतंत्रता दिलाने हेतु की गई थी। इस पार्टी को अमेरिका और कनाडा के भारतीयों ने 25 जून, 1913 में बनाया था। इस पार्टी के द्वारा 'हिन्दुस्तान गदर' नाम का पत्र भी निकलता था जो उर्दू और पंजाबी में छपता था। गदर आंदोलन, गदर दल द्वारा चलाया गया, जिसका गठन 1 नवबंर, 1913 को संयुक्त राज्य अमेरिका के सैन फ्रांसिस्को में लाला हरदयाल द्वारा किया गया था। रामचंद्र, बरकतउल्ला तथा कुछ अन्य क्रांतिकारियों ने भी इसमें सहयोग किया था। सैन फ्रांसिस्को में गदर दल का मुख्यालय तथा अमेरिका के कई शहरों में इसकी शाखाएं खोली गयी।

31. (a) जवाहर लाल नेहरू (14 नवंबर, 1889-27 मई, 1964) भारत के प्रथम प्रधानमंत्री थे और स्वतंत्रता के पूर्व और पश्चात् की भारतीय राजनीति में केन्द्रीय व्यक्तित्व थे। महात्मा गांधी के संरक्षण में, वे भारतीय स्वतंत्रता आन्दोलन के सर्वोच्च नेता के रूप में उभरे और 1947 में भारत के स्वतंत्र राष्ट्र बनने से लेकर 1964 तक अपने निधन तक वे भारत के प्रधानमंत्री रहे। जवाहर लाल नेहरू, भारतीय राष्ट्रीय कांग्रेस के अध्यक्ष पहली बार 1929 के लाहौर अधिवेशन में बनाये गये जिसमें उन्होंने कांग्रेस के 'पूर्ण स्वराज' के लक्ष्य की घोषणा की।

32. (c)

33. (a) भारत का दक्षिणतम बिंदु इन्दिरा प्वाइंट है। यह भारत के निकोबार द्वीप समूह के बड़े निकोबार द्वीप पर स्थित एक गांव है। यहां एक प्रकाश स्तम्भ स्थित है। प्रशासनिक रूप से यह लक्ष्मीनगर पंचायत के अधीन है। देश की चतुर्दिक अंतिम सीमा बिन्दु निम्नलिखित है-

दक्षिणतम बिंदु	-	इंदिरा प्वाइंट (ग्रेट निकोबार द्वीप)
उत्तरतम बिंदु	-	इंदिरा कॉल (जम्मू-कश्मीर)
पश्चिमोत्तर बिंदु	-	गौर माता (गुजरात)
पूर्वोत्तर बिंदु	-	किबिथु (अरूणाचल प्रदेश)

34. (c)

35. (c) मिसीसीपी मुहाने का संकुचन भू-संतुलन का प्रमुख उदाहरण है। इस सिद्धांत के अनुसार विशाल भू-रचनाएं, जैसे ऊंची-ऊंची पर्वतमालाएं, पठार, मैदान आदि संतुलन की अवस्था में रहते हैं।

36. (c) भाखड़ा नांगल परियोजना पंजाब में सतलुज नदी पर स्थित भारत की सबसे बड़ी बहुउद्देशीय नदी घाटी परियोजना है। यह राजस्थान, पंजाब और हरियाणा की संयुक्त परियोजना है। भाखड़ा नांगल बांध भूकंपीय क्षेत्र में स्थित विश्व का सबसे ऊंचा गुरुत्वीय बांध है। यह बांध हिमाचल प्रदेश के बिलासपुर जिले में सतलुज नदी पर बनाया गया है। यह बांध 261 मीटर ऊंचे टिहरी बांध के बाद भारत का दूसरा सबसे ऊंचा बांध है। इसकी ऊंचाई 226 मीटर है।

37. (d) किलिमंजारो पर्वत अफ्रीका का सबसे ऊंचा पर्वत है और सात शिखरों में चौथा सबसे ऊंचा है। यह दुनिया का सबसे लंबा मुक्त पहाड़ है जिसका शिखर 5895 मी. है। किलिमंजारो एक विशाल स्ट्रैटो ज्वालामुखी है जो करीब एक मिलियन साल पहले गठित होना शुरू हुआ था, जब लावा रिफ्ट घाटी से बहना शुरू हुआ। अतः स्पष्ट है कि माउंट किलिमंजारो ज्वालामुखी सतही प्लेट के मध्य में घटित होते हैं।

38. (d) टुंड्रा एक प्रकार का बायोम है जहां वृक्षों की वृद्धि कम तापमान और बढ़ने के अपेक्षाकृत छोटे मौसम के कारण प्रभावित होती है। टुंड्रा शब्द फिनिश भाषा से आया है जिसका अर्थ 'ऊंची भूमि' या वृक्षविहीन पर्वतीय रास्ता होता है। टुंड्रा प्रदेश तीन प्रकार के हैं-आर्कटिक टुंड्रा, अल्पाइन टुंड्रा और अंटार्कटिका टुंड्रा। इन प्रदेशों की वनस्पतियां मुख्यतया बौनी झाडियां, दलदली पौधे, घास, काई और लाइकेन से मिलकर बनती हैं। अतः यह न्यूनतम वृद्धि करने वाला बायोम है।

39. (c) शुष्क परिस्थितियों में उगने वाले पादपों को मरूद्भिद् पादप कहते हैं। जीरोफाइट (Xerophytes) शब्द दो ग्रीक शब्दों से मिलकर बना है। Xeric का अर्थ है शुष्क तथा Phytus का अर्थ है आवास। जीवन-चक्र की अवधि, आकार एवं कार्यिकी अनुकूलन के आधार पर जीरोफाइट को तीन श्रेणियों में विभाजित किया गया है।

(1) अल्पकालिक पादप,

(2) गूदेदार या मांसल पादप,

(3) अमांसल पादप।

इस प्रकार की वनस्पति रेगिस्तान-शुष्क क्षेत्रों में बहुत ही कम मात्रा में पाई जाती हैं। यहां विरल पादप वहां ऑक्सीजन के स्रोत होते हैं। शुष्क मरुस्थलीय क्षेत्रों में पाए जाने वाले अल्पकालिक पादप वहां के मानव व जन्तुओं के जीवन आधार है। मरुदभिद् पौधे के कुछ उदाहरण हैं-नागफनी, यूफोर्बिया, एकासिया, कैजुराइना आदि शुष्क स्थानों एवं रेगिस्तानों में उगने वाले कैक्टस वर्गीय पौधे मरुदभिदों के सुन्दर उदाहरण हैं।

40. (a)

41. (c) लवण प्रभावित मृदाओं का सर्वाधिक क्षेत्रफल वाला राज्य गुजरात (2222000 हेक्टेयर) है। उल्लेखनीय है कि सर्वाधिक क्षारीय मृदा क्षेत्र उत्तर प्रदेश में है जबकि प्रतिशत की दृष्टि से कुल क्षेत्रफल की सर्वाधिक बंजर भूमि जम्मू-कश्मीर में हैं।

42. (c) दिए गए विकल्पों में उज्जैन कर्क रेखा से सबसे निकटस्थ स्थित है। उल्लेखनीय है कि कर्क रेखा भारत के लगभग मध्य से आठ राज्यों– गुजरात, राजस्थान, मध्य प्रदेश, छत्तीसगढ़, पश्चिम बंगाल, त्रिपुरा एवं मिजोरम से गुजरती है।

43. (a) एल-निनो पेरू तट के पश्चिम में 180 किलोमीटर की दूरी से उत्तर- पश्चिम दिशा में चलने वाली एक गर्म जलधारा है, जो प्रशान्त महासागर से होकर हिन्द महासागर में प्रविष्ट कर भारतीय ग्रीष्मकालीन मानसून को कमजोर करती है। इसे विपरीत धारा के नाम से भी जाना जाता है।

44. (a) जनगणना 2011 के अंतिम आंकड़ों के अनुसार उत्तर प्रदेश राज्य की कुल जनसंख्या 19,98,12,341 है, जो कि देश के अन्य राज्यों के सन्दर्भ में सर्वाधिक है। विकल्प में दिये गये अन्य राज्यों की जनसंख्या निम्न है-

बिहार - 10.40 करोड़
पश्चिम बंगाल - 9.12 करोड़
केरल - 3.34 करोड़

45. (d) संविधान का अनुच्छेद 331 लोकसभा में अखिल भारतीय समुदाय के प्रतिनिधित्व से संबंधित है। इसके अन्तर्गत अनुच्छेद 81 में किसी बात के होते हुए भी यदि राष्ट्रपति की राय है कि लोकसभा में अखिल-भारतीय समुदाय का प्रतिनिधित्व पर्याप्त नहीं है, तो वह लोकसभा में उस समुदाय के दो सदस्यों का नाम निर्देशित कर सकता है।

46. (a) संविधान में उपबंध किया गया है कि पिछली लोकसभा के अध्यक्ष एवं लोकसभा की पहली बैठक के ठीक पहले तक अपने पद पर रहता है। इसलिए राष्ट्रपति लोकसभा के एक सदस्य को सामाजिक अध्यक्ष (प्रोटेम स्पीकर) नियुक्त करता है। आमतौर पर लोकसभा के वरिष्ठ सदस्य को इसके लिए चुना जाता है। राष्ट्रपति स्वयं प्रोटेम स्पीकर को शपथ दिलवाता हैं। प्रोटेम स्पीकर को स्थायी अध्यक्ष के समान ही शक्तियां प्राप्त होती हैं। वह नई लोकसभा की पहली बैठक में पीठासीन अधिकारी होता है। उसका मुख्य कर्तव्य नए सदस्यों को शपथ दिलवाना है। वह सदन को नए अध्यक्ष का चुनाव करने के लिए भी मदद करता है। जब नये अध्यक्ष को चुन लिया जाता है तो प्रोटेम स्पीकर का पद स्वयं ही समाप्त हो जाता है। अत: यह पद अल्पकालिक होता है।

47. (d) भारतीय संविधान के अनुच्छेद 70 के अंतर्गत राष्ट्रपति एवं उप-राष्ट्रपति की अनुपस्थिति में भारत का मुख्य न्यायाधीश, कार्यवाहक राष्ट्रपति के रूप में कार्य करेगा।

48. (d) संविधान के छठें भाग में अनुच्छेद 168-212 तक राज्य विधान मंडल की संरचना, गठन, कार्यकाल अधिकारियों, प्रक्रियाओं, विशेषाधिकारों तथा शक्तियों आदि के बारे में बताया गया है। यद्यपि ये सभी संसद के अनुरूप है, फिर भी इनमें कुछ विभेद पाया जाता है। राज्य विधानमंडल के गठन में कोई एकरूपता नहीं है अधिकतर राज्यों में एक सदनीय व्यवस्था है, जबकि कुछ में द्विसदनीय है। वर्तमान में (2017) केवल 7 राज्यों में दो सदन हैं, ये है-आंध्र प्रदेश, उत्तर प्रदेश, बिहार, महाराष्ट्र, कर्नाटक और जम्मू-कश्मीर एवं तेलंगाना। तमिलनाडु में विधान परिषद अधिनियम (2010) लागू नहीं हुआ।

49. (d) संविधान में कहीं भी संघ, शब्द का प्रयोग नहीं किया गया है। इसके स्थान पर संविधान का अनुच्छेद 1 भारत को 'राज्यों के संघ' के रूप में परिभाषित करता है। डॉ. बी.आर. अंबेडकर के अनुसार राज्यों के संघ से दो बातें उभरकर सामने आती हैं–

(i) अमेरिकी संघ के विपरीत, भारतीय संघ राज्यों के बीच सहमति का प्रतिफल नहीं है।

(ii) राज्यों को यह अधिकार नहीं है कि वे स्वयं को संघ से पृथक कर सके। भारत राज्यों का संघ है क्योंकि वह अविभाज्य है। भारत की संघीय व्यवस्था कनाडाई मॉडल पर आधारित है। एक अत्यंत सशक्त केन्द्र के होने के नाते कनाडाई मॉडल अमेरीकी, मॉडल से सर्वदा भिन्न है।

50. (c) संविधान के भाग 1 के अंतर्गत अनुच्छेद 1-4 तक में संघ और उसके क्षेत्रों को चर्चा की गयी है। अनुच्छेद 1 के अनुसार भारतीय क्षेत्र को तीन श्रेणियों में बांटा गया है-

(1) राज्यों के क्षेत्र (2) संघ क्षेत्र (3) ऐसे क्षेत्र जिन्हें किसी भी समय भारत सरकार द्वारा अधिग्रहीत किया जा सकता है। उन्हें संविधान की पहली अनुसूची में रखा गया है। वर्तमान में भारत में 29 राज्य तथा 7 केन्द्रशासित प्रदेश हैं। केन्द्र शासित प्रदेशों के नाम इस प्रकार हैं-

(1) अंडमान एवं निकोबार द्वीप समूह
(2) चंडीगढ़
(3) दादरा एवं नागर हवेली
(4) दमन एवं दीव
(5) दिल्ली (राष्ट्रीय राजधानी क्षेत्र)
(6) लक्षद्वीप
(7) पांडिचेरी (पुदुचेरी)
(8) जम्मू और कश्मीर-5 अगस्त 2019 को घोषित और 31 अक्टूबर 2019 से प्रभावी
(9) लद्दाख-5 अगस्त 2019 को घोषित और 31 अक्टूबर 2019 से प्रभावी

51. (c) संविधान में न्यायपालिका एवं विधायिका की भाषा के संबंध में उपबंध किए गए हैं–

1. जब तक संसद अन्यथा यह व्यवस्था न दे निम्नलिखित कार्य केवल अंग्रेजी भाषा में होंगे।

(अ) उच्चतम न्यायालय व प्रत्येक उच्च न्यायालय की कार्यवाही

(ब) केन्द्र एवं राज्य स्तर पर सभी विधेयक, अधिनियम, अध्यादेश, आदेश, नियमों व उपनियमों के प्रारंभिक पाठ हालांकि संसद ने उच्चतम न्यायालय में हिंदी के प्रयोग के लिए ऐसी कोई व्यवस्था नहीं की है। अत: उच्चतम न्यायालय केवल, उन्हीं याचिकाओं को सुनता है, जो केवल, अंग्रेजी में हो।

52. (d) राजनीतिक दल, वे स्वैच्छिक संगठन अथवा लोगों के संगठित समूह होते हैं जो समान दृष्टिकोण रखते हैं तथा जो संविधान के प्रावधानों के अनुरूप राष्ट्र को आगे बढ़ाने के लिए राजनीतिक शक्ति प्राप्त करने की कोशिश करते हैं। निर्वाचन आयोग, निर्वाचन के प्रयोजनों हेतु राजनीतिक दलों को पंजीकृत करता है और उनकी चुनाव निष्पादनता के आधार पर उन्हें राष्ट्रीय या राज्य स्तरीय दलों के रूप में मान्यता प्रदान करता है। अन्य दलों को केवल पंजीकृत गैर-मान्यता प्राप्त दल घोषित किया जाता है।

53. (c) सूचना का अधिकार भारत की संसद द्वारा पारित एक कानून है, जो 12 अक्टूबर 2005 को लागू हुआ (15 जून 2005 को इसके कानून बनने के 120वें दिन) भारत में भ्रष्टाचार को रोकने और समाप्त करने के लिए इसे बहुत ही प्रभावी कदम बताया गया है। यह कानून भारत के सभी नागरिकों को सरकारी फाइलों/रिकॉर्ड्स में दर्ज सूचना को देखने और उसे प्राप्त करने का अधिकार देता है। यह कानून जम्मू-कश्मीर राज्य को छोड़कर सम्पूर्ण भारत में लागू है।

54. (d) संविधान के अनुच्छेद 324 के अनुसार संसद, राज्य विधानमंडल, राष्ट्रपति एवं उपराष्ट्रपति के पदों के निर्वाचन के लिए संचालन, निर्देशन व नियंत्रण की जिम्मेदारी निर्वाचन आयोग की है। निर्वाचन आयोग एक स्थायी एवं स्वतंत्र निकाय है। इसका गठन भारत के संविधान द्वारा देश में स्वतंत्र और निष्पक्ष चुनाव संपन्न कराने के उद्देश्य से किया गया था।

अत: निर्वाचन आयोग एक अखिल भारतीय संस्था है। जो केंद्र व राज्य सरकारों दोनों के लिए समान है। ध्यातव्य है कि राज्यों में होने वाले पंचायतों व निगमों के चुनाव से आयोग का कोई संबंध नहीं है। इसके लिए भारत के संविधान में अलग राज्य निर्वाचन आयोगों की व्यवस्था की गई है।

55. (d) 93वां संविधान संशोधन अधिनियम, 2005 राज्यों को सामाजिक और शैक्षिक दृष्टि से पिछड़े वर्गों, अनुसूचित जातियों एवं अनुसूचित

जनजातियों के लिए शैक्षणिक संस्थानों में आरक्षण करने हेतु विशेष उपबंध बनाने की शक्ति प्रदान करता है। इन शैक्षणिक संस्थानों में निजी क्षेत्र के संस्थान (अल्पसंख्यक संस्थानों को छोड़कर (खण्ड 5) अनुच्छेद 15) संदर्भ में भी शामिल है। यह संविधान संशोधन 2005 के इनामदार केस के उच्चतम न्यायालय द्वारा दिये गये निर्णय के परिप्रेक्ष्य में लाया गया।

56. (a) ट्राइसेम (स्वरोजगार प्रशिक्षण कार्यक्रम) निर्धन ग्रामीण युवाओं को स्वरोजगार हेतु तकनीकी प्रशिक्षण देने का कार्यक्रम है, जो 15 अगस्त, 1979 को प्रारंभ हुआ। इसके अंतर्गत गांवों के 18-35 आयु वर्ग के गरीबी रेखा से नीचे के परिवारों के युवाओं को निजी काम-धंधों की शुरूआत करने हेतु प्रशिक्षण दिया जाता है।

57. (b)

58. (d) 1991 की औद्योगिक नीति के अंतर्गत बहुत से परिवर्तन किये गये क्योंकि उदारीकरण निजीकरण, वैश्वीकरण, जो नयी आर्थिक नीति के आधार स्तम्भ थे, वे सभी प्रत्यक्ष या अप्रत्यक्ष रूप से औद्योगिक नीति से जुड़े हुये थे।

59. (c) 6 अप्रैल, 1948 को तत्कालीन उद्योग एवं वाणिज्य मंत्री डॉ. श्यामा प्रसाद मुखर्जी ने स्वतंत्रता के बाद पहली औद्योगिक नीति का प्रस्ताव रखा। इस नीति में मिश्रित अर्थव्यवस्था की आर्थिक विचार धारा स्वीकार की गयी जिसमें औद्योगिक विकास के लिए सार्वजनिक तथा निजी दोनों क्षेत्रों पर बल दिया गया।

60. (b) भारत में अधिकतम कुल घरेलू बचत 'घरेलू क्षेत्र' से प्राप्त होती है।

61. (b) भारत की प्रथम पंचवर्षीय योजना 1 अप्रैल, 1951 से प्रारंभ हुई थी, जबकि इस योजना का अंतिम प्रारूप दिसंबर 1952 में प्रकाशित किया गया था। इस योजना में कृषि को उच्चतम प्राथमिकता प्रदान की गई। इसकी अवधि 1 अप्रैल, 1951 से 31 मार्च, 1956 थी।

62. (d) मानव विकास सूचकांक में निम्नलिखित तीन बातों को शामिल किया जाता है–

I. जीवन प्रत्याशा द्वारा परिलक्षित दीर्घजीवी एवं स्वस्थ जीवन

II. विद्यालयी शिक्षा के माध्य वर्ष (विद्यालयों से बाहर के बच्चों को समायोजित करते हुए) एवं साक्षरता दर (सात वर्ष और इससे अधिक आयु वर्ग) द्वारा परिलक्षित शिक्षा तथा ज्ञान की प्राप्ति

III. मासिक प्रति व्यक्ति आय (मुद्रा स्फीति तथा असमानता से समायोजित) के रूप में परिलक्षित जीवन स्तर।

अत: उपर्युक्त सभी विकल्प सही हैं।

63. (b) 19 जनवरी 1956 को केन्द्र सरकार ने समस्त 245 भारतीय तथा विदेशी बीमा कंपनियों को अपने अधिकार में ले लिया तथा 1 सितंबर, 1956 को इनका राष्ट्रीयकरण कर दिया गया। संसद के एक अधिनियम के तहत सितंबर, 1956 में 5 करोड़ रुपए की भारत सरकार के पूंजी के साथ भारतीय जीवन बीमा निगम (LIC) की स्थापना की गई। बीमा क्षेत्र में सुधार के लिए गठित मल्होत्रा समिति ने LIC के लिए 5 करोड़ की पूंजी को 200 करोड़ करने की सिफारिश की थी, किंतु सरकार ने इसे अस्वीकार कर दिया। LIC के राष्ट्रीयकरण का उद्देश्य बीमा के व्यापक प्रसार के साथ-साथ जनता की बचत को देश के हित में जुटाना था।

64. (a) 14वें वित्त आयोग का गठन जनवरी 2013 में, 2015-20 की अवधि के लिए केंद्र एवं राज्यों के बीच वित्त के बंटवारे के लिए दिशा-निर्देश सुझाने के लिए किया गया। इस आयोग ने अपनी रिपोर्ट सरकार को 15 दिसम्बर, 2014 को प्रस्तुत कर दी थी। RBI के पूर्व गवर्नर डॉ. वाई. वी. रेड्डी की अध्यक्षता में इस आयोग का गठन किया गया।

65. (b)

66. (d) भारत का राष्ट्रीय सांख्यिकी आयोग एक स्वायत्त संस्था है जिसकी स्थापना 12 जुलाई, 2006 में की गयी थी। 2005 में भारत सरकार ने सी रंगराजन की अध्यक्षता वाली आर्थिक सलाहकार समिति की संस्तुति के आधार पर इसकी स्थापना का निर्णय लिया। आयोग में एक अंशकालिक अध्यक्ष, चार अंश कालिक सदस्य तथा एक पदेन सदस्य होता है।

67. (b) भारतीय रिजर्व बैंक के गवर्नर भारत के केन्द्रीय बैंक तथा भारतीय रिजर्व बैंक के सबसे वरिष्ठ बैंककर्मी ही बनते हैं। 1935 में स्थापना के बाद, भारतीय रिजर्व बैंक की कमान अब तक कुल 22 गवर्नर संभाल चुके हैं। रिजर्व बैंक के पहले गवर्नर सर ओस्बोर्न स्मिथ थे और वर्तमान में उर्जित पटेल हैं जिन्होंने 5 सितम्बर, 2016 को पदभार ग्रहण किया। RBI के गवर्नर का कार्यकाल 3 वर्ष का होता है।

68. (d) लौह इस्पात उद्योग में एक प्रमुख कच्चे माल के रूप में प्रयुक्त होता है। यह धारवाड़ युग की अवसादी चट्टानों में पाया जाता है। मैंगनीज के उत्पादन में ओडिशा, मध्य प्रदेश, महाराष्ट्र क्रमश: प्रथम, द्वितीय एवं तृतीय स्थान पर है।

69. (b) मूल संविधान में सात मौलिक अधिकार थे, लेकिन 44वें संविधान संशोधन (1979) के द्वारा सम्पत्ति का अधिकार (अनुच्छेद 31 एवं 19 क) को मौलिक अधिकार की सूची से हटाकर इसे संविधान के अनुच्छेद-300 (a) के अन्तर्गत कानूनी अधिकार के रूप में रखा गया है।

70. (b) दही (yogurt) एक ऐसा उत्पाद है, जिसे दूध के जीवाण्विक किण्डवन के द्वारा बनाया जाता है। लैक्टोज के किण्डवन से लैक्टिक अम्ल बनता है, जो दूध के प्रोटीन पर कार्य करके उसे दही की बनावट और दही जैसी लाक्षणिक खटास देता है।

71. (c) चिपको आन्दोलन पर्यावरण सुरक्षा का एक महत्वपूर्ण आंदोलन है। यह भारत के उत्तराखंड राज्य (तब उत्तर प्रदेश का भाग) में किसानों ने वृक्षों की कटाई का विरोध करने के लिए प्रारंभ किया था। वे राज्य के वन विभाग के ठेकेदारों द्वारा वनों की कटाई का विरोध कर रहे थे और उन पर अपना परंपरागत अधिकार जता रहे थे।

72. (a) वर्ष 1999 में प्लास्टिक की थैलियों पर प्रतिबंध लगाने वाला देश का प्रथम राज्य हिमाचल प्रदेश था। हाल ही में प्रदेश को प्लास्टिक कचरा मुक्त करने के उद्देश्य से हिमाचल सरकार ने रि-साइकल (पुन: चक्रित) न होने वाले प्लास्टिक को खरीदने का निर्णय लिया है।

73. (d) नीति आयोग (NITI-राष्ट्रीय भारत परिवर्तन संस्थान) भारत सरकार द्वारा गठित एक नया संस्थान है, जिसे योजना आयोग के स्थान पर बनाया गया है। 1 जनवरी, 2015 को इस नए संस्थान के संबंध में जानकारी देने वाले मंत्रिमंडल का प्रस्ताव जारी किया गया। यह संस्थान सरकार के थिंक टैंक के रूप में सेवाएं प्रदान करेगा और उसे निर्देशात्मक एवं नीतिगत गतिशीलता प्रदान करेगा।

74. (d) **75.** (b)

76. (b) प्रशासनिक सुधार आयोग (Administrative Reforms Commission या ARC) एक समिति है जो भारत के लोक प्रशासन को और अधिक कारगर बनाने के लिए सुझाव देने हेतु भारत सरकार द्वारा गठित की गयी है। प्रथम प्रशासनिक सुधार आयोग 5 जनवरी, 1966 को गठित किया गया। दूसरा प्रशासनिक सुधार आयोग 31 अगस्त, 2005 को गठित किया गया इसके अध्यक्ष वीरप्पा मोइली थे।

77. (c) कबीर (1440-1518) का नाम हिन्दी साहित्य में बहुत ही प्रसिद्ध है। ये मध्यकालीन भारत के महापुरुष थे और इनका परिचय प्राय: इनके जीवनकाल से ही, सफल साधक, भक्त कवि, मतप्रवर्तक अथवा समाज सुधारक मानकर दिया जाता रहा है तथा इनके नाम पर 'कबीर पंथ' नामक संप्रदाय भी प्रचलित है। कबीर के जन्म के संबंध में अनेक किवदंतियां प्रचलित हैं। इनका पालन पोषण नीरू-नीमा नामक एक जुलाहे दंपति ने किया।

78. (d) वैदिक काल में 'बलि' शब्द का अर्थ–प्रजा द्वारा शासक को दी गई भेंट से था।

79. (c) सातवाहन दक्षिण भारत का एक राजवंश था, जिसने केंद्रीय दक्षिण भारत पर शासन किया। सातवाहन वंश के संस्थापक सिमुक ने 60 ई.पू. से 37 ई.पू. तक राज्य किया। राजा शातकर्णी के उत्तराधिकारियों के केवल नाम ही पुराणों द्वारा ज्ञात हैं। इनमें गौतमीपुत्र शातकर्णी के संबंध में उसके शिलालेखों से बहुत कुछ परिचय प्राप्त होता है। यह प्रसिद्ध शक महाक्षत्रप 'नहपान' का समकालीन था। गौतमी पुत्र शातकर्णी ने 'एकराट' या 'एक ब्राह्मण' की उपाधि धारण की।

80. (a) 'अंगुत्तर निकाय बौद्ध धर्म का एक महत्वपूर्ण ग्रंथ है। इस निकाय में ही सोलह महाजनपदों का उल्लेख मिलता है। ये महाजनपद हैं-

(1)	अवंति	(2)	अश्मक
(3)	अंग	(4)	कंबोज
(5)	काशी	(6)	कुरू
(7)	कोशल	(8)	गांधार
(9)	चेदि	(10)	वज्जि
(11)	वत्स	(12)	पांचाल
(13)	मगध	(14)	मत्स्य
(15)	मल्ल	(16)	सूरसेन

ये सभी महाजनपद आज के उत्तरी अफगानिस्तान से बिहार तक और हिन्दुकुश से गोदावरी नदी तक फैले हुए थे।

81. (a) इल्तुतमिश (1210-1236 ई.) कुतुबुद्दीन ऐबक का दामाद व उत्तराधिकारी, इलबरी तुर्क था। यह दिल्ली सल्तनत का वास्तविक संस्थापक था। इल्तुतमिश ने सुल्तान के पद को वंशानुगत बनाया। इल्तुतमिश ने इक्ता को शासन व्यवस्था का आधार बनाया। इक्ता संस्था का प्रयोग भारतीय समाज की सामंतवादी व्यवस्था को समाप्त करने तथा साम्राज्य के दूरस्थ भागों को केन्द्र के साथ संयुक्त करने के एक साधन के रूप में प्रयुक्त किया।

82. (a) बुलंद दरवाजा आगरा शहर से 43 किमी दूर फतेहपुर सीकरी नामक स्थान पर स्थित एक प्रवेश द्वार है। इस द्वार का निर्माण अकबर ने 1602 ई. में गुजरात पर अपनी विजय के उपलक्ष्य में कराया था। बुलंद दरवाजे का निर्माण लाल और बादामी रंग के बलुआ पत्थर से किया गया। है। जिनको सफेद और काले संगमरमर से सजाया गया है। यह ईरान से ली गयी अर्द्ध गुंबदीय शैली में बना है।

83. (c) **84.** (b)

85. (a) 12 मार्च, 1930 ई. को महात्मा गांधी ने अहमदाबाद स्थित साबरमती आश्रम से अपने 78 सहयोगियों के साथ 'दांडी मार्च' का शुभारंभ किया था। 24 दिनों की पैदल यात्रा के बाद गांधीजी 5 अप्रैल, 1930 ई. को दांडी पहुंचे थे। 6 अप्रैल, 1930 ई. को दांडी में समुद्र के किनारे एक मुट्ठी नमक लेकर गांधीजी ने सविनय अवज्ञा आन्दोलन की शुरुआत की थी। इसी दिन गांधीजी को दांडी के समीप स्थित करड़ी गांव में गिरफ्तार कर लिया गया। सरकार ने 25 जनवरी, 1931 ई. को गांधीजी को रिहा कर दिया। 5 मार्च, 1931 को गांधी-इर्विन समझौते के बाद गांधी ने सविनय अवज्ञा आंदोलन को समाप्त कर दिया।

86. (d)

87. (c) प्रोटो-आस्ट्रेलॉयड या पूर्व-द्रविड़ प्रजाति भारतीय जनजातियों में सम्मिश्रित हो गई है। इस प्रजाति से संबंधित जनजातियां संथाल, भील, कोल, चेंचू, मलायन, उरांव, मुंडा आदि।

88. (b) हकीम अजमल खां ने सन् 1920 ई. में गांधीजी से मुस्लिम कट्टरपन को प्रोत्साहित न करने का अनुरोध किया था। 1921 ई. में अहमदाबाद में हुए कांग्रेस के अधिवेशन की अध्यक्षता हकीम अजमल खां ने की थी। ये कार्यकारी अध्यक्ष थे, क्योंकि चितरंजन दास जी अध्यक्ष के रूप में निर्वाचित हुए थे जो जेल में बन्द थे।

89. (d) दक्षिण अफ्रीका प्रवास के समय महात्मा गांधी द्वारा जून, 1903 में साप्ताहिक पत्रिका 'इंडियन ओपीनीयन' का प्रकाशन किया गया था। यह पत्रिका अंग्रेजी भाषा में निकाली गई थी।

90. (c) मणिपुर राज्य की सीमा बांग्लादेश से नहीं मिलती है। बांग्लादेश से लगे भारतीय राज्य हैं-असम, मेघालय, मिजोरम, पश्चिम बंगाल एवं त्रिपुरा।

91. (a) जहां उद्योगों की संख्या ज्यादा होती है वहां पर दूसरे क्षेत्रों से लोग आकर उन उद्योगों में काम करते हैं। इतने सारे लोगों के एक जगह रहने से नगरीकरण का विस्तार या विकास होता है। अत: नगरीकरण औद्योगीकरण का अनुसरण करता है। विकासशील देशों में नगरीकरण स्वयं में एक आंदोलन का रूप ले चुका है। अत: उत्तर (a) सही है।

92. (a) बारूदी सुरंगों का पता लगाने में मधुमक्खी का उपयोग किया जाता है। अमेरिका और रूस में इस कार्य के लिए मधुमक्खियों को प्रशिक्षित किया जा रहा है। मधुमक्खियों को प्रशिक्षित करने वाले वैज्ञानिकों का मानना है कि मधुमक्खियों की सूंघने की क्षमता कुत्तों से अधिक होती है।

93. (a) मधुमक्खी का मुख्य उत्पाद शहद है। यह पौष्टिक तथा स्वास्थ्यवर्द्धक पदार्थ है जो औषधि के रूप में प्रयुक्त होता है। शहद में सैल्युलोज-38.19% तथा डेक्सट्रोज-21.26% होती है। शहद में पाये जाने वाले मुख्य घटक इस प्रकार हैं-

	अवयव	प्रतिशत
(i)	फल शर्करा	41
(ii)	द्राक्षा शर्करा	35
(iii)	जल	17
(iv)	गन्ने की चीनी	1.9
(v)	डेक्स्ट्रीन या गोंद	1.5
(vi)	खनिज पदार्थ	0.2
(vii)	अन्य पदार्थ3.4	

94. (b) जीनोम चित्रण (Genome Mapping) का संबंध जींस के चित्रण से है। जीन गुणसूत्रों में स्थित होते हैं। DNA जीवन का आधार है।

95. (b) भारत में अणु बम के विकास से भारत के प्रसिद्ध परमाणु वैज्ञानिक डॉ. होमी जहांगीर भाभा संबंधित थे। भारत के भूतपूर्व राष्ट्रपति डॉ. ए.पी. जे. अब्दुल कलाम मिसाइल तकनीक के विकास से संबंधित हैं, इसी कारण इन्हें 'मिसाइल मैन' भी कहा जाता है। ये भारत के मध्यम दूरी के बैलेस्टिक प्रक्षेपास्त्र (Intermediate Range Balistic Missile) के जनक माने जाते हैं। डॉ. राजा रमन्ना भारत के न्यूक्लियर वैज्ञानिक थे। इन्होंने BARC के निदेशक सहित अनेक महत्त्वपूर्ण पदों पर कार्य किया। श्री कस्तूरी रंगन अन्तरिक्ष वैज्ञानिक हैं जिन्होंने ISRO के अध्यक्ष पद पर भी कार्य किया है।

96. (d)

97. (a) योग दर्शन के प्रतिपादक पतंजलि थे, न्याय के गौतम, मीमांसा के जैमिनी एवं अद्धैतवाद के प्रतिपादक शंकराचार्य थे।

98. (c) प्रसिद्ध नैमिषारण्य तीर्थ स्थल उत्तर प्रदेश के सीतापुर जनपद में स्थित है। इन स्थान का वर्णन विष्णु पुराण में मिलता है जिसके अनुसार इस स्थान पर महर्षि दधीचि का आश्रम था। यहीं पर महर्षि दधीचि ने राक्षसों के नाश हेतु देवताओं को अपनी अस्थियां दी थीं। इस स्थान को चक्र तीर्थ भी कहते हैं, जिसका सम्बन्ध भगवान विष्णु के सुदर्शन चक्र से है।

99. (c) मौर्य वंश के संस्थापक चन्द्रगुप्त मौर्य के गुरु एवं उसके प्रधानमंत्री आचार्य कौटिल्य थे। इनके अन्य नाम विष्णुगुप्त व चाणक्य भी थे। इन्होंने 'अर्थशास्त्र' नामक पुस्तक की रचना की। चन्द्रगुप्त मौर्य ने अपने गुरु विष्णुगुप्त अथवा चाणक्य की सहायता से नन्द वंश के अन्तिम शासक धनानन्द को हराकर मौर्य साम्राज्य की स्थापना की थी।

100. (c)

101. (c) पारसनाथ की पहाड़ी पर स्थित सम्मेद शिखर जैनियों के लिए अत्यंत पूज्य है। इस पहाड़ी का नाम जैनियों के 23वें तीर्थंकर पार्श्वनाथ के

नाम पर पड़ा। इसी स्थान पर जैन धर्म के 23वें तीर्थंकर पार्श्वनाथ ने कठोर तपस्या की थी। इन्हें तपस्या के 84वें दिन कैवल्य की प्राप्ति हुई थी। ऐसा माना जाता है कि इस पहाड़ी पर जैन धर्म के 24 तीर्थंकरों में से 21 ने यहीं निर्वाण प्राप्त किया था।

102. (d) उपनिषदों को वेदान्त के नाम से भी जाना जाता है, जो दर्शन की व्याख्या करते हैं। उपनिषद का शाब्दिक अर्थ है, समीप बैठना। इनसे आर्यों के प्राचीनतम दार्शनिक विचारों की जानकारी मिलती है। उपनिषदों में आत्मा, परमात्मा एवं संसार के सन्दर्भ में प्रचलित दार्शनिक विचारों का संग्रह मिलता है। इन्हें वैदिक साहित्य का अन्तिम भाग होने के कारण 'वेदान्त' भी कहा जाता है। प्रमुख उपनिषद हैं-ईश, केन, कठ, मांडूक्य, तैत्तिरीय, एतरेय इत्यादि। भारत का प्रसिद्ध राष्ट्रीय आदर्शवाक्य 'सत्यमेव जयते' मुंडकोपनिषद से ही लिया गया है।

103. (b)

104. (d) तत्कालीन मुख्यमंत्री अखिलेश यादव के ड्रीम प्रोजेक्ट के तहत उत्तर प्रदेश सरकार द्वारा प्रारंभ की गई निम्न लागत ए.सी. बस सेवा 'जनरथ' को आजमगढ़ में 6 फरवरी, 2015 को हरी झंडी दिखाकर आरंभ किया गया। इस योजना के तहत उत्तर प्रदेश के विभिन्न जनपदों से कुल 40 सस्ती ए.सी. बस सेवाओं का संचालन किया जा रहा है।

105. (d) विंध्याचल मिर्जापुर में, देवा शरीफ बाराबंकी में, हस्तिनापुर मेरठ में स्थित है जबकि श्रृंगवेरपुर कौशांबी जिले में स्थित है।

106. (c) महात्मा गांधी काशी विद्यापीठ उत्तर प्रदेश राज्य के वाराणसी जिले में स्थित है। इसकी स्थापना असहयोग आंदोलन के समय वर्ष 1921 में भारत के प्रसिद्ध स्वतंत्रता सेनानी बाबू शिव प्रसाद गुप्त द्वारा की गई।

107. (b) भारतीय राजमार्गों के उन्नयन, संवर्धन और विस्तारीकरण के लिए 'राष्ट्रीय राजमार्ग विकास परियोजना' एक महत्वपूर्ण परियोजना है। इसकी शुरुआत वर्ष 1998 में हुई थी। इसके उत्तर-दक्षिण तथा पूर्व-पश्चिम गलियारे झांसी में मिलते हैं।

108. (b) भारतीय जनगणना 2011 के अनुसार, देश के मिलियन (दस लाखी) नगरों (कुल 53 नगर) की सूची में अंतिम स्थान पर कोटा (राजस्थान) है जिसकी जनसंख्या 10,01,365 है हालांकि विकल्प में दिए गए राज्यों में सबसे कम जनसंख्या मंगलोर की (4,76,000) है लेकिन मंगलोर दस लाखी नगरों की सूची में शामिल नहीं है।

शहर	**जनसंख्या (अंतिम)**
सूरत	4,585,367
इलाहाबाद	1,216,719
कोटा	1,001,365
मंगलोर	4,76,000

109. (d) फुरसतगंज हवाई अड्डा रायबरेली में है जबकि आगरा में खेरिया हवाई अड्डा है। शेष युग्म सुमेलित हैं।

110. (d) उत्तर प्रदेश के फर्रूखाबाद जिले में स्थित संकास्य बौद्ध धर्म से संबंधित है। अट्ठासी हजार ऋषियों की तपस्थली नैमिषारण्य को कहा जाता है।

111. (a) सही सुमेलित है-

स्थान		**उत्पाद**
खुर्जा	-	मृत्तिका शिल्प
मेरठ	-	खेलकूद के सामान
जलेसर	-	ढलवां घंटियां

उ.प्र. में नक्काशीदार काष्ठ शिल्प के लिए प्रसिद्ध स्थल हैं-सहारनपुर, मैनपुरी, बिजनौर, बुलंदशहर, मिर्जापुर तथा मुरादाबाद आदि।

112. (a) **113.** (d)

114. (c) बीघा उत्तर प्रदेश सहित भारत के कुछ हिस्सों में परम्परागत भूमि मापन की इकाई है। एक बीघा 20 बिस्वा के बराबर होता है।

115. (c) सिंचाई क्षेत्र की प्रतिशतता के आधार पर उत्तर प्रदेश का देश में पंजाब और हरियाणा के बाद तीसरा स्थान है। कुल सिंचित क्षेत्र मं 73. 2% नलकूपों से, 18% नहरों से, 8.5% तालाबों व कुओं से तथा शेष 0.3% अन्य साधनों से सिंचाई की जाती है।

116. (b) विख्यात भारतमाता मन्दिर वाराणसी में स्थित है। जबकि इलाहाबाद में अकबर का किला यमुना नदी के किनारे स्थित है व मेरठ में प्रसिद्ध नौचन्दीधाम है और लखनऊ में प्रसिद्ध इमामबाड़ा है।

117. (c) केन्द्रीय गृह मंत्री अमित शाह ने हाल ही में देश में पहली एकीकृत ERRS, ई-बीट बुक (E-beat Book), ई-साथी एप (E-SAATHI App) का लोकार्पण किया। इससे अब चंडीगढ़ के नागरिकों को आपातकाल में सहायता के लिए 'एमरजेंसी रिस्पांस सपोर्ट सिस्टम डायल' (ERRS) 112 पर ही सभी तरह की सहायता उपलब्ध कराई जाएगी। यह देश की पहली आपातकालीन प्रतिक्रिया सहायता प्रणाली (ERRS) है। महिलाओं और बच्चों की सुरक्षा के लिए केंद्रीय गृह मंत्रालय ने निर्भया फंड के अंतर्गत इस प्रकार के एप को जनता के लिए उपलब्ध कराया ताकि इससे अपराधों में कमी आ सके।

118. (d) सैमुएल जोसेफ जेबराज IDBI बैंक के उप-प्रबंध निदेशक के पद पर नियुक्त किए गए हैं। इससे पहले वह एक्जिम बैंक ऑफ इंडिया के मुख्य महाप्रबंधक थे। उनके पास 27 साल से अधिक का अनुभव है। उन्होंने एक्जिम बैंक में 21 साल तक काम किया है।

119. (c) हाल ही में ब्रिटेन की 178 साल पुरानी जानी-मानी ट्रेवल कम्पनी थॉमस कुक दिवालिया हो गई है। 1841 ई. में स्थापित इस कम्पनी ने दो विश्वयुद्धों के दौरान भी अपना अस्तित्व कायम रखा हुआ था। लेकिन अब यह अपने अस्तित्व को बचा नहीं पाई। इसके दिवालिया घोषित होते ही इस कम्पनी की सेवाएं बंद हो गई। इससे पूरी दुनिया में करीब छह लाख यात्री फंस गए। यह कम्पनी कर्ज में डूबी हुई थी। थॉमस कुक पर 230 अरब रुपए का कर्ज था।

120. (d) 18 वर्षीय अर्श अली को सबसे युवा पुरातत्वविद होने का खिताब मिला है। मिस्र में भारतीय अशोक कालीन बौद्ध धर्म के साक्ष्य प्रमाणित होने सहित कई दूसरे अध्ययन के आधार पर भारतीय पुरातत्व परिषद ने अर्श को यह उपाधि प्रदान की है। अर्श को भारत का सबसे युवा पुरातत्वविद और पहला भारतीय इजिप्टोलॉजिस्ट घोषित किया गया है। अर्श ने मिस्र के प्राचीन स्थलों पर जाकर दस महीने तक अध्ययन कर यह प्रमाणित किया कि वहां बौद्ध धर्म की उपस्थिति है। अर्श को 15 से अधिक भारतीय और विदेशी लिपियों तथा भाषाओं के ज्ञान में दक्षता प्राप्त है।

121. (b)

122. (a) पूर्व भारतीय सलामी बल्लेबाज माधव आप्टे भारत के सबसे उम्रदराज चौथे जीवित टेस्ट क्रिकेटर थे। उनका हाल ही में 86 वर्ष की आयु में निधन हो गया। उनकी पहचान टेस्ट सीरीज में भारत की ओर से 400 रन बनाने वाले पहले सलामी बल्लेबाज के तौर पर थी। उन्होंने 7 टेस्ट मैचों में एक शतक सहित कुल 542 रन बनाए थे।

123. (d) फॉर्च्यून इंडिया की ओर से जारी की गई टॉप 50 महिलाओं में पहले स्थान पर जिया मोदी हैं। वे एक भारतीय कानूनी सलाहकार हैं। उन्हें भारत में कॉर्पोरेट लॉ में निर्विवाद नेता के रूप में जाना जाता है। उनकी फर्म AZM & Partners को विलय और अधिग्रहण के लिए शीर्ष लॉ फर्मों के बीच पहला स्थान हासिल है। वे प्रसिद्ध भारतीय कानूनविद और भारत के पूर्व अटार्नी जनरल सोली सोराबजी की बेटी हैं।

124. (a) हाल ही में अमिताभ बच्चन को सिनेमा के सबसे प्रतिष्ठित दादा साहेब फाल्के पुरस्कार से सम्मानित करने की घोषणा की गई है।

अमिताभ बच्चन के पांच दशक के कॅरियर में उन्हें चार बार राष्ट्रीय पुरस्कार और वर्ष 2015 में सर्वोच्च नागरिक सम्मान पद्म विभूषण से सम्मानित किया जा चुका है। 76 साल की उम्र में भी वे लगातार काम कर रहे हैं। उन्होंने 1969 में ''सात हिन्दुस्तानी' फिल्म से हिंदी फिल्म जगत में पदार्पण किया था।

125. (d) बार्सिलोना के लियोनेल मेसी को छठी बार 'फीफा प्लेयर ऑफ द ईयर' चुना गया है। उन्होंने लिवरपूल के वर्जिल वान डिक और युवेंटस के क्रिस्टियानो रोनाल्डो को पीछे छोड़ा। इससे पहले उन्हें 2009 से 2012 और 2015 में बेस्ट प्लेयर चुना गया था। अमेरिका की फॉरवर्ड मेगन रेपिनो को 'बेस्ट महिला फुटबॉलर' चुना गया है।

126. (a) फोर्ब्स बिजनेस वुमन 2019 की 25 महिलाओं में भारत की चार महिलाओं को शामिल किया गया है। ये चार महिलाएं हैं:- फाल्गुनी नायर, उपासना ताकू, अनिता डोंगरे और स्मिता जटिया। इनमें से फाल्गुनी नायर की कम्पनी ऑनलाइन ब्यूटी प्रोडक्ट बेचती हैं। उपासना ताकू की कम्पनी डिजिटल वॉलेट के अलावा पेमेंट गेटवे ऑपरेटर हैं। अनिता डोंगरे ने अपनी बहन के साथ मिलकर दो सिलाई मशीनों के साथ कारोबार शुरू किया था। अब मॉरीशस से मेनहटन तक दुनियाभर में उनकी कम्पनी के 272 अपैरल स्टोर हैं। स्मिता जटिया की कम्पनी मैकडोनॉल्ड्स की फ्रेंचाइजी ऑपरेटर हैं।

127. (a) हाल ही में दिल्ली में डीटीसी और क्लस्टर बसों में महिलाओं को नि:शुल्क यात्रा के लिए गुलाबी टिकट जारी किए जाने की घोषणा की गई है। इस योजना की मंजूरी मार्च 2020 तक के लिए दी गई है। इस योजना के तहत दिल्ली की महिलाएं बसों में नि:शुल्क सफर कर सकेंगी।

128. (b) हाल ही में राष्ट्रपति श्री रामनाथ कोविंद ने नई दिल्ली में छठे भारत जल सप्ताह का उद्घाटन किया। भारत जल सप्ताह 2019 का विषय 'जल सहयोग-21वीं सदी की चुनौतियों से निपटना है।'' इसका आयोजन जलशक्ति मंत्रालय के जल संसाधन, नदी विकास और गंगा संरक्षण विभाग की ओर से किया गया है। इस दौरान राष्ट्रपति ने मौजूदा जलाशयों, बांधों, अन्य जल निकायों का उपयोग करके वर्षा जल को संचित करने और भंडारण करने की आवश्यकता पर भी जोर दिया है।

129. (d) 2019 में SASTRA रामानुजन पुरस्कार एडम हार्पर को दिया जाएगा। गणितज्ञ एडम हार्पर इंग्लैंड के वार्विक विश्वविद्यालय में असिस्टेंट प्राफेसर हैं। यह पुरस्कार विश्व भर में से 32 साल से कम उम्र के योग्य गणितज्ञ को चुनकर हर साल दिया जाता है। इस पुरस्कार में प्रशस्ति पत्र और 10,000 अमेरिकी डॉलर प्रदान किए जाते हैं।

130. (a) नीलेश शाह को एसोसिएशन ऑफ म्यूचुअल फंड्स इन इंडिया (AMFI) का नया अध्यक्ष नियुक्त किया गया है। वह आईसीआईसीआई प्रूडेंशियल एसेट मैनेजमेंट कम्पनी के मुख्य कार्यकारी अधिकारी और प्रबंध निदेशक निमेश शाह का स्थान लेंगे। नीलेश शाह कोटक महिंद्रा एसेट मैनेजमेंट कम्पनी के प्रबंध निदेशक रह चुके हैं।

131. (a) प्रधानमंत्री नरेंद्र मोदी ने हाल ही में पूरे देश के किसानों के लिए किसान मान धन योजना और छोटे कारोबारियों व स्वरोजगारियों के लिए राष्ट्रीय पेंशन योजना को लागू किया।

132. (b)

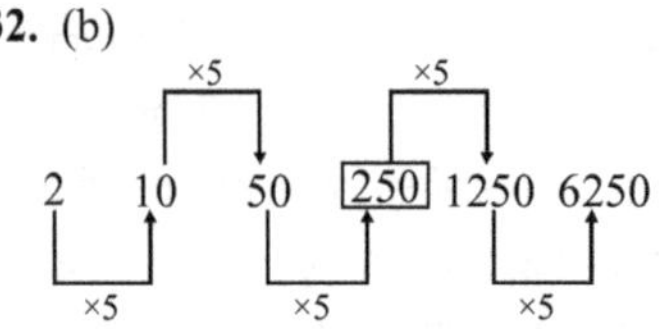

×5
×5
2 10 50 250 1250 6250
×5
×5
×5

$\because$ सही संख्या $= 50 \times 5 = 250$

$\therefore$ विषम संख्या $= 252$

133. (a)

0	6	24	60	120
↓	↓	↓	↓	↓
$1^3 - 1$	$2^3 - 2$	$3^3 - 3$	$4^3 - 4$	$5^3 - 5$

$\therefore$ सही संख्या $= 5^3 - 5$
$= 125 - 5 = 120$

$\therefore$ विषम संख्या $= 124$

134. (a) Partiality, Participate, Particle, Particular.

135. (b) **136.** (c) **137.** (d) **138.** (b) **139.** (c)

140. (a) CAT : 21 : : DOG : 23

141. (b) पेंटिंग कला का भाग है वैसे ही नृत्य समारोह का भाग है।

142. (b)

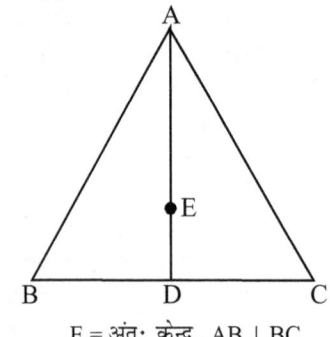

A
E
C

E = अंत: केन्द्र, $AB \perp BC$

AB = 6 सेमी, BD = 3 सेमी

$\angle ADB = 90^\circ$

$\therefore \quad AD = \sqrt{AB^2 - BD^2}$

$= \sqrt{6^2 - 3^2} = \sqrt{36 - 9}$

$= \sqrt{27} = 3\sqrt{3}$ सेमी

$\therefore$ अंत:त्रिज्या ED $= \frac{1}{3}$ AD

$= \frac{1}{3} \times 3\sqrt{3} = \sqrt{3}$ सेमी.

143. (b) मूलधन = ₹x

ब्याज $= \frac{30x}{100} = ₹\frac{3x}{10}$

$\therefore$ दर $= \frac{\text{ब्याज} \times 100}{\text{मूलधन} \times \text{समय}}$

$= \frac{3x \times 100}{10 \times x \times 6} = 5\%$ प्रति वर्ष

दूसरी स्थिति

ब्याज = ₹x

समय $= \frac{x \times 100}{x \times 5} = 20$ वर्ष

144. (d) 35 पैसे के डाक-टिकटों की संख्या $= x$

$\therefore$ 60 पैसे के डाक टिकटों की संख्या
$= 147 - x$

$\therefore \quad 35x + 60\,(147 - x) = 6820$

$\therefore \quad 35x + 8820 - 60x = 6820$

$\Rightarrow \quad 8820 - 25x = 6820$

$\Rightarrow \quad 25x = 8820 - 6820 = 2000$

$\Rightarrow \quad x = 20000 \div 25 = 80$

145. (b) बेटी की आयु $= x$ वर्ष,

महिला की आयु $= 7x$ वर्ष

$\therefore \quad 7x + x = 2 \times 16 = 32$

$\Rightarrow \quad 8x = 32$

$\Rightarrow \quad x = 4$

$\therefore$ महिला की आयु $= 7x = 7 \times 4$
$= 28$ वर्ष

146. (b) स्टेशनों पर रुकने का समय = 50 किमी/घण्टा की दर से (50 – 40) किमी = 10 किमी तय करने में लगा समय

$= \frac{10}{50}$ घंटा

$= \left(\frac{1}{5} \times 60\right)$ मिनट

$= 12$ मिनट

147. (b) **148.** (b) **149.** (a) **150.** (b)
151. (c) **152.** (c) **153.** (a) **154.** (c)
155. (b) **156.** (a) **157.** (d) **158.** (c)
159. (d) **160.** (a) **161.** (b) **162.** (c)
163. (d) **164.** (c) **165.** (c) **166.** (a)
167. (b) **168.** (b) **169.** (b) **170.** (d)
171. (b) **172.** (c) **173.** (a) **174.** (a)
175. (a) **176.** (c) **177.** (c) **178.** (b)
179. (a) **180.** (a)

181. (c) वी.बी. (VB) Visual Basic, सी तथा जावा उच्च स्तरीय भाषा है जबकि ओरेकल (RDBMS) है। यह oracle कार्पोरेशन द्वारा निर्मित तथा मार्केट किया हुआ संबधात्मक डाटाबेस प्रबंधन सिस्टम (RDBMS) है। 2009 तक डाटाबेस कंप्यूटिंग में oracle का प्रमुख नाम है। लैरी एलीसन तथा उनके मित्रों तथा पूर्व सहकर्ता बॉब माइनर तथा एड ओएट्स ने सॉफ्टवेयर डेवलपमेंट लेबोरेटरीज (SDL) के नाम से 197 में परामर्श संस्था प्रारम्भ की। SDL ने oracle पूर्व में एमपेक्स द्वारा नियुक्ति के समय एलीसन द्वारा कार्य की गई सी.आई. फंडेड परियोजना के कोड नाम से विकसित हुआ।

182. (c) यह कंप्यूटर का नाड़ी तंत्र कहलाता है। इसमें माइक्रोप्रोसेसर लगा रहता है। यह इनपुट और आउटपुट डिवाइस तथा अन्य हार्डवेयर को नियंत्रित करता है। मुख्य मेमोरी से डाटा लाना उसे तात्कालिक रूप से स्टोर करना निर्देशों को पढ़ना और उन्हें कार्यान्वित करने का आदेश देता है।

183. (d) CPU (सेन्ट्रल प्रोसेसिंग यूनिट) का कंप्यूटर का मस्तिष्क कहा जाता है। यह कंप्यूटर के सभी कार्यों को नियंत्रित, निर्देशित तथा समन्वित करता है। डाटा को निर्देशानुसार प्रोसेस करने का कार्य भी सी.पी.यू. ही करता है।

सी.पी.यू. में एक सघन इंटीग्रेटेड सर्किट चिप (IC chip) होती है जिसे माइक्रोप्रोसेसर भी कहा जाता है। किसी एक माइक्रोप्रोसेसर में करोड़ों इलेक्ट्रॉनिक उपकरण बने होते हैं। यह माइक्रो प्रोसेसर कंप्यूटर के मदरबोर्ड पर लगाया जाता है।

184. (b) T.C.P. (टी.सी.पी.) का अर्थ है-ट्रांसमिशन कंट्रोल प्रोटोकॉल। इंटरनेट कई नेटवर्क का जाल होता है। इस नेटवर्क से कई प्रकार के कंप्यूटर जुड़े होते हैं। इन सभी को जोड़ने के लिए कुछ कंट्रोल प्रोटोकॉल बने होते हैं, जिनके माध्यम से सारे कंप्यूटर एक-दूसरे की भाषा को समझ सके।

उदाहरण के लिए किसी मेल को भेजने के लिए इसका फार्मेट क्या हो, इसके लिए एक कंट्रोल प्रोटोकॉल होता है। सभी इंटरनेट मेल प्रोग्राम इस ट्रांसमिशन प्रोटोकॉल को मानने के लिए बाध्य होते हैं। वर्तमान समय में सैकड़ों प्रोटोकॉल को सामूहिक रूप से ट्रांसमिशन कंट्रोल प्रोटोकॉल (TCP) या इंटरनेट प्रोटोकॉल (IP) का नाम दिया गया है।

185. (d) HTML, Html की फाइलों का एक्सटेंशन है। यह Hyper text mark up language का रूप है। जिसका प्रयोग वेब पेज बनाने में किया जाता है।

186. (b)

187. (b) चार बिट के समूह को एक निब्बल कहा जाता है। यह आधे बाइट के बराबर होता है।

1 निब्बल = 4 बिट

ध्यातव्य है कि बिट (Bit) कंप्यूटर मेमोरी का सबसे छोटा भाग है। यह बाइनरी डिजिट (Binary digit) का संक्षिप्त रूप हैं, इसे 0 या 1 में व्यक्त किया जाता है। कंप्यूटर के सम्पूर्ण डाटा, अनुदेश तथा परिणामों को बाइनरी डिजिट या बिट में निरूपित और स्टोर किया जाता है।

188. (c) राउटर एक नेटवर्किंग उपकरण है जिसका प्रयोग कई नेटवर्कों को जोड़ने के लिए किया जाता है। यह ओ.एस.आई संदर्भ के तीसरे स्तर का उपकरण है। इसका प्रयोग विभिन्न रूट पर पहुंचने और उनका पता लगाने के लिए किया जाता है। इसके अतिरिक्त यह द्वितीय स्तर के विभिन्न उपकरणों के बीच एक सेतु का काम भी करता है।

189. (a) कंप्यूटर वायरस कंप्यूटर प्रोग्राम (Computer Program) है जो अपनी अनुलिपि कर सकता है और उपयोगकर्ता की अनुमति के बिना ही एक कंप्यूटर को संक्रमित कर सकता है और उपयोगकर्ता को इसका पता भी नहीं चलता है। कंप्यूटर वायरस सॉफ्टवेयर को प्रभावित करता है।

190. (b) **191.** (c) **192.** (c) **193.** (c)
194. (d) **195.** (b) **196.** (b) **197.** (c)
198. (c) **199.** (c) **200.** (d)

❑❑❑

प्रैक्टिस सेट–12

1. कि.ग्रा./सेमी.² दाब समतुल्य है-
(a) 0.1 बार के (b) 1.0 बार के
(c) 10.0 बार के (d) 100.0 बार के

2. पास्कल इकाई है-
(a) आर्द्रता की (b) दाब की
(c) वर्षा की (d) तापमान की

3. कौन सुमेलित नहीं है?
(a) सेल्सियस-ताप
(b) किलोवाट-विद्युत
(c) आर.एच. गुणांक-रक्त
(d) रिक्टर पैमाना-आर्द्रता

4. मोटर वाहनों से निकलने वाली निम्न में से कौन-सी एक मुख्य प्रदूषक गैस है?
(a) कार्बन डाइ-ऑक्साइड
(b) कार्बन मोनोऑक्साइड
(c) मार्श गैस
(d) नाइट्रोजन ऑक्साइड

5. निम्न में से किसे शुष्क बर्फ कहते हैं?
(a) निर्जलित बर्फ
(b) पहाड़ों पर जमी बर्फ
(c) ठोस कार्बन डाइ-ऑक्साइड
(d) ठोस कार्बन मोनोऑक्साइड

6. पीतल एक मिश्रण है-
(a) एल्युमिनियम और तांबे का
(b) तांबे और टिन का
(c) तांबे और जस्ते का
(d) जस्ते और लोहे का

7. अश्रु गैस है-
(a) अमोनिया
(b) क्लोरीन
(c) हाइड्रोजन कार्बाइड
(d) हाइड्रोजन सल्फाइड

8. शीरा अति उत्तम कच्चा माल है–
(a) एसीटिक एसिड के लिए
(b) ग्लिसरीन के लिए
(c) पावर एल्कोहल के लिए
(d) यूरिया के लिए

9. एन्जाइम मूलतः है-
(a) वसा (b) शर्करा
(c) प्रोटीन (d) विटामिन

10. लौह का अंश सबसे अधिक पाया जाता है-
(a) सेम में
(b) अंडों में
(c) हरी सब्जियों में
(d) दूध में

11. प्रकाश संश्लेषण में पौधों द्वारा निम्न में से कौन-सी गैस उपयोग की जाती है?
(a) अमोनिया
(b) कार्बन डाइ-ऑक्साइड
(c) क्लोरीन
(d) सल्फर डाइ-ऑक्साइड

12. निम्न में से किस एक अनाज में प्रोटीन की मात्रा सर्वाधिक होती है?
(a) लोबिया (b) मसूर
(c) अरहर (d) सोयाबीन

13. रानीखेत बीमारी संबंधित है–
(a) मुर्गियों से (b) गायों से
(c) बकरियों से (d) घोड़ों से

14. उड़ाका पक्षियों में सबसे ऊंचे कद वाला कौन है?
(a) सारस (b) बगुला
(c) शतुरमुर्ग (d) मोर

15. निम्न में से किसमें विटामिन 'सी' की मात्रा सर्वाधिक होती है?
(a) गाजर (b) अमरूद
(c) आम (d) संतरा

16. पोलियो का विषाणु शरीर में प्रवेश करता है-
(a) कुत्ते के काटने पर
(b) मच्छर के काटने पर
(c) दूषित भोजन तथा जल के द्वारा
(d) थूक के द्वारा

17. गौतम बुद्ध ने अपनी मृत्यु के उपरान्त बौद्ध संघ के नेतृत्व के लिए निम्न में से किसे नामित किया था?
(a) आनन्द
(b) महाकस्सप
(c) उपालि
(d) इनमें से कोई नहीं

18. पत्थरों में तराशी विश्व की विशालतम बुद्ध प्रतिमा जिसे तालिबान ने वर्ष 2001 में नष्ट कर दिया, वह अफगानिस्तान में अवस्थित थी–
(a) बामियान में (b) कन्धार में
(c) खोस्त में (d) मजारे शरीफ में

19. वैदिक ग्रन्थों के प्रसिद्ध भाष्यकार सायण निम्न में से किस काल में सक्रिय थे?
(a) चोल राज्यकाल
(b) गुप्त राज्यकाल
(c) सातवाहन राज्यकाल
(d) विजयनगर राज्यकाल

20. निम्नलिखित चार बाहरी आक्रमणों को कालक्रमानुसार अवस्थित करें एवं नीचे दिए हुए कूट से सही उत्तर ढूंढें-
1. अहमदशाह अब्दाली
2. चंगेज खां
3. नादिरशाह
4. तैमूर

कूटः

(a)	1	2	3	4
(b)	4	3	2	1
(c)	2	4	3	1
(d)	2	4	1	3

21. निम्नलिखित में से किसने सल्तनत काल में प्रचलित डाक व्यवस्था का विस्तृत विवरण दिया है?
(a) अमीर खुसरो
(b) फरिश्ता
(c) इब्नबतूता
(d) जियाउद्दीन बरनी

22. बहमनी राज्य की स्थापना की थी-
(a) अलाउद्दीन हसन ने
(b) अली आदिलशाह ने

(c) हुसैन निजामशाह ने
(d) मुजाहिदशाह ने

23. पानीपत का तीसरा युद्ध लड़ा गया था-
(a) हेमू तथा अकबर के बीच
(b) हुमायूं तथा शेरशाह के बीच
(c) मराठों तथा अहमदशाह अब्दाली के बीच
(d) नादिरशाह तथा मुगलों के बीच

24. सूची-I एवं सूची-II को सुमेलित करें तथा नीचे दिए गए कूटों से सही उत्तर दें-

सूची-I		सूची-II	
A.	आदिलशाही	1.	हैदराबाद
B.	कुतुबशाही	2.	बीजापुर
C.	निजामशाही	3.	गोलकुंडा
D.	शर्की शाही	4.	जौनपुर

कूट :

	A	B	C	D
(a)	1	2	3	4
(b)	2	3	4	1
(c)	3	4	1	2
(d)	2	3	1	4

25. खालसा पंथ की स्थापना की थी–
(a) गुरु अर्जुन देव ने
(b) गुरु गोविन्द सिंह ने
(c) गुरु नानक ने
(d) गुरु तेग बहादुर ने

26. प्रसिद्ध विद्वान अमीर खुसरो किसके दरबार में रहे?
(a) अलाउद्दीन खिलजी
(b) इल्तुतमिश
(c) मुहम्मद बिन तुगलक
(d) कुतुबुद्दीन ऐबक

27. 'आदि ग्रन्थ' संगृहीत किया था-
(a) गुरु अमरदास ने
(b) गुरु अर्जुन देव ने
(c) गुरु रामदास ने
(d) गुरु तेग बहादुर ने

28. 'सूफिया कलाम' जो एक प्रकार का भक्ति संगीत है, विशेषता है-
(a) गुजरात की
(b) कश्मीर की
(c) राजस्थान की
(d) इनमें से कोई नहीं

29. बंगाल तथा बिहार में स्थायी बन्दोबस्त आरम्भ किया था-
(a) कार्नवालिस ने
(b) मिंटो ने
(c) वारेन हेस्टिंग्स ने
(d) वेलेजली ने

30. सन् 1907 ई. में भारतीय राष्ट्रीय कांग्रेस का पहला विभाजन हुआ था–
(a) बम्बई (मुंबई) अधिवेशन
(b) कलकत्ता (कोलकाता) अधिवेशन
(c) लाहौर अधिवेशन
(d) सूरत अधिवेशन

31. सूची-I एवं सूची-II को सुमेलित कीजिए तथा नीचे दिए गए कूट से सही उत्तर का चयन कीजिए-

सूची-I (समाचार पत्र)		सूची-II (प्रारंभ करने वाला व्यक्ति)	
A.	बाम्बे क्रॉनिकल	1.	एनी बेसेन्ट
B.	कॉमनवील	2.	मदन मोहन मालवीय
C.	लीडर	3.	फिरोजशाह मेहता
D.	सर्चलाइट	4.	सच्चिदानंद सिन्हा

कूट:

	A	B	C	D
(a)	1	4	3	2
(b)	2	3	4	1
(c)	3	1	2	4
(d)	4	2	1	3

32. गांधीजी ने अपना प्रथम सत्याग्रह आरम्भ किया था-
(a) तुर्की पर ब्रिटिश आक्रमण के विरुद्ध
(b) भारत सरकार अधिनियम, 1935 के विरुद्ध
(c) मजदूरों को कम मजदूरी दिए जाने के विरुद्ध
(d) रौलेट एक्ट के विरुद्ध

33. स्वराज पार्टी को स्थापित किया था-
(a) बाल गंगाधर तिलक तथा महात्मा गांधी ने
(b) विपिनचन्द्र पाल तथा लाला लाजपत राय ने
(c) सी.आर. दास तथा मोतीलाल नेहरू ने
(d) सरदार पटेल तथा डॉ. राजेन्द्र प्रसाद ने

34. स्वराज को बतौर राष्ट्रीय मांग के रूप में रखा था-
(a) बी.जी. तिलक ने
(b) सी.आर. दास ने
(c) दादाभाई नौरोजी ने
(d) महात्मा गांधी ने

35. किसने कहा था, "कांग्रेस पतन के लिए लड़खड़ा रही है, मेरी सबसे बड़ी अभिलाषा, जब तक मैं भारत में हूं कांग्रेस की शांतिपूर्ण समाप्ति में सहायता करना है?"
(a) लॉर्ड कर्जन (b) लॉर्ड डफरिन
(c) जॉर्ज हैमिल्टन (d) लॉर्ड मिंटो

36. निम्नलिखित में से कौन कांग्रेस के आधिकारिक इतिहास के रचयिता थे?
(a) सी. राजगोपालाचारी
(b) जे.बी. कृपलानी
(c) पट्टाभि सीतारमैया
(d) सरदार पटेल

37. भारतीय स्वतंत्रता संघर्ष के दौरान निम्न में से किसकी गिरफ्तारी के विरोध में काफी संख्या में निहत्थे लोग अमृतसर के जलियांवाला बाग में 13 अप्रैल, 1919 ई. को इकट्ठा हुए थे?
(a) मदन मोहन मालवीय तथा मोहम्मद अली जिन्ना
(b) महात्मा गांधी तथा अबुल कलाम आजाद
(c) डॉ. सैफुद्दीन किचलू तथा डॉ. सत्यपाल
(d) स्वामी श्रद्धानंद तथा मजरूल हक

38. भारत के संविधान के अन्तर्गत आर्थिक योजना विषय है-
(a) राज्य सूची का
(b) संघ सूची का
(c) समवर्ती सूची का
(d) किसी सूची में निर्दिष्ट नहीं

39. कल्याणकारी राज्य की संकल्पना का समावेश भारत के संविधान में है–
(a) राज्य के नीति-निदेशक तत्त्व
(b) चौथी अनुसूची
(c) मौलिक अधिकार
(d) प्रस्तावना

40. निम्नलिखित में से कौन-सा मौलिक अधिकार नहीं है?
(a) समानता का अधिकार
(b) स्वतंत्रता का अधिकार
(c) सम्पत्ति का अधिकार
(d) धर्म का अधिकार

41. भारत के उपराष्ट्रपति निर्वाचित होते हैं-
(a) जनता द्वारा
(b) निर्वाचक मंडल द्वारा जो राष्ट्रपति को निर्वाचित करते हैं

(c) संसद के दोनों सदनों के सदस्यों द्वारा
(d) राज्यों के विधान मंडलों द्वारा

42. निम्न में से किस एक की संस्तुति के आधार पर मूल कर्त्तव्यों से संबंधित प्रावधानों को भारत के संविधान में जोड़ा गया था?
(a) बलवंत राय मेहता समिति
(b) आयंगर समिति
(c) स्वर्ण सिंह समिति
(d) ठक्कर आयोग

43. भारत में केंद्र-राज्य संबंध प्रभावित होते हैं-
1. संविधान के प्रावधानों से
2. नियोजन प्रक्रिया से
3. राजनीतिक हितों के अंतर्विरोध से
4. राजनीतिक हितों की एकता से
5. हुक्म चलाने की इच्छा की प्रबलता से

कूट:
(a) 1 और 2 (b) 2, 3 और 4
(c) 2, 4 और 5 (d) 1, 2 और 3

44. संविधान के 73वें संशोधन ने प्रावधान किया है-
1. पंचायत के नियमित चुनाव कराने के लिए।
2. महिलाओं के लिए सभी स्तरों पर सीटों के आरक्षण के लिए।
3. राज्य वित्त आयोग की संस्तुति के अनुसार पंचायतों को फंड्स का अनिवार्य रूप से हस्तांतरण।
4. 11वीं अनुसूची में दिए विषयों के संबंध में पंचायतों को शक्ति का अनिवार्य रूप से हस्तांतरण।

कूट:
(a) 1 और 2 (b) 1, 2 और 3
(c) 2, 3 और 4 (d) उपर्युक्त सभी

45. सूची-I को सूची-II के साथ सुमेलित कीजिए और सूचियों के नीचे दिए गए कूट का प्रयोग करते हुए सही उत्तर का चयन कीजिए-

सूची-I (संविधान के अनुच्छेद)	सूची-II (विषय)
A. 124	1. आकस्मिक प्रावधान
B. 5	2. विधायी शक्तियों का वितरण
C. 352	3. संघीय न्यायपालिका
D. 245	4. नागरिकता

कूट:

	A	B	C	D
(a)	1	2	3	4
(b)	2	1	4	3
(c)	4	3	2	1
(d)	3	4	1	2

46. निम्न में से किस एक की सिफारिशों के आधार पर संघ एवं राज्यों के बीच वित्तीय वितरण होता है?
(a) वित्त आयोग
(b) अन्तर्राज्यीय काउंसिल
(c) योजना आयोग
(d) सरकारिया आयोग

47. वर्ष 2011 की जनगणना के अनुसार सबसे अधिक निरक्षरता वाला राज्य है-
(a) बिहार
(b) मध्य प्रदेश
(c) उड़ीसा (ओडिशा)
(d) उत्तर प्रदेश

48. वर्ष 2011 की जनगणना के अनुसार भारत में शहरी जनसंख्या कुल जनसंख्या का कितने प्रतिशत है–
(a) 20.5 (b) 25.5
(c) 31.16 (d) 30.5

49. 2011 की जनगणना के अनुसार लिंग अनुपात (महिला प्रति 1000 पु.) है।
(a) 941 (b) 934
(c) 927 (d) 943

50. बंध्याकरण के लिए, जो जनसंख्या नियंत्रित करने का एक अधिक विश्वसनीय तरीका है, दंपत्तियों के अपनी इच्छा से न आने के कुछ कारण हैं-
1. लड़कों के लिए इच्छा।
2. शिशु मृत्यु की ऊंची दर।
3. समझदारी की कमी।
4. अति गरीब परिवारों में आर्थिक मजबूरियां।

कूट:
(a) 1 और 2 (b) 1, 2 और 3
(c) 2, 3 और 4 (d) उपर्युक्त सभी

51. भारत का अंतरिक्ष-प्रक्षेपण केन्द्र श्री हरिकोटा निम्न से किस राज्य में स्थित है?
(a) आन्ध्र प्रदेश
(b) कर्नाटक
(c) उड़ीसा (ओडिशा)
(d) तमिलनाडु

52. विश्व का पहला परमाणु बिजलीघर कहां स्थापित किया गया था?
(a) ब्रिटेन में
(b) जर्मनी में
(c) रूस में
(d) संयुक्त राज्य अमेरिका में

53. वायु शक्ति में ऊर्जा का कौन-सा रूप विद्युत ऊर्जा में परिवर्तित होता है?
(a) गतिज ऊर्जा (b) स्थितिज ऊर्जा
(c) सौर ऊर्जा (d) विकिरण ऊर्जा

54. मलिन बस्तियों में रहने वालों का जनसंख्या प्रतिशत अधिकतम है-
(a) चेन्नई में (b) दिल्ली में
(c) कोलकाता में (d) मुम्बई में

55. 'विश्व जनसंख्या दिवस' मनाया जाता है-
(a) 8 मई को (b) 7 जून को
(c) 11 जुलाई को (d) 15 सितम्बर को

56. 'इग्नाइटेड माइंड' के लेखक हैं–
(a) ए.पी.जे. अब्दुल कलाम
(b) बाबा साहेब ठाकरे
(c) खुशवन्त सिंह
(d) नयनतारा सहगल

57. 'अब्बा : भगवान का हमें श्रेष्ठतम उपहार' हाल ही की एक पुस्तक किससे सम्बन्धित है?
(a) अमजद अली खां से
(b) बिस्मिल्ला खां से
(c) हाफिज अली खां से
(d) नौशाद अली से

58. डॉ. अमर्त्य सेन को नोबेल पुरस्कार उनके निम्न में से किस एक के योगदान के अभिज्ञान में दिया गया है?
(a) श्रम अर्थशास्त्र
(b) विपणन अर्थशास्त्र
(c) मौद्रिक अर्थशास्त्र
(d) कल्याणकारी अर्थशास्त्र

59. सूची-I तथा सूची-II को सुमेलित कीजिए तथा सूचियों के नीचे दिए गए कूट का प्रयोग करते हुए सही उत्तर का चयन कीजिए-

सूची-I (पुस्तक)	सूची-II (लेखक)
A. हाफ ए लाइफ	1. अरुण शौरी
B. वर्शिपिंग फाल्स गॉड्स	2. शिव खेड़ा

C.	अग्नि की उड़ान	3.	वी.एस. नॉयपाल
D.	जीत आपकी	4.	ए.पी.जे. अब्दुल कलाम
		5.	जेम्स एंड जोगेवर्ड

कूटः

	A	B	C	D
(a)	1	2	3	5
(b)	2	1	4	3
(c)	3	1	4	2
(d)	1	2	3	5

60. बुसान में एशियन गेम्स में स्नूकर खेल में स्वर्ण पदक प्राप्त करने वाली भारतीय जोड़ी थी–

(a) गुरप्रीत और मंजुला राय
(b) मुजीब रहमान और रत्नेश कुमार
(c) साजी थामस और कासिम खां
(d) यासीन मर्चेंट और रफत हबीब

61. सूची-I में शामिल फुटबाल खिलाड़ियों का सुमेल सूची-II में इंगित देशों से कीजिए जिनके वे वासी हैं–

सूची-I	सूची-II
A. जिनेदिन जिदाने	1. इंग्लैंड
B. ग्रोब्रयल बतिस्ता	2. अर्जेन्टीना
C. लूईस फिगो	3. पुर्तगाल
D. डेविड बेकहम	4. फ्रांस

कूटः

	A	B	C	D
(a)	1	2	3	4
(b)	2	3	4	1
(c)	4	2	3	1
(d)	4	3	2	1

62. दो बार एवरेस्ट पर विजय प्राप्त करने वाली महिला पर्वतारोही हैं-

(a) बछेंद्री पाल
(b) चन्द्रप्रभा सतवाल
(c) जया क्षेत्री
(d) संतोष यादव

63. कुचिपुड़ी नृत्य आरम्भ हुआ-

(a) आन्ध्र प्रदेश में (b) केरल में
(c) उड़ीसा में (d) तमिलनाडु में

64. 'विश्व वन्य जीव दिवस' मनाया जाता है-

(a) 21 मार्च को (b) 2 मई को
(c) 5 जून को (d) 21 जून को

65. भारत के तीन सर्वाधिक नगरीकृत राज्यों का सही क्रम है-

(a) गुजरात, महाराष्ट्र, तमिलनाडु
(b) महाराष्ट्र, गुजरात, कर्नाटक
(c) महाराष्ट्र, तमिलनाडु, गुजरात
(d) पंजाब, गुजरात, महाराष्ट्र

66. भारत का प्राचीनतम विशाल उद्योग है-

(a) सूती कपड़ा
(b) लोहा एवं इस्पात
(c) जूट
(d) कागज

67. नीचे दो वक्तव्य दिए गए हैं-

कथन (A) : भारतीय आर्थिक नीति की अन्दर और बाहर दोनों ओर से अधिकाधिक आलोचना हो रही है।

कारण (R) : आलोचना अधिकांशतः आदर्शों के भेदों पर आधारित है।

कूटः

(a) (A) और (R) दोनों सही हैं और (R), (A) का सही स्पष्टीकरण है
(b) (A) तथा (R) दोनों सही हैं किन्तु (R), (A) की सही व्याख्या नहीं है
(c) (A) सही है, किन्तु (R) गलत है
(d) (A) गलत है, किन्तु (R) सही है

68. किसके निर्यात से भारत की निर्यात आय में सर्वाधिक योगदान होता है?

(a) कृषि उत्पादों के
(b) रत्न एवं आभूषणों के
(c) मशीनरी के
(d) कपड़ा एवं सिले-सिलाए वस्त्रों के

69. विश्व व्यापार संगठन स्थापित हुआ-

(a) वर्ष 1990 में (b) वर्ष 1995 में
(c) वर्ष 1998 में (d) वर्ष 2000 में

70. भारत में 'स्वसंपोषित विकास' का उद्देश्य सर्वप्रथम अपनाया गया-

(a) तृतीय पंचवर्षीय योजना
(b) चतुर्थ पंचवर्षीय योजना
(c) पांचवीं पंचवर्षीय योजना
(d) छठी पंचवर्षीय योजना

71. स्वर्ण जयंती ग्राम स्वरोजगार योजना-

1. के अन्तर्गत उस समय मौजूद छह कार्यक्रमों की समाप्ति हो गयी।
2. समूह रीति अपनाने पर बल देती है।
3. चयनित स्वरोजगारों के हुनर की उन्नति करने का प्रयास करती है।
4. ग्रामीण युवकों को गरीबी की रेखा के ऊपर उठाने पर संकेन्द्रित है।

कूट :

(a) 1 और 2 (b) 1, 2 और 3
(c) 2, 3 और 4 (d) उपर्युक्त सभी

72. सूची-I तथा सूची-II को सुमेलित कीजिए तथा सूचियों के नीचे दिए गए कूट से सही उत्तर का चयन कीजिए-

सूची-I	सूची-II
A. कांग्रेस का पूर्ण स्वाधीनता प्रस्ताव	1. 26 जनवरी
B. पूर्ण स्वराज दिवस	2. 31 दिसम्बर, 1929 ई.
C. दांडी मार्च	3. जुलाई 1931 ई.
D. द्वितीय गोलमेज कान्फ्रेंस	4. 12 मार्च, 1930 ई.
	5. सितम्बर 1931 ई.

कूट :

	A	B	C	D
(a)	1	2	3	4
(b)	2	1	4	3
(c)	5	4	1	3
(d)	3	4	2	5

73. निम्नलिखित में से किसने असहयोग आन्दोलन के दौरान विदेशी कपड़ों को जलाया जाना एक निष्ठुर बरबादी बताया था?

(a) लॉर्ड रीडिंग
(b) मोहम्मद अली जिन्ना
(c) मोतीलाल नेहरू
(d) रवीन्द्रनाथ टैगोर

74. नागार्जुन सागर बांध बना हुआ है–

(a) गोदावरी नदी पर
(b) कावेरी नदी पर
(c) कृष्णा नदी पर
(d) नर्मदा नदी पर

75. निम्नलिखित में से कौन एक सुमेलित नहीं है?

(a) गोरखपुर-राप्ती (b) लुधियाना-रावी
(c) जबलपुर-नर्मदा (d) सूरत-ताप्ती

76. 'भारत छोड़ो प्रस्ताव' का आलेख बनाया था-

(a) जवाहरलाल नेहरू
(b) महात्मा गांधी
(c) मौलाना अबुल कलाम आजाद
(d) सरोजिनी नायडू

77. ब्रह्म समाज के संस्थापक थे-

(a) सी.आर. दास
(b) महात्मा गांधी
(c) राजा राममोहन राय
(d) स्वामी दयानन्द सरस्वती

78. निम्नलिखित में से कौन सुमेलित है?

(a) असम - शिलांग

(b) मेघालय - कोहिमा

(c) मिजोरम - आइजोल

(d) नागालैण्ड - गुवाहाटी

79. प्राकृतिक कृषि का अन्वेषक है-

(a) मसानोवा फुकुका

(b) एम.एस. रंधावा

(c) एम.एस. स्वामीनाथन

(d) नॉर्मन बोरलॉग

80. निम्न में से कौन-सा वृक्ष समुद्रतल से सर्वाधिक ऊंचाई पर पाया जाता है?

(a) देवदार (b) चीड़

(c) साल (d) सागौन

81. ग्लोबीय तापवृद्धि से संबंधित निम्नलिखित कथनों में से कौन-से सही है?

1. ग्लोबीय तापवृद्धि का सबसे महत्त्वपूर्ण परिणाम यह है कि इससे ध्रुवीय बर्फ की चोटियों के पिघलने से समुद्र की सतह में वृद्धि होगी।
2. यदि ग्लोबीय तापवृद्धि के वर्तमान स्तर पर नियंत्रण नहीं किया गया तो सन् 2070 ई. तक समुद्र की सतह का 1 मीटर तक बढ़ना संभावित है।
3. विश्व के समस्त मूंगे के द्वीप डूब जाएंगे।
4. यह संभावना है कि सन् 2044 ई. तक फिजी डूब जाएगा और समुद्र तल के बढ़ने से इसी वर्ष तक नीदरलैंड पर एक गंभीर संकट छा जाएगा।

कूट:

(a) 1, 2 और 4 (b) 1, 2 और 3

(c) 1, 3 और 4 (d) केवल 4

82. समताप मंडल में ओजोन परत का कार्य है-

(a) भूमंडलीय ताप को स्थिर रखना

(b) भूकंपों की आवृत्ति को घटाना

(c) मानसूनों की विफलता को बचाना

(d) भूतल पर पराबैंगनी विकिरण पात को थामना

83. जब दिन और रात की अवधि बराबर होती है तो सूर्य की किरणें सीधी पड़ती हैं–

(a) उत्तरी ध्रुव पर

(b) भूमध्य रेखा पर

(c) दक्षिणी ध्रुव पर

(d) कर्क रेखा पर

84. निम्नलिखित सागरों में से किस एक का जल सबसे अधिक खारा है?

(a) बाल्टिक सागर (b) काला सागर

(c) मृत सागर (d) लाल सागर

85. पृथ्वी से निकटतम दूरी पर स्थित ग्रह है-

(a) मंगल (b) बुध

(c) बृहस्पति (d) शुक्र

86. सदाबहार वर्षा वन पाए जाते हैं-

(a) ऑस्ट्रेलिया (b) ब्राजील

(c) कनाडा (d) फ्रांस

87. निम्नलिखित में से कौन एक सुमेलित नहीं है?

(a) शेरपा नेपाल

(b) थारू उत्तराखंड

(c) टोडा दक्षिण भारत

(d) जुलू उड़ीसा

88. सरकार ने बीमा व्यवसाय के नियम के लिए गठन किया है-

(a) सेबी को

(b) भारतीय रिजर्व बैंक को

(c) इंश्योरेंस नियामक एवं विकास प्राधिकरण को

(d) साधारण बीमा निगम को

89. शब्द बुल तथा बियर किस व्यापार क्षेत्र से जुड़े हैं?

(a) विदेशी व्यापार (b) बैंकिंग

(c) शेयर बाजार (d) वस्तुनिर्माण

90. 'स्वर्ण जयंती ग्राम स्वरोजगार योजना का आरम्भ हुआ–

(a) अप्रैल, 1995 में

(b) अप्रैल, 1997 में

(c) अप्रैल, 1999 में

(d) अप्रैल, 2001 में

91. भारत सरकार के बजट के कुल घाटे में किस घाटे का सबसे अधिक योगदान है?

(a) प्राथमिक घाटा

(b) राजकोषीय घाटा

(c) राजस्व घाटा

(d) आय व्यय घाटा

92. 'शारदा सहायक समादेश विकास परियोजना' के मुख्य लक्ष्य निम्नलिखित में से क्या हैं? लक्ष्यों के नीचे दिए गए कूटों से सही उत्तर चुनिए-

1. कृषि उत्पादन बढ़ाना।
2. बहुफसली खेती द्वारा भूमि के प्रारूप को बदलना।
3. भू-प्रबंधन का सुधार।

कूट:

(a) केवल 1 (b) 1 एवं 2

(c) 2 एवं 3 (d) उपर्युक्त सभी

93. भारत का संविधान पूर्ण रूप से तैयार हुआ था-

(a) 26 जनवरी, 1950

(b) 26 नवम्बर, 1949

(c) 11 फरवरी, 1948

(d) उपर्युक्त में से कोई नहीं

94. संविधान के किस अनुच्छेद में यह व्यवस्था की गयी है कि प्रत्येक राज्य शिक्षा के प्राथमिक स्तर पर मातृभाषा में शिक्षा की पर्याप्त सुविधाओं की व्यवस्था करने का प्रयास करेगा?

(a) अनुच्छेद 349

(b) अनुच्छेद 350

(c) अनुच्छेद 350 (a)

(d) अनुच्छेद 351 (a)

95. निम्नलिखित प्रस्तावों में से किसका संदर्भित संबंध संघीय बजट से है?

(a) निन्दा प्रस्ताव

(b) ध्यानाकर्षण प्रस्ताव

(c) कटौती प्रस्ताव

(d) स्थगन प्रस्ताव

96. उत्तराखंड गठन के बाद उत्तर प्रदेश में कितने विधानसभा क्षेत्र शेष बचे हैं?

(a) 401 (b) 202

(c) 403 (d) 404

97. 'गिल्ट-एज्ड' बाजार किससे संबंधित है?

(a) कटे-फटे पुराने करेंसी नोट

(b) सोना-चांदी/सर्राफा

(c) सरकारी प्रतिभूतियां

(d) निगम ऋण-पत्र

98. संगणकों (कंप्यूटरों) के आई.सी. चिप प्राय: निम्न में से बनाए जाते हैं-

(a) पर्ण से (b) क्रोमियम से

(c) सिलिकॉन से (d) स्वर्ण से

99. कुल राष्ट्रीय उत्पाद एवं सकल राष्ट्रीय उत्पाद है-

(a) राष्ट्रीय उत्पाद का मूल्य मापन

(b) खंड लागत पर राष्ट्रीय उपज के मूल्य का मूल्यांकन

(c) निर्यात का मूल्य मापन

(d) भिन्न-भिन्न हैं

100. उत्तर प्रदेश सरकार की महत्वाकांक्षी 8 लेन प्रदेश नियंत्रित गंगा एक्सप्रेसवे परियोजना का विस्तार उत्तर प्रदेश के

किन दो परस्पर अधिकतम दूरी वाले जनपदों के मध्य प्रस्तावित है?
(a) गाजियाबाद एवं कानपुर
(b) गाजियाबाद एवं इलाहाबाद
(c) गाजियाबाद एवं वाराणसी
(d) नोएडा एवं गाजीपुर

101. उत्तर प्रदेश में कौन-सा जिला अवनालिका अपरदन से सर्वाधिक प्रभावित है?
(a) इटावा (b) गोरखपुर
(c) फर्रुखाबाद (d) मेरठ

102. उत्तर प्रदेश का निम्नलिखित में से कौन-सा नगर राष्ट्रीय महामार्ग-2 द्वारा नहीं जोड़ा जाता?
(a) आगरा (b) इलाहाबाद
(c) लखनऊ (d) वाराणसी

103. निम्नलिखित में से कौन सही सुमेलित नहीं है?
(a) गंगा - वाराणसी
(b) गोमती - सुल्तानपुर
(c) कोसी - गोरखपुर
(d) सरयू - अयोध्या

104. अर्जुन बांध नहर से उत्तर प्रदेश का लाभान्वित जिला है-
(a) एटा (b) इटावा
(c) गोरखपुर (d) हमीरपुर

105. निम्नलिखित में से कौन एक सुमेलित नहीं है?
(a) देवा - बाराबंकी
(b) आल्हा - महोबा
(c) करमा - मथुरा
(d) कजरी - मिर्जापुर

106. निम्नलिखित में से कौन सा उत्तर प्रदेश का लोकनृत्य नहीं है?
(a) चरकुला (b) दादरा
(c) करमा (d) मुरिया

107. लोकनृत्य 'राहुला' का संबंध यू.पी. के निम्न में से किस एक क्षेत्र से है?
(a) पूर्वी क्षेत्र से (b) पश्चिमी क्षेत्र से
(c) मध्य क्षेत्र से (d) बुंदेलखंड क्षेत्र से

108. 'विश्व मृदा दिवस' किस दिन मनाया जाता है?
(a) 7 दिसंबर (b) 5 दिसंबर
(c) 12 दिसंबर (d) 8 दिसंबर

109. 2017 में आयकर प्रणाली में सुधार के लिए सुझाव हेतु केन्द्रीय वित्त मंत्रालय ने किसकी अध्यक्षता में पैनल का गठन किया?
(a) अरबिंद मोदी
(b) अरबिंद सुब्रह्मण्यम
(c) राजीव मेनन
(d) शक्तिकांत दास

110. लिंगानुपात का परिकलन कैसे किया जाता है?
(a) देश में प्रति 1,000 लोगों पर बच्चों की संख्या
(b) देश में प्रति 1,000 महिलाओं पर पुरुषों की संख्या
(c) देश में प्रति 1000 पुरुषों पर महिलाओं की संख्या
(d) देश में प्रति 1,000 बच्चों पर लोगों की संख्या

111. 2011 की जनगणना के अनुसार किस राज्य की आबादी अधिकतम थी?
(a) महाराष्ट्र (b) तमिलनाडु
(c) केरल (d) उत्तर प्रदेश

112. निम्नलिखित में से किस राज्य की सीमा म्यांमार से नहीं लगती है?
(a) मिजोरम (b) मणिपुर
(c) नागालैंड (d) मेघालय

113. भारत का अधिकतम गेहूँ उत्पादक राज्य है–
(a) हरियाण (b) उत्तर प्रदेश
(c) पंजाब (d) बिहार

114. निम्नलिखित ग्रह युग्मों में से कौन बिना उपग्रह के है?
(a) शुक्र एवं मंगल
(b) बुध एवं मंगल
(c) पृथ्वी और बृहस्पति
(d) बुध और शुक्र

115. समय के साथ विसर्प लूप नदी से कट जाते हैं और अलग झील बनाते हैं जिसे ....भी कहते हैं?
(a) चापझील (b) मरु उद्यान
(c) खलीजा (d) विवर्तनिक

116. यदि राष्ट्रपति का पद खाली है तो उसे कितनी अवधि के अंदर भरना आवश्यक है?
(a) 1 वर्ष (b) 2 वर्ष
(c) 3 वर्ष (d) 6 महीने

117. यदि किसी कारणवश राष्ट्रपति एवं उपराष्ट्रपति दोनों का पद खाली रहता है तो राष्ट्रपति के कार्यों को कौन संपादित करेगा?
(a) महान्यायवादी
(b) लोक सभा का सभापति
(c) भारत का मुख्य न्यायाधीश
(d) मुख्य निर्वाचन अधिकारी

118. भारत एक गणतंत्र है, जिसमें अन्तर्निहित है–
(a) राज्य का अध्यक्ष निर्वाचित होता है
(b) देश स्वतंत्र है
(c) देश में एक जनतांत्रिक व्यवस्था की सरकार है
(d) देश में अंतिम सत्ता संसद में निहित है

119. भारत के संविधान के अंतर्गत निम्नलिखित में से किसको राज्यों की सीमाओं को परिवर्तित करने की शक्ति प्राप्त है?
(a) संसद को
(b) लोक सभा को
(c) राष्ट्रपति को
(d) सर्वोच्च न्यायालय को

120. निम्नलिखित में से कौन एक राज्य के विधान मण्डल के किसी सदस्य के निरर्हता से सम्बन्धित किसी प्रश्न का विनिश्चय करने हेतु अन्तिम सत्ता है–
(b) राज्यपाल
(b) विधान सभा का अध्यक्ष
(c) मुख्यमंत्री
(d) उच्च न्यायालय

121. सोनार (SONAR) में हम उपयोग करते हैं–
(a) रेडियो तरंगों का
(b) श्रव्य ध्वनि तरंगों का
(c) पराश्रव्य तरंगों का
(d) अवश्रव्य तरंगों का

122. ध्वनि की मूलभूत इकाई कहलाती है–
(a) रूप ग्राम
(b) ध्वनि ग्राम
(c) अर्थ ग्राम
(d) वाक्य विन्यास

123. निम्नलिखित में से कौन उत्तर प्रदेश के प्रथम लोकायुक्त थे?
(a) न्यायमूर्ति के. एन. गोयल
(b) न्यायमूर्ति विशम्भर दयाल
(c) न्यायमूर्ति मुर्तजा हुसैन
(d) न्यायमूर्ति एन. के. मेहरोत्रा

124. अब तक उत्तर प्रदेश में कितनी महिलाएँ मुख्यमंत्री के पद पर रही?
(a) 0 (b) 1
(c) 2 (d) 3

125. Indian Railway Catering And Tourism Corporation Limited यानि कि IRCTC ने तेजस एक्सप्रेस के यात्रियों को कितने लाख रुपए तक का बीमा निशुल्क देने की घोषणा की है?
(a) 10 लाख (b) 20 लाख
(c) 25 लाख (d) 30 लाख

126. चांद से महज कितने कि.मी ऊपर चंद्रयान-2 का इसरो से संपर्क टूट गया?
(a) 5.1 (b) 2.1
(c) 3.4 (d) 7.8

127. किस गायिका को ''डॉटर ऑफ द नेशन'' का खिताब दिया जाएगा?
(a) आशा भौंसले
(b) लता मंगेशकर
(c) अलका याज्ञनिक
(d) मोनाली ठाकुर

128. किस खिलाड़ी ने राष्ट्रीय निशानेबाजी ट्रायल्स जीते?
(a) खुशी सैनी
(b) श्रेया अग्रवाल
(c) मेहुली घोष
(d) अपूर्वी चंदेला

129. किस भारतीय अमेरिकी को फ्लोरिडा में न्यायाधीश नामित किया गया है?
(a) अनुराग सिंघल
(b) पराग बंसल
(c) निशांत पटेल
(d) प्रांजल जुनेजा

130. किस देश के प्रधानमंत्री ने संसद भंग कर दी है?
(a) पाकिस्तान के
(b) श्रीलंका के
(c) ब्रिटेन के
(d) कनाडा के

131. हाल ही में भारत ने किस देश के साथ तेल पाइपलाइन परियोजना प्रारंभ की है?
(a) नेपाल के साथ
(b) श्रीलंका के साथ
(c) भूटान के साथ
(d) चीन के साथ

132. प्रधानमंत्री नरेंद्र मोदी का नया प्रधान सचिव किन्हें नियुक्त किया गया है?
(a) अनिल शर्मा
(b) नृपेन्द्र मिश्रा
(c) प्रमोद कुमार मिश्रा
(d) प्रदीप कुमार सिन्हा

133. यूएस ओपन का खिताब जीतने वाले दूसरे उम्रदराज खिलाड़ी कौन हैं?
(a) रोजर फेडरर
(b) एंडी मुरे
(c) डेनियल मेदवेदेव
(d) राफेल नडाल

134. वर्ल्ड सुसाइड प्रिवेंशन डे कब मनाया जाता है?
(a) 11 सितम्बर (b) 10 सितम्बर
(c) 08 सितम्बर (d) 12 सितम्बर

135. 'शंघाई सहयोग संगठन शहरी भूकंप खोज और बचाव-2019' पर संयुक्त अभ्यास की दो दिवसीय लंबी प्रारंभिक बैठक कहाँ हुई?
(a) चेन्नई (b) नई दिल्ली
(c) मुंबई (d) कोलकाता

136. प्रधानमंत्री नरेंद्र मोदी ने 11 सितम्बर, 2019 को ''प्लास्टिक फ्री इंडिया मिशन'' की शुरूआत कहां से की?
(a) मथुरा से
(b) पीलीभीत से
(c) सोनभद्र से
(d) भदोही से

137. एक सितम्बर से देशभर में संशोधित मोटर व्हीकल एक्ट किन राज्यों ने अपने यहां लागू करने से इंकार कर दिया है?
(a) मध्य प्रदेश, पश्चिम बंगाल और हिमाचल प्रदेश
(b) राजस्थान, उत्तर प्रदेश और जम्मू एवं कश्मीर
(c) बिहार, झारखंड एवं गुजरात
(a) मुंबई, कर्नाटक एवं केरल

138. संयुक्त राष्ट्र के किस पद पर आसीन व्यक्ति ने कश्मीर पर मध्यस्थता से साफ इंकार कर दिया है?
(a) महासचिव ने
(b) सचिव ने
(c) संयुक्त सचिव ने
(d) उप सचिव ने

139. चीन के सबसे अमीर व्यक्ति और ई-कॉमर्स कम्पनी अलीबाबा डॉट कॉम के चैयरमैन जैक मा ने कम्पनी की बागडोर किसको सौंपी है?
(a) जोसफ साई
(b) मा हुआतैंग
(c) डैनियल झांग
(d) जोनाथन लौव

140. समुद्र के रास्ते दुनिया का चक्कर लगाने वाली सबसे उम्रदराज महिला कौन बनी हैं?
(a) मिनोरू (b) लिंडा
(c) जेन सोक्रेटस (d) स्टेफी गुआन

निर्देश (प्रश्न 141-142 तक) : नीचे दिए गए विकल्पों में लुप्त पद का चयन कीजिए।

141. ADIP : DGLS : : BEJQ : ?
(a) EHMT (b) EJQU
(c) CGLS (d) FINU

142. लुप्त संख्या ज्ञात कीजिए–
10, 12, 9, 13, 8, ?, 7
(a) 11 (b) 7
(c) 14 (d) 12

निर्देश (प्रश्न 143-145 तक) : दिए गए विकल्पों में से विषम संख्या/अक्षर/शब्द/को चुनिए।

143. (a) हृदय
(b) वृक्क (गुर्दा)
(c) प्लीहा (तिल्ली)
(d) यकृत (कलेजा)

144. (a) ACEG (b) MOQS
(c) GHJL (d) RTVX

145. (a) 1 (b) 2
(c) 3 (d) 4

निर्देश (प्रश्न 146-147 तक) : एक अनुक्रम दिया है, जिसमें एक पद लुप्त है दिए गए विकल्पों में से वह सही विकल्प चुनिए जो अनुक्रम को पूरा करे।

146. SCD, TEF, UGH, ?, WKL
(a) CMN (b) UJI
(c) VIJ (d) IJT

147. BC, DF, FI, HL, ?, LR
(a) LQ (b) LR
(c) JO (d) MP

148. बिन्दुओं वाले त्रिभुजों की संख्या ज्ञात कीजिए–

(a) 5 (b) 8
(c) 10 (d) 16

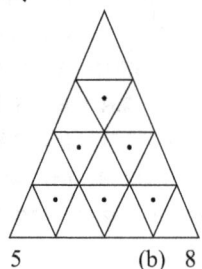

149. अक्षरों का कौन-सा समूह खाली स्थानों पर क्रमवार रखने से दी गई अक्षर शृंखला को पूरा करेगा?
ab_bc_c_ba_c
(a) baac (b) aabb
(c) caab (d) aaab

150. यदि एक दर्पण को MN रेखा पर रखा जाए, तो दी गई उत्तर आकृतियों में से कौन-सी आकृति प्रश्न आकृति का सही प्रतिबिंब होगी?

प्रश्न आकृति :

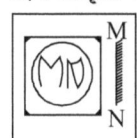

उत्तर आकृतियां :

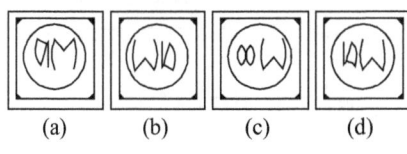

(a) (b) (c) (d)

151. राम और श्याम मिलकर किसी काम को 8 दिन में कर सकते हैं। राम उसी काम को अकेले 12 दिन में कर सकता है। श्याम अकेले उस काम को कितने समय में कर सकता है?

(a) 16 दिन (b) 20 दिन
(c) 24 दिन (d) 30 दिन

152. एक व्यक्ति साइकिल से 12 किमी. की दूरी 90 मिनट में तय करता है। यदि साइकिल एक समान गति से चल रही है तो 3 घण्टे में वह व्यक्ति कितनी दूरी तय करेगा?

(a) 36 किमी. (b) 24 किमी.
(c) 30 किमी. (d) 27 किमी.

153. A और B मिलकर किसी काम को 18 दिन में कर सकते हैं तथा A अकेला उसे 36 दिन में कर सकता है। B अकेला उसे कितने दिन में कर सकता है?

(a) 35 दिन (b) 25 दिन
(c) 36 दिन (d) 39 दिन

154. दी गई आकृति में, सरल रेखाएं AB और CD एक-दूसरे को O पर काटती हैं। अगर $\angle\delta = 3\angle v$ है तो $\angle v = ?$

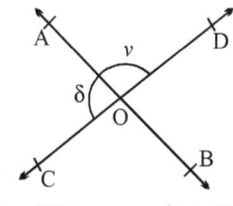

(a) 40° (b) 45°
(c) 50° (d) 55°

155. एक वस्तु का क्रय मूल्य उसके विक्रय मूल्य का दो-तिहाई है। उस वस्तु पर लाभ या हानि प्रतिशत क्या है?

(a) 45 (b) 50
(c) 35 (d) 54

निर्देश-(156-157) निम्नलिखित प्रत्येक वाक्य खण्ड के लिए उसके नीचे दिए गए विकल्पों में से एक शब्द चुनिए-

156. दूसरों से आगे बढ़ने की इच्छा

(a) ईर्ष्या (b) स्पर्धा
(c) द्वेष (d) हस्तक्षेप

157. सुन्दर हृदय वाला

(a) सहृदय (b) सहोदर
(c) सुहृद (d) सुमन

158. किस वाक्य में 'अच्छा' शब्द का प्रयोग विशेषण के रूप में हुआ है?

(a) तुमने अच्छा किया जो आ गए।
(b) यह स्थान बहुत अच्छा है।
(c) अच्छा, तुम घर जाओ।
(d) अच्छा है वह अभी आ जाए।

159. 'आदर' शब्द से विशेषण बनेगा-

(a) आदरकारी
(b) आदरपूर्वक
(c) आदरणीय
(d) इनमें से कोई नहीं

160. 'गुरु' शब्द की उत्तमावस्था क्या होगी?

(a) गुरुतन (b) गुरुजन
(c) गुरुओं (d) गुरुजी

161. प्रतिभाशाली बच्चे की सराहना होती है में विशेष्य है–

(a) प्रतिभाशाली (b) बच्चे
(c) सराहना (d) होती

निर्देश-(162-163) दिए गए वाक्य में काले छपे शब्द की वर्तनी शुद्धि के लिए चार विकल्प दिए गए हैं। इनमें से एक विकल्प में शब्द की वर्तनी शुद्ध है। उसे चुनिए।

162. ग्यान का भण्डार अथाह होता है।

(a) गियान (b) ज्ञान
(c) गिआन (d) ज्यान

163. पिता की मृत्यु के पश्चात् दोनों भाइयों ने गुरुजी का संरक्षण पाया।

(a) संरक्शण (b) सन्रक्षण
(c) संरक्षण (d) सम्रक्षण

निर्देश-(164-165) निम्नलिखित प्रत्येक प्रश्न में दिए गए चार विकल्पों में से वाक्य के शुद्ध रूप का चयन कीजिए

164. (a) कबीरदास लिखे-पढ़े नहीं थे।
(b) कबीरदास ने पढ़े-लिखे नहीं थे।
(c) कबीरदास ने लिखाई-पढ़ाई नहीं कर रखी थी।
(d) कबीरदास ने पढ़ाई-लिखाई नहीं कर रखी थी।

165. (a) पर्यटन पर रमा और ममता जा रहे हैं।
(b) पर्यटन पर रमा और ममता जा रही है।
(c) पर्यटन पर रमा और ममता जा रही हैं।
(d) पर्यटन पर रमा और ममता जा रहा है।

निर्देश-(166-167) निम्नलिखित वाक्यों में मुद्रित शब्द के विलोम के लिए चार विकल्प दिए गए हैं। इनमें से उचित विकल्प का चयन कीजिए।

166. मंत्री जी के आने से सारे शहर में हर्ष की लहर दौड़ गई।

(a) शोक (b) दु:ख
(c) खेद (d) निराशा

167. इस दुर्घटना के बाद वह मेरे घर नहीं आया।

(a) घटना (b) अवश्यंभावी
(c) कुशलक्षेम (d) हादसा

निर्देश-(168) नीचे प्रत्येक वर्ग में दिए गए विकल्पों में से तद्भव शब्द का चयन कीजिए–

168. (a) बहरा (b) कुंठा
(c) अन्वय (d) उष्ण

निर्देश-(169) नीचे दिए गए विकल्पों में से तत्सम शब्द का चयन कीजिए–

169. (a) वापसी (b) मलिन
(c) रास्ता (d) पुजारी

170. निम्नलिखित में पर्यायवाची शब्द है–

(a) अचिर, अचर
(b) राधारमण, करामिकन्दन
(c) अंबुज, अभ्युषि
(d) नीरद, नीरज

Directions: (Q. 171-172) In these questions, choose the word opposite in meaning to the given word.

171. Veteran

(a) Activist (b) Enthusiast
(c) Novice (d) Master

172. Superfluous

(a) Essential (b) Excess
(c) Unwanted (d) Necessary

Directions: (Q. 173-174) Out of the four alternatives, choose the one which best expresses the meaning of the given word.

173. Vivacious

(a) Imaginary (b) Lively
(c) Perceptible (d) Languid

174. Sporadic

(a) Timely (b) Scattered
(c) Frequent (d) Irrelevant

Directions: (Q. 175-176) In the following questions, four alternatives are given for the idiom/Phrase underlined in the

sentence, Choose the alternatives which best expresses the meaning of the idiom/ Phrase.

175. In his salad days he was quite a dandy.
(a) childhood (b) adolescence
(c) school days (d) old age

176. He is cool about working at night.
(a) ready to work
(b) not ready to work
(c) excited about working
(d) grudgingly working

Directions: (Q. 177-178) In the following questions, out of the four alternatives, choose the one which can be substituted for the given word/sentence.

177. An allowance made to a wife by her husband, when they are legally separated.
(a) Alimony (b) Parsimony
(c) Matrimony (d) Honorarium

178. Wild imagination.
(a) Whim (b) Fantasy
(c) Fancy (d) Memory

Directions: (Q. 179-180) Four words are given in each question, out of which only one word is correctly spelt. Find the correctly spelt word.

179. (a) Liabertarian
(b) Libertarian
(c) Liebertarain
(d) Liberterian

180. (a) Emphetic (b) Emphattic
(c) Emphatick (d) Emphatic

Directions: (Q. 181-182) In these questions, some parts of the sentence have errors and some are correct. Find out which part of a sentence has an error.

181. A interesting book (a)/ 'A Tale of two cities' (b)/ was written by Alexander Dumas. (c)/ No error (d)

182. I hope this (a)/ cutleries will be (b)/ of use to all of you (c)/ No error (d).

Directions: (Q. 183-185) In the following questions, sentences given with blanks to be filled in with an appropriate word(s). Four alternatives are suggested for each question. Choose the correct alternative out of the four and indicate your answer.

183. There is no.......evidence to support your asseration.
(a) Facile (b) Fictitious
(c) Facetious (d) Factual

184. Throw a stone......the fierce dog.
(a) at (b) upon
(c) on (d) above

185. Is not learning superior...... wealth?
(a) than (b) from
(c) by (d) to

186. निम्न में से कौन-सा एक कंप्यूटर पद नहीं है?
(a) एनालॉग (b) बाइनरी कोड
(c) चिप (d) मोड

187. कंप्यूटर के सन्दर्भ में RAM का तात्पर्य है–
(a) रीसेन्ट एंड एन्शिएन्ट मैमोरी से
(b) रैंडम एक्सेस मैमोरी से
(c) रीड एंड मैमोराइज से
(d) रिकॉल आल मैमोरी से

188. कंप्यूटर हार्डवेयर, जो आंकड़ों की बहुत अधिक मात्रा का भंडारण कर सकता हो, कहलाता है-
(a) चुंबकीय टेप
(b) डिस्क
(c) 'a' और 'b' दोनों
(d) इनमें से कोई नहीं

189. निम्नलिखित में से कौन-सी वैज्ञानिक कंप्यूटर भाषा है?
(a) बेसिक (b) कोबोल
(c) फोरट्रान (d) पास्कल

190. वह युक्ति जिसके द्वारा आंकड़ों को टेलीफोन के माध्यम से बाइनरी सिग्नलों की सहायता से भेजा जाता है, कहलाता है-
(a) मोडेम (b) मॉनीटर
(c) माउस (d) ओ.सी.आर.

191. निम्न फंक्शनों में से कौन-सा फंक्शन कम्प्यूटर ओडिट का हिस्सा नहीं है?
(a) टेस्टिड सॉफ्टवेयर का प्रयोग
(b) ओडिटर ट्रेल्स का निरीक्षण एवं जनरेशन
(c) उन प्रोग्रामों को चेक करना जो किसी व्यक्ति द्वारा गलत किए गए हों
(d) (a) और (b)

192. निम्न में से कौन-सी एक्ट जो सूचना प्रौद्योगिकी एक्ट 1999 के द्वारा इलेक्ट्रोनिक रिकॉर्डो को वैध रिकॉग्नीशन के उद्देश्य के लिए संशोधित नहीं की गई थी?
(a) इण्डियन ऐवीडेंस एक्ट
(b) RBI एक्ट
(c) इण्डियन थेनल कोड
(d) बैंकर्स बुक ऐवीडेंस एक्ट

193. आउटपुट देखने के लिए किस डिवाइस का प्रयोग किया जाता है?
(a) मॉनीटर (b) की-बोर्ड
(c) माउस (d) स्कैनर

194. डायरेक्टरी के भीतर की डायरेक्टरी को क्या कहते हैं?
(a) मिनी डायरेक्टरी
(b) जूनियर डायरेक्टरी
(c) पार्ट डायरेक्टरी
(d) सब डायरेक्टरी

195. यूजर और ऑपरेटिंग सिस्टम के बीच के इण्टरएक्शन के तरीके को निम्नलिखित में से कौन कन्ट्रोल करता है?
(a) यूजर इण्टरफेस
(b) लैग्वेंज ट्रांसलेटर
(c) प्लेटफॉर्म (d) स्क्रीन सेवर

196. विनिर्माण के समय रिकॉर्ड किया गया डिस्क का कन्टेन्ट जिसे यूजर चेन्ज या इरेज नहीं कर सकता है, निम्नलिखित होता है–
(a) केवल मैमोरी (b) केवल राइट
(c) केवल रीड (d) केवल रन

197. तकनीकी क्षेत्र में कम्प्यूटर फाइलों के बारे में निम्न में से कौन-सा सत्य नहीं है?
(a) वे एक स्टोरेज माध्यम से सेव किया गया डाटा संग्रह होता है।
(b) प्रत्येक फाइल का एक नाम होता है।
(c) फाइल की विषय-वस्तु को इंगित करने के लिए प्रयोक्ता फाइल एक्सटेन्शन देता है।
(d) फाइलों में सामान्यतः डाटा होता है।

198. तकनीकी व्यवस्था में निम्न में से कौन-सा सिस्टम-कम्पोनेन्ट कम्प्यूटर का मस्तिष्क होता है?
(a) सर्किट बोर्ड (b) CPU
(c) मैमोरी (d) नेटवर्क कार्ड

199. तकनीकी व्यवस्था के अंतर्गत सॉफ्टवेयर के लिए एक अन्य शब्द है–
(a) इनपुट (b) आउटपुट
(c) प्रोग्राम (d) सिस्टम

200. तकनीकी क्षेत्र में हार्डवेयर, सॉफ्टवेयर और डाटा को प्राधिकृत प्रयोक्ताओं के बीच कौन शेयर करता है?
(a) नेटवर्क (b) प्रोटोकॉल
(c) हाइपरलिंक (d) ट्रान्समीटर

उत्तर (हल/संकेत)

1. (a) 1 कि.ग्रा./से.मी. 100/1000 = 0.1 बार

2. (b) पास्कल दाब के माप की इकाई होती है।

3. (d) रिक्टर पैमाने से भूकंप की तीव्रता मापी जाती है, सिस्मोग्राफ से कागज पर भूकंप का अंकन किया जाता है; जबकि हाइग्रोमीटर से आर्द्रता की माप की जाती है। सेल्सियस पैमाने से ताप, किलोवाट ऑवर से विद्युत तथा आर.एच. गुणांक द्वारा रक्त की माप की जाती है।

4. (b) मोटर वाहनों से निकलने वाली गैसों में कार्बन मोनोऑक्साइड एक मुख्य प्रदूषक गैस है। कार्बन मोनोऑक्साइड हीमोग्लोबिन के साथ क्रिया करके एक स्थायी यौगिक बना लेती है जिससे हीमोग्लोबिन ऑक्सीजन को ऊतकों तक नहीं पहुंचा पाता। अत: यह मनुष्य के लिए नुकसानदायक होता है। पौधों में हीमोग्लोबिन नहीं होता। अत: कार्बन मोनोऑक्साइड पौधों के लिए नुकसानदायक नहीं होती।

5. (c) कार्बन-डाइ-ऑक्साइड एक रंगहीन, गंध हीन गैस है। वायुमंडल में कार्बन-डाइ-ऑक्साइड आयतनानुसार 0.03% पायी जाती है। इसका जलीय विलयन अम्लीय होता है। वायुमंडलीय दाव पर यह-78°C ताप पर ठोस अवस्था मे परिवर्तित हो जाती है जिसे शुष्क बर्फ कहते हैं।

6. (c) पीतल का निर्माण तांबा एवं जस्ता मिलाकर किया जाता है जिसमें तांबे की मात्रा 70% तथा जस्ते की मात्रा 30% होती है।

7. (a) अमोनिया एक तीक्ष्ण गंध वाली गैस है जो वायु से कुछ हल्की होती है। अमोनिया का उपयोग बर्फ बनाने के कारखानों, धुलाई व उर्वरक के रूप में किया जाता है। अमोनिया एक क्षारीय गैस है तथा जल में घुलकर अमोनियम हाइड्रॉक्साइड बनाती है। कृत्रिम रेशे व अश्रु गैस बनाने में भी अमोनिया गैस का प्रयोग किया जाता है।

8. (c) शीरा का उपयोग पावर एल्कोहल में किया जाता है।

9. (c) शरीर में संपादित विभिन्न रासायनिक प्रक्रियाओं के लिए उत्प्रेरक के रूप में एन्जाइम की आवश्यकता होती है। टाइलिन, पेप्सिन, माल्टोज, सुक्रोज, लाइपेज आदि प्रमुख एन्जाइम हैं। एन्जाइम अनेक जटिल प्रोटीन मेटाबोलिक प्रक्रियाओं में कार्य करते हैं। प्रोटीन के मुख्य स्रोत हैं-दूध, अंडा, बादाम, दाल, पनीर आदि।

10. (c) लौह तत्त्व की कमी अधिकांशतया बालकों एवं महिलाओं में पायी जाती है। लौह तत्त्व से रक्त का हीमोग्लोबिन बनता है, जो शरीर में रक्त का संवाहक होता है। लौह तत्त्व की कमी से 'अरक्तता' नामक बीमारी हो जाती है। विभिन्न भोज्य पदार्थों में लोहे की प्रतिशत मात्रा इस प्रकार है-

भोज्य पदार्थ	लोहा (मिली. ग्राम)
मेथी (सब्जी)	16.9
पुदीना	15.6
पालक	10.5
तिल	10.8
हरा धनिया	9.8
चना	8.0
पोहा	8.0
आटा	5.3
मूंगफली	8.5

11. (b) पौधों में जल, प्रकाश, पर्णहरित तथा कार्बन डाइ-ऑक्साइड की उपस्थिति में कार्बोहाइड्रेट्स के निर्माण की प्रक्रिया को प्रकाश-संश्लेषण कहा जाता है। प्रकाश-संश्लेषण (Photosyn-thesis) में पौधों द्वारा कार्बन-डाइ-ऑक्साइड का उपयोग किया जाता हैं।

12. (d) सोयाबीन प्रोटीन का सबसे बड़ा स्रोत है। इसमें प्रोटीन की मात्रा 45% होती है।

13. (a) रानीखेत मुर्गियों में होने वाली एक छुआछूत की बीमारी है, जो कि सभी आयु की मुर्गियों में पाई जाती है। यह 'वायरस' द्वारा फैलती है। बुखार, हांफना, दस्त आना, पैरों का लड़खड़ाना, गर्दन टेढ़ी होना आदि इसके लक्षण हैं। इसकी रोकथाम के लिए एक दिन से लेकर दो सप्ताह तक पहले एफ-1 टीका फिर बाद में आर-2 टीका लगाया जाता है।

14. (a) उड़ने वाले पक्षियों में सबसे बड़ा सारस होता है।

15. (d) विटामिन 'सी' की कमी से मसूढ़ों से खून बहना, घावों का देर से भरना तथा रक्त स्राव की प्रवृत्ति पायी जाती है। इसके प्रमुख स्रोत हैं-संतरा, नींबू, आंवला, टमाटर, पत्तेदार सब्जियां आदि।

16. (c) पोलियों के विषाणुओं का संक्रमण दूषित भोजन और जल के माध्यम से होता है।

17. (a) महात्मा बुद्ध ने अपना प्रथम उपदेश सारनाथ (ऋषिपत्तनम् या मृगदाव) में पांच ब्राह्मण संन्यासियों को दिया था, जिसे बौद्ध ग्रंथों में 'धर्मचक्रप्रवर्तन' के नाम से जाना जाता है। सारनाथ में ही बुद्ध ने 5 संन्यासियों के संघ की स्थापना की थी। इनके नजदीकी शिष्यों में आनंद, उपालि, सारिपुत्र, मोदगल्याकन, देवदत्त आदि थे, जिनमें आनंद सर्वाधिक नजदीक थे।

18. (a) विश्व की विशालतम बौद्ध मूर्ति अफगानिस्तान के बामियान क्षेत्र में स्थित थी। इसका निर्माण 200BC में किया गया था जिसका वर्णन ह्वेनसांग ने किया है।

19. (d) विजयनगर साम्राज्य की स्थापना सन् 1336 ई. में दक्षिण भारत में तुगलक सत्ता के विरुद्ध होने वाले विद्रोह के परिणामस्वरूप हुई। विजयनगर साम्राज्य की स्थापना हरिहर एवं बुक्का द्वारा तुंगभद्रा के उत्तरी तट पर स्थित अनेगुण्डी दुर्ग के निकट की गयी। अपने इस साहसिक कार्य में उन्हें ब्राह्मण विद्वान माधव विद्यारण्य तथा वेदों के प्रसिद्ध भाष्यकार 'सायण' से प्रेरणा मिली।

20. (c) चार बाहरी आक्रमणों का कालक्रम इस प्रकार है–

चंगेज खां	- सन् 1220-21 या 1228 ई.
तैमूर	- सन् 1398 ई.
नादिरशाह	- सन् 1739 ई.
अहमदशाह अब्दाली	- सन् 1761 ई.

21. (c) अफ्रीकी यात्री इब्नबतूता सन् 1333 ई. में भारत आया था। मुहम्मद बिन तुगलक ने इसे दिल्ली का कांजी नियुक्त किया था। सन् 1342 ई. में सुल्तान ने उसे अपने राजदूत के रूप में चीन भेजा। इब्नबतूता ने अपनी पुस्तक 'रेहला' में मुहम्मद तुगलक के समय की घटनाओं का वर्णन किया है।

22. (a) मुहम्मद बिन तुगलक के शासन के अन्तिम दिनों में, दक्कन में अमी-ए-सादा (सरदारों) के विद्रोह के परिणामस्वरूप सन् 1347 ई. में बहमनी साम्राज्य की स्थापना हुई। यहां के सरदारों ने इस्माइल को नासिरुद्दीन शाह के नाम से दक्कन का राजा घोषित किया परन्तु वह अयोग्य सिद्ध हुआ जिससे उसे 'हसन' के पक्ष में गद्दी छोड़नी पड़ी जिसकी उपाधि जफर खां थी। 3 अगस्त, 1347 को उसे अबुल मुजफ्फर अलाउद्दीन हसन बहमन शाह के नाम से सुल्तान घोषित किया गया। अलाउद्दीन हसन ने गुलबर्गा को अपनी राजधानी बनाया तथा उसका नाम बदलकर अहसानाबाद कर दिया।

23. (c) पानीपत का तृतीय युद्ध मुख्यत: दो कारणों का परिणाम था, पहला नादिरशाह की तरह अहमदशाह अब्दाली भी भारत को लूटना चाहता था, दूसरा मराठे हिन्दू पद पादशाही की भावना से ओत-प्रोत होकर दिल्ली को अपने अधिकार क्षेत्र में लेना चाहते थे। 14 जनवरी, 1761 को इस युद्ध में मराठा सेना बुरी तरह पराजित हो गयी। इतिहासकार जे.एन. सरकार के अनुसार ''महाराष्ट्र में शायद ही कोई ऐसा परिवार होगा जिसने कोई

न कोई सगा-संबंधी न खोया हो तथा कुछ परिवारों का तो विनाश ही हो गया।''

24. (d) बीजापुर नामक स्वतंत्र राज्य की स्थापना सन् 1489 ई. में यूसुफ आदिलशाह ने की थी। यह धार्मिक रूप से सहिष्णु एवं न्यायप्रिय शासक था। बहमनी वंश के कुली कुतुबशाह नामक तुर्की अधिकारी ने गोलकुंडा में कुतुबशाही वंश की स्थापना की। सन् 1394 ई. में फिरोज तुगलक के पुत्र महमूद ने अपने वजीर ख्वाजा जहान को 'मलिक उस शर्क' की उपाधि प्रदान की। उसने दिल्ली पर हुए तैमूर आक्रमण (1398 ई.) के कारण व्याप्त अस्थिरता का लाभ उठाकर जौनपुर में स्वतन्त्र शर्की राजवंश की नींव डाली।

25. (b) गुरु अर्जुन देव ने 'आदि ग्रंथ' संगृहीत किया। गुरु गोविन्द सिंह ने 'खालसा ग्रंथ' की स्थापना की। गुरु नानक सिख धर्म के प्रवर्तक माने जाते हैं।

26. (a)

27. (b) आदि ग्रंथ को पांचवें सिख गुरु अर्जुन देव ने 1605 ई. में संगृहीत किया।

28. (b) सूफिया कलाम भक्ति संगीत की एक भाषा है जो कश्मीर में प्रचलित है।

29. (a) बंगाल में भू-राजस्व वसूली का अधिकार किसे दिया जाए तथा उसे कितने समय के लिए दिया जाए, इस पर अंतिम निर्णय कार्नवालिस ने सर जॉन शोर के सहयोग से लिया और अंतिम रूप से जमीदारों को भूमि का स्वामी मान लिया गया। सन् 1790 ई. में 10 वर्ष की व्यवस्था की गयी जिसे सर जॉन शोर व्यवस्था के नाम से भी जाना जाता था, परन्तु इस व्यवस्था को सन् 1793 ई. में 'स्थायी बंदोबस्त' में परिवर्तित कर दिया गया। जमीदारों को अब भू-राजस्व का 8/9 भाग कंपनी को तथा 1/9 भाग अपनी सेवाओं के लिए अपने पास रखना था।

30. (d) सन् 1907 ई. सूरत अधिवेशन में भारतीय राष्ट्रीय कांग्रेस के नरम एवं गरम दलों के बीच मतभेद हो जाने से कांग्रेस पार्टी में विभाजन हो गया जो सन् 1916 ई. के लखनऊ अधिवेशन में पुन: एकजुट हुए। सन् 1907 ई. में सूरत अधिवेशन की अध्यक्षता रास बिहारी बोस ने की थी।

31. (c)

समाचार पत्र	**प्रारंभ करने वाला व्यक्ति**
1. बाम्बे क्रॉनिकल	फिरोजशाह मेहता
2. कॉमनवील	श्रीमती एनी बेसेंट
3. लीडर	मदन मोहन मालवीय
4. सर्चलाइट	सच्चिदानंद सिन्हा

32. (c) महात्मा गांधी ने सर्वप्रथम 1911 ई. में द. अफ्रीका प्रवास के दौरान नेटाल प्रान्त की सरकार द्वारा प्रवासी भारतीयों के प्रवेश को रोकने के लिए बनाए गए कानून के विरोध में सत्याग्रह प्रारंभ किया था। गांधी जी ने भारत में अपना प्रथम सत्याग्रह 1917 ई. में बिहार के चंपारण से नील कृषकों के पक्ष में शुरू किया जिसमें उन्हें सफलता प्राप्त हुई। चंपारण सत्याग्रह के पश्चात् 1918 ई. में अहमदाबाद के मिल मजदूरों, जो वेतन वृद्धि के लिए आंदोलन कर रहे थे, को सहायता दी और आमरण अनशन प्रारम्भ कर दिया गांधीजी के सत्याग्रह से विवश होकर मिल मालिकों ने मजूदरों के वेतन बढ़ा दिए।

33. (c) 1 जनवरी, 1923 ई. को चितरंजन दास ने मोतीलाल नेहरू, विट्ठलभाई पटेल, मदन मोहन मालवीय तथा जयकर के साथ मिलकर इलाहाबाद में स्वराज दल (कांग्रेस के खिलाफ स्वराज पार्टी) की स्थापना की जिसके अध्यक्ष सी.आर. दास तथा सचिव मोतीलाल नेहरू बनाए गए।

34. (c) स्वराज को बतौर राष्ट्रीय मांग दादा भाई नौरोजी ने सर्वप्रथम 1905 ई. के बनारस अधिवेशन में उठाया था।

35. (a) 19वीं सदी के 8वें व 9वें दशक में गरमपंथी विचारधारा का प्रादुर्भाव हो गया था हालांकि इस विचारधारा से कांग्रेसी नेता अपने को अलग रखते थे, परन्तु अंग्रेजी हुकूमत कांग्रेस से संतुष्ट नहीं थी और उसे कुचल देना चाहती थी। इसके दो कारण थे- (1) नरमपंथी चाहे जितने उदारवादी रहे हों, वे राष्ट्रवादी, उपनिवेशवाद विरोधी राजनीति व विचारधारा के प्रचारक थे, (2) अंग्रेज यह समझते थे कि नरमपंथी की जनता में घुसपैठ कम है अत: इस समय इसे समाप्त किया जा सकता है। इस नीति का सबसे बड़ा समर्थक लॉर्ड कर्जन था। सन् 1900 ई. में लॉर्ड कर्जन ने कहा कि ''कांग्रेस अब लड़खड़ा रही है और जल्द ही गिरने वाली है। मेरा सबसे बड़ा मकसद भी यही है कि मेरे भारत प्रवास के दौरान ही इस पार्टी का अंत हो जाए।''

36. (c) कांग्रेस के आधिकारिक इतिहास के लेखक पट्टाभि सीतारमैया हैं।

37. (c) डॉ. सैफुद्दीन किचलू और डॉ. सत्यपाल की गिरफ्तारी का विरोध करने के लिए 13 अप्रैल, 1919 ई. में बैसाखी के दिन अमृतसर के जलियांवाला बाग में एक सभा एकत्रित हुई जिस पर जनरल डायर ने बिना कोई चेतावनी दिए गोलियां चलवा दी थीं जिसमें 1000 से अधिक लोग मारे गए थे तथा 3000 घायल हुए थे।

38. (c) भारत के संविधान के अंतर्गत समवर्ती सूची में आर्थिक एवं सामाजिक योजना को रखा गया है।

39. (a) निदेशक तत्त्वों का लक्ष्य एक सच्चे कल्याणकारी राज्य की स्थापना करना है। इसके अलावा आर्थिक शोषण और भारी असमानताओं तथा अन्यायों का अंत भी निदेशक तत्त्वों का उद्देश्य है। अनुच्छेद 38 के अनुसार, ''राज्य ऐसी सामाजिक व्यवस्था, जिसमें सामाजिक, आर्थिक और राजनीतिक न्याय राष्ट्रीय जीवन की सभी संस्थाओं को अनुप्राणित करे, भरसक रूप में स्थापना एवं संरक्षण करके लोक कल्याण की अभिवृद्धि का प्रयास करेगा।''

40. (c) 44वें संविधान संशोधन द्वारा अनुच्छेद 31 में संशोधन करके सम्पत्ति के मूल अधिकार को समाप्त कर दिया गया। अब यह अनुच्छेद 300 (क) के तहत एक कानूनी अधिकार है।

41. (c) अनुच्छेद 66 के अनुसार, ''उपराष्ट्रपति का निर्वाचन संसद के दोनों सदनों के सदस्यों से मिलकर बनने वाले निर्वाचकगण के सदस्यों द्वारा आनुपातिक प्रतिनिधित्व के अनुसार एकल संक्रमणीय मत द्वारा होगा और ऐसे निर्वाचन में मतदान गुप्त होगा।''

42. (c) स्वर्णसिंह समिति की रिपोर्ट के आधार पर संविधान के भाग चार अनुच्छेद 50-क के रूप में मूल कर्त्तव्यों को जोड़ा गया है।

43. (a) भारतीय संविधान में केन्द्र और राज्यों के अधिकारों का बंटवारा सातवीं अनुसूची में किया गया है।

44. (d) संविधान के 73वें संशोधन द्वारा यह प्रावधान किया गया है कि पंचायतों का चुनाव नियमित हो, महिलाओं के लिए सभी स्तरों पर सीटों का आरक्षण हो, राज्य वित्त आयोग की संस्तुति के अनुसार पंचायतों को वित्त प्रदान किया जाए तथा 11वीं अनुसूची में दिए गए विषयों के सम्बन्ध में पंचायतों को शक्ति का हस्तांतरण अनिवार्य रूप से किया जाए।

45. (d)

विषय	**संविधान के अनुच्छेद**
1. आकस्मिक प्रावधान	352
2. विधायी शक्तियों का वितरण	245
3. संघीय न्यायपालिका	124
4. नागरिकता	5

46. (a) वित्त आयोग का गठन केन्द्र तथा राज्य के बीच राजस्व वितरण के उपाय सुझाने के लिए किया गया है। अनुच्छेद 280 के अनुसार राष्ट्रपति द्वारा प्रत्येक 5 वर्ष बाद या आवश्यकता पड़ने पर समय से पूर्व एक वित्त आयोग का गठन किया जाएगा जिसमें अध्यक्ष के अलावा 4 अन्य सदस्य होंगे। प्रथम वित्त आयोग के अध्यक्ष के.सी. नियोगी

थे। अब तक 11 वित्त आयोगों ने अपनी रिपोर्ट सौंपी है। 12वें वित्त आयोग के अध्यक्ष सी. रंगराजन हैं।

47. (a) **48.** (c) **49.** (d)

50. (d) परिवार नियोजन के लिए बंध्याकरण एक विश्वसनीय तकनीक है। परन्तु भारत में इसे न अपनाने के मुख्य तथ्य सामने आए हैं जो कि निम्न हैं-

1. लड़कों के लिए इच्छा।
2. शिशु मृत्यु की ऊंची दर।
3. समझदारी की कमी।
4. अति गरीब परिवारों की आर्थिक मजबूरियां।

51. (a) भारत का अंतरिक्ष-प्रक्षेपण केंद्र श्री हरिकोटा आंध्र प्रदेश के पूर्वी तट पर स्थित है। इस केंद्र में प्रक्षेपण यान एवं साकंडिंग राकेटों का प्रक्षेपण किया जाता है। इसी केन्द्र में इसरो का प्रक्षेपण परिसर एवं ठोस ईंधन अंतरिक्ष बूस्टर संयंत्र स्थित है। हाल ही में इस केंद्र का नामकरण 'सतीश धवन अंतरिक्ष केंद्र' किया गया है।

52. (c) विश्व का पहला परमाणु बिजलीघर रूस में स्थापित किया गया था तथा दूसरा परमाणु बिजलीघर यू.एस.ए. में स्थापित किया गया।

53. (a)

54. (d) दस लाख से अधिक जनसंख्या वाले नगरों में मलिन बस्तियों की जनसंख्या का अनुपात सर्वाधिक वृहत्तर मुंबई में (48.88%) है; जबकि मलिन बस्तियों का सबसे कम अनुपात पटना में (0.25%) है।

55. (c) **56.** (a)

57. (a) 'Abba : God's Greatest Gift to Us' का संबंध उस्ताद अमजद अली खां से है। यह पुस्तक अमजद अली खां के बेटों अमान तथा अयान द्वारा लिखी गई है।

58. (d) अमर्त्य सेन विश्व में कल्याणकारी अर्थशास्त्र के प्रणेता माने जाते हैं। इन्हें कल्याण अर्थशास्त्र पर कार्य करने के लिए नोबेल पुरस्कार से सम्मानित किया गया है।

59. (c)'हाफ ए लाइफ' नामक पुस्तक वी.एस. नॉयपाल ने 'वर्शिपिंग फाल्स गॉड्स' अरुण शौरी ने, 'अग्नि की उड़ान' ए.पी.जे. अब्दुल कलाम ने तथा 'जीत आपकी' शिव खेड़ा ने लिखी है।

60. (d) एशियन गेम्स में स्नूकर का स्वर्णपदक यासीन मर्चेंट और रफत हबीब ने जीता है।

61. (c) फुटबाल खिलाड़ी जिनेदिन जिदाने फ्रांस के हैं। गेब्रियल बतिस्ता अर्जेंटीना, लूइस फिगो पुर्तगाल तथा डेविड बेकहम इंग्लैण्ड के खिलाड़ी हैं।

62. (d) दो बार एवरेस्ट पर चढ़ने वाली महिला सन्तोष यादव है।

63. (a) कुचिपुड़ी नृत्य का आरंभ आंध्र प्रदेश में हुआ था।

64. (a) 21 मार्च को वन्य जीव दिवस मनाया जाता है।

65. (b) विकल्प में दिए गए राज्यों में नगरीकरण का प्रतिशत इस प्रकार है–

तमिलनाडु	43.8%
महाराष्ट्र	42.4%
गुजरात	37.5%
कर्नाटक	33.98%

66. (a) 18वीं शताब्दी के छठे दशक में सूती वस्त्र, जूट, कोयला तथा खान उद्योगों की स्थापना प्रारंभ हुई। वर्ष 1853 में कावासाणी नाना भाई उद्योगपति द्वारा प्रथम सूती वस्त्र मिल की स्थापना की गयी थी। वस्त्र उद्योग आधुनिक भारत का सबसे बड़ा उद्योग है। कुल औद्योगिक उत्पादन में इसका हिस्सा 20% तथा कुल निर्यात में इसका 38% हिस्सा है।

67. (a) कथन तथा कारण दोनों सही हैं तथा कारण, कथन की सही व्याख्या करता है। यह बात सत्य है कि भारत की नई आर्थिक नीति की देश के अन्दर और बाहर आलोचना हो रही है परन्तु यह आलोचना तथ्यों पर आधारित न होकर आदर्शों तथा विचारधाराओं पर है।

68. (d) **69.** (b)

70. (a) भारत में स्वसंपोषित विकास का उद्देश्य सर्वप्रथम तीसरी पंचवर्षीय योजना में अपनाया गया था। पांचवीं योजना बनाते समय मुद्रास्फीति का भारी दबाव था। इस योजना का प्रमुख उद्देश्य आत्मनिर्भरता प्राप्त करना तथा गरीबी रेखा के नीचे जीवन-यापन करने वालों के स्तर में सुधार करना था।

71. (d) स्वर्ण जयंती ग्राम स्वरोजगार योजना का शुभारंभ 1 अप्रैल, 1995 ई. को किया गया। इसके द्वारा ग्रामीण गरीबों को स्वयं सहायता समूह के माध्यम से उनकी क्षमता निर्माण, क्रियाशील समूहों का निर्माण, अवस्थापन निर्माण, तकनीकी ज्ञान, ऋण व्यवस्था तथा बाजार व्यवस्था को विकसित करना है। इस योजना में पूर्व की सभी निम्नलिखित योजनाओं का विलय कर दिया गया–

1. एकीकृत ग्रामीण विकास योजना
2. ट्राइसेम
3. ग्रामीण महिला एवं बालोत्थान योजना (ड्वाकरा)
4. दस लाख कूप योजना
5. उन्नत टूल किट योजना
6. गंगा कल्याण योजना

72. (b)

1. कांग्रेस का पूर्ण स्वाधीनता प्रस्ताव	- 31 दिसंबर, 1929 ई.
2. पूर्ण स्वराज दिवस	- 26 जनवरी
3. दांडी मार्च	- 12 मार्च, 1930 ई.
4. द्वितीय गोलमेज कॉन्फ्रेंस	- सितंबर, 1931

73. (d) रवीन्द्रनाथ टैगोर ने प्रारंभ में (बंग भंग के समक्ष) असहयोग एवं बहिष्कार की नीति का समर्थन किया था परन्तु बाद में वे गांधीजी के असहयोग एवं बहिष्कार आन्दोलन के आलोचक बन गए थे। शिक्षण संस्थाओं, न्यायालयों तथा विधानमंडलों का बहिष्कार जैसा कि गांधीजी चाहते थे, रवीन्द्रनाथ को अरचनात्मक एवं नकारात्मक प्रतीत हुआ। विदेशी वस्त्रों के सन्दर्भ में रवीन्द्र का मानना था कि विदेशी वस्त्रों के बहिष्कार की आग प्रत्येक विदेशी वस्तु एवं विचार के बहिष्कार तक फैल सकती है, ऐसी असहिष्णुता भारत के साथ अन्य देशों के संबंधों तथा पूर्व एवं पश्चिम की संस्कृतियों के मिलन में बाधक बन सकती है।

74. (c) नागार्जुन सागर बांध आंध्र प्रदेश में कृष्णा नदी पर बना हुआ है, जिससे विद्युत का उत्पादन एवं सिंचाई की जाती है।

75. (b) सतलज नदी का उद्गम मानसरोवर झील के समीप स्थित राकस ताल से होता है। यह नदी शिवालिक पर्वत शृंखला को काटते हुए पंजाब राज्य में प्रवेश करती है। लुधियाना तथा फिरोजपुर इसके तटवर्ती नगर हैं; शेष विकल्पों में गोरखपुर राप्ती नदी के किनारे, जबलपुर नर्मदा नदी के किनारे तथा सूरत ताप्ती नदी के किनारे स्थित है।

76. (b) भारत छोड़ो आंदोलन का प्रारूप महात्मा गांधी ने बनाया था और इसे नेहरू ने प्रस्तुत किया था।

77. (c) ब्रह्म समाज की स्थापना 20 अगस्त, 1828 को कलकत्ता (कोलकाता) में भारतीय पुनर्जागरण के मसीहा राजा राममोहन राय ने की थी जिसका मुख्य उद्देश्य तत्कालीन हिन्दू समाज में व्याप्त बुराइयों जैसे-सती प्रथा, बहुविवाह, वेश्यागमन, जातिवाद, अस्पृश्यता आदि को समाप्त करना था। यह हिन्दू धर्म का प्रथम सुधार आन्दोलन था।

78. (c) आइजोल मिजोरम की राजधानी है। मेघालय की राजधानी शिलांग तथा नागालैण्ड की राजधानी कोहिमा है। गुवाहाटी असम राज्य का मुख्य नगर एवं राजधानी है।

79. (a) प्राकृतिक कृषि का अन्वेषक मसानोवा को माना जाता है।

80. (a) समुद्रतल से सर्वाधिक ऊंचाई पर पाया जाने वाला वृक्ष देवदार है।

देवदार - हिमाचल के उत्तरी भाग में 1690 मी. से 2400 मी. की ऊंचाई तक

चीड़ - हिमालय के उत्तरी भाग में 1000 मी. से 2000 मी. की ऊंचाई तक

साल - हिमाचल के निचले ढाल पर

सागवान - मध्यवर्ती भारत

81. (a) ग्लोबीय ताप वृद्धि के परिणामस्वरूप समुद्री जलस्तर ऊपर उठ जायेगा, फलत: सभी तटीय क्षेत्र जलमग्न हो जायेंगे।

82. (d) ओजोन परत सूर्य से निकलने वाली पराबैंगनी किरणों को पृथ्वी पर आने से रोकती है। यह वायुमंडल के ऊपरी भाग में ऑक्सीजन पर पराबैंगनी किरणों के प्रभाव से बनती है। इसकी गंध ठीक मछली के समान होती है। इसका उपयोग विरंजक, जीवाणुनाशक, कृत्रिम रबर एवं कपूर बनाने में किया जाता है।

83. (b) सूर्यताप की सर्वाधिक मात्रा विषुवत् रेखा के पास होती है। क्योंकि यहां दिन एवं रात की अवधि बराबर होती है। भूमध्य रेखा पर सूर्य की किरणों का कोण 90° होता है। पृथ्वी पर पहुंचने वाले सूर्यताप की मात्रा तथा धरातल के किसी क्षेत्रफल पर उसकी प्राप्ति मुख्यत: तीन बातों पर निर्भर करती है, जो इस प्रकार है-

1. धरातल पर पड़ने वाली सूर्य की किरणों के झुकाव का कोण
2. दिन की लंबाई तथा धूप की अवधि
3. वायुमंडल की पारगम्यता

84. (c) इजराइल की मृत सागर झील संपूर्ण संसार में तुर्की की वॉन लेक के बाद सर्वाधिक खारे पानी की झील है जिसकी लवणता 243% है। वान लेक की लवणता 338% है। कैस्पियन सागर विश्व की सबसे बड़ी खारे पानी की झील है।

85. (d) पृथ्वी से निकटतम ग्रह शुक्र है। शुक्र ग्रह का आकार लगभग पृथ्वी के समान है। इस ग्रह का जीवित ज्वालामुखी भी है। सूर्य से पृथ्वी की दूरी 14.15 करोड़ कि.मी. है, जबकि शुक्र की दूरी 10.80 करोड़ कि.मी. है। शुक्र ग्रह का कोई उपग्रह नहीं है।

86. (b) भूमध्यसागरीय वन (सदाबहार वर्षा वन) कठोर लकड़ी वाले एवं सदापर्णी वन होते हैं। ये वन अफ्रीका में जायरे नदी की घाटी, दक्षिणी अमेरिका में अमेजन नदी की घाटी, मलेशिया तथा इंडोनेशिया के द्वीपों में पाए जाते हैं। अमेजन नदी की घाटी में इन वनों को 'सेल्वास' कहा जाता है। वर्ष भर प्राप्त होने वाले उच्च तापमान एवं वर्षा के कारण इन वनों की सघनता बहुत अधिक होती है।

47. (d) शेरपा नामक जनजाति नेपाल में, थारू नामक जनजाति उत्तराखंड तथा उत्तर प्रदेश में तथा टोडा नामक जनजाति दक्षिण भारत में पायी जाती है। जुलू नामक जनजाति अफ्रीका महाद्वीप में पायी जाती है।

88. (c) बीमा क्षेत्र में निजी कंपनियों के प्रवेश का मार्ग प्रशस्त करते हुए केंद्र सरकार ने बीमा नियामक एवं विकास प्राधिकरण का गठन 19 अप्रैल, 2000 को किया।

89. (c) शब्द 'बुल' तथा 'बियर' (Bulls and Bears) शेयर बाजार से जुड़े शब्द हैं। यह स्टाक एक्सचेज के शब्द हैं। जो व्यक्ति स्टाक की कीमतें बढ़ाना चाहता है वह 'बुल' (Bulls) कहलाता है। जो व्यक्ति स्टाक की कीमतें गिरने की आशा करके किसी वस्तु को उसके भविष्य में लाभ देने का वायदा करके बेचता है वह 'बीयर' (Bears) कहलाता है।

90. (c) 'स्वर्ण जयंती ग्राम स्वरोजगार योजना केंद्रीय ग्रामीण विकास मंत्रालय ने 1 अप्रैल, 1999 ई. को पुनर्गठित 'गरीबी उन्मूलन योजना' के रूप में शुरू की थी। इस योजना का उद्देश्य देश के ग्रामीण क्षेत्रों में बड़ी संख्या में छोटे उद्यम शुरू करना है। हर परिवार को बैंक ऋण और सरकारी सब्सिडी देकर आय अर्जक संपत्ति उपलब्ध कराना है ताकि उन्हें तीन वर्षों के अन्दर गरीबी रेखा से ऊपर लाया जा सके। इस योजना के अंतर्गत जो भी काम शुरू किया जाए, उससे होने वाली आय 2000 रुपये से कम नहीं होनी चाहिए।

91. (b) **92.** (d)

93. (b) भारतीय संविधान का निर्माण कैबिनेट मिशन के प्रावधानों के अनुसार गठित एक संविधान सभा द्वारा किया गया है। संविधान सभा की पहली बैंठक 9 दिसंबर, 1946 ई. को डॉ. सच्चिदानंद सिन्हा की अध्यक्षता में सम्पन्न हुई। 11 दिसंबर, 1946 ई. को डॉ. राजेन्द्र प्रसाद को संविधान सभा का स्थायी अध्यक्ष चुना गया। बी. एन. राव को इसका सवैधानिक सलाहकार नियुक्त किया गया। डॉ. भीमराव अंबेडकर प्रारूप समिति के अध्यक्ष बनाए गए। संविधान के निर्माण में 2 वर्ष 11 माह 18 दिन का समय लगा तथा यह 26 नवंबर 1949 ई. को पूर्ण रूप से तैयार हुआ। इसी दिन संविधान सभा द्वारा संविधान को अंगीकृत किया गया।

94. (c) अनुच्छेद 350 (a) के अनुसार प्रत्येक राज्य का यह कर्तव्य है कि वह भाषागत अल्पसंख्यक वर्गों के बालकों को शिक्षा की प्राथमिक अवस्था में मातृभाषा में शिक्षा देने के लिए पर्याप्त सुविधाएं देने का प्रयास करें।

95. (c) कटौती प्रस्ताव संसद सदस्यों द्वारा बजट के संबंध में लाया जाता है जबकि निंदा प्रस्ताव, ध्यानाकर्षण प्रस्ताव तथा स्थगन प्रस्ताव संसद सदन में किसी अविलंबनीय राष्ट्रीय महत्व के विषय पर चर्चा करने के लिए लाए जाते हैं।

96. (c) पहले उत्तर प्रदेश में 425 विधानसभा क्षेत्र थे, लेकिन अब उत्तरांचल गठन के बाद 403 विधानसभा क्षेत्र शेष रह गए हैं। हालांकि एक सदस्य (एंग्लो इंडियन) राज्यपाल द्वारा नामित किया जाता है। इसलिए विधान सभा में सदस्यों की संख्या 404 हो जाती है।

97. (c) 'गिल्ट एज्ड' बाजार सरकारी प्रतिभूतियों से संबंधित है। इसमें रिजर्व बैंक के माध्यम से 'सरकारी और अर्द्धसरकारी' प्रतिभूतियों का क्रय-विक्रय किया जाता है। चूंकि इन प्रतिभूतियों का मूल्य स्थिर रहता है अत: इसी कारण बैंक एवं अन्य वित्तीय संस्थाएं इन प्रतिभूतियों के प्रति विशेष आकर्षण रखती हैं।

98. (c) कंप्यूटरों में आई सी चिप प्राय: सिलिकॉन से बनाए जाते हैं।

99. (d) कुल राष्ट्रीय उत्पाद एवं सकल राष्ट्रीय उत्पाद भिन्न-भिन्न हैं। बाजार कीमत पर सकल राष्ट्रीय उत्पाद, किसी वर्ष के दौरान निवासी उत्पादक इकाइयों द्वारा आर्थिक या घरेलू सीमा के भीतर तथा बाहर बाजार कीमत पर व्यक्त मूल्यबर्द्धन का योग है। जबकि बाजार कीमत पर किसी देश की घरेलू सीमा के भीतर स्थित निवासी उत्पादक तथा गैर-निवासी उत्पादक इकाइयों द्वारा बाजार मूल्य पर व्यक्त मूल्य वर्द्धनों का योग सकल राष्ट्रीय उत्पाद है।

100. (d) उत्तर प्रदेश में नोएडा से लेकर बलिया तक गंगा के किनारे 40 हजार करोड़ रुपये की लागत से बनने वाली महत्वाकांक्षी गंगा एक्सप्रेसवे परियोजना की घोषणा तत्कालीन मुख्यमंत्री मायावती द्वारा 5 सितंबर, 2007 को की गई। गंगा एक्सप्रेसवे परियोजना बलिया से शुरू होगी जो गाजीपुर, रामनगर, वाराणसी, मिर्जापुर, इलाहाबाद, ऊंचाहार, उन्नाव, कानपुर, बिठूर, कन्नौज, फतेहपुर, बदायूं, नरौरा और बुलंदशहर से होते हुए नोएडा तक जाएगी।

101. (a) उ. प्र. का इटावा. जिला अवनलिका अपरदन से सर्वाधिक प्रभावित जिला है। यह यमुना एवं चंबल नदियों के मध्य स्थित है।, इसमें चंबल नदी काफी धुमावदार रूप में बहती है एवं खड्डों का निर्माण करती है, जिससे यहां बीहड़ों का निर्माण होता है जो अवनलिका अपरदन के लिए मुख्य रूप से उत्तरदायी होते हैं।

102. (c) राष्ट्रीय राजमार्ग संख्या-2 लखनऊ नगर को नहीं जोड़ता है। यह दिल्ली से मथुरा-कानपुर-इलाहाबाद-वाराणसी-मोहनिया-

बाढी-बारा होते हुए कोलकाता तक जाता है। उत्तर प्रदेश में राष्ट्रीय राजमार्ग संख्या-2 की कुल लंबाई 756 किमी. है।

103. (c) वाराणसी गंगा नदी के किनारे, अयोध्या सरयू नदी के किनारे और सुल्तानपुर-गोमती नदी के किनारे स्थित हैं जबकि गोरखपुर राप्ती नदी (घाघरा नदी की सहायक) के किनारे स्थित है न कि कोसी नदी के किनारे।

104. (d) अर्जुन बांध (Arjun Dam) उत्तर प्रदेश के महोबा जिले के चरखारी में अर्जुन नदी पर बनाया गया है। यह 1957 में पूरी तरह बनकर तैयार हुआ। अर्जुन बांध की 42 किमी. लंबी मुख्य नहर से महोबा एवं हमीरपुर जिलों की लगभग 59,722 हेक्टेयर भूमि की सिंचाई की जाती है। अत: सही विकल्प (d) है।

105. (c) करमा, सोनभद्र एवं मिर्जापुर के आदिवासियों का लोकनृत्य है। आल्हा बुंदेलखंड क्षेत्र की प्रसिद्ध वीर रस कथा है। इस वीर रस कथा में महोबा के वीर भाइयों आल्हा और ऊदल की वीरता का वर्णन किया जाता है। देवा बाराबंकी से संबंधित है तथा कज़री मिर्ज़ापुर से संबंधित है। यह (कजरी) सावन के महीने में गाया जाने वाला मधुर लोकगीत है, जिसे मुख्यत: महिलाओं द्वारा गाया जाता है।

106. (d) चरकुला, दादरा तथा करमा उत्तर प्रदेश के लोकनृत्य हैं जबकि मुरिया लोकनृत्य मध्य प्रदेश से संबंधित है।

107. (d) 'राहुला' लोकनृत्य यू.पी. के बुंदेलखंड क्षेत्र से संबंधित है। इस लोकनृत्य में शिक्षाप्रद लोक कथनों/कहावतों/शिक्षाओं का मंचन किया जाता है।

108. (b) **109.** (a)

110. (c) देश में या किसी क्षेत्र में प्रति 1000 पुरुष पर महिलाओं की संख्या को लिंगानुपात कहा जाता है। 2011 की जनगणना के अनुसार भारत का लिंगानुपात 943 है अर्थात् भारत में 1000 पुरुषों पर 943 महिलाएँ हैं।

111. (d) जनसंख्या जनगणना के अनुसार उत्तर प्रदेश की जनसंख्या सर्वाधिक थी। यह भारत की जनसंख्या का 16% है। इसके बाद महाराष्ट्र व बिहार का स्थान आता है।

112. (d) मेघालय की सीमा म्यांमार से स्पर्श नहीं करती है। मेघालय म्यांमार के पश्चिम में स्थित है। इसकी सीमा असम व बांग्लादेश से लगती है। शिलांग मेघालय की राजधानी है।

113. (b) नवीनतम आँकड़े 2013-14 के अनुसार वर्तमान में गेहूँ उत्पादन में शीर्ष 5 राज्य निम्न हैं–

गेहूँ उत्पादन : 5 शीर्ष राज्य (हजार टन में)

राज्य/केन्द्रशासित प्रदेश	
उत्तर प्रदेश	29890.9
पंजाब	17620.0
मध्य प्रदेश	12937.0
हरियाणा	11800.0
राजस्थान	8663.2
	95849.8

114. (d) सौरमण्डल के मात्र दो ग्रह बुध और शुक्र ऐसे हैं जिनके कोई ज्ञात उपग्रह नहीं हैं। विकल्प में दिए गए अन्य ग्रहों के उपग्रह निम्न हैं। पृथ्वी-1, मंगल-2, बृहस्पति-67।

115. (a) समय के साथ विसर्प लूप नदी से कट जाते हैं और अलग झील बनाते हैं जिसे चापझील कहते हैं।

116. (d) भारतीय संविधान के अनुच्छेद 62(2) के अनुसार, यदि राष्ट्रपति का पद रिक्त है तो उसे 6 महीने के अन्दर भरना आवश्यक है।

117. (c) राष्ट्रपति एवं उपराष्ट्रपति दोनों के पद रिक्त होने की स्थिति में भारत का मुख्य न्यायाधीश राष्ट्रपति के कार्यों को सम्पादित करेगा।

118. (a) उद्देशिका स्पष्ट शब्दों में यह घोषित करती है कि संविधान के अधीन सभी प्राधिकारों का स्रोत भारत के लोग हैं। किसी बाहरी प्राधिकारी के प्रति कोई अधीनता नहीं है। पाकिस्तान 1956 तक ब्रिटिश डोमिनियन बना रहा किन्तु भारत डोमिनियन नहीं बना और 1949 में संविधान की रचना के बाद से उसने अपने आपको गणराज्य घोषित किया। इसका अर्थ यह है कि जनता के द्वारा जनता के लिए बनाई गई सरकार। हमारे राष्ट्र का प्रमुख निर्वाचित राष्ट्रपति है और राष्ट्रपति सहित सभी पदों पर किसी भी नागरिक की नियुक्ति हो सकती है।

119. (a) भारतीय संविधान के अन्तर्गत संसद को राज्य की सीमाओं में परिवर्तन का अधिकार है। संविधान के अनुच्छेद 3 के अन्तर्गत नए राज्यों का निर्माण और वर्तमान राज्यों के क्षेत्रों, सीमाओं या नामों में परिवर्तन संसद विधि द्वारा कर सकती है।

120. (a) संविधान के अनुच्छेद 192 में सदस्यों की निरर्हताओं से सम्बन्धित प्रश्नों पर विनिश्चय से सम्बन्धित है। अनुच्छेद 192(1) के अनुसार यदि यह प्रश्न उठता है कि किसी राज्य के विधान मंडल के किसी सदन का कोई सदस्य अनुच्छेद 191 के खंड (1) में वर्णित किसी निरर्हता से ग्रस्त हो गया है या नहीं तो यह प्रश्न राज्यपाल को विनिश्चय के लिए निर्देशित किया जाएगा और उसका विनिश्चिय अन्तिम होगा।

अनुच्छेद 192(2) के अनुसार ऐसे किसी प्रश्न पर विनिश्चय करने से पहले राज्यपाल निर्वाचन आयोग की राय लेगा और ऐसी राय के अनुसार कार्य करेगा।

121. (c) Sound Navigation and Ranging (SONAR) में पराश्रव्य तरंगों के द्वारा समुद्र की अधिक गहराइयों में डूबी वस्तुओं का पता लगाया जाता है। सोनार का प्रयोग नौसंचालकों द्वारा किया जाता है। सोनार की सहायता से महासागर में डूबी हुई वस्तु की स्थिति जानने के लिए उच्च आवृत्ति की पराश्रव्य तरंगों को महासागर की गहराई में भेजा जाता है। ये तरंगें वस्तु से टकराकर वापस आ जाती है, जिससे वस्तु की स्थिति का पता चल जाता है।

122. (b) किसी भाषा या बोली में स्वनिम उच्चारित ध्वनि की सबसे छोटी इकाई है। स्वनिम के लिए ध्वनिग्राम, स्वनग्राम आदि शब्द भी प्रयोग होते हैं। स्वनिम उच्चारित भाषा की ऐसी लघुतम इकाई है जिसमें दो ध्वनियों का अन्तर स्पष्ट होता है।

123. (b) न्यायमूर्ति विशम्भर दयाल उत्तर प्रदेश के प्रथम लोकायुक्त थे तथा संजय मिश्रा वर्तमान में उत्तर प्रदेश के लोकायुक्त हैं, इनकी नियुक्ति 31-01-2016 को हुई।

124. (c) अब तक दो महिलाएँ उत्तर प्रदेश के मुख्यमंत्री पद पर विद्यमान रही हैं। उत्तर प्रदेश की पहली महिला मुख्यमंत्री (देश में किसी राज्य की पहली महिला मुख्यमंत्री) श्रीमती सुचेता कृपलानी (2-10-1963 से 13-03-1967) थीं। सुश्री मायावती के साथ नारायणदत्त तिवारी एवं चन्द्रभानु गुप्त को चार-चार बार उत्तर प्रदेश का मुख्यमंत्री बनने का सौभाग्य प्राप्त हुआ है।

125. (c) Indian Railway Catering And Tourism Corporation Limited यानि कि IRCTC ने तेजस एक्सप्रेस के यात्रियों को 25 लाख रुपए तक का बीमा निशुल्क देने की घोषणा की है। ऐसा IRCTC अपनी पहली रेल सेवा दिल्ली-लखनऊ तेजस एक्सप्रेस को प्रोमोट करने के लिए कर रही है। यह ट्रेन बेहद कम कीमत पर यात्रियों का सामान घर से स्टेशन लाने और फिर गंतव्य तक छोड़ने, आराम करने के लिए एक्सक्लूसिव लाउंज, होटल, टैक्सी बुकिंग आदि की सुविधाएं भी दे रही है। ऐसा पहली बार है जब किसी ट्रेन की पूरी जिम्मेदारी IRCTC पर होगी।

126. (b) भारत अंतरिक्ष में इतिहास रचने के करीब था लेकिन चंद्रमा के तल से महज 2.1 कि.मी. ऊपर चंद्रयान-2 का इसरो से संपर्क टूट गया। पूरी तरह से स्वदेशी चंद्रयान-2 का लैंडर विक्रम 7 सितंबर, 2019 की सुबह 1 बजकर 53 मिनट पर चांद पर उतरने वाला था। लेकिन यान का संपर्क टूटने से इतिहास बनने से रह गया।

127. (b) नरेंद्र मोदी सरकार ने 28 सितम्बर को बॉलीवुड की मशहूर गायिका लता मंगेशकर को उनके जन्मदिवस पर ''डॉटर ऑफ द नेशन'' के खिताब से सम्मानित करने की योजना बनाई है। लता मंगेशकर ने लगभग सात दशकों तक भारतीय फिल्म संगीत में अपने योगदान से संगीत को अमर बनाया है और उन्होंने अनगिनत सदाबहार गीतों को अपनी मधुर आवाज से संजोया है।

128. (c) मेहुली घोष ने राष्ट्रीय निशानेबाजी ट्रायल्स में महिला श्रेणी में 10 मीटर राइफल स्पर्धा के सीनियर और जूनियर दोनों वर्ग के खिताब जीत लिए हैं। मेहुली घोष पश्चिम बंगाल से हैं। उन्होंने 10 मीटर एयर राइफल में 252 अंक के साथ मध्य प्रदेश की श्रेया अग्रवाल को पछाड़ कर ये खिताब अपने नाम किए। श्रेया अग्रवाल 251.2 अंकों के साथ दूसरे स्थान पर रही। दुनिया की नंबर एक निशानेबाज राजस्थान की अपूर्वी चंदेला 229.3 अंकों के साथ तीसरे स्थान पर रही।

129. (a) अमेरिका के राष्ट्रपति डोनाल्ड ट्रंप ने भारतवंशी अनुराग सिंघल को फ्लोरिडा में संघीय न्यायाधीश नामित किया है। अनुराग सिंघल उन 17 न्यायाधीशों में शामिल हैं जिनके नाम व्हाइट हाउस ने सीनेट को भेजे हैं। सिंघल के माता-पिता 1960 में अमेरिका आ गए थे। उनके पिता अलीगढ़ से थे और मां देहरादून से थी। अनुराग सिंघल के पिता एक्सॉन में एक शोध वैज्ञानिक थे। सिंघल को बहुचर्चित ऐलीन वुओर्नोस मामले की पैरवी करने के लिए जाना जाता है।

130. (d) कनाडा के प्रधानमंत्री जस्टिन टूडो ने देश में अगले महीने होने वाले आम चुनावों को ध्यान में रखते हुए संसद भंग कर दी है। संसद भंग करने के साथ ही उन्होंने चुनाव अभियान की शुरूआत भी कर दी। प्रधानमंत्री टूडो के कहने पर गवर्नर जनरल जूली पेलेट ने संसद को भंग कर दिया। कनाडा में 21 अक्टूबर, 2019 को मतदान होना है।

131. (a) भारत-नेपाल के बीच बनी मोतिहारी-अमलेखगंज पाइपलाइन परियोजना का प्रधानमंत्री नरेंद्र मोदी और नेपाल के उनके समकक्ष केपी शर्मा ओली ने हाल ही में उद्घाटन किया। यह परियोजना बिहार के मोतिहारी से अमलेखगंज के बीच एक तेल पाइपलाइन है। यह दक्षिण एशिया में दो पड़ोसी देशों के बीच सीमा के आर-पार बनी पहली पाइपलाइन परियोजना है।

132. (c) प्रमोद कुमार मिश्रा को प्रधानमंत्री नरेंद्र मोदी जी का नया प्रधान सचिव नियुक्त किया गया है। उन्हें नरेंद्र मोदी का काफी करीबी माना जाता है। प्रमोद कुमार मिश्रा जी गुजरात कैडर के 1972 बैच के सेवानिवृत्त आईएएस अधिकारी हैं। वे 71 वर्ष के हैं। पहले प्रमोद कुमार मिश्रा प्रधानमंत्री के अतिक्ति प्रधान सचिव थे और उन्हें कैबिनेट मंत्री का दर्जा प्राप्त था। प्रमोद कुमार मिश्रा ने ससेक्स विश्वविद्यालय से इकोनॉमिक्स और डेवलपमेंट स्टडीज से पीएचडी की हुई है। उन्हें आपदा प्रबंधन से जुड़ा सबसे बड़ा अवॉर्ड, ''ससाकावा अवार्ड'' 2019 दिया गया है।

133. (d) 33 साल के राफेल नडाल, केन रोसवाल के बाद यूएस ओपन जीतने वाले सबसे उम्रदराज खिलाड़ी बन गए हैं। केन रोसवाल ने 1970 में 35 बरस की उम्र में खिताब जीता था। यूएस ओपन में 5वीं बार और ग्रैंडस्लेम में 27वीं बार फाइनल में पहुंचे नडाल 30 बरस की उम्र के बाद 5 ग्रैंडस्लैम जीतने वाले पहले खिलाड़ी भी बन गए हैं। यूएस ओपन में स्पेन के राफेल नडाल ने रूस के डेनियल मेदवेदेव को हराया।

134. (b) लोगों में आत्महत्या की बढ़ती प्रवृत्ति पर रोक लगाने और इसके प्रति जागरूकता पैदा करने के उद्देश्य से WHO यानि विश्व स्वास्थ्य संगठन ने विश्वभर में 10 सितम्बर को वर्ल्ड सुसाइड प्रिवेंशन डे के रूप में मनाने की शुरूआत की। WHO के इस अभियान में गैर-सरकारी संगठन इंटरनेशनल एसोसिएशन फॉर सुसाइड प्रिवेंशन महत्वपूर्ण भूमिका निभाता है। WHO के मुताबिक हर 40 सेकंड में एक जिंदगी खत्म हो रही है। इसलिए इस पर लगाम कसनी जरूरी है। अधिकतर आत्महत्या करने वाले व्यक्ति डिप्रेशन का शिकार हो जाते हैं। डिप्रेशन से दूर रहने के लिए व्यक्ति को सदा खुश एवं पॉजिटिव रहना चाहिए।

135. (b)

136. (a) प्रधानमंत्री नरेंद्र मोदी ने 11 सितम्बर, 2019 को मथुरा से प्लास्टिक फ्री इंडिया मिशन की शुरूआत की। इस दौरान प्रधानमंत्री नरेंद्र मोदी ने वहां उपस्थित कर्मचारियों के साथ बातचीत भी की और उनके साथ प्लास्टिक का कचरा बीनने में हाथ भी बंटाया।

137. (a) एक सितम्बर से देश में संशोधित मोटर व्हीकल एक्ट लागू कर दिया गया है। केंद्र सरकार द्वारा तैयार संशोधित मोटर व्हीकल एक्ट में भारी जुर्माने का प्रावधान किया गया है। केंद्र सरकार ने राज्यों को यह छूट दी हुई है कि वे संशोधित मोटर व्हीकल एक्ट को लागू करने अथवा लागू न करने अथवा इसमें जुर्माने के प्रावधानों पर फैसला ले सकते हैं। इसके बाद भारत के तीन राज्यों ने इस एक्ट को अपने यहां लागू करने से मना कर दिया है। ये तीन राज्य मध्य प्रदेश, पश्चिम बंगाल और हिमाचल प्रदेश हैं।

138. (a) संयुक्त राष्ट्र के महासचिव एंटोनियो गुटेरेस ने मध्यस्थता से इंकार करते हुए साफ कह दिया है कि भारत और पाकिस्तान आपस में बातचीत कर इस मसले को सुलझाएं। इस तरह से कश्मीर मसले को एक बार फिर से अंतर्राष्ट्रीय मंच पर उठाने की कोशिश से पाकिस्तान की उम्मीदों को करारा झटका लगा है।

139. (c) चीन के सबसे अमीर व्यक्ति और ई-कॉमर्स कम्पनी अलीबाबा डॉट कॉम के चैयरमैन जैक मा ने कम्पनी की बागडोर डैनियल झांग को सौंप दी है। डैनियल कम्पनी के सीईओ थे। 10 सितम्बर से वे कम्पनी के नए चैयरमैन हैं। 10 सितम्बर, 2019 को अपने 55 वें जन्मदिवस पर जैक मा ने अलीबाबा कम्पनी के अध्यक्ष पद से रिटायरमेंट ले ली। जैक मा अपनी दौलत को एजुकेशन से जुड़े कामों में प्रमोट करेंगे।

140. (c) ब्रिटेन की 77 साल की जेन सोक्रेटस समुद्र के रास्ते दुनिया की सैर करने वाली सबसे उम्रदराज महिला बन गई हैं। हैम्पशायर के लिमिंगटन की जेन ने दुनिया का चक्कर लगाने के लिए 320 दिन लिए, जो नया रिकॉर्ड है। वे 38 फीट लंबी नेरीडा नाव से सफर कर रही थीं, और तूफान से नाव के सौर पैनल भी बेकार हो गए थे। इसके बावजूद उन्होंने कनाडा में अपनी यात्रा पूरी की

141. (a) $A \xrightarrow{+2} D$

$D \xrightarrow{+2} G$

$I \xrightarrow{+2} L$

$P \xrightarrow{+2} S$

अत: $B \xrightarrow{+2} E$

$E \xrightarrow{+2} H$

$J \xrightarrow{+2} M$

$Q \xrightarrow{+2} T$

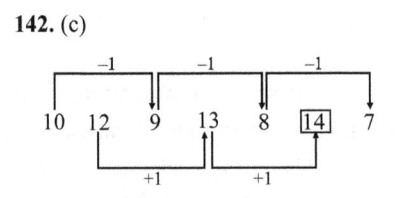

142. (c)

143. (c) **144.** (c)

145. (d) 1, 2 और 3 केवल खुद से विभाजित हैं, जबकि 4 दो से भी विभाजित है।

146. (c)

$S \xrightarrow{+1} T \xrightarrow{+1} U \xrightarrow{+1} V \xrightarrow{+1} W$

$C \xrightarrow{+2} E \xrightarrow{+2} G \xrightarrow{+2} I \xrightarrow{+2} K$

$D \xrightarrow{+2} F \xrightarrow{+2} H \xrightarrow{+2} J \xrightarrow{+2} L$

147. (c)

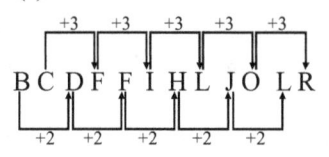

148. (d)

149. (c) abc̲ / bca̲ / ca̲b / ab̲c

150. (a)

151. (c) श्याम का 1 दिन का काम

$$= \frac{1}{8} - \frac{1}{12} = \frac{3-2}{24} = \frac{1}{24}$$

∴ श्याम अकेले उस काम को 24 दिन में पूरा करेगा।

152. (b) समय $= 90$ मिनट $= \frac{3}{2}$ घंटे

साइकिल की चाल $= \frac{\text{दूरी}}{\text{समय}} = \frac{12}{\frac{3}{2}}$

$$= 12 \times \frac{2}{3} = 8 \text{ किमी/घंटा}$$

3 घंटे में तय की गयी दूरी $= 3 \times 8 = 24$ किमी.

153. (c) B द्वारा 1 दिन में किया गया काम $= (A + B)$ का 1 दिन का काम $-$ A का 1 दिन का काम

$$= \frac{1}{18} - \frac{1}{36} = \frac{2-1}{36} = \frac{1}{36}$$

अतः B अकेले 36 दिन में काम करेगा।

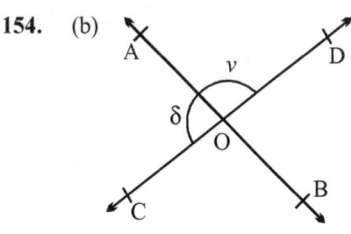

154. (b)

δ

$\angle\delta + \angle v = 180^\circ$

$\Rightarrow \quad 3\angle v + \angle v = 180^\circ$

$\Rightarrow \quad 4\angle v = 180^\circ$

$\Rightarrow \quad \angle v = \frac{182}{4} = 45^\circ$

155. (b) वस्तु का विक्रय मूल्य $= ₹3x$

क्रय मूल्य $= \frac{2}{3} \times 3x = ₹2x$

लाभ $= 3x - 2x = ₹x$

लाभ प्रतिशत $= \frac{x}{2x} \times 100 = 50\%$

156. (b) **157.** (c) **158.** (b) **159.** (c)
160 (a) **161.** (b) **162.** (b) **163.** (c)
164. (b) **165.** (c) **166.** (a) **167.** (a)
168. (a) **169.** (b) **170.** (b) **171.** (c)
172. (d) **173.** (b) **174.** (b) **175.** (c)
176. (b) **177.** (a) **178.** (b) **179.** (b)
180. (d) **181.** (a) **182.** (b) **183.** (d)
184. (a) **185.** (d)

186. (a) बाइनरी कोड, चिप और मोड कंप्यूटर के पद हैं।

187. (b) RAM रेंडम एक्सेस मेमोरी का संक्षिप्त रूप है।

188. (c) कंप्यूटरों में चुंबकीय फीतों का प्रयोग बाह्य संचय (स्मृति) युक्तियों, निवेश एवं निर्गम युक्तियों एवं सहायक स्मृति आदि में किया जाता है। फ्लॉपी डिस्क का प्रयोग निवेशन, निर्गम एवं बाह्य स्मृति में किया जाता है।

189. (c) फोरट्रान विश्व की सर्वप्रथम उच्चस्तरीय कंप्यूटर प्रोग्रामिंग भाषा है जिसका विकास जे.डब्ल्यू. बेकस के द्वारा दिए गए प्रस्ताव पर आई.बी.एम. के द्वारा वर्ष 1957 में किया गया था। फोरट्रान में इन स्वरूपों का व्यापक रूप से प्रयोग किया जाता है, जो कि बीजगणितीय सूत्रों से मिलते हैं। फोरट्रान का व्याकरण बहुत कठिन है लेकिन इसका प्रयोग किसी भी कंप्यूटर पर किया जा सकता है।

190. (a) टेलीफोन के माध्यम से आंकड़ो को मोडेम के माध्यम से भेजा जाता है जो कंप्यूटर से जुड़ा होता है।

191. (c) **192.** (c) **193.** (a) **194.** (d)
195. (b) **196.** (c) **197.** (c) **198.** (b)
199. (c) **200.** (a)

❑❑❑

प्रैक्टिस सेट-13

1. निम्नलिखित कथनों पर विचार कीजिए:
1. आकाश के नीला दिखने का कारण है प्रकाश का प्रकीर्णन (Scattering)
2. इंद्रधनुष के सात रंगों का कारण है प्रकाश का प्रकीर्णन
3. सूर्योदय के समय सूर्य के लाल दिखने का कारण है प्रकाश का प्रकीर्णन

उपर्युक्त कथनों में से-
(a) केवल 1 सही है
(b) 1 तथा 3 सही है
(c) केवल 2 सही है
(d) 2 तथा 3 सही है

2. ऐसे परमाणुओं को, जिनमें प्रोटानों की संख्या समान परन्तु न्यूट्रॉनों की संख्या भिन्न-भिन्न होती है, कहते हैं-
(a) समस्थानिक (Isotopes)
(b) समदाबिक (Isobars)
(c) समावयवी (Isomers)
(d) समन्यूट्रॉनिक (Isotones)

3. निम्नलिखित में से किसने 'एक्स' किरणों का आविष्कार किया है?
(a) रदरफोर्ड (b) रोयन्ट्जन
(c) मैक्सवेल (d) टोरिसेली

4. पेंसिल की लैड निम्नलिखित में से किस एक से बनती है?
(a) सीसा
(b) एंटीमनी
(c) ग्रेफाइट
(d) उपर्युक्त में कोई नहीं

5. अधूरे प्रज्ज्वलन के कारण मोटर कार एवं सिगरेट से निकलने वाली रंगहीन गैस है-
(a) कार्बन डाईऑक्साइड
(b) नाइट्रस ऑक्साइड
(c) कार्बन मोनोक्साइड
(d) मीथेन

6. निम्नलिखित में से क्या जल से हल्का होता है?
(a) एल्युमीनियम (b) सोडियम
(c) मैग्नीशियम (d) मैंगनीज

7. निम्नलिखित में से किस ग्रुप के जन्तु प्रायः रात्रिचर (Nocturnal) होते हैं?
(a) घरेलू मक्खी, खटमल, तोता
(b) मच्छर, चमगादड़, उल्लू
(c) मच्छर, गौरेया, हिरन
(d) उल्लू, चमगादड़, कुत्ता

8. निद्रा रोग (Sleeping Sickness) नामक बीमारी होती है-
(a) विटामिन-ए की कमी से
(b) शरीर में कैल्सियम की कमी से
(c) रक्तचाप के बढ़ने से
(d) ट्रिपैनोसोमा नामक एककोषीय जीव से

9. उस वैज्ञानिक का नाम बताइए जिसने यह खोज की थी, कि मलेरिया प्लाजमोडियम (Malaria Plasmodium) नामक परजीवी से होता है-
(a) जे.जी. मेंडल
(b) हेकल
(c) सर रोनाल्ड रॉस
(d) डॉर्विन

10. कीटों (Insects) के वैज्ञानिक अध्ययन को कहते हैं-
(a) इचथियोलॉजी (b) एंटोमोलॉजी
(c) पैरासिटोलॉजी (d) मेकेकोलॉजी

11. दूध के खराब होने का कारण होता है-
(a) लैक्टोबैसीलस (Lactobacillus)
(b) एसपरजिलस (Aspergillus)
(c) स्यूडोमोनास (Pseudomonas)
(d) स्टेफाइलोकोकस (Staphylococcus)

12. निम्नलिखित में से सील (Seal) किस जाति का है?
(a) मछली (b) पक्षी
(c) सरीसृप (d) स्तनपायी

13. निम्नलिखित में से कौन हमारे शरीर का सबसे दृढ़ भाग है?
(a) अस्थि (b) दंतवल्क
(c) डेंटीन (d) सीमेंटम

14. दुग्ध-प्रोटीन को पचाने वाला एंजाइम है-
(a) पेप्सिन (b) ट्रिप्सिन
(c) रेनिन (d) इरेप्सिन

15. हमारे शरीर का अधिकतम भार बना है-
(a) अस्थियों से
(b) शारीरिक अंगों से
(c) त्वचा, मांसपेशी व अंगों से
(d) जल से

16. एक वर्णांध पुरुष का विवाह एक सामान्य स्त्री से होता है जिसके माता-पिता की दृष्टि भी सामान्य थी उनके बच्चों की निम्नलिखित में से कितने प्रतिशत की वर्णांध होने की संभावना है?
(a) 25% (b) 50%
(c) 100% (d) 0%

17. लाल रक्त कणिकाओं (R.B.Cs.) का रंग लाल होता है-
(a) क्युटिन के कारण
(b) क्लोरोफिल के कारण
(c) हीमोयायनिन के कारण
(d) हीमोग्लोबिन के कारण

18. यीस्ट (Yeast) और मशरूम (Mushrooms) हैं-
(a) शैवाल (Algae)
(b) नग्नबीजी (विकृत बीज) (Gymnosperm)
(c) फफूंद (Fungi)
(d) गांठदार जड़ें (Tuberous Roots)

19. इंसुलिन का उत्पादन किया जाता है-
(a) आइलेट्स ऑफ लैंगरहैंस द्वारा
(b) पियूष ग्रंथि द्वारा
(c) थायरॉयड द्वारा
(d) एड्रिनल ग्रंथि द्वारा

20. ध्वनि तरंगें-
(a) निर्वात में चल सकती हैं
(b) केवल ठोस माध्यम में चल सकती हैं
(c) केवल गैसों में चल सकती हैं
(d) ठोस तथा गैस दोनों माध्यम में चल सकती हैं

21. विद्युत उपकरणों में अर्थ का उपयोग होता है-

(a) खर्च को कम करने के लिए
(b) क्योंकि उपकरण 3 फेज में काम करते हैं
(c) सुरक्षा के लिए
(d) फ्यूज के रूप में

22. जल के अन्दर वायु का बुलबुला व्यवहार करता है-

(a) द्विफेसी लेंस जैसा
(b) अभिसारी लेंस जैसा
(c) अपसारी लेंस जैसा
(d) शंक्वाकार लेंस जैसा

23. धब्बा रहित लोहा बनाने में लोहे के साथ प्रयुक्त होने वाली महत्वपूर्ण धातु है-

(a) एल्युमीनियम (b) क्रोमियम
(c) टिन (d) कार्बन

24. निम्नलिखित में से कौन-सी धातु चुंबक द्वारा आकर्षित नहीं होती?

(a) लोहा (b) निकेल
(c) कोबाल्ट (d) एल्युमीनियम

25. केसर होता है सूखा मिश्रण-

(a) पत्ती और तने का
(b) पंखुड़ियों और जड़ों का
(c) फूल और बीज बनाने वाले भागों का
(d) बीज और कलियों का

26. निम्न रेशों में से कौन पौधे के तने का उत्पाद नहीं है?

(a) सन (b) पटसन
(c) जूट (d) कपास

27. इसमें से कौन कोलाइड नहीं है?

(a) दूध (b) खून
(c) आइसक्रीम (d) शहद

28. भारत में सोयाबीन का सबसे बड़ा उत्पादक राज्य है-

(a) आंध्र प्रदेश (b) कर्नाटक
(c) मध्य प्रदेश (d) उत्तर प्रदेश

29. निम्नलिखित में से कौन एक तिलहनी फसल है?

(a) मसूर (b) लोबिया
(c) सूर्यमुखी (d) बरसीम

30. इस समय भारत का सबसे बड़ा वस्त्र उद्योग केंद्र है-

(a) अहमदाबाद (b) कानपुर
(c) मुंबई (d) सूरत

31. निम्नलिखित में से कौन सा एक ग्लोब पर वृहत् वृत्त नहीं है?

(a) विषुवत रेखा
(b) मुख्य देशान्तर रेखा
(c) 60° पू. देशान्तर
(d) 60^0 उ. अक्षांश

32. निम्नलिखित में से किस एक नगर में भूमध्य सागरीय जलवायु नहीं पायी जाती है?

(a) लॉस एंजिल्स (b) रोम
(c) केपटाउन (d) न्यूयॉर्क

33. निम्नलिखित में से कौन एक राष्ट्रीय राजधानी नहीं है?

(a) बर्लिन (b) केनबरा
(c) न्यूयॉर्क (d) बीजिंग

34. निम्नलिखित में से कौन-सा एक लवण सागर में सर्वाधिक मात्रा में पाया जाता है?

(a) कैल्सियम कार्बोनेट
(b) सोडियम क्लोराइड
(c) पोटैशियम क्लोराइड
(d) मैग्नेशियम सल्फेट

35. दुग्ध उत्पादन में किस देश का विश्व में प्रथम स्थान है?

(a) चीन
(b) भारत
(c) संयुक्त राज्य अमेरीका
(d) ऑस्ट्रेलिया

36. निम्नलिखित में से कौन-सा एक देश गेहूं तथा चावल दोनों का संसार का सबसे बड़ा उत्पादक देश है?

(a) चीन (b) भारत
(c) रूस (d) यू.एस.ए.

37. 'भारत छोड़ो आन्दोलन' फल था-

1. क्रिप्स के प्रस्तावों से भारतीयों के नैराश्य का
2. भारत पर जापानी आक्रमण की धमकी का
3. गांधीजी के लेखनों में देशवासियों को हिंसक साधन अपनाने के लिए भड़काने का
4. ए.आई.सी.सी. द्वारा अगस्त 1942 में एक प्रस्ताव पारित किया गया

नीचे दिए गए कूटों का प्रयोग करके सही उत्तर का चयन कीजिए-

कूट:

(a) 1 और 2 (b) 1, 2 और 4
(c) 2, 3 और 4 (d) उपर्युक्त सभी

38. बंगाल प्रांत का विभाजन किस वायसराय के काल में किया गया?

(a) लॉर्ड लैंसडाउन के
(b) लॉर्ड एल्गिन के
(c) लॉर्ड कर्जन के
(d) लॉर्ड मार्ले के

39. कालागढ़ बांध किस नदी पर बना हुआ है?

(a) यमुना पर (b) शारदा पर
(c) गंगा पर (d) रामगंगा पर

40. निम्नलिखित में से कौन एक सुमेलित नहीं है?

(a) सुंदरवन - पश्चिम बंगाल
(b) भीतर कनिका - उड़ीसा
(c) पिचवरम् - तमिलनाडु
(d) वैंबनाद - कर्नाटक

41. निम्नलिखित में से पश्चिम दिशा में बहने वाली भारतीय नदी कौन-सी है?

(a) रामगंगा (b) नर्मदा
(c) गोदावरी (d) चंबल

42. पश्चिमी हिमालय की शीतोष्ण पेटी (Temperate Zone) में निम्नलिखित में से किस एक वृक्ष का बाहुल्य है?

(a) चीड़ (b) देवदार
(c) सिल्वर फर (d) नीला पाइन

43. निम्नलिखित में से किस प्रकार की मृदा की जल-धारण क्षमता सबसे कम होती है?

(a) बलुई दोमट (b) दोमट बालू
(c) मटियार दोमट (d) दोमट

44. हमारे देश के निम्नलिखित राज्यों में से किस राज्य में वनों का सर्वाधिक क्षेत्र है?

(a) केरल में (b) उत्तर प्रदेश में
(c) मध्य प्रदेश में (d) राजस्थान में

45. नगरीकरण का कारण है-

1. ग्रामीण नगरीय असंतुलन
2. ग्रामीण क्षेत्रों में नौकरी के अवसरों की कमी
3. कृषि-भूमि की न बढ़ सकने वाली प्रकृति
4. नगरों की चुंबकीय विशेषताएं

नीचे दिए गए कूटों में से सही उत्तर का चयन कीजिए–

(a) 1 और 2 (b) 1, 2 और 3
(c) 2, 3 और 4 (d) उपर्युक्त सभी

46. भारतीय संविधान स्पष्ट रूप से 'प्रेस की स्वतंत्रता' की व्यवस्था नहीं करता, परन्तु यह स्वतंत्रता अंतर्निहित है, अनुच्छेद-

(a) 19 (i) अ में (b) 19 (i) ब में
(c) 19 (i) स में (d) 19 (i) द में

47. भारतीय संसद का संयुक्त अधिवेशन निम्नलिखित में से कौन एक बुला सकता है?
(a) राष्ट्रपति
(b) उपराष्ट्रपति
(c) प्रधानमंत्री
(d) लोकसभा का अध्यक्ष

48. भारत में लोकसभा का (स्पीकर) अध्यक्ष-
(a) मनोनीत किया जाता है
(b) चयनित किया जाता है
(c) निर्वाचित किया जाता है
(d) नियुक्त किया जाता है

49. निम्नलिखित में से कौन एक से अधिक बार प्रधानमंत्री नियुक्त हुए?
1. पं. जवाहर लाल नेहरू
2. श्रीमती इंदिरा गांधी
3. गुलजारी लाल नंदा
4. अटल बिहारी वाजपेयी

नीचे दिए गए कूटों में से सही उत्तर का चयन कीजिए-
(a) 1 और 2 (b) 1 और 3
(c) 1, 2 और 4 (d) उपर्युक्त सभी

50. भारत के योजना आयोग का सृजन किया गया है-
(a) संविधान के अंतर्गत
(b) संसद के एक अधिनियम के अंतर्गत
(c) मंत्रिमंडल के एक प्रस्ताव द्वारा
(d) लोक सभा के एक प्रस्ताव द्वारा

51. भारतीय संविधान की उद्देशिका में संशोधन किया गया था-
(a) सत्रहवें संशोधन द्वारा
(b) चौबीसवें संशोधन द्वारा
(c) बयालीसवें संशोधन द्वारा
(d) चौवालीसवें संशोधन द्वारा

52. एक क्षेत्र पंचायत का क्षेत्र निर्धारित किया जाता है-
(a) राज्य चुनाव आयोग द्वारा
(b) राज्य सरकार द्वारा
(c) मंडल के आयुक्त द्वारा
(d) जनपद के जिलाधिकारी द्वारा

53. राज्य वित्त आयोग का गठन भारतीय संविधान के अंतर्गत किया जाता है-
(a) अनुच्छेद 243 (एच) के अनुसार
(b) अनुच्छेद 243 (आई) के अनुसार
(c) अनुच्छेद 243 (जे) के अनुसार
(d) अनुच्छेद 243 (के) के अनुसार

54. भारत के सामने सबसे बड़ी चुनौती है-
(a) आधारभूत सुविधाओं में अधिक सरकारी पूंजी लगाना
(b) देश की जैव विविधता को कायम रखना
(c) बेहतर तथा अधिक संतुलित विकास करना
(d) भारत की प्रमुख नदियों की सफाई

55. निम्नलिखित में से कौन भारत में केंद्रीय सरकार के गैर-योजनागत व्यय में सबसे बड़ा मद है?
(a) अनुदान
(b) प्रशासन
(c) ब्याज का भुगतान
(d) सामाजिक व्यय

56. भारत में सबसे बड़ा व्यापारिक बैंक है-
(a) भारतीय स्टेट बैंक
(b) आई.सी.आई.सी.आई.
(c) भारतीय रिजर्व बैंक
(d) आई.डी.बी.आई.

57. भारत में मूल्य संवर्द्धित कर निम्नलिखित का स्थान लेगा-
(a) विक्रय और क्रय कर का
(b) प्रवेश कर का
(c) a एवं b दोनों
(d) उपर्युक्त सभी का

58. ब्रह्मोस (Brahmos) है-
(a) एक वायुयान
(b) एक कंप्यूटर वायरस
(c) एक प्रक्षेपास्त्र
(d) एक पनडुब्बी

59. ई-व्यापार का अर्थ है-
(a) निर्यात व्यापार
(b) यूरोपीय देशों से व्यापार
(c) इंटरनेट पर व्यापार
(d) उपर्युक्त में से कोई नहीं

60. सार्वजनिक उपक्रमों द्वारा देश में विकसित किए गए नागरिक यात्री-विमान के पहले प्रोटोटाइप का नाम रखा गया है-
(a) चीतल (b) चेतक
(c) मयूर (d) सारस

61. बद्रीनाथ मंदिर स्थित है-
(a) चमोली जनपद में
(b) रुद्र प्रयाग जनपद में
(c) टिहरी जनपद में
(d) उत्तर-काशी जनपद में

62. भारत में स्थापित प्रथम राष्ट्रीय पार्क (National Park) उत्तराखंड में स्थित है, वह है-
(a) राजाजी राष्ट्रीय पार्क
(b) फूलों की घाटी
(c) जिम कार्बेट राष्ट्रीय पार्क
(d) गंगोत्री राष्ट्रीय पार्क

63. हमारा राष्ट्रीय वृक्ष है-
(a) नीम (b) आम
(c) पीपल (d) देवदार

64. 'भारतीय सुदूर संवेदी' संस्थान स्थित है-
(a) दिल्ली में (b) देहरादून में
(c) भोपाल में (d) कोलकाता में

65. भारत का राष्ट्रीय पक्षी है-
(a) कोयल (b) हंस
(c) मोर (d) कबूतर

66. रेशम कीट पालन को कहते हैं-
(a) एपीकल्चर (b) हॉर्टीकल्चर
(c) सेरीकल्चर (d) फ्लोरीकल्चर

67. प्रसिद्ध खिलाड़ी, पेले संबंधित है-
(a) बेल्जियम से (b) ब्राजील से
(c) पुर्तगाल से (d) सेनेगल से

68. सूची-I एवं सूची-II को सुमेलित कीजिए तथा सूची के नीचे दिये गये कूटों में से सही उत्तर का चयन कीजिए-

	सूची-I		सूची-II
A.	रंगास्वामी कप	1.	क्रिकेट
B.	रिलायंस कप	2.	नौका दौड़
C.	रोवर्स कप	3.	फुटबाल
D.	वेलिंग्टन कप	4.	हॉकी
		5.	गोल्फ

कूटः

	A	B	C	D
(a)	5	1	3	4
(b)	2	3	1	5
(c)	4	1	3	2
(d)	5	3	4	2

69. डब्ल्यू.एल.एल. का (WLL) का अर्थ है-
(a) विदाउट लीवर लाइन
(b) विदिन लोकल लाइन
(c) वायरलेस इन लोकल लूप
(d) वायरलेस इन लांग लाइन

70. एस.एम.एस. (SMS) का अर्थ है-
(a) स्विफ्ट मेल सिस्टम
(b) शार्ट मैसेजिंग सर्विस
(c) शार्ट हैंड मैन्युअल स्क्रिप्ट
(d) स्पीड मेल सर्विस

71. कावेरी जल-विवाद में अंतर्ग्रस्त राज्य हैं-
(a) कर्नाटक-महाराष्ट्र-गोआ-आंध्र प्रदेश
(b) कर्नाटक-तमिलनाडु-महाराष्ट्र-केरल
(c) कर्नाटक-तमिलनाडु-केरल-आंध्र प्रदेश
(d) कर्नाटक-तमिलनाडु-पांडिचेरी-केरल

72. एशिया का सबसे बड़ा नगर है-
(a) शंघाई (b) मुंबई
(c) ओसाका (d) टोकियो

73. भारत के निम्नलिखित राज्यों में से किसे 'भारत का कोहिनूर' कहा जाता है?
(a) आंध्र प्रदेश (b) केरल
(c) मध्य प्रदेश (d) राजस्थान

74. भारत का सुदूरस्थ दक्षिण बिन्दु हैं-
(a) कन्याकुमारी पर
(b) रामेश्वरम् पर
(c) इंदिरा प्वाइंट पर
(d) प्वाइंट कालीमेर पर

75. निम्नलिखित सार्क देशों में कौन-सा एक सर्वाधिक घना आबाद देश है?
(a) बांग्लादेश (b) भारत
(c) पाकिस्तान (d) श्रीलंका

76. निम्नलिखित में से कौन-सा एक सुनियोजित राजधानी नगर नहीं है?
(a) चंडीगढ़ (b) भुवनेश्वर
(c) बेंगलुरु (d) गांधीनगर

77. सूची-I को सूची-II से सुमेलित कीजिए तथा सूचियों के नीचे दिये हुए कूट में से सही उत्तर का चयन कीजिए-

सूची-I (पुराना नाम)	सूची-II (नया नाम)
A. स्याम	1. ताइवान
B. फारमोसा	2. म्यांमार
C. मेसोपोटामिया	3. थाइलैंड
D. बर्मा	4. इराक

कूटः

	A	B	C	D
(a)	2	1	3	4
(b)	4	2	1	4
(c)	1	3	2	4
(d)	3	1	4	2

78. भारत में गरीबी की रेखा से नीचे रहने वालों का प्रतिशत है-
(a) लगभग 26 (b) लगभग 30
(c) लगभग 35 (d) लगभग 40

79. निम्नलिखित में से कौन भारत में हरित क्रांति से जुड़ा रहा है?
(a) एम.एस. स्वामीनाथन
(b) डी.आर. गाडगिल
(c) सी.डी. देशमुख
(d) सी.एन. वकील

80. 'राष्ट्रीय ग्रामीण विकास संस्थान' स्थित है-
(a) नई दिल्ली में (b) मुंबई में
(c) कानपुर में (d) हैदराबाद में

81. प्रांतों में द्वैध-शासन प्रणाली (Dyarchy) किस अधिनियम के अंतर्गत लागू की गयी थी?
(a) 1892 (b) 1909
(c) 1919 (d) 1935

82. सूची-I को सूची-II से सुमेलित कीजिए तथा सूचियों के नीचे दिए गए कूट का प्रयोग करते हुए सही उत्तर का चयन कीजिए-

सूची-I	सूची-II
A. दि रेग्यूलेटिंग एक्ट, 1773	1. प्रदेशों की स्वायत्तता के लिए प्रावधान
B. भारत परिषद् अधिनियम, 1909	2. द्वैध-शासन का प्रारंभ
C. भारत परिषद् अधिनियम, 1919	3. सांप्रदायिक निर्वाचन मंडल का प्रारम्भ
D. भारत परिषद् अधिनियम, 1935	4. सुप्रीम कोर्ट की स्थापना

कूटः

	A	B	C	D
(a)	1	2	3	4
(b)	4	3	2	1
(c)	2	1	4	3
(d)	3	4	1	2

83. नीचे दो वक्तव्य दिए गए हैं :
कथन (A) : भारत छोड़ो आंदोलन को लोगों को जागृत करने और साहस दिलाने में सफलता मिली।
कारण (R) : 'करो या मरो' का नारा लोगों के मन में प्रवेश कर गया
उपर्युक्त के संदर्भ में निम्नलिखित में से कौन सा एक सही है?
(a) (A) और (R) दोनों सही हैं तथा (R), (A) का सही स्पष्टीकरण है।
(b) (A) और (R) दोनों सही हैं किन्तु (R), (A) का सही स्पष्टीकरण नहीं है।
(c) (A) सही है, किन्तु (R) गलत है।
(d) (A) गलत है, किन्तु (R) सही है।

84. सूची-I तथा सूची-II को सुमेलित कीजिए तथा सूचियों के नीचे दिए गए कूट का प्रयोग करके सही उत्तर का चयन कीजिए-

सूची-I	सूची-II
A. मदन मोहन मालवीय	1. होमरूल लीग के संस्थापक
B. मोतीलाल नेहरू	2. सर्वेंट्स ऑफ इंडिया सोसाइटी को प्रारम्भ किया
C. श्रीमती एनी बेसेंट	3. बनारस हिंदू विश्वविद्यालय के संस्थापक
D. गोपालकृष्ण गोखले	4. स्वराज पार्टी का अन्य लोगों के साथ गठन किया

कूटः

	A	B	C	D
(a)	3	4	1	2
(b)	4	3	2	1
(c)	1	2	3	4
(d)	2	1	4	3

85. भारतीय राष्ट्रीय कांग्रेस में 'सूरत की फूट' (Surat Splits) हुई थी–
(a) 1905 में (b) 1906 में
(c) 1907 में (d) 1908 में

86. सिंधु घाटी सभ्यता जानी जाती है-
1. अपने नगर नियोजन के लिए
2. मोहनजोदड़ो और हड़प्पा के लिए
3. अपने कृषि संबंधी कार्य के लिए
4. अपने उद्योगों के लिए

नीचे दिए गए कूटों में से सही उत्तर का चयन कीजिए-
कूटः
(a) 1 और 2 (b) 1, 2 और 3
(c) 2, 3 और 4 (d) उपर्युक्त सभी

87. बाबर के साम्राज्य में सम्मिलित थे-
1. काबुल का क्षेत्र
2. पंजाब का क्षेत्र
3. आधुनिक उत्तर प्रदेश का क्षेत्र
4. आधुनिक राजस्थान का क्षेत्र

नीचे दिए गए कूटों में से सही उत्तर का चयन कीजिए-
कूटः
(a) 1 और 2 (b) 2 और 3
(c) 1, 2 और 3 (d) 2, 3 और 4

88. शेरशाह सूरी द्वारा किये गये सुधारों में सम्मिलित थे-
1. राजस्व सुधार
2. प्रशासनिक सुधार
3. सैनिक सुधार
4. करेंसी प्रणाली में सुधार

नीचे दिए गए कूटों में से सही उत्तर का चयन कीजिए-
कूटः
(a) 1 और 2 (b) 1, 2 और 3
(c) 2, 3 और 4 (d) उपर्युक्त सभी

89. अकबर का शासन जाना जाता है-
1. क्षेत्रों को जीतने के लिए
2. अपनी प्रशासनिक व्यवस्था के लिए
3. न्यायिक प्रशासन के लिए
4. उसकी धार्मिक कट्टरता के लिए

नीचे दिए गए कूटों में से सही उत्तर चुनिए-

कूट:
(a) 1 और 2 (b) 1, 2 और 3
(c) 2, 3 और 4 (d) उपर्युक्त सभी

90. निम्नलिखित में से कौन एक भारतीय राष्ट्रीय कांग्रेस से कभी संबद्ध नहीं रहे?
(a) फिरोजशाह मेहता
(b) हकीम अजमल खान
(c) खान अब्दुल गफ्फार खान
(d) सर सैय्यद अहमद खां

91. टेलीविजन के दूरस्थ नियंत्रण में किस प्रकार की प्रकाश तरंगों का उपयोग होता है?
(a) दृश्य प्रकाश (b) अवरक्त तरंग
(c) एक्स-किरण (d) गामा-किरण

92. निम्नलिखित देशों में से किस एक के पास खनिज तेल का सबसे बड़ा प्रामाणिक भंडार है?
(a) कुवैत (b) ईरान
(c) इराक (d) नाइजीरिया

93. जायरे से नीदरलैंड जाते समय निम्नलिखित में से जलवायु प्रदेशों का कौन-सा सही क्रम है?
1. भूमध्यरेखीय जलवायु
2. भूमध्यसागरीय जलवायु
3. उष्ण मरुस्थलीय जलवायु
4. पश्चिमी यूरोपीय जलवायु

कूट:
(a) 1, 3, 2 एवं 4
(b) 1, 4, 2 एवं 3
(c) 2, 3, 4 एवं 1
(d) 3, 2, 1 एवं 4

94. विश्व में लंबे रेशे के कपास का सबसे बड़ा उत्पादक एवं निर्यातक देश है-
(a) मिस्र (b) भारत
(c) यू.एस.ए. (d) चीन

95. विश्व की सर्वाधिक गहरी झील कौन-सी है?
(a) टीटीकाका (b) विक्टोरिया
(c) बैकाल (d) मृत सागर

96. निम्न में से किस अधिनियम के अंतर्गत किसी पार्टी के टिकट पर निर्वाचित सदस्य को दल-बदल से रोका गया है?
(a) 52वां संविधान संशोधन अधिनियम
(b) सार्वजनिक प्रतिनिधित्व अधिनियम
(c) राष्ट्रीय सुरक्षा अधिनियम
(d) आंतरिक सुरक्षा रख-रखाव अधिनियम

97. बंधुआ मजदूर (उन्मूलन) अधिनियम किस वर्ष में स्थापित किया गया?
(a) वर्ष 1971 में (b) वर्ष 1975 में
(c) वर्ष 1979 में (d) वर्ष 1981 में

98. निम्नलिखित में से राष्ट्रपति किसकी नियुक्ति करता है?
(a) भारत का महान्यायवादी
(b) नियंत्रक एवं महालेखा परीक्षक
(c) एक राज्य का राज्यपाल
(d) उपर्युक्त सभी

99. निम्नलिखित में से कौन-सा एक मौलिक अधिकार नहीं है?
(a) स्वतंत्रता का अधिकार
(b) समानता का अधिकार
(c) संपत्ति का अधिकार
(d) शोषण के विरुद्ध अधिकार

100. विश्व व्यापार संगठन का मुख्यालय है-
(a) मॉन्ट्रियल में (b) सीएटल में
(c) जेनेवा में (d) हेग में

101. वह 'राग' जो सुप्रभात के समय गाया जाता है, वह है-
(a) तोडी (b) दरबारी
(c) भोपाली (d) भीमप्लासी

102. भारत में, 'शिक्षक दिवस' मनाया जाता है-
(a) 8 मार्च को (b) 1 मई को
(c) 14 जुलाई को (d) 5 सितंबर को

103. मोतीलाल नेहरू बाल संग्रहालय स्थित है-
(a) आगरा में (b) इलाहाबाद में
(c) लखनऊ में (d) वाराणसी में

104. बखिरा पक्षी विहार जहां स्थित है, वह जगह है-
(a) बस्ती (b) फैजाबाद
(c) गोंडा (d) उन्नाव

105. 2001 की जनगणना के अनुसार उत्तर प्रदेश में सर्वाधिक अनुसूचित जनजाति जनसंख्या वाला जिला है-
(a) बहराइच (b) लखीमपुर खीरी
(c) बलरामपुर (d) बांदा

106. उत्तर प्रदेश में एक 'बब्बर शेर सफारी' स्थापित किया जा रहा है-
(a) बलरामपुर में (b) इटावा में
(c) महाराजगंज में (d) पीलीभीत में

107. निम्नलिखित में से कौन-सा अभ्यारण्य सही सुमेलित नहीं है?

	पक्षी विहार		**स्थान**
(a)	समसपुर	-	रायबरेली
(b)	नवाबगंज	-	इलाहाबाद
(c)	बखिरा	-	संत कबीर नगर
(d)	सांडी	-	हरदोई

108. गौतम बुद्ध नगर जिले का मुख्यालय है-
(a) ग्रेटर नोएडा में
(b) गाजियाबाद में
(c) रामाबाई नगर में
(d) नोएडा में

109. दुधवा राष्ट्रीय उद्यान किस जनपद में स्थित है?
(a) ललितपुर
(b) पीलीभीत
(c) लखीमपुर खीरी
(d) सोनभद्र

110. उत्तर प्रदेश में खरीफ फसल की बुआई होती है-
(a) जनवरी-फरवरी के दौरान
(b) अप्रैल-मई के दौरान
(c) जून-जुलाई के दौरान
(d) अक्टूबर-दिसंबर के दौरान

111. सूची-I को सूची-II से सुमेलित कीजिए और नीचे दिए गए कूट से सही उत्तर का चयन कीजिए-

	सूची-I (फसलों के भारतीय संस्थान)		**सूची-II (स्थान जहां स्थित हैं)**
A.	आई.आई.वी.आर.	1.	कानपुर
B.	आई.आई.पी.आर.	2.	बंगलुरू
C.	आई.आई.एस.आर.	3.	वाराणसी
D.	आई.आई.एच.आर.	4.	लखनऊ

कूट :

	A	B	C	D
(a)	1	3	2	4
(b)	2	4	1	3
(c)	3	4	2	1
(d)	3	1	4	2

112. केंद्रीय ग्लास एवं सिरैमिक अनुसंधान संस्थान स्थित है-
(a) आगरा में
(b) कानपुर में
(c) फिरोजाबाद में
(d) खुर्जा में

113. राजस्व सुधारों को सर्वप्रथम किसने चलाया?
(a) गयासुद्दीन तुगलक
(b) अलाउद्दीन खिलजी
(c) मुहम्मद बिन तुगलक
(d) फिरोज तुगलक

114. अमीर खुसरो किस सुल्तान का दरबारी कवि था?
(a) फिरोज तुगलक
(b) सिकंदर लोदी
(c) बलबन
(d) अलाउद्दीन खिलजी

115. लोदी वंश का संस्थापक कौन था?
(a) इब्राहिम लोदी
(b) सिकंदर लोदी
(c) बहलोल लोदी
(d) इनमें से कोई नहीं

116. अधोलिखित में से कौन एक सही सुमेलित नहीं है?
(a) कैगा – कर्नाटक
(b) रावत भाटा – राजस्थान
(c) मुप्पान्दल – तमिलनाडु
(d) एन्नोर – मेघालय

117. सजातीय ग्रुप मंगोलायड भारत में कहाँ पाए जाते हैं?
(a) दक्षिणी क्षेत्र
(b) दक्षिणी मध्य क्षेत्र
(c) उत्तर-पश्चिमी क्षेत्र
(d) उत्तर-पूर्व क्षेत्र

118. भारत में सबसे बड़ा जनजातीय समुदाय है–
(a) भील (b) गोंड
(c) संथाल (d) थारू

119. भारत में सबसे व्यापक रूप से पाई जाने वाली मृदा (मिट्टी) है।
(a) मरुस्थलीय मृदा
(b) लैटेराइट मृदा
(c) जलोढ़ मृदा
(d) काली मृदा

120. निम्नलिखित में से कौन-सी सर्वाधिक गहरी महासागरीय गर्त्त है?
(a) टोंगा (b) मैरियाना
(c) प्योरटो रिको (d) इजू-बोनिन

121. संविधान के किस अनुच्छेद के अन्तर्गत भारत के राष्ट्रपति को अध्यादेश जारी करने की शक्ति प्रदत्त है?
(a) अनुच्छेद 360 (b) अनुच्छेद 123
(c) अनुच्छेद 200 (d) अनुच्छेद 356

122. भारत के न्यायवादी के सम्बन्ध में निम्नलिखित में से कौन-सा कथन सही नहीं है?
(a) वह मंत्रिमण्डल का सदस्य नहीं है
(b) उसे संसद के सदनों में बोलने का अधिकार है
(c) उसे संसद में मत देने का अधिकार है
(d) उपरोक्त में से कोई नहीं

123. किस कानून के अंतर्गत यह विहित है कि भारत के उच्चतम न्यायालय की संपूर्ण कार्यवाही अंग्रेजी भाषा में होगी?
(a) उच्चतम न्यायालय कानून, 1966 द्वारा
(b) भारतीय संविधान की धारा 145 द्वारा
(c) संसद द्वारा बनाए गए विधेयक द्वारा
(d) भारतीय संविधान की धारा 348 द्वारा

124. राष्ट्रपति पद के उम्मीदवार को इनमें से किसकी योग्यता का होना अनिवार्य है?
(a) लोक सभा
(b) संसद का सदस्य
(c) राज्य सभा
(d) विधान सभा का सदस्य

125. निम्नलिखित में से भारत के संविधान में उल्लिखित भाषाओं के बारे में क्या सही है?
(a) राज्य भाषाई अल्पसंख्यकों को प्राथमिक विद्यालयों में शिक्षा के माध्यम के रूप में उनकी मातृभाषा चुनने के लिए बाध्य कर सकता है
(b) अंगिका अब संविधान की आठवीं अनुसूची में सम्मिलित है
(c) हिन्दी भारत की राष्ट्रीय भाषा है
(d) बोडो संविधान की आठवीं अनुसूची में स्वीकृत भाषा है

126. जल संकट वाले विश्व के शीर्ष शहरों की सूची में चेन्नई किस स्थान पर है?
(a) तीसरे (b) पांचवें
(c) पहले (d) सातवें

127. आसियान देशों ने समुद्री कचरे से निपटने के लिए एक साझा रूपरेखा किस नाम से तैयार की है?
(a) थाईलैंड घोषणा
(b) बैंकॉक घोषणा
(c) जापान घोषणा
(d) इनमें से कोई नहीं

128. किस भारतीय राज्य में चार बांधों पर तैरते सौर ऊर्जा उत्पादन संयंत्र बनाए जाएंगे?
(a) केरल (b) गुजरात
(c) महाराष्ट्र (d) उत्तराखंड

129. लेसन लाइफ टौट मी अन-नोइंग्ली किस अभिनेता की आत्मकथा है?
(a) अनुपम खेर
(b) कबीर बेदी
(c) रणबीर कपूर
(d) ऋषि कपूर

130. मणिपुर को एक शांति संग्रहालय किसने उपहारस्वरूप दिया है?
(a) बांग्लादेश (b) चीन
(c) भूटान (d) जापान

131. 22वें शंघाई अंतर्राष्ट्रीय फिल्म समारोह में किस भारतीय फिल्म ने पुरस्कार जीता है?
(a) भारत (b) राज़ी
(c) वेयिल मरंगल (d) भयानकम

132. रक्षा अनुसंधान विकास संगठन ने किस बीमारी के उपचार हेतु एक हर्बल औषधि विकसित की है?
(a) स्वाइन फ्लू (b) पोलियो
(c) ल्यूकोडर्मा (d) एड्स

133. हरिद्वार में भारत माता मंदिर के संस्थापक किस आध्यात्मिक स्वामी का हाल ही में निधन हो गया है?
(a) स्वामी जगत नारायण
(b) स्वामी शंकराचार्य
(c) स्वामी नित्यानंद
(d) शंकराचार्य सत्यमित्रानंद गिरी

134. वैश्विक महिलाओं की प्रगति रिपोर्ट 2019-2020 के अनुसार विवाहित महिलाओं की श्रम बल में भागीदारी सर्वाधिक कहाँ है?
(a) यूरोप
(b) उत्तरी अमेरिका
(c) उप-सहारा अफ्रीका
(d) a और b दोनों

135. पानी की कमी वाले देश के 255 ज़िलों में वर्षा जल संरक्षण हेतु 1 जुलाई, 2019 से 'कौन-सा अभियान शुरू किया जायेगा?
(a) जल बचाओ अभियान
(b) वर्षा जल अभियान
(c) जल शक्ति' अभियान
(d) इनमें से कोई नहीं

136. अंतर्राष्ट्रीय ओलंपिक समिति ने किस वैश्विक निकाय से ओलंपिक दर्जा वापस ले लिया है?
(a) अंतर्राष्ट्रीय बॉक्सिंग संघ
(b) विश्व तीरंदाजी निकाय
(c) अंतर्राष्ट्रीय नौकायन संघ
(d) विश्व बैडमिंटन संघ

137. भारतीय मूल की किस महिला ने मिस यूनिवर्स ऑस्ट्रेलिया का ख़िताब जीता है?
(a) अनामिका सिंह
(b) सुमन राव
(c) प्रिया सेराव
(d) इनमें से कोई नहीं

138. सबसे तेज़ 20,000 रन बनाने वाले तीसरे भारतीय बल्लेबाज़ कौन बने हैं?
(a) ऋषभ पंत
(b) शिखर धवन
(c) मोहम्मद शमी
(d) विराट कोहली

139. डोनाल्ड ट्रंप किस देश की धरती पर कदम रखने वाले पहले अमेरिकी राष्ट्रपति बने हैं?
(a) दक्षिण कोरिया
(b) उत्तर कोरिया
(c) ब्रूनेई
(d) चीन

140. नासा द्वारा खोजा गया अब तक का सबसे छोटा ग्रह कौन-सा है?
(a) S 29-67c
(b) L21-22
(c) L 98-59b
(d) इनमें से कोई नहीं

141. श्रीमती और श्री गोपाल के 3 पुत्रियां हैं। प्रत्येक पुत्री का एक भाई भी है, तो इस परिवार में कुल कितने सदस्य हैं?
(a) 5 (b) 6
(c) 7 (d) 8

142. वर्ष 1996 में गणतंत्र दिवस शुक्रवार को मनाया गया था, वर्ष 2000 में स्वतंत्रता दिवस किस दिन बनाया गया?
(a) मंगलवार (b) सोमवार
(c) शुक्रवार (d) शनिवार

143. राहुल और रोबिन भाई हैं। प्रमोद, रोबिन के पिता हैं। शीला, प्रमोद की बहन है। प्रेमा प्रमोद की भांजी है, शुभ शीला की नातिन (दोहती) है, राहुल शुभा के क्या लगते हैं?
(a) भाई (b) ममेरा भाई
(c) मामा (d) भांजा

144. एक परिवार में माता की आयु पुत्री की आयु से दोगुनी है, पिता माता से 10 वर्ष बड़े हैं। भाई माता से 20 वर्ष छोटा है और अपनी बहन से 5 वर्ष बड़ा है पिता की आयु क्या है?
(a) 62 वर्ष (b) 60 वर्ष
(c) 58 वर्ष (d) 55 वर्ष

145. एक कक्षा में सफल हुए लड़कों की सूची में राजन का 11वां स्थान है और नीचे की ओर से वह 31 वें स्थान पर है, तीन लड़कों ने परीक्षा ही नहीं दी और एक फेल हो गया था, कक्षा में कुल कितने छात्र हैं?
(a) 32 (b) 42
(c) 45 (d) 46

146. निम्नलिखित शृंखला में गलत संख्या ज्ञात कीजिए–
7, 28, 63, 124, 215, 342
(a) 28 (b) 63
(c) 124 (d) 342

147. दिए कथन के नीचे चार वैकल्पिक तर्क दिए गए हैं, सर्वाधिक उपयुक्त तर्क चुनिए–
कथन : सफेद वस्त्र ग्रीष्म ऋतु में बहुधा ही पहने जाते हैं, क्योंकि–
(a) वे महीन और शीतल होते हैं
(b) वे ताप के कुअवशोषक हैं
(c) वे सरलता से धुल जाते हैं
(d) वे ग्रीष्म ऋतु में सरलता से उपलब्ध होते हैं

148. यदि किसी कूट भाषा में 95789 को EGKPT और 2436 को ALUR लिखा जाता है, तो उसी कूट भाषा में 24539 को किस प्रकार लिखा जाएगा?
(a) ALEUT (b) ALGTU
(c) ALGUT (d) ALGRT

149. यदि एक कूट भाषा में PLAYER को QNDCJX लिखा जाता है, तो उसी कूट भाषा में SINGER को किस प्रकार लिखा जाएगा?
(a) TKQKJX (b) TKJKQX
(c) TKQKXJ (d) TKQXJK

150. निम्नलिखित विकल्पों में से वह शब्द चुनिए जो दिए गए शब्द के अक्षरों का प्रयोग करके बनाया जा सकता है–
MANUFACTURE
(a) FRACTURE (b) MANNER
(c) MATTER (d) FACE

151. 180 मीटर की एक रेलगाड़ी A 72 किमी/घंटा की गति से चलकर, 120 मीटर लम्बी, 108 किमी/घंटा से विपरीत दिशा में चलने वाली रेलगाड़ी B को, कितनी अवधि में पार कर लेगी?
(a) 24 सेकेंड (b) 12 सेकेंड
(c) 6 सेकेंड (d) 30 सेकेंड

152. एक विद्यालय में लड़कों का 10% लड़कियों की संख्या के $\frac{1}{4}$ बराबर है। तदनुसार, उस विद्यालय में लड़के तथा लड़कियों का अनुपात क्या है?
(a) 3 : 2 (b) 5 : 2
(c) 2 : 1 (d) 4 : 3

153. यदि दो अंकों की एक संख्या उन अंकों के योग की k गुनी है, तो अंकों को आपस में बदल देने से बनी संख्या उन अंकों का योग है जिसे गुणा किया जाएगा–
(a) $9+k$ से (b) $10+k$ से
(c) $11-k$ से (d) $k-1$ से

154. दो परीक्षा कक्ष P और Q हैं। यदि 10 विद्यार्थियों को P से Q में भेज दिया, तो दोनों कक्षों में विद्यार्थियों की संख्या समान हो जाएगी। यदि 20 विद्यार्थियों को Q से P में भेज दिया जाता है। तो P के विद्यार्थियों की संख्या Q की संख्या से दोगुनी हो जाती है। P और Q में विद्यार्थियों की संख्या क्रमशः है–
(a) 60, 40 (b) 70, 50
(c) 80, 60 (d) 100, 80

155. 120 विद्यार्थियों द्वारा प्राप्त औसत अंक 35 हैं। यदि सफल उम्मीदवारों का औसत 39 था और असफल उम्मीदवारों का औसत 15 है, तो उस परीक्षा में सफल हुए उम्मीदवारों की संख्या है–
(a) 100 (b) 110
(c) 120 (d) 80

निर्देश-(156-157) निम्नलिखित प्रत्येक वाक्य खंड के लिए उसके नीचे दिए गए विकल्पों में से एक शब्द चुनिए–

156. जो मार्ग में चलने वाला हो
(a) बटोही (b) अवरोही
(c) यात्री (d) आरोही

157. वह मानसिक स्थिति जब किसी अमंगल की घटना होने की बात मन में हो
(a) शंका (b) भय
(c) संभावना (d) आशंका

158. निम्न में से विकारी शब्द कौन-से हैं?
(a) संज्ञा, सर्वनाम, विशेषण, क्रिया
(b) तत्सम, तद्भव, देशज, विदेशी
(c) क्रिया विशेषण, संबंध बोधक, विस्मयादिबोधक
(d) इनमें से कोई नहीं

159. निम्नलिखित में से कौन-सा शब्द गुणवाचक है?
(a) यह (b) थोड़ा
(c) दस (d) कपटी

160. पिताजी ने दो लीटर दूध खरीदा। रेखांकित पद में विशेषण का कौन-सा प्रकार है?
(a) निश्चित परिमाणवाचक
(b) अनिश्चित परिमाणवाचक
(c) अनिश्चित संख्यावाचक
(d) निश्चित संख्यावाचक

161. 'पीड़ित' शब्द क्या है?
(a) संज्ञा (b) सर्वनाम
(c) विशेषण (d) क्रियाविशेषण

162. निम्नलिखित शब्दों में कौन-सा शब्द विशेषण है?
(a) सच्चा (b) शीतलता
(c) नम्रता (d) मिठास

निर्देश-(163-164) दिए गए वाक्य में काले छपे शब्द की वर्तनी शुद्धि के लिए चार विकल्प दिए गए हैं। इनमें से एक विकल्प में शब्द की वर्तनी शुद्ध है। उसे चुनिए।

163. जो इंद्रियों को वश में कर लेता है उसे जितिंद्रिय कहते हैं।
(a) जितेंद्रिय (b) जितीन्द्रिय
(c) जितेन्द्रीय (d) जितिन्द्रय

164. कल आयोजित होने वाले सम्मिलन में शहर के सभी धनी लोग पधारेंगे।
(a) सम्मेलन (b) सम्मेलन
(c) सममेलन (d) समामेलन

निर्देश-(165) निम्नलिखित प्रत्येक प्रश्न में दिए गए चार विकल्पों में से वाक्य के शुद्ध रूप का चयन कीजिए–

165. (a) नदी की इस ओर पनघट है।
(b) नदी पर इस ओर पनघट है।
(c) नदी किनारे इस ओर पनघट है।
(d) नदी के इस ओर पनघट है।

निर्देश-(166) निम्नलिखित वाक्यों में मुद्रित शब्द के विलोम के लिए चार-चार विकल्प दिए गए हैं। इनमें से उचित विकल्प का चयन कीजिए।

166. इच्छित वस्तु की प्राप्ति न होने पर जीवन को व्यर्थ नहीं समझ लेना चाहिए।
(a) उपेक्षित (b) वांछित
(c) अनिच्छित (d) आकांक्षित

निर्देश-(167) नीचे प्रत्येक वर्ग में दिए गए विकल्पों में से तद्भव शब्द का चयन कीजिए

167. (a) पुरातन (b) वेदना
(c) सौहार्द (d) फागुन

निर्देश-(168) नीचे प्रत्येक वर्ग में दिए गए विकल्पों में से तत्सम शब्द का चयन कीजिए–

168. (a) ससुर (b) मास
(c) राष्ट्र (d) बहिन

निर्देश : (प्र.सं. 169) प्रश्नों में दिए गए शब्दों के पर्याय (समानार्थक शब्द) के लिए विकल्प दिए गए हैं। उन विकल्पों में से सही विकल्प का चयन कीजिए–

169. सुगंध
(a) इत्र (b) सौरभ
(c) चंदन (d) केसर

निर्देश : (प्र.सं. 170) प्रश्नों में दिए गए शब्द के समानार्थक शब्द का चयन उसके नीचे दिए गए विकल्पों में से कीजिए

170. विप्र
(a) निर्धन (b) धनी
(c) ब्राह्मण (d) सैनिक

Directions: (Q. 171-172) In the following questions, sentences are given with blanks to be filled in with appropriate words. Four alternatives are suggested for each question. Choose the correct alternative out of the four.

171. I haven't________butter but I have a lot of bread.
(a) a lot of (b) little
(c) much (d) some

172. People from______and near came to see the final match of the tournament yesterday.
(a) distance (b) long
(c) above (d) far

Directions: (Q. 173-174) In the following questions, out of the four alternatives, choose the one which best, expresses the meaning of the given word.

173. Conceal
(a) show (b) hide
(c) cancel (d) excuse

174. Efficient
(a) clever (b) smart
(c) known (d) capable

Directions: (Q. 175-177) In the following questions, choose the word opposite in meaning to the given word.

175. Destructive
(a) structural
(b) constructive
(c) wind speed
(d) static

176. Corrupt
(a) honest (b) unclean
(c) heartless (d) hateful

177. Permanent
(a) notorious (b) obscure
(c) wicked (d) hostile

Directions: (Q. 178-179) In the following questions, four alternatives are given for the Idiom/Phrase Choose the alternative which best expresses the meaning of the Idioms/Phrase.

178. Not my cup of tea
(a) A refreshing drink
(b) A routine work
(c) Not what I like
(d) Not liked by me

179. To have second thoughts
(a) To take a wrong decision
(b) To plan carefully
(c) To take someone
(d) To reconsider

Directions: (Q. 180-181) In the following questions. a part of the sentence is underlined. Below are given alternatives to the underlined part at (a), (b), (c) and (d) which may improve the sentence. Choose the correct alternative.

180. The teacher told that Monday would be a holiday
(a) is telling (b) has told
(c) said (d) might tell

181. We have to respect our elders.
(a) should (b) may
(c) can (d) better

Directions: (Q. 182-183) In the following questions, out of the four alternatives, choose the one which can be substituted for the given words/sentences.

182. Work for which one does not take salary or payment
(a) remunerated
(b) charge sheet
(c) complementary
(d) honorary

183. No longer in use
(a) absolute (b) obsolete
(c) contemporary (d) remote

Directions: (Q. 184-185) In the following questions, groups of four words are given. In each group, one word is correctly spelt. Find the correctly spelt word.

184. (a) Misterious (b) Mistereous
(c) Mysterious (d) Mystereous

185. (a) Dictionery (b) Dectionary
(c) Dictionary (d) Dictienary

186. कंप्यूटर में स्मृति के प्रकार हैं-
(a) सेमी कंडक्टर (b) मैग्नेटिक
(c) सर्वर (d) ऑप्टिकल
नीचे दिए हुए कूटों में से सही उत्तर का चयन कीजिए–
कूट :
(a) 1 और 2 (b) 2 और 3
(c) 1, 2 और 4 (d) सभी चारों

187. मॉनिटर (MONITOR) शब्द संबंधित है-
(1) एक साधारण प्रचलन तंत्र से
(2) उपयोक्ता को एक प्रोग्राम में प्रवेश करने के लिए इजाजत देना
(3) उपयोक्ता को प्रोग्राम चलाने के लिए इजाजत देना
(4) उपयोक्ता को प्रोग्राम में परिवर्तन करने के लिए इजाजत देना
नीचे दिए गए कूटों में से सही उत्तर का चयन कीजिए–
कूटः
(a) 1 और 2 (b) 1, 2 और 3
(c) 1, 3 और 4 (d) सभी चारों

188. RAM को कम्प्यूटर के प्रोसेसर .... कहा जा सकता है।
(a) की फैक्टरी
(b) का ऑपरेटिंग रूम
(c) वेइटिंग रूम
(d) प्लानिंग रूम

189. तकनीकी माध्यम से कम्प्यूटर सिस्टम की फंक्शनालिटी बढ़ाने के लिए उसके साथ जोड़े जा सकने वाले इक्विपमेंट को डेजिग्नेट करने वाला टर्म .... है।
(a) डिजिटल डिवाइस
(b) सिस्टम एड-ऑन
(c) डिस्क पैक
(d) पेरिफेरल डिवाइस

190. तकनीकी क्षेत्र में .... कम्प्यूटर प्रोग्रामों का एक सेट है जो कम्प्यूटर को स्वयं को आपरेट करने और अधिक दक्षता से कार्य करने में सहायता करता है।
(a) विंडोज
(b) सिस्टम सॉफ्टवेयर
(c) DBMS
(d) ऐप्लिकेशन सॉफ्टवेयर

191. तकनीकी क्षेत्र में .... प्रोग्राम में सभी स्टेटमेंट को एक सिंगल बैच में कनवर्ट करता है और इन्स्ट्रक्शन के रिजल्टिंग कलेक्शन को एक नई फाइल में रखा जाता है।
(a) कनवर्टर (b) कम्पाइलर
(c) इन्टरप्रिन्टर (d) इन्स्ट्रक्शन

192. तकनीकी प्रबन्धन के क्षेत्र में डाटा स्टोर करने और कैलक्युलेशन्स करने के लिए कम्प्यूटर किस नम्बर सिस्टम का उपयोग करता है?
(a) बाइनरी (b) ओक्टल
(c) डेसीमल (d) हेक्साडेसिमल

193. तकनीकी के क्षेत्र में आपके कम्प्यूटर को बनाने वाले फिजिक्स कम्पोनेन्ट्स को क्या कहते हैं?
(a) ऑपरेटिंग सिस्टम
(b) सॉफ्टवेयर
(c) हार्डवेयर
(d) वेब ब्राउजर्स

194. तकनीकी व्यवस्था में किसी विशिष्ट कार्य को करने के लिए कौन-सी कुँजी दूसरी कुँजी के साथ कॉम्बिनेशन में प्रयुक्त की जाती है?
(a) फंक्शन (b) स्पेस बार
(c) एरो (d) कन्ट्रोल

195. तकनीकी प्रबन्धन में मल्टीपल प्रोसेसर्स द्वारा दो या अधिक प्रोग्रामों का एक-साथ प्रोसेसिंग होना क्या कहलाता है?
(a) मल्टीप्रोग्रामिंग (b) मल्टीटास्किंग
(c) टाइम-शेरिंग (d) मल्टीप्रोसेसिंग

196. तकनीकी प्रबन्धन के क्षेत्र में प्रयुक्त होने वाला ...... एक प्रोग्राम है जो कम्प्यूटर के प्रयोग को आसान बना देता है।
(a) युटिलिटी
(b) एप्लिकेशन
(c) ऑपरेटिंग सिस्टम
(d) नेटवर्क

197. तकनीकी व्यवस्था में एक छोटे सिलिकॉन चिप पर ट्रांजिस्टरों और अन्य इलेक्ट्रॉनिक उपकरणों के साथ पूर्ण इलेक्ट्रॉनिक सर्किट को क्या कहते हैं?
(a) वर्कस्टेशन
(b) CPU
(c) मैग्नेटिक डिस्क
(d) इंटिग्रेटिड सर्किट

198. इनपुट, आउटपुट और प्रोसेसिंग डिवाइसों का समूह किसका निरूपण करता है?
(a) मोबाइल डिवाइस
(b) इनफार्मेशन प्रोसेसिंग साइकल
(c) सर्किट बोर्ड
(d) कम्प्यूटर सिस्टम

199. .... में प्रिंटिंग हेड और कागज का सम्पर्क होता है।
(a) नॉन इम्पैक्ट प्रिंटर
(b) इम्पैक्ट प्रिंटर
(c) थर्मल प्रिंटर
(d) इनमें से कोई नहीं

200. तकनीकी क्षेत्र में किस प्रिंटर द्वारा एक स्ट्रोक में एक अक्षर प्रिंट होता है?
(a) लेजर प्रिंटर (b) डाट मैट्रिक्स प्रिंटर
(c) लाईन प्रिंटर (d) प्लॉटर

उत्तर (हल/संकेत)

1. (b) वायुमंडल में विभिन्न प्रकार के धूलकण, जलवाष्प आदि होते हैं। जब सूर्य से आने वाली तरंगें ऐसे कणों से गुजरती हैं जिसके न्यास इनके तरंग दैर्ध्य से छोटे होते हैं, तो लघु तरंगों (आसमानी तथा बैंगनी रंग) का प्रकीर्णन हो जाता है जिससे आकाश नीला दिखाई देता है। सूर्योदय और सूर्यास्त के समय किरणों को अधिक दूरी पार करनी पड़ती है जिससे प्रकाश की छोटी तरंगों का प्रकीर्णन हो जाता है केवल लाल रंग के ही आगे बढ़ने से सूर्योदय तथा सूर्यास्त के समय आकाश लाल रंग का दिखाई देता है। इंद्रधनुष के सात रंगों का कारण वर्षा से अवशिष्ट जलकणों से प्रकाश का अपवर्तन है ये जल कण प्रिज्म के रूप में कार्य करते हैं।

2. (a) किसी तत्व के वे परमाणु जिनमें इलेक्ट्रॉनों व प्रोटानों की संख्या समान होती है किंतु न्यूट्रॉनों की संख्या या द्रव्यमान संख्या भिन्न होती है, समस्थानिक कहलाते हैं। इनके रासायनिक गुण समान होते हैं। ऐसे तत्व जिनके परमाणुओं का परमाणु भार तथा न्यूट्रॉनों की संख्या समान तथा परमाणु क्रमांक इलेक्ट्रॉनों व प्रोटॉनों की संख्या से भिन्न होता है वे समभारी कहलाते हैं। दो या दो से अधिक रासायनिक यौगिक जिनका परमाणु सूत्र एक ही होता है किन्तु इनके गुण भिन्न-भिन्न

होते हैं। समावयवी कहलाते हैं ऐसे तत्व जिसके परमाणुओं में न्यूट्रॉनों की संख्या समान तथा प्रोटॉनों की संख्या भिन्न होती है समन्यूट्रॉनिक कहलाते हैं।

3. (b) एक्स-किरणों की खोज 1895 में रोयंट्जन द्वारा की गयी थी। इसके उत्पादन हेतु कूलिज नलिका का उपयोग किया जाता है। यह एक विद्युत चुंबकीय विकिरण है। इसकी तरंगदैर्ध्य 1 से 100 A^o तक होती है। इन किरणों का निर्वात में वेग 2×10^8 मीटर प्रति सेकेंड होता है एक्स-किरणें फोटोग्रॉफिक प्लेट को प्रभावित करती हैं।

4. (c) ग्रेफाइट से कागज पर सरलता से लिखा जा सकता है इसलिए इसे पेंसिल की लैड बनाने में प्रयोग किया जाता है। ग्रेफाइट का प्रयोग विद्युत आर्क तथा शुष्क सेलों में इलेक्ट्रोड के रूप में भी किया जाता है।

5. (c) ऑक्सीजन की उपस्थिति में कार्बन का परमाणु जब पूरा जलता है तो कार्बन डाईऑक्साइड का निर्माण होता है तथा जब कार्बन का परमाणु आक्सीजन की कम मात्रा में अधूरा जलता है तो कार्बन मोनोआक्साइड बनती है। मीथेन गैस दलदली स्थानों पर उत्पन्न होती है इसलिए इसे मार्श गैस भी कहते हैं। गोबर गैस तथा जैविक पदार्थों से भी मीथेन गैस उत्पन्न होती है। नाइट्रस ऑक्साइड हास्य गैस कहलाती है।

6. (b) सोडियम जल से हल्का होता है सोडियम जल के संपर्क में आने पर जल उठता है। जबकि एल्युमिनियम, मैग्नीशियम तथा मैगनीज जल से भारी होने के कारण पानी में डूब जाते हैं।

7. (b) मच्छर, चमगादड़ व उल्लू जैसे रात्रिचर रात में ही अपने भोजन की तलाश करते हैं जबकि दिन में इनकी गतिविधियां सीमित हो जाती है। चमगादड़ रात में पराबैंगनी तरंगों के माध्यम से अपना रास्ता और शिकार तलाशता है जबकि उल्लू की आंख में स्थित 'टेपिटम ल्युसिडम' नामक परत प्रकाश को परावर्तित कर रात में देखने में मदद करती है।

8. (d) निद्रा रोग (स्लीपिंग सिकनेस) ट्रिपैनोसोमा नामक प्रोटोजोआ के कारण उत्पन्न होता है। यह एक परजीवी है, जो सी-सी मक्खियों के शरीर में आश्रय लेता है। इन मक्खियों के काटने से जीवाणु शरीर में प्रवेश कर जाते हैं जिससे लसिका ग्रंथियां बढ़ जाती हैं और शरीर में दर्द तथा कमजोरी महसूस होती है। रोगी दिन में भी नींद से बोझिल मालूम पड़ता है और ऊंघता रहता है। इसके उपचार के लिए ट्रिपसेमाइड की सुई का पूरा कोर्स लेना चाहिए।

9. (c) मलेरिया रोग प्लाजमोडियम प्रोटोजोआ (परजीवी) से होता है। इस रोग की तीन अवस्थाएं होती हैं-प्रथम अवस्था में सिर दर्द के साथ ठंड लगकर बुखार आता है, दूसरी अवस्था में बुखार सिर दर्द के साथ बढ़कर अधिक हो जाता है और तीसरी अवस्था में पसीना आता है, दर्द कम हो जाता है और बुखार उतर जाता है। इसके उपचार में क्लोरोक्वीन, केमोक्वीन आदि का सेवन करना चाहिए।

10. (b) एंटोमोलॉजी (Entomology) जंतु विज्ञान की वह शाखा है जिसमें कीट पतंगों का व्यापक अध्ययन किया जाता है।

11. (a)

12. (d) स्तनधारी वर्ग में स्तन ग्रंथियां रखने वाले वे जन्तु आते हैं जिनके दुग्ध द्वारा इनके शिशु पोषण प्राप्त करते हैं। ये मुख्यत: स्थलीय होते हैं तथा कुछ जलीय एवं वायवीय भी होते हैं। स्तनधारी वर्ग के तीन उपवर्ग हैं-(i) प्रोटोथीरिया, (ii) मैटाथीरिया, (iii) यूथीरिया। सील यूथीरिया के गण कार्नीवोरा का जंतु है जो स्तनपायी है। सरीसृप साधारणत: स्थलवासी हैं। इस वर्ग के जन्तु छिपकली, सांप, कछुआ इत्यादि हैं।

13. (b) शरीर में पाया जाने वाला सबसे कठोर तत्त्व दांतों के ऊपर पाया जाने वाला दंत वल्क-एनामिल है।

14. (c) पेप्सिन प्रोटीन को खंडित कर सरल पदार्थों में परिवर्तित कर देता है। रेनिन एंजाइम दूध में घुली हुई प्रोटीन केसीन को ठोस प्रोटीन कैल्शियम पैराकेसीनेट को दही के रूप में बदल देता है। ट्रिप्सिन क्षारीय प्रोटीन को पचाता है। इरेप्सिन प्रोटीन के अनपचे भाग को अमीनो अम्ल में परिवर्तित कर देता है।

15. (d) हमारे शरीर का लगभग 70% भाग जल होता है। यह शरीर की सभी कोशिकाओं का एक महत्वपूर्ण घटक है। शरीर में संपूर्ण रासायनिक अभिक्रियायें तथा प्रक्रमण जल के माध्यम से ही होते हैं। गर्मियों में सर्दियों की अपेक्षा अधिक पानी की आवश्यकता पड़ती है। सामान्यत: स्वस्थ व्यक्ति को औसतन 4 से 5 लीटर जल पीना चाहिए।

16. (b) वर्णांधता का प्रभाव लिंग सूत्र X क्रोमोसोम पर होता है। अत: पुरुष इससे अधिक प्रभावित होता है जबकि XX होने पर ही महिला प्रभावित होती है। माता-पिता में से पिता के प्रभावित होने तथा माता के वाहक न होने की दशा में बच्चों का केवल X क्रोमोसोम प्रभावित होगा। अत: लड़के वर्णांध जबकि लड़कियां वाहक होंगी। अत: 50% बच्चे वर्णांध होंगे। जबकि लड़का-लड़की के पैदा होने की संभावना समान है।

17. (d) लाल रुधिर कणिकाओं (R.B.C.) का रंग हीमोग्लोबीन (Hb) के कारण लाल होता है। ध्यातव्य है कि लाल रुधिर कोशिकाएं केंद्रक विहीन (Nucleus) होती हैं। इनकी संख्या सामान्यत: 40 से 50 लाख प्रति घन मीटर होती हैं।

18. (c) यीस्ट और मशरूम फफूंद (Fungi) या कवक है। कवक ऐसी श्रेणी का पौधा है जिसमें पर्णहरित नहीं होता। पर्णहरित के अभाव में इसमें प्रकाश संश्लेषण की क्रिया नहीं होती है। फलत: यह अपना भोजन स्वयं नहीं बना पाता। यह विभिन्न प्रकार के जैविक पदार्थों जैसे गोबर, सड़े-गले फलों, सब्जियों से अपना भोजन ग्रहण करता है। इनका उपयोग एल्कोहल और डबल रोटी बनाने में किया जाता है। कवकों से प्रतिजैवी पदार्थों का निर्माण किया जाता है। शैवाल पर्णहरित युक्त पौधा है। यह प्रकाश संश्लेषण द्वारा कार्बोहाइड्रेट का निर्माण करता है।

19. (a) इंसुलिन 'लैंगरहैंस की द्वीपिका' के द्वारा स्रावित एक हार्मोन है जो रक्त में शर्करा की मात्रा को नियंत्रित करता है। यह ग्लूकोज के उपापचय का नियमन करता है। यकृत में ग्लूकोज में ग्लाइकोजन के संश्लेषण की क्रिया को प्रेरित करता है। यह RNA संश्लेषण को प्रेरित करता है। इसके अल्पस्रावण से मधुमेह या डायबिटीज नामक रोग हो जाता है।

20. (d) विभिन्न माध्यमों में ध्वनि की चाल भिन्न-भिन्न होती है। किसी माध्यम में ध्वनि की चाल मुख्यत: माध्यम की प्रत्यास्थता तथा घनत्व पर निर्भर करती है। ध्वनि की चाल सबसे अधिक ठोस में, उसके बाद द्रवों में और उसके बाद गैसों में होती है। लोहे में ध्वनि की चाल 5130मी./से होती है जबकि जल में ध्वनि की चाल 1483 मी./से. होती है तथा वायु में ध्वनि की चाल 332 मी./से. होती है।

21. (c)

22. (c) जल के अंदर वायु का बुलबुला अपसारी (अवतल) लेंस जैसा व्यवहार करता है। यह प्रकाश किरणों को उसके फोकस की ओर नहीं मोड़ता है।

23. (b) धब्बा रहित लोहा बनाने में लोहे के साथ प्रयुक्त होने वाली महत्वपूर्ण धातु क्रोमियम है। इसमें 10% क्रोमियम, 0.025% कार्बन और लगभग 0.35% तक मैंगनीज होता है।

24. (d) लोहा, निकेल तथा कोबाल्ट लौह चुंबकीय पदार्थ हैं, जो चुंबकीय क्षेत्र में रखने पर क्षेत्र की दिशा में प्रबल रूप से चुंबकीय हो जाते हैं। एल्युमीनियम अनुचुंबकीय पदार्थ है। एल्युमीनियम चुंबक द्वारा आकर्षित नहीं होता है।

25. (d)

26. (d) सन, पटसन तथा जूट के तने का उपयोग रेशा निर्माण के लिए होता है जबकि कपास के फल से उसकी रूई निकाली जाती है।

27. (c) आइसक्रीम कोलाइड नहीं है। इसमें जिलेटिन का प्रयोग किया जाता है। दूध, खून तथा शहद कोलाइड हैं।

28. (c) सोयाबीन में प्रोटीन के अलावा वसा भी पर्याप्त मात्रा में पायी जाती है। सोयाबीन के अधीन कुल क्षेत्र का तीन-चौथाई से भी अधिक मध्य प्रदेश में है तथा कुल उत्पादन में इस राज्य का भारत में प्रथम स्थान है। इसके बाद महाराष्ट्र, राजस्थान तथा कर्नाटक राज्यों का स्थान आता है।

29. (c) सूर्यमुखी, सरसों, राई आदि तिलहनी फसलें हैं; तथा अरहर, मटर, चना, मसूर आदि दलहनी फसलें हैं; लोबिया, बरसीम आदि चारे की फसलें हैं।

30. (a) गुजरात के अहमदाबाद नगर में देश के सबसे अधिक सूती वस्त्रों के कारखाने (72) हैं। मुंबई को 'वस्त्रों की राजधानी' कहा जाता है। यहां कारखानों की संख्या 63 है तथा उत्पादन सर्वाधिक है। सूरत भी वस्त्र उद्योग का एक प्रमुख केंद्र है। उत्तर प्रदेश के कानपुर नगर को उत्तर 'भारत का मैनचेस्टर' कहते हैं। यहां 17 मिलें हैं।

31. (d) विषुवत रेखा ग्लोब पर वृहत वृत्त बनाती है। जबकि मुख्य देशांतर रेखा एवं 60° पूर्वी देशांतर रेखा सहित सभी देशांतर रेखाएं ग्लोब पर अर्द्ध वृत्त बनाती हैं। सभी अक्षांश रेखाएं ग्लोब पर विषुवत रेखा की अपेक्षा लघु वृत्त बनाती हैं। इस प्रकार 60° उत्तरी अक्षांश रेखा ग्लोब पर वृहत् वृत्त न बनाकर लघु वृत्त बनाएगी।

32. (d) भूमध्यसागरीय जलवायु महाद्वीपों के पश्चिमी किनारों पर 30° और 40° उत्तरी तथा दक्षिणी अक्षांशों के बीच, पांच प्रदेशों में पायी जाती है। भूमध्यसागर के उत्तर में पुर्तगाल से तुर्की तक, ईरान के पठारी क्षेत्र भूमध्यसागर के दक्षिणी किनारे पर स्थित मोरक्को, उत्तरी नाइजीरिया, ट्यूनीश्या तथा लीबिया में बेनेगाजी के उत्तरी क्षेत्र तक संयुक्त राज्य अमेरिका में कैलीफोर्निया का मध्यवर्ती तथा दक्षिणी तट तथा मध्य चिली, दक्षिण अफ्रीका का केपटाउन क्षेत्र, ऑस्ट्रेलिया के दक्षिणी और दक्षिण-पश्चिम तटवर्ती क्षेत्र में इस जलवायु का विस्तार है।

33. (c) जर्मनी की राजधानी बर्लिन, ऑस्ट्रेलिया की राजधानी केनबरा, चीन की राजधानी बीजिंग तथा सं.रा. अमेरिका की राजधानी वाशिंगटन डी. सी. है। न्यूयॉर्क सं.रा. अमेरिका का एक नगर है।

34. (b) महासागरों की औसत लवणता 35% होती है। सागरीय जल में पाये जाने वाले लवणों का प्रतिशत इस प्रकार है-सोडियम क्लोराइड-27.21% (सर्वाधिक), मैग्नेशियम क्लोराइड-3.80%, मैग्नेशियम सल्फेट-1.65%, कैल्शियम सल्फेट-1.26% आदि। उल्लेखनीय है कि सागरीय जल में कुल 47 प्रकार के लवण पाये जाते हैं।

35. (b)

36. (a) विश्व में सर्वाधिक गेहूं और चावल का उत्पादन चीन में होता है तथा मक्का उत्पादन में संयुक्त राज्य अमेरिका सबसे आगे है।

37. (b) 1942 में आए क्रिप्स प्रस्तावों की विफलता तथा जापानी आक्रमण के बढ़ते खतरे ने भारतीय जनमानस को निराश तथा बेचैन कर दिया। इसी परिस्थिति में 14 जुलाई, 1942 ई. को वर्धा में आयोजित कांग्रेस कार्यसमिति की बैठक में 'भारत छोड़ो आंदोलन' पर एक प्रस्ताव पारित किया गया। 7 अगस्त, 1942 ई. को ऑल इंडिया कांग्रेस कमेटी द्वारा वर्धा प्रस्तावों की पुष्टि कर दी गयी। बंबई (मुंबई) कांग्रेस ने थोड़े बहुत संशोधनों के बाद 8 अगस्त, 1942 ई. को भारत छोड़ो प्रस्ताव पास कर दिया। जिसका फल भारत छोड़ो आंदोलन था। गांधीजी ने देशवासियों को हिंसक साधन अपनाने के लिए नहीं भड़काया था बल्कि, यह कहा था कि किसी भी परिस्थिति में यह आंदोलन रोका नहीं जाएगा। यहीं पर उन्होंने करो या मरो का नारा दिया था।

38. (c) राष्ट्र चेतना के तीव्र प्रसार से अंग्रेज सरकार अत्यधिक चिंतित थी। फलस्वरूप तत्कालीन वायसराय लॉर्ड कर्जन ने देशभक्ति के उफनते सैलाब को रोकने के लिए राष्ट्रीय गतिविधियों के केंद्र बंगाल को जुलाई, 1905 ई. में दो प्रांतों, पश्चिमी बंगाल (बिहार, उड़ीसा सहित) और पूर्वी बंगाल (असम सहित) में विभाजित करने की घोषणा की। 16 अक्टूबर, 1905 के दिन विभाजन लागू हुआ था। ध्यातव्य है कि ब्रिटिश सम्राट जार्ज पंचम के दिल्ली दरबार (1911) में बंगाल विभाजन को वापस ले लिया गया।

39. (d) कालागढ़ बांध रामगंगा नदी पर बना हुआ है। रामगंगा नदी महान हिमालय श्रेणी में कुमायूं मंडल के दक्षिणी भाग में नैनीताल के समीप से निकलती है। यह नदी उत्तर प्रदेश के मैदानी भाग में बिजनौर जिले के कालागढ़ नामक स्थान से प्रवेश करती है। कन्नौज के समीप यह गंगा नदी में मिल जाती है तथा इसकी कुल लंबाई लगभग 600 किमी. है।

40. (d) सुंदर वन टाइगर रिजर्व, चौबीस परगना (पं. बंगाल) में स्थित है। यहां चीता, हिरन, जंगली सुअर आदि पाये जाते हैं। तमिलनाडु में पिचवरम में वेदातंगल पक्षी विहार स्थित है। भीतर कनिका वन्य प्राणी अभ्यारण्य उड़ीसा राज्य में स्थित है। यहां मगरमच्छ संरक्षण व प्रजनन केंद्र स्थित है। बैम्बनाद झील केरल राज्य में स्थित है।

41. (b) नर्मदा नदी का उद्‌गम स्थान अमरकंटक के पश्चिमी ढाल पर 1057 मीटर की ऊंचाई पर है। यह जबलपुर के पश्चिम में 160 किमी. तक विंध्याचल व सतपुड़ा श्रेणियों के मध्य पश्चिम की ओर बहती है। यह जबलपुर के नीचे भेड़ाघाट की संगमरमर चट्टानों को काटते हुए मनोरम 'धुंआधार' जल प्रपात बनाती है। यह नदी भ्रंशोत्थ घाटी में प्रवाहित होती है तथा अरब सागर में गिरने से पहले एस्चुउरी बनाती है।

42. (b) पश्चिमी हिमालय पर 1800 से 3000 मी. की ऊंचाई पर शीतोष्ण कोणधारी वन पाये जाते हैं। यहां 2500 मी. तक चौड़ी पत्ती वाले वृक्ष मिलते हैं। जिनमें चीड़, देवदार, नीला पाइन (ब्लू पाइन) एल्डर, पोपलर प्रमुख हैं। 2500 मी. से ऊपर के भाग में सिल्वर फर तथा पीला पाइन वृक्ष मिलते हैं। 900 से 1800 मी. की ऊंचाई पर चीड़ के वृक्ष अधिकता में पाये जाते हैं।

43. (b) कणों के आकार के आधार पर मिट्टी को चार प्रकारों में बांटा गया है-चिकनी मिट्टी, दोमट मिट्टी, बलुई मिट्टी, रेतीली मिट्टी। जिस मिट्टी के कण बड़े आकार के होते हैं, उसमें जल धारण क्षमता सबसे कम होती है। इनके आकार इस प्रकार हैं-मोटी बालू (2.0-20 मिमी.), महीन बालू (20-0.2 मिमी.), सिल्ट (02-0.02 मिमी.) क्ले (.002 मिमी. से कम)

44. (c)

45. (d) भारत के नगरीकरण का इतिहास बहुत पुराना है। भारतीय नगरीकरण निर्वाहिक स्तर का है। इसका अभिप्राय यह है कि गांव से नगरों की ओर प्रवास करने वाली जनसंख्या नगरों में रोजगार प्राप्त करने के उद्देश्य से आकर्षित होती है। नगरीकरण के निम्न कारण हैं-(i) ग्रामीण नगरीय असंतुलन, (ii) ग्रामीण क्षेत्रों में नौकरी के अवसरों की कमी, (iii) कृषि भूमि की न बढ़ सकने की प्रवृत्ति, (iv) नगरों की चुंबकीय विशेषताएं आदि। भारतीय नगर द्वितीयक की अपेक्षा तृतीयक क्षेत्र पर अधिक आधारित है। बहुत बड़ी संख्या में ग्रामीण नगरों की ओर पलायन कर रहे हैं। किन्तु अधिकांश नगरों में जीवन की गुणवत्ता का ह्रास हो रहा है।

46. (a) संविधान के अनुच्छेद 19(i) अ में वर्णित है कि सभी नागरिकों को वाक् स्वतंत्रता' और अभिव्यक्ति-स्वतंत्रता का अधिकार होगा। इसी में ही 'प्रेस की स्वतंत्रता' का अधिकार भी निहित है।

47. (a) संसद के दोनों सदनों का संयुक्त अधिवेशन राष्ट्रपति बुलाता है। संयुक्त अधिवेशन से संबंधित उपबंध संविधान के अनुच्छेद 108 में उपबंधित है। ज्ञातव्य है कि संसद के संयुक्त अधिवेशन की अध्यक्षता लोकसभा अध्यक्ष करता है।

48. (b) अनुच्छेद 93 के तहत लोकसभा अपनी पहली बैठक के पश्चात् यथाशीघ्र अपने दो सदस्यों को अध्यक्ष और उपाध्यक्ष के रूप में चुनती है

और जब-जब अध्यक्ष और उपाध्यक्ष का पद रिक्त होता है, तब-तब लोकसभा किसी अन्य सदस्य को, यथास्थिति अध्यक्ष व उपाध्यक्ष चुनेगी।

49. (d) दिए गए कूट के विकल्प सही हैं। पं. नेहरू 15 अगस्त, 1947 से 27 मई, 1964 तक, श्रीमती इंदिरा गांधी 24 जनवरी, 1966 से 24 मार्च, 1977 तक फिर 14 जनवरी, 1980 से 31 अक्टूबर, 1984 तक तथा अटल बिहारी वाजपेयी (1998 से 2004 तक) (इसके पहले 13 दिन तक प्रधानमंत्री रहे थे)। गुलजारी लाल नंदा 27 मई, 1964 से 9 जून, 1964 तक कार्यकारी प्रधानमंत्री रहे, पुन: 11 जनवरी, 1966 से 24 जनवरी, 1966 तक कार्यकारी प्रधानमंत्री रहे।

50. (c) योजना आयोग संवैधानिक निकाय नहीं अपितु एक परामर्शदात्री (असंवैधानिक) संस्था है। स्वतंत्रता प्राप्ति के बाद आर्थिक कार्यक्रम समिति ने 1948 में एक स्थायी योजना आयोग स्थापित करने की सिफारिश की थी, जिसके फलस्वरूप 15 मार्च, 1950 को केंद्र सरकार (मंत्रिमंडल के एक प्रस्ताव द्वारा) एक प्रस्ताव पारित करके इसकी स्थापना की गई। भारत का प्रधानमंत्री इस आयोग का पदेन अध्यक्ष होता है।

51. (c) भारतीय संविधान की उद्देशिका में 42वें संविधान संशोधन, 1976 द्वारा संशोधन किया गया था। इसमें 'प्रभुत्व संपन्न लोकतंत्रात्मक गणराज्य' के स्थान पर प्रभुत्व संपन्न, समाजवादी, पंथनिरपेक्ष, लोकतंत्रात्मक गणराज्य प्रतिस्थापित किया गया तथा 'राष्ट्र की एकता' के स्थान पर 'राष्ट्र की एकता और अखंडता' शब्द प्रतिस्थापित किए गए।

52. (b) एक क्षेत्र पंचायत के क्षेत्र का निर्धारण राज्य सरकार द्वारा किया जाता है। भारतीय संविधान के अनुच्छेद 243-क, 243-ख तथा 243-ग का अवलोकन करें।

53. (b) संविधान के अनुच्छेद 243-झ (243 1) पंचायतों की वित्तीय स्थिति के पुनर्विलोकन के लिए वित्त आयोग के गठन का प्रावधान करता है। विस्तृत अध्ययन के लिए भारतीय संविधान के अनुच्छेद 243-झ का अवलोकन किया जा सकता है।

54. (c) **55.** (c) **56.** (a) **57.** (a)

58. (c) 'दागो और भूल जाओ' के अचूक सिद्धांत पर भारत-रूस संयुक्त परियोजना के तहत विकसित की गयी सुपरसोनिक क्रूज मिसाइल (प्रक्षेपास्त्र) ब्रह्मोस है। ध्वनि की गति से दोगुनी रफ्तार से चलने वाली 8 मीटर लंबी यह मिसाइल 14 किमी. की ऊंचाई तक जा सकती है।

59. (c) इलेक्ट्रॉनिक वाणिज्य या (ई-कॉमर्स) से तात्पर्य है लाइन पर कारोबार करना या वस्तुओं और सेवाओं की वेब संग्रहों के माध्यम से बिक्री और खरीद करना। ई-कामर्स ने इलेक्ट्रॉनिक दुकानदारी की छोटी सी अवधारणा से विकसित होते हुए व्यापार और बाजार प्रक्रिया के वे सभी पहलू अपने दामन में समेट लिए हैं जो इंटरनेट और विश्वव्यापी प्रौद्योगिकियों का मात्र एक सेट न रहकर ग्राहकों को उत्पाद और सेवाएं पूरी तरह पहुंचाने में सहायता व समर्थन देता है।

60. (d) नेशनल एयरोनॉटिकल लेबोरेटरीज (NAL) द्वारा डिजाइन किये गये बहुउद्देशीय सिविलियन विमान सारस की दूसरी उड़ान 7 जून, 2004 को बेंगलुरु में संपन्न हुई। इस विमान द्वारा नागरिक आवश्यकताओं के साथ-साथ सैन्य आवश्यकताओं की भी पूर्ति की जा सकेगी। नागरिक उड्डयन के महानिदेशक से प्रमाणन प्राप्त करने के पश्चात् इस विमान का उत्पादन हिंदुस्तान एयरोनॉटिक्स लि. द्वारा किया जायेगा। कनाडा के दो प्रैट एंड हव्टिनी इंजन इस विमान में तैनात किये गये हैं।

61. (a) उत्तराखंड में चमोली जिले के पैनखंडा परगने के तल्ला पट्टी में विष्णुगंगा से दाहिने तट पर स्थित बद्रीनाथ तीर्थ प्रकृति की एक भव्यतम रचना है। इसके कुछ प्रसिद्ध नाम हैं-मुक्तिप्रदा, योगसिद्धा, विशालपुरी, बदरिकाश्रम, नरनारायणाश्रम। संभवत: इस मंदिर का निर्माण गढ़वाल के चंद्रवंश के प्रारंभिक राजा अजयपाल के शासन काल में हुआ। बद्रीनाथ में ही भगवान ब्रदीनाथ की माता का 'माता मूर्ति मंदिर' स्थापित है।

62. (c) जिम कार्बेट राष्ट्रीय पार्क दक्षिण-पूर्व एशिया का प्रथम राष्ट्रीय पार्क है। 1300 वर्ग किमी. में फैला यह पार्क भारत का प्रथम राष्ट्रीय पार्क भी है। इसकी स्थापना 1935 में राज्य के तत्कालीन गवर्नर सर हेली के नाम पर हेली नेशनल पार्क के रूप में हुई थी। 1957 में पुन: इसका नाम बदलकर 'जिम कार्बेट नेशनल' पार्क कर दिया गया। उत्तराखंड के देहरादून, हरिद्वार एवं पौड़ी गढ़वाल जिलों के लगभग 820 वर्ग किमी. क्षेत्रफल में, 1983 में 'राजाजी राष्ट्रीय उद्यान' की स्थापना की गयी। फूलों की घाटी उत्तराखंड चमोली जिले में स्थित है। उत्तराखंड के उत्तरकाशी जिले में 1989 में 'गंगोत्री राष्ट्रीय पार्क' की स्थापना की गयी।

63. (d) भारत का राष्ट्रीय वृक्ष अशोक है, इसका एक नाम देवधर भी है। भारत का राष्ट्रीय पक्षी मोर, राष्ट्रीय पशु बाघ, राष्ट्रीय पुष्प कमल तथा राष्ट्रीय फल आम है।

64. (b)

65. (c) भारत का राष्ट्रीय पक्षी मोर (पावो क्रिस्टेसस) है। ध्यातव्य है कि भारत का राष्ट्रीय वृक्ष 'अशोक' राष्ट्रीय पुष्प 'कमल', राष्ट्रीय फल 'आम' तथा राष्ट्रीय वाक्य 'सत्यमेव जयते' है।

66. (c) सेरीकल्चर (Sericulture) के अंतर्गत रेशम के कीड़ों का पालन और उनसे रेशम के उत्पादन का अध्ययन किया जाता है तथा हार्टीकल्चर (Horticulture) के अंतर्गत फल-फूल व साग-सब्जी उगाने, बाग लगाने तथा पुष्प उत्पादन का अध्ययन किया जाता है।

67. (b)

68. (c) रंगास्वामी कप-हॉकी, रिलायंस कप- क्रिकेट, रोवर्स कप फुटबाल तथा वेलिंग्टन कप-नौकायन से संबंधित है।

69. (c) **70.** (b)

71. (d) कावेरी जल-विवाद में कर्नाटक-तमिलनाडु-पुदुचेरी केरल राज्य संबद्ध हैं।

72. (d) **73.** (c)

74. (c) भारत का धुर दक्षिणी (सुदूरस्थ द. बिन्दु) द्वीप ग्रेट निकोबार से 20 किमी. दूर 'इंदिरा प्वाइंट' है जो अंडमान निकोबार द्वीप से 128 किमी. दक्षिण की तरफ है। यह 21 द्वीपों का समूह है।

75. (a) 'दक्षिण एशियाई क्षेत्रीय सहयोग संगठन' (SAARC) के भारत मालद्वीप, पाकिस्तान, बांग्लादेश, श्रीलंका, भूटान तथा नेपाल सदस्य देश हैं। (वर्तमान में सार्क में अफगानिस्तान के शामिल होने से इसकी सदस्य संख्या 8 हो गई है) इसकी स्थापना 7-8 दिसंबर, 1985 को हुई। इसका मुख्यालय काठमांडू में है। इस संगठन का उद्देश्य दक्षिण एशियाई देशों में क्षेत्रीय सहयोग का विस्तार करना है। सार्क संगठन देशों में बांग्लादेश सर्वाधिक घना आबाद देश है। इसका जनघनत्व 981 व्यक्ति प्रतिवर्ग किमी. है। यह विश्व में हांगकांग और सिंगापुर के बाद सर्वाधिक घना आबाद देश है।

76. (b)

77. (d) थाईलैंड का पुराना नाम स्याम, ताइवान का पुराना नाम फारमोसा, इराक का पुराना नाम मेसोपोटामिया तथा म्यांमार का पुराना नाम बर्मा था। म्यांमार की राजधानी यागूंन, इराक की राजधानी बगदाद, थाईलैंड की राजधानी बैंकाक है।

78. (a) भारत में गरीबी रेखा के नीचे 26% लोग हैं जिसमें ग्रामीण क्षेत्र का अंश 27.09% तथा शहरी क्षेत्र का 23.62% अंश है। भारत में राज्यों में सर्वाधिक निर्धनता प्रतिशत उड़ीसा (47.15%) का है। उसके बाद बिहार (42.6%) का स्थान है। गरीबों की जनसंख्या की दृष्टि से उत्तर प्रदेश का प्रथम स्थान है। यहां सर्वाधिक ग्रामीण तथा शहरी गरीबों की संख्या है।

79. (a) भारत में हरित क्रांति से डॉ. एम. एस. स्वामीनाथन (कृषि वैज्ञानिक) जुड़े हैं।

80. (d) राष्ट्रीय ग्रामीण विकास संस्थान हैदराबाद (आंध्र प्रदेश) में है।

81. (c) प्रांतों में द्वैध शासन व्यवस्था भारत शासन अधिनियम, 1919 के द्वारा लागू की गई थी जबकि भारत शासन अधिनियम द्वारा प्रांतों में द्वैध शासन व्यवस्था समाप्त कर दी गई थी। भारत परिषद् अधिनियम, 1892 के अंतर्गत व्यवस्थापिका सभा के सदस्यों को कार्यकारिणी परिषद् के बजट पर बहस का अधिकार मिला। सदस्य प्रश्न भी पूछ सकते थे। परोक्ष निर्वाचन को भी स्वीकार किया गया। भारत परिषद् अधिनियम, 1909 के द्वारा मुसलमानों के लिए पृथक मताधिकार तथा पृथक् निर्वाचक मण्डल की व्यवस्था की गई। इसके द्वारा भारतीयों को विधि-निर्माण तथा प्रशासन दोनों में भागीदारी मिली।

82. (b) रेग्युलेटिंग एक्ट, 1773-सर्वोच्च न्यायालय की स्थापना (बंगाल का गवर्नर जनरल वारेन हेस्टिंग्ज), भारतीय शासन अधिनियम, 1909 सांप्रदायिक निर्वाचक मंडल का प्रारंभ (वायसराय लॉर्ड मिंटो), भारत शासन अधिनियम, 1919-प्रांतों में द्वैध शासन का प्रारम्भ (वायसराय चेम्सफोर्ड) तथा भारत शासन अधिनियम 1935-प्रांतों में स्वायत्तता के लिए प्रावधान (वायसराय लार्ड वेलिंगटन) था।

83. (a) भारत छोड़ो आंदोलन जिसे 'अगस्त क्रांति' भी कहा जाता है, भारतीय जनता की वीरता और लड़ाकूपन की अद्वितीय मिसाल है। गांधी जी ने इसी आंदोलन के दौरान 'करो या मरो' का नारा दिया। उन्होंने कहा ''एक मंत्र है, छोटा-सा मंत्र जो मैं आपको देता हूं- उसे आप अपने हृदय में अंकित कर सकते हैं और अपनी सांस द्वारा व्यक्त कर सकते हैं। वह मंत्र है 'करो या मरो' या तो हम भारत को आजाद कराएंगे या इस कोशिश में अपनी जान दे देंगे। अपनी गुलामी का स्थायित्व देखने के लिए हम जिंदा नहीं रहेंगे।'' इस ऐतिहासिक आंदोलन की एक बड़ी खूबी यह रही कि इसके द्वारा आजादी की मांग राष्ट्रीय आंदोलन की पहली मांग बन गयी।

84. (a) होमरूल लीग की स्थापना (सितंबर, 1916 में) श्रीमती ऐनी बेसेंट द्वारा भारत सेवक समाज की स्थापना (1905 में) गोपाल कृष्ण गोखले द्वारा, स्वराज्य दल का गठन (मार्च 1923 में) मोतीलाल नेहरू व चितरंजन दास द्वारा तथा हिंदू विश्वविद्यालय की स्थापना पं. मदन मोहन मालवीय द्वारा की गई।

85. (c) कांग्रेस में उदारवादी तथा उग्रवादी विचारधारा के नेताओं में गंभीर मतभेद 1904 से स्पष्ट होने लगे थे। 1906 के कलकत्ता (कोलकाता) अधिवेशन में यह मतभेद एकदम स्पष्ट हो गया। 1907 के सूरत अधिवेशन में उग्रवादी लाला लाजपत राय को तथा उदारवादी डॉ. रासबिहारी घोष को अध्यक्ष बनाना चाहते थे। तिलक ने निर्वाचन के बारे में आपत्तियां उठानी चाही तो उदारवादियों ने उन्हें कुछ बोलने नहीं दिया। इसके बाद अधिवेशन में अव्यवस्था फैल गयी और कांग्रेस उदारवादी और उग्रवादी दो गुटों में बंट गयी। इस विभाजन के बाद 1916 के लखनऊ कांग्रेस अधिवेशन में श्रीमती एनीबेसेंट तथा अन्य नेताओं के प्रयास से दोनों गुट एक मंच पर आये।

86. (d) सिंधु सभ्यता अपने नगर-नियोजन एवं जल-निकास प्रणाली के लिए विख्यात है। मोहनजोदड़ो तथा हड़प्पा इस सभ्यता के विशिष्ट नगर हैं जो क्रमश: सिंधु तथा रावी नदी के तट पर स्थित है। सैंधव निवासियों के जीवन का मुख्य उद्यम यद्यपि कृषि कर्म था किंतु सभ्यता की विशिष्ट पहचान उसके व्यापार-वाणिज्य से थी। सीप उद्योग, मनका उद्योग, मृद्भांड उद्योग एवं धातुओं को गलाने एवं ढालने की कला लोग परिचित थे।

87. (c) संभवत: बाबर कुषाणों के बाद पहला शासक था जिसने काबुल एवं कंधार को अपने कब्जे में रखा। इसने मुगल साम्राज्य की स्थापना की। आलम खां के आत्म समर्पण के बाद पूरा पंजाब बाबर के कब्जे में आ गया था। 6 मई, 1529 को बाबर ने घाघरा के युद्ध में बंगाल एवं बिहार की संयुक्त सेना को पराजित किया। परिणामस्वरूप बाबर का साम्राज्य ऑक्सस से घाघरा एवं हिमालय से ग्वालियर तक फैल गया। आधुनिक उत्तर प्रदेश का क्षेत्र भी बाबर के साम्राज्य में सम्मिलित था बाबर ने राजपूताना के प्रमुख शासक चित्तोड़ के महाराणा सांगा को फतेहपुर सीकरी के निकट खानवा के युद्ध में 17 मार्च, 1527 को हरा दिया था किंतु राजस्थान के अन्य राज्यों पर उसका अधिकार नहीं हो पाया था।

88. (d) शेरशाह को 'व्यवस्था के सुधारक' के रूप में जाना जाता है। शेरशाह की वित्त व्यवस्था के अन्तर्गत सरकारी आय का सबसे बड़ा स्रोत जमीन पर लगने वाला कर था। शेरशाह के शासन काल में सर्वेक्षण शुल्क एवं संग्रह शुल्क भी देना पड़ता था, जिनकी दरें क्रमश: भू-राजस्व की 2.5 एवं 5% थी। शेरशाह ने भूमि की माप के लिए 32 इंच या 39 अंगुल वाला सिंकदरी गज व सन की डंडी का प्रयोग किया। करेंसी सुधार शेरशाह का दूसरा महत्वपूर्ण सुधार था। इसने सोने, चांदी एवं तांबे के आकर्षक सिक्के चलवाये। इन सिक्कों का अनुकरण मुगल शासकों ने किया। इसने 178 ग्रेन का चांदी का रुपया एवं 380 ग्रेन का तांबे का दाम चलवाया। शेरशाह ने प्रशासनिक सुधारों के अंतर्गत केंद्रीयकरण को वरीयता दी। सूबों को सरकारों तथा सरकारों को परगनों में बांटकर सैन्य तथा प्रशासनिक अधिकारियों को नियुक्त किया। सैनिक सुधारों में घोड़ों को दागने तथा सैनिकों का हुलिया लिखने के साथ ही उन्हें नकद वेतन देकर उसने अलाउद्दीन खिलजी की पद्धति को पुनर्जीवित किया।

89. (b) **90.** (d)

91. (b) अवरक्त तरंगों का प्रयोग टेलीविजन में रिमोट कंट्रोल से किया जाता है। ये किरणें ऊष्मीय विकिरण हैं। ये जिस वस्तु पर पड़ती हैं उसका ताप बढ़ जाता है। इसका प्रयोग कुहरे में फोटोग्राफी करने एवं रोगियों की सिकाई करने में भी किया जाता है।

92. (a) कुवैत में तेल का सबसे बड़ा प्रामाणिक भंडार है। विश्व के कुल खनिज तेल भंडार का लगभग 8% भाग कुवैत में पाया जाता है। खनिज तेल भंडार की दृष्टि से समृद्ध देश इराक और नाइजीरिया हैं।

93. (a) जायरे से नीदरलैंड जाते समय जलवायु प्रदेशों का सही क्रम इस प्रकार होगा-भूमध्यरेखीय जलवायु (क्योंकि जायरे भूमध्यरेखा के पास स्थित है), उष्ण मरुस्थलीय जलवायु, भूमध्य सागरीय जलवायु और पश्चिमी यूरोपीय जलवायु।

94. (c)

95. (c) विश्व की सर्वाधिक गहरी झील बैकाल झील है जो रूस में स्थित है। इसकी गहराई 1,940 मीटर एवं क्षेत्रफल 30,500 वर्ग किमी. है। टीटीकाका विश्व की सबसे ऊंची झील है एवं इसकी गहराई 270 मीटर हैं। जॉर्डन स्थित मृत सागर अपनी लवणता के लिए जाना जाता है एवं इसकी गहराई 2,500 फीट है। विक्टोरिया झील की गहराई 80 मीटर है।

96. (a) 25वें संविधान संशोधन अधिनियम, 1985 के द्वारा यह व्यवस्था की गई है कि यदि कोई संसद सदस्य या विधान सभा सदस्य दल-बदल करता है या दल द्वारा निकाल दिया जाता है, जिसने उसे चुनाव में खड़ा किया था या कोई निर्दलीय उम्मीदवार जो चुने जाने के छह माह के अन्दर किसी राजनीतिक सदन का सदस्य बन जाता है, वह सदन का सदस्य होने के अयोग्य करार दिया जाएगा। इसके द्वारा यह व्यवस्था की गई है कि कुल सदस्य संख्या के एक तिहाई सदस्यों के साथ ही दल-बदल किया जा सकता है।

97. (b) बंधुआ मजदूर अधिनियम, 1975 में स्थापित किया गया। इसका मुख्य उद्देश्य बंधुआ मजदूरी की प्रथा को रोकना तथा जनता के कमजोर वर्गों को आर्थिक एवं शारीरिक शोषण से मुक्ति दिलाना था। संवैधानिक प्रावधानों को लागू करने के लिए जिला और सब-डिवीजनल मजिस्ट्रेटों को कुछ जिम्मेदारियां सौंपी गई हैं। इस अधिनियम में किसी व्यक्ति को बंधुआ मजदूरी करने के लिए

मजबूर करने वाले या इसके लिए कर्ज देने वालों को तीन साल की कैद और 2000 रुपये तक के जुर्माने का प्रावधान है।

98. (d) राष्ट्रपति को संविधान के अधीन कुछ महत्त्वपूर्ण पदों पर नियुक्ति करने की शक्ति प्राप्त है। ये पद निम्नलिखित हैं-

(i) भारत का प्रधानमंत्री और संघ के अन्य मंत्री
(ii) भारत का महान्यायवादी
(iii) भारत का नियंत्रक-महालेखा परीक्षक
(iv) उच्चतम न्यायालय और उच्च न्यायालय के न्यायाधीश
(v) राज्यपाल, उपराज्यपाल और प्रशासक, संघ लोक सेवा आयोग के अध्यक्ष और सदस्य, मुख्य निर्वाचन आयुक्त और निर्वाचन आयोग के अन्य सदस्य इत्यादि।

99. (c)

100. (c) अंतर्राष्ट्रीय व्यापार व सीमा शुल्क संबंधी सामान्य नियमों को स्थापित करने के लिए 1948 में बने इस संगठन का मुख्यालय जेनेवा में है।

101. (a) राग शब्द की उत्पत्ति रंज से हुई है जिसका अर्थ होता है प्रसन्न करना। भारतीय संगीत की बुनियाद राग है। प्रत्येक राग के भिन्न लक्षण एवं गायन काल होते हैं। सुप्रभात में गाए जाने वाले प्रमुख राग हैं-तोड़ी, राग विलबल, रागभैरव आदि।

102. (d) डॉ. राधाकृष्णन् के जन्म दिवस 5 सितंबर को राष्ट्रीय शिक्षक दिवस के रूप में मनाया जाता है जबकि 8 मार्च को अंतर्राष्ट्रीय महिला दिवस, 1 मई को विश्व श्रमिक दिवस मनाया जाता है जबकि 14 जुलाई को कोई दिवस नहीं मनाया जाता है।

103. (c) मोतीलाल नेहरू बाल संग्रहालय की स्थापना वर्ष 1957 में लखनऊ में की गई थी।

104. (a) बखिरा पक्षी विहार की स्थापना 1990 में हुई थी। यह पक्षी विहार अब नवनिर्मित जनपद संत कबीर नगर में (तत्कालीन बस्ती जिले) स्थित है, जो बस्ती एवं सिद्धार्थ नगर जनपद के हिस्सों को काटकर बनाया गया है। जनपद मुख्यालय खलीलाबाद से 18 किमी. दूर यह पक्षी विहार, बखीरा नामक स्थान पर स्थित है।

105. (b) 2001 की जनगणनानुसार प्रश्न में दिए गए विकल्पों के अनुसार सर्वाधिक अनुसूचित जनजातीय जनसंख्या वाला जिला लखीमपुर खीरी था। 2011 की जनगणना के अंतिम आंकड़ों के अनुसार सर्वाधिक अनुसूचित जनजातीय जनसंख्या वाले तीन जिले क्रमश: हैं-सोनभद्र, बलिया एवं देवरिया।

106. (b) उत्तर प्रदेश के जनपद इटावा में बब्बर शेर प्रजनन केंद्र एवं सफारी पार्क विकसित किया जा रहा है।

107. (b) नवाबगंज पक्षी अभयारण्य उत्तर प्रदेश के उन्नाव जिले में स्थित है।

108. (d)

109. (c) 'दुधवा राष्ट्रीय उद्यान' उत्तर प्रदेश के लखीमपुर खीरी जनपद में स्थित है। 490 वर्ग किमी. क्षेत्र में फैला यह उद्यान प्रोजेक्ट टाइगर रिजर्व का भी भाग है।

110. (c) उत्तर प्रदेश में खरीफ फसल की बुआई जून-जुलाई के दौरान होती है।

111. (d) सूची-I तथा सूची-II का सुमेलन निम्नवत है-

सूची-I (फसलों के भारतीय संस्थान)	**सूची-II (स्थान जहां स्थित हैं)**
भारत सब्जी अनुसंधान संस्थान (IIVR)	वाराणसी
भारतीय दलहन अनुसंधान संस्थान (IIPR)	कानपुर
भारतीय गन्ना अनुसंधान संस्थान (IISR)	लखनऊ
भारतीय बागवानी अनुसंधान (IIHR)	बंगलूरु

112. (d) खुर्जा उत्तर प्रदेश के बुलंदशहर जिले में स्थित एक कस्बा है। यहां केंद्रीय ग्लास एवं सिरैमिक अनुसंधान संस्थान, कोलकाता द्वारा एक केंद्र की स्थापना अगस्त, 1981में उत्तर प्रदेश सरकार के नियमित वित्तीय समर्थन देने की सहमति के बाद की गई।

113. (b) अलाउद्दीन खिलजी पहला शासक था जिसने केंद्रीय शासन व्यवस्था की दृष्टि से संपूर्ण भू-राजस्व एवं राज्य-वित्त व्यवस्था का व्यापक रूप से पुनरावलोकन किया और उसने अपने व्यापक अधिनियमों के द्वारा उन्हें नया स्वरूप प्रदान करके चलाया। भूमि की पैमाइश के आधार पर लगान का निर्धारण करता था। 'बिस्वा' को पैमाइश की मानक इकाई निर्धारित किया था।

114. (d) उपर्युक्त विकल्प में दिए गए शासकों में से अमीर खुसरो अलाउद्दीन का दरबारी कवि था। उसने अलाउद्दीन के आदेश पर ही 'खजाइन-अल-फुतुह' की रचना की थी।

115. (c) लोदी वंश का संस्थापक बहलोल लोदी था, जो अफगानिस्तान के गिलजई कबीले की महत्वपूर्ण शाखा शाहूखेल नामक कुटुम्ब में पैदा हुआ था। उसने 1451 ई. से 1489 ई. तक दिल्ली पर शासन किया।

116. (d) प्रश्नानुसार कैगा (कर्नाटक) व रावतभाटा (राजस्थान) में भारत के परमाणु ऊर्जा उत्पादन केन्द्र है व एन्नोर तथा तूतीकोरन एवं रामागुण्डम तमिलनाडु में तापीय ऊर्जा केन्द्र है अत: विकल्प (d) सुमेलित नहीं है।

117. (d) मंगोलायड भारत के उत्तर-पूर्व क्षेत्र में पाए जाते हैं। लेपचा जनजाति सिक्किम में तथा गारो एवं खासी मेघालय में पाये जाते हैं। इनकी त्वचा का रंग पीला, मध्यम ऊँचाई, सिर के बाल भूरे तथा खड़े, नाक चपटे तथा आंखे धंसी होती है।

118. (a) गोंड जनजाति भारत की सबसे बड़ी जनजाति समूह है। दूसरी सबसे बड़ी जनजाति गोंड है जो छत्तीसगढ़, मध्य प्रदेश, पश्चिमी राजस्थान तथा आंध्र प्रदेश में पायी जाती हैं। संथाल झारखण्ड में पाये जाते हैं, भील मध्य प्रदेश, राजस्थान की प्रमुख जनजाति है। थारू उत्तर प्रदेश की जनजाति है।

119. (c) जलोढ़ मृदा भारत में व्यापक रूप से पाई जाती है। जलोढ़ मृदाएँ देश के 14.25 लाख वर्ग किमी. (43.4%) क्षेत्र पर पश्चिम में सतलज नदी से पूर्व में ब्रह्मपुत्र नदी घाटी तक विस्तृत है।

120. (b) मैरियाना या चैलेंजर गर्त प्रशान्त महासागर में मैरियाना द्वीप के पूर्वी भाग पर चाप आकार में फैला है। इसकी अनुमानित गहराई 11,033 मी. है। यह विश्व का सबसे गहरा गर्त है।

121. (b) संविधान के अनुच्छेद-123 में राष्ट्रपति को संसद के विश्रांतिकाल में अध्यादेश प्रख्यापित करने की शक्ति प्रदान की गई है। किसी अध्यादेश की अधिकतम अवधि छह महीने, संसद की मंजूरी न मिलने की स्थिति में छह हफ्तों की होती है। (संसद के दो सत्रों के मध्य अधिकतम अवधि छह महीने होती है।) हालांकि संविधान संशोधन हेतु अध्यादेश जारी नहीं किया जा सकता है।

अनुच्छेद 360–वित्तीय आपात के बारे में उपबंध।

अनुच्छेद 356–राज्यों में संवैधानिक तंत्र के विफल हो जाने की दशा में उपबंध।

अनुच्छेद 200–विधेयकों पर अनुमति से संबंधित है।

122. (c) संविधान में भारत के महान्यायवादी के पद की व्यवस्था की गई। वह देश का सर्वोच्च कानून अधिकारी होता है। अनु.–76 के अनुसार, राष्ट्रपति महान्यायवादी की नियुक्ति करता है बशर्ते उस व्यक्ति में उच्चतम न्यायालय का न्यायाधीश बनने की योग्यता हो। संविधान द्वारा महान्यायवादी के कार्यकाल को निश्चित नहीं किया गया है। इसके अतिरिक्त संविधान में उसे हटाने की व्यवस्था का भी वर्णन नहीं किया गया है। वह अपने पद पर

राष्ट्रपति के प्रसाद पर्यंत तक बने रह सकता है। वह राष्ट्रपति को कभी भी अपना त्यागपत्र सौंपकर पद मुक्त हो सकता है। संविधान में महान्यायवादी का परिश्रमिक तय नहीं किया गया है, उसे राष्ट्रपति द्वारा निर्धारित पारिश्रमिक मिलता है। महान्यायवादी का भारत के किसी भी क्षेत्र में किसी भी अदालत में सुनवाई का अधिकार है। इसके अतिरिक्त संसद के दोनों सदनों में बोलने या कार्यवाही में भाग लेने या दोनों सदनों की संयुक्त बैठक में मताधिकार के बगैर भाग लेने का अधिकार है। इसे एक संसद सदस्य की तरह सभी भत्ते एवं विशेषाधिकार मिलते हैं।

123. (d) भारतीय संविधान की धारा 348 द्वारा भारत के उच्चतम न्यायालय की सम्पूर्ण कार्यवाही अंग्रेजी भाषा में होगी।

124. (a) भारत के संविधान के अनुच्छेद 52 में राष्ट्रपति के पद की व्यवस्था दी गई है। राष्ट्रपति देश का संवैधानिक प्रमुख होता है। संविधान के अनुच्छेद 58 (1) (ग) में यह उल्लेख है कि राष्ट्रपति को लोक सभा का सदस्य बनने की योग्यता होने पर ही निर्वाचित होने की पात्रता होगी।

125. (d) भाषायी अल्पसंख्यक, लोगों का वह समूह है, जिनकी मातृभाषा राज्य की सबसे प्रमुख भाषा या राज्य के किसी एक भाग की सबसे प्रमुख भाषा से अलग हो। इस प्रकार भाषायी अल्पसंख्यकों का निर्धारण राज्यानुसार किया जाता है। राज्य भाषायी अल्पसंख्यकों को प्राथमिक विद्यालयों में शिक्षा के माध्यम के रूप में उनकी मातृभाषा चुनने के लिए बाध्य नहीं कर सकता है। हिन्दी भारत की राष्ट्रीय भाषा नहीं है बल्कि यह राजभाषा है। संविधान की आठवीं अनुसूची में वर्तमान (2013) में 22 भाषाएँ वर्णित हैं। ये हैं–असमिया, बंगाली, गुजराती, हिंदी, कन्नड़, कश्मीरी, कोंकणी, मलयालम, मणिपुरी, मराठी, नेपाली, मैथिली (मैथिली), ओड़िया, पंजाबी, संस्कृत, सिंधी, तमिल, तेलुगू, उर्दू, डोंगरी, बोडो तथा संथाली। सन् 2003 के 92वें संविधान संशोधन अधिनियम द्वारा मैथिली, डोंगरी, बोडो, और संथाली भाषाओं को जोड़ा गया है।

नोट–अंगिका अब संविधान की आठवीं सूची में सम्मिलित नहीं है।

126. (c) विश्व जल संकट सूची में वर्ष 2018 में जल संकट के उच्च स्तर का सामना कर रहे विश्व के 400 महानगरों में चेन्नई को प्रथम स्थान प्राप्त हुआ था। रिपोर्ट के अनुसार भारत का छठा सबसे बड़ा राज्य चेन्नई वर्तमान में भारी जल संकट से जूझ रहा है।

127. (b) थाईलैंड की मेजबानी में होने वाली आसियान देशों की आगामी बैठक में आसियान देशों ने समुद्री प्रदूषण से निपटने के लिए 'बैंकॉक घोषणा' का प्रस्ताव रखा है। ज्ञात हो कि साझी रणनीति के तहत इस प्रकार की यह पहली घोषणा है।

128. (c) महाराष्ट्र राज्य की चार बांधों पर तैरते हुए सौर ऊर्जा उत्पादन संयंत्र स्थापित करने की योजना है। स्विस चैलेंज पद्धति के अनुसार फ्लोटिंग सोलर पैनल स्थापित करने के लिए वर्धा, बेबाला, खडकपुर्णा और पेंटाकली बांधों के बैक वाटर का चयन किया गया है। इस योजना में 500 मेगावॉट की कुल स्थापित क्षमता के साथ प्रति मेगावॉट अनुमानित निवेश 4.45 करोड़ रुपये है।

129. (a) लेसन लाइफ टौट मी अन-नोइंग्ली बॉलीवुड अभिनेता अनुपम खेर की आत्मकथा है। अनुपम खेर भारतीय फिल्म उद्योग में सबसे अधिक प्रसिद्ध अभिनेताओं में से एक हैं, जिन्होंने कई भाषाओं में 500 से अधिक फिल्मों में अभिनय किया है।

130. (d) जापान ने मणिपुर को उपहार स्वरूप एक "शांति संग्रहालय" प्रदान किया है जो द्वितीय विश्व युद्ध के भयंकर युद्धों में से एक की स्मृति पर बनाया गया है। मणिपुर की राजधानी इंफाल से लगभग 20 किलोमीटर दक्षिण-पश्चिम में लाल पहाड़ी पर इम्फाल शांति संग्रहालय में इम्फाल की लड़ाई की 75 वीं वर्षगांठ को चिह्नित किया गया है।

131. (c) वेयिल मरंगल (ट्रीज़ अंडर द सन) मलयालम फिल्म 22वें शंघाई अंतर्राष्ट्रीय फिल्म समारोह में 'उत्कृष्ट कलात्मक उपलब्धि 'पुरस्कार जीतने वाली पहली भारतीय फिल्म बन गई है। इस फिल्म का निर्देशन बिजुकुमार दामोदरन ने किया है।

132. (c) रक्षा अनुसंधान विकास संगठन (DRDO) ने ल्यूकोडर्मा (सफ़ेद दाग़) के उपचार हेतु एक हर्बल औषधि विकसित की है।

ल्यूकोडर्मा एक त्वचा संबंधी बीमारी है जिसमें त्वचा पर सफेद धब्बे हो जाते हैं। ल्यूकोडर्मा को विटिलिगो भी कहा जाता है।

133. (d) आध्यात्मिक स्वामी व् निवर्तमान शंकराचार्य सत्यमित्रानंद गिरी का 87 वर्ष की अवस्था में 25 जून, 2019 को निधन हो गया। वे हरिद्वार में भारत माता मंदिर के संस्थापक भी थे।

134. (d) हाल ही में प्रकाशित 'विश्व की महिलाओं की प्रगति रिपोर्ट 2019-2020' के अनुसार, विवाहित महिलाओं की श्रम बल में भागीदारी यूरोप और उत्तरी अमेरिका में सबसे अधिक (78.2%) और मध्य और दक्षिणी एशिया क्षेत्र में सबसे कम (29.1%) पाई गई। अपवाद के रूप में उप-सहारा अफ्रीकी क्षेत्र एकमात्र ऐसा स्थान है जहाँ विवाहित महिलाओं की श्रम बल में अधिक भागीदारी (73.8%) पाई गई।

135. (c) केंद्र सरकार के कार्मिक एवं प्रशिक्षण मंत्रालय ने पानी की कमी से जूझ रहे देश के 255 ज़िलों में वर्षा जल के संचयन और संरक्षण हेतु 1 जुलाई, 2019 से 'जल शक्ति' अभियान को शुरू करने की घोषणा की है। इस अभियान को दक्षिण-पश्चिम मानसून के दौरान वर्षा प्राप्त करने वाले राज्यों में 1 जुलाई से 15 सितंबर तक जबकि उत्तर-पूर्व मानसून से वर्षा प्राप्त करने वाले राज्यों में 1 अक्तूबर से 30 नवंबर तक संचालित किया जाएगा।

136. (a) अंतर्राष्ट्रीय ओलंपिक समिति (IOC) ने विश्व मुक्केबाजी निकाय AIBA (इंटरनेशनल बॉक्सिंग एसोसिएशन) से ओलंपिक दर्जा वापस ले लिया है। आईओसी अब वर्ष 2020 के टोक्यो खेलों के लिए क्वालीफाइंग और अंतिम टूर्नामेंट आयोजित करेगा।

137. (c) भारत में जन्मी प्रिया सेराव ने 2019 के लिए मिस यूनिवर्स ऑस्ट्रेलिया का खिताब जीता। वे आगामी मिस यूनिवर्स प्रतियोगिता में ऑस्ट्रेलिया का प्रतिनिधित्व करेंगी। ज्ञात हो कि प्रिया का जन्म कर्नाटक में हुआ था ।

138. (d) भारत के कप्तान विराट कोहली सबसे तेज 20,000 अंतर्राष्ट्रीय रन बनाने वाले बल्लेबाज बन गए। विराट कोहली ने सिर्फ 417 पारियों में यह उपलब्धि हासिल की। भारत बनाम वेस्टइंडीज मैच में कोहली 25वें ओवर में इस उपलब्धि पर पहुंच गए। इस प्रकार, कोहली, तेंदुलकर और राहुल द्रविड़ के बाद 20 हज़ार अंतर्राष्ट्रीय रन तक पहुंचने वाले 12 वें बल्लेबाज और तीसरे भारतीय बन गए हैं।

139. (b) अमेरिका के राष्ट्रपति डोनाल्ड ट्रम्प ने 30 जून, 2019 को उत्तर कोरियाई नेता किम जोंग-उन से मुलाकात कर प्योंगयांग की जमीन पर पहली बार कदम रखा।

140. (c) नासा (NASA) के ट्रांज़िटिंग एक्ज़ोप्लैनेट सर्वे सैटेलाइट (Transiting Exoplanet Survey Satellite- TESS) ने हाल ही में तीन नए ग्रहों की खोज की है। इनमें से एक ग्रह नासा द्वारा खोजा गया अब तक का सबसे छोटा ग्रह है जिसे L 98-59b नाम दिया गया है।

कम तापमान वाले एक नज़दीकी तारे की परिक्रमा करने वाला L 98-59b ग्रह आकार में मंगल ग्रह से बड़ा किंतु पृथ्वी से छोटा है। L 98-59b के अलावा, दो अन्य ग्रह भी उसी तारे की परिक्रमा करते हैं।

141. (b) सदस्यों की कुल संख्या $= 1 + 1 + 3 + 1 = 6$

142. (a) 26 जनवरी, 1996 से 15 अगस्त, 2000 तक दिनों की संख्या = 1663

1663 दिनों में विषम दिनों की संख्या = 4

$\therefore$ वर्ष 2000 में स्वतंत्रता दिवस = मंगलवार को पड़ेगा।

143. (c)

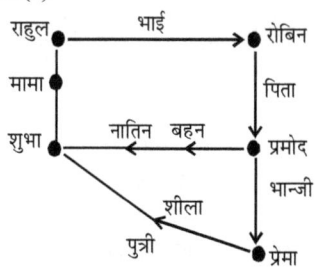

राहुल शुभा के मामा हैं।

144. (b) माना पिता की आयु $= x$ वर्ष

$\therefore$ माता की आयु $= x - 10$ वर्ष

पुत्री की आयु $= \dfrac{x-10}{2}$ वर्ष

भाई की आयु $= x - 30$ वर्ष

$$(x-30)-\left(\frac{x-10}{2}\right) = 5$$

$$x-30-\frac{x}{2}+5 = 5$$

$$\frac{x}{2} = 30$$

$\therefore$ $x = 60$ वर्ष

145. (c) कक्षा में कुल छात्रों की संख्या $= 10 + 30 + 1 + 3 + 1 = 45$

146. (a) $7 \rightarrow (2)^3 - 1$

$\boxed{26}$ $28 \rightarrow (3)^3 - 1$

$63 \rightarrow (4)^3 - 1$

$124 \rightarrow (5)^3 - 1$

$215 \rightarrow (6)^3 - 1$

$342 \rightarrow (7)^3 - 1$

147. (b)

148. (c) 9 5 7 8 9 $\rightarrow$ E G K P T

तथा 2 4 3 6 $\rightarrow$ A L U R

$\therefore$ 2 4 5 3 9 $\rightarrow$ A L G U T

149. (a) जिस प्रकार उसी प्रकार

जिस प्रकार	उसी प्रकार
$P \xrightarrow{+1} Q$	$S \xrightarrow{+1} T$
$L \xrightarrow{+2} N$	$I \xrightarrow{+2} K$
$A \xrightarrow{+3} D$	$N \xrightarrow{+3} Q$
$Y \xrightarrow{+4} C$	$G \xrightarrow{+4} K$
$E \xrightarrow{+5} J$	$E \xrightarrow{+5} J$
$R \xrightarrow{+6} X$	$R \xrightarrow{+6} X$

150. (d)

151. (c) विपरीत दिशा में चलने वाली दोनों रेलगाड़ियों की

सापेक्ष गति $= (72 + 108)$

$= 180 \times \dfrac{5}{18}$ मी/सेकेंड

$= 50$ मी/सेकेंड

दोनों रेलगाड़ियों की कुल लम्बाई $= (180 + 120)$ मी

$= 300$ मी.

$\therefore$ अभीष्ट समय $= \dfrac{\text{दूरी}}{\text{गति}} = \dfrac{300\text{मी}}{50\text{मी/से}}$

$= 6$ सेकेंड

152. (b) माना विद्यालय में लड़कें तथा लड़कियों की संख्या क्रमश: x तथा y है।

तब प्रश्नानुसार,

$\because x$ का $10\% = \dfrac{1}{4} \times y$

$$\Rightarrow x \times \frac{10}{100} = \frac{1}{4} \times y$$

$$\therefore x : y = \frac{10}{4} = 5 : 2$$

153. (c) माना दो अंकों की एक संख्या $= 10x + y$

तब प्रश्नानुसार,

$10x + y = k(x + y)$ ...(i)

$\therefore$ अंकों को आपस में बदलने पर बनी संख्या

$= 10y + x$

$= (11 - 1)y + (11 - 10)x$

$= 11(x + y) - (10x + y)$

$= 11(x + y) - k(x + y)$

$= (11 - k)(x + y)$

= उन अंकों का योग है जिसे गुणा किया जाएगा

$= (11 - k)$

154. (a) माना परीक्षा कक्षों P और Q में विद्यार्थियों की संख्या क्रमश: x और y है।

तब प्रश्नानुसार,

$(x - 10) = y + 10$

$\Rightarrow x - y = 20$ ..(i)

तथा $(x + 20) = 2(y - 20)$

$\Rightarrow 2y - = 60$

समीकरण (i) और (ii) को जोड़ने पर

$y = 20 + 60 = 80$

$x = 80 + 20 = 100$

155. (a) माना सफल उम्मीदवारों की संख्या $= x$ है।

तब प्रश्नानुसार,

$\because$ $x \times 39 + (120 - x) \times 15 = 120 \times 35$

$\Rightarrow$ $x(39 - 15) = 120\,(35 - 15)$

$\therefore$ $x = \dfrac{120 \times 20}{24} = 100$

156. (a)	**157.** (d)	**158.** (a)
159. (d)	**160.** (a)	**161.** (c)
162. (a)	**163.** (a)	**164.** (b)
165. (d)	**166.** (c)	**167.** (d)
168. (b)	**169.** (b)	**170.** (c)
171. (c)	**172.** (d)	**173.** (b)
174. (d)	**175.** (b)	**176.** (a)
177. (b)	**178.** (c)	**179.** (d)
180. (c)	**181.** (a)	**182.** (d)
183. (b)	**184.** (c)	**185.** (c)

186. (c) सिलिकान चिप को सेमी कंडक्टर कहते हैं। मैग्नेटिक टेप पर स्मृतियां अंकित होती हैं। सर्वर कंप्यूटर नेटवर्क का नियंत्रक कंप्यूटर होता है। आप्टिकल भी स्मृति का कार्य करता है।

187. (c) मॉनिटर कंप्यूटर का विजुअल डिसप्ले यूनिट है। इसकी स्क्रीन पर कंप्यूटर पर किए जा रहे कार्य प्रदर्शित होते रहते हैं। इसमें कैथोड रे ट्यूब होती है, जिससे इलेक्ट्रॉन उत्पन्न होते हैं, जो स्क्रीन पर तस्वीरें बनाते हैं। स्क्रीन पर बिन्दुओं का क्रम विन्यास होता है जिसे फ्लक्स कहते हैं। मानीटर के स्क्रीन पर ऊपर से नीचे 200 तथा बाएं से दाएं 640 फ्लक्स होते हैं।

188. (a)	**189.** (d)	**190.** (b)
191. (b)	**192.** (a)	**193.** (c)
194. (d)	**195.** (d)	**196.** (c)
197. (d)	**198.** (d)	**199.** (b)
200. (b)		

❑❑❑

प्रैक्टिस सेट–14

1. निम्नलिखित में से किस पदार्थ की विद्युत चालकता सर्वाधिक है?
(a) हीरा (b) चांदी
(c) ग्रेफाइट (d) लकड़ी

2. सूर्य से उत्पन्न ऊर्जा का स्रोत है-
(a) नाभिकीय विखंडन
(b) नाभिकीय संलयन
(c) प्रकाश विद्युत प्रभाव
(d) सेरेनकोव प्रभाव

3. प्रकाश-संश्लेषण हेतु सर्वाधिक क्रियाशील प्रकाश है-
(a) बैंगनी प्रकाश (b) लाल प्रकाश
(c) नीला प्रकाश (d) हरा प्रकाश

4. रासायनिक रूप में सूखी बर्फ है-
(a) ठोस सल्फर डाइऑक्साइड
(b) आसूत जल से बनी बर्फ
(c) बर्फ तथा साधारण नमक का मिश्रण
(d) ठोस कार्बन डाईऑक्साइड

5. ऐल्यूमिनियम धातु को प्राप्त किया जाता है-
(a) पिच ब्लेडे से (b) ग्रेफाइट से
(c) बॉक्साइट से (d) अर्जेंटाइट से

6. भार के अनुसार पानी (H_2O) में हाइड्रोजन का प्रतिशत है-
(a) 44.45Y (b) 5.55Y
(c) 88.89% (d) 11.11%

7. वातावरण में सर्वाधिक प्रतिशत है-
(a) ऑक्सीजन का
(b) कार्बन डाइऑक्साइड का
(c) नाइट्रोजन का
(d) हाइड्रोजन का

8. किसी समुद्र का रंग नीला प्रतीत होता है क्योंकि उस पर पड़ने वाली सूर्य की किरणें–
(a) परावर्तित हो जाती हैं
(b) अपवर्तित हो जाती हैं
(c) विवर्तित हो जाती हैं
(d) प्रकीर्णित हो जाती हैं

9. यदि कोई वस्तु सीधी रेखा में नियत चाल से गति करती है, तो इसकी गति को कहा जाता है–
(a) एक समान गति
(b) आवधिक गति
(c) वृत्तीय गति
(d) असमान गति

10. हीरा विद्युत का कुचालक है, क्योंकि–
(a) इसकी संरचना सघन होती है।
(b) इसकी प्रकृति क्रिस्टलीय होती है।
(c) इसमें केवल कार्बन के परमाणु उपस्थित होते हैं।
(d) इसमें मुक्त इलेक्ट्रॉन उपस्थित नहीं होते हैं।

11. निम्न में से कौन-सी रंगीन गैस है–
(a) ऑक्सीजन (b) नाइट्रोजन
(c) क्लोरीन (d) हाइड्रोजन

12. सभी जटिल जंतुओं में कितने प्रकार के मूल ऊतक पाए जाते हैं?
(a) 4000 (b) 400
(c) 40 (d) 4

13. मानव शरीर के किस तंत्र से नेफ्रॉन का संबंध है?
(a) परिवहन तंत्र (b) उत्सर्जन तंत्र
(c) जनन तंत्र (d) श्वसन तंत्र

14. टैमीफ्लू दवा किसके रोकथाम के लिए उपयोग होती है?
(a) बर्ड फ्लू (b) कैंसर
(c) एड्स (d) पोलिया

15. हीमेटोपोयसिस कहाँ सम्पन्न होता है?
(a) फेफड़े (b) अग्नाशय
(c) यकृत (d) अस्थिमज्जा

16. निम्न में से किस राज्य की सीमा बांग्लादेश से नहीं मिलती?
(a) मिजोरम (b) त्रिपुरा
(c) मणिपुर (d) मेघालय

17. हरीके बैराज (इंदिरा गांधी नहर का प्रमुख जल स्रोत) निम्न में से किन नदियों के संगम पर है?
(a) रावी और व्यास
(b) झेलम और चिनाब
(c) चिनाब और सतलुज
(d) व्यास और सतलुज

18. 'दुलहस्ती पावर स्टेशन' किस नदी पर अवस्थित है?
(a) व्यास (b) चिनाब
(c) रावी (d) सतलुज

19. कौन-सा मसाला भारत में ''काला सोना'' के रूप में जाना जाता है-
(a) काली मिर्च (b) इलायची
(c) लौंग (d) केसर

20. निम्न में से कौन-सा राज्य सोयाबीन का अग्रणी उत्पादक है?
(a) मध्य प्रदेश (b) महाराष्ट्र
(c) पंजाब (d) तमिलनाडु

21. राजस्थान किस वस्तु का प्रमुख उत्पादक है?
(a) चना (b) सरसों
(c) कपास (d) गेहूं

22. निम्न में से कौन एक भारत की सबसे पुरानी तेल शोधन इकाई है?
(a) हल्दिया (b) डिग्बोई
(c) कोयली (d) मथुरा

23. निम्न में से कौन-सा राज्य कोयले का सर्वाधिक उत्पादन करता है?
(a) मध्य प्रदेश (b) झारखंड
(c) उड़ीसा (d) बिहार

24. बैलाडिला खान किस खनिज से संबंधित है?
(a) लौह अयस्क (b) कोयला
(c) मैंगनीज (d) अभ्रक

25. राजा सांसी अंतर्राष्ट्रीय हवाई अड्डा कहां है?
(a) हैदराबाद (b) नागपुर
(c) अमृतसर (d) चेन्नई

26. निम्न में से कौन एक द्वीपीय महाद्वीप है?
(a) अफ्रीका (b) न्यूजीलैंड
(c) ग्रीनलैंड (d) ऑस्ट्रेलिया

27. मेडागास्कर सबसे बड़ा द्वीप है-
(a) हिंद महासागर में
(b) प्रशांत महासागर में
(c) बंगाल की खाड़ी में
(d) लाल सागर में

28. ग्रेट साल्ट लेक कहां स्थित है?
(a) ईरान
(b) यू.एस.ए. (संयुक्त राज्य अमेरिका)
(c) तुर्की
(d) भारत

29. निम्न में से किस देश को 'यूरेनियम सिटी' स्थापित करने का श्रेय दिया जाता है?
(a) ऑस्ट्रेलिया
(b) कनाडा
(c) रूस
(d) संयुक्त राज्य अमेरिका

30. निम्न में से किसको विश्व का 'काफी बंदरगाह' कहा जाता है?
(a) कोस्टारिका (b) सेंटोस
(c) रियो डी जेनरो (d) ब्यूनस आयर्स

31. भारत के सी.ए.जी. नियंत्रक एवं महालेखा परीक्षक कार्य करते हैं-
(a) नागरिक स्वतंत्रता के संरक्षक के रूप में
(b) लोक वित्त संरक्षक के रूप में
(c) सरकार के मुख्य विधिक सलाहकार के रूप में
(d) उपर्युक्त सभी के संरक्षक के रूप में

32. सर्वोच्च न्यायालय के न्यायाधीशों की नियुक्ति की जाती है, राष्ट्रपति के द्वारा-
(a) राज्यसभा द्वारा अनुमोदित किये जाने पर
(b) लोकसभा की सलाह पर
(c) प्रधानमंत्री की सलाह पर
(d) सर्वोच्च न्यायालय के मुख्य न्यायाधीश से परामर्श के बाद

33. निम्न में से कौन सा चुनाव निर्वाचन आयोग द्वारा संपादित नहीं किया जाता?
(a) लोकसभा
(b) राज्यसभा
(c) राष्ट्रपति
(d) स्थानीय निकायों का

34. जिस समिति की अनुशंसा पर देश में पंचायती राज लागू किया गया, उसके प्रमुख थे-
(a) जीवराज मेहता (b) बलवंत राय मेहता
(c) श्री मन्नारायण (d) जगजीवन राम

35. 'सामुदायिक विकास कार्यक्रम' कब लागू किया गया था?
(a) 26 जनवरी, 1950
(b) 15 अगस्त, 1950
(c) 2 अक्टूबर, 1952
(d) 1 जून, 1975

36. निम्न में से किस शासक ने सर्वप्रथम जजिया कर समाप्त किया था?
(a) जैन-उल-आबीदीन
(b) मुहम्मद बिन तुगलक
(c) हुसैन शाह शर्की
(d) अकबर

37. पानीपत का तीसरा युद्ध लड़ा गया था, वर्ष-
(a) 1526 ई. में (b) 1761 ई. में
(c) 1556 ई. में (d) 1857 ई. में

38. महात्मा ज्योतिबा फुले द्वारा किस संगठन की स्थापना की गई थी?
(a) गोपाल मंडली
(b) श्रीनारायण सभा
(c) सत्यशोधक समाज
(d) महाजन सभा

39. 'किसको' भारतीय पुनर्जागरण का पिता' कहा जाता है?
(a) राजा राममोहन राय
(b) दयानंद सरस्वती
(c) स्वामी विवेकानंद
(d) रामकृष्ण परमहंस

40. भारतीय राष्ट्रीय कांग्रेस का प्रथम अधिवेशन हुआ था-
(a) मुंबई में (b) कोलकाता में
(c) नागपुर में (d) दिल्ली में

41. 'वंदे मातरम् गीत' के रचयिता कौन थे-
(a) बंकिमचंद्र चटर्जी
(b) ताराशंकर बंधोपाध्याय
(c) शरतचंद्र
(d) रवीन्द्रनाथ टैगोर

42. भगत सिंह को उसके दो साथियों के साथ 23 मार्च, 1931 को फांसी दी गई थी, वे दो साथी कौन थे?
(a) राजगुरु और सुखदेव
(b) सुखदेव और बी.के. दत्त
(c) राजगुरु और बी.के. दत्त
(d) चन्द्रशेखर आजाद और सुखदेव

43. महात्मा गांधी को 'राष्ट्रपिता' कहने वाला प्रथम व्यक्ति कौन था?
(a) अबुल कलाम आजाद
(b) जवाहरलाल नेहरू
(c) चितरंजन दास
(d) सुभाष चन्द्र बोस

44. किसने यह विचार व्यक्त किया था कि भारत में 'ब्रिटिश आर्थिक नीति' घिनौनी है?
(a) बी.जी. तिलक
(b) दादाभाई नौरोजी
(c) कार्ल मार्क्स
(d) एडम स्मिथ

45. निम्न में से किसने 'निकास का सिद्धान्त' का प्रतिपादन किया था?
(a) दादा भाई नौरोजी
(b) गोपाल कृष्ण गोखले
(c) लोकमान्य तिलक
(d) मदन मोहन मालवीय

46. यमुना नदी का उद्गम स्थान है-
(a) चौखंबा (b) बंदरपूंछ
(c) नंदादेवी (d) नीलकंठ

47. लाल रक्त कणिकाएं मुख्यतया बनती हैं-
(a) यकृत में (b) गुर्दे में
(c) हृदय में (d) अस्थि मज्जा में

48. जैविक ऑक्सीजन आवश्यकता (बी.ओ.डी.) एक प्रकार का प्रदूषण सूचकांक है-
(a) जलीय वातावरण में
(b) मृदा में
(c) वायु में
(d) उपर्युक्त सभी में

49. वह कौन सा प्रथम भारतीय राज्य है, जिसके सभी जिले राज्य की राजधानी से फाइबर-ऑप्टिकल नेटवर्क द्वारा जुड़े हैं?
(a) उत्तर प्रदेश (b) बिहार
(c) आंध्र प्रदेश (d) उत्तराखंड

50. अंग्रेजी शासन के दौरान भारत के 'आर्थिक दोहन' के विचार का प्रतिपादन किसने किया था?
(a) दादाभाई नौरोजी
(b) एम.एन. रॉय
(c) जयप्रकाश नारायण
(d) राम मनोहर लोहिया

51. निम्नलिखित का सही क्रम नीचे दिए गए कूट से ज्ञात कीजिए-
1. सी. राजगोपालाचारी योजना
2. वेवेल योजना
3. माउंट बेटन योजना
4. कैबिनेट मिशन योजना

कूट:
(a) 1, 2, 3 एवं 4
(b) 2, 3, 4 एवं 1
(c) 1, 2, 4 एवं 3
(d) 2, 1, 3 एवं 4

52. निम्नलिखित में से किसने असहयोग आन्दोलन के दौरान विदेशी कपड़ों को जलाया जाना एक निष्ठुर बर्बादी बताया था?
(a) रवीन्द्रनाथ टैगोर
(b) मोहम्मद अली जिन्ना
(c) लॉर्ड रीडिंग
(d) मोतीलाल नेहरू

53. काफी संख्या में लोग अमृतसर के जलियांवाला बाग में 13 अप्रैल, 1919 ई. को एकत्रित हुए थे, गिरफ्तारी के विरोध में-
(a) स्वामी श्रद्धानंद और मजरुल हक
(b) मदन मोहन मालवीय और मोहम्मद अली जिन्ना
(c) महात्मा गांधी और अबुल कलाम आजाद
(d) डॉ. सैफुद्दीन किचलू और डॉ. सत्यपाल

54. किस भारतीय क्रांतिकारी ने सुभाष चन्द्र बोस को 'इंडियन नेशनल आर्मी' के गठन में सक्रिय सहयोग दिया था?
(a) बटुकेश्वर दत्त
(b) रासबिहारी बोस
(c) राम प्रसाद बिस्मिल
(d) सूर्य सेन

55. देव समाज का संस्थापक निम्न में से कौन था?
(a) वल्लभभाई पटेल
(b) दादाभाई नौरोजी
(c) शिवनारायण अग्निहोत्री
(d) रामकृष्ण परमहंस

56. निम्न में से किस आंदोलन में सरदार वल्लभभाई पटेल ने मुख्य भूमिका निभाई?
(a) बिजौलिया आंदोलन
(b) दांडी मार्च
(c) अहमदाबाद में कपड़ा मिल श्रमिकों की हड़ताल
(d) बारदोली सत्याग्रह

57. नमक सत्याग्रह के समय जब गांधी जी कैद कर लिए गए, उस समय किसने आंदोलन के नेता के रूप में उनका स्थान लिया?
(a) जवाहरलाल नेहरू
(b) सरदार पटेल
(c) अबुल कलाम आजाद
(d) अब्बास तैयब जी

58. निम्न में से किस स्थान पर एक प्रसिद्ध सिख गुरुद्वारा अवस्थित है?
(a) रूपकुंड (b) हेमकुंड
(c) ताराकुंड (d) ब्रह्मकुंड

59. 'प्लानिंग एंड द पुअर' पुस्तक के लेखक हैं-
(a) डी.आर. गाडगिल
(b) वी.एस. मिनहास
(c) चरण सिंह
(d) रुद्र दत्त

60. ग्रामीण क्षेत्रों में शहरी सुविधाएं देने की नीति का समर्थन किसने किया था?
(a) डॉ. ए.पी.जे. अब्दुल कलाम
(b) डॉ. मनमोहन सिंह
(c) डॉ. करण सिंह
(d) डॉ. मोंटेक सिंह आहलूवालिया

61. ''द ऑडेसिटी ऑफ होप'' का लेखक कौन है?
(a) अल गोर (b) बराक ओबामा
(c) हिलेरी क्लिंटन (d) बिल क्लिंटन

62. महिला ट्वेंटी-20 क्रिकेट का प्रथम विश्व कप किस देश ने जीता था?
(a) न्यूजीलैंड (b) इंग्लैंड
(c) भारत (d) श्रीलंका

63. महाबलिपुरम के रथ मंदिरों का निर्माण किसने कराया था?
(a) नरसिंह वर्मन (b) समुद्र गुप्त
(c) हर्ष (d) पुलकेशिन-II

64. अभिनव बिंद्रा किस खेल से संबंधित है?
(a) पोलो (b) गोल्फ
(c) निशानेबाजी (d) बैडमिंटन

65. निम्न में से किसे ''दक्षिण गंगोत्री'' के नाम से जाना जाता है?
(a) कावेरी नदी का उद्गम स्थल
(b) वह स्थान जहां से पेरीयार नदी उत्तर की तरफ बहती है
(c) भारत का प्रथम अंटार्कटिक शोध केंद्र
(d) केरल में रॉकेट छोड़ने का केंद्र

66. लुनोज पेट्रोल उत्पादक क्षेत्र किस राज्य में स्थित है?
(a) असम
(b) मुंबई-हाई
(c) अरुणाचल प्रदेश
(d) गुजरात

67. निम्न में से कौन-सा स्थल चित्रकला के लिए प्रसिद्ध है?
(a) अजंता (b) भीम बेटका
(c) बाघ (d) अमरावती

68. 'विशाल स्नानागार' किस पुरातत्त्व स्थल से पाया गया था?
(a) रोपड़ (b) हड़प्पा
(c) मोहन जोदड़ो (d) कालीबंगा

69. जीविकोपार्जन हेतु 'वेद वेदांग' पढ़ाने वाला अध्यापक कहलाता था-
(a) आचार्य (b) अध्वर्यु
(c) उपाध्याय (d) पुरोहित

70. आंध्र-सातवाहन राजाओं की सबसे लम्बी सूची किस पुराण में मिलती है?
(a) वायु पुराण
(b) विष्णु पुराण
(c) मत्स्य पुराण
(d) उपर्युक्त में से किसी में नहीं

71. निम्नलिखित में से किस वंश के साम्राज्य की सीमाएं भारत के बाहर तक फैली थी?
(a) गुप्त वंश
(b) मौर्य वंश
(c) कुषाण वंश
(d) उपर्युक्त में से किसी में नहीं

72. 'इण्डिका' का मूल लेखक था-
(a) नि आर्कस (b) मेगस्थनीज
(c) प्लूटार्क (d) डायोडोरस

73. निम्न में से किस राज्य ने 'एक रुपये में एक किलो चावल' योजना शुरू की है?
(a) पश्चिम बंगाल (b) उड़ीसा
(c) केरल (d) तमिलनाडु

74. नागार्जुन किस बौद्ध संप्रदाय के थे?
(a) सौत्रांतिक (b) वैभाषिक
(c) माध्यमिक (d) योगाचार

75. किस सिख गुरु को अकबर ने 500 बीघा जमीन दी थी?
(a) अर्जुन देव (b) रामदास
(c) हर राय (d) तेग बहादुर

76. भारतीय अर्थव्यवस्था के किस क्षेत्र का 'सकल घरेलू उत्पाद' में सर्वाधिक योगदान है?
(a) कृषि क्षेत्र (b) औद्योगिक क्षेत्र
(c) सेवा क्षेत्र (d) इनमें से कोई नहीं

77. सामुदायिक विकास कार्यक्रम जिसे 2 अक्टूबर, 1952 में प्रारंभ किया गया ने रास्ता तैयार किया-

(a) आर्थिक योजना के संगठन का
(b) पंचायती राज के संगठन का
(c) अनुसूचित जाति एवं जनजाति के विकास का
(d) बालिका शिशु के संरक्षण का

78. भारत के राज्यों में, राज्य वित्त निगमों ने मुख्य रूप से जिनके विकास के लिए सहायता दी है, वे हैं-

(a) कृषि-फार्म
(b) कुटीर उद्योग
(c) बड़े पैमाने के उद्योग
(d) मध्यम एवं छोटे पैमाने के उद्योग

79. बारहवें वित्त आयोग के अध्यक्ष कौन थे?

(a) सी. रंगराजन (b) राजा चेलिया
(c) के.सी. पंत (d) वाई.वी. चह्वाण

80. नरसिम्हम समिति संबंधित है-

(a) भूमि सुधार से
(b) बैंकिंग क्षेत्र में सुधार से
(c) श्रम सुधार से
(d) कृषि सुधार से

81. निम्न में से नाबार्ड का मुख्यालय कहां है?

(a) नई दिल्ली (b) चेन्नई
(c) मुंबई (d) जयपुर

82. वर्ष 2011 की जनगणना के अनुसार साक्षरता दर के संदर्भ में निम्नलिखित राज्यों का सही अवरोही क्रम है-

(a) बिहार, उत्तर प्रदेश, राजस्थान, मध्य प्रदेश
(b) उत्तर प्रदेश, बिहार, मध्य प्रदेश, राजस्थान
(c) राजस्थान, मध्य प्रदेश, बिहार, उत्तर प्रदेश
(d) मध्य प्रदेश, बिहार, राजस्थान, उत्तर प्रदेश

83. निम्नलिखित में से कौन-सा ग्रह सबसे कम समय में सूर्य का चक्कर लगाता है?

(a) प्लूटो (b) बुध
(c) पृथ्वी (d) शनि

84. निम्नलिखित में से कौन-सा कथन सही है?

(a) जलवाष्प निचले वायुमंडल की अति परिवर्ती गैस है।
(b) अधिकतम तापमान की मेखला विषुवत रेखा के सहारे पायी जाती है।
(c) शीत कटिबंध उभय गोलार्द्धों, ध्रुवीय वृत्त एवं ध्रुवों के बीच स्थित है।
(d) जेट वायुधाराएं ऊंचाई की हवाएं हैं, जो धरातलीय मौसमी दशाओं को प्रभावित करती हैं।

85. ग्लोबीय तापमान के संबंध में निम्नलिखित कथनों पर विचार दीजिए-

1. ग्लोबीय तापमान का सबसे महत्त्वपूर्ण परिणाम यह है कि इससे ध्रुवीय बर्फ की चोटियों के पिघलने से समुद्र के जल स्तर में वृद्धि होगी।
2. यदि ग्लोबीय तापमान के वर्तमान स्तर पर नियंत्रण नहीं किया गया तो सन् 2070 ई. तक समुद्र की सतह का एक मीटर तक बढ़ना संभावी है।
3. विश्व के समस्त मूंगे डूब जाएंगे
4. यह संभावना है कि सन् 2044 ई. तक फिजी डूब जाएगा और समुद्र तल के बढ़ने से इसी वर्ष तक नीदरलैंड पर एक गंभीर संकट छा जाएगा।

कूट:

(a) 1, 2, 3 एवं 4
(b) केवल 4
(c) 1, 2 एवं 4
(d) 1, 2 एवं 3

86. निम्नलिखित में से कौन-सा पारिस्थितिकी तंत्र पृथ्वी के सर्वाधिक क्षेत्र पर फैला हुआ है?

(a) मरुस्थलीय (b) घास के मैदान
(c) पर्वतीय (d) सामुद्रिक

87. निम्नलिखित में से कौन-सी मिट्टी चाय बागानों के लिए उपयुक्त है?

(a) अम्लीय (b) क्षारीय
(c) जलोढ़ (d) रेगुर

88. कथन (A) : भारत में नगरीकरण एवं औद्योगीकरण की वृद्धि के साथ अपराधों में भी वृद्धि हुई है।

कारण (R) : औद्योगिक नगरीय व्यवस्था परिवार एवं सांस्कृतिक अव्यवस्था के कारण है।

कूट:

(a) A तथा R दोनों सही हैं तथा R, A की सही व्याख्या है।
(b) A तथा R दोनों सही हैं किन्तु R, A की सही व्याख्या नहीं है।
(c) A सही है, किन्तु R गलत है।
(d) A गलत है, किन्तु R सही है।

89. वर्ष 1901 की जनगणना के अनुसार निम्नलिखित में से कौन-सा देश का प्रथम दसलाखी नगर था?

(a) मद्रास (चेन्नई)
(b) दिल्ली
(c) कलकत्ता (कोलकाता)
(d) बम्बई (मुंबई)

90. निम्नलिखित राज्यों में से किस एक में पेट्रो-रसायन उद्योगों के लिए आदर्श दशाएं पायी जाती हैं?

(a) गुजरात (b) महाराष्ट्र
(c) तमिलनाडु (d) उत्तर प्रदेश

91. इंडियन इंस्टीट्यूट ऑफ नेचुरोपेथी एंड यौगिक साइंस स्थित है-

(a) पुणे में (b) लखनऊ में
(c) हैदराबाद में (d) बंगलुरू में

92. टिहरी बांध का निर्माण उत्तराखंड राज्य में किया जा रहा है-

(a) भागीरथी नदी पर
(b) रामगंगा नदी पर
(c) अलकनंदा नदी पर
(d) भीलांगना नदी पर

93. भारत में सर्वाधिक कोयला भंडार पाए जाते हैं-

(a) छत्तीसगढ़ में (b) झारखंड में
(c) मध्य प्रदेश में (d) उड़ीसा में

94. निम्नलिखित में से कौन-सा भारत का सर्वाधिक नगरीकृत राज्य है?

(a) महाराष्ट्र (b) मिजोरम
(c) गोवा (d) तमिलनाडु

95. वर्ष 2001 की जनगणना के अनुसार निम्नलिखित राज्यों में से किस एक में अन्य तीन की अपेक्षा निम्नतर जनसंख्या घनत्व पाया जाता है?

(a) मणिपुर (b) मेघालय
(c) मिजोरम (d) नागालैंड

96. राजीव गांधी राष्ट्रीय उद्यान अवस्थित है-

(a) राजस्थान में (b) मध्य प्रदेश में
(c) उत्तराखंड में (d) कर्नाटक में

97. राष्ट्रीय वन नीति में भारत के कुल भौगोलिक क्षेत्र के कितने प्रतिशत पर वन रखने का लक्ष्य है?

(a) चौथाई (b) आधा
(c) पांचवां (d) एक-तिहाई

98. प्रतिवर्ष 13 फरवरी को महिला दिवस मनाया जाता है, स्मृति में-

(a) इंदिरा गांधी की
(b) कमला नेहरू की
(c) सरोजिनी नायडू की
(d) रानी लक्ष्मीबाई की

99. मैग्सेसे पुरस्कार विजेता पहले भारतीय कौन थे?
(a) इन्दिरा गांधी (b) टी.एन. शेषन
(c) किरन बेदी (d) विनोबा भावे

100. सुविख्यात ठुमरी गायिका गिरजादेवी का संबंध है-
(a) बनारस घराने से
(b) लखनऊ घराने से
(c) जयपुर घराने से
(d) उपर्युक्त में से किसी से नहीं

101. निम्नलिखित में से किस हिन्दू त्यौहार को थारू लोग शोक पर्व के रूप में मनाते हैं?
(a) दशहरा (b) दीपावली
(c) होली (d) नागपंचमी

102. भारत में सामाजिक ऑडिट कानून लागू करने वाला पहला राज्य है?
(a) मणिपुर (b) मेघालय
(c) त्रिपुरा (d) असम

103. निम्नलिखित में से किसने 1946 के कैबिनेट मिशन का नेतृत्व किया था?
(a) ह्यू गेट्सकेल
(c) सर जॉन साइमन
(d) सर पैथिक लॉरेन्स
(c) उपर्युक्त में से कोई नहीं

104. निम्नलिखित स्थानों में से कहाँ पर भागीरथी एवं अलकनन्दा नदियाँ मिलती हैं?
(a) देवप्रयाग (b) कर्णप्रयाग
(c) विष्णुप्रयाग (d) रुद्रप्रयाग

105. भारत की किस नदी का अंतर्देशीय जल निकास है?
(a) तापी (b) गंगा
(c) गोदावरी (d) लूनी

106. निम्नलिखित नदियों में से कौन-सी नदी गंगा की सहायक नदी नहीं है?
(a) इन्द्रावती (b) सोन
(c) गोमती (d) यमुना

107. निम्नलिखित में से कौन एक सही सुमेलित नहीं है?
(a) चांग ला – जम्मू एवं कश्मीर
(b) रोहतांग – हिमाचल प्रदेश
(c) बोमडीला – अरुणाचल प्रदेश
(d) सेला – उत्तराखण्ड

108. निम्नलिखित महाद्वीपों में से किसमें देशों की संख्या अधिकतम है?
(a) अफ्रीका
(b) यूरोप
(c) एशिया
(d) दक्षिणी अमेरिका

109. भारतीय संविधान के निम्नलिखित अनुच्छेदों में से किसका व्यवहार में क्रियान्वयन कभी नहीं हुआ है?
(a) अनुच्छेद-60 का
(b) अनुच्छेद-360 का
(c) अनुच्छेद-352 का
(d) अनुच्छेद-356 का

110. भारतीय संविधान के निम्नलिखित में से कौन-सा अनुच्छेद राज्यपाल को अध्यादेश जारी करने की शक्ति प्रदान करता है?
(a) अनुच्छेद-208 (b) अनुच्छेद-212
(c) अनुच्छेद-213 (d) अनुच्छेद-214

111. डॉ. भीमराव अम्बेडकर नामक नक्षत्रशाला स्थित है–
(a) रामपुर में (b) लखनऊ में
(c) इलाहाबाद में (d) गोरखपुर में

112. उत्तराखण्ड राज्य की स्थापना हुई–
(a) सन् 1999 में (b) सन् 2000 में
(c) सन् 2001 में (d) सन् 2002 में

113. इलाहाबाद स्थित एलफ्रेड पार्क का पुनः नामकरण किया गया–
(a) भगत सिंह के नाम पर
(b) चन्द्रशेखर आजाद के नाम पर
(c) सुभाष चन्द्र बोस के नाम पर
(d) मोतीलाल नेहरू के नाम पर

114. निम्नलिखत लोक नृत्यों में से कौन उत्तर प्रदेश के बुन्देलखण्ड क्षेत्र का लोक नृत्य नहीं है–
(a) रवाला नृत्य (b) डांडिया नृत्य
(c) बढ़इया नृत्य (d) राई नृत्य

115. राष्ट्रीय राजमार्ग प्रणाली की जिम्मेदारी है–
(a) राज्य सरकार पर
(b) केन्द्र सरकार पर
(c) उपर्युक्त दोनों
(d) उपर्युक्त में से कोई नहीं

116. वर्तमान में उत्तर प्रदेश में वनक्षेत्र है मात्र-
(a) 2.56% (b) 4.45%
(c) 9.50% (d) 11.60%

117. 'गुरु गोविंद सिंह स्पोर्ट्स कॉलेज' कहां अवस्थित है?
(a) सैफई में (b) वाराणसी में
(c) लखनऊ में (d) मेरठ में

118. 'ताज अंतर्राष्ट्रीय हवाई अड्डा' स्थापित किया जा रहा है?
(a) आगरा जनपद में
(b) फिरोजाबाद जनपद में
(c) गौतमबुद्ध नगर जनपद में
(d) मथुरा जनपद में

119. भारत के समस्त राज्यों में क्षेत्रफल के अनुसार उत्तर प्रदेश का कौन-सा स्थान है?
(a) पहला (b) दूसरा
(c) तीसरा (d) चौथा

120. निम्नलिखित में से कौन-सी परियोजना उत्तर प्रदेश में पेयजल परियोजना है?
(a) शारदा सहायक नहर परियोजना
(b) ज्ञानपुर पंप एवं नहर परियोजना
(c) गोकुल बैराज परियोजना
(d) पथरई बांध

121. 2011 की जनगणना के अनुसार उत्तर प्रदेश की जनसंख्या भारत की जनसंख्या की कितनी प्रतिशत है?
(a) 14.2 (b) 15.5
(c) 16.16 (d) 18.2

122. निम्नलिखित युग्मों में से कौन-सा सही सुमेलित नहीं है?
(a) लाल बहादुर शास्त्री गन्ना विकास संस्थान - मेरठ
(b) पिकप - लखनऊ
(c) राज्य वर्ग विकास एवं विपणन निगम - आगरा लिमिटेड
(d) यू.पी.एफ.सी. (उत्तर प्रदेश वित्तीय निगम) - कानपुर

123. उत्तर प्रदेश औद्योगिक विकास निगम स्थापित है-
(a) कानपुर में (b) लखनऊ में
(c) आगरा में (d) नोएडा में

124. उत्तर प्रदेश में आई.टी. सिटी की स्थापना की जा रही है-
(a) इलाहाबाद में (b) कानपुर में
(c) लखनऊ में (d) वाराणसी में

125. ईस्टर पर हुए आतंकी हमले के बाद श्रीलंका जाने वाले प्रथम विदेशी नेता कौन हैं?
(a) ब्लादिमीर पुतिन
(b) शी जिनपिंग
(c) नरेंद्र मोदी
(d) डोनाल्ड ट्रम्प

126. फ्रेंच ओपन 2019 के महिला एकल खिताब की विजेता कौन हैं?
(a) एंजेलिक कर्बर
(b) नाओमी ओसाका
(c) एश्ले बार्टी
(d) मार्केटा वोंडरुसोवा

127. ऑस्ट्रिया की पहली महिला चांसलर कौन नियुक्त हुई हैं?
(a) जेसिंडा आर्डेन
(b) जुजाना कैपुतोवा
(c) सेहल वर्क ज़ेव्द
(d) ब्रिगिट बीरेलिन

128. फ्रेंच ओपन 2019 के पुरुष एकल का खिताब किसने जीता?
(a) नोवाक जोकोविच
(b) राफेल नडाल
(c) रोजर फेडरर
(d) डॉमिनिक थिएम

129. व्यापार और डिजिटल अर्थव्यवस्था पर जी-20 की मंत्रिस्तरीय बैठक में भारत का प्रतिनिधित्व किसने किया?
(a) निर्मला सीतारमण
(b) पीयूष गोयल
(c) अरुण जेटली
(d) इनमें से कोई नहीं

130. पांचवें अंतर्राष्ट्रीय योग दिवस के अवसर पर मुख्य कार्यक्रम कहाँ आयोजित किया गया?
(a) रांची (b) अहमदाबाद
(c) चंडीगढ़ (d) भोपाल

131. झारखंड हाई कोर्ट का कार्यवाहक न्यायाधीश किसे नियुक्त किया गया है?
(a) धीरुभाई नारनभाई पटेल
(b) जस्टिस प्रशांत कुमार
(c) जस्टिस एस. रविन्द्र भट्ट
(d) इनमें से कोई नहीं

132. नए वैश्विक लैंगिक समानता सूचकांक में भारत किस स्थान पर है?
(a) 105वें (b) 95वें
(c) 42वें (d) 91वें

133. दुनिया में समय की सबसे ज्यादा पाबंद एयरलाइन का सम्मान किसे मिला है?
(a) एयर इंडिया
(b) क़तर एयरवेज
(c) श्रीलंकन एयरलाइन
(d) गल्फ एयरवेज

134. निम्न में से कौन 7वीं बार कनाडा ग्रैंड प्रीक्स का विजेता बना?
(a) लुईस हैमिल्टन
(b) सेबेस्टियन वेटल
(c) निको रोसबर्ग
(d) डेनियल रिकार्डो

135. ग्लोबल चाइल्डहुड रिपोर्ट में भारत किस स्थान पर है?
(a) 32वें (b) 113वें
(c) 95वें (d) 170वें

136. 17वीं लोकसभा के प्रोटेम स्पीकर कौन नियुक्त हुए हैं?
(a) अशोक सिंह
(b) नृपेन्द्र मिश्र
(c) डॉ. वीरेंद्र कुमार
(d) इनमें से कोई नहीं

137. यू.के. सरकार ने विदेश और राष्ट्रमंडल कार्यालय के मुख्य अर्थशास्त्री के रूप में किसे नियुक्त किया है?
(a) संजय सुब्रमनियम
(b) कुमार अय्यर
(c) हरदीप पुरी
(d) इनमें से कोई नहीं

138. भारत और फ्रांस के मध्य कौन-सा मेगा हवाई अभ्यास जुलाई 2019 में आयोजित किया गया?
(a) संप्रिती (b) वरुण
(c) इंद्र शक्ति (d) गरुड़

139. विश्व मत्स्यपालन दिवस कब मनाया गया?
(a) 20 नवम्बर (b) 21 नवम्बर
(c) 22 नवम्बर (d) 24 नवम्बर

140. निम्नलिखित शब्दों को शब्दकोश में दिए गए क्रम के अनुसार लिखें–
1. succeed 2. shuffle
3. subtle 4. subway
(a) 2, 3, 4, 1 (b) 2, 1, 3, 4
(c) 1, 3, 4, 2 (d) 2, 4, 3, 1

141. दी गई एक विशेष पद्धति के आधार पर बिना हल किए गए समीकरण का सही उत्तर ज्ञात कीजिए–
$2 + 3 + 6 + 7 = 9, 12 + 13 + 16 + 17 = 99,$
$102 + 103 + 106 + 107 = ?$
(a) 999 (b) 9999
(c) 109 (d) 1009

निर्देश (प्रश्न 142 से 145 तक): प्रत्येक प्रश्न में दिए गए विकल्पों में से संबंधित अक्षर/शब्द/संख्या को चुनिए

142. KLMN : PONM :: HIJK : ?
(a) UVWX (b) SRQP
(c) DEFG (d) OPQR

143. DOG : Z :: CAT : ?
(a) X (b) Y
(c) V (d) W

144. 14 : 9 :: 26 : ?
(a) 31 (b) 15
(c) 12 (d) 13

145. लेखक : पुस्तक :: ? : गीत
(a) गायक (b) ध्वनि इंजीनियर
(c) संगीतकार (d) रचयिता

निर्देश (प्रश्न 146 से 148 तक) : प्रत्येक प्रश्न में दिए गए विकल्पों में से विषम संख्या/संख्या युग्म/शब्द ज्ञात कीजिए।

146. 6, 11, 16, 17, 21, 26.
(a) 21 (b) 26
(c) 17 (d) 16

147. (a) 59–48 (b) 33–27
(c) 68–85 (d) 121–134

148. (a) मक्खन (b) दही
(c) पनीर (d) दूध

149. दिए गए विकल्पों में (a), (b), (c) और (d) में से सही दर्पण प्रतिबिंब को चुनें।
प्रश्न आकृति

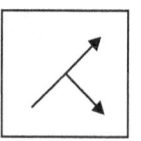

उत्तर आकृतियां

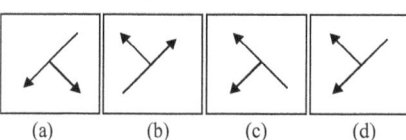

(a) (b) (c) (d)

150. 100 व्यक्तियों के एक समूह के लिए एक भोज का आयोजन किया जाता है। इस भोज में 50 लोगों को मछली पसंद नहीं है, 60 लोगों को मुर्गा पसंद है, और 10 न तो मछली, न ही मुर्गा पसंद करते हैं। व्यक्तियों की वह संख्या ज्ञात करें जो मछली और मुर्गा दोनों पसंद करते हैं–
(a) 20 (b) 30
(c) 40 (d) 10

151. एक सम बहुभुज का बाह्य कोण 72° है। तदनुसार, उसके सभी अंत:कोणों का कुल योग कितना होगा?

(a) 360° (b) 480°
(c) 520° (d) 540°

152. पांच वर्ष पहले P तथा Q की औसत आयु 15 वर्ष थी। अब P, Q तथा R की औसत आयु 20 वर्ष है। तदनुसार 10 वर्षों बाद की आयु कितनी हो जाएगी?

(a) 35 वर्ष
(b) 40 वर्ष
(c) 30 वर्ष
(d) 50 वर्ष

153. वह धनराशि कितनी होगी, जो 5% वार्षिक की दर पर, दूसरे वर्ष में ₹420 चक्रवृद्धि ब्याज प्राप्त कर सके?

(a) ₹ 4,000
(b) ₹ 42,000
(c) ₹ 8,000
(d) ₹ 21,000

154. $\dfrac{8.73 \times 8.73 \times 8.73 + 4.27 \times 4.27 \times 4.27}{8.73 \times 8.73 - 8.73 \times 4.27 + 4.27 \times 4.27}$

बराबर हैं–

(a) 11
(b) 13
(c) $1\frac{1}{7}$
(d) इनमें से कोई नहीं

निर्देश-(155-156) निम्नलिखित प्रत्येक वाक्य खंड के लिए उसके नीचे दिए गए विकल्पों में से एक शब्द चुनिए

155. अपनी ही जाति वाला

(a) विजातीय (b) वर्णसंकर
(c) जातीय (d) सजातीय

156. नीति-ज्ञान रखने वाला

(a) नीतिवान
(b) नीति-निपुण
(c) नीति-दक्ष
(d) नीतिज्ञ

157. संयुक्त क्रिया किसे कहते हैं?

(a) जब दो या दो से अधिक क्रियाएं मिलकर किसी पूर्ण क्रिया का बोध कराती हैं।
(b) जहां कर्त्ता कार्य को स्वयं न करके किसी दूसरे से करवाता है।
(c) जब किसी क्रिया से पहले दूसरी क्रिया आती है।
(d) इनमें से कोई नहीं

158. इनमें से गुणवाचक विशेषण कौन-सा है?

(a) चौगुना (b) नया
(c) तीन (d) कुछ

159. निम्नलिखित वाक्य में काला शब्द विशेषण है, उसका भेद छांटिए-
कुछ बच्चे कक्षा में शोर मचा रहे थे।

(a) गुणवाचक विशेषण
(b) अनिश्चित परिमाणवाचक विशेषण
(c) सार्वनामिक विशेषण
(d) अनिश्चित संख्यावाचक विशेषण

160. अव्यय के कितने भेद हैं?

(a) तीन (b) चार
(c) पांच (d) छह

161. जिस क्रिया की रचना संज्ञा, सर्वनाम अथवा विशेषण के आधार पर की जाती है, उसे क्या कहते हैं?

(a) पूर्वकालिक क्रिया
(b) प्रेरणार्थक क्रिया
(c) सकर्मक क्रिया
(d) नामधातु क्रिया

162. निम्नलिखित वाक्यों में से एक वाक्य में विशेषण संबंधी अशुद्धि नहीं है, वह कौन-सा है?

(a) उसमें एक गोपनीय रहस्य है।
(b) आप जैसा अच्छा सज्जन कोन होगा।
(c) कहीं से खूब ठंडा बर्फ लाओ।
(d) वहां ज्वर की सर्वोत्कृष्ट चिकित्सा होती है।

163. निम्नांकित में विशेषण है-

(a) सुलेख
(b) आकर्षक
(c) हव्य
(d) पौरुष

निर्देश-(164-165) वाक्य में काले छपे शब्द की शुद्ध वर्तनी का चयन कीजिए

164. कृष्ण-भक्ति काव्य में ऐसा बहुत कुछ है जो नित्य और निमितिक सांप्रदायिक कार्यों से संबंधित है।

(a) निमित्तिक (b) नैमित्तिक
(c) नेमित्तिक (d) निमीतिक

165. महर्षि बाल्मीकी ने रामायण की रचना की।

(a) बालमीकी (b) वाल्मीकि
(c) बालमीकि (d) बाल्मीकि

166. (a) योगियों की वेश-भूषा धारण मात्र कर लेने से कोई सच्चा योगी नहीं हो जाता।
(b) योगियों की वेश-भूषा धारण कर लेने से कोई सच्चा योगी नहीं हो पाता।
(c) योगियों की मात्र वेश-भूषा धारण कर लेने से कोई सच्चा योगी नहीं हो जाता।
(d) योगियों की वेश-भूषा धारण कर लेने मात्र से कोई सच्चा योगी नहीं हो जाता।

167. एक ऋजु रेखा खींचकर उस पर नब्बे अंश का कोण बनाओ

(a) सरल (b) ऋृज्वी
(c) पर्यक (d) तिर्यक

168. नेताजी ने यह आश्वासन दिया कि गांवों में बिजली की समस्या को शीघ्र हल करवाया जाएगा।

(a) दीर्घ (b) विचार
(c) विलंब (d) विश्राम

169. निम्नलिखित में से तद्भव शब्द का चयन कीजिए-

(a) धूम्र (b) काष्ठ
(c) यजमान (d) जोगी

170. निम्नलिखित विकल्पों में से तत्सम शब्द का चयन कीजिए-

(a) भविष्य (b) शीर्ष
(c) मानुस (d) कंकड़

Directions: (Q. 171-172) In the following questions, sentences are given with blanks to be filled with appropriate word (s). Four alternatives are suggested for each question. Choose the correct alternative out of the four.

171. His appointment may....some new life into the committee.

(a) increase (b) inject
(c) infect (d) insure

172. The page of the book....by Ravi were lying on the floor.

(a) torn off (b) torn away
(c) torn of (d) torn in

Directions: (Q. 173-174) In the following questions, out of the four alternatives, choose the one which best expresses the meaning of the given word.

173. Determination

(a) Looseness (b) Vacillating
(c) Deterioration (d) Firmness

174. Amend

(a) Increase (b) Improve
(c) Simplify (d) Reduce

Directions: (Q. 175 to 176) In the following questions, choose the word opposite in meaning to the given word.

175. Healthy

(a) Vigorous (b) Monotonous
(c) Sick (d) Disorderly

176. Accord
(a) Command (b) Obey
(c) Disagreement (d) Communicate

Directions: (Q. 177 to 178) In the following questions, four alternaives are given for the Idiom/Phrase underlined in the sentence. Choose the alternative which best expresses the meaning of the Idiom/Phrase.

177. A true friend is always ready to stand by with you even in difficult times.
(a) stand for
(b) stand up
(c) to support
(d) standing beside

178. Sunny turned a deaf ear to his friend's plea.
(a) listened to (b) disregarded
(c) agreed to (d) obeyed

Directions: (Q. 179-181) In the following questions, a/part of the sentence is underlined. Below are given alternatives to replace the underlined part of the sentence at (a, b, c) which may improve the sentence. Choose the correct alternative. In case no improvement is needed, mark your answers is (d).

179. I don't hardly think it will rain.
(a) hardly think
(b) don't think hardly
(c) hardly don't think
(d) No improvement

180. Two negatives destroy one another.
(a) each other
(b) themselve
(c) with one another
(d) No improvement

181. I asked him why is he so angry upon me?
(a) is he so angry with me
(b) he is so angry with me
(c) he was so angry with me
(d) no improvement

Directions: (Q. 182-183) In the following questions, out of the four alternatives, choose the one which can be substituted for the given words/sentences.

182. One who pays rent to the landlord.
(a) Termagant (b) Trojan
(c) Tenant (d) Rayee

183. Government not connected with religion or spiritual matters.
(a) Democracy (b) Sovereign
(c) Monarchy (d) Secular

Directions: (Q. 184-185) In the following questions four words are given in each question, out of which only one words is correctly spelt. Find the correctly spelt word.

184. (a) Renaissance
(b) Renaisance
(c) Renassance
(d) Renaissancee

185. (a) Fictiteous
(b) Fictisious
(c) Fictitieous
(d) Fictitious

186. निम्न में से कौन कंप्यूटर हार्डवेयर नहीं है?
(a) प्रिंटर (b) कंपाइलर
(c) माउस (d) की-बोर्ड

187. कंप्यूटर अपनी शक्ति प्राप्त करता है-
(a) अपनी गति से
(b) शुद्धता से
(c) स्मृति से
(d) उपर्युक्त सभी से

188. लिखित प्रोग्राम जिसके कारण कंप्यूटर वांछित तरीके से कार्य करते हैं, कहलाता है-
(a) कोड्स
(b) इंस्ट्रक्शन
(c) सॉफ्टवेयर
(d) इनमें से कोई नहीं

189. मोडेम एक 'हार्डवेयर' युक्ति है, जो जोड़ती है-
(a) सी.पी.यू. और सी.आर.टी.
(b) प्रिन्टर और मुख्य स्मृति
(c) टेलीफोन लाइन और कंप्यूटर
(d) इनपुट और आउटपुट युक्तियां

190. एल.ए.एम. (लैम) का तात्पर्य है-
(a) लार्ज एशिया नेटवर्क
(b) लोकल एरिया नेटवर्क
(c) लॉजिकल एरिया नेटवर्क
(d) इनमें से कोई नहीं

191. विंडोज आपरेटिंग सिस्टम विकसित किया गया-
(a) माइक्रोसॉफ्ट द्वारा
(b) आई.बी.एम. द्वारा
(c) ए.टी. एंड टी. द्वारा
(d) एच.पी. द्वारा

192. 1 एम.बी. मेमोरी है-
(a) 1024 किलोबाइट
(b) 2^{10} बाइट
(c) 1024 किलोबिट्स
(d) 1000 किलो बाइट

193. वर्ल्ड-वाइड-वेब (डब्ल्यू.डब्ल्यू.डब्ल्यू.) एक हाइपर मीडिया सिस्टम है, क्योंकि वह-
(a) हाइपर फास्ट है
(b) दूसरे कंप्यूटर संसाधनों को जोड़ता है
(c) विडियो सामग्री को केवल प्राप्त करने में प्रयोग किया जाता है
(d) इनमें से कोई नहीं

194. रैम मेमोरी है-
(a) केवल पढ़ने के लिए
(b) केवल लिखने के लिए
(c) लिखने व पढ़ने के लिए
(d) इनमें से कोई नहीं

195. आई.आर.सी. का तात्पर्य है-
(a) इंटरनेट रीयल कम्यूनिकेशन
(b) इंटरनेट रिलेचैट
(c) इंटरनेट रीयल टाइम चैट
(d) उपर्युक्त में से कोई नहीं

196. 'वाडा' का संबंध है-
(a) वैमानिकी से
(b) डोप टेस्टिंग से
(c) बीमा से
(d) स्टॉक एक्सचेंज से

197. तकनीकी सेवा में सबसे ज्यादा काम में आने वाले कैरेक्टर प्रिंटर कौन से होते हैं?
(a) लेजर (b) लाइन
(c) इंकजेट (d) डॉट मैट्रिक्स

198. बैंकिंग सिस्टम में डाटा किस रूप में हो सकते हैं?
(a) अलिखित (b) लिखित
(c) अश्रव्य (d) चाक्षुष (visual)

199. तकनीकी तौर पर नंबर पैड डिरेक्सनल एरो के रूप में कार्य कराने के लिए आप कौन-सी 'की' दबाते हैं?
(a) नम लॉक (b) कैप्स लॉक
(c) एरो लॉक (d) शिफ्ट

200. तकनीकी के क्षेत्र में ट्रैक बाल किसका एक उदाहरण है?
(a) प्रोग्रामिंग डिवाइस
(b) पॉइंटिंग डिवाइस
(c) आउटपुट डिवाइस
(d) सॉफ्टवेयर डिवाइस

उत्तर (हल/संकेत)

1. (b) जिन पदार्थों से होकर आवेश का प्रवाह सरलता से होता है उन्हें चालक कहते हैं। लगभग सभी धातुएं अम्ल, क्षार लवणों के जीव विलयन, मानव शरीर आदि विद्युत चालक पदार्थ के उदाहरण हैं। चांदी सबसे अच्छा चालक होता है।

2. (b) सूर्य तथा ब्रह्मांड के अन्य तारों की ऊर्जा का स्रोत वहां पर होने वाला नाभिकीय संलयन है। सूर्य का अधिकांश भाग हाइड्रोजन 71% तथा हीलियम (26%) का बना है। सूर्य के केंद्र का ताप लगभग दो करोड़ डिग्री सेल्सियस है, तइने अधिक ताप पर हाइड्रोजन नाभिकों का संलयन हीलियम नाभिक में होता रहता है, जिसमें बहुत अधिक मात्रा में ताप एवं प्रकाश ऊर्जा की उत्पत्ति होती है।

3. (b)

4. (d) ठोस कार्बन डाईआक्साइड के शुष्क बर्फ या शुष्क हिम कहा जाता है। यह गर्म करने पर सीधे ही गैस में परिवर्तित हो जाती हैं। इसका उपयोग मछली या फल आदि के संरक्षण तथा रेफ्रीजरेशन में होता है।

5. (c) ऐल्यूमिनियम मुक्त अवस्था में नहीं पायी जाती। संयुक्त अवस्था में यह धातु विभिन्न अयस्कों के रूप में पायी जाती है। ऐल्युमिनियम के मुख्य खनिज, बॉक्साइट, एभ्रो, फेलस्पार, लापिस, ऐलुनाइट आदि। औद्योगिक रूप में ऐल्युमिनियम बॉक्साइड से प्राप्त किया जाता है। बॉक्साइड अयस्क मुख्य रूप से झारखण्ड, उड़ीसा, छत्तीसगढ़ में पाया जाता है।

6. (d) जल में हाईड्रोजन एवं आक्सीजन के अणुभार का अनुपात

$= H_2O = H : O = 2 : 16 = 1 : 8$

इसलिए जल में हाइड्रोजन का प्रतिशत अंश

$= 1/9 \times = 1/9$

अथवा $= 11.11\%$

7. (c) वायुमण्डल पृथ्वी का कवच है। भूतल की समस्त प्राकृतिक एवं मानवीय घटनाओं का कारण है हमारे वायुमण्डल में विभिन्न गैसें एक निश्चित अनुपात में पायी जाती है जैसे नाइट्रोजन (78.09 प्रतिशत), आक्सीजन (20.95 प्रतिशत), कार्बन डाइ आक्साइड (0.03 प्रतिशत, आदि प्रमुख गैसें हैं अति निम्न मात्रा में हाइड्रोजन, हीलियम ओजोन, जलवाष्प, क्रिप्टान, नियान तथा जेनान आदि निष्क्रिय गैसें पायी जाती हैं।

8. (d) जब सूर्य की किरणें समुद्र पर पड़ती हैं तो लम्बे तरंग दैर्ध्य वाले रंग (लाल, नारंगी तथा पीले रंग) अवशोषित हो जाते हैं तथा कम तरंग दैर्ध्य वाले रंग प्रकीर्णित हो जाते हैं। इसलिये समुद्र नीले रंग (कम तरंग दैर्ध्य) का प्रतीत होता है।

9. (a) यदि कोई वस्तु एक दिशा में नियत बाल से गति कर रही है तो इसकी गति को एक समान गति कहा जाता है।

10. (d) इसमें सभी इलेक्ट्रॉन C - C बंध से बंधे होते हैं। हीरे के क्रिस्टल में मुक्त इलेक्ट्रॉन उपस्थित नहीं होते हैं। अत: हीरा विद्युत का कुचालक होता है।

11. (c) ऑक्सीजन, नाइट्रोजन तथा हाइड्रोजन गैस रंगहीन गैस होती है जबकि क्लोरीन गैस हरे-पीले रंग की गैस होती है।

12. (d) सभी जटिल जंतुओं के शरीर में चार मूल ऊतक पाए जाते हैं ये उपकला, संयोजी, माँसपेशीय एवं तंत्रिका ऊतक हैं।

13. (b) नेफ्रॉन उत्सर्जन तंत्र की संरचनात्मक तथा क्रियात्मक इकाई है। एक वृक्क में लगभग दस लाख नेफ्रॉन होते हैं। नेफ्रॉन रक्त का छनन कर नाइट्रोजन युक्त अपशिष्ट पदार्थों को शरीर से निष्कासित करता है।

14. (a) टैमीफ्लू (ओसेल्टमिविर) विषाणुरोधी दवा है, जो बर्ड-फ्लू रोग की रोकथाम व इन्फ्लून्जा विषाणु को रोकने में प्रयुक्त होती है। टैमीफ्लू का कभी-कभी बुरा प्रभाव भी होता है जैसे बोलने में तकलीफ, हकलाना आदि।

15. (d) हीमेटोपोयसिस एक ऐसी प्रक्रिया है जिसमें रक्त कोशिकाओं का निर्माण, विकास और विभाजन होता है। हीमेटोपोयसिस सामान्यत: यकृत में अस्थिमज्जा और योक-सेक में सम्पन्न होती हैं।

16. (c) बांग्लादेश भारत का पूर्वी पड़ोसी देश है जो तीन ओर से भारत से घिरा है और दक्षिण में बंगाल की खाड़ी को स्पर्श करता है। बांग्लादेश डेल्टाई प्रदेश है जो विश्व के सबसे बड़े डेल्टा (गंगा ब्रह्म पुत्र डेल्टा) पर स्थित है। यहां धान (खाद्यान्न) व जूट (नकदी फसल) पैदा होती है। यही कारण है कि इस देश को 'सोनार वाला' कहा जाता है। भारत के प. बंगाल, असम, मेघालय, त्रिपुरा, मिजोरम इस देश के पड़ोसी सीमावर्ती राज्य हैं।

17. (d) सतलुज तथा व्यास नदी के संगम पर निर्मित हरीके बैराज से इंदिरा गांधी नहर का उद्‌गम होता है। यह स्थान राजस्थान की सिंचाई की दृष्टि से सर्वोच्च महत्व का है। मुख्य नहर हरीके बैराज से रामगढ़ तथा 683 किमी. लंबी है। मुख्य नहर की प्रथम शाखा की लंबाई 167 किमी. है जो पंजाब में सरहिंद फीडर के लगभग समानांतर है।

18. (b) डोडा जिले में दुलहस्ती परियोजना प्रारंभ करने का निर्णय वर्ष 1982 में लिया गया था, अप्रैल 1983 में इसकी आधार शिला तत्कालीन प्रधानमंत्री स्व. श्रीमती इंदिरा द्वारा रखी गई। परियोजना पर वास्तविक कार्य 1989 में प्रारंभ हो सका।

19. (a) काली मिर्च एक लता से प्राप्त होती है। इसका उत्पादन कहवा तथा नारंगी के साथ मिश्रित रूप से तथा अलग से भी किया जाता है। दक्षिणी भारत के किसान इसकी लता अपनी झोपड़ियों पर तथा आम, कटहल आदि के वृक्षों पर चढ़ा देते हैं। भारत में इसकी खेती मालाबार तट पर, पश्चिमी घाट के दोनों ओर के ढलानों पर, उत्तर कोंकण से लेकर दक्षिण में कोचीन तक की जाती है। इसके प्रमुख उत्पादक राज्य केरल, तमिलनाडु और कर्नाटक हैं जिनसे कुल उत्पादन का लगभग 89% प्राप्त होता है।

20. (a)

21. (b) राजस्थान में रबी फसलों के अंतर्गत सर्वाधिक क्षेत्रफल सरसों का है।

22. (b)

23. (b) भारत में आधुनिक ढंग से कोयला निकालने का प्रथम प्रयास पं. बंगाल के रानीगंज कोयला क्षेत्र में किया गया, देश में प्राचीन काल की गोंडवाना शैलों में कुल कोयले का 98% भाग पाया जाता है शेष 2% तृतीयक या टर्शियरी युगीन चट्टानों में मिलता है। गोंडवाना युगीन चट्टानों का सबसे प्रमुख क्षेत्र पश्चिम बंगाल, झारखंड तथा उड़ीसा राज्यों में विस्तृत है जहां से कुल उत्पादन का 76% कोयला प्राप्त होता है। वर्तमान में कोयले का सर्वाधिक भंडार झारखंड तथा उत्पादन छत्तीसगढ़ राज्य करता है।

24. (a)

25. (c) भारत में वायु परिवहन का आरम्भ 1911 ई. में हुआ जब इलाहाबाद से नैनी के बीच विश्व की सर्वप्रथम विमान डाक सेवा का प्रचालन किया गया। देश के भीतरी भागों में विमान सेवाओं के संचालन के लिए स्थापित विमानन निगम का मुख्यालय नई दिल्ली में है। भारतीय विमान पत्तन प्राधिकरण का गठन 1995 में किया गया। यह भारत में नागर विमानन की शीर्ष ईकाई है। भारत में अंतर्राष्ट्रीय हवाई अड्डों की संख्या अब 13 हो गई है। राजा सांसी अंतर्राष्ट्रीय हवाई अड्डा पंजाब राज्य के अमृतसर में स्थित है।

26. (d) ऑस्ट्रेलिया, न्यूजीलैंड तथा तसमानिया के द्वीपों को संयुक्त रूप से 'आस्ट्रेलिया'

कहा जाता है। ऑस्ट्रेलिया विश्व का सबसे छोटा महाद्वीप है अत: इसे 'द्वीपीय महाद्वीप' भी कहते हैं। इसकी खोज सन् 1770 में सर्वप्रथम जेम्स कुक नामक अग्रेज नाविक ने की थी। यह महाद्वीप पूरी तरह दक्षिणी गोलार्द्ध में है। मकर रेखा इसके मध्य से गुजरता है।

27. (a) द्वीप स्थल खंड के ऐसे भाग होते हैं जिनके चारों ओर जल का विस्तार पाया जाता है। द्वीपों का आकार छोटा भी हो सकता है और बड़ा भी। इनका क्षेत्रफल कुछ वर्ग मीटर से लेकर हजारों वर्ग किमी. तक भी पाया जाता है। मेडागास्कर द्वीप जिसका क्षेत्रफल 590,00 वर्ग किमी. है यह हिंद महासागर में स्थित सबसे बड़ा द्वीप है।

28. (b) महाद्वीपों के मध्यवर्ती भाग अर्थात् धरातल पर उपस्थित जलपूर्ण भागों को झील (Lake) के नाम से संबोधित किया जाता है और इनके आकार में पर्याप्त विविधता पायी जाती है। विश्व में खारे पानी की प्रमुख झील इस प्रकार हैं- तुर्की की वॉन झील में सर्वाधिक लवणता (330%) पायी जाती है इसके बाद जार्डन के मृत सागर (238%) एवं संयुक्त राज्य अमेरिका की ग्रेट साल्ट झील (220%) का स्थान आता है।

29. (b) 'यूरेनियम सिटी' स्थापित करने का श्रेय कनाडा को है। कनाडा की अथावस्का झील के पास इसे स्थापित किया गया है। कनाडा में ग्रेट बियर झील के पास ही पोर्ट रेडियम है। विश्व में यूरेनियम उत्पादन में कनाडा का प्रथम स्थान है फिर आस्ट्रेलिया और दक्षिण अफ्रीका का स्थान आता है जबकि भंडारण में ऑस्ट्रेलिया, दक्षिण अफ्रीका, नाइजर, ब्राजील तथा कनाडा का स्थान आता है।

30. (b)

31. (b) भारत में स्वतंत्र लेखा परीक्षा का कार्य नियंत्रक महालेखा परीक्षक को सौंपा गया है। संविधान के भाग 5 के अनुच्छेद 148-151 में इसका वर्णन है। यह सार्वजनिक धन का संरक्षक तथा भारत की लेखा परीक्षा तथा लेखा प्रणालियों का निष्पक्ष प्रधान होता है।, उसे राष्ट्रीय वित्त का संरक्षक कहा जाता है।

32. (d) उच्चतम न्यायालय के परामर्श के पश्चात् राष्ट्रपति अपने हस्ताक्षर और मुद्रा सहित अधिपत्र द्वारा उच्चतम न्यायालय के प्रत्येक न्यायाधीश को नियुक्त करेगा और न्यायाधीश तब तक पद धारण करेगा जब तक वह पैसठ वर्ष की आयु प्राप्त नहीं कर लेता है अनुच्छेद 124।

33. (d) केंद्रीय निर्वाचन आयोग द्वारा लोकसभा, राज्यसभा तथा राष्ट्रपति के चुनाव कराये जाते हैं जबकि स्थानीय निकायों के लिए निर्वाचन नामावली तैयार करने और उन सभी निर्वाचनों के संचालन का निदेशन और नियंत्रण करने के लिए एक राज्य निर्वाचन आयोग होता है जिसकी नियुक्ति करने राज्य के राज्यपाल द्वारा की जाती है।

34. (b) 'सामुदायिक विकास कार्यक्रम' व 'राष्ट्रीय प्रचार सेवा, की विफलता के बाद बलवंत राय मेहता की अध्यक्षता में 1957 में एक समिति का गठन किया गया। इस समिति ने अपनी रिपोर्ट लगभग एक वर्ष में केंद्र सरकार को सौंपी। इस समिति की सिफारिश के आधार पर पं. नेहरू जी ने 2 अक्टबर, 1959 को राजस्थान के नागौर जिले में 'प्रजातांत्रिक विकेंद्रीकरण की योजना का श्रीगणेश किया जिसे पंचायती राज कहा गया।

35. (c)

36. (a) 1420 ई. में अलीशाह का भाई शाही खां 'जैन-उल-आबीदीन' के नाम से सिंहासन पर बैठा। वह कश्मीर का सबसे महान् शासक हुआ और उसकी धार्मिक उदारता के कारण बहुत से इतिहासकारों ने उसकी तुलना मुगल बादशाह अकबर से की है। उसके समय में कश्मीर राज्य का अधिकतम विस्तार हुआ तथा कश्मीर की भौतिक और सांस्कृतिक उन्नति हुई। जैन-उल-आबीदीन ने अपनी धार्मिक सहिष्णुता की नीति के तहत हिंदुओं को जजिया से मुक्त कर दिया।

37. (b) पानीपत का तृतीय युद्ध 14 जनवरी, 1761 ई. को मराठों और अफगान आक्रमणकारी अहमद शाह अब्दाली की सेनाओं के बीच हुआ। इस युद्ध में मराठों की पराजय हुई। इस युद्ध में मराठों की पराजय का प्रमुख कारण सदाशिव राव भाऊ की कूटनीतिक असफलता और अब्दाली की तुलना में उसका दुर्बल सेनापति होना था।

38. (c) 1873 ई. में ज्योतिबा फुले ने सत्यशोधक समाज (सत्य को खोजने वाले समाज) बनाई जिसका उद्देश्य था कि समाज के कमजोर वर्ग को सामाजिक न्याय दिलाना।

39. (a) राजाराम मोहन राय को 'भारतीय पुनर्जागरण का पिता' कहा जाता है। वह आने वाली संस्कृति और सभ्यता के विषद् रूप में एक शिखर के समान थे, वे मानवतावाद के दूत और आधुनिक भारत के पुरखा और पिता थे।

40. (a) दिसंबर, 1885 में बम्बई (मुंबई) में हुए कांग्रेस के प्रथम अधिवेशन में 72 प्रतिनिधियों में प्राय: सभी अंग्रेजी पढ़े-लिखे लोगों में वकील, व्यापारी (बम्बई) और बंगाल के जमींदार आदि थे। इस अधिवेशन में कई मांगें रखी गई- (1) केंद्र और प्रांतों की विधान परिषदों का विस्तार किया जाय, (2) सैनिक खर्च में कटौती, (3) भारतीय प्रशासन की जांच हेतु एक रॉयल कमीशन की नियुक्ति आदि।

41. (a) बंकिम चंद्र चटर्जी ने 'वंदे मातरम्' गीत की रचना की, जिसे 'जन-गण-मन' के समान दर्जा प्राप्त है। यह गीत स्वतंत्रता-संग्राम में जन-जन की प्रेरणा स्रोत था। वह पहला राजनीतिक अवसर, जब यह गीत गाया गया था, 1896 में कलकत्ता (कोलकाता) में हुआ भारतीय राष्ट्रीय कांग्रेस का अधिवेशन था।

42. (a) लाहौर षड्यंत्र व ऐसे ही अन्य मामलों में अनेक क्रांतिकारियों को लंबी सजाएं दी गई। अनेक लोगों को अंडमान भेज दिया गया। भगत सिंह, सुखदेव और राजगुरु को फांसी की सजा सुनाई गई और 23 मार्च, 1931 को उन्हें फांसी दे दी गई।

43. (d) 6 जुलाई, 1944 को सुभाष चंद्र बोस ने आजाद हिंद रेडियो सिंगापुर से गांधी जी के नाम एक अपील की, 'हे राष्ट्रपिता, भारत की स्वतंत्रता का अंतिम संग्राम आरंभ हो चुका है। भारत की स्वतंत्रता के इस पवित्र संग्राम के अवसर पर हम आपके आशीर्वाद तथा शुभ कामनाओं की इच्छा करते हैं....

44. (c) कार्ल मार्क्स ने विचार व्यक्त किया था कि "भारत में ब्रिटिश आर्थिक नीति घिनौनी है, यह भारत में सामाजिक क्रांति का कारण बनेगी और इंग्लैंड को क्रांति संपन्न करने में अनजाने आ गया औजार है।"

45. (a) **46.** (b)

47. (d) जब तक मनुष्य जीवित रहता है, उसकी रक्त कोशिकाएं परिपक्व और नष्ट होती रहती है तथा पुन: नई कोशिकाएं जन्म लेती रहती हैं। लाल रक्त कोशिकाएं सामान्यत: चार महीने तक जीवित रहती है। रक्त कोशिकाओं का निर्माण लाल अस्थिमज्जा, लसीका ग्रंथियों और प्लीहा में होता है।

48. (a) शुद्ध दल में घुले ऑक्सीजन की मात्रा 8 से 10 मिली ग्राम प्रति लीटर होती है, जो जलीय पौधों एवं जन्तुओं हेतु उपयोगी होती है, इसे जैविक आक्सीजन मांग कहा जाता है। जल में प्रदूषणकारी रासायनिक तत्वों के विसर्जन से जलाशयों में सुपोषण की स्थिति उत्पन्न हो जाती है, जिससे जल में घुली ऑक्सीजन की मात्रा घट जाती है। जल में घुली ऑक्सीजन की मात्रा घट जाती है। जल में घुसी ऑक्सीजन की मात्रा के 4 मिली ग्राम में प्रति लीटर से कम होने पर जल को प्रदूषित कहा जाता है।

49. (c)

50. (a) दादाभाई नौरोजी पहले व्यक्ति थे, जिन्होने इंग्लैण्ड के द्वारा भारत के किए जा रहे शोषण की तरफ ध्यान आकर्षित किया। उसने अपनी

पुस्तक ('Poverty and Unbritish Rule in India') में धन निष्कासन का सिद्धान्त प्रस्तुत किया। इन्होंने अंग्रेजों के द्वारा धन के निष्कासन को अनिष्टों का अनिष्ट कहा था।

51. (a) घोषणाओं का क्रम इस प्रकार है-

1. सी. राजगोपालाचारी योजना सन् 1944 ई.
2. वेवेल योजना सन् 1945 ई.
3. कैबिनेट मिशन योजना सन् 1946 ई.
4. माउण्टबेटन योजना सन् 1947 ई.

52. (a) रवीन्द्रनाथ टैगोर ने प्रारम्भ में असहयोग एवं बहिष्कार की नीति का समर्थन किया था, परन्तु बाद में वे गांधीजी के असहयोग एवं बहिष्कार आन्दोलन के आलोचक बन गए थे। विदेशी वस्त्रों के संदर्भ में रवीन्द्रनाथ टैगोर का मानना थ, कि विदेशी वस्त्रों में बहिष्कार की आग प्रत्येक विदेशी वस्तु एवं विचार के बहिष्कार तक फैल सकती है। ऐसी असहिष्णुता भारत के साथ अन्य देशों के सम्बन्धों तथा पूर्व-पश्चिम की संस्कृतियों के मिलन में बाधक बन सकती है।

53. (a) डॉ. सैफुद्दीन किचलू और डॉ. सत्यपाल की गिरफ्तारी का विरोध करने के लिए 13 अप्रैल, 1919 ई. को वैशाखी के दिन अमृतसर के जलियांवाला बाग में एक सभा हुई, जिस पर जनरल डायर ने बिना कोई चेतावनी दिए गोलियां चलवा दी थीं, जिसमें लगभग एक हजार लोग मारे गए तथा तीन हजार घायल हुए थे। जलियांवाला बाग हत्याकाण्ड के समय पंजाब का लेफ्टिनेन्ट गवर्नर माइकल ओ. डायर था, इसने जनरल डायर की इस कार्यवाही का समर्थन किया था। इस घटना के विरोध में रवीन्द्रनाथ टैगोर ने अपनी सर की उपाधि वापस कर दी थी। भारतीय सदस्य शंकरन ने इस हत्याकाण्ड के विरोध में वायसराय की कर्मकारिणी परिषद् से इस्तीफा दे दिया था।

54. (b) आजाद हिन्द फौज की स्थापना मोहन सिंह एवं रासबिहारी बोस द्वारा की गई थी। 4 जुलाई, 1943 ई. को आजाद हिन्द फौज की कमान सिंगापुर में सुभाषचन्द्र बोस को सौंपी गई। 21 अक्टबर, 1943 को सिंगापुर स्थित कैथी हॉल में बोस ने स्वतन्त्र भारत की अस्थायी सरकार की स्थापना की थी। रासबिहारी बोस ने इण्डियन इण्डिपेन्डेन्स लींग की स्थापना जापान में की थी।

55. (c)

56. (d) सूरत (गुजरात) के बारदोली ताल्लुके में किसानों ने सन् 1928 ई. में लगान न अदा करने का आंदोलन किया। बारदोली के किसानों ने जनवरी, 1928 में सरदार वल्लभभाई पटेल को इस आन्दोलन का नेतृत्व करने के लिए आमन्त्रित किया। 4 फरवरी, 1928 ई. का पटेल बारदोली आए। उन्होंने सरकार को बढ़ी हुई लगान के विरोध में पत्र लिख कर निष्पक्ष जांच कराने की मांग की। स्थानीय सरकार द्वारा जांच में देरी किए जाने पर पटेल ने 'लगान न देने' का आन्दोलन संगठित किया। पटेल जिन्होंने खेड़ा सत्याग्रह, नागपुर झण्डा सत्याग्रह, वलसाड सत्याग्रह में काफी प्रसिद्धि प्राप्त की थी। बारदोली में ही यहां की औरतों द्वारा पटेल को 'सरदार' की उपाधि दी गई थी।

57. (d)

58. (b) चमोली जिले के बदरीनाथ के समीप स्थित हेमकुण्ड मात्र धार्मिक आस्था का केंद्र ही नहीं बल्कि प्रकृति के वैभव का एक सुरम्य पर्यटक स्थल भी है। सिख मतावलम्बी मानते हैं कि सिखों के दसवें गुरु गोविन्द सिंह ने पूर्व जन्म में इस स्थान पर घोर तपस्या की थी। इसीलिए सिखों द्वारा हेमकुंड की झील को अपना मान सरोवर माना जाता है। इसी झील के किनारे गुरुद्वारा स्थित है।

59. (b)

60. (a) भारत के पूर्व राष्ट्रपति डॉ. ए.पी.जे. अब्दुल कलाम की ग्रामीण-शहरी अन्तर को दूर करने और संतुलित सामाजिक-आर्थिक विकास प्राप्त करने सम्बन्धी संकल्पना के बारे में प्रधानमंत्री ने 15 अगस्त, 2003 को ग्रामीण क्षेत्रों में शहरी सुविधाओं के प्रावधान सम्बन्धी योजना (पुरा) की घोषणा की थी।

61. (b) ड्रीम्स फ्राम माई फादर, द ऑडेसिटी ऑफ होप' यह दोनों पुस्तक अमेरिकी राष्ट्रपति बराक ओबामा द्वारा लिखी गई है।

62. (b) इंग्लैण्ड में ही जून 2009 में सम्पन्न महिलाओं का ट्वेंटी 20 क्रिकेट का पहला विश्व कप मेजबान इंग्लैण्ड ने जीता। 21 जून को लार्ड्स के मैदान पर इंग्लैण्ड ने न्यूजीलैण्ड को फाइनल में छह विकेट से हराकर जीता। भारत सेमी फाइनल में न्यूजीलैण्ड से पराजित हुआ था।

63. (a) मामल्ल शैली का विकास नरसिंह वर्मन् प्रथम महामल्ल के काल में हुआ। इसके अन्तर्गत दो प्रकार के स्मारक बने-मण्डप तथा एकाश्मक मंदिर, जिन्हें 'रथ' कहा गया है। इस शैली में निर्मित सभी स्मारक मामल्लपुर (महाबलीपुरम्) में विद्यमान है। रथ अथवा एकाश्मक मंदिरों का निर्माण कठोर चट्टानों को काटकर बनाया गया है। प्रमुख रथ हैं द्रोपदी रथ, नकुल-सहदेव रथ, अर्जुन रथ, भीम रथ, धर्मराज रथ, गणेश रथ।

64. (c) भारत के निशानेबाज 25 वर्षीय अभिनव बिद्रा ने बीजिंग ओलंपिक खेलों की 10 मीटर एयर राइफल स्पर्धा में 700.5 अंकों के साथ स्वर्ण जीतकर 11 अग्रस्त, 2008 को इतिहास रच दिया।

65. (c) अंटार्कटिक विश्व का पांचवां बड़ा महाद्वीप है। यह दक्षिणी गोलार्द्ध में अवस्थित है, एवं अकेला ऐसा महाद्वीप है जो पूरी तरह निर्जन और वीरान है पूर्णत: हिमाच्छदित रहने के कारण इसे 'श्वेत महाद्वीप' भी कहा गया है। अंटार्कटिक पहुंचाने वाले प्रथम भारतीय रामचरण जी (1960 ई.) थे। 1981 ई. से यहां प्रतिवर्ष भारतीयों का अभियान दल आने लगा है एवं भारत ने इस महाद्वीप पर भू-संरचना, मौसम पर्यावरण जीवाश्म आदि वैज्ञानिक परीक्षण हेतु यहां एक स्थायी मानवयुक्त केंद्र 'दक्षिणी गंगोत्री' स्थापित किया। 1987 ई. में भारतीय शोध केंद्र 'मैत्री' कर स्थापना की गई।

66. (d) खम्भात या लुनेज क्षेत्र बड़ोदरा से 60 किमी. पश्चिमी में वाड़सर में स्थित है। यहां वेधन कार्य 1958 ई. में आरम्भ किया गया। यहां के कुओं में रूसी वैज्ञानिकों के अनुसार तेल मय स्तरों की मोटाई देखते हुए कम से कम 3 करोड़ टन तेल विद्यमान है। असम देश का सबसे महत्त्वपूर्ण एवं प्राचीन तेल क्षेत्र मुम्बई तट से 176 किमी. दूर एक महत्वपूर्ण तेल क्षेत्र है। यहां से देश के कुल उत्पादन का 60% खनिज तेल की आपूर्ति होती है।

67. (b) मध्य प्रदेश की राजधानी भोपाल से 40 किमी. दक्षिण में भीमबेटका नामक एक पहाड़ी पर स्थित है। इस पहाड़ी पर ऊंची चट्टानों की एक श्रृंखला खड़ी है यहां करीब 500 गुफाओं (दरियां) में शैल चित्रों का अपूर्व संसार बसा है। ऐसी विस्मयपूर्ण प्रागैतिहासिक चित्रशालाएं संसार में अन्यत्र नहीं मिलती है। भीम बेटका की खोज का श्रेय स्व. वाकणकर को है। विद्वानों के मतानुसार यहां पर बने चित्र 8000 ई.पू. से लेकर 1500 ई. पूर्व तक के हैं।

68. (c) वृहत् स्नानागार मोहनजोदड़ों का सर्वाधिक उल्लेखनीय स्मारक है जो 39 फुट लम्बा, 23 फुट चौड़ा तथा 8 फुट गहरा है इसमें उतरने के लिए उत्तर तथा दक्षिण की ओर सीढ़ियां बनी है। इसका उपयोग धार्मिक समारोहों के अवसर पर किया जाता था। इससे सूचित होता है कि सैधव सभ्यता के धार्मिक कार्यों के लिए तथा शरीर संस्कार के लिए स्वच्छता का अत्यन्त ऊंचा आदर्श था। मार्शल ने इसे तत्कालीन विश्व का एक 'आश्चर्यजनक' निर्माण बताया है।

69. (c) वैदिक काल में जीविकोपार्जन हेतु 'वेद-वेदांग' पढ़ाने वाला अध्यापक 'उपाध्याय' कहलाता था जबकि पाणिनी ने चार प्रकार के अध्यापकों का उल्लेख किया है जो आचार्य, प्रवक्ता, श्रेणिय तथा अध्यापक हैं, में आचार्य अध्यापक की सबसे बड़ी पदवी थी। यजुर्वेद के मन्त्रों का उच्चारण करने वाला पुरोहित 'अध्वर्यु', कहलाता है।

70. (c) सातवाहन इतिहास के लिए मत्स्य तथा वायु पुराण विशेष रूप से उपयोगी है। पुराण सातवाहनों को आन्ध्रभृत्य तथा आन्ध्र जातीय कहते हैं। पुराणों में सातवाहन वंश के कुल तीस राजाओं के नाम मिलते हैं। मत्स्य पुराण में गौतमी पुत्र सातकर्णी को तेइसवां राजा माना जाता है। अत: सातवाहन राजाओं की सबसे लम्बी सूची मत्स्य पुराण में ही मिलती है जबकि वायु पुराण में मुख्य रूप से गुप्त राजाओं के नाम मिलते हैं तथा विष्णु पुराण में मौर्य वंश के राजाओं का उल्लेख मिलता है।

71. (c) कनिष्क के सिहासनारूढ़ होने के समय कुषाण साम्राज्य में अफगानिस्तान-सिंध का भाग एवं बैक्ट्रिया तथा पार्थिया सम्मिलित था।

72. (b) मौर्यकाल के शासन एवं चन्द्रगुप्त मौर्य के जीवन पर क्लासिकल लेखकों के ग्रन्थों से बड़ी महत्वपूर्ण जानकारी मिलती है जिसमें सर्वाधिक महत्वपूर्ण मेगास्थनीज का है जिसे सेल्यूकस निकेटर ने चन्द्रगुप्त मौर्य के दरबार में लगभग ई.पू. 300 में अपने राजदूत के रूप में भेजा था। पाटलिपुत्र में रहते हुए मेगास्थनीज ने जो देखा वह सुना उसे 'इण्डिका' नामक पुस्तक में लेखबद्ध किया। 'इण्डिका यद्यपि अब उपलब्ध नहीं है किन्तु यूनान व रोम के लेखकों ने उसके कुछ अंश अपने ग्रन्थों में दिये हैं।

73. (d) डी.एम.के. पार्टी ने तमिलनाडु में अपने चुनाव घोषणा पत्र में 'एक रुपये में एक किलो चावल' देने का वादा, मतदाताओं से किया था। सत्ता के आने के बाद उन्होंने इसको लागू किया।

74. (c) माध्यमिक (शून्यवाद) के प्रवर्तक नागार्जुन हैं जिसकी प्रसिद्ध रचना 'माध्यमिक कारिका' है। इसे सापेक्षवाद भी कहा जाता है। जिसके अनुसार प्रत्येक वस्तु किसी-न-किसी कारण से उत्पन्न हुई है और वह उसी पर निर्भर है। नागार्जुन ने 'प्रतीत्यसमुत्पाद' को ही शून्यता कहा है। इस मत में महात्मा बुद्ध द्वारा प्रतिपादित मध्यम-मार्ग को विकसित किया गया है।

75. (b) चौथे गुरु रामदास पर अकबर की कृपा रही और उसने उन्हें 1577 ई. में 500 बीघा जमीन दी जिसमें एक प्राकृतिक तालाब भी था यहीं पर अमृतसर नगर बसा और स्वर्ण-मंदिर बना। 1581 में गुरु राम दास की मृत्यु हुई। उन्होंने अपने तीसरे लड़के अर्जुन को गद्दी सौंपी। उस समय से गुरु गद्दी पैतृक आधार पर निश्चित होने लगी सातवें गुरु हरराय ने दारा को विजयी होने का आशीर्वाद दिया था। नवें गुरु तेग बहादुर ने औरंगजेब की धार्मिक नीति का खुले रूप में विरोध किया।

76. (c) भारत के राष्ट्रीय आय के सृजन में अर्थव्यवस्था के तीन क्षेत्रों का योगदान होता है। प्राथमिक क्षेत्र में कृषि, वन क्षेत्र, मत्स्य क्षेत्र व खानें होती हैं, द्वितीय क्षेत्र (उद्योग क्षेत्र) के दो प्रमुख अंग हैं-विनिर्माण तथा निर्माण, तृतीय क्षेत्र में व्यापार, परिवहन, संचार, बैंकिंग, बीमा, वास्तविक जाययाद तथा सामुदायिक व वैयक्तिक सेवाएं आदि हैं।)। वर्ष 2007-08 के दौरान 1999-2000 की कीमतों पर जी.डी.पी. में कृषि क्षेत्र का योगदान 17.8% उद्योग का 26.6% तथा सेवा क्षेत्र का 55.6% रहा।

77. (a) अक्टूबर, 1952 को नेहरू जी के द्वारा पंचायती राज एवं सामुदायिक विकास मंत्रालय के तत्वावधान में 'सामुदायिक विकास कार्यक्रम' का आरम्भ किया गया। इस कार्यक्रम के अधीन विकास खण्ड को इकाई मानकर ब्लॉक में विकास हेतु सरकारी कर्मचारियों के साथ सामान्य जनता को विकास की प्रक्रिया हेतु सरकारी कर्मचारियों के साथ सामान्य जनता को विकास की प्रक्रिया से जोड़ने का प्रयास किया गया, लेकिन जनता को अधिकार न दिए जाने के कारण यह कार्यक्रम अधिकारियों तक सीमित रह गया।

78. (d) देश में वित्त-पोषण करने वाली संस्थाओं की संरचना के विकास में राज्य वित्त निगम अभिन्न अंग है, वे अपने राज्यों में छोटे और मध्यम उद्योगों के उन्नयन के लिए प्रयास करते हैं और इस प्रकार सन्तुलित क्षेत्रीय वृद्धि, अधिक निवेश, अधिक रोजगार और उद्योगों के व्यापक स्वामित्व का सहायक होते हैं।

79. (a) भारत के संविधान के अनुच्छेद 280 के प्रावधानों और वित्त आयोग (विविध प्रावधान) अधिनियम 1951 के अनुसरण में तीन अन्य सदस्यों सहित डॉ. सी. रंगराजन की अध्यक्षता में 1 नवम्बर, 2002 को बारहवें वित्त आयोग का गठन किया गया था। वाई.वी. चव्हाण आठवें तथा के.सी. पंत दसवें वित्त आयोग के अध्यक्ष थे। वर्तमान में 14वें वित्त आयोग के अध्यक्ष बाई.वी. रेड्डी (2015-2022 ई.) हैं।

80. (b)

81. (c) राष्ट्रीय कृषि व ग्रामीण विकास बैंक (नाबार्ड) 12 जुलाई, 1982 को कृषि और ग्रामीण विकास सहायता के लिए भारतीय रिजर्व बैंक के कृषि विभाग, ग्रामीण आयोजना तथा साख कक्ष एवं कृषि पुनर्वित्त और विकास निगम के सम्पूर्ण उद्यम को मिलाकर कृषि एवं ग्रामीण विकास बैंक (नाबार्ड) की स्थापना हुई। मुम्बई में प्रधान कार्यालय, राज्यों की राजधानियों में स्थित क्षेत्रीय कार्यालय, पोर्ट ब्लेयर में स्थित एक उप कार्यालय तथा जिला कार्यालय के माध्यम से यह बैंक कार्य करता है।

82. (a)

83. (b) सूर्य के सर्वाधिक नजदीक ग्रह बुध है, जो सबसे गर्म और सर्वाधिक छोटा ग्रह है। यह मात्र 88 दिन में ही सूर्य की परिक्रमा कर लेता है।

84. (b) पृथ्वी की जिस अक्षांश रेखा पर सूर्य लंबवत होता है, वहीं सर्वाधिक तापमान मिलता है। इसके फलस्वरूप उसे ही तापीय भूमध्य रेखा कहा जाता है। यह रेखा कर्क तथा मकर रेखा के मध्य परिवर्तित होती रहती है। सूर्य 21 मार्च तथा 23 सितम्बर को भूमध्य रेखा पर लम्बवत चमकता है। फलस्वरूप तापीय भूमध्य रेखा यहीं पर होती है, जबकि 21 जून को तापीय भूमध्य रेखा, कर्क रेखा पर तथा 22 दिसम्बर को मकर रेखा पर रहती है। पृथ्वी सर्वाधिक ताप 21 जून को कर्क रेखा पर होता है।

85. (a) पृथ्वी के तापमान में वृद्धि को ग्लोबीय ताप वृद्धि के नाम से जाना जाता है। वर्तमान विश्व के लिए यह एक प्रमुख समस्या है। पर्यावरणशास्त्रियों के अनुसार तापवृद्धि से बर्फ पिघलकर सन् 2070 ई. तक समुद्र की सतहें एक मीटर की वृद्धि से मूंगे के सभी द्वीपों के डूब जाने की सम्भावना है। समुद्री द्वीप फिजी और नीदरलैण्ड भी जलमग्न हो जाएंगे।

86. (d) पृथ्वी का कुल क्षेत्रफल 51,0100448 वर्ग किमी. है। सम्पूर्ण पृथ्वी का 70.78% जल तथा 29.22% स्थल है। इस प्रकार स्थल के दो गुने से अधिक क्षेत्रफल पर सामुद्रिक पारिस्थितिकी तन्त्र फैला हुआ है।

87. (a) **88.** (a)

89. (c) वर्ष 1901 की जनगणना के अनुसार कोलकाता देश का प्रथम दसलाखी नगर था। वर्ष 2001 की जनगणना के अनुसार दस लाख से ऊपर की जनसंख्या वाले शहरों (नगरों) की संख्या 27 है 1901 ई. की जनगणना के अनुसार कोलकाता नगर की जनसंख्या 10 लाख थी। 1911 ई. की जनगणना के अनुसार कोलकाता एवं मुंबई अर्थात् दो दसलाखी नगर थे।

90. (a) पेट्रो-केमिकल उद्योग के लिए सर्वाधिक उपयुक्त दशाएं गुजरात राज्य की हैं। यहां का समुद्र तटीय क्षेत्र पेट्रोलियम उत्पादन के लिए प्रसिद्ध है। गुजरात में समुद्री बन्दरगाह होने के साथ-साथ यहां अनेक तेल शोधक कारखाने भी स्थित हैं जो पेट्रो-रसायन के लिए एक आदर्श अवस्था है। भारत का प्रथम पेट्रो-केमिकल उद्योग गुजरात के अंकलेश्वर में स्थापित किया गया था।

91. (a)

92. (a) टिहरी बांध का निर्माण उत्तराखण्ड राज्य में प्रवाहित होने वाली भागीरथी नदी पर किया जा रहा है। इस बांध का निर्माण हो जाने से पर्यावरण तथा यहां के लोगों पर बुरा असर पड़ेगा। इसलिए

प्रख्यात पर्यावरणवादी नेता सुन्दरलाल बहुगुणा और प्रसिद्ध समाजसेविका एवं लेखिका अरुन्धति राय टिहरी बांध के निर्माण के खिलाफ संघर्षरत हैं।

93. (b) भारत में सर्वाधिक कोयला भंडार झारखंड में पाया जाता है। देश के कुल कोयला उत्पादन का सर्वाधिक भाग गोंडवानायुगीन चट्टानों में मिलता है। इसका सबसे प्रमुख क्षेत्र झारखंड, पश्चिम बंगाल तथा उड़ीसा राज्यों में फैला हुआ है। जहां पर कुल उत्पादन का 76% कोयला प्राप्त किया जाता है, जबकि 17% कोयला मध्य प्रदेश एवं छत्तीसगढ़ तथा 6% प्रतिशत आंध्र प्रदेश में मिलता है।

94. (c) **95.** (c) **96.** (a) **97.** (d)

98. (c) सरोजिनी नायडू का जन्म 13 फरवरी, 1868 ई. को हैदराबाद में डॉ. अघोरनाथ चट्टोपाध्याय के घर हुआ था। 'भारत कोकिला' के नाम से प्रसिद्ध सरोजिनी नायडू की स्मृति में प्रतिवर्ष 13 फरवरी को 'महिला दिवस' मनाया जाता है।

99. (d) एशिया के नोबेल पुरस्कार के रूप में विख्यात मैग्सेसे पुरस्कार जनसेवा, सरकारी सेवा, पत्रकारिता व रचनात्मकता, सामुदायिक नेतृत्व एवं अंतर्राष्ट्रीय सद्भावना हेतु, रेमन मैग्सेसे फाउंडेशन (फिलीपींस) द्वारा प्रतिवर्ष प्रदान किया जाता है। यह पुरस्कार वर्ष 1957 से शुरू किया गया। इस पुरस्कार के तहत 50,000 डालर की राशि प्रदान की जाती है। विनोबा भावे पहले भारतीय हैं जिन्हें सामुदायिक नेतृत्व के क्षेत्र में योगदान हेतु वर्ष 1958 में यह पुरस्कार दिया गया था।

100. (a) सुविख्यात ठुमरी गायिका गिरजादेवी का संबंध उत्तर प्रदेश के बनारस घराने से है।

101. (b) थारू जनजाति दीपावली को शोक पर्व के रूप में मनाती हैं। थारू उत्तर प्रदेश की प्रमुख जनजाति है। यह जनजाति विशेष रूप से उत्तर प्रदेश के गोरखपुर जनपद में तथा बिहार में चंपारण जिले में पायी जाती है।

102. (b)

103. (c) कैबिनेट मिशन 24 मार्च, 1946 को दिल्ली आया। इसके अध्यक्ष भारत मंत्री सर पैथिक लारेंस तथा अन्य दो सदस्य स्टैफोर्ड क्रिप्स व ए.वी. अलेक्जेण्डर थे। कैबिनेट मिशन को मुस्लिम लीग ने 6 जून, 1946 को तथा कांग्रेस ने 25 जून, 1946 को स्वीकार कर लिया। कैबिनेट मिशन योजना को स्वीकार करने के पश्चात् संविधान सभा के निर्माण के लिए चुनाव हुए।

104. (a) देव प्रयाग में भागीरथी एवं अलकनन्दा नदियाँ मिलती हैं। जबकि कर्णप्रयाग में गंगा और पिंडर नदियाँ मिलती हैं। रुद्रप्रयाग में गंगा और मन्दाकिनी का संगम होता है एवं विष्णुप्रयाग में गंगा और धौली का संगम होता है।

105. (d) भारत की लूनी नदी का अन्तर्देशीय जल निकास है। क्योंकि कच्छ रन के दलदल में विलुप्त हो जाती है।

106. (a) गंगा की प्रमुख सहायक नदी यमुना, सोन, रामगंगा, गोमती, घाघरा, गंडक, कोसी व महानन्दा है। इन्द्रावती गोदावरी की सहायक नदी है। यह उड़ीसा में बहती है।

107. (d) सेला दर्रा अरुणाचल प्रदेश के तवाँग जिले में 4170 मीटर (13680 फीट) की ऊँचाई पर स्थित है। रोहतांग दर्रा हिमाचल प्रदेश में है व बोमडीला दर्रा अरुणाचल प्रदेश में है तथा चांग ला दर्रे का सम्बन्ध जम्मू-कश्मीर से है। जम्मू-कश्मीर के लद्दाख क्षेत्र में स्थित कराकोरम दर्रा भारत का सबसे ऊँचा दर्रा (5634 मीटर) है।

108. (a) अफ्रीका महाद्वीप में 54 देश, यूरोप महाद्वीप में 51 देश, एशिया महाद्वीप में 50 देश और दक्षिण अमेरिका महाद्वीप में 12 देश आते हैं।

109. (b) अनुच्छेद-360 राष्ट्रपति को वित्तीय आपात की घोषणा करने की शक्ति प्रदान करता है, यदि वह सन्तुष्ट हो कि ऐसी स्थिति उत्पन्न हो गई है, जिसमें भारत अथवा उसके किसी क्षेत्र की वित्तीय स्थिति अथवा प्रत्यय खतरे में हो। वित्तीय आपात की घोषणा को, घोषणा तिथि के दो माह के भीतर संसद की स्वीकृति मिलना अनिवार्य है। अभी तक भारत में वित्तीय आपातकाल की घोषणा नहीं की गई है। यद्यपि 1991 में वित्तीय संकट आया था। जबकि

अनुच्छेद-60 राष्ट्रपति द्वारा शपथ या प्रतिज्ञान

अनुच्छेद-352 आपात की उद्घोषणा

अनुच्छेद-356 राज्यों में संवैधानिक तंत्र के विफल हो जाने की दशा में उपबन्ध है।

110. (c) **अनुच्छेद 213 (1)**–उस समय को छोड़कर जब किसी राज्य की विधान सभा सत्र में हो या विधान परिषद् वाले राज्य में विधानमंडल के दोनों सदन सत्र में है, यदि किसी समय राज्यपाल को यह समाधान हो जाता है कि ऐसी परिस्थितियाँ विद्यमान है जिनके कारण तुरन्त कार्यवाई करना आवश्यक हो गया है तो वह ऐसे अध्यादेश प्रख्यापित कर सकेगा जो उसे उन परिस्थितियों में अपेक्षित प्रतीत है। खण्ड (2)–इस अनुच्छेद के अधीन प्रख्यापित अध्यादेश का वही बल और प्रभाव होगा जो राज्य के विधान मंडल के ऐसे अधिनियम का होता है जिसे राज्यपाल ने अनुमति दे दी है।

अनुच्छेद-214–इस अनुच्छेद के अनुसार प्रत्येक राज्य के लिए एक उच्च न्यायालय होगा।

अनुच्छेद-212–इसके अनुसार राज्य के विधान मंडल की किसी भी कार्यवाही की विधिमान्यता की प्रक्रिया की किसी अभिकथित अनियमितता के आधार पर प्रश्नगत नहीं किया जाएगा।

अनुच्छेद-208–खण्ड (1) इस संविधान के उपबन्धों के अधीन रहते हुए राज्य के विधान-मंडल का कोई सदन अपनी प्रक्रिया और अपने कार्य संचालन के विनियमन के लिए नियम बना सकेगा।

111. (a) डॉ. भीमराव अम्बेडकर नक्षत्रशाला जो कि प्रदेश की प्रथम डिजिटल नक्षत्रशाला है, रामपुर में स्थित है। इन्दिरा गाँधी नक्षत्रशाला लखनऊ में है व जवाहर नक्षत्रशाला इलाहाबाद में है तथा वीर बहादुर सिंह नक्षत्रशाला गोरखपुर में है।

112. (b) उत्तर प्रदेश के 13 हिमालयी जिलों को काटकर 9 नवम्बर, 2000 ई. को भारतीय गणतंत्र के 27वें और हिमालयी राज्यों 11वें राज्य के रूप में उत्तरांचल राज्य का गठन किया गया है। 1 जनवरी, 2007 से इसका नाम उत्तराखंड कर दिया गया।

113. (b) इलाहाबाद में स्थित अल्फ्रेड पार्क का पुनः नामकरण चन्द्रशेखर आजाद के नाम पर किया गया।

114. (b) डांडिया लोकनृत्य गुजरात का प्रमुख लोकनृत्य है। जबकि रवाला नृत्य, बढ़इया नृत्य, राई नृत्य, जावरा नृत्य और शैरा नृत्य आदि बुन्देलखण्ड क्षेत्र के लोकनृत्य हैं।

115. (b) राष्ट्रीय राजमार्गों का निर्माण भारत सरकार के राष्ट्रीय राजमार्ग विकास प्राधिकरण द्वारा किया जाता है। जिसका उद्देश्य यातायात व्यवस्था को सुरक्षित एवं तीव्रगति से गन्तव्य स्थानों पर पहुँचाना है।

116. (b) वन स्थिति रिपोर्ट, 2015 (ISFR, 2015) के अनुसार उपग्रहीय आंकड़ों के आधार पर उत्तर प्रदेश का कुल भौगोलिक क्षेत्रफल 2,40,928 वर्ग किमी. है, जिसमें 14,461 वर्ग किमी. अर्थात 6.0 प्रतिशत भू-भाग ही वनाच्छादित है। ISFR, 2015 के अनुसार उत्तर प्रदेश में अभिलिखित वन क्षेत्र 16,582 वर्ग किमी. है जो इसके भौगोलिक क्षेत्र का 6.88 प्रतिशत (लगभग 7 प्रतिशत) है।

117. (c) उत्तर प्रदेश में खेल के विकास हेतु शासन ने 1 अगस्त, 1975 को लखनऊ में गुरु गोविंद सिंह स्पोर्ट्स कॉलेज की स्थापना क्षेत्र के 9 से 12 वर्ष की आयु वर्ग के उदीयमान खिलाड़ी बालकों का चयन, उन्हें आवश्यक सुविधाएं प्रदान करना, खेल का वैज्ञानिक एवं तकनीकी प्रशिक्षण प्रदान करना अच्छा खिलाड़ी बनाना एवं पठन-पाठन के साथ-साथ उनका सर्वांगीण विकास कर स्वस्थ नागरिक बनाना तथा प्रदेश में खेल-स्तर को ऊंचा उठाना है।

प्रैक्टिस सेट–14   **229**

118. (c) ताज अंतर्राष्ट्रीय हवाई अड्डा गौतम बुद्ध नगर जिले में ग्रेटर नोएडा के पास जेवर गांव में प्रस्तावित था।

119. (d) क्षेत्रफल के संदर्भ में भारत के शीर्ष 4 राज्य हैं–
1. राजस्थान (342,239.00 वर्ग किमी.)
2. मध्य प्रदेश (308,252.00 वर्ग किमी.)
3. महाराष्ट्र (307,713.00 वर्ग किमी.)
4. उत्तर प्रदेश (240,928.00 वर्ग किमी.)

अतः विकल्प (d) सही उत्तर है।

120. (c) गोकुल बैराज परियोजना उ.प्र की पेयजल परियोजना है। इस परियोजना का उद्देश्य आगरा एवं मथुरा में पर्याप्त जल उपलब्ध कराना है। यह परियोजना गोकुल के निकट यमुना नदी पर बैराज बनाकर पूरी की जा रही है जबकि पथरई बांध परियोजना झांसी जिले के मऊरानीपुर तहसील के बंगरा ब्लाक में पथरई नदी पर निर्मित है और शारदा सहायक नहर परियोजना के तहत घाघरा नदी पर 28 किमी. एवं शारदा नदी पर 260 किमी. लंबी नहर का निर्माण कराकर सिंचाई परियोजना तैयार की गई है।

121. (c) वर्ष 2011 की जनगणना के अंतिम आंकड़ों के अनुसार, उत्तर प्रदेश की जनसंख्या भारत की जनसंख्या की 16.50 प्रतिशत है। निकटस्थ उत्तर विकल्प (c) में निहित है।

122. (a) लाल बहादुर शास्त्री गन्ना विकास संस्थान लखनऊ में स्थित है। इसकी स्थापना उत्तर प्रदेश गन्ना किसान संस्थान के नाम से 1975 में की गई थी। अन्य संस्थान एवं उनके स्थान सही सुमेलित हैं।

123. (a) 'उत्तर प्रदेश औद्योगिक विकास निगम' (UPSIDC) का मुख्यालय कानपुर में स्थित है। यह उत्तर प्रदेश सरकार के अंतर्गत औद्योगिक एवं मूल अवसंरचना विकास की प्रगति के लिए कार्यरत एक सार्वजनिक क्षेत्र का उपक्रम है।

124. (c) उत्तर प्रदेश में आई.टी.सिटी (IT City) की स्थापना लखनऊ में प्रस्तावित है जिसका निर्माण निजी क्षेत्र के विकासकर्ताओं (Private Developers) द्वारा किया जा रहा है।

125. (c) 21 अप्रैल, 2019 को श्रीलंका में ईस्टर के अवसर पर हुए आतंकी हमले के बाद प्रधानमंत्री मोदी श्रीलंका पहुँचने वाले पहले विदेशी नेता हैं। ज्ञात हो कि इस आतंकी हमले में लगभग 250 लोग मारे गए थे।

126. (c) एश्ले बार्टी ने फ्रेंच ओपन के महिला एकल के फाइनल में चेक गणराज्य की 19 वर्षीय मार्केटा वोंडरुसोवा को हरा कर अपना पहला ग्रैंडस्लैम खिताब हासिल किया। इस जीत के साथ ही बार्टी 46 साल बाद फ्रेंच ओपन का खिताब जीतने वाली पहली ऑस्ट्रेलियाई खिलाड़ी बन गई।

127. (d) ऑस्ट्रिया के राष्ट्रपति अलेक्जेंडर वान डेर बेलेन ने ब्रिगिट बीरेलिन को अंतरिम चांसलर नियुक्त किया है। ब्रिगिट बीरेलिन ऑस्ट्रिया की पहली महिला चांसलर हैं। उल्लेखनीय है कि संसद में अविश्वास प्रस्ताव पारित होने के बाद ऑस्ट्रिया के चांसलर सेबेस्टियन कुर्ज पदमुक्त हो गए हैं।

128. (b) स्पेन के राफेल नडाल ने ऑस्ट्रिया के डॉमिनिक थिएम को हराकर रिकॉर्ड 12वीं बार फ्रेंच ओपन का खिताब जीता। नडाल के अब कुल 18 ग्रैंड स्लैम खिताब हो गए हैं। इनमें एक ऑस्ट्रेलियन ओपन, दो विम्बलडन और तीन यू.एस. ओपन के खिताब शामिल हैं। किसी भी अन्य पुरुष अथवा महिला खिलाड़ी ने किसी एक ग्रैंड स्लैम के 12 टाइटल नहीं जीते हैं।

129. (b) व्यापार और डिजिटल अर्थव्यवस्था पर जी 20 की मंत्रिस्तरीय बैठक में भारत का प्रतिनिधित्व केन्द्रीय वाणिज्य एवं उद्योग मंत्री पीयूष गोयल ने किया।

130. (a) पांचवें अंतर्राष्ट्रीय योग दिवस के अवसर पर मुख्य कार्यक्रम रांची में आयोजित किया गया। प्रधानमंत्री नरेन्द्र मोदी 21 जून, 2019 को अंतर्राष्ट्रीय योग दिवस पर रांची के प्रभात तारा मैदान में आयोजित मुख्य कार्यक्रम की अगुवाई की।

131. (b) न्यायमूर्ति प्रशांत कुमार को झारखंड उच्च न्यायालय के कार्यकारी मुख्य न्यायाधीश के रूप में नियुक्त किया गया है। 21 जनवरी, 2009 में जस्टिस प्रशांत कुमार ने झारखंड हाई कोर्ट के जज के रूप में योगदान दिया था। मई 2016 में झारखंड से उनका तबादला इलाहाबाद हाई कोर्ट में कर दिया गया था।

132. (b) भारत नए वैश्विक लैंगिक समानता सूचकांक में 129 देशों में 95वें स्थान पर है। इस नए सूचकांक को समान माप 2030 द्वारा विकसित किया गया है। इस सूचकांक में पहले स्थान पर डेनमार्क तथा अंतिम स्थान पर चाड है। सूचकांक के कुल 51 संकेतों में 17 SDG सतत विकास से संबंधित हैं।

133. (c) श्रीलंकन एयरलाइंस को 'दुनिया की सबसे पंक्चुअल अर्थात समय की पाबन्द एयरलाइन' का सम्मान मिला। यह लगातार दूसरी बार नामित की गयी एयरलाइन है। मई में इसने 90.75 प्रतिशत समयबद्धता हासिल की।

134. (a) मर्सिडीज ड्राइवर लुईस हैमिल्टन ने सेबेस्टियन वेटल को खतरनाक ड्राइविंग के लिए दंडित किए जाने के बाद 2019 के कनाडाई ग्रां प्री में रिकार्ड तोड़ सातवीं जीत हासिल की।

135. (b) हाल ही में सेव द चिल्ड्रेन नामक गैर-सरकारी संस्था ने ग्लोबल चाइल्डहुड रिपोर्ट जारी की है जिसमें वैश्विक स्तर पर बाल अधिकारों की स्थिति का मूल्यांकन करते हुए इस संबंध में उचित कदम उठाने की वकालत की गई है। इस रिपोर्ट में 176 देशों की सूची में भारत 113वें स्थान पर है।

136. (c) बीजेपी सांसद डॉ. वीरेंद्र कुमार 17वीं लोकसभा के प्रोटेम स्पीकर नियुक्त हुए हैं। अभी वे मध्य प्रदेश के टीकमगढ़ निर्वाचन क्षेत्र का प्रतिनिधित्व करते हैं। इस बार भी वह टीकमगढ़ की सीट से जीतकर आए हैं। वह 7वीं बार सांसद बने हैं।

137. (b) कुमार अय्यर को यू.के. सरकार ने विदेश और राष्ट्रमंडल कार्यालय (FCO) के मुख्य अर्थशास्त्री के रूप में कुमार अय्यर को नियुक्त किया है। वह विभाग के प्रबंधन बोर्ड के पहले भारतीय मूल के सदस्य हैं। वे पहले मुंबई में ब्रिटेन के उप-उच्चायुक्त के रूप में कार्यरत थे। इस नई भूमिका में वह एफसीओ की अर्थशास्त्र इकाई का नेतृत्व करेंगे।

138. (d)

139. (b) **140.** (a)

141. (a) एक अंकों वाली संख्याओं का योग 9 है। दो अंकों वाली संख्याओं का योग 99 है। इसी प्रकार, तीन अंकों वाली संख्याओं का योग 999 होगा।

142. (b) KLMN $\xrightarrow{\text{विपरीत वर्ण}}$ PONM

इसी प्रकार, HIJK $\xrightarrow{\text{विपरीत वर्ण}}$ SRQP

143. (a) DOG ⇒ 4 + 15 + 7 = 26 ⇒ Z
CAT ⇒ 3 + 1 + 20 = 24 ⇒ X

144. (b) 14 ⇒ $\frac{14}{2}$ + 2 = 7 + 2 = 9

इसी प्रकार, 26 ⇒ $\frac{26}{2}$ + 2 = 13 + 2 = 15

145. (d) लेखक पुस्तक लिखता है रचयिता गीत लिखता है।

146. (c) 6 $\xrightarrow{+5}$ 11 $\xrightarrow{+5}$ 16 $\xrightarrow{+5}$ 21 $\xrightarrow{+5}$ $\boxed{26}$

147. (a) 59 अभाज्य संख्या है।

148. (d) सभी दूध के उत्पाद हैं।

149. (c)

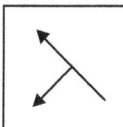

150. (a) प्रश्नानुसार,

$\because$ व्यक्तियों की संख्या (जो मछली पसंद नहीं करते) $= 50 - 10 = 40$

$\Rightarrow$ व्यक्तियों की संख्या (जो मुर्गा पसंद नहीं करते)

$\Rightarrow = (100 - 60) - 10 = 30$

$\Rightarrow$ व्यक्तियों की संख्या (जो न तो मछली न ही मुर्गा दोनों पसंद करते हैं) $= 10$

$\therefore$ व्यक्तियों की संख्या, जो मछली और मुर्गा दोनों पसंद करते हैं

$= 100 - (40 + 30 + 10) = 20$

151. (d) $\because$ समबहुभुज का बाह्य कोण $= 72^\circ$

$\Rightarrow$ समबहुभुज का आंतरिक कोण

$= 180^\circ - 72^\circ = 108^\circ$

माना समबहुभुज की भुजाओं की संख्या

$= n$ है। तब,

$\therefore$ सभी आंतरिक कोणों का योग

$= (n - 4)$ समकोण

$\Rightarrow n \times 108^\circ = (2n - 4) \times 90^\circ$

$n \times 6 = (2n - 4) \times 5$

$\therefore n(10 - 6) = 20$

$n = \frac{20}{4} = 5$

$\therefore$ सभी अंत:कोणों का कुल योग

$= 5 \times 108^\circ = 540^\circ$

152. (c) प्रश्नानुसार,

$\because (P + Q + R)$ की आयु का योग

$= 3 \times 20 = 60$

$\therefore$ 10 वर्ष बाद अभीष्ट औसत आयु

$$= \frac{(P+10)+(Q+10)+(R+10)}{3}$$

$$= \frac{(P+Q+R)+30}{3}$$

$$= \frac{60+30}{3} = 30 \text{ वर्ष}$$

153. (c) माना अभीष्ट धनराशि = ₹ P है।

तब प्रश्नानुसार,

$\therefore$ केवल द्वितीय वर्ष में अर्जित चक्रवृद्धि ब्याज

$\Rightarrow$ ₹420

$$= P\left(1+\frac{5}{100}\right)\left[\left(1+\frac{5}{100}\right)-1\right]$$

$$= P\left(\frac{105}{100}\right)\left[\left(\frac{105}{100}\right)-1\right]$$

$$= P\left(\frac{21}{20}\right)\left[\frac{21}{20}-1\right]$$

$$\therefore P = 420 \times \frac{20 \times 20}{21} = ₹\ 8000$$

154. (b) माना $8.73 = x$

तथा $4.27 = y$ तब,

व्यंजक

$$= \frac{8.73\times8.73\times8.73+4.27\times4.27\times4.27}{8.73\times8.73-8.73\times4.27+4.27\times4.27}$$

$$= \frac{x^3+y^3}{x^2-x.y+y^2}$$

$$= \frac{(x+y)(x^2-xy+y^2)}{(x^2-xy+y^2)} = (x+y)$$

$= 8.73 + 4.27 = 13.00$

155. (d) **156.** (d) **157.** (a) **158.** (b)
159. (d) **160.** (b) **161.** (d) **162.** (d)
163. (b) **164.** (b) **165.** (b) **166.** (d)
167. (d) **168.** (c) **169.** (d) **170.** (a)
171. (a) **172.** (a) **173.** (d) **174.** (b)
175. (c) **176.** (c) **177.** (c) **178.** (b)
179. (a) **180.** (a) **181.** (c) **182.** (c)
183. (d) **184.** (a) **185.** (d)

186. (b)

187. (d) कंप्यूटर वह युक्ति है जिसके द्वारा संचालित रूप से विविध प्रकार के आंकड़ों को संसाधित एवं संचयित किया जाता है। कंप्यूटर अपनी शुद्धता, स्मृति तथा गति से शक्ति प्राप्त करता है।

188. (c) सॉफ्टवेयर प्रोग्रामिंग भाषा द्वारा लिखे गये निर्देशों की वह श्रृंखला है, जिसके अनुसार दिये गये डेटा का प्रोसेस होता है। बिना सॉफ्टवेयर के कंप्यूटर कोई कार्य नहीं कर सकता है। इसका प्राथमिक उद्देश्य डाटा को सूचना में परिवर्तित करना है। सॉफ्टवेयर के निर्देशों के अनुसार ही हार्डवेयर भी कार्य करता है, इसे प्रोग्राम भी कहते हैं।

189. (c) जब इंटरनेट को टेलीफोन लाइन के माध्यम से कनेक्ट करते है तो मॉडेम की आवश्यकता होती है। यह कंप्यूटर में चल रहे इंटरनेट, ब्राउजर और इंटरनेट सर्विस प्रोवाइडर के बीच आवश्यक लिंक है। टेलीफोन लाइन पर एनलॉग सिग्नल भेजा जा सकता है, जबकि कंप्यूटर डिजिटल सिग्नल देता है। अत: इन दोनों के बीच सामंजस्य स्थापित करने के लिए मॉडेम की आवश्यकता होती है।

190. (b) लोकल एरिया नेटवर्क या स्थानीय क्षेत्र नेटवर्क, यह एक कंप्यूटर नेटवर्क है, जिसके अंदर छोटे भौगोलिक क्षेत्र जैसे-घर, ऑफिस, भवनों का एक छोटा समूह या हवाई अड्डा आदि में कंप्यूटर नेटवर्क है। वर्तमान लैन इंटरनेट तकनीकी पर आधारित है। इस नेटवर्क का आकार छोटा, लेकिन डेटा संचारण की गति तीव्र होती है।

191. (a) माइक्रोसॉफ्ट विंडोज, पर्सनल कंप्यूटर के लिए माइक्रोसाफ्ट द्वारा विकसित आपरेटिंग सिस्टम है। विश्व के 90% पर्सनल कंप्यूटर में माइक्रोसॉफ्ट विडोज का प्रथम स्वतंत्र संस्करण 20 नवंबर, 1985 में आया, जिसे इंटरनफेस मैनेजर के नाम से जाना जाता था।

192. (a) कंप्यूटर में डेटा को संग्रहित करने के यंत्र को मेमोरी कहते हैं। मेमोरी में डेटा वाइनरी रूप (o तथा 1) से संग्रहित होता है। मेमोरी माप-4 बिट्स = 1 निब्बल

8 बिट्स = बाइट, 10, 27 बाइट = 1 किलोबाइट (KB)

1024 किलो-बाइट = 1 मेगा बाइट (MB)

193. (b) वर्ल्ड वाइड वेब और इंटरसेट दोनों दो चीजें हैं परन्तु दोनों एक-दूसरे पर निर्भर हैं। वर्ल्ड वाइड वेब जानकारी युक्त पेजों का विशाल संग्रह जो एक दूसरे से जुड़ा है जिसे बेब पेज कहते हैं। वेब पेज HTML भाषा में लिखा जाता है। जो कंप्यूटर में प्रयुक्त एक भाषा है। वर्ल्ड वाइड बेव का विकास टिम बर्नर्स ली ने 1989 में किया था।

194. (a)

195. (b) चैट प्रोग्राम के द्वारा बिना किसी व्यक्ति की भौगोलिक स्थिति जाने हुए हम बातचीत कर सकते हैं। चैट के अन्तर्गत यूजर किसी विषय पर लिखित रूप से चर्चा करते है। इंटरनेट से जुड़े कंप्यूटरों का उपयोग कर दो या अधिक व्यक्तियों द्वारा वार्तालाप करना चैटिंग कहलाता है।

196. (b) वर्ल्ड एन्टी डोपिंग एजेन्सी, अन्तर्रान्ट्रीय खेलों में खिलाड़ियों द्वारा शक्तिवर्धक दवाओं का उपयोग करने को प्रतिबंधित करने के लिए स्थापित किया गया एक निकाय है, अन्तर्राष्ट्रीय ओलम्पिक समिति द्वारा वाडा की स्थापना 10 नवम्बर, 1999 को लुसाने (स्विट्जरलैण्ड) में की गई थी।

197. (d) **198.** (c) **199.** (a) **200.** (b)

❑❑❑

प्रैक्टिस सेट–15

1. ऊष्मागतिकी का प्रथम नियम संरक्षण के किस सिद्धांत से संबंधित है?
(a) आवेश (Charge)
(b) संवेग (Momentum)
(c) ऊर्जा
(d) पदार्थ

2. 'पारसेक' (Parsee) मात्रक है-
(a) दूरी का (b) समय का
(c) ऊर्जा का (d) तापक्रम का

3. निम्नलिखित में से किसके द्वारा पेट्रोल जनित आग को बुझाया जा सकता है?
(a) रेत (Sand)
(b) पानी (Water)
(c) कार्बन डाईआक्साइड
(d) लकड़ी का बुरादा

4. फल पकाने का हॉर्मोन है-
(a) इथाइलिन (b) ऑक्सिन
(c) काइनेटिन (d) ये सभी

5. सूरजमुखी के पौधों के बीजों में होता है-
(a) क्षारोद (अल्केलाइड्स)
(b) तेल
(c) डाइज
(d) क्रिस्टल्स (रवे)

6. आनुवांशिकी में निम्न में से कौन प्रभावी है?
(a) रंजकहीनता
(b) आर.एच. फैक्टर
(c) रंगांधी
(d) अधिरक्तस्राव

7. जैव-प्रौद्योगिकी (Bio-Technology) द्वारा कैंसर के इलाज के लिए तैयार की गई औषधि है-
(a) इंटरफिरॉन (b) इंसुलिन
(c) एच.जी.एच. (d) टी.एस.ए.

8. मनुष्य के फेफड़ों (Lungs) में कितने भाग (खंड) पाए जाते हैं?
(a) 2 (b) 3
(c) 4 (d) 5

9. पक्षी, जो अपना ऊपरी जबड़ा (Jaw) हिला सकता है-
(a) कबूतर (Pigeon)
(b) तोता (Parrot)
(c) गिद्ध (Vulture)
(d) गौरैया (Sparrow)

10. निम्नलिखित में से कौन शरीर में प्रतिरोधक क्षमता विकसित करता है?
(a) एंटीजन
(b) एंटीबॉडी
(c) एंजाइम (किण्वक)
(d) हॉर्मोंस

11. निम्नलिखित में से किसके द्वारा स्वाइन फ्लू होता है?
(a) विषाणु (b) जीवाणु
(c) फफूंदी (d) फीता कृमि

12. प्रोटीन का मुख्य तत्व है-
(a) हाइड्रोजन
(b) नाइट्रोजन
(c) ऑक्सीजन
(d) कार्बन (Carbon)

13. प्रत्यावर्ती/आवर्ती (ए.सी.) धारा को दिष्ट धारा में परिवर्तित करने के लिए उपयोग किया जाता है–
(a) ट्रांसफार्मर
(b) डायनेमो
(c) दिष्टकारी
(d) इन्वर्टर (अंतर्वर्तक)

14. चुम्बकीय प्रभाव से बचाने के लिए उपकरण को चारों तरफ से ढका/आवरणकृत किया जाता है–
(a) लोहे के आवरण से
(b) रबड़ के आवरण से
(c) कांस्य आवरण से
(d) सीसाकृत आवरण से

15. पोटैशियम परमेंगनेट का प्रयोग पेय जल के शुद्धीकरण के लिए किया जाता है, क्योंकि–
(a) यह एक अपचायक है।
(b) यह एक ऑक्सीकारक है।
(c) यह एक रोगाणुनाशक कारक है।
(d) यह पानी में घुली अशुद्धियाँ सोख लेता है।

16. प्राचीन भारत (Ancient India) में संगम क्या था?
(a) तमिल कवियों का संघ या मंडल
(b) तमिल राजाओं के दरबारी कवि
(c) तमिल बस्ती
(d) महापाषाण कब्रें

17. भारतीयों के लिए सिल्क मार्ग (Silk Route) किसने आरंभ किया था?
(a) कनिष्क
(b) हर्षवर्धन
(c) अशोक
(d) फाहियान (फाह्यान

18. खजुराहो के मंदिर किसने बनवाए थे?
(a) विजयनगर राजाओं ने
(b) बहमनी सुल्तानों ने
(c) चंदेल राजाओं ने
(d) गुप्त राजाओं ने

19. वह सुल्तान, जिसने प्रथम बार हिंदू धर्मग्रंथों का फारसी भाषा में अनुवाद कराने का कार्य प्रारंभ किया था-
(a) इल्तुतमिश
(b) अलाउद्दीन खिलजी
(c) मुहम्मद-बिन-तुगलक
(d) फिरोजशाह तुगलक

20. अकबर के शासनकाल में सबसे बड़ी स्वर्ण मुद्रा (Gold Coin) कौन-सी थी?
(a) इलाही (b) जलाली
(c) मुहर (d) अशर्फी

21. दलित अधिकारों की सुरक्षा के लिए डॉ. बी.आर. अंबेडकर ने तीन पत्रिकाएं निकालीं, निम्नलिखित में से कौन उनमें से एक नहीं है?

(a) मूक नायक
(b) बहिष्कृत भारत
(c) बहिष्कृत समाज
(d) इक्वालिटी जनता

22. ब्रिटिश सरकार ने किस तिथि को भारत को पूर्ण स्वशासन देने की घोषणा की थी?
(a) 26 जनवरी, 1946
(b) 15 अगस्त, 1947
(c) 31 दिसंबर, 1947
(d) 30 जून, 1948

23. महात्मा गांधी के निम्नलिखित आंदोलनों को प्रारंभ से सही क्रम में व्यवस्थित कीजिए-
(a) चंपारण, अहमदाबाद, खेडा, असहयोग
(b) अहमदाबाद, चंपारण, खेडा, असहयोग
(c) खेडा, चंपारण, अहमदाबाद, असहयोग
(d) असहयोग, चंपारण, खेड़ा, अहमदाबाद,

24. साबरमती आश्रम का वास्तविक नाम था-
(a) गांधी आश्रम
(b) सत्याग्रह आश्रम
(c) फिनिक्स फार्म
(d) दांडी (डांडी) आश्रम

25. 1906 से 1920 के मध्य मोहम्मद अली जिन्ना की भूमिका भारत के स्वतंत्रता संघर्ष (Struggle) संग्राम में थी-
(a) अलगाववादी
(b) चरमपंथी
(c) राष्ट्रवादी
(d) राष्ट्रवादी एवं धर्म-निरपेक्ष

26. स्वतंत्रता के पश्चात् 'प्रिवी पर्स' (Privy Purse) किससे संबंधित था?
(a) जमींदार
(b) पूर्वराजा
(c) उद्योगपति
(d) नील उत्पादक (कृषक)

27. 'आर्थिक निर्गम' (Economic Drain) सिद्धांत का प्रतिपादन किसने किया था?
(a) एम. के. गांधी
(b) जवाहरलाल नेहरू
(c) दादाभाई नौरोजी
(d) आर.सी. दत्त

28. एम.के. गांधी द्वारा लिखी गई पहली पुस्तक थी-
(a) माई एक्सपेरिमेंट विद ट्रुथ
(b) हिन्द स्वराज
(c) इंडिया ऑफ माई ड्रीम्स
(d) की टु द हेल्थ

29. दरमा एवं ब्यास घाटियों को जोड़ने वाला दर्रा है-
(a) सिनला (b) ऊंटा
(c) ज्यातिया (d) रामल

30. खतलिंग हिमनद उद्गम स्थान है-
(a) जलकुर नदी का
(b) भिलंगना नदी का
(c) पिलंग गंगा नदी का
(d) बालगंगा नदी का

31. हिमालय में मुख्य सीमा भ्रंश (MCT) पृथक् करता है-
(a) लघु हिमालय एवं बाह्य हिमालय को
(b) 'दून' घाटियों एवं शिवालिक श्रेणियों को
(c) महान् हिमालय एवं हिमालय पार क्षेत्र को
(d) महान् हिमालय एवं लघु हिमालय को

32. म्यामार की सीमा की सहारे भारत के राज्यों का उत्तर से दक्षिण का सही क्रम क्या है?
(a) अरुणाचल प्रदेश, नागालैंड, मणिपुर, मिजोरम
(b) अरुणाचल प्रदेश, असम, नगालैण्ड, मणिपुर
(c) असम, नगालैंड, मणिपुर, मिजोरम
(d) अरुणाचल प्रदेश, मणिपुर, नागालैंड, मिजोरम

33. निम्नलिखित पर्वत शिखरों में से कौन उत्तराखंड में स्थित नहीं है?
(a) कामेट (b) बंदर पूंछ
(c) दूनागिरि (d) नंगा पर्वत

34. निम्नलिखित कथनों में से कौन-सा गलत है?
(a) गोदावरी को दक्षिण भारत में पद्मा कहते हैं।
(b) कोसी नदी को बिहार का शोक कहा जाता है।
(c) ब्रह्मपुत्र एक पूर्ववर्ती नदी है।
(d) गंगा नदी गंगोत्री से निकलती है।

35. निम्नलिखित नहरों में से कौन राजस्थान में भूमिक्षरण के लिए उत्तरदायी है?
(a) गंगा नहर
(b) सरहिन्द नहर
(c) इन्दिरा गांधी नहर
(d) आगरा नहर

36. निम्नलिखित देशों में से किसके पास विश्व का सर्वाधिक बॉक्साइट का संचित भंडार है?
(a) भारत (b) रूस
(c) सूरीनाम (d) ऑस्ट्रेलिया

37. भारत के निम्नलिखित तटों में से किस पर औसत समुद्रतल मापा जाता है?
(a) मुंबई
(b) चेन्नई
(c) कोचीन (कोच्चि)
(d) विशाखापट्टनम

38. निम्नलिखित राज्यों में किसका वन क्षेत्र भारत में सर्वाधिक है?
(a) छत्तीसगढ़
(b) महाराष्ट्र
(c) मध्य प्रदेश
(d) आंध्र प्रदेश

39. निम्नलिखित युग्मों (देश-राजधानी) में कौन-सा सुमेलित नहीं है?
(a) ब्राजील-ब्राजीलिया
(b) ट्यूनिशिया-ट्यूनिस
(c) अल्जीरिया-अल्जीयर्स
(d) मोरक्को-मराकेश

40. निम्नलिखित देशों में से किसे 'हजार झीलों का देश कहा जाता है?
(a) स्वीडन
(b) कनाडा
(c) पोलैंड
(d) फिनलैंड

41. निम्नलिखित नदियों में से कौन-सी नदी भूमध्यरेखा को दो बार पार करती है?
(a) जायरे (b) अमेजन
(c) नील (d) नाइजर

42. ओजोन ह्रास का प्रमुख कारण है-
(a) कार्बन मोनोऑक्साइड
(b) कार्बन डाईऑक्साइड
(c) हाइड्रो कार्बन
(d) क्लोरोफ्लोरो कार्बन

43. निम्नलिखित में से अम्ल वर्षा (Acid Rain) के लिए कौन उत्तरदायी है?
(a) नाइट्रोजन ऑक्साइड तथा कार्बन डाईऑक्साइड
(b) नाइट्रोजन ऑक्साइड तथा कार्बन मोनोऑक्साइड
(c) सल्फर डाईऑक्साइड तथा नाइट्रोजन ऑक्साइड
(d) उपर्युक्त में से कोई नहीं

44. दिए गए कूट से निम्नलिखित को सुमेलित कीजिए-

सूची-I (पादप)	सूची-II (जलवायु प्रदेश)
A. मेगाथर्म	1. टुंडा प्रदेश
B. मेसोथर्म	2. भूमध्यरेखीय प्रदेश
C. माइक्रोथर्म	3. उष्ण कटिबंधीय प्रदेश
D. हेकिस्थर्म	4. शीतोष्ण कटिबंधीय प्रदेश

कूट :

	A	B	C	D
(a)	1	2	3	4
(b)	1	3	2	4
(c)	3	4	2	1
(d)	2	3	4	1

45. निम्नलिखित देशों में से कौन पशुचारण के लिए विश्व प्रसिद्ध है?
(a) ब्राजील (b) कोलंबिया
(c) अर्जेंटीना (d) वेनेजुएला

46. बहु अरब डॉलर परियोजना तापी, जो दिसंबर, 2015 में प्रारम्भ हुई, सम्बन्धित है-
(a) प्राकृतिक गैस से
(b) सौर ऊर्जा से
(c) सड़क निर्माण से
(d) रेलवे लाइन से

47. निम्नलिखित देशों में से किसके साथ भारत की सबसे लम्बी अंतर्राष्ट्रीय सीमा है?
(a) चीन (b) पाकिस्तान
(c) बांग्लादेश (d) नेपाल

48. 2011 की जनगणना के अनुसार निम्नलिखित राज्यों में से किसकी साक्षरता दर सर्वाधिक थी?
(a) मिजोरम
(b) गोवा
(c) हिमाचल प्रदेश
(d) त्रिपुरा

49. निम्नलिखित में से किस वर्ष भारत में राष्ट्रीय जनसंख्या नीति (NPP) की घोषणा की गई?
(a) 1999 (b) 2000
(c) 2001 (d) 2002

50. 'विश्व जनसंख्या दिवस' मनाया जाता है-
(a) 11 अप्रैल (b) 11 मई
(c) 11 जुलाई (d) 12 अगस्त

51. 'पलायन का गतिशीलता संक्रमण मॉडल' किसने प्रतिपादित किया था?
(a) ली (b) क्लार्क
(c) रैवेसंटीन (d) जेलिंसकी

52. 2011 की जनगणना के अनुसार भारत के निम्नलिखित राज्यों में से किसमें सर्वाधिक लिंगानुपात (यौन अनुपात) था?
(a) कर्नाटक (b) केरल
(c) उत्तर प्रदेश (d) पश्चिम बंगाल

53. भारत का संविधान भारत को घोषित करता है-
(a) एक स्वैच्छिक संघ
(b) एक परिसंघ
(c) राज्यों का एक समूह
(d) एक संघ

54. भारतीय संविधान का कौन-सा भाग नागरिकता से संबंधित है?
(a) II (b) III
(c) IV (d) V

55. भारत में राज्य सभा के लिए 12 सदस्यों का मनोनयन कौन करता है?
(a) प्रधानमंत्री
(b) मुख्य न्यायाधीश
(c) राष्ट्रपति
(d) उपराष्ट्रपति

56. भारत के संविधान में अवशिष्ट शक्तियां दी गई हैं-
(a) राज्यों को
(b) केंद्र को
(c) (a) तथा (b) दोनों को
(d) उपर्युक्त में से कोई नहीं

57. पहला 'लोकपाल बिल' (Lokpal Bill) भारत की संसद में प्रस्तुत किया गया-
(a) 1971 में (b) 1967 में
(c) 1972 में (d) 1968 में

58. संसदीय सरकार जिस सिद्धांत पर कार्य करती है, वह है-
(a) शक्तियों का विभाजन
(b) अंकुश एवं संतुलन
(c) विधायिका एवं कार्यपालिका में घनिष्ठ संबंध
(d) न्यायपालिका का कार्यपालिका पर नियंत्रण

59. भारत की संसद में शून्य काल (Zero Hour) शुरू होता है-
(a) बैठक के पहले एक घंटे में
(b) बैठक के अंतिम एक घंटे में
(c) दोपहर 12.00 बजे
(d) किसी भी समय

60. निम्नलिखित राज्यों में से कहां विधान परिषद् (Legislative Council) नहीं है?
(a) उत्तर प्रदेश (b) महाराष्ट्र
(c) कर्नाटक (d) उत्तराखंड

61. जनहित याचिका की अवधारणा का प्रादुर्भाव हुआ-
(a) यूनाइटेड किंगडम में
(b) ऑस्ट्रेलिया में
(c) संयुक्त राज्य अमेरिका में
(d) भारत में

62. भारत के राष्ट्रपति के चुनाव संबंधी विवाद का निपटारा कौन करता है?
(a) सर्वोच्च न्यायालय
(b) निर्वाचन आयोग
(c) संसद
(d) उपर्युक्त में से कोई नहीं

63. किस संविधान संशोधन के द्वारा शिक्षा का विषय राज्य सूची से समवर्ती सूची को स्थानांतरित किया गया?
(a) पांचवें (b) नौवें
(c) बयालीसवें (d) चवालीसवें

64. निम्नलिखित युग्मों (राज्य निर्माण की तिथि) में कौन-सा सुमेलित है?
(a) हरियाणा-1 नवम्बर, 1966
(b) मिजोरम-25 जून, 1986
(c) तेलंगाना-15 अगस्त, 2014
(d) छत्तीसगढ़ 20 नवम्बर, 2000

65. 'बजट' (Budget) का मुख्य उद्देश्य होता है-
(a) जवाबदेही सुनिश्चित करना
(b) प्रबंधन के साधन के रूप में कार्य करना
(c) आर्थिक विश्लेषण हेतु सुविधा देना
(d) उपर्युक्त सभी

66. भारत में 'नीति आयोग' के उपाध्यक्ष कौन हैं?
(a) रघुराम राजन
(b) अरुण जेटली
(c) अरविंद पनगड़िया
(d) राहुल गांधी

67. निम्नलिखित राज्यों में कौन-सा भारत में दालों (Pulses) का सर्वाधिक उत्पादक हैं?
(a) मध्य प्रदेश (b) उत्तर प्रदेश
(c) महाराष्ट्र (d) राजस्थान

68. भारत में श्वेत क्रांति (White Revolution) का जनक किसको कहा जाता है?
(a) डॉ. नॉरमन बोरलॉग
(b) डॉ. एम.एस. स्वामीनाथन
(c) डॉ. वर्गीस कुरियन
(d) डॉ. विलियम गान्दे

69. भारत में पंचायतों द्वारा निम्नलिखित में से कौन-सा कर संगृहीत किया जाता है?
(a) बिक्री कर (Sales Tax)
(b) सीमा शुल्क (Custom Tax)
(c) भू-राजस्व (Land Revenue)
(d) स्थानीय मेलों पर कर

70. बंद अर्थव्यवस्था वह अर्थव्यवस्था है, जिसमें-
(a) केवल निर्यात होता है
(b) बजट घाटा कम होता है
(c) केवल आयात होता है
(d) विदेशी व्यापार नहीं होता है

71. 'सुपर-301' क्या है?
(a) आधुनिक कंप्यूटर
(b) चावल की एक किस्म
(c) कीटनाशक
(d) अमरीका व्यापार कानून

72. पर्यावरणीय समस्याओं के कारण किस कीटनाशक का प्रयोग कम किया जाने लगा है?
(a) गैमेक्सीन (b) डी.डी.टी.
(c) बी.एच.सी. (d) डी.एम.टी.

73. निम्नलिखित में से किसे नगर का हृदय कहा जाता है?
(a) केंद्रीय व्यापारिक क्षेत्र (जिला)
(b) बेहतर आवास क्षेत्र
(c) बेहतर सामाजिक सुविधाओं वाला क्षेत्र
(d) नित्यप्रति आवाजाही यात्री क्षेत्र

74. 'परितंत्र (Ecosystem) शब्द का प्रथम प्रयोग 1935 में किसके द्वारा किया गया था?
(a) टेलर (b) क्लॉर्क
(c) ट्रांस्ले (d) लिंडेगन

75. 'जैवविविधता' (Bio-Diversity) है-
(a) संपूर्ण प्रजातियों, संपूर्ण जीन व संपूर्ण परितंत्रों का योग
(b) पादपों की विविधता
(c) जंतुओं की विविधता
(d) सांस्कृतिक पर्यावरण का योग

76. भारतीय नगरों का कार्यात्मक वर्गीकरण किसने किया था?
(a) आर.एल. सिंह (b) जी.एस. गोसल
(c) अशोक मित्रा (d) ए.बी. मुखर्जी

77. यू.एन.डी.पी. की ह्यूमन डेवलपमेंट रिपोर्ट, 2015 के अनुसार मानव विकास सूचकांक में भारत का स्थान था-
(a) 128 (b) 134
(c) 130 (d) 132

78. राष्ट्रीय ग्रामीण विकास संस्थान (NIRD) स्थित है-
(a) शिमला में (b) हैदराबाद में
(c) देहरादून में (d) नई दिल्ली में

79. प्रथम भारतीय नोबेल पुरस्कार विजेता थे-
(a) सी.वी. रमन
(b) रवीन्द्रनाथ टैगोर
(c) हरगोविन्द खुराना
(d) अमर्त्य सेन

80. प्रथम 'भारत रत्न' पुरस्कार किस वर्ष में दिया गया?
(a) 1951 (b) 1953
(c) 1954 (d) 1956

81. 'लज्जा' पुस्तक का लेखक कौन है?
(a) शेख मुजीबुर्रहमान
(b) तस्लीमा नसरीन
(c) किरन बेदी
(d) अरुंधति राय

82. पंडित भीमसेन जोशी संबंधित हैं-
(a) ज्योतिष से (b) राजनीति से
(c) पर्यावरण से (d) संगीत से

83. 'पद्मश्री' पुरस्कार पाने वाली भारतीय अभिनेत्री कौन थी?
(a) स्मिता पाटिल (b) नरगिस दत्त
(c) मीना कुमारी (d) मधुबाला

84. चीन की संसद जानी जाती है-
(a) नेशनल एसेम्बली
(b) नेशनल पीपुल्स कांग्रेस
(c) द नेशनल पार्लियामेण्ट ऑफ चीन
(d) द हाउस ऑफ डेमोक्रेसी ऑफ चीन

85. निम्नलिखित में से कौन 'साउथ एशियन एसोसिएशन ऑफ रीजनल को-ऑपरेशन' (दक्षिण एशियाई क्षेत्रीय सहयोग संगठन'' सार्क) का सदस्य नहीं है?
(a) पाकिस्तान (b) श्रीलंका
(c) नेपाल (d) थाईलैंड

86. 'नोबेल पुरस्कार' विजेता भारत के अर्थशास्त्री हैं-
(a) डॉ. मनमोहन सिंह
(b) अमर्त्य सेन
(c) माल्थस
(d) उपर्युक्त में से कोई नहीं

87. निम्नलिखित में से संयुक्त राज्य अमेरिका का वह राष्ट्रपति कौन था जिसने राष्ट्रपति पद से त्यागपत्र दिया हो?
(a) बिल क्लिंटन
(b) रिचर्ड निक्सन
(c) जॉर्ज डब्लू. बुश (सीनियर)
(d) उपर्युक्त में से कोई नहीं

88. निम्नलिखित में से ब्रिटिश प्रधानमंत्री के सरकारी आवास का नाम क्या है?
(a) लंदन हाउस
(b) बकिंघम पैलेस
(c) 10 (दस) डाउनिंग स्ट्रीट
(d) उपर्युक्त में से कोई नहीं

89. संयुक्त राज्य अमेरिका के प्रथम राष्ट्रपति थे-
(a) जॉर्ज वाशिंगटन
(b) जॉन एडम्स
(c) अब्राहम लिंकन
(d) जे.एफ. कैनेडी

90. 'कांग्रेस प्रेजिडेंशियल ऐड्रेसेड' के संपादक थे-
(a) जी.ए. नाटेशन
(b) बी.पी. सीतारमैय्या
(c) रामानंद चटर्जी
(d) एच.एन. मित्रा

91. 'बिहू' किस प्रदेश का लोक नृत्य है?
(a) उत्तर प्रदेश (b) असम
(c) पश्चिम बंगाल (d) महाराष्ट्र

92. 'विश्व जनसंख्या दिवस' है-
(a) 16 अक्टूबर (b) 11 जुलाई
(c) 3 अक्टूबर (d) 5 जून

93. 'विश्व पर्यावरण दिवस' किस दिन मनाया जाता है?
(a) 5 अक्टूबर (b) 5 अगस्त
(c) 5 जुलाई (d) 5 जून

94. प्रसिद्ध भारतीय भौतिक विज्ञानी डॉ. सी. वी. रमन को उनके कार्य पर, नोबेल पुरस्कार दिया गया था वर्ष-
(a) 1925 में
(b) 1930 में
(c) 1935 में
(d) इनमें से कोई नहीं

95. प्रथम अणुबम विस्फोट किस नगर में किया गया?
(a) हिरोशिमा (जापान)
(b) काबुल
(c) लिस्बन
(d) रोम

96. भारत के निम्न प्रधानमंत्रियों में से कौन अपने कार्यकाल में संसद में कभी भी उपस्थित नहीं हुआ है?
(a) अटल बिहारी वाजपेयी
(b) वी.पी. सिंह
(c) चंद्रशेखर
(d) चौधरी चरण सिंह

97. विश्व बैंक की स्थापना हुई थी-
(a) 1920 (b) 1945
(c) 1950 (d) 1935

98. भारत में बैंकों का राष्ट्रीयकरण हुआ था-
(a) 1967 में (b) 1969 में
(c) 1970 में (d) 1971 में

99. रानी लक्ष्मीबाई बांध अवस्थित है-
(a) बेतवा नदी पर (b) केन नदी पर
(c) रिहंद नदी पर (d) टोंस नदी पर

100. 'भारतीय साग-भाजी अनुसंधान संस्थान' स्थित है-
(a) मुंबई में (b) जबलपुर में
(c) वाराणसी में (d) मऊ में

101. फाह्यान का भारत आगमन का क्या लक्ष्य (मिशन) था?
(a) गुप्तकालीन राजाओं की प्रशासनिक व्यवस्था के बारे में जानकारी प्राप्त करना
(b) गुप्तकाल के दौरान महिलाओं की सामाजिक स्थिति को समझना
(c) बौद्ध संस्थानों को देखना और बौद्ध पाण्डुलिपियों की प्रतियों का संग्रह करना
(d) गुप्तकालीन राजाओं के समय किसानों की दशा के बारे में पूर्ण ज्ञान प्राप्त करना

102. निम्न में से कौन शाहजहाँ के शासनकाल का 'राजकवि' था?
(a) कलीम (b) काशी
(c) कुदसी (d) मुनीर

103. निम्नलिखित में से किसने रामायण का फारसी भाषा में अनुवाद किया था?
(a) मुल्ला शेरी
(b) अबुल फजल
(c) फैजी
(d) अब्दुल कादिर बदायूँनी

104. भारत विभाजन के सन्दर्भ में 1947 में नियुक्त सीमा आयोग की अध्यक्षता किसने की थी?
(a) माउण्टबेटन (b) रेडक्लिफ
(c) जेम्स बोल्ट (d) रिचर्डसन

105. सतपुड़ा और विन्ध्य के बीच कौन-सी नदी बहती है?
(a) गोदावरी (b) गंडक
(c) ताप्ती (d) नर्मदा

106. भारत में कौन-सी नदी को खुला नाला कहा जाता है?
(a) गंगा (b) यमुना
(c) नर्मदा (d) गोदावरी

107. किशनगंगा एक सहायक नदी है-
(a) रावी की (b) चेनाब की
(c) झेलम की (d) व्यास की

108. एकीकृत इस्पात संयंत्र जो भारतीय इस्पात प्राधिकरण (सेल) के प्रबन्ध के अन्तर्गत नहीं आता है, निम्नलिखित में से किस स्थान पर है?
(a) भिलाई (b) दुर्गापुर
(c) राउरकेला (d) जमशेदपुर

109. भारत के निम्नलिखित राज्यों में कौन अधिकतम सिल्क सूत (Silk yarn) उत्पादित करता है?
(a) तमिलनाडु (b) पंजाब
(c) मध्य प्रदेश (d) कर्नाटक

110. निम्नलिखित में से कौन-सा क्षेत्रफल के आधार पर वृहत्तम है?
(a) न्यूजीलैण्ड उत्तरी द्वीप
(b) न्यू फाउण्डलैण्ड
(c) न्यूजीलैण्ड दक्षिणी द्वीप
(d) जावा

111. वह कौन-सी सबसे बड़ी धारा है जिसे उसके काले पानी के कारण 'काली धारा' भी कहा जाता है?
(a) गल्फ स्ट्रीम
(b) क्यूरोशियो धारा
(c) कैलिफोर्निया धारा
(d) अंटार्कटिका धारा

112. भारतीय संविधान की छठी अनुसूची निम्नलिखित में से किन राज्यों के जनजातीय क्षेत्रों के प्रशासन से सम्बन्धित है?
(a) बिहार, छत्तीसगढ़, गोवा
(b) मेघालय, त्रिपुरा, तथा मिजोरम
(c) उत्तराखण्ड, मणिपुर, झारखण्ड
(d) नागालैण्ड, अरुणाचल, त्रिपुरा

113. भारतीय संविधान सभा के उद्‌घाटन अधिवेशन की अध्यक्षता की गई थी-
(a) डॉ. राजेन्द्र प्रसाद द्वारा
(b) सच्चिदानन्द सिन्हा द्वारा
(c) डॉ. बी.आर. अम्बेडकर द्वारा
(d) जवाहरलाल नेहरू द्वारा

114. एशिया में विशेष आर्थिक क्षेत्रों की सूची में भारत किस स्थान पर है?
(a) पहले (b) दूसरे
(c) तीसरे (d) पांचवें

115. 16वीं एशिया मीडिया शिखर बैठक कहाँ आयोजित की गई?
(a) कंबोडिया (b) वियतनाम
(c) इंडोनेशिया (d) सूरीनाम

116. वैश्विक शांति सूचकांक -2019 में भारत किस स्थान पर है?
(a) 72वें (b) 95वें
(c) 141वें (d) 105वें

117. मत्स्य विभाग की एक रिपोर्ट के अनुसार वैश्विक मछली उत्पादन में भारत की हिस्सेदारी कितनी है?
(a) 4.8 % (b) 5.2 %
(c) 6.3% (d) 7.3 %

118. फिच रेटिंग ने वित्त वर्ष 2019-20 के लिए भारत की विकास दर कितनी अनुमानित की है?
(a) 7.2 % (b) 6.6%
(c) 5.5 % (d) 8.5 %

119. 119वें यूएस ओपन गोल्फ खिताब के विजेता कौन हैं?
(a) गैरी वुडलैंड
(b) टाइगर वुड
(c) ब्रूक कोपका
(d) इनमें से कोई नहीं

120. नवीनतम एटीपी रैंकिंग में प्रथम स्थान पर कौन पुरुष ख़िलाड़ी है?
(a) रोजर फेडरर
(b) राफेल नडाल
(c) नोवाक जोकोविच
(d) इनमें से कोई नहीं

121. प्रधानमंत्री की आर्थिक सलाहकार परिषद ने भारत में 'जीडीपी आकलन की नई पद्धति के लिए किस आधार वर्ष का उपयोग किया है?
(a) 2005-06
(b) 2007-08
(c) 2011-12
(d) इनमें से कोई नहीं

122. एशिया प्रशांत क्षेत्र के 45 देशों में सबसे तेजी से बढ़ती अर्थव्यवस्था के रूप में कौन-सा देश उभरा है?
(a) नेपाल
(b) श्रीलंका
(c) बांग्लादेश
(d) पाकिस्तान

123. योग पुरस्कार-2019 से किसे सम्मानित किया गया है?
(a) राजर्षि मुनि और एंटोनियेटा रोजी
(b) बिहार स्कूल ऑफ योगा, मुंगेर
(c) जापान योग निकेतन
(d) उपरोक्त सभी

124. एफएटीएफ की पूर्ण सदस्यता प्राप्त करने वाला पहला अरब देश कौन-सा है?
(a) यू. ए. ई.
(b) सऊदी अरब
(c) क़तर
(d) बहरीन

125. कितनी अंतर्राष्ट्रीय विमानन कंपनियों ने ईरान के प्रभावित हवाई क्षेत्र का इस्तेमाल न करने का फैसला किया है?
(a) 5 (b) 8
(c) 10 (d) 9

126. एशियाई कलात्मक जिमनास्टिक चैम्पियनशिप में किस भारतीय ने कांस्य पदक जीता है?
(a) यू लिनमिन
(b) शिखा गुप्ता
(c) प्रणति नायक
(d) अयाका सकगुची

127. हाथियों के लिए भारत का पहला जल चिकित्सालय कहाँ खोला गया है?
(a) लखनऊ
(b) गोरखपुर
(c) बरेली
(d) मथुरा

128. नीति आयोग की व्यापक स्वास्थ्य सूचकांक रिपोर्ट में स्वास्थ्य क्षेत्र की प्रगति में पहले स्थान पर कौन-सा राज्य है?
(a) पश्चिम बंगाल
(b) केरल
(c) हरियाणा
(d) तमिलनाडु

129. नीचे दी गई श्रेणी में ऐसी कितनी विषम संख्याएं हैं, जो किसी अन्य विषम संख्या के तत्काल बाद आई हैं?
4681344815784821482481674848125486
(a) 1 (b) 2
(c) 3 (d) 4

130. यदि DISTANCE को EKVXFTJM लिखा जाए, तो उसी कूट भाषा में PRESENT को किस प्रकार लिखा जाएगा?
(a) EKTRACQ
(b) QTHWJTA
(c) IDUJLAO
(d) RCIBVZT

131. निम्नलिखित विकल्पों में से वह शब्द चुनिए जो दिए गए शब्द के अक्षरों का प्रयोग करके नहीं बनाया जा सकता–
QUALIFICATION
(a) QUART
(b) QUAIL
(c) CAUTION
(d) QUAINT

132. कृष्ण, उत्तर दिशा में 40 किमी. की यात्रा करता है। उसके बाद दाएं मुड़कर 4 किमी और फिर बाएं मुड़कर 5 किमी की यात्रा करता है। अनंतर वह बाएं मुड़कर 4 किमी की यात्रा करता है। तद्नुसार वह अपने प्रस्थान बिंदु से कितनी दूरी पर है?
(a) 45 किमी (b) 37 किमी
(c) 53 किमी (d) 40 किमी

133. P, Q, R, S, T तथा U छः बच्चे क्रिकेट खेल रहे हैं, इनमें P तथा T बहनें हैं, U, T का भाई है। R, P की चाची की इकलौती बेटी है। Q तथा S, R की मां की बहन के बेटे हैं। तद्नुसार R का U से क्या संबंध है?
(a) चाची (b) चचेरा भाई
(c) बेटी (d) बहन

134. दी गई श्रृंखला में गलत संख्या ज्ञात कीजिए–
19, 28, 39, 52, 67, 84, 102
(a) 52 (b) 102
(c) 84 (d) 67

135. अक्षरों का कौन-सा समूह खाली स्थानों पर क्रमवार रखने से दी गई अक्षर श्रृंखला को पूरा करेगा?
a...ca...c...dc...d..ad...
(a) d d a c d c (b) d a a d c a
(c) d a d a a c (d) d d a a c c

निर्देश : (प्रश्न 136–138 तक) : दिए गए विकल्पों में से संबंधित अक्षर/शब्द/संख्या को चुनिए।

136. पुस्तक : प्रकाशक :: फिल्म : ?
(a) प्रोड्यूसर (b) डायरेक्टर
(c) संपादक (d) लेखक

137. मकड़ी : कीट :: मगरमच्छ : ?
(a) रेंगने वाला जलचर
(b) स्तनपायी
(c) मेंढ़क
(d) मांसभक्षी

138. 17 : 19 :: 107 : .....?....
(a) 109 (b) 190
(c) 901 (d) 910

139. 10 मदों का औसत 80 है, यदि एक मद को 50 की जगह 60 गिन लिया गया, तो सही औसत होगा–
(a) 79.5 (b) 69
(c) 79.25 (d) 79

140. एक व्यापारी नकद भुगतान पर अंकित मूल्य पर 10% छूट देता है। तदनुसार उसे 17% लाभ प्राप्त करने हेतु अपनी चीजों के अंकित मूल्य, उनके लागत मूल्य से कितना ज्यादा रखने चाहिए?
(a) 33% (b) 40%
(c) 27% (d) 30%

141. एक संख्या में से 10% कम करने पर, वह 30 हो जाती है। तद्नुसार वह संख्या क्या है?

(a) $33\frac{1}{2}$ (b) $33\frac{1}{3}$
(c) 40 (d) 35

142. दो व्यक्तियों ने सांसद बनने के लिए चुनाव लड़ा। उसमें विजेता उम्मीदवार ने डाले गये कुल मतों के 57% मत प्राप्त किए और वह ₹ 42,000 मतों से विजयी हुआ। तद्नुसार, डाले गए कुल मतों की संख्या कितनी थी?

(a) 5,00,000 (b) 6,00,000
(c) 3,00,000 (d) 4,00,000

143. एक व्यापारी एक कलाई घड़ी ₹ 450 में खरीदता है। वह उसका सूचीबद्ध मूल्य इस प्रकार निश्चित करता है कि उसे उस पर 10% छूट देकर भी 20% लाभ प्राप्त हो सके। तद्नुसार, उस घड़ी का सूचीबद्ध मूल्य कितना होगा?

(a) ₹ 650 (b) ₹ 700
(c) ₹ 550 (d) ₹ 600

144. उत्तर प्रदेश में कितने केंद्रीय विश्वविद्यालय हैं?

(a) एक (b) दो
(c) तीन (d) चार

145. निम्नलिखित में से कौन-से जनपद गंगा नहर से लाभांवित हुए हैं?

1. आगरा 2. मथुरा
3. अलीगढ़ 4. हाथरस

नीचे दिए गए कूट से सही उत्तर चुनिए-
कूट:

(a) केवल 1 तथा 2
(b) केवल 2 तथा 3
(c) केवल 1, 2 तथा 3
(d) केवल 2, 3 तथा 4

146. निम्नलिखित में से किस जिले में 'मार-मृदा' पाई जाती है?

(a) कानपुर (b) प्रतापगढ़
(c) सीतापुर (d) झांसी

147. उत्तर प्रदेश में परंपरागत भूमि मापन इकाई है-

(a) कनाल (b) मार्ला
(c) बीघा (d) धुर

148. सूची-I एवं सूची-II को सुमेलित कीजिए तथा सूचियों के नीचे दिए गए कूट का प्रयोग कर सही उत्तर का चयन कीजिए-

सूची-I (नगरीय/ग्रामीण)	सूची-II (स्थानीय शासन (संस्था))
A. झांसी	1. नगर पालिका परिषद्
B. मछली शहर	2. क्षेत्र समिति
C. टूंडला	3. नगर पंचायत
D. सैफई	4. नगर निगम

कूट :

	A	B	C	D
(a)	1	2	3	4
(b)	4	3	1	2
(c)	2	3	1	4
(d)	3	4	2	1

149. उत्तर प्रदेश की निम्नलिखित नदियों में से किनके उद्गम-स्थल हिमालय में नहीं है?

1. गोमती 2. रामगंगा
3. बेतवा 4. शारदा

नीचे दिए गए कूट से सही उत्तर चुनिए-
कूट :

(a) 1 तथा 2 (b) 2 तथा 3
(c) 1 तथा 3 (d) 3 तथा 4

150. उत्तर प्रदेश में किसी नगर का मेयर-

1. नगर का प्रथम नागरिक होता है।
2. नगर निगम का पदेन सदस्य होता है।
3. कार्यकारिणी समिति का पदेन सभापति होता है।
4. कार्यपालक मशीनरी का पूर्ण नियंत्रण करता है।

नीचे दिए कूट में से सही उत्तर का चयन कीजिए-
कूट :

(a) 1 एवं 2 (b) 1, 2 एवं 3
(c) 2, 3 एवं 4 (d) सभी चारों

151. किस वर्ष 'भारतेंदु नाट्य अकादमी' की स्थापना हुई?

(a) 1975 (b) 1965
(c) 1985 (d) 1995

152. उत्तर प्रदेश निम्नलिखित में से किन फसलों का देश में सबसे बड़ा उत्पादक है?

1. गन्ना 2. धान
3. आलू 4. मक्का

सही उत्तर का चयन कीजिए–

(a) 1 और 2 (b) 2 और 3
(c) 3 और 4 (d) 1 और 3

153. उत्तर-मध्य सांस्कृतिक केन्द्र स्थित है–

(a) इलाहाबाद में
(b) वाराणसी में
(c) आगरा में
(d) लखनऊ में

154. निम्न में से उत्तर प्रदेश के किस जनपद में आर्यभट्ट नक्षत्रशाला स्थित है?

(a) इलाहाबाद (b) लखनऊ
(c) गोरखपुर (d) रामपुर

155. निम्नलिखित उत्तर प्रदेश के जनपदों में 'भोक्सा' जनजाति कहाँ पाई जाती है?

(a) बिजनौर और आगरा में
(b) बहराइच और लखीमपुर में
(c) मिर्जापुर और सोनभद्र में
(d) ललितपुर और जालौन में

निर्देश-(156–157) निम्नलिखित प्रत्येक वाक्य खंड के लिए उसके नीचे दिए गए विकल्पों में से एक शब्द चुनिए

156. कांटों से भरा हुआ–

(a) कंटक (b) विकीर्ण
(c) कुचैला (d) कंटकाकीर्ण

157. जो सब कालों में हो–

(a) सार्वकालिक (b) त्रिकालिक
(c) तांत्रिक (d) त्रिकालदर्शी

निर्देश-(158–159) नीचे प्रत्येक वर्ग में दिए गए विकल्पों में से तद्भव का चयन कीजिए।

158. (a) इच्छा (b) प्रहार
(c) पहर (d) कृति

159. (a) कांति (b) कोल्हू
(c) स्वाध्याय (d) महल

निर्देश-(160—161) नीचे प्रत्येक वर्ग में दिए गए विकल्पों में से तत्सम शब्द का चयन कीजिए।

160. (a) अचरज (b) इज्जत
(c) आम (d) आश्चर्य

161. (a) गोंडा (b) ग्वाला
(c) घोसी (d) घोषणा

निर्देश-(162–163) निम्नलिखित प्रत्येक वाक्य में काले छपे शब्द के पर्यायवाची शब्द का चयन उसके नीचे दिए विकल्पों में से कीजिए।

162. हवा का झोंका आया कि शाख-शाख चरमरा उठी।

(a) अतल (b) आपगा
(c) अनल (d) अनिल

163. रात्रि में भंवरा कमल की पंखुड़ियों में बंद हो जाता है।

(a) उत्पल (b) जलद
(c) पवमान (d) अब्धि

निर्देश-(164–165) निम्नलिखित वाक्यों में मुद्रित शब्द के विलोम के लिए चार विकल्प दिए गए हैं। इनमें से उचित विकल्प का चयन कीजिए।

164. पुत्र के व्यापार संभालते ही उसके घर में वैभव छा गया।

(a) गरीबी (b) दारिद्रय
(c) संताप (d) दुःख

165. यज्ञ की पूर्णाहुति के समय बलि के लिए तैयार मूक अश्व की छटपटाहट देखकर महाराज अत्यंत विचलित हो गए।

(a) निर्वाचित (b) निस्पंद
(c) अविचल (d) अचंचल

निर्देश-(166—167) दिए गए वाक्य में काले छपे शब्द की वर्तनी शुद्धि के लिए चार विकल्प दिए गए हैं। इनमें से एक विकल्प में शब्द की वर्तनी शुद्ध है। उसे चुनिए।

166. सूरदास ने भक्ति रस से आपलाबित उच्चकोटि की काव्य रचना की है।

(a) आप्लावित (b) आपलावीत
(c) अप्लावित (d) अपलावीत

167. अंग-प्रत्यारोपण के क्षेत्र में भारतीय शल्य-चिकित्सिक पर्याप्त सफल रहे हैं।

(a) चिकित्सक (b) चिक्तसिक
(c) चिकत्सिक (d) चिकित्सक

निर्देश-(168) निम्नलिखित प्रत्येक प्रश्न में दिए गए चार विकल्पों में से वाक्य के शुद्ध रूप का चयन कीजिए।

168. (a) सावित्री जो सत्यवान की पत्नी थी, वह एक पतिव्रता नारी थी।
(b) सावित्री जो सत्यवान की पत्नी थी, एक पतिव्रता नारी थी।
(c) सत्यवान की जो पत्नी थी सावित्री, वह एक पतिव्रता नारी थी।
(d) सत्यवान की पत्नी सावित्री एक पतिव्रता नारी थी।

169. सार्वनामिक विशेषण किसे कहते हैं?

(a) जिनसे समूह की हर एक वस्तु का बोध होता है
(b) जिन सर्वनाम शब्दों का प्रयोग संज्ञा की विशेषता बताने के लिए हो
(c) सर्वनाम की विशेषता बताने वाले शब्द
(d) इनमें से कोई नहीं

170. कौन-सा शब्द विशेषण है?

(a) मात्र (b) खर्च
(c) निपट (d) चुपचाप

Directions: (Q. 171-172) In the following questions, some of the sentences have errors and some are correct. Find out which part of the sentence has an error. If a sentence is error free mark the option corresponding to (d) in the answer sheet.

171. A senior doctor(a)/expressed concern(b)/about physicians recommended the vaccine(c)/ No error. (d)

172. We have discussing (a)/all the known mechanisms (b)/ of physical growth (c)/ No error. (d)

Directions: (Q. 173-175) In the following questions, sentences are given with blanks to be filled in with an appropriate word. Four alternatives are suggested for each question. Choose the correct alternative out of the four.

173. The building is not safe and must be.....down.

(a) pull (b) pulling
(c) pulled (d) pulls

174. There is something wonderful ..... him.

(a) of (b) about
(c) for (d) inside

175. The song in the play cannot be deleted as it is....to the story.

(a) intervened (b) innate
(c) exacting (d) integral

Directions: (Q. 176-178) In the following questions, out of the four alternatives, choose the one which best expresses the meaning of the given word and mark it in the answer sheet.

176. LUCIDITY

(a) Fluidity (b) Politeness
(c) Clarity (d) Fluency

177. INDICT

(a) Implicate (b) Elude
(c) Charge (d) Manifest

178. APPRAISE

(a) Accuse (b) Praise
(c) Appreciate (d) Judge

Directions: (Q. 179-181) In the following questions, out of the four alternatives, choose the word opposite in meaning to the given word and mark it in the answer sheet.

179. INVINCIBLE

(a) Small (b) Invisible
(c) Vulnerable (d) Reachable

180. INOFFENSIVE

(a) Sensitive (b) Organic
(c) Sensible (d) Rude

181. DIVULGE

(a) Conceal (b) Disguise
(c) Oppress (d) Reveal

Directions: (Q. 182-185) In the following questions, four alternatives are given for the meaning of the given Idiom/ Phrase. Choose the alternative which best expresses the meaning of the Idiom/Phrase and mark it in the answer sheet.

182. To take to heart

(a) to be encouraged
(b) to like
(c) to feel keenly
(d) to hate

183. Yeoman's service

(a) medical help
(b) excellent work
(c) social work
(d) hard work

184. To face the music

(a) to enjoy a musical recital
(b) to bear the consequences
(c) to live in a pleasant atmosphere
(d) to have a difficult time

185. To put up with

(a) to accommodate
(b) to adjust
(c) to understand
(d) to tolerate

186. चार्ल्स बैबेज द्वारा डिजाइन किया गया प्रथम यांत्रिक कंप्यूटर कहलाता था-

(a) एबेकस (Abacus)
(b) एनालिटिकल इंजन (Analytical Engine)
(c) कैलकुलेटर (Calculator)
(d) प्रोसेसर (Processor)

187. निम्नलिखित में कौन-सा नॉन-वोलाटाइल स्मृति का उदाहरण है?

(a) कैच मेमोरी
(b) रैम (RAM)
(c) रॉम (ROM)
(d) उपर्युक्त में से कोई नहीं

188. डिजिटल सिग्नल को एनालॉग सिग्नल में परिवर्तित करने की युक्ति है-

(a) मॉडेम
(b) पैकेट
(c) की बोर्ड
(d) उपर्युक्त में से कोई नहीं

189. निम्नलिखित में से कौन-सा अति शक्तिशाली प्रकार का कंप्यूटर है?
(a) सुपर माइक्रो कंप्यूटर
(b) सुपर कंप्यूटर
(c) माइक्रो कंप्यूटर
(d) मिनी कंप्यूटर

190. डेटाबेस को मैनेज (Manage Data Base) करने के लिए इनमें से किसका प्रयोग किया जाता है?
(a) ऑपरेटिंग सिस्टम
(b) कंपाइलर
(c) डी.बी.एम.एस.
(d) उपर्युक्त में से कोई नहीं

191. 'पेंटियम' (Pentium) शब्द संबंधित है-
(a) डीवीडी
(b) हॉर्ड डिस्क
(c) माइक्रोप्रोसेसर
(d) माउस

192. किस तरह का प्रक्रम छोटी फाइल बनता है, जिसका इंटरनेट पर स्थानांतरण तीव्र गति से होता है?
(a) कंप्रैशन
(b) फ्रैग्मेंटेशन
(c) इनकेप्सुकेशन
(d) उपर्युक्त में कोई नहीं

193. 'ए.एल.यू.' का तात्पर्य है-
(a) एरिथमेटिक लांग यूनिट
(b) ऑल लांगर यूनिट्स
(c) एराउंड लॉजिकल यूनिट्स
(d) एरिथमेटिक एंड लॉजिकल यूनिट

194. निम्नलिखित में से कौन इनपुट डिवाइस नहीं है?
(a) माउस (b) लाइट पेन
(c) की बोर्ड (d) वीडीयू

195. कंप्यूटर की किस पीढ़ी में ट्रांजिस्टरों का प्रयोग हुआ था?
(a) पहली (b) दूसरी
(c) तीसरी (d) चौथी

196. एक तकनीकी प्रबन्धक किसी भी समय कितने तरह के डॉक्यूमेंट खोल सकता है?
(a) तीन से अधिक नहीं
(b) केवल एक
(c) उतने, जितने आपकी कम्प्यूटर-मैमोरी होल्ड कर सकें
(d) टास्क बार जितने डिस्प्ले कर सके, उससे अधिक नहीं

197. निम्नलिखित में से कौन-सा कथन सत्य है?
(a) इंटरनेट से जुड़ा कोई कम्प्यूटर इंटरनेट से जुड़े किसी अन्य कम्प्यूटर से जुड़ सकता है।
(b) हाइपरटेक्स्ट को हाइपरलिंक के नाम से भी जाना जाता है।
(c) प्रोटोकॉल नियमों एवं कानूनों का एक सेट नहीं है।
(d) इंटरनेट एक कॉमर्शियल इन्फॉरमेशन सर्विस भी है।

198. तकनीकी तौर पर डिस्क को ट्रैकों और सेक्टरों में विभाजित करने की प्रक्रिया क्या कहलाती है?
(a) ट्रैकिंग (b) फार्मेटिंग
(c) क्रैशिंग (d) एलॉटिंग

199. आई.बी.एम. (IBM) का सही शाब्दिक अर्थ क्या है?
(a) इंडियन बिजनेस मशीन
(b) इंटरनेशनल बिजनेस मशीन
(c) इंटरनेशनल बैंकिंग मशीन
(d) इंटरनेशनल बिजनेस मॉडल

200. किस कम्प्यूटर भाषा का प्रयोग बैंकिंग एवं वाणिज्यिक कार्यों में किया जाता है?
(a) FORTRAN (b) BASIC
(c) COBOL (d) PASCAL

उत्तर (हल/संकेत)

1. (c) उष्मागतिकी के प्रथम नियम के अनुसार किसी विषय को दी जाने वाली उष्मा दो प्रकार के कार्यों में व्यय होती है-(1) निकाय की आन्तरिक ऊर्जा में वृद्धि करने में जिससे निकाय का ताप बढ़ता है एवं (2) बाह्य कार्य करने में। यह नियम मुख्यत: ऊर्जा के संरक्षा को प्रदर्शित करता है।

$$Q = u + w$$

जहां u आन्तरिक ऊर्जा में वृद्धि है तथा w निकाय द्वारा किया गया बाह्य कार्य है।

2. (a) पारसेक लम्बाई की खगोलीय इकाई है। यह 30 टिलियन किलोमीटर के लगभग होती है।

3. (c) कार्बनडाइआक्साइड एक रंगहीन तथा गंधहीन गैस है जो पृथ्वी पर जीवन के लिए अत्यावश्यक है। वायुमण्डल में यह गैस 0.03 तक पायी जाती है। यह एक ग्रीन हाउस गैस है। इसका प्रयोग पेट्रोल जनित आग को बुझाने में किया जा सकता है।

4. (a) एथिलीन एक हाइड्रोकार्बन है जिसका अणुसूत्र (C_2H_4) हैं यह एक रंगहीन, ज्वलनशील गैस है। एथिलीन एक महत्वपूर्ण प्राकृतिक पादप हार्मोन भी है, जिसका उपयोग फलों को जल्दी पकाने में किया जाता है।

5. (b) सूरजमुखी (वानस्पतिक नाम हैलियनथस एनस) अमेरिका के देशज वार्षिक पौधे हैं। यह अनेक देशों के भागों में पाया जाता है। इस पौधों के फूल की पंखुडियां पीले रंग की होती है और मध्य में भूरे पीत या नीलोहित या किसी वर्णसंकर पौधे में काला चक्र रहता है। चक्र में ही चिपटे काले बीज रहते हैं। बीज से ही उत्कृष्ट कोटि का खाद्य तेल प्राप्त होता है।

6. (d) अधिरक्तस्राव (Haemophilia) एक आनुवंशिक लिंग सहलग्न रोग है। इस रोग में रोगी को चोट लगने पर रक्त का स्राव काफी समय तक होता रहता है इसका कारण रक्त में फाइब्रिनोजन प्रोटीन्स की कमी के कारण थक्का नहीं जमता है। और रुधिर बहता रहता है। इस रोग का वहन स्त्रियां करती हैं और वह प्राय: पुरुषों में प्रकट होता है।

7. (a)

8. (d) मनुष्य के छाती में दो फुफ्फुस (फेफड़े) होते हैं-दायां और बायां। दायां फेफड़ा बाएं से 1 इंच छोटा पर कुछ अधिक चौड़ा होता है। दाएं फेफड़े का औसत भार 23 ओंस और बाएं का 19 ओंस होता है। फेफड़े चिकने और कोमल होते हैं। इनके भीतर अत्यन्त सूक्ष्म अनंत कोष्ठ होते हैं। इन वायु कोष्ठों में वायु भरी होती है। मनुष्य के फेफड़ों में 5 खण्ड (दाएं में 3 एवं बाएं में 2) पाए जाते हैं।

9. (b) तोता (Parrot) एक पक्षी है, जिसका वैज्ञानिक नाम सिटाक्यूला केमरी है। हय कई प्रकार के रंग में मिलता है। तोता पक्षी के सिटैसीगण के सिटैसिडी कुल का पक्षी है, जो गरम देशों का निवासी है। यह पक्षी अपना ऊपरी जबड़ा (Jaw) हिला सकता है।

10. (b) मानव शरीर में प्रतिरोधक क्षमता विकसित करने का कार्य प्रतिपिण्ड (Antibody) करता है। यह एक ग्लाइको प्रोटीन होता है। रक्त प्लाज्मा में प्रतिरक्षी (Antibody) 'a' तथा एण्टीबाडी 'b' दो महत्वपूर्ण पदार्थ पाये जाते हैं।

11. (a)

12. (d) प्रोटीन एक जटिल कार्बनयुक्त पदार्थ है। जिसका, गठन कार्बन, हाइड्रोजन, आक्सीजन एवं नाइट्रोजन तत्वों के अणुओं से मिलकर होता है। कुछ प्रोटीन में इन तत्वों के अतिरिक्त आंशिक रूप से गंधक, जस्ता, तांबा तथा फास्फोरस भी उपस्थित होता है। ये जीवद्रव्य (Protoplasm) के मुख्य अवयव हैं जो शारीरिक वृद्धि तथा विभिन्न जैविक क्रियाओं के लिए आवश्यक है। प्रोटीन को रासायनिक गठन के आधार पर तीन भागों में बांटा जाता है-सरल प्रोटीन, संयुक्त प्रोटीन, व्युत्पन्न प्रोटीन।

13. (c) दिष्टकारी वह उपकरण है जिसका उपयोग प्रत्यावर्ती धारा को दिष्ट धारा में परिवर्तित करने के लिए किया जाता है।

14. (b) उपकरणों को बाह्य चुम्बकीय प्रभावों से संरक्षण हेतु रबड़ से आवरणकृत किया जाता है।

15. (b) पोटेशियम परमेंगनेट ($KMnO_4$) एक शक्तिशाली ऑक्सीकारक है। क्योंकि यह उदीयमान ऑक्सीजन को मुक्त करता है। यह एक ऑक्सीकारक है।

16. (a) प्राचीन भारत में 'संगम' का तात्पर्य 'कवियों की गोष्ठी' से है। इन गोष्ठियों (संगमों) में कवियों द्वारा रचित साहित्य को 'संगम साहित्य' कहा जाता है। इस साहित्य से तीन महत्त्वपूर्ण राज्य चोल, चेर, पांड्य का उल्लेख मिलता है। संगम तमिल कवियों का संघ अथवा मंडल था। इन संघों या परिषदों का आयोजन पांड्य शासकों के संरक्षण में किया गया था।

संगम	अध्यक्ष	संरक्षक	स्थल
प्रथम	अगस्त्य ऋषि	पांड्य शासक	मदुरा
द्वितीय	तोल्लकाप्पियर (संस्थापक अध्यक्ष अगस्त्य ऋषि)	पांड्य शासक	कपाटपुरम (अलैव)
तृतीय	नक्कीरर	पांड्य शासक	उत्तरी मदुरा

17. (a) कनिष्क कुषाण वंश का सर्वश्रेष्ठ शासक था। ऐसा माना जाता है कि उसका राज्याभिषेक 78 ई. में हुआ था। कनिष्क ने चीन के सेनापति पान-चाओ को परास्त कर यारकंद, काशगर व खोतान पर अधिकार प्राप्त किया। उसका साम्राज्य गंगा, सिंधु तथा ऑक्सस की घाटियों तक विस्तृत था। उसकी दो राजधानियां थी-पुरुषपुर (पेशावर) तक मथुरा उसने कश्मीर में कनिष्कपुर नामक नगर की स्थापना की। उसके रोमन साम्राज्य से महत्त्वपूर्ण संबंध थे तथा सिल्क मार्ग पर अधिकार होने से कुषाण साम्राज्य को बहुत अधिक आय प्राप्त होती थी।

18. (c) खजुराहो मंदिर मध्य प्रदेश के छतरपुर जिले में स्थित हैं, चंदेल शासकों द्वारा निर्मित नागर शैली के (950-1050) इन मंदिरों में कंदरिया महादेव, चौसठ यौगिनी, चित्रगुप्त, दूलह देव, चतुर्भुज, मांतगेश्वर मंदिर प्रमुख हैं।

19. (d) दिल्ली के सुल्तान फिरोजशाह तुगलक ने पहली बार हिन्दू धर्म ग्रंथों का फारसी भाषा में अनुवाद करने के लिए एक 'अनुवाद विभाग' की स्थापना की थी। जिससे हिंदू एवं मुस्लिम दोनों संप्रदायों के लोगों में एक-दूसरे के विचारों की समझ बेहतर हो सके।

20. (c) मुगलकालीन मुद्रा को एक सुव्यवस्थित एवं व्यापक आधार अकबर ने दिया। उसने 1577 ई. में दिल्ली में एक 'शाही टकसाल' बनवायी और उसका प्रधान 'ख्वाजा अब्दुस्समद' को नियुक्त किया। अकबर ने अपने शासन के प्रारंभ में 'मुहर' नामक एक सोने का सिक्का चलाया। जो मुगल काल का सबसे अधिक प्रचलित सिक्का था।

21. (c) डा. बी.आर अंबेडकर ने दलित अधिकारों के लिए तीन पत्रिकाएं 'मूक नायक', 'बहिष्कृत भारत', 'इक्वालिटी जनता' निकाली। बहिष्कृत समाज अंबेडकर की पत्रिका नहीं थी।

22. (d) ब्रिटेन के प्रधानमंत्री क्लीमेंट एटली ने 20 फरवरी, 1947 को हाउस ऑफ कॉमंस में यह घोषणा की कि अंग्रेज जून, 1948 के पहले ही उत्तरदायी लोगों को सत्ता हस्तांतरित करने के बाद भारत छोड़ कर चले जायेंगे। एटली ने वेवेल के स्थान पर लार्ड माउंटबेटेन को वायसराय नियुक्त किया, जिन्होंने 22 मार्च, 1947 को भारत आकर शीघ्र ही सत्ता हस्तांतरण के लिए पहल शुरू कर दी।

23. (a) महात्मा गांधी द्वारा किये गये आंदोलनों के वर्ष निम्न हैं-

आंदोलन		वर्ष
चंपारण	-	1917
अहमदाबाद	-	फरवरी-मार्च, 1918
खेड़ा	-	22 मार्च, 1918
असहयोग	-	1920-22

अतः सही क्रम विकल्प (a) में दिये गये हैं।

24. (b)

25. (d) मुस्लिम लीग के प्रमुख नेता तथा पाकिस्तान के निर्माता मोहम्मद अली जिन्ना का जन्म 1876 ई. में कराची में हुआ था। उन्होंने बैरिस्टर बनने की शिक्षा इंगलैंड से प्राप्त की तथा 1896 ई. में भारत लौटे तथा मुम्बई में वकालत प्रारम्भ की। वह प्रारम्भ में कांग्रेस से जुड़ गये तथा उदारवादी विचारधारा से प्रभावित थे। 1906 ई. में जिन्ना ने मुस्लिमों के पृथक प्रतिनिधित्व का विरोध किया था। वे 1914 ई. में कांग्रेस के प्रतिनिधि के रूप में इंग्लैण्ड गये, लीग के 1916 ई. के लखनऊ अधिवेशन की अध्यक्षता इन्होंने की थी। अतः 1906-1920 के मध्य जिन्ना की भूमिका भारतीय स्वतंत्रता संघर्ष में राष्ट्रवादी एवं धर्मनिरपेक्ष थी।

26. (b) भारत में (गणराज्य के शुरुआती वर्षों में) कुल 562 राजवंश थे। ये भारत में उन पूर्व राज्यों के राजवंश थे जिन्होंने नव स्वतंत्र भारत (अर्थात् भारत अधिराज्य) (Dominion of India) में अपनी रियासतों को संधि द्वारा भारतीय संघ में पहले शामिल किया एवं बाद में अपने राज्यों को भारत गणराज्य में संपूर्णतः विलीन कर आधुनिक भारत को स्थापित किया था। इन सम्मिलित रियासतों के तत्कालीन शासकों एवं उनके उत्तराधिकारियों को आजीवन जीवनयापन हेतु भारत सरकार द्वारा विशेष धनराशि एवं भत्ते दिये जाने का प्रावधान था। इस विशेष वार्षिक धनराशि का राजभत्ता, निजीकोश या प्रिवी पर्स कहा जाता था। इस अलोकतांत्रिक भत्ते को (26वां संविधान संशोधन अधिनियम) सन् 1971 ई. में प्रधानमंत्री इन्दिरा गांधी के शासनकाल के दौरान पूर्णतः स्थगित कर दिया गया।

27. (c) दादा भाई नौरोजी प्रथम व्यक्ति थे, जिन्होंने 1878 में प्रकाशित, अपनी पुस्तक 'भारत में गरीबी तथा अब्रिटीश राज्य' (Poverty and Unbritish Rule in India) में अपना 'निकास (Drain) का सिद्धांत' प्रतिपादित किया तथा चेतावनी दी कि भारत का धन धीरे-धीरे निकलकर विदेशी तिजोरी में जा रहा है।

28. (a)

29. (a) उत्तराखंड की दरमा और ब्यास घाटियों को सिनला दर्रा जोड़ता है। यह दर्रा हिमालयन दर्रे से संबंधित है।

30. (b) केदारनाथ से लगभग 10 किमी. पश्चिम में स्थित खतलिंग हिमनद जोगिन, स्फटिक, प्रिस्वार, वार्तकौहर व कीर्ति स्तंभ चोटियों के मध्य में स्थित है। यह रुद्र प्रयाग, टिहरी व उत्तरकाशी के संगम पर स्थित है। भिलंगना नदी इसी स्थल से निकलती है।

31. (d) हिमालय में मुख्य सीमा भ्रंश महान हिमालय एवं लघु हिमालय को पृथक् करता है।

32. (a) म्यांमार की सीमा के सहारे भारत के राज्यों का उत्तर से दक्षिण सही क्रम इस प्रकार है-अरुणाचल प्रदेश, नगालैंड, मणिपुर और मिजोरम।

33. (d) कामेट, बंदरपूंछ और दूनगिरी उत्तराखंड में स्थित हैं जबकि नंगा पर्वत पाक अधिकृत कश्मीर के गिलगित-बाल्टिस्तान क्षेत्र में आता हैं। नंगा पर्वत को 'कातिल चोटी' भी कहा जाता है।

34. (a) गोदावरी को 'वृद्ध गंगा' के नाम जानते हैं प्रायद्वीपीय नदियों में यह सबसे लंबी (1465 किमी.) नदी है। जबकि कावेरी को 'दक्षिण भारत की गंगा' कहते हैं। कोसी नदी को 'बिहार का शोक' कहा जाता है। ब्रह्मपुत्र एक पूर्ववर्ती अपवाह का उदाहरण है जबकि गंगा नदी गंगोत्री से निकलती है।

35. (c)

36. (d) बॉक्साइट के संचित भंडार की दृष्टि से विश्व के देशों में क्रमशः गिनी, आस्ट्रेलिया और ब्राजील का प्रथम, द्वितीय तथा तृतीय स्थान है।

37. (b) **38.** (c)

39. (d) मोरक्को की राजधानी रब्बात है न कि मराकेश, शेष विकल्प सुमेलित हैं। मराकेश मोरक्को का चौथा सबसे बड़ा नगर है।

40. (d) फिनलैंड उत्तरी यूरोप में स्थित एक नार्डिक देश है जिसकी सीमा पश्चिम में स्वीडन, पूर्व में रूस और उत्तर में नार्वे से मिलती है झीलों की अधिकता के कारण फिनलैंड को 'हजार झीलों का देश' कहा जाता है।

41. (a) जायरे नदी जिसे कांगो नदी भी कहा जाता है, अफ्रीका की महत्वपूर्ण नदी है। अपने मार्ग में कांगो नदी भूमध्य रेखा को दो बार काटती है। विश्व की समस्त नदियों में अमेजन के बाद दूसरी सर्वाधिक जल प्रवाह वाली नदी कांगो है।

42. (d) क्लोरोफ्लोरो कार्बन मानव निर्मित रसायनों का वह समूह है जो रंगहीन एवं गंधहीन होता है तथा सरलता से द्रव में परिवर्तित हो जाता है। यह ओजोन परत के ह्रास के लिए मुख्य रूप से उत्तरदायी गैस है। 16 सितंबर को ओजोन परत के संरक्षण के लिए 'अंतर्राष्ट्रीय ओजोन दिवस' मनाया जाता है।

43. (c) वातावरणी प्रदूषकों और प्रकृति में होने वाली विभिन्न क्रियाओं के फलस्वरूप उत्पन्न सल्फर डाई ऑक्साइड तथा नाइट्रस ऑक्साइड गैसें वायुमंडल में पहुंचकर ऑक्सीजन और मेघों के जल के साथ रासायनिक अभिक्रिया कर क्रमशः सल्फ्यूरिक अम्ल तथा नाइट्रिक अम्ल बनाकर वर्षा के साथ पृथ्वी पर गिरती हैं। इसी को ही अम्लीय वर्षा (Acid Rain) कहते हैं।

44. (c) **45.** (c)

46. (a) तुर्कमेनिस्तान के गैस समृद्ध क्षेत्र से अफगानिस्तान और पाकिस्तान होते हुए भारत तक गैस पहुंचाने के लिए तुर्कमेनिस्तान-अफगानिस्तान-पाकिस्तान-भारत (TAP) पाइप लाइन परियोजना की संरचना की गई है। इसका निर्माण एशियाई विकास बैंक (ADB) द्वारा किया गया।

47. (c) भारत की सबसे लंबी स्थलीय सीमा बांग्लादेश (4096.7 किमी) के साथ तथा सबसे छोटी स्थलीय सीमा अफगानिस्तान (106 किमी.) के साथ लगती है। उल्लेखनीय है कि भारत के निकटतम पड़ोसी देश पाकिस्तान, अफगानिस्तान, चीन, नेपाल, भूटान, म्यांमार, बांग्लादेश तथा श्रीलंका हैं।

48. (a)

49. (b) भारत की नई जनसंख्या नीति की घोषणा 15 फरवरी, 2000 को की गई थी। इस नई जनसंख्या नीति के क्रियान्वयन व समीक्षा हेतु 11 मई, 2000 को 'राष्ट्रीय जनसंख्या आयोग' का गठन किया गया। उल्लेखनीय है कि देश में 1976 में पहली बार जनसंख्या नीति की घोषणा की गई थी।

50. (c)

51. (d) 'पलायन की गतिशीलता संक्रमण मॉडल' जेलिंसकी ने प्रतिपादित किया था जबकि क्लार्क ने 'जनांकिकीय संक्रमण सिद्धांत की पांचवीं अवस्था' (जनांकिकीय अपरदन अथवा जातीय संहार) की परिकल्पना की थी।

52. (b)

53. (c) भारत के संविधान के अनुच्छेद 1 में संघ का नाम और उसके राज्य क्षेत्र से संबंधित उपबंध हैं इसके अनुसार-

(1) भारत, अर्थात् इंडिया, राज्यों का संघ होगा।

(2) राज्य और उनके राज्य क्षेत्र वे होंगे जो पहली अनुसूची में विनिर्दिष्ट हैं।

(3) भारत के राज्य क्षेत्र में

(क) राज्यों के राज्य क्षेत्र

(ख) पहली अनुसूची में विनिर्दिष्ट संघ राज्य क्षेत्र और

(ग) ऐसे अन्य राज्य क्षेत्र जो अर्जित किए जाएं समाविष्ट होंगे।

54. (a) भारतीय संविधान को मूलतः 22 भागों में विभाजित किया गया है। संविधान के भाग II में नागरिकता संबंधी प्रावधान हैं। यह संविधान के अनु. (5-11) में वर्णित हैं।

55. (c) संविधान के अनुच्छेद 80 के तहत राज्यसभा में अधिकतम 12 सदस्यों का मनोनयन राष्ट्रपति के द्वारा किया जाता है। यह मनोनयन साहित्य, विज्ञान, कला व समाज सेवा आदि क्षेत्रों में विशेषज्ञता एवं अनुभव प्राप्त लोगों में से किया जाता है। वर्तमान में श्रीमती रूपा गांगुली का 4 अक्टूबर, 2016-24 अप्रैल, 2022 तक के लिए राष्ट्रपति द्वारा मनोनयन किया गया। यह राजनीति एवं कला क्षेत्र से संबंधित है।

56. (b) संविधान के अनुच्छेद 248 में अवशिष्ट विधायी शक्तियां संघीय संसद को सौंपी गई है। जबकि संघीय शासन व्यवस्था में अवशिष्ट विधायी शक्तियां प्रायः राज्यों को प्रदान की जाती है। जैसा कि संयुक्त राज्य अमेरिका को संघीय प्रणाली में अवशिष्ट विधायी शक्ति राज्यों को प्रदान की गई है।

57. (d) भारत की संसद में पहला लोकपाल बिल 1968 में प्रस्तुत किया गया था। केंद्र सरकार के लोकपाल के पद के गठन के लिए अभी तक बहस जारी है। यहां कई राज्यों में लोकायुक्त के पद का गठन भी हो चुका है। ध्यातव्य है कि सर्वप्रथम लोकायुक्त का गठन 1971 में महाराष्ट्र में हुआ था।

58. (c) भारतीय संविधान ने अमेरिका की अध्यक्षीय प्रणाली की बजाए ब्रिटेन के संसदीय तंत्र को ग्रहीत किया है। संसदीय व्यवस्था विधायिका और कार्यपालिका के मध्य समन्वय व सहयोग के सिद्धांत पर आधारित है। जबकि अध्यक्षीय प्रणाली दोनों के बीच शक्तियों के विभाजन के सिद्धांत पर आधारित है।

संसदीय प्रणाली की सरकार को वेस्टमिंस्टर रूप उत्तरदायी सरकार और मंत्रिमंडलीय सरकार के नाम से भी जाना जाता है।

59. (c) प्रश्नकाल की तरह प्रक्रिया के नियमों में शून्यकाल का उल्लेख नहीं है। इस तरह यह अनौपचारिक साधन है। जिसमें संसद सदस्य बिना पूर्व सूचना के मामले उठा सकते हैं। शून्यकाल प्रश्नकाल के तुरंत बाद शुरू होता है और उसे सदन के नियमित कार्य के कार्यवृत्त के साथ किया जाता है। भारत की संसद में शून्य काल दोपहर 12.00 बजे से शुरू होता है जो लगभग 1 घंटे का होता है।

60. (d)

61. (c) जनहित याचिकाओं का विचार अमेरिका में जन्म। वहां इसे सामाजिक कार्यवाही याचिका कहते हैं। यह न्यायपालिका का आविष्कार तथा न्यायधीश निर्मित विधि है। भारत में जनहित याचिका पी.एन. भगवती ने प्रारंभ की थी।

62. (a) संविधान के अनु. 71 के अनुसार राष्ट्रपति या उपराष्ट्रपति के निर्वाचन से उत्पन्न या संसक्त सभी शंकाओं और विवादों की जांच और विनिश्चय उच्चतम न्यायालय द्वारा किया जाएगा और उसका विनिश्चय अंतिम होगा।

63. (c) 42वें संविधान संशोधन में कुल 59 प्रावधान थे और यह भारतीय संविधान का व्यापक और सर्वाधिक विवादास्पद संवैधानिक संशोधन था। इस संविधान संशोधन द्वारा शिक्षा, नापतौल, वन और जंगली जानवर तथा पक्षियों की रक्षा के विषय राज्य सूची से निकालकर समवर्ती सूची में रख दिये गये।

64. (a)

65. (d) बजट में अगले वित्त वर्ष यानी 1 अप्रैल से लेकर 31 मार्च तक की अवधि की वित्तीय योजना होती है। इसमें विगत का लेखा-जोखा देते हुए आगत की तैयारी का इंतजाम होता है। संविधान के अनुच्छेद 112 के अंतर्गत सरकार को हर साल फरवरी में अगले वित्त वर्ष के अनुमानित खर्चे और आमदनी का ब्यौरा संसद में रखना पड़ता है। वर्तमान में बजट (2017-18) 1 फरवरी को प्रस्तुत किया जायेगा। बजट का मुख्य उद्देश्य जवाबदेही, प्रबन्धन के साधन, आर्थिक विश्लेषण हेतु सुविधा आदि शामिल होते हैं।

66. (c) भारत में 'नीति आयोग' के उपाध्यक्ष अरविन्द पनगड़िया है। नीति आयोग की स्थापना 1 जनवरी, 2015 को योजना आयोग का नाम बदलकर किया गया था।

67. (a) भारत में दालों का सर्वाधिक उत्पादन मध्य प्रदेश (देश का 27.40%) में होता है। उसके बाद क्रमश: राजस्थान (देश का 11.03%) और महाराष्ट्र (देश का 10.1%) का स्थान है। उल्लेखनीय है कि दलहन उत्पादन में भारत का विश्व में प्रथम स्थान है।

68. (c) भारत में श्वेत क्रान्ति का जनक डा. वर्गीस कुरियन को कहा जाता है। डा. कुरियन ने 1973 में गुजरात में कोऑपरेटिव मिल्क मार्केटिंग फेडरेशन की स्थापना की थी।

69. (d) बिक्रीकर व सीमा शुल्क केंद्रीय कर हैं और कृषि राज्य का विषय है जबकि स्थानीय मेलों पर कर भारत में पंचायतों द्वारा संग्रहीत किया जाता है।

70. (d) बन्द अर्थव्यवस्था वह अर्थव्यवस्था होती है जिसमें आयात एवं निर्यात दोनों बन्द होते हैं अर्थात कोई विदेशी व्यापार नहीं होता है।

71. (d) 'सुपर-301' अमेरिकी व्यापार कानून की एक धारा है जो उसे अपने उच्च आयातों पर उच्च सीमा शुल्क लगाने की शक्ति प्रदान करती है।

72. (b) डी.डी.टी. (Dichloro Diphenyl Trichloroethane) पहला आधुनिक कीटनाशक था जो मलेरिया के विरुद्ध उपयोग किया गया था, किंतु बाद में यानि 1950 के बाद इसे कृषि कीटनाशक रूप में प्रयोग करने लगे। खेतों में इसके भारी प्रयोग से अनेक क्षेत्रों में मच्छर इसके प्रतिरोधी हो गए।

73. (a)

74. (c) पारिस्थितिकी तंत्र अथवा परितंत्र शब्द का प्रयोग सर्वप्रथम ए.जी. टेन्सले ने 1935 में किया था। उनके अनुसार किसी भी स्थान के जीवीय समुदाय के जीवों तथा उनके चारों ओर पाये जाने वाले अजीवीय वातावरण में पारस्परिक संबंध होता है और ये दोनों एक दूसरे पर प्रभाव डालते हैं।

75. (a) किसी पारिस्थितिकी तंत्र में विद्यमान सजीव प्राणियों (पौधे एवं जंतुओं) की विविधता को ही जैव-विविधता के रूप में परिभाषित किया गया है। वायोडायवर्सिटी शब्द का प्रयोग सर्वप्रथम अमेरिकी वनस्पतिशास्त्री **वाल्टर जी रोसेन** ने किया था।

76. (c) भारतीय नगरों का कार्यात्मक वर्गीकरण अशोक मित्रा ने किया था। उल्लेखनीय है कि प्रकार्यात्मक आधार पर नगरों के विभाजन की पांच अवस्थाएं हैं-औद्योगिक नगर, धार्मिक नगर, प्रशासनिक नगर, गैरिसननगर और नगरमाल।

77. (c) UNDP की Human Development (2015) रिपोर्ट के अनुसार मानव विकास सूचकांक में भारत का स्थान 130वां था।

78. (b) राष्ट्रीय ग्रामीण विकास संस्थान (NIRD) की स्थापना 1977 में हैदराबाद में की गई थी।

79. (b) नोबल पुरस्कार की स्थापना स्वीडेन के वैज्ञानिक अल्फ्रेड बर्नहार्ड नोबल 1901 ई. में की थी। उनके द्वारा लिखी गई वसीयत के आधार पर उनके द्वारा छोड़े गये धन पर मिलने वाले ब्याज से पुरस्कार उन व्यक्तियों को दिया जायेगा जिन्होंने विज्ञान, साहित्य, शांति और अर्थशास्त्र के क्षेत्र में उत्कृष्ट योगदान दिया है। प्रथम भारतीय नोबल पुरस्कार विजेता रवीन्द्रनाथ टैगोर थे। उन्हें यह पुरस्कार 1913 में साहित्य के क्षेत्र में इनकी पुस्तक गीतांजलि के लिए दिया गया जबकि सी.वी. रमन को 1930 और हरगोविन्छ खुराना को 1968 ई. में वैज्ञानिक क्षेत्र में प्रदान किया गया। 1988 ई. में कल्याणकारी अर्थशास्त्र के लिए अमरर्त्यसेन को यह पुरस्कार मिला था।

80. (c) भारत रत्न पुरस्कार कला, साहित्य तथा विज्ञान या बड़े पैमाने पर जनसेवा में उत्कृष्ट योगदान करने पर देश का यह सर्वोच्च पुरस्कार दिया जाता है। इसकी शुरुआत 1954 ई. में हुई जो 26 जनवरी को भारत के राष्ट्रपति द्वारा दिया जाता है। 1954 ई. में इसे प्राप्त करने वाले थे डॉ. राधाकृष्णन्, राजगोपालाचारी और डॉ. चन्द्रशेखर वेंकटरमण।

81. (b) बाबरी मस्जिद की कथावस्तु बनाकर लिखी गयी 'लज्जा' पुस्तक की लेखिका तस्लीमा नसरीन है। उनकी अन्य प्रसिद्ध पुस्तकें हैं-फ्राममाई जेल, नारीकोना देशनई, द्विखंडितो, छोटे-छोटे सुख व अंधेरे दिन आदि।

82. (d) पंडित भीमसेन जोशी शास्त्रीय संगीत से संबंधित हैं। उनके इस क्षेत्र में विशेष योगदान के लिए वर्ष 2008 में भारत रत्न प्रदान किया गया।

83. (b) अभिनेत्री नरगिस दत्त को भारतीय सिनेमा में उत्कृष्ट योगदान के लिए सर्वप्रथम पद्मश्री पुरस्कार 1959 ई. में दिया गया।

84. (b) चीनी कम्युनिस्ट पार्टी की सर्वोच्च परिषद को जिसे संसद कहा जाता है उसका नाम नेशनल पीपुल्स कांग्रेस है।

85. (d) सार्क में 7 दक्षिण एशियाई देश सदस्य हैं-(1) भारत, (2) पाकिस्तान, (3) नेपाल, (4) बांग्लादेश, (5) भूटान, (6) श्रीलंका और (7) मालदीव जबकि थाईलैण्ड आसियान का सदस्य है।

86. (b) अमर्त्य सेन को 1998 ई. में कल्याणकारी अर्थशास्त्र के लिए अर्थशास्त्र का नोबल पुरस्कार दिया गया था जो भारतीय मूल के अमेरिकी अर्थशास्त्री हैं।

87. (b) ''वाटरगेट'' घोटाले में नाम आने के कारण अमेरिकी राष्ट्रपति रिचर्ड निक्सन को राष्ट्रपति पद से त्यागपत्र देना पड़ा था।

88. (c) ब्रिटिश प्रधानमंत्री के सरकारी आवास को दस डाउनिंग स्ट्रीट कहा जाता है जबकि बकिंघम पैलेस ब्रिटिश राज परिवार का निवास स्थान है।

89. (a) अमेरिका को पूर्ण स्वतंत्रता 4 जुलाई, 1776 ई. को मिली। अमेरिकी स्वतंत्रता के नायक जॉर्ज वांशिगटन थे, जो बाद में अमेरिका के प्रथम राष्ट्रपति बने।

90. (a) 'कांग्रेस प्रेसिडेंशियल एड्रेसेज' के सम्पादक जी.ए. नाटेशन थे जबकि बी.पी. सीतारमैय्या ने कांग्रेस का इतिहास लिखा था। रामानंद चटर्जी 'मॉडर्न रिव्यू' के सम्पादक थे।

91. (b) उत्तर प्रदेश का लोकनृत्य-रासलीला, नौटंकी, झूला, रसेली है, जबकि असम का-बिहु, महारास, नट पूजा, बोईसाज है, पश्चिम बंगाल का कीर्तन, बाउल, जया काठी आदि। महाराष्ट्र का तमाशा कोली, नकटा आदि।

92. (b) विश्व जनसंख्या दिवस 11 जुलाई को मनाया जाता है। 16 अक्टूबर विश्व एलर्जी जागरूकता दिवस है। 3 अक्टूबर को विश्व प्राकृतिक दिवस मनाया जाता है। 5 जून को विश्व पर्यावरण दिवस मनाया जाता है।

93. (d) विश्व पर्यावरण दिवस 5 जून को मनाया जाता है। 5 अक्टूबर को विश्व शिक्षक दिवस मनाया जाता है जबकि 5 अगस्त और 5 जुलाई को कोई भी दिवस नहीं मनाया जाता है।

94. (b) सी.वी. रमन (1888-1970) को भौतिकी का राष्ट्रीय प्रोफेसर कहा जाता है। रमन रिसर्च इंस्टीट्यूट के संस्थापक तथा क्रिस्टल की संरचना का अध्ययन करने वाले सी.वी. रमन को 1930 ई. में 'रमन प्रभाव' की खोज के लिए नोबेल पुरस्कार दिया गया। इन्हें लेनिन पुरस्कार तथा भारत रत्न भी दिया गया था।

95. (a) अमेरिका द्वितीय विश्वयुद्ध में 8 अगस्त, 1941 में प्रवेश किया तथा उसने जर्मनी के समर्पण के बाद जापान को भी बिना शर्त समर्पण करने को कहा जिसे जापान ने स्वीकार नहीं किया और आगे बढ़कर एशिया में अमेरिकी नौसैनिक अड्डा पर्ल हार्बर पर आक्रमण कर दिया जिसके प्रतिशोध स्वरूप अमेरिका ने 6 अगस्त, 1945 को हिरोशिमा पर 9 अगस्त, 1945 को नागासाकी पर परमाणु बम गिराकर आक्रमण कर दिया जिससे लाखों लोगों की मौत हुई।

96. (d) इंदिरा गांधी के समर्थन से चरण सिंह ने 28 जुलाई, 1979 को प्रधानमंत्री पद की शपथ ली जिन्हें 29 अगस्त, 1979 की लोक सभा का विश्वास प्राप्त करना था। इंदिरा गांधी ने चरण सिंह को दिया समर्थन वापस ले लिया अत: लोकसभा का सामना करने के बजाय प्रधानमंत्री चरण सिंह ने अपने पद से त्याग पत्र देकर मध्यावधि चुनाव की घोषणा कर दी। इस प्रकार उन्हें अपने कार्यकाल में संसद के अंदर कभी भी उपस्थित नहीं होना पड़ा।

97. (b) अंतर्राष्ट्रीय व्यापार विस्तार व संतुलन के लिए 1945 में अंतर्राष्ट्रीय मुद्रा कोष स्थापित किया गया जिसका मुख्यालय वाशिंगटन अमेरिका में है जबकि विश्व बैंक की स्थापना 1946 ई. में हुई थी प्रश्न गलत है।

98. (b) 19 जुलाई, 1969 को 14 बैंकों का एवं 15 अप्रैल, 1980 ई. को 6 बैंकों का राष्ट्रीयकरण किया गया। राष्ट्रीयकरण ऐसे बैंकों का किया गया जिनकी जमा पूंजी 50 करोड़ रुपये से ज्यादा थी।

99. (a) रानी लक्ष्मीबाई बांध बेतवा नदी पर स्थित है। झांसी जिले में बेतवा नदी पर माताटीला बांध से गुरसराय और मंदर नामक दो नहरें निकाली गईं जो हमीरपुर और जालौन जिलों की लगभग 2.64 लाख एकड़ भूमि सींचती है। केन नदी पर केन नहर उत्तर प्रदेश एवं मध्य प्रदेश की संयुक्त परियोजना है। बेलन-टोंस नहर योजना के अंतर्गत बेलन नदी पर रीवा जिले (मध्य प्रदेश) में बरोधा बांध और बेलन की सहायक मरुहर नदी पर एक जलाशय बनाया गया है।

100. (c) भारतीय साग-भाजी अनुसंधान (Indian Institute of Vegetable Research) वाराणसी में स्थित है।

101. (c) फाह्यान, गुप्त शासक चन्द्रगुप्त द्वितीय के समय भारत आया था। उसके आगमन का उद्देश्य बौद्ध ग्रन्थों तथा पाण्डुलिपियों का संग्रह था। उसने बौद्ध धर्म से सम्बन्धित स्थलों का भ्रमण कर बड़ी संख्या में पाण्डुलिपियों का संग्रह किया।

102. (a) शाहजहाँ के शासनकाल का राजकवि कलीम था। 'काशी' जो मराठा काल में 1761 ई. के पानीपत के तृतीय युद्ध के प्रत्यक्षदर्शी थे, इन्होंने ही मराठों की हार की सूचना काव्य के रूप में पेशवा को दी थी।

103. (d) अकबर के शासनकाल में बदायूँनी ने 'रामायण' का, राजा टोडरमल ने 'भागवत पुराण' का, इब्राहिम सरहिन्दी ने 'अथर्ववेद' का, फैजी ने गणित की पुस्तक 'लीलावती' का, मुकम्मल खाँ गुजराती ने ज्योतिष शास्त्र की पुस्तक 'तजक' का, 'जहान-ए-जफर' नाम से, अब्दुर्रहीम खान-ए-खाना ने 'तुजुक-ए-बाबरी' का, तथा मौलाना शाह मुहम्मद शाहाबादी ने कश्मीर के इतिहास 'राजतरंगिणी' का फारसी भाषा में अनुवाद किया।

104. (b) भारत विभाजन के सन्दर्भ में सीमाओं का निर्धारण करने के लिए अंग्रेजी सरकार ने न्यायमूर्ति रेडक्लिफ की अध्यक्षता में एक सीमा आयोग नियुक्त किया जिसका काम हिन्दू तथा मुस्लिम बहुसंख्या वाले परन्तु संलग्न प्रदेशों अथवा ग्रामों का मानचित्रों पर निर्धारण करना था।

105. (d) सतपुड़ा और विन्ध्याचल पहाड़ियों के बीच नर्मदा नदी प्रवाहित होती है जो भारत के पश्चिम की ओर बहने वाली प्रायद्वीपीय नदी है।

106. (b) यमुना नदी को खुला नाला कहा जाता है यमुना प्रदूषित नदी में आती है। यमुना दिल्ली, हरियाणा, उत्तर प्रदेश में कारखानों के समीप होने से ज्यादा प्रदूषित हो गई है। यमुना नदी यमुनोत्री हिमनद (हिमालय में बन्दरपूँछ की ढाल पर) से निकलती है। इसकी लम्बाई 1376 किलोमीटर है। चम्बल, बेतवा, केन, सिन्ध, टोन्स, हिंडन, शारदा इसकी सहायक नदी है।

107. (c) किशनगंगा नदी का उद्गम स्थल जम्मू-कश्मीर में सोनमर्ग के पास कृष्णसर/किशनसर झील है। यह 245 किलोमीटर की यात्रा करते हुए पाकिस्तान के मुजफ्फराबाद के पास झेलम नदी में मिल जाती है। इसमें कुल 245 किलोमीटर के मार्ग में से 50 किलोमीटर भारतीय नियंत्रण और शेष 195 किलोमीटर पाक अधिकृत कश्मीर में आता है।

108. (d) एकीकृत इस्पात संयंत्र जो भारतीय इस्पात प्राधिकरण (सेल) के प्रबन्ध के अन्तर्गत आता है।

- भिलाई इस्पात संयंत्र दुर्गापुर (हिन्दुस्तान स्टील लिमिटेड)
- हिन्दुस्तान स्टील लिमिटेड, राउरकेला
- बोकारो स्टील प्लांट, बर्नपुर
- सलेम विश्वेश्वरैया आयरन एवं स्टील कम्पनी जमशेदपुर एक निजी कम्पनी है।

109. (d) कर्नाटक राज्य में अधिकतम सिल्क सूत उत्पादित किया जाता है। वर्ष 2015-16 के आँकड़ों के अनुसार कर्नाटक 34.44%, आन्ध्र प्रदेश 17.83% एवं असम 11.66% रेशम सूत उत्पादित किया गया है।

110. (c) न्यूजीलैण्ड दक्षिणी प्रशान्त महासागर में ऑस्ट्रेलिया के दक्षिण-पूर्व में स्थित है। इसकी खोज पुर्तगाली यात्री आबेल तस्मान ने की थी, जिसे 1769 में कैप्टन जेम्स कुक द्वारा प्रमाणित किया गया। यह 23 द्वीपों का देश है। दक्षिणी द्वीप न्यूजीलैण्ड का सबसे बड़ा द्वीप है।

111. (b) क्यूरेशियो धारा काले पानी के कारण काली धारा के नाम से जानी जाती है। यह एक गर्म महासागरीय धारा है। यह एशिया में उत्तरी अमेरिका की ओर प्रवाहित होती है।

112. (b) संविधान की छठी अनुसूची में अनुच्छेद-244(2) और अनुच्छेद- 275(1) में असम, मेघालय, त्रिपुरा और मिजोरम राज्यों के जनजाति क्षेत्रों के प्रशासन के बारे में उपबन्ध है।

113. (b) 9 दिसम्बर, 1946 ई. को संविधान सभा की प्रथम बैठक नई दिल्ली में हुई। इस सभा का अस्थाई अध्यक्ष डॉ. सचिच्चदानन्द सिन्हा को चुना गया। मुस्लिम लीग ने इस बैठक का बहिष्कार किया और पाकिस्तान के लिए बिल्कुल अलग संविधान सभा की माँग प्रारम्भ कर दी।

114. (c) व्यापार और विकास पर संयुक्त राष्ट्र सम्मेलन (अंकटाड) द्वारा जारी की गई वैश्विक निवेश रिपोर्ट-2019 के अनुसार एशिया में विशेष आर्थिक क्षेत्रों की सूची में भारत तीसरे स्थान पर है जबकि प्रथम स्थान चीन का है । चीन के पास कुल 2543 विशेष आर्थिक क्षेत्र है, इसके पश्चात् फिलीपींस और भारत का स्थान आता है जिनके पास क्रमश: 528 और 373 विशेष आर्थिक क्षेत्र मौजूद हैं।

115. (a) 16वीं एशिया मीडिया शिखर बैठक कंबोडिया में शुरू हुई। इस सम्मेलन में मीडिया और प्रसारण उद्योग से संबंधित कई मुद्दों पर विचार-विमर्श किया गया। विभिन्न देशों के मंत्रियों ने अपने संबंधित देशों में प्रसारण क्षेत्र में डिजिटल रुझान प्रस्तुत किए। चौथी औद्योगिक क्रांति में मीडिया की परिकल्पना करते हुए, एक उद्योग विशेषज्ञ डेरेन ओंग ने कहा कि निर्णय लेने के केंद्र में उपभोक्ता हितों को रखना ऑनलाइन एनवायरनमेंट के लिए महत्वपूर्ण है।

116. (c) वैश्विक शांति सूचकांक 2019 में भारत 141वें स्थान पर है। सूचकांक में इस वर्ष आइसलैंड सबसे पहले तथा अफ़ग़ानिस्तान सबसे अंतिम स्थान पर है

117. (c) मत्स्य विभाग की एक रिपोर्ट के अनुसार भारत दुनिया का दूसरा सबसे बड़ा मछली उत्पादक देश है। रिपोर्ट के अनुसार वैश्विक मछली उत्पादन में भारत की भागीदारी 6.3 प्रतिशत है।

118. (b) वैश्विक रेटिंग एजेंसी फिच ने अपने नवीनतम ग्लोबल इकोनॉमिक आउटलुक में चालू वित्त वर्ष 2019 – 20 के लिए भारत की विकास अनुमान दर को 6.8% से घटा कर 6.6% कर दिया है। फिच ने अगले वित्त वर्ष (2020-21) के लिए भारत की जीडीपी वृद्धि का अनुमान 7.1% और 2021-22 के लिए 7.0% बरकरार रखा है।

119. (a) 119वें यूएस ओपन गोल्फ ख़िताब के विजेता गैरी वुडलैंड हैं उन्होंने दो बार के पूर्व चैंपियन ब्रूक कोपका को हराकर अपना पहला मेजर खिताब जीता । उल्लेखनीय है कि यूनाइटेड स्टेट ओपन चैम्पियनशिप संयुक्त राज्य में गोल्फ की वार्षिक ओपन नेशनल चैम्पियनशिप है।

120. (c) सर्बिया के नोवाक जोकोविच नवीनतम एटीपी रैंकिंग में विश्व के नंबर एक ख़िलाड़ी बने हुए हैं। नोवाक जोकोविच फ्रेंच ओपन चैंपियन राफेल नडाल और दुनिया के पूर्व नंबर एक ख़िलाड़ी रोजर फेडरर से आगे पुरुषों की एटीपी टेनिस रैंकिंग में शीर्ष पर हैं।

121. (c) प्रधानमंत्री की आर्थिक सलाहकार परिषद ने भारत में 'जीडीपी आकलन- परिप्रेक्ष्य और तथ्य ' नामक एक विस्तृत नोट जारी किया। इस नवीन प्रणाली में आधार वर्ष के रूप में वर्ष 2011-12 का उपयोग किया गया है।

122. (c) एशियाई विकास बैंक (एडीबी) के अनुसार बांग्लादेश एशिया-प्रशांत क्षेत्र के 45 देशों में सबसे तेजी से बढ़ती अर्थव्यवस्था के रूप में उभरा है। वित्तीय वर्ष, 2018-19 में बांग्लादेश ने 7.9% की वृद्धि दर प्राप्त की जो कि 1974 के बाद इसकी सबसे तेज दर है।

बैंक ने भविष्यवाणी की कि अगले वित्त वर्ष में विकास 8% होगा।

बैंक ने कहा कि सार्वजनिक क्षेत्र के निवेश, मजबूत खपत की मांग, निर्यात में पुनरुद्धार, बेहतर बिजली आपूर्ति और निजी क्षेत्र के ऋण में उच्च वृद्धि बांग्लादेश के उच्च विकास प्रदर्शन के प्रमुख कारक थे।

123. (d) योग पुरस्कार 2019 के सभी विजेता निम्न हैं एंटोनियेटा रोज़ी इटली के लारीसी की एक योग शिक्षिका हैं। उन्हें योग के क्षेत्र में 42 से अधिक वर्षों का अनुभव है। जापान योग निकेतन ऋषिकेश और एस-वायसा योग विश्वविद्यालय, बेंगलुरु के सहयोग से कार्य करता है। स्वामी राजर्षि मुनि, लिंबडी, गुजरात के एक योगी हैं। बिहार स्कूल ऑफ योग, मुंगेर की स्थापना 1964 में स्वामी सत्यानंद सरस्वती ने की थी।

124. (b) सऊदी अरब पहला अरब देश बन गया है जिसे वित्तीय कार्रवाई कार्य बल (एफएटीएफ) की पूर्ण सदस्यता प्राप्त हो गई है। ऑरलैंडो, फ्लोरिडा में समूह की वार्षिक आम बैठक के बाद सऊदी अरब को यह दर्जा प्राप्त हुआ है।

125. (c) ईरान द्वारा अमेरिका का सर्विलांस ड्रोन मार गिराने के बाद से दोनों देशों के बीच विवाद जारी है। इसी के चलते भारतीय एयरलाइन्स और 9 अंतर्राष्ट्रीय विमानन कंपनियों सहित कुल 10 विदेशी कम्पनियों ने ईरान के प्रभावित हवाई क्षेत्र का इस्तेमाल न करने का फैसला किया है।

126. (c) जिम्नास्टिक में, भारत की प्रणति नायक ने मंगोलिया के उलानबटोर में सीनियर एशियन आर्टिस्टिक चैंपियनशिप में वॉल्ट स्पर्धा में कांस्य पदक जीता। पश्चिम बंगाल की 23 वर्षीय प्रणति नायक ने 13.384 के स्कोर के साथ कांस्य पदक हासिल किया। जबकि चीन के यू लिनमिन और जापान के अयाका सकगुची ने इस स्पर्धा में स्वर्ण और रजत पदक जीता।

127. (d) उत्तर प्रदेश के मथुरा में गठिया, जोड़ों के दर्द और पैर की बीमारियों से पीड़ित हाथियों के लिए पहला विशेष हाइड्रोथेरेपी उपचार चिकित्सालय शुरू किया गया है। यह केंद्र उत्तर प्रदेश वन विभाग और गैर-सरकारी संगठन वन्यजीव SOS के सहयोग से चलता है। यह जंबो पूल है जो 11 फुट गहरा है और इसमें 21 उच्च दबाव जेट स्प्रे हैं जो पानी के दबाव को बनाते हैं यह हाथियों के पैरों और शरीर की मालिश करते हैं और रक्त परिसंचरण को बढ़ाने में मदद करते हैं।

128. (b) नीति आयोग द्वारा जारी देश की व्यापक स्वास्थ्य सूचकांक रिपोर्ट में साल 2017 से 2018 में स्वास्थ्य क्षेत्र की स्थिति और प्रगति के आकलन में दक्षिण भारतीय राज्य केरल पहले स्थान पर है।

129. (c) <u>13</u> <u>15</u> <u>57</u>

130. (b) जिस प्रकार, उसी प्रकार,

जिस प्रकार	उसी प्रकार
$D \xrightarrow{+1} E$	$P \xrightarrow{+1} Q$
$I \xrightarrow{+2} K$	$R \xrightarrow{+2} T$
$S \xrightarrow{+3} V$	$E \xrightarrow{+3} H$
$T \xrightarrow{+4} X$	$S \xrightarrow{+4} W$
$A \xrightarrow{+5} F$	$E \xrightarrow{+5} J$
$N \xrightarrow{+6} T$	$N \xrightarrow{+6} T$
$C \xrightarrow{+7} J$	$T \xrightarrow{+7} A$
$E \xrightarrow{+8} M$	

131. (a) दिए गए शब्द में 'R' नहीं है।

132. (a)

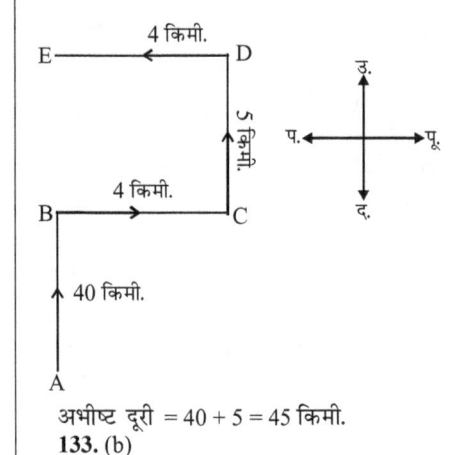

4 किमी.
E
D
5 किमी.
4 किमी.
B
C
40 किमी.
A

अभीष्ट दूरी $= 40 + 5 = 45$ किमी.

133. (b)

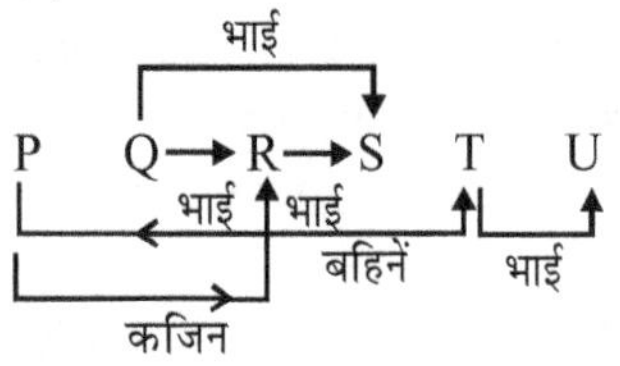

भाई
P Q R S T U
भाई भाई
बहिनें भाई
कजिन

$\therefore$ R, U का चचेरा भाई है।

134. (b)

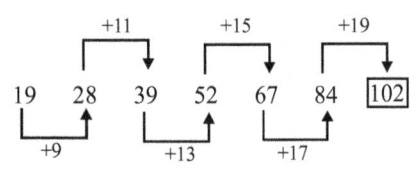

+11 +15 +19
19 28 39 52 67 84 102
+9 +13 +17

$\therefore$ गलत संख्या 102 है।

135. (d) a <u>d</u> c / <u>a</u> d c / <u>a</u> d c / <u>a</u> d <u>c</u>/ a d <u>c</u>

136. (a) पुस्तक को प्रकाशित कराने का उत्तरदायित्व प्रकाशक का होता है। उसी प्रकार, प्रोड्यूसर (निर्माता) फिल्म के निर्माण में सहायक होता है।

137. (a) मकड़ी कीट वर्ग के अंतर्गत आता है। उसी प्रकार, मगरमच्छ रेंगने वाले जानवर सरीसृप वर्ग का है।

138. (a) जिस प्रकार,

$$17 + 2 = 19$$

उसी प्रकार,

$$107 + 2 = 109$$

139. (d) अभीष्ट सही औसत

$$= \frac{10 \times 80 - 60 + 50}{10}$$

$$= \frac{800 - 10}{10} = 79$$

140. (d) वस्तु का क्रय मूल्य = ₹ 100

वस्तु का अंकित मूल्य = ₹ x

$$\therefore \quad x\times\frac{90}{100}=117$$

$$\Rightarrow \quad x = \frac{117\times100}{90} = ₹\,130$$

यानी क्रय मूल्य से 30% अधिक

141. (b) यदि संख्या $= x$ हो, तो

$$x\times\frac{90}{100}=30$$

$$\Rightarrow \quad x=\frac{3000}{90}=\frac{100}{3}=33\frac{1}{3}$$

142. (c) डाले गये कुल मत $= x$

$\therefore$ x का $(57–43)\% = 42000$

$$\Rightarrow x\times\frac{14}{100}=42000$$

$$x=\frac{42000\times100}{14}=3,00,000$$

143. (d) यदि घड़ी का सूचीबद्ध मूल्य $=$ ₹ x हो, तो

$$x\times\frac{90}{100}=\frac{450\times120}{100}$$

$$\Rightarrow \quad x=\frac{450\times120}{90}$$

$$= ₹\,600$$

144. (d) 31 मार्च, 2013 तक उत्तर प्रदेश में 4 केंद्रीय विश्वविद्यालय थे। वर्तमान में उत्तर प्रदेश में कुल 6 केंद्रीय विश्वविद्यालय हैं। जिसमें 4 केंद्रीय विश्वविद्यालय (अलीगढ़ मुस्लिम विश्वविद्यालय, अलीगढ; बनारस हिंदू विश्वविद्यालय, वाराणसी; बाबा साहब भीमराव अंबेडकर विश्वविद्यालय, लखनऊ तथा इलाहाबाद विश्वविद्यालय, इलाहाबाद) सामान्य है। एक केंद्रीय कृषि विश्वविद्यालय (रानी लक्ष्मीबाई केंद्रीय कृषि विश्वविद्यालय, झांसी) तथा एक विमान विश्वविद्यालय (राजीव गांधी राष्ट्र विमानन विश्वविद्यालय, रायबरेली है।

145. (d) वर्षा ऋतु में गंगा नदी में पर्याप्त जल उपलब्धता को देखते हुए मध्य गंगा नहर परियोजना का निर्माण किया गया। इस परियोजना के तहत बिजनौर जनपद के समीप गंगा नदी पर बैराज का निर्माण कर 115.54 किमी. लंबी मुख्य नहर को ऊपरी गंगा नहर से मिलाया जा रहा है। इस परियोजना से गाजियाबाद, बुलंदशहर, अलीगढ़, मथुरा, हाथरस एवं फिरोजाबाद जनपद लाभान्वित होंगे।

146. (d) बुंदेलखंड क्षेत्र में पाई जाने वाली मिट्टियां को दो व्यापक श्रेणियों में बांटा जा सकता है-(1) काली मिट्टी और (2) लाल मिट्टी।

काली मिट्टी के भी दो भाग होते हैं जिनमें पहले भाग को 'काबड़ मिट्टी' तथा दूसरे भाग को 'मार-मिट्टी' कहते हैं। काबड़ मिट्टी अनाज उत्पादन की दृष्टि से अच्छी मानी जाती है। समय से खेती करने पर ही इस मिट्टी से अच्छी उपज की जा सकती है। मार-मिट्टी भी उर्वर मिट्टी है। यह मिट्टी गेहूं और कपास के लिए उपयुक्त होती है। इसका भी समय प्रबंधन पैदावार लेने के लिए आवश्यक होता है। मार मिट्टी पूरे बुंदेलखंड क्षेत्र के झांसी, ललितपुर, बांदा आदि जिलों में पाई जाती है।

147. (c) उत्तर प्रदेश में परंपरागत भूमि मापन इकाई 'बीघा' है।

148. (b) झांसी की स्थानीय शासन संस्था नगर निगम, मछली शहर की नगर पंचायत, टूंडला की नगर पालिका परिषद तथा सैफई की क्षेत्र पंचायत समिति है। अत: विकल्प (b) सही उत्तर है।

149. (c) गोमती नदी उ.प्र. के पीलीभीत जिले के दलदली क्षेत्र से निकलती है। यह गाजीपुर के समीप कैथी नामक स्थल पर गंगा नदी में मिल जाती है। बेतवा नदी म.प्र. के रायसेन जिले में कुमरा गांव नामक स्थान से निकलकर हमीरपुर के निकट यमुना में मिल जाती है। रामगंगा और शारदा नदियों का उद्‌गम-स्थल हिमालय है। इस प्रकार अभीष्ट उत्तर विकल्प (c) है।

150. (b) नगर का प्रथम नागरिक मेयर, राज्य का प्रथम नागरिक राज्यपाल तथा देश का प्रथम नागरिक राष्ट्रपति होता है। उ.प्र. नगर निगम अधिनियम 1959 की धारा 17(1) के अनुसार महापौर निगम का पदेन सदस्य होगा। अधिनियम की धारा 51(1) के अनुसार कार्यकारिणी समिति (क) महापौर जो पदेन कार्यकारिणी समिति का सभापति होगा तथा (ख) ऐसे 12 व्यक्तियों को जो (निगम) द्वारा पार्षदों में से चुने जाएंगे, से मिलकर बनेगी। अधिनियम की धारा 117 (5) के अनुसार-महापौर के सामान्य नियंत्रण और निदेश के तथा जहां कहीं भी इसमें आगे स्पष्टत: ऐसा निदेश दिया गया हो, यथास्थिति निगम या कार्यकारिणी समिति की स्वीकृति के अधीन रहते हुए तथा इस अधिनियम द्वारा या इसके अधीन आरोपित अन्य समस्त प्रतिबंधों, परिसीमाओं तथा शर्तों के अधीन रहते हुए इस अधिनियम को कार्यान्वित करने के प्रयोजनार्थ कार्यपालिका के अधिकार नगर आयुक्त में निहित होंगे। जो उन समस्त कर्त्तव्यों का पालन तथा उन समस्त अधिकारों का प्रयोग भी करेगा जो विशिष्ट रूप से उस पर आरोपित किए गए हों या उसे दिए गए हों।

151. (a) भारतेंदु नाट्य केंद्र की स्थापना अगस्त, 1975 में संस्कृति विभाग उत्तर प्रदेश शासन द्वारा की गई। इस संस्था का नाम बदलकर वर्ष 1981 में भारतेंदु नाट्य अकादमी कर दिया गया था।

152. (d) उत्तर प्रदेश गेहूँ, जौ, गन्ना, आलू तथा मसूर के उत्पादन में देश में प्रथम स्थान पर है। जबकि धान उत्पादन में पश्चिम बंगाल और मक्का उत्पादन में महाराष्ट्र का देश में प्रथम स्थान है।

153. (a) उत्तर मध्य क्षेत्र सांस्कृतिक केन्द्र इलाहाबाद में स्थित है। 1985-86 में पटियाला, कोलकाता, तंजावुर, उदयपुर, इलाहाबाद, दीमापुर और नागपुर में सात क्षेत्रीय सांस्कृतिक केन्द्र स्थापित किए गए थे।

154. (d) आर्यभट्ट नक्षत्रशाला भारत की प्रथम नक्षत्रशाला है जो लेजर तकनीक पर आधारित है। यह उत्तर प्रदेश के रामपुर जिले में स्थित है। रामपुर नक्षत्रशाला का निर्माण उत्तर प्रदेश शासन द्वारा किया गया है। इन्दिरा गाँधी नक्षत्रशाला लखनऊ में गोमती नदी के किनारे सूरजकुण्ड पार्क के समीप स्थित है। गोरखपुर नक्षत्रशाला का निर्माण गोरखपुर विकास प्राधिकरण ने किया है।

155. (a) भोक्सा अथवा बुक्सा जनजाति के लोग अपने को पटवार राजपूतों का वंशज मानते हैं तथा बिजनौर और आगरा में पाए जाते हैं।

156. (d)	**157.** (c)	**158.** (c)	**159.** (d)
160. (d)	**161.** (d)	**162.** (d)	**163.** (a)
164. (b)	**165.** (c)	**166.** (a)	**167.** (d)
168. (d)	**169.** (b)	**170.** (c)	**171.** (c)
172. (a)	**173.** (c)	**174.** (b)	**175.** (d)
176. (c)	**177.** (c)	**178.** (d)	**179.** (c)
180. (d)	**181.** (a)	**182.** (c)	**183.** (b)
184. (b)	**185.** (d)	**186.** (b)	

187. (c) ROM (रॉम) एक नॉन वोलाटाइल स्मृति का उदाहरण है। यह एक सेमीकण्डक्टर मेमोरी चिप है जिसे कंप्यूटर मदर बोर्ड पर कंप्यूटर निर्माता कंपनी द्वारा स्थापित किया जाता है। यह एक स्थायी (Non Volatile) प्राथमिक मेमोरी है जिसमें संग्रहित डाटा ने तो नष्ट होती है न ही इसे बदला जा सकता है।

188. (a) डिजिटल सिग्नल को एनालॉग सिग्नल में परिवर्तित करने की युक्ति मॉडेम है। (MODEM — Modulator - Demodulator) का संक्षिप्त रूप है। यह टेलीफोन लाइन के माध्यम से कंप्यूटर को नेटवर्क से जोड़ता है। मॉडल कंप्यूटर द्वारा उत्पन्न डिजिटल डाटा को एनालॉग डाटा में बदलता है।

189. (b) सुपर कंप्यूटर अति शक्तिशाली प्रकार का कंप्यूटर है। अत्यधिक तीव्र प्रोसेसिंग शक्ति और विशाल भंडार क्षमता वाले कंप्यूटर सुपर कंप्यूटर कहलाते हैं। सुपर कंप्यूटर का निर्माण उच्च क्षमता वाले हजारों प्रोसेसर को एक साथ समानान्तर क्रम में जोड़कर किया जाता है। सुपर कंप्यूटर की प्रोसेसिंग स्पीड की गणना (FLOPS –Floating point operations per second) में की जाती है। विश्व के प्रथम सुपर कंप्यूटर के निर्माण का श्रेय अमेरिका के क्रे रिसर्च कम्पनी (Cray Research Company) को जाता है।

190. (c) डाटाबेस को मैनेज करने के लिए डी.वी.एम.एस. का प्रयोग किया जाता है। (DBMS–Data Base Management System) एक साफ्टवेयर प्रोग्राम है जो कंप्यूटर का उपयोग कर डिजिटल डाटा को व्यवस्थित करने, उसमें परिवर्तन करने, उसे अपडेट, शेयर, मिटाने तथा नया डाटा स्टोर करने में किया जाता है।

191. (c) पेन्टियम शब्द माइक्रोप्रोसेसर से सम्बन्धित है। माइक्रोप्रोसेसर एक ऐसा डिजिटल इलेक्ट्रॉनिक युक्ति है जिसमें लाखों ट्रांजिस्टरों को एकीकृत परिपथ के रूप में प्रयोग कर तैयार किया जाता है। इससे कंप्यूटर के (CPU) की तरह भी काम किया जाता है। विश्व में मुख्यतः दो बड़ी माइक्रोप्रोसेसर, उत्पादक कंपनियां हैं–इंटेल (INTEL) और ए.एम.डी. (AMD)

192. (a) कम्प्रैशन प्रक्रम छोटी फाइल बनाता है जिसका इन्टरनेट पर स्थानान्तर तीव्र एवं सुलभ होता है।

193. (d) (A.L.U. — Arithmatic Logic Unit) सीपीयू (CPU) का भाग है। डाटा प्रोसेसिंग का वास्तविक कार्य (ALU) द्वारा ही किया जाता है। यह डाटा पर कंट्रोल यूनिट से प्राप्त निर्देशों के अनुसार सभी प्रकार की गणितीय तथा तार्किक कार्रवाईयां करता है।

194. (d) माउस, की-बोर्ड, लाइट पेन-इनपुट डिवाइस है जबकि VDU—Video Display Unity एक आउटपुट डिवाइस है।

195. (b) **196.** (c) **197.** (a)
198. (b) **199.** (d) **200.** (c)

Printed in the USA
CPSIA information can be obtained
at www.ICGtesting.com
CBHW080327061024
15373CB00053B/2076

9 789353 227791